Krüppelmemoiren

Sven Scheunig

2. vollständig überarbeitete Auflage (Titelübernahme)
Dresden 2011
Alle Rechte vorbehalten
Nachdruck – auch auszugsweise – nur mit
ausdrücklicher Genehmigung des Autors
CULPA VERLAG
Andreas Matthus

Einbandgestaltung: PixelHut - Mediendienste
Druck: Otto - Druck UG, Dresden
gedruckt auf 100% Recyclingpapier, revive pure
Printed in Germany
ISBN 978-3-932006-03-6

»...The life is a show, and the show must go on.«
Freddy Mercury

Ich danke Angie, Mona und Micha für ihre Hilfe
und grüße sie alle.

Jemanden als Schauspieler bei einer Theaterprobe kennenzulernen, ist nicht ganz alltäglich. Wenn dieser Jemand sichtbar und hörbar in seiner Bewegung und Artikulation eingeschränkt ist, erscheint es um so mehr außergewöhnlich. Ja, Sven Scheunig ist kein Allerweltsmensch und doch kann sein Schicksal jeden von uns treffen. Mit seinem Buch macht er Mut, den Widrigkeiten des Lebens und der Gesellschaft den Kampf anzusagen. Dabei verwendet er eine offene Sprache, die vielfach entwaffnend ist und auch ihre sächsischen Wurzeln nicht verleugnen mag. In der wörtlichen Rede kommen die Artikulationsschwierigkeiten deutlich zum Ausdruck. Diese Besonderheiten sollen nicht wegredigiert werden. Die Offenheit zeugt von Verletzungen und Verletzlichkeit. Sie kann Betroffene auch verletzen. Ihnen sei von verlegerischer Seite gesagt: Es ist ein Buch; sämtliche Ähnlichkeit mit lebenden oder toten Personen ist rein zufälliger Art. Und doch ist das konkrete Leben von Sven Scheunig hier widergespiegelt und hält uns den Spiegel vor.

Ich hoffe, dass diese Geschichte denen nützt, die in einer ähnlichen Lage sind, wie ich es war. Meine Erfahrung besagt, dass Ärzte – gleich welchen Fachgebietes – meistens zum Patienten sagen: »Riskiere nichts, es wird schon werden.« Doch wie, das sagen sie ganz selten. Wenn man dann aber alles daran setzt, seine Regeneration zu verwirklichen, auch Niederlagen (Stürze mit ihren Folgen) wegstecken kann, ohne dass man wegen Angst vor weiteren in sich zusammenfällt, dann schafft man es auch.

Ich war 21, als der Unfall passierte. Normalerweise – ich nehme es zumindest an – bekommt man dann von jeglicher Seite Unterstützung. Bei mir war aber das genaue Gegenteil der Fall: Höflichkeitsphrasen, die mir dann, als ich es merkte, auf den Geist gingen, waren von den Meisten die einzige Hilfestellung, die sie mir zuteil werden ließen.

Aus diesem Grund soll sie auch Freundeskreisen, die davon betroffen sind, zeigen, dass Behinderte noch eine Gefühlswelt haben und der Mensch immer noch ein Rudeltier ist; und Eltern könnten daran erkennen, wie man es nicht machen sollte.

Dies sind Memoiren, keine Fiction-Geschichte. Und Memoiren sind dazu da, es so zu beschreiben, wie es wirklich gewesen ist. Auch, wenn es manchmal sarkastisch bis makaber ist, sollte man doch immer bedenken, Umwelt beeinflusst den Menschen. Und in manchen Situationen wird man gezwungen, so zu reagieren! Eine Chance hätte es für mich nie gegeben, wäre ich ein ruhiger Typ. – Das ist vor kurzem von jemand Unbeteiligtem gesagt worden. – Ich möchte auch auf keinen Fall mit erhobenem Zeigefinger dastehen. Deswegen ist dies kein reiner Krankenreport. Obwohl dies eine gewichtige Rolle spielt – logisch, denn darum geht es ja. Aber es geht auch um das Umfeld, was für einen Menschen sehr, sehr wichtig ist. Und wenn einige daraus etwas für sich entnehmen können, bin ich schon zufrieden. Und wenn man noch darüber lachen kann – super. Denn Humor ist, wenn man trotzdem lacht.

So, und nun viel Spaß beim Lesen.

Das Jahr 1990 ist angesagt, 3. August. Ein Jahr des totalen Umbruchs in Deutschland. Das sozialistische System in der DDR musste sich geschlagen geben, zeigte, dass es der Marktwirtschaft unterlegen ist. Den Menschen haben sich plötzlich die Grenzen geöffnet, jetzt können sie Leute wiedersehen, von denen sie geglaubt hatten, vor Jahrzehnten wäre es das letzte Mal gewesen. Auch die Währungsreform ist vollzogen, die Ostdeutschen nennen seit einem Monat Geld ihr eigen, welches Wert in der ganzen Welt besitzt. Nur die politische Einheit fehlt noch, doch die ist auch schon in Sicht, soll noch in diesem Jahr über die Bühne laufen. Alles schwelgt in Verzückung, freut sich über die neue Freiheit, die es auszukosten gilt.

Auch die Insassen eines Trabants, welcher gerade auf die Autobahn Löbau-Dresden am Burkauer Berg auffährt. Auch sie wollen die Möglichkeiten der neuen Freiheit genießen, wollen nach Augsburg fahren, um Karten für ein Trash-Metal-Konzert zu holen.

»Gib Stoff!«, fordert Mike, der Beifahrer, den am Lenkrad sitzenden Frank auf.

»Hier wird gebaut. Deswegen nur sechzig erlaubt.«

»Scheiße!«, knurrt Mike. Und legt die Füße auf das Handschuhfach, greift nach einer Zigarette, zuckt jedoch im gleichen Augenblick davor zurück, da er mit rauchen aufhören will; wirft dafür einen Blick nach hinten auf den Rücksitz, wo Pia, seine Freundin, halb sitzt, halb liegt. Und er betrachtet sie genüsslich, kann sich sehr gut an den Freudentaumel der letzten Nacht erinnern, als er mit ihr das erste Mal schlief. Denn obwohl sie erst 16 ist, kann sie doch schon jedem Mann den Kopf verdrehen – mit ihren üppigen prallen Rundungen, an denen er sich laben konnte. Aber trotzdem! Mike – der gerade bei der Armee ist und kurz vor seiner Entlassung steht, welche am 24. August stattfinden soll (endlich, wie er findet) – wird danach für ein Jahr als Betreuer in die USA gehen und hat nicht die Absicht, sie dorthin mitzunehmen. Und er weiß auch, warum er Pia nichts davon erzählt, sie hier zurücklassen will: Er ist nicht in sie verliebt! Optisch sieht sie in seinen Augen zwar unheimlich gut aus, doch was sie außen mehr hat, fehlt ihr dafür im Kopf – findet nicht nur er. Und deswegen ist für ihn eine Bindung an sie auf ewig unmöglich.

»Ab Dresden wird die Autobahn besser«, lässt sich Frank wieder vernehmen. »Ab da können wir dann schneller fahren.«

»Ich werde jetzt schlafen«, meldet sich Pia. Und auch Mike

schließt die Augen, will ein Nickerchen machen. Denn der Sensenmann erhebt sich bereits mühsam ächzend, um die Toten für ihren all-mitternächtlichen Rundgang aufzuwecken.

Plötzlich fängt Frank an, unflätig zu fluchen. Worauf Mike wieder die Augen öffnet, denn das ist nicht Franks Art.

»Was ist los?«, fragt er verwundert.

»Na gucke mal durch die Scheibe!«, kräht Frank wütend dagegen.

Mike setzt sich dazu auf. Wünscht sich jedoch im gleichen Augenblick, lieber unten geblieben zu sein. Denn draußen versucht sich ein Polski Fiat als Lückenspringer, überholt einen anderen Trabant, der sich mit ihrem Wagen auf gleicher Höhe befindet.

Frank flieht vor der drohenden Kollision auf die Parkspur. Verliert aber nicht die Kontrolle über seinen Wagen und schickt sich nach weiteren Flüchen an, seine Fahrt fortzusetzen.

Es rumst kurz. Glas klirrt. Dann ein aufbrüllender Motor, der plötzlich abstirbt. Und ein anderer, der eiligst verschwindet. Pia schreit auf: »Haltet an! Haltet an! Da ist was passiert!«

Frank stoppt den Wagen ab. Mike lugt durch die Heckscheibe, sieht jedoch nur rote Augen, die sich langsam schließen. Und ein paar helle Blitze, die ein Laser über den Horizont jagt. Doch sonst alles dunkel, wie in einer tiefen Grube auf einem verlassenen Fabrikgelände.

*

Mike ist ausgestiegen und läuft zurück, um sehen zu können, was da passiert ist.

Frank, der seinen Motor abgestellt hat, folgt ihm.

Wie von Geisterhand geschaffen tritt unvermutet ein Anblick aus der Dunkelheit hervor, der ihren Drang weiterzulaufen, stoppt, sie aber auch nicht zurückgehen lässt, an Ort und Stelle in Erstarrung treibt: Der andere Trabant steht quer zur Fahrbahn, belebt ihre Vorstellungen eines Trümmerhaufens: Scherben liegen weit verstreut auf der Straße, aus dem Nichts kommendes Licht spiegelt sich in den Zacken der Autoscheiben, die Heckklappe hat sich halb abgeschert und gewährt Einblick in die gähnende Dunkelheit des Kofferraums, Eingeweide des Wagens lugen um die Ecke; niemand bewegt sich darin, obwohl deutlich zu sehen ist, dass es zwei Insassen gibt.

Mike erwacht zuerst aus seiner Erstarrung. »Renn schnell zurück und hole Verbandszeug«, weist er Frank an. »Und sage Pia, dass sie drin sitzen bleiben soll«, fügt er noch hinzu. »Habe keine Lust, dass sie mir den Buckel voll kotzt.«

Frank rennt los. Derweil ruckt Mike die Beifahrertür auf.

Eine korpulente ältere Frau schaut zu ihm – nein, nicht zu ihm, sondern zu irgend einem entfernten Punkt hinter ihm. Und Blutbläschen blubbern stoßweise in unregelmäßigem Rhythmus aus ihrer Nase heraus. Der Fahrer aber schaut niemanden mehr an; er klebt mit dem Kopf am Lenkrad, dazu dringt qualvolles Stöhnen aus seinem weit geöffneten Mund.

»Und, was ist?«, will Frank wissen, als er zurückkehrt.

Mike weist nach innen: »Gucke es dir an.«

Frank riskiert einen kleinen Blick. Doch gleich darauf hält er sich würgend und heftig nach Luft japsend die Hand vor den Mund, saugt danach mit gierigem Röcheln die kühle Brise der Nacht in seine jetzt nach Erlösung schreienden Lungen. »Ich kann kein Blut sehen«, gesteht er weinerlich, »davon wird mir immer soo schlecht.«

»Mist, dann muss ich die Alte auch noch alleine raushieven«, zeigt Mike sich wenig begeistert.

Doch dann fasst er zu. Schleppt unter Ächzen die Frau zum Straßenrand, wo er sie in eine stabile Seitenlage legt und nachschaut, ob er bei ihr irgendwo Verband anlegen muss. Da er aber nichts findet, rennt er zurück zum Fahrer des Wagens.

Frank spurtet zu diesem Zeitpunkt den Berg hinauf, hat das Den-kommenden-Wagen-Zeichen-geben übernommen.

Kurze Zeit später kommt ihm der erste entgegen. Frank winkt – irgendwie, aber wie, das weiß er selbst nicht – und stellt erleichtert fest, dass der Opel Kadett das Winken bemerkt und richtig gedeutet hat. Frank schaut ihm nach, sieht, wie der Opel hinter Mike langsam vorbeituckert und dann nach der Unfallstelle anhält, die Warnblinkanlage blitzt auf.

Mike hat sich über den Fahrer gebeugt. Dabei bemerkt er, wie hinter ihm ein Wagen entlangfährt und dann irgendwo hält. Doch Mike kümmert sich nicht darum, ist vielmehr konzentriert auf den vor ihm liegenden Mann, fragt sich, ob er es wagen soll, ihn auch herauszutragen; ist sich jedoch nicht so schlüssig darüber. Darum richtet er sich wieder auf und lässt hilfesuchend seinen Blick umherschweifen.

Frank hat sich wieder der Bergkuppe zugedreht und will weiter auf sie zurennen. Doch da kommt der nächste Wagen. Und der fährt mit hoher Geschwindigkeit. Ein Mercedes ist es, erkennt Frank und fängt an zu winken.

Wiederum steigt in ihm Befriedigung auf, als er bemerkt, dass der Mercedes abbremst – er hört die Reifen quietschen. Aber plötzlich – der Mercedes gerät ins Schleudern.

Frank weiß noch nicht, was er davon halten soll.

Dann hört er, wie der Motor von einer starken Gaspeitsche getroffen aufjault, seinen geraden Weg fortsetzt. Und nun ist kein Bremsenquietschen mehr zu vernehmen. Er rast jetzt mit voller Geschwindigkeit auf Frank zu!

Dessen Augen weiten sich vor Erstaunen, gepaart mit Entsetzen. Nun hämmert es ihm durch den Kopf: *Spring! Spring! Der Wagen hält nicht an! Spring!*

Frank hebt ab. Dabei scheint es ihm, als wenn er in Zeitlupe segeln würde, Kopfschmerzen bekommt er; nur eine Hoffnung macht sich in ihm noch breit: Mike bemerke es und fliehe rechtzeitig. Dann landet er im Straßengraben.

Dort liegt er still mit schmerzenden Knochen und sieht nicht, was nun abläuft auf der Straße, hört es aber – ein Orgeln und Stampfen und Kreischen und Schreien, wie er es noch nie gehört hat, und nie mehr hören möchte. – Er hält sich die Ohren zu.

Mikes Blick bleibt an dem nun haltenden Opel hängen. Er sieht, wie die Warnblinkanlage angeschaltet wird, hofft, dass ihm der Fahrer helfen kann. Doch im gleichen Moment ertönt hinter ihm ein wildes Gehupe, Scherben knirschen, verraten, dass sie mit riesiger Geschwindigkeit überrollt werden. Dazwischen das immer wiederkehrende hysterisch-entsetzte Schreien von Pia: »Mike! Mike!«

Nun dreht er den Kopf in Richtung der Geräuschkulisse. Sieht einen schleudernden Mercedes auf sich zurasen. Will wegspringen.

Kurz nach dem Absprung spürt er, wie sein Körper von etwas Hartem erfasst wird. Dann wird es dunkel. Nur ein Gedanke schießt noch in seinen Kopf und bleibt in ihm stehen:

Das war's!

Wiedergeburt

»So close no matter how far«
Metallica

1

Dunkelheit

schwarzer Raum – kein Empfinden – existieren?

Dunkelheit

Plötzlich – ein Lichtblick

Wie von einem Blitz getroffen entsteht ein Gleißen in meinem Kopf, zeigt mir überdeutlich und unabänderbar ein Bild, in dem ich nur der objektive Zuschauer bin, meinen Körper sehe, in ihm aber nicht drin stecke: Er sitzt in einem Wagen, welchen es hin- und herschüttelt.

Doch ehe ich nach diesem Bild greifen kann, es mir möglich ist, die Bewandtnis dieses Bildes zu ergründen, entfleucht es wieder. Und um mich herum senkt sich wieder der Schleier der Dunkelheit.

*

Plötzlich flammt das Licht wieder auf. Und diesmal weiß ich, wo ich bin: Im 'CK', einer Disko, wo ich mich öfters blicken lasse. Und stecke dort mitten in einer Schlägerei. Doch obwohl ich viele Schläge einstecken muss und ich hin und her wanke, wird mir klar, ich bin wieder nur Beobachter. Der Körper dort unten wehrt sich, versucht zurückzuschlagen; doch ich bin völlig unbeeindruckt davon, spüre keine Schmerzen, kein Wutlodern in mir, auch keine Reaktion, es juckt mich einfach nicht! Jetzt wird er auf eine Bank gedrängt und dort festgeklemmt, gleichzeitig droht das Bild wieder zu entfleuchen. Ich will es diesmal festhalten, suche eine Möglichkeit dazu. Doch – auf einmal etwas anderes. Ich schaue mich um. *Gibt es hier irgendwo eine Kamera, welche sich umgeschwenkt hat?* Ich richte meinen Blick wieder auf das sich vor mir Abspielende: Sehe erneut ihn, diesmal auf einem Bett, an den Händen angeschnallt, zerrend und heftig reißend an seinen Fesseln. Und ich bin jetzt wieder drin im Körper, spüre das Festhalten an den Händen, spüre, dass ich versuche, mich zu befreien.

*Es ist **doch** mein Körper!*

Nach einer Weile halte ich erst einmal inne, um wieder Kraft sammeln zu können. Schaue mich derweil um und erkenne, dass mir der Raum bekannt ist. Nur woher? – Plötzlich, als wenn die Erkenntnis darauf gewartet hätte, bis ich mich mit diesem Thema befasse, um dann zu erscheinen, flüstert sie mir zu, dass ich mich im Bett der Wohnung befinde, in der ich 19 Jahre lang lebte. Doch warum? Vor einem Vierteljahr zog ich um. Und wer und warum hat man mich angeschnallt? Ich hasse es, in der Freiheit beschnitten zu werden!

Ich versuche wieder, die Gurte zu zerreißen. Versuche es mit aller Kraft, die mir zur Verfügung steht. Versuche es erneut und noch einmal.

Trotz der Vereinigung des Körpers mit mir – nichts. Ich resigniere. Das Leuchten vor meinen Augen wird auch wieder schwächer. Doch diesmal kann ich es nicht festhalten, bin ja der Beweglichkeit meiner Hände beraubt.

Die Dunkelheit nimmt mich wieder in Besitz, bettet mich ein in die Wogen ihrer Unendlichkeit.

*

Wieder das Leuchten. Erst ein Glimmen, dann die Leuchtkraft von vorhin, dann – es strahlt richtig. Sagt mir, dass ich in der Wirklichkeit sein muss. Ich fühle mich auch als Bestandteil dieses Körpers, der auf diesem Bett liegt.

Sind meine Hände immer noch angeschnallt? Ich hebe die linke Hand: okay; die rechte: *Nanu? Was ist das? Sie lässt sich nicht bewegen! Ist sie noch angeschnallt? Nein. Und doch ... Was ist hier los? Und was ist das für ein Zimmer? Kann mich nicht erinnern, es irgendwann gesehen zu haben. Und was ist das für ein Bett, in dem ich hier liege? Kann mich auch nicht erinnern, jemals reingestiegen zu sein! Wo bin ich? Was wird hier gespielt??*

Zwei junge Frauen treten in den Raum. Beide sehen sehr gut aus, doch – ich kenne sie nicht! Will sie auch deswegen fragen, was hier eigentlich los ist.

»Wo bin ich hier?«

»Können Sie uns hören?«, werde ich statt einer Antwort gefragt. Und mir wird auf einmal klar: Ich habe nicht ein einziges Wort ausgesprochen. Nicht eines.

Ich schaue die beiden Frauen an, verdutzt und ungläubig. Kann es nicht fassen, dass ich nicht sprechen kann. Und das gerade ich, wo ich doch so eine absolute Quasselstrippe bin.

Die eine Schwester beugt sich besorgt über mich.

Das kann sie ruhig öfters machen. Denn was da in ihrem Aus-

schnitt leuchtet, sieht nicht schlecht aus. Außerdem duftet sie verführerisch.

»Ich kann das nicht verstehen«, teilt sie der anderen mit. »Sein Puls ist in Ordnung, atmen tut er auch, rollt mit den Augen. Wahrscheinlich ist sein Gehör auch verletzt.«

»Nein, das ist okay!«, will ich schreien, aber auch jetzt entringt sich meinen Lippen kein einziger Laut.

Nur in meinem Kopf entstehen die Worte.

Wütend will ich mit dem rechten Arm auf das Bett schlagen. Werde jedoch sehr schnell und schmerzlos daran erinnert, dass der Befehlsverweigerung betreibt.

»Hörst du uns?«, werde ich noch einmal von der über mir gebeugten Frau gefragt.

»Ja!« – *Scheiße, geht nicht!* – Ich nicke.

»Wie geht es dir?«

Wie soll es mir gehen? Beschissen! Vor allem, weil ich nicht weiß, was hier abläuft! – Ich zucke mit den Schultern.

»Schlaf ruhig weiter, du bist jetzt über den Berg.« Sie lassen mich wieder allein.

Berg? Was für ein Berg? Bin ich Bergsteigen gewesen? Mache ich doch normalerweise gar nicht. Aber was ist hier normal? Ich kann nicht sprechen, den rechten Arm nicht bewegen – das muss ein Traum sein, ein schrecklicher Alptraum. Und die beiden jungen Damen sind Glücksfeen. Was haben sie gesagt? Schlafen? Aber ich schlafe doch schon. Aber vielleicht meinen sie richtig schlafen. Mmh, okay. Jetzt richtig schlafen und dann richtig erwachen. Und diesen Alptraum vergessen.

Ich lasse mich in die Dunkelheit zurückfallen.

*

Eine Stimme schlägt in mein Bewusstsein: »Heute ist Freitag, der 31. August.«

Mit einem Schlag bin ich hellwach. Überlege, was ich gestern gemacht habe. Überlege und überlege, zermartere meinen Erinnerungsspeicher. Doch der hüllt sich in Schweigen. Deswegen beschließe ich weiterzuschlafen. *Ich träume noch!*

*

Wieder Stimmen. Eine davon kommt mir bekannt vor.

»Ist es besser geworden mit ihm?«

»Er ist heute Vormittag erwacht.« Das ist die Stimme der vorhin über mich Gebeugten.

»Und jetzt? Ist er jetzt auch wach?«
. *Woher kenne ich diese Stimme bloß? Es will mir nicht einfallen!*
Die mir Bekannte kommt herein. »Mike, bist du wach?«, fragt sie mich.
Ich nicke. Richte dann wieder erwartungsvoll meinen Blick in Richtung Eingang. Will endlich wissen, wem diese Stimme gehört.
Sie holt eine Frau herein. Und auch so, wie die Frau aussieht, ist sie mir bekannt. Also: »Wer ist das?«
Plötzlich fällt es mir wie Schuppen von den Augen: *Na klar, meine Mutter!* Die sich jetzt mit mitleidsvollem Blick und fast schüchtern zu mir wendet.
»Hallo Mike. Erkennst du mich?«, fragt sie mich leise, als wenn die Stasi mithören würde, und jeden Buchstaben betonend.
Ich nicke. Und fühle mich plötzlich geborgen und mit Wärme umhüllt, obwohl sie mich nicht anfasst. Nur – ich finde es schön, ein mir bekanntes Gesicht zu sehen.
»Ich darf dir noch nichts mitbringen, aber das wird sich bald ändern. Morgen komme ich wieder. Tschüss.«
Ich greife mit der linken Hand nach ihrer – *fürchterlich langsam bewegt sich diese* – bekomme sie zu greifen; dann fange ich an, sie zu streicheln. Ein Schleier legt sich vor meine Augen.
Nach einer Weile geht sie mit dem Versprechen wiederzukommen. Ich aber fühle mich durch diese Begegnung zu ihr so hingezogen, von ihrer Wärme so überwältigt, dass alle Fragen nach dem wie, warum und was überschattet werden und diese Gedanken an meine Mutter die Herrschaft in mir übernehmen. Ich schlafe wieder ein.

*

Die Augen geöffnet schaue ich mich sofort um. Und erblicke etwas Neues.
Es war also doch nur ein Traum!
Ich juble innerlich.
Dann – Rückfall ins andere Extrem. Ein schmerzvolles Stöhnen will sich mir entringen, doch findet es keinen Ausgang, lässt dafür alles in mir verkrampfen: *Wie oft träume ich diesen Scheiß noch? Hört das denn niemals auf? Werde ich denn niemals wach?* – Ich liege in einem anderen Zimmer, einem Mehrbettzimmer, wo weitere sechs Menschen liegen. Und an meinem linken Arm hängt ein Schlauch.

Was soll denn das Ganze? Ist das eine Klapper und ich soll stillgelegt werden?

Ich betrachte mir den Schlauch genauer. Stelle fest, dass er nirgendwo angeschlossen ist, einfach nur am Arm baumelt.

Hä? Hää? Was soll denn der dort?

Ich will ihn abreißen, denn er stört mich. Doch mit der linken Hand bekomme ich ihn nicht zu fassen. Die rechte – ich habe den linken Arm hinübergelegt – kann nicht zugreifen. *Was nun?*

Mir fallen die Zähne ein. Darum führe ich den Arm zum Mund und zerre den Schlauch heraus. Was zwar ein bisschen schmerzt, trotzdessen fühle ich mich jetzt viel freier.

Von irgendeinem Mitbewohner des Zimmers wird geklingelt, worauf eine – *Ich wette hundert zu eins, dass ich mich in einem Krankenhaus befinde. Bloß – warum bin ich hier?* – Krankenschwester erscheint: »Den Schlauch brauchst du aber noch.«

Ich versuche zu antworten, will andeuten, dass dies Blödsinn ist – ich schüttle den Kopf.

Nichtsdestotrotz versucht sie aber, mir den Schlauch wieder anzulegen, hat allerdings nicht mit meiner Gegenwehr gerechnet. Sie kommt nicht an meine linke Hand heran, da ich sie immer wieder wegziehe.

»Ich muss wohl deine Hand erst festzurren!«, droht sie wütend.

Ich tippe an meine Wange.

Verwundert schaut sie mich an.

»Na gut, auf deine Verantwortung«, schränkt sie dann ein. »Aber wenn es nicht geht, kriegst du ihn sofort wieder dran.« Ich grinse.

Warum soll es nicht gehen? Es hat, und dann werden wir weitersehen.

*

Essen. Mir bleibt nichts anderes übrig, als mit der linken Hand zu löffeln. Denn auch davon bleibt die rechte unbeeindruckt.

Ich weiß immer noch nicht, was ich hier eigentlich soll. Man scheint hier gar nicht daran zu denken, mich mal zu informieren. Könnte ich reden, würde ich einen Aufstand machen, dass der Sturm auf die Bastille als friedliche Demonstration erscheint. Aber das kann ich nicht! Träume ich vielleicht doch noch? Nee, dazu ist alles hier zu echt. Kann es der Wirklichkeit aber trotzdem nicht zuordnen! Alles konfus hier, unerklärbar, surreal! Ich hänge zwischen den Stühlen! Eine Scheißstellung ist das. Muss sogar daran zweifeln, ob ich es wirklich selber bin.

Das Essen schmeckt aber sehr gut; ich muss danach feststellen, dass der eine Teller für mich nicht reicht. Also wird noch einer verlangt.

Die Schwester schaut mich zweifelnd an, dann holt sie mir Nachschlag. Allerdings ist der so gering, dass der ebenfalls nicht ausreicht, nicht ausreichen kann. Ich verlange noch einen.

»Was, du willst noch einen?? Wo isst du denn das hin?«

Ich zeige feixend auf meinen Bauch. Ich bin ein schlanker Typ – schnuppere schon am Zustand des Dürrseins – weshalb es ihr wohl auch etwas unklar ist, wie ich das verzehren konnte und immer noch nicht genug habe.

Sie betrachtet mich ungläubig, holt mir aber noch einen weiteren, der diesmal dick belegt ist.

Nachdem ich den auch verspeist habe, lächle ich befriedigt. Sie jedoch kann es nicht fassen. Schaut vom Teller auf mich und wieder zurück; dann zieht sie kopfschüttelnd ab. Aber wenn es so gut schmeckt, dann ist es doch wohl normal, dass man ein bisschen mehr isst. Und genau dies habe ich heute getan.

*

Am Abend erzählt man mir, dass meine Mutter gestern dagewesen wäre. Aber ich hätte geschlafen.

Die wollen mich wohl auf den Arm nehmen, ich war doch gestern wach!

Kurz darauf höre ich im Radio die Datumsangabe: »Es ist Sonntag, der 2. September.«

Sonntag heute? Gestern war doch Freitag, also was soll das? Oder ist dem nicht so? Das gibt es doch aber gar nicht! Eigentlich müsste heute Sonnabend der 1.9. sein. Was ist hier los? Wollen die mich etwa verscheißern? Es macht denen hier wohl Spaß zu sehen, wie ich meiner Freiheiten beraubt bin! Ja, jetzt habe ich es: Man hat hier bestimmt das Radio manipuliert, es irgendwo angekoppelt, um mich im Ungewissen zu lassen. Ich soll nicht hinter die Bühnenvorhänge gucken können. Eindeutig. Ich könnte dabei ja etwas für die nicht so Angenehmes entdecken. Ja, die wollen mich verscheißern, ist sonnenklar!

2

Am nächsten Tag glaube ich, der Zeitpunkt ist gekommen, von

hier zu verschwinden. – *Ja, danke, es war wunderschön hier. Doch es ist nichts nach meinem Geschmack, darum Winke-winke.* – Ich fühle mich munter und frisch genug, Misslingen also ausgeschlossen.

Aufrichten. Muss dabei bemerken, mein Kopf zittert wie im Sturm befindliches Espenlaub. Doch im Moment kann ich dagegen nichts tun, also ab in den Hinterkopf damit.

Der Fußboden vor mir scheint eben, begehbar zu sein.

Auf einmal registriere ich, wie irgendein Blick auf mir ruht. Ich hebe den Kopf, lasse meinen eigenen umherkreisen – dann: Ein älterer Patient beobachtet mich argwöhnisch. – *Spinnt der? Was hat denn der zu gucken? Der ist wohl neidisch? Na, was soll's: Mich juckt es ja eh nicht. Weiter geht es.*

Die Beine stoßen die Bettdecke weg und stellen sich auf. Rechts ist das noch etwas komisch, aber egal jetzt. *Eh, wenn ich hier erst einmal raus bin, nicht mehr unter dem hiesigen Einfluss stehe, dann wird sich das schon geben.*

In dem Moment – es klingelt. Verdutzt schaue ich mich um – *der Alte hat geklingelt. Mistbock. Schleunigst wieder ins Bett.*

Eine Schwester kommt hereingerannt. »Wer hat geklingelt?«, will sie wissen.

Der ältere Patient meldet sich: »Ich war's. Der Junge da drüben war aufgestanden.«

»Ist irgendwas nicht in Ordnung?«, wendet sie sich an mich.

Ich gucke ganz unschuldig und zucke mit den Schultern.

»Okay, aber mache das nie wieder!«

Kaum ist sie weg, schnellt mein Körper wieder in die Höhe.

Es klingelt.

Ich lasse mich wieder zurückfallen und werde so wütend, dass ich ihm den Hals umdrehen könnte, wäre er in meiner Reichweite: *Scheinbar will der sich als Amme aufführen. Hat der nicht mehr alle? Doch was bleibt mir anderes übrig? Ich muss nach wie vor gute Miene zum bösen Spiel machen, die Schwester ganz unschuldig anlächeln. Wird nur mit jedem Mal schwerer.*

Die gleiche Schwester wie vorhin. Der Hilfsaufpasser reckt nur seinen Finger in meine Richtung, worauf sie sofort zu mir weiterläuft.

»Also, wenn ich wegen dir noch einmal gerufen werde, passiert was!«, schreit sie mich an. »Dann schnalle ich dich wieder fest!«

Darauf zu nicken, fällt mir schwer, doch ich tue es. Muss es tun, denn sonst passiert das sofort; man kann erkennen, dass sie dazu bereit ist.

Nach ihrem Weggang beobachte ich erst einmal meinen Aufpasser, um erfassen zu können, wann sich mir eine reelle Chance zum Aufstehen und Abhauen bietet.

Nach einer langen Weile – *einer unendlich langen Weile; kostbare Zeit geht mir dadurch verloren* – hat er vom mich Anstarren genug und wendet sich ab.

Jetzt!

Wie auf einem schlappen Trampolin liegend katapultiere ich mich aus dem Bett. Ein Schritt, der zweite – plötzlich knicke ich mit dem rechten Bein um und lande unter dem Bett.

Es klingelt. Ich mache mir nicht erst die Mühe des Aufstehens.

Die Schwester kommt wieder hereingerannt und stürmt sofort auf mein Bett zu. Und ich kann mir vorstellen, dass ihr Gesicht jetzt zorngerötet ist, die Blutadern pulsierend hervortreten wie bei einem, der soeben gehenkt wird.

Nach einem längeren Augenblick erscheint ihr Gesicht in meiner Höhe. »Was soll das? Du willst dich wohl völlig umbringen?« Ihr Gesicht ist tatsächlich hochrot.

Ich fange an zu grinsen. – *Soll ja helfend sein, habe ich gehört.* – Was sie dazu animiert, es mir gleichzutun. – *Sieht so richtig niedlich aus. Das andere stand ihr nicht.*

»Und, wie kommst du jetzt wieder hoch?«

Eh, mache dir darum mal keine Sorgen.

Ich bedeute ihr mit einer einladenden Geste, sich neben mich zu legen; worauf sie mir aber ein Stirnrunzeln herüberschickt.

Kann sie das Zeichen nicht richtig interpretieren oder ist es ihr unterm Bett zu unromantisch?

Da sie die Frage nicht hört, kann sie auch nicht antworten. Bedauernd zucke ich deswegen mit den Schultern; schnappe mir danach mit links eine Bettstütze und ziehe mich hoch, wobei sie mir hilft.

Oben lasse ich mich erleichtert ins Bett fallen. Muss dabei erstaunt feststellen, dass das unnormal anstrengt, Höchstleistungen von mir abfordert. Was aber nicht heißt, dass ich es nie wieder machen werde. Obwohl sie mir eine "letzte Warnung" gegeben hat und ich Angeschnalltsein als beschämend empfinde.

Es klingelt.

Diesmal schimmert kein Lächeln auf den rosigen Wangen der

Schwester, ihr Gesicht ist eine starre Maske, durchpulst von übermächtigem Ergrimmen. Mir wird klar, jetzt ist der Zeitpunkt der Hinrichtung gekommen, jetzt brauche ich nicht erst die unschuldsvolle Miene aufzusetzen, jetzt hätte sie keinen Sinn mehr.

»Jetzt reicht es! Jetzt wirst du angeschnallt!«, bestätigt sie meine Befürchtung.

Ich will dagegen was sagen; muss aber wiedermal feststellen, dass ich vergessen habe, dies ist unmöglich – zur Zeit, denn ich bin fest davon überzeugt, dass es mir wieder gelingen wird. – Ich greife zu meiner einzigen Kommunikationsmöglichkeit – schüttle heftig den Kopf wie bei Rock'n Roll.

Sie ignoriert es.

Ich balle die linke zur Faust und wehre mich. Sie ruft eine zweite Schwester herbei; nun liegt das Kaninchen auf der Schlachtbank.

*

Wieder allein. Angeschnallt an der linken Hand. Ich bin ein Schwerverbrecher, der im Zuchthaus an den Ketten hängt und auf seine Hinrichtung wartet. Meine Wut, sie wird unvorstellbar groß, wächst immer weiter, so dass es mich schon fast selber vor ihr graust: *Wenn ich reden könnte, würde ich den dafür schuldigen Alten so belegen, dass er sich unterm Bett verkriechen müsste und die Maden in seinem Gesicht verschwänden. Doch es gibt kein Abflussventil für meine Wut! Nicht durch den Mund, nicht durch die Hände! Oder doch? Meine rechte Hand ist nicht festgeschnallt; man nimmt ja an, ich könne sie nicht rühren. Doch niemand hat bedacht, dass die Finger ein bisschen beweglich sind. Damit müsste es doch gehen, nicht? Okay, ich versuche es. Und wenn ich es geschafft habe, was mache ich dann: dem Alten erst eine reinziehen oder gleich verduften?*

Ich bekomme tatsächlich die beiden Hände zusammen, zumindest soweit, dass ich mit der rechten den Gurt berühre, muss ihn nur noch aufbekommen.

Immer wieder habe ich es versucht, und es gelang mir auch, den Gurt zu lockern. Doch gelöst hat er sich nicht. Weil mir das Gefühl in der Hand fehlt. *Was mache ich nur? Was? Sollte das schon alles gewesen sein?*

Die Schwester kommt herein und schaut nach, ob mein Gurt noch sitzt.

Ja, Frau Wärterin, meine Fessel ist noch dran.

Sobald sie wieder verschwunden ist, versuche ich es noch einmal wie vorhin.

Wieder nichts. Doch so schnell werde ich mich nicht unterkriegen lassen.

Plötzlich fällt mir eine vielversprechende Möglichkeit ein.

Ich führe meinen Kopf an den Gurt, fasse diesen mit den Zähnen. Und – *ääh, schmeckt furchtbar beschissen* – er löst sich tatsächlich. Immer weiter.

Die Schwester kommt *schon wieder* herein. Sieht den nun fast gelösten Gurt.

»Das kann doch wohl nicht wahr sein«, stöhnt sie auf. »Das kann es doch nicht geben! Vor dir ist wohl gar nichts sicher?« Und will mich wieder festbinden.

Ich gebe es auf. Lege meine linke zur rechten Hand, was als Zeichen dafür gilt, dass ich ein Nickerchen machen will. Denn nur, wenn ich die Notlichtlampe hinter meinen Lidern beschaue, kann ich schlafen.

Sie gewährt mir die Erholung.

*

14:00 Uhr. Ein älterer Mann in weißem Kittel wird mir vorgestellt. Er soll mich bei meiner Krankengymnastik anleiten. Ich weiß zwar nicht, was Krankengymnastik beinhaltet und warum die bei mir angewandt wird, doch der Mann ist sympathischer Natur, schnell fasse ich Vertrauen zu ihm.

»Guten Tag! Wie geht es?«, fragt er mich als erstes.

Ich weiß nicht, ob ich den Daumen heben oder senken soll, also lächle ich.

»Jetzt machen wir erst einmal paar Tests und dann schreiten wir zur Tat.«

Er schaut nach, wie die Beweglichkeit meiner Arme und Beine aussieht: Das linke Bein kann ich ein paar Zentimeter anheben, rechts ist die ganze Seite katastrophal – kein Drehen, kein Heben, keine Bewegung, nichts. *Warum?*

*

Am Ende dieser Krankengymnastik bin ich schon in der Lage, das rechte Bein einen Mikrometer anzuheben.

Wow, super! Wenn ich bedenke, dass ich vor nicht allzu langer Zeit im Stehen das Knie bis zur Brust brachte ... wow, Superleistung! – Er bescheinigt mir das auch. – *Eeh ich weiß zwar nicht, warum ich hier liege, doch ich bin schon in der Lage, das rechte Bein und auch den Arm soweit anzuheben, dass sie nicht einstauben. Und mit dem linken Bein kann ich schon tieffliegende Mücken jagen. Und wenn ich die zur linken Hand treibe, kann ich sie sogar erschlagen. Wow, was bin ich glücklich! Der glücklichste Augenblick in meinem Leben!!! – Scheiße hoch ... ich weiß nicht, wie viele Nullen.*

Als er dann fertig ist, einigen wir uns noch darauf, dass er – wenn es geht – zweimal am Tage kommt.

*

Wieder allein. Ich liege im Bett und stelle zum ersten Mal fest, wie langweilig es hier ist. Habe auch nichts zum Lesen. Normalerweise vertreibe ich mir die Zeit immer damit, aber hier – Fehlanzeige. Was dann?? Üben, was er mir gerade gezeigt hat? – *Affig, okay, denn wenn es mir gelingt, hier abzuhauen, ist das mit den unbeweglichen Beinen und Armen eh gegessen; doch irgendwas muss man ja tun gegen dieses scheiß-nagende Scheusal, das sich Langeweile nennt.*

*

Meine Mutter lässt sich wiedermal blicken, bringt ein junges Mädchen mit, dass ich sofort als meine Schwester erkenne.

»Hallo Mike, wie geht es dir?«

Ich lächle. Bin froh darüber, Besuch zu bekommen. Denn es ist mein einziger Kontakt zur – *Außenwelt? Wenn ich hier wirklich in einem Krankenhaus liege, kann es ja nur die Außenwelt sein.*

Meine Mutter hat Saft und Früchte mitgebracht, übermittelt mir Grüße von Leuten, an die ich mich sofort erinnern kann: ehemalige Lehrer, frühere Klassenkameraden. Doch was jetzt für mich primär ist: Ich will endlich was über den letzten Monat erfahren!

Darum starte ich einen Versuch, mich mit Gesten verständlich zu machen. Die aber nicht verstanden werden, auch nicht von meiner Schwester, obwohl sie krampfhaft versucht, sich in meine Sprache hineinzuversetzen. Allerdings glaube ich, dass selbst ich meine Gesten nicht verstanden hätte, wenn ich nicht wüsste, was sie bedeuten.

Plötzlich habe ich einen neuen Einfall: *Na klar, ich werde einfach das, was mich bewegt, aufschreiben.*

Nachdem ich mir Stift und Zettel habe bringen lassen, erscheinen die ersten Striche auf dem Papier. Und da ich Rechtshänder bin, schon immer mit rechts schrieb, versuche ich es auch automatisch mit rechts. Doch – weit komme ich damit nicht. Ich kann den Stift einfach nicht festhalten! Wenn ich ihn ansetze, muss ich immer ohnmächtig und von Grausen erfüllt sehen, wie er mir wegrutscht, wie er gegen meine Finger drückt und dann zwischen ihnen hervortritt wie beim Seewolf die zerquetschte Kartoffel, weil sie keinen Gegendruck erzeugen können.

Oh no! Sollte ich etwa überhaupt keine Möglichkeit mehr haben, meine Fragen in die Öffentlichkeit zu bringen? Ich kann nicht sprechen! Ich kann keine Zeichensprache! Ich kann nicht schreiben! Ich kann nichts! Nichts!! Nichts!!! Bin ich auf Ewigkeit dazu verdammt, in meiner eigenen Traumwelt zu leben, in ihr ständig isoliert zu sein, weil ich sie niemandem vermitteln kann??

»Mike, versuche es doch mal mit links!«, reicht mir plötzlich meine Schwester einen Vorschlag herüber. Einen brauchbaren, glaube ich.

Ich versuche es. Muss dabei feststellen, das Schreiben klappt, nur – selbst ich kann es nicht lesen.

Meine Mutter und meine Schwester natürlich auch nicht. Darum versuche ich es noch einmal, krakle diesmal ganz, ganz langsam, Strich für Strich sorgfältig ausführend, Punkt für Punkt besonnen nachdrückend. Sieht auch etwas besser aus; doch – auch jetzt können sie sich nicht hineinversetzen.

Sie rufen eine Schwester; die schaut es sich konzentriert an, kommt dann dahinter: »Wie komme ich hierher?«

Ich juble innerlich, könnte der Schwester um den Hals fallen: *Du bist ein Schatz! Die ersten Worte von mir, seit ich hier drin bin, die das Tageslicht erblicken.*

»Das erfährst du nächste Woche«, sagt meine Mutter. »Jetzt wäre es noch zu zeitig dazu.«

Ich glaube, mich verhört zu haben: *Warum will sie mir das verheimlichen?*

Plötzlich durchzuckt mich ein Schatten, der mir zuflüstert, ich hätte schon vor meinem Hier sein nicht das beste Verhältnis zu ihr gehabt. Aber das warum, wieso, weshalb usw.. bleibt im Dunkeln. Nur katapultiert es mich zögerlich doch stetig zu der Überzeugung, dass sie die Ursache für diesen Schlamassel ist: *Vielleicht will sie mich wieder an sich binden, damit ich ihr den Dreck wegräume.*

Ich stutze: *Woher kommt dieser Gedanke schon wieder?* Und spüre, dass sich irgend etwas hinter diesem Blitz verbirgt, irgendeine Wahrheit, vielleicht irgend etwas mich aufklärendes, zu dessen Schloss ich aber den Schlüssel nicht finden kann, vielleicht nie mehr finden soll und deshalb nie mehr finden werde.

Wütend schaue ich vor mich hin. Die Wärme, die ich so wohltuend empfand, hat sich in Luft aufgelöst; wenn ich meine Mutter ansehe, fühle ich, wie Erinnerungen an die Oberfläche wollen, nur noch keine Öffnung finden. Und ich muss ehrlich sagen: Ich habe Angst vor den Erinnerungen; und doch gelüstet es mich, den Schleier von ihnen herunterzureißen, mich den sicher existierenden Komplikationen zu stellen.

Meine Mutter und meine Schwester – sie nimmt mein Geschriebenes mit, um sich mit ihm vertraut machen zu können – gehen wieder; mit dem Versprechen, auch morgen wiederzukommen.

3

Sonntag, 9. September. Früh.

Wie jeden Morgen ist Visite angesagt. Die Ärzte sind bei mir angekommen, schauen sich die Papiere an. Dann fragen sie mich, ob es mir gut gehe. Dabei erwarten sie bestimmt wieder, dass ich ein Zeichen gebe. Aber ich will unbedingt endlich antworten, habe es noch nicht aufgegeben.

»Ja.«

Sie schauen ganz verdutzt.

Ich bin es auch.

»Was?«

»Gu.« Dazu lächle ich sehr zufrieden. Endlich wieder einen Ton gesagt.

»Er kann wieder sprechen! Er bessert sich weiter!« Die Überraschung und auch die Freude darüber ist den Ärzten anzusehen.

Mein Lächeln wird verschmitzt, tue so, als könnte ich es schon lange, habe es ihnen nur die ganze Zeit nicht verraten.

»Und jetzt weiter üben, damit es nicht wieder verschwindet!«, ermahnen sie mich im Weggehen noch.

Mein Wortschatz ist leider noch nicht groß genug, um fragen zu können, was hier eigentlich los ist. Im Kopf sind die Wörter klar, doch mit der Artikulation klappt es noch nicht so. Also halte ich ein paar Monologe ab, damit er sich erweitert. Aufzustehen stellt jetzt keine Priorität für mich dar, das Sprechen ist wichtiger.

*

Am Nachmittag kommt meine Mutter mit einem hübschen Mädchen; die ich irgendwoher kenne, allerdings nicht weiß woher.

»Hall.«
Meine Mutter stutzt. »Mike, du kannst ja wieder sprechen! Das ist also die Überraschung, von der die Schwestern sprachen.«
Nicken. Und ich genieße ihre Verwunderung. Denn ich war es ja auch mal, wenn ich es auch mittlerweile als die selbstverständlichste Sache der Welt ansehe. - *Ist ja eigentlich auch völlig normal, dass ein Mensch spricht. Noa??*
Während sie auspackt, was sie mir mitgebracht hat, schaue ich mir das Mädchen genauer an: Sie lächelt freundlich, ich spüre wieder diese wonnige Wärme, die aber diesmal nicht von meiner Mutter ausgeht und auch eine andere ist.
Woher kenne ich die bloß?
Meine Mutter bemerkt diesen Blick. »Kennst du sie?«, fragt sie mich deswegen.
»Jaaa«, bin ich noch am Überlegen.
»Und wie heißt sie?«
Eigentlich habe ich ja ein gutes Namensgedächtnis, aber hier? Richtig peinlich so was. Also muss ich raten, was soll's: »Dianaa.«
»Nein, Pia. Und sie ist deine Freundin. Weißt du das noch?«
Aha, sie ist meine Freundin. Daher kenne ich sie also. Und Pia heißt sie? Soso. Na ja, Hauptsache, meine Freundin.
»Ja, kese.« Damit verschwindet das Fragen in meinem Blick. Ich schnurre.
In dem Gesicht meiner Mutter blitzt kurz ein Ausdruck der Enttäuschung auf. Doch der ist sofort wieder verschwunden.
Warum ist sie enttäuscht? Verbirgt sie irgend etwas vor mir? Sie will mir nicht sagen, warum ich hier bin, ist enttäuscht, dass ich meine Freundin wiedererkenne ...
DAS LETZTE STÜCK DRECK!
Was war das? Was hat das schon wieder zu bedeuten? Keine Ahnung, doch später werde ich mich darum kümmern.

*

Meine Mutter macht sich zum Aufbruch bereit. Wohingegen Pia jetzt richtig auf den Plan tritt: »Wie geht es dir, Mike?«
»Gan gu«, schaue ich ihr jetzt tief in die Augen.
»Soll ich wiederkommen?«
Ich möchte antworten »natürlich«, bekomme aber nur ein Nicken heraus. Kann dafür aber weiter lächeln.
»Ich mache jetzt los, Mike.« Ruhig und beschwörend redet sie auf mich ein, wie ein Dompteur auf seinen tierischen Schützling.

– Bin ich ein angeschlagenes Raubtier? – Sie gibt mir noch einen Kuss auf die Wange; ich nehme ihre Hand, streichle diese. Dann geht auch sie.

Pia heißt sie also. Kann mich zwar nicht erinnern, jemals eine Pia gehabt zu haben, aber der Name ist ja auch nicht so wichtig. Wichtig ist nur, dass ich jemanden liebte und liebe – Oder lieben werde? Habe ich mit ihr eigentlich schon gepennt? Oh peinlich, das will mir auch nicht einfallen. Kenne ich doch überhaupt nicht von mir. Erst weiß ich den Namen nicht, dann weiß ich nicht, ob ich mich schon mal von ihr habe verführen lassen ... eh bin ich überhaupt Mike Scholz? Es nützt nichts, ich muss mal irgendwann demnächst in den Spiegel gucken. Doch was ist, wenn ich nicht Mike Scholz bin??

4

Montag, 10 September. Nachmittag.

Pia ist da. Allein. Vorhin waren meine Mutter und meine Schwester hier, wobei meine Mutter den Vorschlag ablehnte, mich aus dem Bett zu nehmen und in einen Stuhl zu setzen. Überhaupt kam es mir so vor, als wenn sie heute nur zur Pflichterfüllung hier gewesen wäre; lediglich meine Schwester zeigte Anteilnahme, versuchte, mein Gekritzeltes zu entziffern. Doch dem jetzigen Augenblick messe ich viel mehr Bedeutung bei: Ich habe Pia gefragt, warum ich hier bin.

»Hat dir das noch niemand gesagt?«, fragt sie ungläubig.

Ich schüttle den Kopf. Zwar hatte ich mal bei den Schwestern nachgefragt, doch so richtig Auskunft geben konnten sie mir auch nicht. – *Oder wollten nicht?*

»Gut, dann werde ich versuchen, es dir zu erklären. Allerdings weiß ich auch nicht allzuviel davon: Also, du hast versucht, anderen, die einen Unfall hatten, zu helfen. Dabei bist du angefahren worden. Das ist alles.«

Wovon spricht sie – ich wäre angefahren worden? Davon weiß ich doch gar nichts. Vor allem, ich bin doch ein vorsichtiger Typ. Wie kann mir das also passieren? Fragen über Fragen. Sie hat mir zwar eine beantwortet, dadurch sind aber wieder eine Menge neuer aufgeworfen worden.

»Wasa si äh äh abspiel?«

»Ich kann dir auch nicht mehr sagen, ich saß mit dem Rücken dazu.«

Sie war also dabei, doch sie weiß auch fast nichts. Oder soll ich bloß eingelullt werden? Nee, glaube ich nicht, dass sie mit meiner Mutter unter einer Decke steckt. Weiß nicht warum, doch ich glaube es nicht. Also dürfte sie die Wahrheit gesagt haben. Doch – wie soll man das kombinieren? Schlussfolgerungen – no chance. Ich begreife es nicht. Kann es nicht begreifen. Will es nicht begreifen? Ist es wirklich so irrational? Wiedermal weiß ich es nicht, so wie ich zur Zeit eigentlich nichts weiß. Nichts wissen soll? Doch, eines weiß ich: Ich werde dahinterkommen, werde die Geheimnisse lüften! Egal, ob es mir oder jemanden anderen weh tun wird. Ich werde es wissen!

*

Beim Abschiednehmen werden wir uns darüber einig, dass sie mich aller zwei Tage besuchen kommt. »Unorallm ohne mei Mutte. Ich möch mi diralleisein uni ständi ihr laende Gsich deiham.« Denn plötzlich kann ich mich wieder daran erinnern, dass ich in meiner Kindheit wie das letzte Stück Dreck behandelt wurde: *Ich durfte jeden Mist machen, um dann doch nur Prügel dafür zu bekommen. Gelobt – kann mich nicht erinnern, jemals gelobt worden zu sein. Meine guten Leistungen in der Schule – uninteressant. Von Bedeutung war nur meine Ordnungszensur, ständig "genügend". Aber ich wurde doch dazu animiert! Sie selbst war und ist eine große Schlampe! Saubere Wohnung – Fremdwort für sie. Dafür spielte sie allein immer so ein beklopptes System von Mensch-ärgere-dich-nicht. Oder machte Kreuzworträtsel.*

Ich spüre, dass da noch mehr in meiner dafür reservierten Kammer auf einen Ausbruch wartet. Was wird es noch sein, was mich dann völlig von ihr abstößt?

5

11. September. Vormittag.

Diesmal habe ich es geschafft aufzustehen, wenn auch nur mit Mühe und Not. Und stehe jetzt neben dem Bett. – Da meine Aufpasseramme entlassen worden ist, kann ich mir das ohne Probleme leisten. Die anderen gucken nur misstrauisch und als ich ihnen sage, dass sie nicht klingeln sollen, drehen sie sich wieder ab. – Jetzt Lauscher ausfahren, denn ich möchte bei meinem Ausreißversuch nicht gestört werden.

Doch niemand ist zu hören. Schnell noch ein letztes Mal umschauen – von den anderen Patienten achtet keiner auf mich, also kann ich starten.

Der erste Schritt. Der zweite. – Dabei halte ich mich aber lieber fest, denn ich bin ja schon lange nicht mehr gelaufen.

Überraschend kommt plötzlich eine Schwester herein. – Innerliches Aufstöhnen - *habe sie gar nicht gehört* – dann lasse ich mich grinsend ins Bett zurückfallen.

»Na, wo willst du denn hin?«, fragt sie mich.

»Lieg is äääh lanweil.«

»Jetzt bleibst du erst einmal liegen, gleich gibt es Mittag.«

Nachdem sie mich gefragt hat, wie viel ich will (was jeden Tag passiert), dreht sie wieder ab.

Na gut, das Mittagessen wird noch abgewartet, dann geht es auf Tour.

*

Nach der Mittagsruhe richte ich mich wieder auf und strecke mein Ohr wieder in Richtung Außenterrain: Stille.

Ich stehe auf.

Jetzt ein Schritt nach dem anderen – langsam, festhaltend.

Dann vorn am Bett. Doch da sich mein Bettausgang an der Wandseite befindet, muss ich um das Bett herum, also an der Fußseite entlang.

Der erste Schritt, noch einer – plötzlich knickt mir das rechte Bein weg. – *Wieder das rechte! Was ist nur los mit ihm?*

Schnell versuche ich, mich am Bett festzuklammern, was aber auch schief geht. Ich falle, purzele allerdings geruhsam unter das Bett.

Zum Fluchen komme ich nicht einmal, da die anderen Patienten sich mir interessiert zuwenden.

»Ni kling, ich schaffsallee!«, zische ich schnell, damit es draußen niemand mitbekommt. Und ächze mich schnellstmöglichst unter mühsamer Aufbringung aller Kräfte ins Bett zurück.

*

Nach einer dringend benötigten Verschnaufpause stehe ich wieder auf. Rechts vom Bett steht ein Stuhl, den ich erst mal ansteuern will, um mich dort kurz erholen zu können. Er steht aber nicht genau am Bett, sondern ich muss erst vom Bett wegtreten. Aber zuerst um das Bett herum.

Noch langsamer als vorhin, noch vorsichtiger, denn ich kenne ja nun die Unteransicht des Bettes, brauche sie nicht noch ein drittes Mal zu besichtigen, meine Augen kleben fast am Fußboden.

»Phhh, gschafft.«

Jetzt noch zum Stuhl und dann wäre der erste Zielort erreicht. Doch wie mache ich das am besten?

Ich bleibe stehen, denke nach. Und nach einer kurzen Weile fällt es mir ein: *Immer an der Wand lang, na klar!*

An der Wand stehend schätze ich den Raum bis zum Stuhl ab: *Circa einen Meter. Doch alles frei um ihn herum, keine Möglichkeit zum Festhalten. – Den Meter schaffe ich auch noch, wäre ja gelacht, wenn nicht.*

Wankend, schnell das linke Bein wieder zum Stand bringend – wobei mir mächtig die Kraft ausgeht – erreiche ich den Stuhl und lasse mich erschöpft auf ihn fallen; wobei mir klar wird, dass ich erst mal eine Weile sitzen bleiben muss, um wieder Kraft zu tanken. Trotzdem – den ersten Teil habe ich geschafft!

Eine Schwester kommt herein. Verdutzt schaut sie mich an.

»Wie bist du denn in den Stuhl gekommen?«, schaut sie sich misstrauisch um.

»Gloufe«, bekommt sie lakonisch von mir zu hören. Und genieße dabei wohlig die von ihr ausgestrahlte Überraschung.

»Willst du bis zum Abendbrot im Stuhl sitzen bleiben?«

Ich nicke, hätte augenblicklich auch nicht die Kraft aufzustehen und zu flüchten. Außerdem wäre es jetzt völlig sinnlos abzuhauen, da es ja gleich was zu mampfen gibt. Denn zu dem Zeitpunkt laufen zu viele herum.

6

Mittwoch, 12 September. Morgens.

Nach dem Frühstück bin ich wiedermal dabei, mich in den Stuhl zu bugsieren, nur hilft mir diesmal eine soeben eingetretene Schwester.

Eigentlich könnten wir ja gleich weiterlaufen; wobei ich ihr natürlich nicht erzählen darf, dass ich abhauen will.

»Könntst Laufübung mitir mach, Schwesterchn, äh hm?« – So nenne ich alle hier befindlichen Krankenschwestern.

»Was für Zeug?«

»Laufübu–ngen. Od meinst, ich wi ew so rum–äh–hoppen?«

Sie schaut mich ungläubig an, dann grübelt sie nach.

»Heute Mittag, eher habe ich keine Zeit«, ist sie sich dann schlüssig geworden. »Außerdem brauche ich noch jemanden dazu.«

Das letzte Phonem spricht sie gar nicht mehr richtig aus, dreht schnell ab und verschwindet – *wahrscheinlich, damit mir nicht noch mehr einfällt.*

*

Ich warte und sitze, sitze und warte – furchtbar langweilig. Auch habe ich keine Ahnung, wie spät es ist. Ohne Uhr ist das schlecht möglich (meine Mutter ist der Meinung, ich brauche keine) und eine innere Zeituhr besitze ich nicht. Ergo gehe ich den Schwestern, immer wenn sie kommen, gehörig auf den Geist, fordere stets Laufübungen, gebe keine Ruhe mehr – *irgendwann muss es ihnen doch mal zu bunt werden und irgendwann müssten sie mir doch mal den Wunsch gewähren.*

*

Schließlich werde ich erhört: »Auf geht's, jetzt ist die Laufübung dran.«

Sofort werde ich nervös, fühle eine nervliche Anspannung in mir. Doch wahrscheinlich ist es immer so, wenn man etwas heiß ersehnt und nach endlosem Warten endlich erhält. Deshalb achte ich auch nicht weiter darauf; und einen Rückzieher zu machen, kommt sowieso nicht in Frage.

Sie heben mich an den Armen auf die Füße: Ein herrliches Gefühl, ohne Festhalten wieder auf den eigenen Beinen zu stehen. (Die Schwestern halten mich an den Oberarmen, so dass ich die Hände nicht irgendwo dagegenstemmen muss.)

Der erste Gang in Richtung Tisch. Manchmal knicken mir die Beine weg, aber es muss weitergehen, denn schließlich will ich ein Ziel erreichen. Dabei merke ich aber, dass es ohne Hilfe noch (!) nicht gehen würde. – *Also muss ich weiter trainieren! Das ist die einzige Möglichkeit!*

Vom Tisch aus laufen wir zurück zum Bett. Doch dabei zeige ich rapide Verschleißerscheinungen, die letzten Schritte schleiche ich nur noch. Und wären nicht die Schwestern, dann würde ich schon lange wütend auf dem Boden liegen.

»Na, es reicht wohl erst einmal«, sagt eine der Schwestern. »Du kannst jetzt sowieso eine Pause machen, es gibt nämlich gleich Mittag.«

»Bist du zufrieden, Mike?«, will die andere wissen.

»Für erst äh ja. Da aber ni heess, dass grad die letzt äh Tour war. Wann kommtirn heut wiede?«

»Das musst du unserer Ablösung sagen. Wir machen nach dem Mittagessen Schluss.«

»Daserd ich. Ihr könnt euch äh drauf verlass.«

Sie lachen wissend und lassen mich zurück ins Bett plumpsen.

*

Unfern vom Abendbrot wird mit mir endlich die nächste Laufübung gemacht. Und bei der erreichen wir gerade den Tisch, als meine Mutter erscheint.

»Bringen Sie ihn bitte zurück ins Bett«, weist sie die Schwestern an.

Fassungslos, mich endlos aufregend, erschreckt starre ich sie an: *Die spinnt wohl! Ich bin froh, dass ich aus dem Bett raus bin!*
Strohdo...

Strohdoof? Strohdoppelgeil? Oder was war das? War es vielleicht wieder die besondere Kammer, die brauchbare Informationen über meine Mutter enthält?

»Waruniin Stuhl?«, grollt es konfrontationsbereit in meiner Stimme.

»Im Bett geht es leichter, auch für dich.«

Ich bin entsetzt, entsetzt über soviel Dummheit. Doch jetzt stehen mir die Schwestern bei: »Er kann in den Stuhl, er ist schon fast den ganzen Tag dort. Und gestern war er auch.«

Meine Mutter wird rot. – *Nichts mit bestimmen über mich!* – »Na gut, ich wusste das nicht«, lenkt sie zerknirscht ein.

Ich aber muss erkennen, dass in Bezug auf sie wieder eine Erinnerung gekommen ist: *Erst fiel mir ein, dass sie meine Mutter ist, dann, dass ich von ihr als Kind wie das letzte Stück Dreck behandelt wurde, und heute, dass sie einen Dachschaden hat. Langsam öffnet die Kammer »Persönlichkeit meiner Mutter« ihre Pforten.*

Nach ein paar Grußübermittlungen und dem Hinweis, dass sie morgen nicht kommt, verschwindet sie wieder. – *Habe ich vielleicht an ihrer Ehre gekratzt?*

7

Donnerstag, 13. September. Vormittag.

Ich sitze schon eine Zeitlang im Stuhl und warte darauf, dass mit mir wieder eine Gehschule gemacht wird. Doch die Schwestern haben mich darauf hingewiesen, dass ich mich gedulden müsse, da ich nicht der einzige Patient wäre. Was ich auch verstehe. Doch Geduld – *was ist das??*

Aber siehe da – nur wenig Zeit ist vergangen, da kommen zwei Schwestern herein und wenden sich mir zu: »Möchtest du ans Fenster?«

Ich brauche nicht lange zu überlegen: »Nisch äh dageg.« Eine willkommene Abwechslung.

»Aer«, erinnere ich sie noch, »nich die Gehschule vergess.«

»Die lässt du uns ja gar nicht vergessen. Also, auf zum Fenster.«

Unterwegs schüttle ich meine Latschen ab, denn bei jedem halben Schritt fallen sie mir von den Füßen, sind dadurch äußerst hinderlich, blockieren mir laufend den Weg.

»Hast du keine anderen, Mike?«, werde ich gefragt.

»Hier ni. Zu Hause äääh normweis ja. Ich frag ma mein Mutter.«

»Mach das. Du brauchst dringend Schuhe. Die Latschen hier sind für dich nicht geeignet.«

Und nachdem sie mir diese geholt haben, lassen sie mich am Fenster sitzen.

*

Draußen ist es sonnig. – Das wäre die richtige Zeit, um etwas zu unternehmen. Was habe ich an solchen Tagen immer gemacht? – Ach, darüber sich jetzt einen Kopf zu machen, ist eh affig, denn man kommt ja hier doch nicht raus, zumindest nicht ohne Schwierigkeiten. Was ist das eigentlich für eine Gegend hier? Ich glaube, die habe ich schon mal gesehen, aber wo? Im Krankenhaus kann es nicht gewesen sein; denn als ich mal Steffen besuchte, da sah es anders aus. Also, wo bin ich? Laut Pia im Krankenhaus. Laut meiner Mutter nirgendwo. Laut den Frauen (Schwestern?) im Krankenhaus. Und ich selber glaube auch fast daran. Nur – wie komme ich hierher? Warum bin ich im Krankenhaus? Was ist geschehen? Was Pia mir erzählt hat, das ergibt keinen Sinn (Wirklich nicht?), wirft nur mehr Fragen auf, als es Antworten gibt. Doch ich kann machen, was ich will, meinen Erinnerungsspeicher durchforsten, solange es mir Spaß macht; ohne die Andern habe ich keine Chance, bleibe der Trottel, der sich an reichlich einen

Monat nicht erinnern kann!

Plötzlich fällt mir auf, dass mein Blick verschwommen ist. Gaukele mir aber die Ausrede vor, dass es sicher an meiner lückenhaften Erinnerung liegt. – *Warum?* – Doch selbst mir kommt dieser Grund schleierhaft vor. – *Okay, meine Mutter hat es bisher nicht für nötig gehalten, mir mal meine Brille vorbeizubringen.* – *Blödsinn, ich brauche doch meine Brille nicht ständig. Aber warum ist dann alles so undeutlich hier? Vielleicht liegt es an der Atmosphäre hier drin?*

Was sehe ich denn da – Trabis? Ich denke, die sind aus dem Verkehr gezogen? Na ja, irren ist menschlich, sprach der Igel und stieg von der Klobürste.

Ich sehe auch ein paar Leute herumlaufen, einer raucht dabei. – *Ich rauche doch auch! Oder habe ich mal geraucht? Egal. Fakt ist, ich hätte jetzt übelst Lust drauf. Doch da ich keine Zigaretten habe, hat sich das Thema von ganz allein erledigt.*

Nachdem ich einer – zu ihrem Leidwesen? – erscheinenden Schwester wieder mit der Gehschule auf den Geist gegangen bin, überlege ich, was ich jetzt tue. – *Eeh das da kann mich absolut nicht zu wilden Ovationsgelagen hinreißen. Aber irgendwas muss ich gegen diese scheiß Langeweile unternehmen. Darum: Wieder Gymnastik? Nee, dazu müsste ich ja ins Bett zurück, und dazu habe ich keine Lust. Was dann??*

Als ich mitbekomme, dass mein Kopf unerwartet auf die Brust gesackt ist, schraube ich ihn zwar sofort wieder hoch, muss mir aber die Frage gefallen lassen, was er da unten zu suchen hat. – *Ich bin doch gar nicht eingepennt!*

Plötzlich fühle ich mich müde, unendlich müde, schlapp, saft- und kraftlos. Dazu fällt mein Kopf immer wieder herunter.

Erneut werde ich vom Gefühl der Wut gepackt, einer ohnmächtigen Wut, die mich hier fast ständig angreift, animiert wird von immerfort neuen Sachen, die merkwürdigerweise nicht mehr in Ordnung sind: laufen, sprechen, richtig essen, trinken ohne Schnabeltasse, urinieren, rasieren ...

Deshalb lasse ich mich von einer Schwester zurück ins Bett bringen. Auch wenn ich weiß, dass ich dort nicht schlafen können werde. Denn im Bett bin ich dann wieder munter, als wenn man mir einen Eimer mit kaltem Wasser übergekippt hätte.

8

Freitag, 14. September. Vormittag.

Diesmal wurde ich von einer Schwester, nachdem ich erst am Fenster sitzen durfte, zum Tisch gebracht, habe Zettel und Stift vor mir liegen, übe das Schreiben meines Namens. Und das mit rechts; denn ich habe keine Lust, mich umzugewöhnen. Zwar muss die rechte erst wieder lernen, den Stift zu halten, doch die linke müsste erst lernen, lesbar zu schreiben, womit zwischen den Schwierigkeiten ein Patt herrschen dürfte. Und außerdem will ich beide Seiten gebrauchen können.

Bei den ersten Versuchen kann ich den Stift aber wieder nicht festhalten. Worauf irgend etwas in mir ausrastet und ich der rechten eine klatsche.

Kurz summt es ganz leicht in ihr, mehr aber keineswegs. Darum versuche ich mit links den Stift festzuhalten und mit rechts zu führen, will dabei langsam das Festhalten verringern, bis ich es ganz lasse.

Als es soweit ist, darf ich beobachten, wie mir der Stift erneut aus den Fingern rutscht.

Ich werde zur Abwechslung mal knurrig auf das Papier: *Scheißholprig ist das, bringt den Stift dazu, laufend hängenzubleiben.* Doch sofort flüstert mir jemand zu: *Schiebe es nicht auf das Papier. Du bist der Schuldige selbst.* Und ich muss mir eingestehen, dass es stimmt. Also muss ich mit der linken weiterhin festhalten.

So klappt es einigermaßen. Und ich fange an, meine eigene Schrift wieder lesen zu können.

Das ist doch kein Kunststück. Wenn du nur deinen Namen schreibst und weißt, dass du ihn schreibst, dann kannst du sogar jauchzende Hampelmänner in rauschenden Bäumen erkennen!

Mir ist klar, dass die Unterschrift oft gebraucht wird, deswegen übe ich weiter. Schreibe sehr langsam, um Schönschrift hinzusetzen. Doch was eine sein soll, sieht aus wie die Schrift eines besoffenen Arztes. Auch eine Schwester, die ich über mein Geschreibsel urteilen lasse, befindet, dass meine Schrift manchmal unlesbar ist, sonst entzifferbar. Und mir wird klar, dass dies noch nicht der Weisheit letzter Schluss sein kann. Außerdem halte ich den Stift wie ein Kleinkind, dass seine ersten Malversuche startet. Doch ich bin kein Kleinkind mehr und strichele auch nicht irgendwas aus. Deswegen gibt es nur eins: Weiterüben.

Am Nachmittag lässt sich Pia wieder blicken. Sieht mich schreiben und beguckt es sich. »Nicht schlecht«, meint sie dann.

»Dasisdo nur mei Nam«, mindere ich das Lob ab. »Dowie wärs, wennich dir mal ee gans Satz offschreib und du sag, was geschrieb hab?« Und setze meinen Vorschlag in die Tat um, ohne erst ihr Ja-Wort abzuwarten, einen Satz, welcher mich – nicht nur derzeit – ungemein beschäftigt.

»Der erste Satz ist gut geschrieben«, meint sie beim ersten Blick auf das Papier. »'Ich liebe dich!' – Stimmt das?«

Ich nicke mit sehr ernstem Gesicht.

»Danke!«, bekomme ich genauso ernst zurück. »Ich dich auch! Ich werde auf dich warten!«

Dann ist ein Ruck an ihr zu erkennen, der ihr Lächeln wieder auf ihren Mund zaubert: »Zurück zum Zettel.«

Sie gibt mir noch einen Kuss – *Immer nur kleine; warum eigentlich nie große?* – und konzentriert sich wieder auf das Geschriebene: »Also, das erste Wort ist wieder 'ich'. Dann folgt« – sie versucht zu buchstabieren – »ach so, 'ich will mit dir'. Doch das letzte Wort kann ich nicht lesen. Was soll das heißen?«

»Dadoch das Wichtigs am gans Satz!«

»Sag es mir bitte«, bettelt sie.

»Na gu, weil dusist: 'schlafen'.«

»Also, zusammengefasst heißt das – häh, du hast zuviel Zeit hier! Aber das ist ganz typisch für dich. Daran sieht man, dass du dich absolut nicht geändert hast. Nur – das dürfte hier drin schlecht möglich sein.«

»Ich wijaouniewig höör drin bleib. Aber fürerst werd ich Ulau beantagn.«

»Kriegst du denn hier drinnen welchen?«

»weeßchni, dopobiern gehvor studier. Unnach Hiefe schein kannimmernoch.«

»Okay, ein Versuch ist es auf jeden Fall wert«, bestätigt sie. »Aber jetzt gehen wir ins Besuchszimmer. Oder willst du nicht?«

»Beiir stichswoh, wa?« – Seit gestern ist das für uns reserviert.

*

Dort angekommen, zeigt sie mir erst einmal, was sie mitgebracht hat: drei Schmöker. – Sind zwar Liebesromane alias Mitglieder des Schnulzenkabinetts aus dem Zeitungskiosk, aber die Hauptsache ist, wenigstens etwas zum Lesen, zum Vertreiben der quälenden Langeweile. – Dann packt sie noch Sachen aus, welche sie von meiner Mutter für mich bekommen hat: Einen Schlafanzug - *zu Hause habe ich zwar nie einen an, aber wenn ich hier die ganze Zeit nackt rumlaufen würde, so einen großen Terminkalender habe ich gar nicht* - meine Brille – die ich sofort aufsetze und dadurch wieder einen verbesserten Durchblick habe – und ein Paar Turnschuhe - *Ich wusste gar nicht, dass Adidas auch solche barbarisch hässlichen herstellt. Ach ja, kann mich erinnern: Meine Mutter hat ja den Geschmack einer blinden Bergziege.* – »Ich wollte auch Anziehsachen für dich haben«, erzählt mir Pia, »doch deine Mutter wollte da nichts rausgeben. Ich musste ihr schon mächtig auf den Pelz rücken, um das hier zu kriegen.«

Ich bedanke mich bei ihr und will noch wissen, warum meine Mutter sich so hat.

»Kann ich dir auch nicht sagen. Vielleicht will sie die selber anziehen.«

Wir halten es beide für möglich und machen uns lustig darüber, haben endlich mal Gelegenheit, ein Weilchen miteinander zu lachen.

Danach zeigt sie mir Bilder von ihrem Urlaub im letzten Monat. »Eigentlich wollte ich gar nicht fahren, doch meine Mutter meinte, ich müsse, damit ich wieder auf andere Gedanken käme. Was auch richtig war. Nur wurde der ganze Urlaub überschattet von dem Unfall. Es war mir ein bisschen peinlich, dich im Krankenhaus zu wissen und mich im Urlaub an der Ostseeküste.«

Aha, also schon im August hier. Hm. Was ist jetzt? September? Doch wieso war ich im August im Krankenhaus? Hat sie mir ja schon gesagt; sehe bloß noch nicht durch. Aber was war nun im August? Fragen? Nee, würde bloß die traute Atmosphäre zerstören. Also lass ich es, mache es später. – Ich schaue mir weiter die Bilder an.

*

Die Tür geht auf – nur ich darf bis zum Abendbrot 17:30 Uhr Besuch empfangen, bei den anderen ist als Ende der Besuchszeit 17:00 Uhr verbindlich – eine Schwester kommt herein und teilt mir mit, dass es an der Zeit ist.

»Pia«, holen mich meine Depressionen wieder ein, »ich finsum Kotzn, dass meruns wietrennmüssn. Kannstasni irnwie abännern?«

Ich kann jetzt ganz tief in ihre blauen Augen schauen, bis hinunter zur Seele, als sie langsam den Kopf schüttelt.

Plötzlich kommt mir eine Idee – *eine verrückte Idee, yeah, doch was soll's? Verrückt sein ist eigenartig und damit interessant.* »Pia, kammirn Gefalltu?«, versuche ich, hinab in ihre Seele zu sprechen.

»Welchen?«

»Mizrück in dää Bett bring?«

»Du meinst die Schwestern begleiten, wenn sie dich zurückbringen? Na klar. Aber das mache ich doch immer.«

»Nee, das meinichni. I mein, dassde mich rübschafft.«

Ein Anschein von Verwirrung auf ihrem Gesicht. »Machen das nicht die Schwestern?«

»Normal-erweise ja. Aber ich möch, dass dus heutut – tust«, bitte ich sie.

»Aber ich weiß doch gar nicht, wie das geht«, wendet sie ein. »Außerdem bin ich dazuviel zu schwach.«

»Meinse, die Schestern sin kräfter?« Wissentlich vermeide ich es zu erwähnen, dass das immer von zweien gemacht wird. Denn ich will einfach in ihren Armen liegen und dadurch für einen Moment alles vergessen können, was mich derzeit fast erstickt.

»Aber was ist, wenn es schief geht?«

»Gehesni.« Davon bin ich überzeugt. Und weise sie daraufhin, dass ich hier schon zweimal unter dem Bett landete, dabei mir aber nie was passiert war.

Damit habe ich sie überzeugt. Wir starten.

Sie nimmt mich an der Schulter, ich lehne mich auf sie – spüre ihren berauschenden Duft, kann die goldenen Härchen sehen, die sich auf ihrem Hals aufgerichtet haben, fühle, wie ich meiner Umwelt enteile, in diesem Augenblick so glücklich bin wie schon seit Jahrhunderten nicht mehr.

Durch die Tür treten wir Arm in Arm hindurch. Doch jetzt dringt unvermittelt ein Schimmer in mein eingenebeltes Bewusstsein, der mich dazu zwingt, meinen Blick von ihrem Hals, ihrer Schulter, ihren Brustansätzen abzuwenden und ihn auf die ganze Frau zu richten: Sie kämpft wie eine ihr Junges behütende Bärenmutter, um mich nicht fallenlassen zu müssen, keucht dabei, als wöllte sie einen Orgasmus herbei zwingen, der jedoch keine Lust hat, in ihr aufzusteigen. Doch sogleich wandere ich in den Dämmerzustand zurück, rede mir ein: *Sie wird es schaffen.*

Draußen wird der Vorgang sofort von den Schwestern bemerkt,

die sich nun wie bei einer Parade aufstellen, um uns zu beobachten. Und ich – ich erwache und muss lächeln.

Doch lange lächeln kann ich nicht. Denn plötzlich merke ich, wie Pia Schwierigkeiten bekommt. Ihr Keuchen wird immer stärker, jetzt muss sie mir auch immer wieder neu unter die Schulter fassen. Ich mache mich bereit, auf Tauchstation zu gehen, lockere den Griff. – *Nicht sie soll sich dabei verletzen; ich bin ja eh schon im Eimer.*

Dann – ich merke, dass sie anfängt zu stolpern. Ich lasse los.

Wie ein nasser Sack bin ich zu Boden gefallen, versuchte zwar noch, die linke zum Abfangen zu benutzen, doch auch die ist zu schwach dafür. Diesen Moment ihrer Nähe aber bereue ich keinen Augenblick.

Pia, nachdem sie ihr Gleichgewicht wiedergefunden hat, und auch die Schwestern, welche sofort zu mir gerannt gekommen sind, wollen wissen, ob mir was passiert sei, ob ich verletzt bin, ob ich Schmerzen verspüre.

Doch nach einem Blick auf Pia habe ich mein Lächeln wiedergewonnen. Vor allem jetzt, bei dem Anblick der besorgten weiblichen Gesichter um mich herum, wird es breiter. »Iwo«, beruhige ich sie dann, »allin Butter. Konnja schließ ni mehr as schiefgehn.«

»Du bist verrückt!«, erklärt mir eine der Schwestern.

Währenddessen wendet sich Pia ihnen zu. »Tut mir leid, aber er war einfach zu schwer für mich.«

Die gleiche Schwester, die mich als verrückt abgestempelt – *gepriesen!* – hat, meldet sich wieder zu Wort: »Das ist auch kein Wunder, soviel, wie er isst. Eigentlich müsste er so richtig fett sein. Wer weiß, wo sein Fett sitzt.«

Pia und ich schauen uns lächelnd an; ich glaube, wir denken beide das Gleiche.

Damit verabschiedet sie sich aber, wonach ich ins Bett gebracht werde – von zwei Schwestern.

9

Sonnabend, 15. September. Vormittag. Visite.

»Herr Doc, fol-äh-gend-es Problem: I möch nächses Wochnend Ulaub bekommeen!« Während ich ihm das sage, bin ich enorm aufgeregt, versuche aber, mir das nicht anmerkenzulassen, weil ich glaube, damit meine Erfolgschancen zu schmälern.

Verdutzen quillt nun zu mir herüber. »Was wollen Sie – Urlaub??«, scheint er so ein Ansinnen noch nie gehört zu haben. »Das würden Sie doch gar nicht durchstehen!«

»Warumi? Es gidoch für alles e-e-ei-ne Lösung!« *Und wenn sich bewahrheiten sollte, was hier drin mit mir los ist, wäre es die Todeslösung. Und die muss nicht die schlechteste sein.* »Lassmers do ein–fach droffakomm!«

Von diesem Vorschlag scheint er nicht so begeistert zu sein, will es sich aber noch einmal überlegen. »Fragen Sie bei Gelegenheit wieder nach.« Und verlässt kopfschüttelnd den Raum.

*

Nachmittag.

Meine Mutter und meine Schwester sitzen vor mir. Und haben mir gerade erzählt, dass die Turnschuhe 60,- DM gekostet hätten.

»Wiiieeeviiieeel?«, reiße ich die Augen entsetzt auf. »Paar 5,40-DM-Tunnschuh häddo ouch gedan.« *Fehlt nur noch, dass ich die bezahlen soll.*

Doch meine Mutter ignoriert meinen Einwand; dafür ist jetzt ihr Grüßereport an der Reihe, bei dem es mich schon wundert, dass sie die Namen nicht von einem Zettel abliest. – *Das ist doch öde, furchtbar langweilig, sinnlos. Ich kann da schon hören, wie gejammert wird:* »Ach, der Arme, der muss so leiden. Ach herrje.« *Und wenn keiner zuhört, wird dann geflüstert:* »Gut, dass mich der böse Wolf nicht gefressen hat.« *Oder ähnliches. Doch niemand kommt auf die Idee, mir erst einmal zu sagen, warum er eigentlich so ein mitleidiges Geheul loslässt.*

Plötzlich werde ich aus meinen Gedankenspielen, die mich leider doch keinen Schritt voran bringen, herausgerissen: »Hier sind Briefe für dich.«

Im Eigentlichen sind es nur zwei, einer davon von irgendeiner Uni in Bezug auf ein Fernstudium – *habe ich mich für eines beworben?* – doch der andere scheint interessanter zu sein. Denn auf dem Absender steht ein holländischer Name, welcher mir irgendwie bekannt vorkommt: Yvonne van Rikeers.

»Ich habe die Briefe schon aufgemacht, hätte ja was wichtiges drin stehen können«, bringt sich meine Mutter wieder zu Gehör.

Ist mir noch gar nicht aufgefallen. Aber warum soll ich mich deswegen aufregen? Ist ja eh schon passiert. Aber der Brief ist noch im Kuvert und das ist die Hauptsache.

Ich fange an, ihn zu lesen.

Sehr Interessantes beinhaltet er: Sie lädt mich über Weihnachten und Silvester ein, zu sich nach Holland zu kommen. Und jetzt weiß ich auch wieder, wer das ist: Wir hatten uns kennengelernt durch eine Zeitungsannonce – glaube, im April war das – und seitdem schreiben wir uns. Sie studiert derzeit in Neubrandenburg Deutsch; ich habe allerdings nicht die geringste Ahnung, wie sie aussieht. – *Sie kann stockhässlich sein, kann aber auch irgendeiner Puppe in Werbeprospekten ähneln. Ich weiß es nicht! Kann mich auch nicht daran erinnern, jemals ein Bild von ihr bekommen zu haben. Ich weiß es einfach nicht. Komisch? Komisch.*

Meine Mutter will nun wissen, ob ich den Absender kenne. Und als ich bejahe, wer das ist: »Deine Bekanntschaften sind scheinbar international. Wieso erfahre ich nichts davon?«

Verwundert schaue ich sie an: *Kann mich nicht erinnern, ihr das schon jemals gesagt zu haben. Mich interessiert es doch auch nicht, mit wem sie ins Bett steigt. Also hat es sie auch nicht zu interessieren, wer es bei mir ist. Ich kann mich noch sehr gut daran erinnern, wie sie mir mein erstes Zusammensein mit einem Mädchen zerstört hat, als sie früh in mein Zimmer stürmen wollte und eine wilde Szene machte, weil ich wohlweislich zugeschlossen hatte. Solchen Auftritten habe ich dann aber einen Riegel vorgeschoben, indem ich ihr klipp und klar sagte, dass sie das absolut nichts angeht. Und das soll auch so bleiben. Dann muss sie das eben wieder gesagt kriegen, damit sie sich daran erinnert.*

Daraufhin greift meine Schwester ein: »Ist dir schon bekannt, dass sie sich im Betrieb immer freinehmen muss, damit sie zu dir kommen kann?« – Moralpredigt.

»Nö«, brabble ich. Doch ein reuevolles Gesicht zu ziehen, will mir nicht gelingen.

»Da könntest du ruhig ein bisschen dankbarer sein!«, ermahnt mich meine Schwester weiter.

»Hm«, brumme ich, bin viel mehr damit beschäftigt zu ordnen, was in mir vorgeht: *Die Pforte hat sich weit geöffnet. Und lässt eine Flut von Erinnerungen hinausströmen, die mir zeigen, dass die vorherigen klaren Fragmente nur ein Vorgeplänkel waren. Alles steht unter der Überschrift: 'Ich, das letzte Stück Dreck bei ihr in meiner Kindheit!' Plötzlich ist mir auch klar, dass es für meine Mutter nicht so schlimm sein kann, sich von der Arbeit abzuseilen. Denn den Fleiß hat sie ja wahrlich nicht erfunden. Möglich, dass sie sich öfters in eine Ecke stellt und wartet, bis der Arbeitsanfall vorbei ist. Zu Hause macht sie das jedenfalls meistens.*

Auf einmal dringt die schimpfende Stimme meiner Schwester an mein Ohr: »Was?? Warum??«

Was ist jetzt los?

Ich schüttle den Kopf, um wieder in die Gegenwart zurückzufinden. War wohl zu sehr in die Erinnerungswogen versunken. Doch als mir klar wird, worum es geht, spüre ich eine noch stärkere Wallung in mir aufsteigen.

»He!«, weise ich sie zurecht. »Du dir wiedermal die Ohr waschen! Ich ni-cht – äh – ich hab nicht 'warum', sonnern 'hm' gsagt!«

»Ich höre nicht falsch! Du hast echt 'warum' gesagt!«

»Komma zrück offn Dampfer«, fordere ich sie auf, »dannannse weiterrädn.« Ich sitze zwar nur noch auf einer Klippe, das Land ist nicht in Sicht, doch scheinbar will sie mich auch noch von der herunterstoßen.

Plötzlich erwacht meine Mutter aus ihrer Lethargie: »Mike, jetzt reicht es aber! Du hast wirklich 'warum' gesagt! Brauchst es nicht erst abzustreiten!«

»Oh nein«, stöhne ich auf und falle zurück. Und muss erkennen: *Ganz neu bei meiner Mutter, dass sie auf jemandem herumhackt, der vor ihr sitzt. Aber wahrscheinlich denkt sie, dass ich jetzt wehrlos bin und nach ihrem Kommen bettle. Da hat sie sich aber gewaltig geschnitten.* »Die Mutter zu sein gibt ihr noch lange nicht das Recht, mit mir umzuspringen, wie es ihr gerade passt«, brüte ich tonlos vor mich hin. *Und – ist nicht vielleicht sie an dieser Scheiß-Misere schuld, hat es veranlasst, dass ich hier drin hocke? Nur – wie das jetzt läuft, dürfte es nicht gedacht gewesen sein: Der böse, böse Sohn lehnt sich auf. Niemand mehr zum Dreck-Wegräumen. – Denn meine Schwester macht es auch nicht. Ist aber eigentlich normal. Denn sie war ja immer das Hätschelkind, brauchte nie irgendwas zu machen.*

»Wenn wir wiederkommen sollen, wirst du dir überlegen müssen, wie du uns gegenüber auftrittst!«

*

Wieder allein. Aber immer noch bin ich so wütend, dass ich irgend etwas in Asche kloppen könnte. Das verwundert mich. Denn vor gar nicht so langer Zeit war dies für mich völlig untypisch, da blieb ich auch bei so einem Thema ruhig und wurde zynisch. Doch jetzt bin ich davon weit entfernt. Merkwürdig. Aber – *bin ich überhaupt Mike Scholz? Doch so viele Leute, wie hier sind, die können doch nicht alle in einem Komplott drinstecken! Und was für einen Grund sollte man dazu haben? Arbeitet meine Mutter plötzlich hier und lässt sich nur ab und zu bei mir blicken, damit es nicht auffällt? Will man mich hier etwa verfaulen lassen? Was hat Pia damit zu tun? Fragen über Fragen – schon wieder – doch ich weiß keine Antwort! – Schon wieder. – Nur eine: Ich kann niemanden danach fragen, sonst stecken die mich wirklich in eine Klapper.*

Ich greife nach einem Buch und beginne zu lesen.

10

Sonntag, 16. September. Früh. Visite.

»Guten Morgen«, begrüßt mich der Chefarzt. »Sind die Bauchschmerzen weg?«

»Schein so.« In der Nacht spielten ein paar Trampeltiere in der Nähe meines Magens Hascher, was für mich ziemlich unangenehm war. Erst irgendwelche Tropfen ließen mich zu Morpheus zurückkehren.

»Na ja, Sie werden sich überfressen haben. Nichts weiter.«

Ich muss unwillkürlich grinsen. Klingt so – na ja, ich weiß nicht wie, auf jeden Fall regt es mich zum Grinsen an.

Er will nun gehen, doch ich habe noch ein sehr wichtiges Thema auf dem Herzen: »Ich äh hab gesten schoma davoon gesprochn unich soll noma nachfragn: Wie siehsaus – bekommich Urlaub nächses Wochende?«

Alle Ärzte und Schwestern lächeln einander zu. Dann ergreift der Chefarzt wieder das Wort: »Ich wollte es ihnen ja eigentlich erst morgen sagen, doch sie fordern mich ja förmlich dazu auf. Also,« – er schaut noch einmal durch die Runde – »am Mittwoch, den 19.9. werden Sie uns verlassen. Dann kommen Sie in das Rehabilitationskrankenhaus Großbüchen. Und dort können Sie dann Urlaub beantragen.«

Diese Neuigkeit hat all meine Gedanken an andere Sachen erst einmal fortgescheucht, ich muss das eben Gehörte zunächst verarbeiten. Doch meine Freude ist riesengroß: *Endlich raus hier, fort von diesem Ort; dann werde ich ja sehen, ob das, was mit mir hier los ist, einen realen Anspruch hat.*

Doch Fragen habe ich noch: »Wie langerdich dadrin bleibn müssn?«

»Bis Ihre Sprache und das Laufen wieder hergestellt sind.«
»Wie lang wirdsauern?«
»Das weiß ich auch nicht. Denn das hängt ganz von Ihnen ab. Allerdings so, wie Sie sich hier aufgeführt haben, wird es nicht allzu lange dauern.« Er verabschiedet sich jetzt ganz schnell, als wenn seine Frau mit dem Nudelholz wartet, sollte er zu spät kommen. Doch mir ist klar, dass ich der wahre Schuldige bin.

Am Mittwoch werde ich hier verschwinden. Am MITTWOCH! Und dann – dann werde ich schleunigst den Rückzug aus dem Rehabili-Krankenhaus antreten. Und dann? Was nach dann ist, werde ich sehen.

11

Montag, 17. September. Nachmittag.

Alles war wie immer: Krankengymnastik zweimal – bei der ich jetzt den rechten Arm und das rechte Bein langsam, kraftlos, aber doch etwas bewegen kann, die linke Seite ist von der Flexibilität her wieder fast vollständig einsetzbar – fleißig riskieren, schreiben üben, lesen, Gehschule fordern und einmal bekommen; und doch ist seit gestern alles anders: Ich habe das Ende in Sicht, bin wie verwandelt – sprühe deswegen vor guter Laune, sehe alles etwas lockerer, nicht mehr so verbissen.

Jetzt aber sitze ich zusammen mit meiner Schwester im Besucherraum. Und was mich sehr wundert, dass sie heute nicht den Geleitschutz für meine Mutter darstellt.

»Wasnit Mutti los? Warm bistn äh alleen?«, will ich deswegen wissen.

»Die ist noch sauer wegen Sonnabend. Wirst dein Benehmen wohl doch ändern müssen.«

Ich werde dadurch noch einmal in das Dilemma hineingetaucht und mir wird fast schlecht dabei. »Eh am Sonnamd habi eh ni 'warum' gsag.«

»Von mir aus. Genaugenommen ist es mir egal.«

Plötzlich fällt mir ein, dass ich ihr Bescheid sagen muss wegen Mittwoch.

»Ich sag's Mutti mit«, lässt sie daraufhin von sich hören.

Ihr Tonfall versetzt mich aber in gereizte Stimmung. – *Das klang wie:* »*Na gut, ich sage es ihr bei Gelegenheit. Verlass dich aber nicht darauf, dass es umgehend geschieht.«* – Und deswegen schustere ich mir etwas zusammen, um nachzustoßen.

Ich mache den Mund auf, damit die Worte den Ausgang finden können, da werde ich plötzlich darin gestört: Die Tür öffnet sich.

Ich schaue auf die über mir hängende Uhr, denn ich kann mir nicht vorstellen, dass die Besuchszeit schon vorbei ist – und richtig, es ist erst zwölf nach vier!

»Was ...« Ich breche mitten im Satz ab, denn jetzt sehe ich, wer eintritt: Pia! Sie hatte ich heute nicht im geringsten erwartet.

»Mike, was wolltest du gerade sagen?«

»Äääh – wasür wunschöner Nammtag«, fällt mir nichts Besseres ein.

»So so. Na ja, wenn einem nichts mehr einfällt, muss das Wetter herhalten. Ich komme wohl ungelegen?«

»Nieee!«, beteuere ich.

»Kann man das glauben?«, schwingen in ihr noch Zweifel – scheinbar, denn sie lächelt schon.

Ich lege meine linke auf die Brust, senke meinen Blick und verleiere etwas die Augen, so dass ich aussehe wie ein Unschuldslamm, das soeben geboren worden ist.

Endlich hat sie ein Einsehen, gibt mir einen Begrüßungskuss, meiner Schwester die Hand und setzt sich zu uns.

Ich erkenne, meine Schwester stört. Ich habe keine Anstandsdame bestellt, welche immer schön fleißig die Kerze hält. Folglich muss ich sie irgendwie rausekeln. Und ich weiß auch schon wie.

»Um a vor–hin zurückzukomm – wieso sollich mei Benimme ändn? Besteh da irgendn Gund dazu? Ihrüsst doch schließ–lich einsehn, wennirechtab. Ich mir keener Schul bewuss.«

»Einen Anteil Schuld hast du schon. Du weißt doch, wie sie ist. Da hättest du sie doch nicht erst dazu auffordern müssen.« Ihre Stimme wird lauter.

Ich merke schon, ich muss noch eine klitzekleine Kelle nachlegen: »He he he, fanga an nachzudengn. Die Hautschud trächt dowohldu. Hästonierst mitter Kacke anfang müss-en.«

Jetzt wird sie wütend: »Heißt das etwa, dass ich auch gehen soll?«

Ich fühle, wie mich das schon verloren geglaubte Gefühl des Zynismus ergreift: Lehne mich lässig zurück und fange an, höhnisch zu grinsen. »Nix dagegn«, lasse ich sie hören.

»Na gut!«, schreit sie mich an. Dann springt sie auf, reißt die Tür auf, rennt fluchend hinaus und knallt dabei die Tür wieder zu.
»Warum hast du das gemacht?«, schaltet sich jetzt Pia ein. – Sie weiß, was am Sonnabend geschehen ist, ich habe es ihr gestern erzählt. – »Ich wage zu bezweifeln, dass sie bei dieser Abfuhr jemals wiederkommt.«
Und auch in mir bringt sich die Opposition zu Gehör: *War das wirklich nötig? Hättest du sie nicht ganz normal bitten können, dich für heute zu verlassen? Sie hätte es bestimmt verstanden, ist doch nicht deine Mutter.*
Doch ich wische diesen Einwand weg, verweigere ihm das Stimmrecht: »Die mumerkn, wosanggeht, dassch mirnialls gfalln lass.«
»Mag ja sein. Aber musstest du es ihr gleich so deutlich zu verstehen geben?«
»Eeh«, weise ich sie darauf hin, »wärich dodel deut–lich gewäsn, hättch zuir gsagt: 'Verpissich!' Denni wollt mitir alleisein.«
Ihre Gesichtszüge enthärten sich. »Aber das nächste Mal beherrscht du dich. Versprochen?«
»Ich versuch.«
Damit habe ich dieses Thema in die Rumpelkammer geschickt; nun sind wir allein und genießen das.

*

Abendessen. Feierabend für heute.
Im Zimmer ist ein neuer Patient. Er soll laut Schwestern ein ziemlich schwerer, annähernd hoffnungsloser Fall sein.
Wahrscheinlich hängt das damit zusammen, dass er so was wie ein Miesepeter ist. Sieht auch recht unsympathisch aus, der Kunde. Oder wird von den Schwestern was anderes gemeint mit »wird nicht mehr«? Ach, egal, was geht es mich an? Übermorgen verschwinde ich hier. Und nach mir die Sintflut.

*

Ich schlafe. Plötzlich merke ich, wie mir etwas den Hintern langkraucht.
Möglicherweise ist das der neue Alte, dem traue ich das zu. Sein Bild will mir nicht aus dem Sinn gehen.
Ich schlage mit der linken Hand nach hinten. Und bleibe an der Hose hängen.
Hä, was ist das??? – Scheiße, im wahrsten Sinne des Wortes. Doch – eigentlich logisch, denn seit ich hier bin, habe ich noch nie

ein Ei gelegt. Dann wird man auch noch von diesem Alten geistig manipuliert. Was mache ich jetzt? Geht ja wohl nur klingeln, ääh, denn damit schlafen kann man ja schlecht.

Ein Pfleger kommt: »Was ist los? Warum klingelst du?«

Mann, ist das peinlich! – Ich beschließe, auf die Zeichensprache zurückzugreifen und zeige nach hinten.

Er muss es richtig analysiert haben, denn er fängt an zu fluchen. Dann ruft er eine Schwester herbei und holt neue Sachen.

»Tumi furch–bar traurig unis mir unheim–lich peilich, arder Alte darüben hat mich mani-äh-mani-äh-puliert«, versuche ich mich leise und mit schüchternem Tonfall zu rechtfertigen, denn weder für die Schwester noch für den Pfleger dürfte es ein Genuss sein, mir die Musrinne auskratzen zu müssen; und mir selber macht das auch keinen Spaß.

»Ich möchjetz off Tolte, damits ninoma paiert.«

»Das möchte ich auch hoffen. Hier hast du einen Nachtstuhl.«

Ich schweige. Sitze nur noch bedrückt da – wobei mir der Blödsinn klar wird, den ich gerade dem Pfleger erzählt habe: – *Scheißen tust du selber, niemand anders; oder meinst du, dir hält jemand ein Saugrohr ans Arschloch??*

Aber es bleibt beim Versuch. Darum lasse ich mich zurück ins Bett fallen.

12

Dienstag, 18. September.

Als ich früh aufwachte, fiel mir sofort wieder ein, was letzte Nacht geschehen war. Das Peinlichkeitsgefühl stieg in mir erneut auf, wollte mich schier erdrücken, machte mir klar, dass es die ganze noch verbleibende Zeit über mich herrschen würde. Mir kam es auch so vor, als wenn jede Schwester verächtlich auf mich gucken würde. »Zum Glück ist es bloß noch ein einziger Tag, den ich hier aushalten muss«, redete ich mir immer wieder ein. »Aber dieser eine wird wahrscheinlich so schmerzen, als wenn man bei Bewusstsein in einem kurz vor dem Zerschmelzen stehenden Kessel gegart wird.«

Der Pfleger, der die Krankengymnastik leitet, fragt natürlich auch nach der gestrigen Nacht. Und ich finde es toll, dass er darüber im Bilde ist.

»So schlimm ist es doch nicht«, meint er, als ich es ihm mit Worten geizend erzählt habe. »Kann halt mal passieren.«

Ich könnte ihn anschreien: »Das hat aber nicht zu passieren!«, doch ich lasse es. Befinde mich heute nicht in der Stimmung, Widerstand zu leisten; wöllte mich am liebsten einbuddeln in den Boden, das letzte Nacht hier Passierte wegschließen und den Schlüssel ganz weit, unauffindbar für jedermann, wegwerfen. Auch verzichte ich heute darauf, den Schwestern auf den Geist zu gehen. Ich verschanze mich im Bett, lese oder übe schreiben. Und kann mir vorstellen, für die Schwestern muss das eine wahre Erholung sein.

Doch eine Schwester ist davon nicht so begeistert. Nach dem Mittagessen fragt sie mich, warum ich heute so schweigsam bin. Ich erzähle es ihr stockend und erwarte sofort eine strenge Rüge; hätte mich auch nicht gewundert, wenn als Schlagzeile am schwarzen Brett im Krankenhaus erschienen wäre: In der Nacht vom 17. zum 18.9. schiss Mike Scholz sich ein! Schämen soll er sich!

»Nimm es nicht so tragisch, das kann doch jedem mal passieren«, versucht sie jedoch, mich wieder aufzurichten. »Lass wieder ein paar Sprüche raus, man vermisst sie ja richtig.«

»Na ja«, stoße ich aus mir raus, überrascht und ein klein wenig gelöster, doch immer noch eine Spur misstrauisch, »wenn demidrum bittest, musschjawohl. Aer dafür, wasde mir grad gsagt hast, vielen Dang! Du könntst deie Brötchen ouals Pch–Ps–Pssychologe verdienen. Hastalent dazu.«

Sie lächelt: »Muss ich mir noch überlegen. – Willst du wieder ans Fenster?«

»Gehschul wärmir lieber.«

Sie lacht lauter: »Okay, wir laufen zum Fenster. Einverstanden?«

»Zum Tisch wärmir lieber.«

Am Abend erfahre ich dann noch, dass meine Mutter angerufen und gesagt habe, sie komme mich am Mittwoch in Großbüchen besuchen und bringe mir dann Wäsche mit. Worauf ich mich freue.

13

Der letzte Morgen – Mittwoch, 19. September.

Ich bin unheimlich nervös. Denn noch sitze ich nicht draußen, sondern nur in der Nähe des Ausganges. Ich traue dem Frieden nicht, glaube erst, dass es wirklich passieren wird, wenn ich es sehen kann. Zwar bin ich nicht mehr im Bett und eben dieses Bett wurde schon neu bezogen, und auch mein weniges hier befindliches Hab und Gut wurde schon zusammengepackt, doch ich bin noch nicht weg hier. Und genau das ist entscheidend. Denn dann werde ich sehen, ob es stimmt, dass ich nicht mehr laufen kann.

Plötzlich wird mir von den Schwestern gesagt, dass jetzt der Abschied gekommen sei. »Gute Besserung, Mike! Und komme uns mal besuchen, damit du uns erzählen kannst, wie das dort mit dem Laufen gemacht wird.«

»Okay. Un ihr wa sehr nett. Tschüs-si!«

Leben oder Tod?

»All that is, was and will be ...«
Metallica

1

Endlich woanders – *Ändert sich jetzt alles für mich? – In einem 3-Bettzimmer; und dort in der Mitte, was ich nicht so liebe. Aber ich kann es mir nicht aussuchen, in dem Zimmer liegen schon zwei: Der eine ist über 50 und der andere ungefähr 25, beide scheinen ganz okay zu sein. Der ältere ist sich sicher, dass er diese Woche geht. Keine Ahnung, was er hat oder hatte, er weiß es selbst nicht. Der jüngere hat zuviel gesoffen, hat Leberprobleme. Ist aber nicht geneigt, diesem Alkoholproblem abzuschwören; findet stattdessen, was er schluckt, ist nicht viel. Doch über die beiden kann man herzhaft lachen – soweit man lachen will – weswegen es nicht so trist ist wie in der ITS.*

Kurz nachdem ich angekommen bin, gibt es Mittagessen.

Oje, stelle ich angewidert fest, *gegen das in der ITS kann man es ja glatt vergessen. Die blanke Gelegenheit zum Abnehmen. Obwohl – ich habe es doch gar nicht nötig, bin ja eh nur bisschen über 60 Kilo – oder jetzt vielleicht sogar drunter? – und das ist ja bei einer Größe von 1,73 m absolut nicht viel. Doch was soll's? Da werden wieder Erinnerungen an die Flottenschule wach: Hunger treibt es rein, Ekel runter.*

»Samal«, frage ich die anderen, »isasessen immoder gibtsouma wasordentlich?«

»Erwarte nicht zuviel von hier, vor allem, was das Essen betrifft. Da kommst du besser, du verschließt deine Geschmacksnerven«, bekomme ich vom Älteren zu hören.

»Oh Scheiße!« Nach nur einer Stunde hier bin ich schon bedient.

*

Nach dem Essen kommt eine Ärztin. – »Guten Tag, ich bin Dr. Christoph«, stellt sie sich vor, »die leitende Ärztin hier.«

»Guddag. Wiecheess, brauch jawoll niers zuerzähl, ni?«

Sie deutet ein Lächeln an, das verschwindet jedoch sofort wieder für die mitleidige, Vertrauen erheischen wollende Miene; mit ihren ungefähr 55 Jahren, den vollständig ergrauten Haaren und dem schlanken Äußeren wirkt sie so weise und endlich wie Hexe Babajaga, als diese Naschenka in ihr Häusl lockte. In mir sträubt sich alles, ihr die Hand zu reichen. Alles an ihr wirkt so einstudiert, aufgestellt, zu künstlich. Mit Sicherheit sieht sie dies tausendmal am – na gut, nicht am Tag, auch nicht in der Woche, aber zumindest im Jahr. Da ist sie *natürlich* völlig abgestumpft. Doch vielleicht täusche ich mich, wir werden sehen. Und außerdem – wenn ich ja sowieso nur ein paar Wochen hier bin, dann ist das doch völlig unwichtig.

»Sie sind im Rehabilitationskrankenhaus Großbüchen auf der neurologischen Station«, informiert sie mich. – *Endlich mal werde ich über etwas informiert!* – »Hier werden wir versuchen, Sie wieder aufzubauen, damit Sie in das Stadtleben zurückkehren können. Würden sie mir bitte genau sagen, wie Ihr Unfall passiert ist?«

»Keenahnun! Ich weeß nimma, obaübhaupt eene wa.«

»Alles klar. Und was für eine Schulbildung haben Sie?«

»Beufsbidung miabi. Ichaba Motonschlossr gelent.«

»Und, wie soll es bei Ihnen weitergehen?«

»Na eijent-ich wärch jetz as Beteuer in UssA. Dodaisja erstma hinfälln gewoden. Weitnhin habch Leipig ne Tudienlassung fürn Pädagikstudum Fachtung Deutsch/Elisch.«

»Oh, dann gehören Sie ja zu der intelligenten Sorte. Haben Sie noch vor, es zu absolvieren?«

Wundern: »Na loisch. Warumdn ni?«

»Hm, hätte ja sein können. Waren Sie schon mal in einem Krankenhaus?«

»Na, afang mite Gebut«, fange ich an aufzuzählen, »dann warich ma, alsch viewa, wegn Kellkoppgippim Kanknhaus – das wars.« *Brauch ja nicht zu wissen, dass ich vor kurzem wegen Tripper einsass, da bei mir die Penizillinspritze nicht wirkte.*

»Haben Sie schon Operationen hinter sich?«

»Na ja hm, iweeßni, obe Kieferhöhlenspülung ou dazuzählt. Sonwa keene.«

»Gut. Jetzt muss ich Sie mal untersuchen«, kündigt sie mir an, nachdem sie sich alles aufgeschrieben hat.

Danach teilt sie mir nicht etwa mit, zu welchen Ergebnissen sie gekommen ist, sagt mir nur, dass ich ab heute Abend Cerutil bekomme und morgen die Behandlung losgehe. »Haben Sie eigentlich Kleidung hier?«, will sie stattdessen wissen.

»Nee, aberich hoff, da meie Mutter heukomm unwelch mitbingt. Am Telefon hatses zuminst gesach.«

»Da kommt sie bestimmt auch. – Ab Sonnabend bin ich für zwei Wochen im Urlaub. Haben Sie noch irgendwelche Fragen?«

Soll ich sie nach den Resultaten der Untersuchung fragen? Andrerseits macht sie auf mich nicht den Eindruck, als würde sie mich ausreichend aufklären wollen. Dann eben ein anderes Mal.

*

Was mache ich nun?, steht die seit ein paar Wochen ewig existierende Frage wieder im Raum. Und wie so oft bleibt mir nur das salomonische Urteil: *Erst mal Lage sondieren.*

Was zu meinem Bedauern aber nicht so einfach ist, da meine Brille am Sonntag durch meine eigene Schuld – ich habe mich auf sie daraufgesetzt – kaputtgegangen ist. Von meiner Schwester war sie am Montag zwar mitgenommen worden, aber seitdem hat sich niemand mehr blicken lassen – außer Pia natürlich. Und komischerweise sehe ich hier drin noch schlechter als in der ITS. Ebenso fällt mir das Aufstehen viel schwerer, und bis zum nächsten Locus, an dem man sich festhalten könnte, ist es furchterregend weit. Mir bleibt also nur das Aufrichten.

Doch bevor ich beginnen kann, mich abzumühen, geht die Tür auf.

Kommt meine Mutter? Zeigt Pia ihr niedliches Antlitz?

Jemand im rosa Kittel erscheint, jemand den ich nicht kenne; und auch die Bedeutung des Kittels ist mir fremd.

»Guten Tag. Ich bin die Physiotherapeutin Frau Miller.«

Physiotherapeutin – was soll das sein?

»Ich habe die Aufgabe, mit Ihnen Krankengymnastik zu machen, Sie wieder aufzubauen.« Sie lächelt dabei, sieht gut und stabil aus *(friedensbereite Amazone)*, erfrischend. Auch ist sie mir bedeutend sympathischer als die Ärztin. Und mit ihr scherzen scheint man auch zu können.

»Na damaran«, bedeute ich ihr. »Dasiegen gehmir nämi offn Gist.«

»Morgen geht es erst los. Ich wollte nur mal kommen, um zu sehen, welche Aufgabe auf mich wartet. Und deshalb werden wir mal was probieren.«

Sie macht daraufhin Übungen mit mir, die ich schon von der ITS her kenne – deswegen stößt sie manchmal einen Überraschungsjauchzer aus, weil es so gut klappt – und auch einige Übungen, die mir noch nicht geläufig sind. Zum Beispiel soll ich ihr die Hände drücken, einmal mit rechts und einmal mit links. Oder den Daumen und den kleinen Finger zusammenbringen. Oder mich an den Füßen kitzeln.

»Links ist gut«, meint sie hinterher, »nur rechts lässt zu wünschen übrig.«

»Mit echts habch übest Pobeme, richtsch«, kläre ich sie auf.
»Okay. Morgen komme ich wieder. Um 9:00 Uhr. Dann geht es voll los.«
»Ich bi schafafSe. Wie schät issn eigetlich?«
Sie schaut auf die Uhr: »15:10 Uhr. Tschüss.«

*

So, und was tue ich nun? Wieder die obligatorische Frage. Durch die Gegend wandeln kann ich nicht, zum Lesen habe ich keine Lust. Meine Mutter müsste ja gleich kommen. Allerdings bis dahin dazuliegen wie festgeleimt, ist auch nicht mein Ding. Also richte ich mich auf im Bett, was soll ich sonst machen.

In der ITS ging das viel leichter vonstatten. Aber das liegt wohl an den hier anwesenden Kuhlen, durch die man sich vorkommt wie beim Klettern an einer steilen Felswand. Trotzdem kann ich aber von hier aus das Fenster richtig sehen und durchgucken. Was hier aber noch uninteressanter ist. Außerdem saß ich dort am Fenster und nicht paar Meter davon entfernt.

*

Nach einiger Zeit – keine Ahnung wie vieler; auf alle Fälle viel zu vieler – gibt es Abendbrot.

»Wie schät issn?«, frage ich die attraktive Schwester, die, wie sie mir erzählt hat, Gabi heißt.

»17:00 Uhr. Erwartest du noch jemanden?«

»Eigetich ja, dodas hasich wohl erledit. Meie Muttr wollaut Telfon heu hier offauchn; abes Telefon is kanntich geduldig.«

»Na ja, die Besuchszeit ist schon vorbei, aber sie kommt bestimmt morgen. Ich glaube nicht, dass sie dich hier hängenlässt. Sie ist doch deine Mutter.«

»Jaa, dasalelelerdings«, erwidere ich bedächtig. Denn in mir drin hat sich ein weiteres Puzzleteil von meiner Beziehung zu ihr gefunden: *Sie ist so zuverlässig wie eine Boa, welche dem Kaninchen erklärt, dass sie es nicht fressen wird.* Und scheinbar will sie dieser Offenbarung Nahrung geben, auf dass sie sich noch tiefer in mein Hirn einpflanzt. Auf jeden Fall bin ich jetzt äußerst missgelaunt.

»Kurz, bevoch hekam«, erzähle ich nun Gabi, obwohl es mir scheint, als wenn die Zeit in der ITS Lichtjahre weit weg liegt, »wolle sesich undingt steiten. Meie Schwestr haf dalei. Irgendn – irgendeen Wort sollch sagt ham, was abr ni der Wikichkeit entspach. Logischrweis liessch mi dani gefalln. Und so sindse dann eben wüten abzogn.«

»War das echt nötig?«, will sie wissen.

»Ja, dennan dafja schließich ni vonner Rangfo-fo-folge ab-weich-ch-en. Also musstichn zeign, wosanggeh. Voallm, daichm Recht war.«

»Du bist wohl nicht immer im Recht?«

»Kansei, abr behalt es für dich.«

Sie lacht: »Muss ich mir noch überlegen. – sage mal, hast du eigentlich Anziehsachen?«

Ich schüttle den Kopf.

»Also möchtest du dich ihr gegenüber ein bisschen beherrschen. Denn hier brauchst du welche.«

»Aalsoer Leisatz: Enwedr du bis fo-fogsam, einjedn Mis, dench befehl, ausführen Sonn oder du kommt keene Sachn. Isso?«

»Da gibt es schon andere Möglichkeiten. Nur glaube ich, du kannst jetzt keinen zusätzlichen Ärger gebrauchen, hast ja schon genug mit dir zu tun. – So, nun aber guten Appetit!«, wünscht sie mir, bevor ich noch Weiteres sagen kann.

Ich beäuge das Abendbrot erst einmal. – *Gut, dass ich mir in der ITS was angemampft hab. Denn was ich hier angeboten kriege, ist der reinste Fraß. Tote Oma scheint hier das Hauptgericht zu sein, sie ist dreimal auf dem Teller. Ich bin aber kein Mitglied vom diesem Fanklub.*

*

Nach einer Weile kommt Gabi wieder.

»Kanni Naschlag ham?«, frage ich sie.

»Du hast doch noch zwei Scheiben drauf, iss doch die erst mal.«

Ich verziehe angewidert das Gesicht: »Willt mi vergifn? So schnellaste aalso die Nase voll vommer.«

Sie fängt an zu lächeln, folglich kann sie verstehen, worauf ich hinaus will: »Tut mir leid für dich, aber wir haben nichts anderes da. Also: Essen oder hungern?«

»Hungern.«

Sie ergreift schulterzuckend meinen Teller und verschwindet.

*

Ich habe noch ein bisschen gelesen, jetzt aber die Augen zugemacht, allerdings ohne gleich einschlafen zu können. Muss mir itzo eingestehen, dass ich wahrscheinlich nicht verarscht werde, dass es wirklich einen Unfall gegeben haben muss. Nur – ich kann mich nicht daran erinnern! Doch eine Chance bleibt mir noch: *Vielleicht bin ich gar nicht Mike Scholz. Doch wer bin ich dann?? Auf jeden Fall einer, der beschissen dran ist. Kann nicht laufen, schlecht sprechen, den Körper schlecht bewegen ... Doch wie komme ich dann in den Körper? Reingeschlüpft? Blödsinn. Ich muss mal in den Spiegel gucken. Will ich das wirklich? Ja, ich will! Ich will Klarheit haben! Ich muss in den ...*

2

Donnerstag, 20. September. Vormittag. 09:00 Uhr.

»Na, wie geht's, Herr Scholz?«, fragt Frau Miller, die pünktlich erschienen ist und von mir beinahe sehnsüchtig, zumindest aber mit großer Spannung erwartet wird.

»Ich hoff bessr, wennSe wiedrehn! – Übigns, Sie kömi ruhig Mike nenn. Ich erloubsn.«

Sie lacht: »Okay, Mike. Jetzt geht es aber ran an die Arbeit.«

Ich soll Sachen versuchen, die der Verbesserung meiner Kraft und Koordination dienen, z.B. Arme heben und spreizen, ebenso die Beine. Außerdem brachte sie einen kleinen Gummiring mit, den man zusammendrücken muss, also zur Kräftigung der Finger dient. Und auch noch einen, den man auseinanderziehen soll. Problematisch, vor allem der zweite. Aber auch, wenn ich nicht Mike Scholz bin, sondern irgend jemand anders, ich muss es hinkriegen, koste es, was es wolle. Denn dann bin ich es dem anderen schuldig!

*

»Soll ich die Ringe hier lassen?«, erkundigt sich Frau Miller, am Ende ihrer Session.

»Dasärni schlech, da kanma sich wenstns die Zeit verteibn. Außerdem willi soschne wiemögch weg! Dat kotzt mian hier!«

»Okay, hier sind sie. So, tschüss bis morgen.«

Kaum ist die Tür wieder geschlossen, frage ich mich, warum nicht zweimal am Tage. Abgesehen davon hätte ich mich ja gleich mal erkundigen können, wie lange ich hier kampieren muss.

Nun gut, dann muss ich es eben morgen machen.

*

Am Nachmittag kommt Pia: »Na Mike, wie geht's?«

»Umsändn entspechn. Aber hierinne isso herich beschissn. Erinnert michirgndwie ande Fottenschue.«

»Inwiefern?«

Nachdem ich es ihr erklärt habe und wir eine Reihe von Küsschen getauscht haben – keine richtigen Küsse, obwohl ich es versuche - *Warum nicht?* – kommt plötzlich ein Pfleger herein und verkündet, dass er mich waschen will. Wir sollen Schluss machen.

»Ja, wir sind gleich fertig«, antwortet Pia.

Ich aber finde es unverschämt, einen damit mitten am Tage bei seinem Besuch zu stören. »Son Misvieh!, befinde ich deshalb, als er sich – nur einen Moment wahrscheinlich – verzogen hat. »Sahso aas, alsenner neidiisch wär. Der will wohouma!«

»Igittigitt!«, schüttelt sich Pia von Ekel angefallen; »da könntest du mir ruhig was besseres anbieten! Doch ... «

»Mizum Beispie?«, unterbreche ich sie.

Sie überlegt. »Hm, ja, das wäre eine Möglichkeit. – Doch ich muss jetzt sowieso los.«

»Scheiße!«

»Nicht doch, nicht doch. Und du musst mir auch versprechen, wegen jetzt kein Aufstand zu inszenieren.«

»Zähnirsch ja. Wenndmi mit som schmachtenden Blick ansaust, kannchir donischabschlagn.«

Sie teilt mir noch mit, dass sie jetzt nicht mehr jeden Tag kommen könne aufgrund finanzieller Probleme, deshalb in Zukunft nur noch aller drei Tage, und will dann wissen, ob meine Mutter schon hier gewesen sei.

»Ääh, wo denksenhin?! Keespur vonnerher äh bisher. Ichrauch abr meie Kamottn.«

Plötzlich gerate ich in Rage, rege mich auf wie eine wild gewordene Furie; kann aber nichts dagegen tun – obwohl ich es nicht möchte; es überfällt mich einfach und nimmt nur zögernd seinen Zugriff wieder weg. So lasse ich mir auch diesmal die übelsten Schimpfwörter einfallen, um meine Mutter zu charakterisieren, um meine Gefühle ihr gegenüber der Außenwelt deutlich zu machen.

»Mike«, möchte mich Pia beschwichtigen, »das mag zwar wahr sein, aber du musst es nicht so direkt sagen.«

In dem Moment kommt der Pfleger wieder rein.

»Oh nee, scho wiedr«, murmle ich, nur für Pia hörbar. (Ich nehme es zumindest an, denn ich bin ganz leise geworden.)

»Kann ich ihn nicht waschen?«, schlägt sie dem Pfleger vor.

»Dasärne lueneine Idee!«, versichere ich sofort lautstark. Stelle mir dabei augenblicklich vor, wie sie zart über meinen Körper fährt, mir das Gefühl des Gestreichelt-Werdens vermittelt, Otto in die Hand nimmt und seine Vorhaut zurü...

»Nein, das geht nicht. Wir haben da unsere Vorschriften«, antwortet der Pfleger bestimmt.

»Er haagst vodden komischn Fecken, diedaoffm Lakn entstehn könntn«, flüstere ich Pia zu und bin mir sicher, dass diese dabei entstehen würden. – *Wenn sie dabei noch ihre üppigen Rundungen lüftet, dann ...!*

Das bringt sie zum Kichern. Mühsam versucht sie es zu verbergen; aber doch dürfte er es bemerkt haben und steht angemeiert wartend mit vorgestrecktem Bierbauch und der Waschschüssel in der Hand vor meinem Bett.

»Na, dann muss ich wohl.« Sie gibt mir noch ein Abschiedsküsschen und geht, allerdings nicht ohne noch einen Blick auf den Pfleger zu werfen, bei welchem sie wieder loskichern muss.

»Das kann ja schließlich nicht jeder machen«, rechtfertigt er sich, während er mich wäscht, »sich von seinem Besuch waschen zu lassen. Also tut es auch niemand. Schließlich haben wir unsere Vorschriften; und die sind dazu da, dass wir uns daran halten.«

»Ja ja«, rede ich beruhigend auf ihn ein. Denn das wäre ja unverzeihlich, wenn er bei mir im Zimmer einen Herzinfarkt bekäme. Da würde ich mich Zeit meines Lebens grämen.

*

Am Abend stelle ich Gabi die mich zur Zeit am meisten beschäftigende Frage: »Wasoubstn, wielange werdchn hier drinneleibn müssn?«

»Na ja, ich bin ja kein Experte. Aber – willst du meine Meinung hören oder die, die in den Schulbüchern steht?«

»Deie natürch! Sonst hättchjani gefagt!«

»Also – es ist unterschiedlich. Es kann vier Wochen dauern, zwei oder vier Monate, aber auch ein halbes Jahr. Manchmal sogar ein ganzes Jahr.«

»Un wielange wirds bei mir dauen?«

»Das kann ich dir eben nicht sagen. Zum Teil hängt es von dir selbst ab.«

»Allo anklotzn. Sis offedenfall niunmögich, in vier Wochn rauszusei?«

»Ich sehe, du hast es richtig kapiert. – Übrigens, war deine Mutter heute da?«, wechselt sie das Thema. Und nachdem ich verneint habe: »Langsam wird das bedrohlich wegen deiner Anziehsachen. Wenn sie nächste Woche immer noch nicht da war, werden wir ihr die Fürsorge auf den Hals schicken.«

»Fürsorje? Was isn dat?«

»Etwas Amtliches. Da kriegt sie auf jeden Fall großen Ärger.«

Klingt gut. Denn es kann ja wohl nicht sein, dass sie mich hier hängen lässt. Feuern aus allen Rohren. Und ich werde mich darum bemühen, ein paar Rohre aufzutreiben.

*

Kurz vor dem Einschlafen ziehe ich mein Tagesfazit: In vier Wochen kann ich also raus sein! Noch vier Wochen, an denen ich ganz hart arbeite muss! Doch dann kann und werde ich dem Mist hier mein Winke-Winke geben. Vier Wochen noch und dann werde ich endlich wieder frei sein!

3

Sonntag, 23. September. Abends.

Gabi – die ich mittlerweile zu meiner Lieblingsschwester gekürt habe – erscheint mit einem Rollstuhl in der Tür.

»Na, hast du Lust, zum Essen am Tisch zu sitzen?«, fragt sie mich.

»Ich hallust«, strahle ich und versuche mich zu erheben.

»Nicht so hastig, Mike. Es geht sofort los.« Und hievt mich aus dem Bett.

Blödes Gefühl, im Rollstuhl zu sitzen. Zu den Gleich-Großen oder auch Kleineren, eigentlich zu allen, schaut man auf wie zu Außerirdischen überlegener Intelligenz. Man kommt sich vor wie von der Gemeinschaft ausgestoßen – Vielleicht ist man es dann auch?? – wartet darauf, dass sich mal jemand erbarmt, sich zu dir herunterzubeugen und dir zuzuhören. Nee, an den Rollstuhl werde ich mich nie gewöhnen können. – Wo kommt auf einmal der blöde Gedanke her? Es besteht doch überhaupt kein Zweifel daran, dass er nur eine Übergangslösung ist! Dass er mich nur befreit vom Essen im Bett! Ich mag zwar Frühstück im Bett, doch hat das hier ja wohl überhaupt nichts damit zu tun. Ich habe es nur ganz einfach satt, tagein, tagaus und dazwischen auch ständig im Bett zu hocken.

*

Nach dem Essen hat sie mich im Fernsehraum abgestellt. Dort schaut sich gerade eine Gruppe Patienten, die auf den vor einem

Plattenspieler mit Radio stehenden Sesseln sitzen, auf dem Farbfernseher irgendeine Klatschserie an. Aber ich widme mich etwas viel Wichtigerem: Ich schaue in mich hinein, in der Hoffnung, etwas Neues zu entdecken, vielleicht sogar etwas darüber herauszubekommen, wo ich jetzt stehe, und in die Zukunft zu sehen, was als nächstes auf mich zukommt, wie ich es lösen werde: *Eines ist mir klar geworden: Auf meine Mutter brauche ich nicht zu hoffen. Zwar dürfte ich auch einen mehr oder minder großen Schuldanteil besitzen, doch mir scheint, sie betrachtet mich nicht mehr als vollwertiges Bestandteil ihrer Umgebung. Und ich glaube – nein, ich weiß es, ich kann mich wieder sehr, sehr dunkel daran erinnern – dass sie früher schon darunter gelitten hat, mich zu akzeptieren, und so dürfte sie jetzt noch vielmehr darunter leiden, dass sich daran nichts geändert hat. Aber was ist eigentlich nun mit mir passiert? Sollte das mit dem Unfall etwa stimmen? Dann müsste ich ja einen totalen Filmriss haben. Und nehmen wir mal an, es stimmt, was mir da drüber erzählt worden ist, so lässt sich doch keine Schlussfolgerung daraus ziehen, tauchen nur Schemen auf, kein Bild aber. Okay, ich glaube, von der Annahme, dass ich verscheißert werde, kann ich abgehen. Da würden zu viele mit drinnen hängen. Was zu sehr nach Irrealem mieft. Allerdings – was ist hier noch real? Was von dem, was jetzt über mich hereingestürzt ist, gehört nicht in die Märchenwelt? Keine Ahnung. Kommt auch davon, dass ich mich an nichts erinnern kann, was letzten Monat passiert ist. Mache ich mir vielleicht selber etwas vor? Möglicherweise bin ich doch gar nicht Mike. Aber das ist doch wieder der Punkt, an dem ich mich schon tausendmal geklammert habe. Es bleibt dabei: Ein Blick in den Spiegel muss her. Um erst einmal über eine Seite Klarheit zu bekommen. Und das muss sehr bald geschehen.*

4

Montag, 24. September. Vormittag.

Frau Miller hält mir siegesgewiss eine Krücke vor die Nase: »Na Mike, wollen wir es mal probieren?«

»Wechne Frage. Natürch!«

Während ich antworte, betrachte ich mir das Corpus Delicti: Ein einfacher Stab mit einem Knick darin, oben ein Polster – für den Ellbogen nehme ich an – in der Mitte ein Griff; auch hat sie nur eine kleine Oberfläche für das Halten auf der Erde. – *Wie soll ich denn damit laufen können?! – Mike, so viele können es. Also kannst du es auch. Hast es zu können!*

Frau Miller hilft mir hoch, klemmt mir die Krücke – die sie Unterarmstütze nennt – unter den linken Arm. »Du musst sie immer mit dem rechten Bein konform führen. Dabei lehne dein Gewicht nach links. Nicht zu mir, denn ich werde dich rechts halten. Wirst du das schaffen?«

»Ichersuch. Und fliegn kannja dabeini, denn Siesinja meie Lebensversi-si-sichung. Ich lege aaso meie Hänede inihr Leben – äh – mei Läbn inIhe Hände. Vertaue droff, dassiesni missbauchn. Alldings – vielleich könnjaou ihe Anziehkaff zugoss fürmisei.«

Sie – komisch guck.

*

Ich laufe los. Oder besser, ich versuche es. Komme mit dem Rhythmus, den ich dabei brauche, ja mit der Krücke selber nicht klar.

Ich muss es schaffen! Habe keine andere Wahl!

Als wir im Zimmer eine Runde gedreht haben, meint sie, dass es für heute reicht.

Zähneknirschend gebe ich ihr Recht. Denn ich muss mir selbst eingestehen, dass es für mich noch ungewohnt ist, mich so zu belasten – *mich überhaupt zu belasten* – es geht mörderisch in die Knochen – *Das winzige Stück. Unklar!*

»Für den Anfang lief es nicht schlecht«, urteilt Frau Miller entgegen meiner eigenen Überzeugung, »aber du musst dein Gewicht auf die Unterarmstütze verlegen und vor allem das Knie durchdrücken. – So, und jetzt machen wir ein bisschen Gymnastik.«

*

Danach erkundige ich mich nach zwei oder mehreren Behandlungen am Tag.

»Zweimal werden wir sehen, aber mehrmals – du bist nicht der Einzige hier.«

»Dasis mischo klar, aberih wielhie niewsch bleibn. Iwill so schell wie mögich waseichn, dennich willaus hier.«

»Das weiß ich doch. Ich werde mal sehen, was sich machen lässt. Okay?« Und zwingt mich mit ihrem Abgang dazu, es zu akzeptieren.

5

Dienstag, 25. September.

»Die bringe ich nun jeden Tag – oder besser, ich lass sie gleich hier«, verkündet mir Frau Miller, die soeben in der Tür erschienen ist und auf die von ihr mitgebrachte Krücke weist; »du wirst ja damit keine Versuche starten, oder?«

»Ach, iwo. Ich bidoni lebensmüd-e.« *Gut, dass ihr meine Aktionen in der ITS nicht bekannt sind. Denn dann würde sie die Krücke wohl kaum hier lassen.*

*

Während ihrer Gymnastik will sie wieder wissen, ob inzwischen meine Mutter hier war. Und nachdem ich den Kopf geschüttelt habe, ist sie sich dessen bewusst, dass nun etwas eingeleitet werden muss. – *Aber wenn ich ganz ehrlich bin: Wären da nicht meine Anziehsachen, würde mich ihr Wegbleiben überhaupt nicht jucken. Denn Pia empfang ich viel lieber.* – »Anders geht es bei ihr scheinbar nicht. – So, jetzt aber werden wir rauslaufen, auf den Gang.«

Bei dieser Aufforderung fängt mein Herz an wie wild zu rasen, Schweißtropfen perlen auf meiner Stirn, ein unangenehmes Ziehen hat auf der Stelle von meinem Magen Besitz ergriffen. Trotzdem – oder gerade deswegen – drücke ich mich schnell zum Sitzen hoch, befördere meine Beine aus dem Bett und dann hilft mir Frau Miller. Vor meinem inneren Auge aber leuchtet jetzt wie bei einer Leuchtreklame das Wort auf: **Spiegel**. Denn nun bekomme ich sozusagen frei Haus die Chance geliefert, mich begucken zu gehen, darf nur nicht der Angst die Oberhand in mir überlassen.

Bis zur Tür klappt das Krücken laufen schon eine Nuance besser als gestern. Wenn ich mich auch noch nicht dafür begeistern kann, die Knie durchzudrücken, wenn ich mich auch immer noch größtenteils auf Frau Miller stütze. Doch ich fange an, in den Rhythmus zu kommen, die Gefühle meiner Gehhilfe und meines Körpers haben begonnen, sich zu vereinigen.

Wir stehen auf dem Flur. Aufmerksam schaue ich mir den vor mir liegenden Fußboden an: Braunes Linoleum, eben, glatt, ohne Hügel. Und an der von mir aus gesehenen linken Seite hängt ein Balken, der bestimmt dem Festhalten dient.

»Und was nun?«, will Frau Miller wissen.

Ich ignoriere ihre Frage, erkundige mich stattdessen, wo der nächste Spiegel ist.

»Gleich um die Ecke ist einer. Wollen wir bis dahin laufen?«
Ich nicke bedächtig, als ob in mir eine innere Ruhe eingekehrt ist.

*

Einige Zeit später stehe ich vor dem so lange herbeigewünschten Ziel. Schaue hinein, versuche, mich auf das Bild, was da vor mir auftaucht, zu konzentrieren: Ein krumm stehender, bärtiger, mit halblangen Haaren und hässlicher Frisur beschiedener Typ ist sich bei meinem Anblick nicht so sicher, ob er mir weiterhin die Ehre seiner Aufmerksamkeit schenken soll; zudem hängt auf der rechten Seite seine Lippe herunter (er grinst nur mit links) und hat für mich nur ein Stieren mit depressiven, von Wut, Schmerz und Hass gezeichneten Augen übrig.

Bin ich das???

Nein! Ich bin das nicht! Wer das sagt, ist ein Lügner! Der muss unrecht haben! Und doch ... Aber ich ekle mich vor dem Kunden im Spiegel! ... Ekle ich mich vor mir selber?

Eine ganze Weile lang stehe ich davor, schüttle langsam den Kopf; bis sich eine folgenschwere Erkenntnis in meinem Kopf Bahn bricht: *Ja, ich bin es! Bin es mit Leib und Seele! Bin es wahr und wahrhaftig!*

Ich spüre, wie sich etwas in mir verkrampft: *Dies war meine letzte Hoffnung, sollte mir aufzeigen, dass nicht Mike Scholz der Dahinsiechende ist. Doch er ist es! Niemals wurde ich verscheißert, mir wurde* »*nur*« *nichts gesagt!*

»Na, genug gesehen?«, bricht da Frau Miller in meine Hypnoseglocke ein. Doch erst einmal modelliere ich noch an der Frisur herum. Denn irgend jemand hat mir einen Seitenscheitel übergezogen.

*

Beim Zurückwandeln schwinden mir wiedermal rapide die Kräfte in den Beinen. Frau Miller hat ganz schön zu tun, mich oben zu halten. Und so lasse ich mich zurück im Zimmer sofort erschöpft und traurig in mein Bett plumpsen, während Frau Miller erleichtert keucht: »Endlich, geschafft. Du kannst dich ganz schön schwer machen. – Und, befriedigt für heute?«

»Biseut Nammag ja. Aber dann habch mi wiedr erholt.«

»Heute klappt es noch nicht mit zweimal am Tag«, teilt sie mir bedauernd mit. »Aber ab nächste Woche können wir es durchziehen. Also, tschüss bis morgen.«

An der Tür dreht sie sich noch einmal um und hebt den Zeigefinger. »Aber keine krummen Touren mit der Unterarmstütze! Ich vertraue Ihnen. Oder soll ich sie doch lieber mitnehmen?«

Ich halte ihrer Blickkontrolle stand, worauf sie beruhigt geht.

*

Am Nachmittag kommt Pia. Eigentlich erwarte ich sie jeden Tag, obwohl ich natürlich weiß, dass es so nicht mehr sein kann. Doch es ist belastend, wenn man abgeschnitten ist von der Außenwelt. Nur – aller drei Tage ist besser als überhaupt nicht.

Eine Schwester kommt gleich mit herein. »Wollen Sie Mike mit rausnehmen? Wir packen ihn vorher ein, damit er sich nichts holt. Sonnig ist es ja.«

»Von mir aus, wenn es geht«, meint Pia.

*

Auf der kleinen Rundfahrt durch das Krankenhausgelände kommen wir zu einem Haus, an dem die Fenster vergittert sind, und wo sich davor ein Rudel Katzen tummelt.

Pia versucht sie anzulocken: »Miez Miez Miez – nix zu machen, die sind zu scheu.«

Plötzlich hören wir einen barbarischen Brüller aus dem Haus.

»Was war denn das?«, fängt Pia anzustaunen. Doch ich kann ihr keine passable Antwort geben, denn dieses Geräusch ist mir genauso unerklärlich wie ihr.

Dafür erscheint eine Schwester: »Kommen Sie bitte nicht so nahe heran. Die Patienten drin werden sonst nervös.«

»Wir entfernen uns wieder«, wird sie von Pia beruhigt.

Doch bevor wir wieder gehen, schauen wir erst auf das vor uns stehende Schild, um zu erfahren, was dies für eine Station sein soll.

»Aha, das ist ein Teil der Klapper«, schlussfolgert Pia. »Deswegen wohl auch die vergitterten Fenster. Die dürften dazu da sein, dass keiner aus dem Fenster springen kann.«

»Jetzolln wir abee liebr verschwindn«, rate ich ihr. »I hanämich keenlus, vonem Geisestörn gekillt zu werdn.«

Wir machen uns darüber noch eine Weile lustig. – *Warum eigentlich? Die können doch nichts dafür. Ebenso wenig, wie ich was dafür kann, dass ich jetzt im Rollstuhl durch die Gegend krauche. (Nehme ich zumindest an.) Also, worüber machen wir uns dann lustig? Wir müssen doch froh sein, dass wir davon nicht betroffen sind. Und außerdem gibt es spezielle Sachen, die nur ein Geistes-*

gestörter beherrscht. – Doch ich gefalle mir jetzt darin zu spinnen, kann nicht aufhören, darüber zu feixen, genieße dieses Gefühl, dass es nicht gegen mich geht, endlich wiedermal in vollen Zügen nach so langer Durststrecke.

*

Wir stoßen auf eine Bank, wo sich Pia hinsetzt, um rauchen zu können.

»Also Lus habch ou. Gibs mir bidde eene?«

»Meinst du echt, dass das gut für dich ist?«

»Viellcht fangch wiedran. Die Langeweilisett quäln.«

Sie reicht mir die halb aufgerauchte Zigarette herüber. Ich aber muss nach dem ersten Zug feststellen, dass es bescheiden schmeckt. Hinzu kommt noch ein Reiz in der Kehle. Kann mich aber erinnern, dass dies nach einer langen Phase normal ist.

Ich nehme trotzdem einen zweiten Zug – und fange anzuhusten – ausgiebig zu husten.

Pia nimmt mir die Zigarette sofort wieder weg.

»Siehst du, es ist doch nicht so gut für dich. Du kannst es mir ruhig glauben!«

»Vielleichaste rech«, lenke ich ein, »aber du mussou bedenkn, wie langch nimmer geroucht a.« Und damit sie keine Zeit hat, etwas zu entgegnen, komme ich gleich mit dem nächsten Thema: »Dies Wochenend versuchi, Urlau zu kiegn. Wir wolln domasähn, wasda Fakis.« So richtig kann ich zwar an eine Veränderung oder Rückführung von mir auch nicht mehr glauben, doch das ist meine allerletzte Hoffnung; und an die werde ich mich klammern, solange es geht.

»Lass dich doch erst einmal gesundpflegen, Mike!«

Doch ich bleibe störrisch, lasse mich da von niemandem beirren: »Kanni schaddn, versuchn werdchs auf allef.«

Darüber scheint Pia nicht so begeistert zu sein. – *Warum? Ich weiß es nicht. Bin mir aber sicher, dass ich es bald wissen werde.*

*

Wieder zurück im Zimmer werde ich von einer Schwester übernommen, die sich als Regina vorstellt: *Jung ist sie, sagt zumindest ihr Gesicht; aber das war es dann auch schon. Es gibt doch immer wieder Töchter, die älter sind als ihre Mütter. Und dazu noch – Attraktivität? Wo denn? Irgendwie fühle ich es, ihr fehlt es daran nicht nur außen. Nein, die von der Bettkante zu stoßen, damit hätte ich garantiert keine Probleme. Oder ich müsste so besoffen sein wie 3000 Russen auf einer Hochzeitsfete.*

Als sie mich fertig gewaschen hat, fragt sie mich, was der Grund dafür ist, dass meine Mutter nicht erscheint.

»Das bruht wahrschein–lich offem Missverstehnes«, erkläre ich ihr kurz angebunden, denn auch für mich ist es peinlich, so was herumerzählen zu müssen. »IndITS, alsie mi besudde, hattesese was völlich andres verstaddn, alch gesat hab. Na ja, und so kakams dann ebn, dat mer in Steit geriddn.«

»Wie kann man denn so was machen? Man kann doch seiner eigenen Mutter nicht Unrecht geben! Sie sind also selber daran Schuld!«

Was soll ich dazu sagen? Unglaublich, aber wahr. Solche spinnenden Getiere gibt es also doch noch! – Ich bin baff.

»Du hattowasim Kobbe«, brumme ich vor mich hin. Weiß nicht, ob sie es verstanden hat, doch wenn, soll es mir recht sein. Auf jeden Fall verschwindet sie daraufhin.

Ja, es hat sich bestätigt: Innen ist sie ebenfalls vermodert, sie ist noch dümmer als sie aussieht! Ich glaube, mit der werde ich wohl kein gutes Auskommen haben.

*

Nach dem Abendbrot, das wieder zum Abgewöhnen schmeckte, verspüre ich Druck im Mastdarm. Und da ich den noch nicht unter Kontrolle habe, klingle ich.

Regina lässt mich wieder ihren Anblick genießen. »Was ist los?«, will sie wissen – kauend.

Jetzt vor ihre Nase scheißen, das wäre es doch.

»Ich mussma offe Toilette«, erzähle ich ihr anstelle dem und richte mich auf.

»Das geht nicht. Nehmen Sie den Schieber unter Ihrem Bett.«

Ich weiß aus Erfahrung von der ITS her, dass ich mit dem Schieber nicht zurechtkomme. Was ich ihr mitteile und hinzufüge: »... hol mir wenchstens diesn, dies–en – Wie hiesser doglei? Keene Ahnun, wi mir ni einfalln – Kackstull her. Oder is dat zuviel verlat?«

»Sie nehmen den Schieber da! Und wenn Sie fertig sind, klingeln Sie wieder! Und jetzt lassen Sie mich in Ruhe zu Ende Abendbrot essen!«

Der Punkt ist erreicht, wo ich nicht mehr an mich halten kann: »Da geh ni!«, brülle ich sie an. »Find das keen Einang in dein beklobbn Schädel??«

Doch sie lässt sich davon nicht beeindrucken, verschwindet einfach.

Sofort beginnt wieder meine Fantasie, mir die schrecklichsten und obszönsten Horrorbilder ins Bewusstsein zu weben: *Wenn ich könnte, wie ich wöllte, würde ich sie mit dem Kopf voran in ein vollgefülltes Scheißrohr stopfen und sie dort eine Stunde lang gären lassen. Doch aufgeschoben ist bekanntlich nicht aufgehoben.*

Mir bleibt nichts anderes übrig, als mich mit dem Schieber herumzuquälen. – *Eeh, man kann sich kaum bewegen, muss aber ein paar Ärobicübungen machen, um scheißen zu können! Eh, die ist doch vom Dampfer gefallen, durch die Schiffsschraube gedreht worden und läuft jetzt als lebendiges Beispiel herum, wie man eine Schiffsreise nicht vonstatten gehen lassen sollte!*

Bald merke ich, dass darauf sitzen unmöglich ist, denn so eine tiefe Kuhle ist auch in diesem Bett nicht zu finden. – *Die ganze Angelegenheit ist so wacklig, dass ich mich mehr auf das Sitzen bleiben als auf das Abseilen im Mastdarm konzentrieren muss. Es geht nicht!*

Ich versuche es mit liegen. Biege mich dabei ins Hohlkreuz, nehme eine für diesen Vorgang ungewöhnliche Haltung ein. – *Mein After würde mir einen Vogel zeigen, wenn er eine Stirn hätte. Oh yeah, wäre es nicht so peinlich, würde ich ins Bett scheißen! Aber die meine Musrinne auch noch auslöffeln lassen – brr, muss nicht sein. Da würden sich ja sogar die Hämorrhoiden verdrücken.*

Nach einer Weile kann ich auf dem Schieber einigermaßen ruhig liegen. Dabei muss ich daran denken, wo ich eigentlich bin. *Wie hygienisch. Ob sie es zu Hause auch im Bett macht?*

Schließlich breche ich ab: *Umsonst abgemüht und doch erklärlich. Hoffentlich halte ich es bis morgen Vormittag aus.*

*

Regina lässt sich wiedermal blicken und schaut unterm Bett nach, ob da Nachschlag auf sie wartet. Ich habe die Augen zu, schlafe jedoch nicht. Was sie aber nicht zu wissen braucht.

»Nichts drin! Da macht der erst solch einen Aufriss, stört einen dazu noch beim Abendbrot!«

Die müsste eine braune Wurst auf den Teller gelegt kriegen, und die sollte nicht gerade klein sein. Wenn die so gierig ist auf ihr Abendbrot, muss sie ja schließlich gesättigt werden.

*

Spät in der Nacht wache ich auf. Irgend etwas ist an meinem Hintern. Ich wackle mit ihm, schon ahnen könnend, was mich da erwarten wird: *Hervorragend, hat ja mal wieder geklappt. Doch wo es diesmal herkommt ... Aber was nützt das? Peinlich ist es so oder so, ob ich es nun weiß oder nicht. Ich muss klingeln.*

Eine Schwester, die ich noch nicht kenne, kommt angetippelt: »Was ist los?«

Ich flüstere zurück: »Man hat mi heut ni glassn und jetz ...« Ich zeige nach hinten.

Nachdem sie mich gerügt hat, säubert sie mich und bezieht mein Bett neu. Währendem wacht mein Bettnachbar auf (der Junge, der Ältere ist am Freitag entlassen worden), sieht die Bescherung und dreht sich auf die andere Seite.

Das ist die Krönung der Peinlichkeit. Und leider kann ich nicht wieder morgen oder übermorgen verschwinden wie in der ITS, muss mit dem Einscheißerimage leben, muss den Spott der anderen ertragen.

Als sie wieder gegangen ist, werden meine Lider wieder ganz schwer: *Zum Glück*, empfinde ich noch, *ansonsten hätte mich mein Gewissen endlos gequält.*

6

Donnerstag, 27. September. Nachmittag.

»Gossatig, dass dud heuteschon sehn läss«, begrüße ich Pia.

»Hallo erst mal. – Na ja, meine Mutter hat mich hergebracht. Sie wartet vorn am Tor. Willst du sie mal sehen?«

Eigentlich eine nette Mutter. Wer weiß, wie sie sonst ist, aber den Zug finde ich toll an ihr. Allerdings bin ich der Meinung, dass Pia sich nicht übernehmen soll. Aber ohne Rollstuhl geht es zur Zeit nun mal nicht. »Nee, heutni. – Übigns, du siehst blendnausau heut! Wennikönnt, würdchdi sofot offs Kreuz legn! Bettis ja da ...«

»Na stell dir mal vor, eine Schwester kommt herein«, unterbricht sie mich lachend, bevor ich noch mehr ins träumen gerate. »Die wäre dann ganz bestimmt begeistert von deinem Tun. – Ach ja, ein Freund von mir oder uns ist da. Den müsstest du auch kennen. Wir machen mal zu ihm hin.«

Während wir hinauslaufen bzw. -fahren, muss ich sie immer wieder anschauen: Sie trägt ein ärmelloses Nicki, wodurch man richtig sehen kann, was für eine schöne Figur sie hat: Nicht fett – Schwimmring ist da keiner zu sehen – aber üppig. Genau so, wie ich es mag. Zumindest ist mein Begriff für Ästhetik so ausgelegt.

*

»Kennst du ihn?«, fragt Pia, als wir bei ihrem Freund angekommen sind.

Ich entscheide mich für die diplomatische Variante: »Gesehn habchn scho ma. Aber weeß ni wo.« Dabei betrachte ich den mir Unbekannten argwöhnisch. *Habe ich da etwas zu befürchten?*

*

Nach einer sehr kurzen Zeit, die wir mit Schwatzen und Rauchen verbracht haben – wobei der Freund kaum einen Ton von sich gibt; was mir aber Recht ist, denn da werde ich wenigstens nicht in verfängliche Situationen hineingeschoben – erklärt mir Pia, dass sie heute nicht soviel Zeit habe. »Ich muss noch nach Löbau. Und außerdem will ich meine Mutter nicht so lange warten lassen.«

Habe ich einen Fehler gemacht, als ich es ablehnte, mich bei ihrer Mutter blickenzulassen?

»Wassollich dagegn sagn? Rechisses mir ni, aerch kannun willni über di bestimm.«

*

Als sie mich ins Zimmer zurückgebracht hat, frage ich sie, ob sie mich verlassen will.

»Wie kommst du denn darauf??«, will sie begleitet von einer erschreckten Miene wissen. – *Erschrecken wegen dem entdeckt werden oder Erschrecken wegen meines irrsinnigen Gedankens?*

»weeßchouni. Dohde ganze Anlegnheit machch nur für dich. Dubis mei Rückhal, der Sog, dermi nach oben zieh–t, mei Läbenselixir!«

»Habe keine Angst. Ich verlasse dich nicht«, versucht sie, beruhigend auf mich einzureden.

Doch irgend etwas lässt mich weiter zweifeln: *So kurz schafft sie es auf keinen Fall, die skeptischen Bilder von mir zu reißen. Ich weiß aber auch nicht wie! Und auch nicht, was der Grund für eine so schreckliche Vorahnung ist.*

»Loufn werdchoffale Fälle wiedär«, versuche ich es mit einem Versprechen; ich zumindest bin davon überzeugt. »Villeich schonin in vier Wochn.«

»Du schaffst das schon«, sagt sie lächelnd.

Sah das gekünstelt aus? – Mike, sieh nicht Gespenster, wo gar keine sind.

»Sag mal, kannst du mir deinen Wohnungsschlüssel geben?« – *Siehst du Mike, sie will sogar bei dir einziehen, will dich dort erwarten.*

»Könnch, wennchn hätt.«

»Hat den etwa auch deine Mutter?«

»Ich habn aufnenfall ni.«

»Und die lässt sich nicht blicken, Scheiße! Zustände sind das!«

»Was sollchn machn? Sie per Gedanknkekenübertagung verbügeln? Schleifseer, und wir wernihn kiegn.«

Pia schaut mich nur ungläubig an.

»Übiges – meine Spache schein schlechter gewordn zu sei«, wechsle ich das Thema.

»Das kommt mir auch so vor. Du bist jetzt schlechter zu verstehen als in der ITS. Dafür ist aber dein Sprachschatz viel größer geworden.«

Ich fange an zu orakeln: »Na vleichis das indiekt popototonal: Umso merre Wörter einfalln, deso mehr leit mei Assprache dunter. Ich hoff, dass nich esch anhält.«

»Ja Mike, aber ich muss jetzt echt los. Tschüssi. Vielleicht bis Sonntag.«

Ich muss versuchen, sie weiter aufzuhalten! Denn ich fühle, wie sich in mir irgend etwas unangenehm bewegt, zerreißen will, wenn sie ginge! »Kannse noch Kibben daassen?«

Sie holt drei aus ihrer Schachtel und gibt sie mir. Dann bekomme ich noch einen winzigen Kuss – *wieder nur ein Küsschen, und es wird immer kleiner; diesmal war es fast nur ein Hauch* – und geht.

Ich aber habe nun Zeit und Muße, zu mir das Gruselkabinett einer Beziehung kommen zu lassen, darf spüren, wie in meiner Gefühlswelt das blanke Chaos herrscht. – *Werde ich sie jemals wiedersehen?* – Hoffe aber auch dabei, dass alles nur Einbildung ist, ich mir unnötig Gedanken mache.

7

Freitag, 28. September. Visite.

Sie ist immer äußerst uninteressant, weil die Ärzte sich in lateinischen Bezeichnungen verlieren, wovon ich kein Wort verstehe.

Aber die heutige soll für mich unheimlich wichtig werden, denn ich habe mir vorgenommen, das schon von der ITS herrührende Problem anzusprechen: »Wie siehtsn mit Ulaub aus?«

»Zuerst einmal brauchen Sie die Erlaubnis von uns«, sagt der einzige männliche Arzt.

Ich nehme an, er hat das große Sagen hier. Deshalb wende ich mich nun direkt an ihn: »Ich wi...« – auf Zunge beiss – »ich möchte Erloubnis dazu ham. Sin i-i-igendweche Bedingn dran geknüpf?«

»Heben Sie mal die Hände hoch und bewegen Sie die Finger.«

Befremdet schaue ich ihn an, kann mir absolut nicht vorstellen, wo da der Zusammenhang liegen soll. Aber dann tue ich es doch – und muss mit Erschrecken feststellen, so richtig gelingt es mir nicht. Es läuft ab wie in Zeitlupentempo und vermittelt einem den Glauben, die Finger wären gar nicht an der Hand.

»Das klappt ja nicht so besonders«, ist er mit mir einer Meinung. »Sie sehen also, Sie können noch nicht weg. Wenn Sie das bringen, werden wir uns wieder sprechen, Herr Scholz. Antrag also abgelehnt.« Dabei tut er so, als wenn er etwas sehr Entscheidendes getan hätte, lässt stolz seine Brust vor den anderen Ärztinnen anschwellen wie ein Hornochse vor den Hornöchsinnen und zeigt ein impertinentes arrogantes Lächeln.

Richtig unsympathisch, dies... rege ich mich jetzt darüber nicht weiter auf, kommt sowieso noch.

Und richtig, nachdem sie abgezogen sind, steigere ich mich wieder zur lautlos kreischenden Hyäne, maßlose Enttäuschung hat sich mit stachligem Frust verbunden: *Dieser Widerling scheint zu denken, dass er über andere Menschen bestimmen kann. Was ist denn, wenn es nie besser wird? – Was ich zwar nicht glaube, aber man muss ja alle Möglichkeiten in Betracht ziehen. – Dann bin ich wohl für immer in dieses Rattenloch hier eingesperrt! Doch damit es dazu nicht kommt, werde ich erst einmal weiter trainieren müssen. Trainieren, bis mir der Schmalz aus den Ohren läuft! Mich kaputt trainieren oder vorher auferstehen! Und dann dem vor den Bug Scheißen! Aber erst muss ich mich auf eben dieses Fingerspiel konzentrieren.*

Mein Bettnachbar tröstet mich: »Nimm es nicht so tragisch. Wenn die Christoph wieder da ist, versuchst du es bei der. Ich werde es übrigens nicht mehr erleben. Zum Glück, muss ich sagen. Ich werde nämlich nächste Woche entlassen. Haben sie mir zumindest versichert.«

Schön, dass er mich trösten will. Aber das senkt meine Rage auch nicht – die zum Teil auch von mir selbst herrührt; denn immerhin habe ich mich ja selbst in diese beschissene Situation gebracht, warum auch immer. Da ist es doch eigentlich gerecht, dass ich hier leide, hier eingesperrt worden bin. Doch wie komme ich wieder raus?

*

»Na Mike, willst du mal mit zu mir ins Reich kommen?«, bietet mir Frau Miller an, als sie wieder ihre Absichten an mir ausleben will.

»Woin?«

»Zu mir runter in den Keller.«

»Keeneinwände, Mylaiy.«

Im Keller erklärt sie mir erst einmal die verschiedenen Räume, in denen es Unterwassermassage gibt, Zellenbäder und Kabinen für Gymnastik. Und in genau so eine soll ich jetzt kommen. Aber an der Ecke vorher hält sie an und lässt mich mit der Krücke weiterlaufen. Was mir sehr recht ist, auch wenn es mit dem Laufen noch sehr bescheiden funktioniert.

Drinnen auf der Pritsche muss ich mich dann fragen, ob sie soviel Kraft hat oder ich enorm wenig: *Ich kann nämlich ihre Hände drücken, soviel ich will – sie rührt sie nicht; mit den Beinen presse ich wie ein Wahni gegen ihren Händedruck – keine Regung. Ja, mir kommt es echt so vor, als hätte sich meine Kraft verringert. Scheiße.*

Danach laufen wir zurück, aber nicht in den Rollstuhl, sondern in ihren Aufenthaltsraum. Wo jeder erst einmal eine Tasse Bohnenkaffee trinkt.

Ich erzähle ihr dabei, dass ich viel lieber irgend etwas arbeiten würde, als mich mit diesem vermaledeiten Rollstuhl abzuplagen.

»Mmh, ich habe was da, woran du dich schaffen kannst. Hast du Lust?«

Ich nicke.

Im Raum nebenan liegt auf einem Tisch ein Haufen Waschlappen, die ich zusammenlegen soll; und da es drei verschiedene Größen gibt, muss ich sie danach ordnen.

Ich setze mich davor und fange an. Das meiste mit links, aber die rechte versuche ich ebenso einzusetzen. Muss dabei ganz bedächtig vorgehen, denn sonst besteht die Gefahr, dass ich den eben erst errichteten Haufen wieder umstoße, das Ganze zur Sisyphusarbeit wird.

Nach einer Weile habe ich dafür den Trick raus und beschleunige das Arbeitstempo. Natürlich wird es da nicht so ordentlich, aber Hauptsache, ich werde fertig. Allerdings, bei dem, was ich da produziere, wäre der Turm von Pisa in sich zusammengefallen. Und das dreimal.

Am Ende der Konstruktion der ominösen Türme setzt Frau Miller sich zu mir auf den Tisch. »Das hast du sehr gut gemacht«, bescheinigt sie mir. »Aber was ich dir noch sagen wollte: Deine Mutter kommt ja nicht und du hast keine Sachen zum Anziehen. Richtig?«

Gespannt schaue ich sie an.

»Wie wär's, wenn ich dir ein paar Sachen von meinem Sohn borge – nicht schenke. Er ist ungefähr so groß wie du und bestimmt auch einverstanden. Wärest du damit zufrieden? Und wenn du deine Sachen hast, gibst du mir meine wieder zurück.«

Höre ich da richtig? Scheinbar ja. Eine wildfremde Frau hilft jemandem da einfach so aus der Patsche, die eigene Mutter lässt einem im Stich. Ist das nicht irgendwie paradox?? Ich gerate in Gefahr, mich zu ihr hingezogen zu fühlen. Ist das eine Gefahr?

»Das wär absolu toll«, hauche ich leise, von tiefstem Dank erfüllt und die Gedanken wegwischend.

»Okay, dann bringe ich sie am Montag mit. Und jetzt geht es zurück.«

Unterwegs verliere ich wiedermal das Gleichgewicht, werfe darum die Krücke von mir und stütze mich an der Wand ab.

»Ich hole jetzt lieber den Roll...«, sagt sie darauf.

Ich unterbreche sie: »Nee! Ich louf!«

Sie blinzelt ganz überrascht, gibt mir aber die Krücke zurück.

*

Am Nachmittag kommt ein älterer Herr, welcher sich als Friseur vorstellt. »Ich bin geschickt worden, um Sie zu rasieren und Ihnen die Haare zu verschneiden. Aber natürlich machen wir es so, wie Sie es haben wollen.«

Die Haare kann er sich selber schneiden, wenn er Lust dazu hat. Ich habe mir während der Armee geschworen, dass ich mir ein halbes Jahr nach der Entlassung keine mehr schneiden lassen werde; will sie nämlich wieder lang haben. Konnte damals schon fast nicht mehr in den Spiegel gucken, so hässlich fand ich sie kurz.

»Die Haar bleibn droff!«

»Äääh schon gut, schon gut«, versucht er, mich zu beruhigen, »es ist recht so, sie bleiben drauf. Äh die Ärztin hatte es mir nur gesagt. Machen wir es eben in äh drei Monaten.«

Soll ich ihm jetzt einen ungläubigen Blick hinüberwerfen? Nein, sonst wird der nie fertig mit labern. Allerdings – was geht in seinem Überhalsgebilde vor: Der meint wohl echt, ich ziehe hier für immer ein?

»So so. Un wat kotas?«, frage ich ihn aber trotzdem.

»Da wir ja heute nur rasieren werden, äh 1,50 DM.«

Ich lehne mich gelockert zurück: »Tu mi leid, a Geld hab keens.«

»Macht nichts, macht nichts. Dann bezahlen Sie es eben, äh wenn Sie es haben.«

Resignierend ziehe ich das Kinn kraus, denn damit ist auch meine letzte Chance vertan, seinem Angebot zu widerstehen – zumindest sehe ich keine mehr.

»Okay«, stimme ich widerwillig zu, »do mei Schnubat lassn Se in Ruhe.«

Während der Rasur quatscht er laufend von Modernem. Was mich aber nicht im geringsten interessiert: *Ich will ich bleiben und nicht eine Kopie irgendeines anderen darstellen. Meistens wirkt man da zwar ausgefallen, doch ich will nicht die Klamotten tragen, die jeder zweite anhat.*

Zum Schluss schaue ich in den Spiegel, denn er konnte es nicht unterlassen, mit seinen Kamm eine Furche durch meine Haaren zu ziehen. Und erlebe Unfassbares, Grauen durchstreift mich: *Der Kunde hat mir tatsächlich einen Seitenscheitel reingezogen und dazu noch die Ohren vollgekleistert! Jetzt sehe ich aus wie Graf Schmalzbacke Junior persönlich. Ist ja höchst geschmackvoll, der Alte. Vor allem, ein geschultes Auge scheint der absolut nicht zu haben. Ich trage schon seit ich acht bin keinen Seitenscheitel mehr, habe überhaupt keinen Scheitel, nicht Mitte oder links hintendran oder wer weiß wo sonst noch.*

Ich sage es ihm, fauche es sogar zu ihm hinüber. Dann zerstöre ich vor seinen Augen mit der linken Hand sein Bildnis, mache meine Haare wieder wuschelig. Und streiche sie auch hinter die Ohren zurück, wo sie hingehören.

»Äh hmmh, na gut, dann eben mit Pony. Ist recht.«

Doch als er mir auch diesmal die Haare über die Ohren kämmen will, fange ich an zu knurren.

Jetzt endlich schiebt er seine Radieschenbeete aus den Ohren, vernimmt es und lässt es bleiben.

Ich schaue wieder in den Spiegel. *Graf Schmalzbacke Junior ist zwar kleiner geworden, doch die Ähnlichkeit nach wie vor frappierend.* Aber ich beschließe, erst wenn er raus ist, die Haare wieder auf Normalstand zu bringen.

»Und, zufrieden?«, fragt er.

Haha, was soll ich ihm sagen? Dass ich seine Arbeit zum Kotzen finde? Oder dass er scheinbar den Beruf verfehlt hat – er hätte Kloputzer werden sollen?

Ich ignoriere einfach die Frage. »HamSe Feuer?«, erkundige ich mich stattdessen.

»Sie wollen wohl rauchen?«

Nee, ich will dir paar vor die Lichter setzen! Blödsinnige Frage! – Ich nicke.

»Ich habe zwar keines, aber ich hole welches.«

Wieder zurück schickt er mir noch mal ein Laudatio herüber zwecks Bezahlung, und lässt hören, dass ich immer dienstags und donnerstags seine Erscheinung bewundern darf. Dann geht er den nächsten beglücken.

Ich taste misstrauisch noch einmal mein Kinn ab: *Heh, ein Kinderpopo ist glatt dagegen, da sind paar Stoppeln, und weiter entfernt sind noch welche. In der Klapsmühle ist ja Qualität nicht so wichtig, noa?*

8

Mittwoch, der 03. Oktober. Früh.

Waschung. »Wasn mi der los?«, frage ich meinen Bettnachbar. Denn die Oberschwester hat sich geschmückt und ist prächtig gelaunt, trällert während dem Waschen ein Lied nach dem anderen, als wenn sich heute Morgen ihr schlimmster Feind mit ihr ausgesöhnt hätte, ich habe sie noch nie so überschwänglich und ausgelassen gesehen.

»Heute ist doch Deutschlands Wiedervereinigungstag«, erklärt er mir. Und die Schwester unterbricht ihren Song: »Wissen Sie das nicht?« Ungläubigkeit schwingt in ihrer Stimme mit. Dann wird sie aber wieder jauchzend: »Endlich ist es geschafft! Hat ja lange genug gedauert! Aber heute – heute ist es endlich soweit. Ist das nicht toll?«

»Ja, hmmh«, murmle ich in den nach dem Friseurbesuch stoppeligen Bart. Denn ich kann nicht sagen, dass mich das sonderlich interessiert – zumindest zur Zeit nicht. Meine Gedanken drehen sich jetzt viel mehr darum, wie ich hier wieder herauskomme. Und was das Schlimmste ist: Heute ist Feiertag! Das heißt nämlich, dass die pure Langeweile sich wieder wie eine Chefgötze anbeten lassen wird! Kann mich darüber absolut nicht freuen!

*

Nachmittag. Mir wird Besuch angekündigt.

Ich suche einen Kalender, um einen Strich einzutragen. Denn seit dem 27., als ich Pia fragte, ob sie mich verlassen wöllte und sie es *energisch*(!) verneinte, lebe ich hier isoliert von der Außenwelt, habe kein bekanntes Gesicht mehr erblicken dürfen. Meine Mutter hat sich nach wie vor nicht sichten lassen und was mit Pia los ist – keine Ahnung. Dass sie heute gekommen ist, könnte ich mir allerdings vorstellen.

Die Tür geht auf. Der erste Zipfel schielt herein. Ich erkenne, Pia ist es nicht. Enttäuschung macht sich wieder in mir breit, Verzweiflung, welche schon seit ihrem letzten Besuch in mir vorherrscht. Heulen könnte ich jetzt wieder, heulen über meinen zu Müll verkommenen Körper, heulen über alles, was mich umgibt und doch ausschlagen gegen alles, was mich quälen will: gegen meine Mutter, gegen Pia, gegen – ach, ich weiß es nicht, gegen was noch. Auf jeden Fall niederstrecken, zerstören, dem lodernden Feuer des Verfalls zuschmeißen!

»Hallo«, dringt es plötzlich sehr weich und angenehm an mein Ohr.

Ich schaue auf. Und muss sofort wieder die Augen zukneifen wie einer, der zum ersten Mal die Mittagssonne über der Kalahari erblickt hat. Die hübsche Schwester Manja aus der ITS steht vor mir, die mich nach meinem ersten Einscheißen wieder aufgemuntert hat. Blitzartig schlägt meine Verzweiflung in Freude um.

»Hallochn! Mi dir habich ja übehaupni gerechne. Findaber totzdem serr schön, dass de hiemaoffkeuzt. Wie komm-kommtsn?«

»Ich bin mit meinem Freund zu seinen Eltern gefahren, die hier in der Nähe wohnen. Und da habe ich mir gedacht, komme ich dich mal besuchen.«

»Wow. Wenn ma von som hübschel Mädel besuchwir, isat, als falln Osern und Weihnachn off een Tag. Voallm, wennma scho knappn Woche keen mehr griegt hat.«

»Wieso, kriegst du keinen mehr? Was ist mit deiner Mutter?«

Mein linker Mundwinkel zieht sich verächtlich hinab: »Die habch, seitch hie bin, no ni gesähn. Dat Problem miihr stammt noch voder ITS. Ich schätz, sie konni verkaftn, dassch mir nialls gefallniess.«

»Was war da?«

Ich erzähle es ihr. »Und jetzt kommtse nimmer«, beende ich meinen Rapport.

»Ist vorstellbar. Aber auch wir hatten nicht die beste Meinung von ihr. Und was ist mit deiner Freundin?«

Beklemmung macht sich in mir breit: »Die lässch sei voige Woche Donnerschtag nimmer blickn. Frag aber bidde ni warum.«

»Meinst du, sie kommt nie mehr wieder?«

»weeßchni. Bi zwar noch ful Hoffung – ha wohl mit meim Optimi-Optimismus zu tun – aber dies Hoffu-Hoffnung singt. Denn sie isschoüberfällig. Wir hattn aller dei Tage ausgmacht. Un kank sahse beim letzten Malasolut niaus.«

»Sie kommt bestimmt wieder, ich wünsche es dir.«

»Wi werdn sähn, sprach der Blindund ranne gegen Boum. Wonacher meente: Dat habch komm sähn.« *Ich werde schon sarkastisch.*

Sie lacht. »Deinen Humor hast du ja behalten.«

»Humor is, wenn man trotzdem lach. Alldings fällt mi das zu Zeit übest schwer.«

Eine Weile später will ich von ihr wissen, was mit mir wirklich passiert ist. Bin ganz gespannt auf ihre Version.

»Hast du darüber noch nichts erfahren?«

»Nivill. Und dasas, is äussest mystisch.«

»Zum Unfall selber kann ich dir auch nicht viel sagen. Ich weiß nur, dass du anderen geholfen hast und dabei vom nächsten Fahrzeug angefahren wurdest.«

Deckt sich mit Pia ihrem Bericht. »Unwa dann?«

»Am 24.8. kamst du zu uns in die ITS. Da warst du schon außer Lebensgefahr, obwohl wir dir noch was in die Augen geben mussten, damit du nicht blind wirst. Ein paar Tage später kamst du dann zu Bewusstsein. Da war es für uns schon eine Riesen-Überraschung, dass du so viel und vor allem allein aßest. Auch von deinem Lebens- und Laufwillen waren wir überrascht. Wie läuft es denn jetzt eigentlich?«

»Die hammi hier schoon in Rollstull bussiert – quatsch: bugsiert. Aussedem mach ich Psycho... ääh, ich mein Physiotheapie mit Kricken – oder besssser sat mit eener. Ich will aber alleine loufen könn mitter Kricke! Nisch mit gwieftn Rollstullfoahr, sondn wieder rrichtsch loufn könn. Ou bich mir sicher: Ich weras schaffn!«

»Das traue ich dir zu«, pflichtet sie mir bei. »Aber wollen wir mal zum Fenster laufen? Ich möchte mal sehen, wie weit du bist.«

»Heh, aber gerne! Es geht do nischt über ne gutte Loufschule. Dor driben am Bett steht die Kricke.«

»Wir laufen ohne. Oder willst du nicht??«

Ich fange an, schelmisch zu grinsen. »Wo denkstn hi? Ich bin do ni scharf auf die.«

Sie stellt einen Stuhl ans Fenster. Dann torkeln wir dahin.

»Es geht schon besser, als du bei uns warst«, befindet sie am Ziel entgegen meiner eigenen Meinung. »Also eine Steigerung ist da. Und wenn du weiter so machst wie bei uns, schaffst du es garantiert.«

Dann verabschiedet sie sich von mir und geht.

Schnucklig! Sie sieht so sehr gut aus, duftet so berauschend, macht einen so intelligenten Eindruck ... Traum weiche! Denn du blui einslag, sie hat schon einen Freund! Und ich selbst habe Pia! – Wirklich??

9

Ich frühstücke gerade. Plötzlich schnellt die Tür auf und Frau Miller stürmt herein: »Mike, ist es dir recht, wenn wir jetzt laufen? – Ach, du isst gerade. Da komme ich dann noch einmal wieder.«

»Nö, brauchen Se ni!«, beeile ich mich zurückzurufen. »Iunerbrech dat Frühtück. Die Behandung is wichtscher. Ich will ni fett werden, sonern loufn könn.«

»Sorgt das nicht für Ärger?«

»Den kriegn höchstens de andern, wenn se sich mit mir anlegn wolln.«

»Na gut, dann komm.« Sie nimmt meine Krücke, hilft mir hoch und raus geht es auf den Flur.

Draußen – *Es läuft bescheiden, zugegeben, vielleicht auch weniger bescheiden; genau weiß ich es auch nicht. Doch eines habe*

ich erreicht: Jetzt wird von der Physiotherapie zweimal täglich in meinen Körper gepowert. Oder ist es nur eine Eintagsfliege?
*
Als wir wieder ins Zimmer zurückgekommen sind, teilt sie mir mit, dass sie mich auch noch am Nachmittag abholen werde. »Und ab heute kommst du jeden Tag in den Keller. Da sind die Behandlungsmöglichkeiten besser als hier.«

»Un wasis mitm zweemalam Tage?«, will ich mich noch vergewissern.

Sie schaut mich verschmitzt an. »Das haben wir doch gerade angefangen, ni?«

»Dann treff mer uns jetzt zusäll—zusätzlich zur Gymnastik ouch jedn früh. Richtig?«

Ihr Gesicht ist jetzt in zwei Hälften geteilt – die rechte Seite ist die erzürnte, die linke die belustigte: »Aber ja doch!!«

»Ahaa, dann kömmer heutn Strich im Kalender machn: Am Montsch, däm ... äh« – ich schaue sie fragend an – »... danke – 8. Oktober 1990 beginnt ne neue Stufe meir Regeneration.«

Lachen hat in ihrem ganzen Gesicht Einzug gehalten.

10

Mittwoch, 10. Oktober. Vormittag.

Das hinterste Zimmer ist ab heute meine Domizil. Weil, wie mir gesagt wurde, es hier mehr Frauen als Männer gibt; und mein Vorschlag, Mixzimmer einzurichten, wurde nicht akzeptiert, animierte die Schwester nicht mal zu einem Lächeln. Allerdings wage ich zu bezweifeln, ob ihr das auch gestanden hätte, sofern sie lächeln überhaupt bringt. Die Schwester, die mich hinüberbugsierte, war Regina.

Mein neues Domizil ist ein zweizimmriges, das aus einem Hauptzimmer mit drei und einem Nebengemach – genannt Schlauch – mit zwei Betten (von denen aber nur eins belegt ist) besteht. Ansonsten ist hier alles so trist und öde, wie Krankenhauszimmer eben sind.

Ich setze mich auf mein am Fenster gelegenes Bett und will mich mit meinen neuen Nachbarn bekannt machen. Derzeit ist aber nur der an der Tür liegende anwesend: ein schwarzhaariger Typ mit halblangen Haaren, welche ziemlich strähnig aussehen und wo sich eine Platte andeutet; ungefähr 35; *sieht insgesamt aus wie ein Assi; aber die Optik kann täuschen.* – Das hat man ja an meinem Abi-Mathematiklehrer gesehen, der auch bestimmt keine Probleme gehabt hätte, an der Muppet-Show teilzunehmen. Doch man wird wohl nicht umsonst Abitur-Lehrer.

»Gutn Tag. Ich bin Mike. Warum sin Sie eientlich hier?«, frage ich ihn.

»Äh ich bin Hans Vogel. Nach 'nem Kneipengang bin ich zu Hause von drei Typs aufgelauert und niedergemacht worden.«

Ich muss mir das Feixen verbeißen. – *Vogel, welch passender Name.*

Kurz darauf kommen die anderen beiden. »Ach, wir haben Neuzugang?«, bemerkt der eine.

Während ich mich vorstelle, beobachte ich, wie der andere weiterläuft und im Nebenzimmer verschwindet. Merkwürdig bewegt er sich, hat so einen suchenden Schritt.

»Was isn mit dem los?«, will ich wissen.

Der gerade Hereingekommene und mit mir sofort Schwatzende teilt mir mit, dass der im Nebenzimmer verschwundene Robin heißt und durch einen Verkehrsunfall blind ist.

Oh Kacke, das gibt es auch? Da kann ich ja froh sein, dass ich nicht blind geworden bin.

Der mir den Einblick verschafft, nennt sich Jürgen. »Ich bin getrampt und dann von jemanden mitgenommen worden, der gegen einen Baum fuhr. Hahahaha. Das Auto brannte nieder und ich war zwischen Auto und Erde. Dadurch hatte ich einen Schädelbruch und Verbrennungen dritten Grades.« Ich erfahre noch, dass Jürgen zwanzig, Robin neunzehn und Vogel dreiunddreißig ist, bei Jürgen und Vogel die Heilung schon zu wirken begonnen hat, Robin keine Aussicht auf Wiedererlangen seiner Sehkraft besitzt, weil ein Sehnerv zerstört worden ist; doch dann legt sich Jürgen hin, macht ein Nickerchen, Vogel verschwindet und ich habe erst einmal Muße dazu, mich an mein neues Domizil zu gewöhnen.

11

Donnerstag, 11. Oktober. Früh.

Gerade ist das Frühstück von Pfleger Helmut hereingebracht worden und nun beginnen wir vier, um einen Platz am Tisch zu feilschen. Natürlich muss auch Helmut seinen Senf dazu geben:

»Herr Scholz, Sie bleiben im Bett und essen dort!« (Am Nachtschrank befindet sich eine ausziehbare Platte, welche dafür geschaffen wurde.)

Ich knurre zurück. Denn begeistert bin ich davon keineswegs, vor allem, weil es dort so bescheiden geht. Aber ich bin neu hier, habe mich demzufolge nach den anderen zu richten. Das wurde mir schon bei der Navy eingebläut, und ich habe es nicht vergessen.

Während dem Frühstück – nur das ist hier genießbar: Milch, Brötchen mit Nougat und Marmelade – muss ich mit erhöhtem Schwierigkeitsgrad alle möglichen Verrenkungen machen, um mir Essen zuführen zu können. Und prompt kleckere ich: Ein Schwaps Milch landet auf dem Bett, von dem Marmeladenbrötchen fliegt ein Teil nach unten und der Nougat gesellt sich dazu. Mir ist das zwar peinlich, denn es geschah nicht mit Absicht, trotzdem muss ich mir das Lachen verkneifen. Das dürfte ein Wink mit dem Zaunpfahl an Helmut sein, dass er mich nicht im Bett essen zu lassen hat.

*

Nach der Wandeilei mit Frau Miller überlege ich mir, dass, wenn mit Pia Schluss ist – woran selbst ich kaum noch Zweifel habe – die Chance bei Yvonne zu ergreifen ist. Doch dazu muss ich schreiben können, da sie erst einmal wissen muss, dass ich noch lebe und gewillt bin, mit ihr in Kontakt zu treten. In der ITS habe ich doch schon gelernt, den Stift festzuhalten.

»Haste eene Fibel?«, frage ich deshalb Jürgen.

»Hm, hab ich. Wieso, brauchste eene?«

»Na sons würdch ja ni fragen.« Und erkläre ihm weshalb.

Er ringt sich ohne Zögern durch, sie mir zu leihen, »... bis auf weiteres«, wie er betont. »Vielleicht schaffst du's ouch.«

»Ich habs zu schaffn!«

*

Während meiner Übungen wird mir klar, dass ich mit den Schreiben ganz von vorn anfangen muss. Ich weiß zwar, wie die Buchstaben geschrieben werden, doch die Ausführung ... *Kinder in der ersten Klasse müssen sich auch erst diese Vorübungen reinziehen. Und ich bin ja in die Klasse der Säuglinge zurückgestuft worden, muss mich von vorn bis hinten bedienen lassen, kann mir ja nicht mal den Hintern selber abwischen. Demzufolge bin ich also hochunterentwickelt. Das ist doch oberriesig, als Säugling schon mit Schreiben zu beginnen, und das ohne Lehrer!*

Jedes Wort, was da steht, schreibe ich ab: *Idiotisch, yeah, furchtbar idiotisch, aber was soll ich anderes tun? Wollen wir mal hoffen, dass aus dem* Idioten *noch was halbwegs* Brauchbares *wird.*

Jedes Wort kritzle ich auch extrem langsam, um es hinterher noch lesen zu können.

Und so kämpfe ich mich Buchstaben für Buchstaben schwerfällig und allmählich aber konsequent vor. *Ich muss üben, üben, üben, bis es mir als Monstrum in Engelsgestalt zum Halse rauswächst!*, blinkt es dabei ständig auf meiner inneren Leinwand. *Denn dann kann ich der Holländerin schreiben.*

*

Nachmittag.

Eine Frau schreitet eiligen Schrittes herein, will – *wunder, wunder* – zu mir: »Guten Tag. Ich bin die Frau Bullerjahn, bin für die Sprache verantwortlich.«

»Ahaa, da wiralsoedlich oumawas unternommn. Na dann machn Sie mal. Ich ha soieso den Eindruck, dass sei der IDS meie Sprache zwar varibler, doh in der Ausspache schlecher gewordnis. Zumindest binch mitir ni zufriedn.«

»Na ja, sie ist zwar sehr leise, aber verstehbar. Und die Lautstärke versuchen wir zu verbessern.«

*

»Also einzeln klappt das ja ganz gut«, ist sie nach dem Üben der Vokale, Konsonanten und Zischlaute mit mir einer Meinung, »nur zusammenhängend treten Fehler auf. Auch dürfen Sie nicht soviel Dialekt sprechen, das verschlechtert Ihre Aussprache. Der Sachse ist nämlich sprechfaul, verschluckt deshalb sämtliche Endungen.«

Eine Redepause ist eingetreten, das eben Gesagte soll dadurch wohl mehr auf mich einwirken.

»Haben Sie ein Buch?«, hat sie nach einer Weile ihren Faden wiedergefunden. »Sie können nämlich Ihre Sprache verbessern, wenn Sie aus einem laut lesen.« Und ist bei meiner Nicht-Besuch-Bekommen-Geschichte überzeugt, dass sich das bald auflösen wird, es sich bestimmt bald ändert. Und fügt noch hinzu, dass ich mir dann ein Buch besorgen solle.

Dann betrachtet sie die Séance für beendet. Sie erhebt sich, verrät mir nur noch, dass sie jetzt jeden Donnerstag komme. »Allerdings nicht im November, da habe ich Urlaub. Aber vielleicht werden Sie bis dahin schon in Löbau behandelt.«

Ich stutze: »Was is denn da?«

»Dort sitzt eine Spezialistin für die Sprache.«

»Und wann kommt ma dain? Oder muss man een besondren Antrag stel–len?« Jetzt will ich mehr wissen, denn ich bin nicht der Überzeugung, dass sie den rechten Durchblick hat, sich nicht im Klaren darüber ist, wie man die Ursachen für diese Sprachstörung bekämpft. Ich glaube sogar, dass sie nicht einmal weiß, was für Ursachen anliegen. Zwar bin ich auf das mit dem Buch-Laut-Lesen selber nicht gekommen, nichtsdestotrotz wird sie das aber wohl jedem Patienten erzählen, ist sicherlich nur eine einstudierte Allerweltsfloskel.

»Und was isn da anders?«, hake ich nach, als sie zögert.

»Das kann ich Ihnen auch nicht sagen. Aber große Veränderungen zu meiner Methode gibt es da sicherlich auch nicht.«

»So so, als-so keene Veränderung. Doch waum erwähnen Sies dann?«

Die Antwort muss ich mir selber geben, sie schließt die Tür hinter sich.

*

Am Abend vor dem Einschlafen rede ich noch ein bisschen mit Jürgen: »Dat scheint hier ni off hohm Niveau zu lieggn. Außer der Physiothepie passiert hier do goar nischt. Und da läuft ou bloß Krankengymnastik ab. Ich kann mir ni vorstelln, dass das alles sein soll, was gedan werden muss, damitch wieder hochkomm. Und was die Sprachtherapie betriff: Da wird dir jemand vorgesetz–setzt, der von Tuten und Blasen keene Ahnung hat.«

»Na ohne'n Keller wären sie hier doch völlig am Boden, würden überhaupt nimmer existieren!« Damit dreht er sich auf die andere Seite und schnarcht. Dabei stößt er so laute Geräusche aus, dass einem fast die Ohren abfallen.

Doch mich lässt so was kalt. Ich besitze die Fähigkeit, von dem, was mich nicht interessiert, abschalten zu können. Und genau das mache ich jetzt. Dafür durchforste ich wieder meine Gedankenspeicher, der mir mitteilt, dass der Keller hier wirklich der Springende Punkt zu sein scheint. Und Jürgen ist schon seit Februar hier, der muss es also ganz genau wissen. Aber was das Größte ist: Ober- und Unterhaus verstehen sich nicht so richtig. Demzufolge: So gut und so schnell wie möglich regenerieren, nötigenfalls die beiden Parteien gegeneinander ausspielen, und dann hier verschwinden. Alles andere wäre trivial.

12

Sonnabend, 13. Oktober. Vormittag.

Wieder mal allein. Vogel ist – wie er mir erzählte – zum ersten Mal, und dass schon seit Mai, auf Wochenendurlaub, und die anderen tun dies schon seit längerem. Mir wäre es aber auch egal, wenn sie da wären, denn die Langeweile würde auch durch sie nicht vertrieben werden.

Ich sitze im Rollstuhl am Tisch, habe ein Blatt Papier und einen Stift vor mir liegen und will jetzt einen Brief an die Holländerin zu schreiben. – Eigentlich sollte ich ja jetzt laut Helmut am Fenster sitzen und die wunderschöne und ereignisreiche Raucherinsel begucken, doch ich lehnte ab, denn in den Genuss hatte mich Frau Miller diese Woche schon gebracht. *Igitt!*

Yvonne. Zuerst muss ich mir darüber klar werden, was ich ihr eigentlich schreiben will. *Krankenreport? Quatsch, das interessiert doch nicht mal die Fliegen auf dem Komposthaufen. Irgendwas schönes, doch kein Wort davon, dass ich demoliert wurde? Blödsinn. Sollte sie mal echt kommen oder an der Einladung, dass ich sie über Weihnachten, Silvester besuchen solle, festhalten, ließe sich das schlecht verbergen. Und wie sollte ich ihr erklären, dass ich mich solange nicht gemeldet habe? Denn ich werde ja wohl kaum in naher Zukunft wieder repariert sein. Also ein Liebesbrief, Liebesbrief, Liebesbrief – was soll ich da reinschreiben? Dass ihre Haare duften wie gerade von einer Bienenwabe abgenommener Honig? Ich weiß doch nicht, ob sie überhaupt Haare hat oder ein Skinhead ist. Oder vielleicht: Deine Züge sehen so anmutig aus wie der Gang eines Rehs, das gerade einen Rehbock in Verzückung bringen will? Abfahrt. Ich weiß doch auch nicht, wie sie überhaupt aussieht. Vielleicht ist sie stockhässlich, und kommt sich dadurch verscheißert vor. Nee, so geht es nicht. Ich weiß doch bloß, dass sie in Neubrandenburg Deutsch studiert und 19 ist. Also muss ich da irgendwo anfangen.*

Ich beginne zu schreiben. Möchte wissen, wie es ihr geht; verdeutliche ihr, wie es mir geht und wie es dazu kam (oder gekommen sein soll); erkundige mich, wie es mit der Einladung aussieht; lade sie ein, auch mal zu mir zu kommen; frage sie, ob sie auch wirklich ein Mädchen ist (ironisch, makaber wie immer); verschweige ihr aber, dass ich mit ihr schlafen möchte, obwohl ich mich erinnern kann, vor meinem Desaster von ihr Fotos mit Reizwäsche geschickt bekommen zu haben und gefragt worden zu sein, welche sie davon anziehen solle.

Mit Freude stelle ich dabei fest, ich kann noch Briefe schreiben, mein Ausdruck ist noch einigermaßen okay, ebenso wie Orthographie und Grammatik. Nur die Schrift ist zum Haare ausraufen. Wenn ich auch sehr sehr langsam schreibe – eine Steigerung zur ITS ist schon zu erkennen: Ich kann den Stift festhalten, ohne die linke zu Hilfe nehmen zu müssen, und ich kann meine Schrift lesen (das meiste zumindest). Trotzdem wird sie aber für das Lesen des Briefes bestimmt einen Hyroglyphenentzifferer brauchen.

*

Als ich vorgewarnt werde, dass es gleich Mittagessen gibt, habe ich den Brief soeben beendet. Drei Stunden saß ich daran und setzte drei Seiten auf. Früher hätte das Maßchen an Buchstaben maximal zwei Seiten gebraucht. Doch jetzt schreibe ich viel größer, damals brauchte man fast eine Leselupe dazu. Trotzdem muss ich mir aber eins noch überlegen: Wer schreibt ihn ab?!

13

Sonntag, 14. Oktober. Vormittag.

Noch im Bett liegend döse ich vor mich hin. Der Rollstuhl steht vorn im Zimmer – mittlerweile jeden Tag – und wartet darauf, dass ich ihn besteige, doch im Augenblick habe ich dazu keine Lust. – Warum auch? So lange wie möglich in der Heia bleiben, damit der Tag schneller vorbei ist.

Die Putzfrau kommt herein, will saubermachen im Zimmer. Allerdings sind ihre Reinigungsfähigkeiten bekannt unter allen Patienten, bei denen sie schrubbt: Fleißig wischt sie immer um den Dreck drumrum, nichts erscheint ihr zu schwierig, um den Müll an seinem angestammten Ort zu lassen. Was mir aber eigentlich egal ist, denn hier ist ja nicht mein Zuhause. Solange sie den Dreck nicht in mein Bett schafft ...

Sie packt meinen Rollstuhl an und schafft ihn raus.

»He, wasolln das?«, knurre ich verdutzt.

»Ich muss jetzt hier saubermachen und dazu kommt der Rollstuhl raus.«

»Und wie kommter dannieder rein?« Noch sehe ich die Sache gelassen, wenn ich auch der Putzfrau nicht ganz traue.

»Den bringe ich dann wieder zurück.«

Während sie ihren Job versieht, muss ich sie immer wieder anschauen, obwohl ich es gar nicht will. Und grinsen, denn sie sieht zum Grinsen aus: *Seit 1945 ist sie hier drin, war damals sechs, Kriegswaise, Bettnässer. Demzufolge müsste sie jetzt 50 oder 51 sein. Ich wage auch zu bezweifeln, dass irgendeine Schule ihr Antlitz mal bewundern durfte, da sie – wie im Krankenhaus allgemein bekannt – ein bisschen falsch tickt. Das kann man ihr allerdings nicht zu sehr anrechnen, denn ich meine, der Scheiß Krieg hat aus vielen Menschen körperliche und geistige Krüppel gemacht. Wohl auch deshalb hortet sie eine große Sammlung Puppen in ihrem Zimmer, die sie wie kleine Kinder behandelt. Und alles für sie tut – logisch, die sind ja der Ersatz. Man sieht es ja heute noch: Geistig Behinderte sind ausgeschlossen. Und von den Tätern darf ich mich nicht ausnehmen.*

Als sie mit Wischen fertig geworden ist, schafft sie ihr Werkzeug raus. Dann bringt sie den Rollstuhl wieder rein.

Nein, macht sie nicht! Da war wohl noch eine Falte von ihr im Zimmer, so dass es mir schien, als käme sie wieder hereingewatschelt.

Dafür knallt die Tür mit lautem Getöse zu.

Wird sie noch einmal geöffnet?

Sie bleibt geschlossen. Grinst mich dafür hämisch an so nach dem Motto: »Was willst du?!«

»Heee!«, brülle ich aufgebracht. »Mei Rollstuhl!« Weitere Schreie erspare ich mir, denn sie würden nur im Winde verweht werden.

Alles, was sie hinterlassen hat, ist ein penetranter Desinfektionsgeruch. Und einen aufgelösten Mike, dem die Ursache ihres Hierseins nunmehr völlig unwichtig ist, weil **sie** es gewagt hat, sein ohnehin schon angekratztes Selbstbewusstsein weiter aufzuweichen, ihn ihrer Fuchtel zu unterwerfen.

Ich klingle – wütend, erbost. Und während ich darauf warte, dass jemand kommt, kehren meine Gedanken zu ihr zurück: *Wer weiß, ob sie die Schwimmringe an ihrem Geschmeiß überhaupt noch zählen kann! Jürgen beschrieb sie treffend: Sie ist ungefähr so breit wie hoch. Und klein ist sie absolut nicht. Soll deswegen aber ganz schön empfindlich sein. Warum? Und benutzt auch immer irgend ein Schweißdeo. Dazu kommt, dass sie nicht die Waschfreudigste ist. Von der Stubenreinheit ganz abgesehen.*

Meine Gedanken werden immer unflätiger, lassen kein heiles Blatt an ihr, arten aus in immer wüsteren Beschimpfungen. Noch nie habe ich einen Menschen so gehasst wie sie in diesem Moment. Grund genug für meine Fantasie, die obszönsten Titel für sie auszuspeien.

Derweil warte ich. Viele Sekunden, viele Minuten sind schon verronnen. Doch – niemand kommt.

Nun hat mein Hass die Möglichkeit, sich zu erweitern: *Die drehen jetzt wohl völlig durch?* Ich beschließe, noch einmal zu klingeln.

Wieder ist eine schier unendlich langen Weile vergangen, als schließlich jemand kommt: »Was ist los?« – Der Faulpelz mit den verwitterten Ohren war Helmut. – »Wir frühstücken nämlich gerade.«

»Mein Rollstuhl!«, antworte ich kurz angebunden.

»Den bekommen Sie heute noch. Jetzt ruhen Sie sich erst einmal aus.« Damit dreht er ab und geht.

»Wovon?«, schreie ich ihm hinterher.

Der denkt gar nicht daran zu reagieren! Dafür darf ich mir jetzt einen Kopf machen, was ich mit dem angebrochenen Vormittag anfange. Aber mit der Wut im Bauch – da was Gescheites ausbrüten – kann ich vergessen; da kommt doch eh bloß Müll raus. Ergo: erst mal beruhigen. Wird hart genug werden, wie ich mich kenne.

Nach einer Weile tritt in mir der Gedanke an meine Schuhe zutage: *Da kommt doch der Geschmack eines Gnadenbrotes in einem hoch, wenn man sich immer besohlen lassen muss. Erinnert mich jedes Mal an ein Pferd, das seinen Huf verloren hat und ohne den Hufschmied nicht mehr laufen könnte und damit verrecken würde. Wie wäre es denn, wenn ich das Schuh-Anziehen selber mache? Ich muss es doch nur schaffen, die Schnürsenkel zuzukriegen. Und nun soll mir mal einer erklären, dass das nicht möglich wäre. Ich glaube da ganz was anderes. Also ran. Aber wo mache ich es? Auf dem Bett?*

Es bleibt beim Versuch; darum nehme ich den Tisch in Augenschein. Nur stellt sich da die Frage auf, wie ich dort hinkommen soll: *Ja ja, Taxi bestellen. Gibt es hier aber keins. Denn die Krankenhaustaxis, die Schwestern und Pfleger, haben ja Auszeit genommen. Bleibt mir wohl nichts anderes übrig, als endlich mal meine Füße zu bewegen.*

Nachdem ich die Schuhe per Wurftritt in die anvisierte Ecke befördert habe, drücke ich mich aus dem Bett und klammere mich an seinen Rand. Wo aber die nächste Hiobsbotschaft auf mich wartet: *Es bleibt nicht an seinem Platz!*

Sehr zu meinem Leidwesen; denn jetzt habe ich erst einmal damit zu kämpfen, dass ich stehen bleibe, stemme mich dagegen, muss mich dagegen stemmen, damit es mich nicht unter sich begräbt. Und dann beschleicht mich auch noch einen Wimpernschlag lang der Eindruck, dass ich mein Gewicht in die falsche Richtung drücke. Das Bett wandert direkt auf mich zu.

Verkorkste Gummiakrobatik ist angesagt. Wenn mich jetzt jemand sehen würde, bekäme ich allerdings äußerst schlechte Haltungsnoten.

Dann stehe ich endlich einigermaßen sicher – *das war des Streiches erster Teil, und der zweite folgt sogleich* – und zähle die mir noch bevorstehenden Etappen: *Das nächste Bett, und dann kommt der schwierigste Teil – zum Tisch; – und wenn ich dann noch nicht gestorben bin, lebe ich weiter.*

Die zweite Etappe sieht leicht aus: nur ein Schritt. Allerdings, wenn man seitwärts gehen und dabei keinen Spagat andeuten will, dann sind es zwei. Doch schaffbar.

Mit dem linken Arm halte ich mich bei ausgestreckter Stellung fest und lehne mein Gewicht dagegen. Mit dem anderen versuche ich, die Kante des nächsten Bettes zu fassen.

Scheiße!, brüllt es in mir laut. *Paar Millimeter zu wenig. Was nun? War das etwa schon alles? Nee! Auf keinen Fall! Und mehr als schief gehen kann es sowieso nicht. Da muss ich halt ein paar Schritte ohne fremde Hilfe laufen. Konnte ich doch früher auch.*

Ich stelle mich mit dem Rücken zu der von mir festgehaltenen Kante und schätze mit dem Blick ab, ob ich auf der Höhe der anderen bin.

Dann zwei kleine Schritte, dabei lasse ich ganz sacht los.

Mein Gleichgewicht verabschiedet sich erneut. Die eine Hand findet die nächste Kante nicht, die andere verfehlt die hinten liegende – Rettungsanker Ade?

Ich lasse meinen Körper eine für mich blitzartige Drehung vollziehen, als wenn ich auf einen Kreisel einschlagen würde. Aber meine Beine drehen nicht mit.

Ich falle; tiefer und tiefer wird mein Landeanflug, bis mein Brustkorb auf der Bettdecke aufschlägt, ich zurück ins Bett gedriftet bin.

Nach erleichtertem Durchatmen stelle ich mich erneut an die Kante, wobei diesmal aber die rechte die Klammerhand ist. Doch bevor ich einen Schritt machen kann, muss ich erst einmal ein beklemmendes Gefühl in der Magengegend ignorieren lernen, dass mir deutlich zu verstehen gibt: *Du hast übelsten Bammel. – Doch was soll das? Ich habe mir die Scheiße hier nicht ausgesucht und muss jetzt durch als Lurch, wenn ich Frosch werden will. Quak! Quak!*

Ich strecke die linke Hand aus, damit sie sofort zufassen kann, wenn ich das andere Bett erreiche. Dann – ein Schritt, der zweite, der dritte – ich bekomme den oberen Rand der Kante zu fassen. Aber wieder mein Gleichgewicht. Und jetzt der Erde viel näher als vorhin. – Wie sagte Gorki mal: »*Mit jedem Tag kommt man dem Grab ein Stück näher.*« *Mir kommt es so vor, als wenn ich schon in einem drin stehen würde, man lässt mich nur nicht abtauchen. Aber wie komme ich da wieder heraus?*

Zum Glück bleibt Jürgens Bett an seinem angestammten Ort stehen, weshalb ich es nur krampfhaft umgriffeln muss. Dann ziehe ich mich wieder hoch; die ITS gab mir ja darin eine Übungslektion.

Zurück im Stand kommt mir die Idee, mich auf das linke Bein zu stellen und mit dem rechten Fuß einen Stuhl heranziehen. Auf dem ich dann vorwärtsratze, was klingt wie das Gebrüll eines wunden Menschenaffen und das wohl kaum so gut sein dürfte für das Linoleum; doch – *hätte man mir meinen Rollstuhl gebracht, wäre das nicht nötig gewesen.* – Dann endlich an den Tisch und auf ihn mit Jubelgesang, meine Schuhe (die barbarisch hässlichen Turnschuhe, andere habe ich ja nicht) wandern auch mit hoch, während ich mich an die Wand lehne, um einen *einigermaßen* sicheren Sitz zu haben.

Wie ein perfides Zucken gerät die Strecke, die ich gerade zurückgelegt habe, in mein Blickfeld. Und lässt mich Stück für Stück der Strecke noch einmal durchleben, noch einmal riechen die Nähe des Fußbodens. Dann stellt es mir die Frage, ob sie wirklich so schwer zu bewältigen war.

Nein, eigentlich nicht, gewahre ich zögernd. Und rede mir ein, dass ich es wieder machen würde.

Dann zurück zu den Schuhen. Bei denen ich mit rechts beginne. – *Möglicherweise gibt es da irgendeine Hierarchie zwischen den Seiten, die man automatisch, unbewusst benutzt.* – Versuche aber erst einmal mich daran zu erinnern, wie das eigentlich ging. – *Ist nur schade, dass ich kein Anschauungsmaterial habe, auf meine Erinnerung vertrauen muss. Ich werde es aber trotzdem schaffen, kein Zweifel.*

Da ich mit der rechten Seite schnell fertig bin, kann ich zur linken wechseln. Wo es auch überraschend gut klappt und ich deswegen in Erwartung des Gelingens ein weiteres Mal jubilieren will. Da – wie aus heiterem Himmel rutscht mir die Schleife aus der Hand.

Soll ich jetzt fluchen oder lachen? Na gut, noch lache ich darüber.

Ich schaue zurück auf die andere Seite. Will sehen, wie ich es dort gemacht habe. Dann versuche ich mich zu erinnern, aus welcher Hand mir das Bändel abgerutscht ist: *Na klar, rechts. Immer wieder die rechte Seite, die solche Mucken aufweist. Klar, die ist nicht ganz okay, aber daran gewöhnen ist auch nicht so einfach. Aber sage mal: Werde ich mich jemals daran gewöhnen können? Muss ich das überhaupt? Werde ich vielleicht doch wieder okay? – Bestimmt!*

Mühsam reiße ich mich in die Wirklichkeit zurück und konzentriere mich wieder auf den noch verbliebenen Schuh.

Wieder fast geschafft. Der Senkel muss nur noch durch die Schlaufe.

Unerwartet fängt die linke Hand – *Ja, die **linke**! Schreck, lass nach!* – an zu zittern: *Träume ich oder wache ich? An der war doch nie irgendwas. Außer dass sie durch Narben gezeichnet ist wie eine riesige gezackte Kruste. Oder fange ich jetzt an, auseinanderzufallen wie ein zwei Jahre alter Streuselkuchen?*

Es klingelt in mir unangenehm, meine innere Warnblinkanlage läuft auf Hochbetrieb, ich sehe Sternchen, welche in das Supernova-Stadium eintreten, und doch lasse ich mich auch dadurch nicht von meinem Ich-versuche-es-wieder-Vorsatz abbringen.

Beim vierten Versuch klappt es. »Jawoll!«, kann ich nun jubeln, halb innerlich halb äußerlich, stolz und im Bewusstsein, dass ich noch viele solcher Momente erleben werde. Aber jetzt muss ich erst einmal wieder an meinen Körper denken. Schluss mit dem Faust ballen und nach oben strecken, Schluss mit dem im Sitzen herumtollen – mir schmerzt der Rücken. Zur Abwechslung recke und strecke ich mich, komme aber nicht umhin, mir einzugestehen, dass dies ja kein Wunder ist: *Denn wenn man stundenlang die Stellung einer Trauerweide innehat und damit den Gelenken im Rücken den Krieg erklärt, ...*

Ich habe mich wieder akklimatisiert. Doch das eben Geschehene lässt mir keine Ruhe, zeigt mir auf, dass es möglich ist, entgegen der Meinung vieler beweisheiteter Leute etwas zu schaffen – *auch für einen Krüppel wie mich. Man muss doch bloß den richtigen Trick raushaben, das ist alles! Säuglinge lernen ebenso erst die ganzen Tricks, wie man sich in die Gesellschaft integriert. Und ich bin nun mal ein Säugling. Zwar ein großer, aber ein Säugling. Habe bloß noch keine Brust gefunden, an der ich saugen kann.*

Kaum bin ich fertig mit allem, äuge schon danach, wie ich zurück zum Bett komme, da tritt eine Schwester herein. – *Na klar, wann hätte sie denn sonst kommen sollen?!* – Aber sobald ich den ersten Schimmer von ihrem Gesicht erhasche, erstarrt mein Inneres. Die nicht geäußerten Gedanken bleiben in der jeweiligen Windung stecken, für einen Moment setzt mein Kreislauf aus, lässt das Blut an den Zelleingängen verharren: *So viel Schönheit auf einen Haufen! Das kann es doch gar nicht geben! Nahezu vollkommen ... Wo ist der nächste Eimer? Ich will mich rein stellen. Damit die Putzfrau nicht noch einmal hereinkommen muss, um diesmal den geschmolzenen Mike zu klauen.*

Sie sieht mich auf dem Tisch sitzen. Fängt an zu grinsen. »Na, was machst du dort?«

Noch unfähig, einen klaren Gedanken zu fassen, starre ich sie an, erquicke mein Auge an dem Unfassbar-Tatsächlichen, das mir hier – *Vielleicht vom Schicksal?* – serviert wird: Haselnussbraune Augen, die Güte ausstrahlen und gleichzeitig Stolz vermitteln; brünett und lockig fließt es um ihren wohlgestalteten und ebenmäßigen gebräunten Teint wie bei einem Springbrunnen, dessen Strahl von Sonne überflutet ist; eine weiße Perlenkette wird hinter den roten, sinnlichen, kusserheischenden Lippen mit jedem Lachen sichtbar; dann gleitet mein Blick langsam hinab über die nicht unbeträchtlichen und proportionellen Hügel, möchte das Schwesternkleid durchdringen, um Erlösung von der Obsession zu finden.

Ich muss meinen Blick bedauern: Er kann nicht den Händen befehlen: 'Bringe dieses anmutige Wesen zum Erbeben, zum Schmachten, zur Hingabe'; er muss tatenlos zusehen, dass sich da vor ihm sein Traumbild einer Frau aufgebaut hat, aber unerreichbar weit weg bleibt, zwischen ihnen eine unüberspringbare Mauer existiert. Ich weiß nicht, ob sie einen Freund hat, doch – *So eine*

Frau keinen Freund? Lach! Lach!
»Sch... Sch... Suhe zubint-ten«, kriechen die ersten Worte stockend hervor.
»Und, geschafft?«
Ich gewinne zunehmend Fassung, denn jetzt habe ich die Gelegenheit dazu, ein stolzes Gesicht zu ziehen: »Ich war so fei, ja. Habe nämich keene Lust, dass mir laufend jemand die Boddn drüberziehn muss.«
»Super! Und wie bist du auf den Tisch gekommen?«
»Gloufen, wassont? Damamir die Heraus-gabe det Roll-stuhles verweiger und das S-s-schuhe zubind sich auf dem Bett schlecht macht, blieb mirja keene andre Wahl.«
»Was??«, stößt sie einen Aufschrei des Erstaunens aus. »Das ist ja phantastisch!«
»Hmmh«, brumme ich gedehnt wieder mit beiden Beinen auf dem Boden stehend. »Man tu eben sei Bestes.«
»Muss ich dir deinen Rollstuhl da noch bringen?«
Aufmerksam durchstreife ich ihre Gesichtszüge, ob sich da irgendwo ein ironischer Seitenhieb versteckt hat. Doch da keiner zu entdecken ist: »Das wäre serre, sehr nett. Ich bin nämich ei-eigentlich zu faul zum Loufn.« Nicht aber zum Sex, hätte ich – *Scheiß Übermut! Macht mir alles kaputt!* – beinahe hinzugefügt, habe es jedoch noch rechtzeitig geschafft, einen Bremsklotz vor den Ausfluss zu legen.

Sie holt den Rollstuhl herein und fragt mich, ob sie mir hineinhelfen soll: *Ich bin mir sicher, eine Ablehnung würde sie nicht überraschen. Doch den Gefallen tue ich ihr nicht. Einmal von ihr berührt werden, das lass ich mir doch nicht entgehen. Das Verderben aber kann von mir aus kommen – danach.*

»Wie spä hastsn?«, will ich wissen, als sie mir das Mittagessen ankündigt.
»Viertel zwölf.«
Also ungefähr drei Stunden. Drei Stunden der Angst, der Freude, des Jubels und der Enttäuschung. Drei Stunden, in denen viele Bereiche der Gefühlspalette angerissen wurden. Würde ich es noch einmal machen? Klaro!
»Eine letzte Frage: Darf ich deinen Namen erfahren?«
»Diana.«
» Ich Mike. Freu mich, diich kennen–zulern.« Der linke Arm schießt in die Höhe.

Sie lässt mich noch einmal nippen an der Schale, von ihr angelächelt zu werden, dann geht sie.

14

Montag, 15. Oktober. Visite.
Frau Christoph ist aus dem Urlaub zurückgekehrt und hat mich soeben untersucht. »Nach meiner Ansicht sieht es besser aus«, teilt sie den anderen das Untersuchungsergebnis mit. »Jetzt geben wir ihm drei Cerutil-Tabletten pro Tag. Weiterhin bekommt er EEG und CT-Strom verschrieben.«
Wird Zeit, dass ich mal zu erkennen gebe, ich bin auch noch da. Schluss mit dem Lamentieren wie über eine abgeschaltete Maschine, Schluss mit der Statistenrolle: »EEG, wa solln das sein?«
Erstaunt werden nun die Blicke auf mich gerichtet. – *Wahrscheinlich ist es man hier nicht gewöhnt, dass die Patienten sich auch mal zu Wort melden.* – »Ein EEG ist eine elektrotechnische Untersuchung, bei der Elektroden an den Kopf angeschlossen werden und dadurch die elektromagnetischen Schwingungen von Gehirnteilen geortet werden können. So sind wir in der Lage, normale Frequenzen sowie überstarke und auch schwächere oder fehlende zu erkennen. Noch etwas?«
»Ja. Wann kannichaufuaub?« Scheinbar völlig losgelöst vom anderen Thema; und obwohl mich die erste Frage auch interessiert, auf die zweite aber lege ich den größeren Wert.
»Wenn Sie eine Möglichkeit haben, irgendwo unterzukommen.«
»Ich mecht Se daroffmerksam machn, dassch in Zittau ne eigne Wohnung hab.«
»Und wer versorgt sie dort?«
»Da wirsich schon jemen findn.«
Wieder werde ich ungläubig angeschaut. Dabei habe ich den Verdacht, dass man nicht einer Meinung mit mir ist, alles ganz anders sieht. Aber was soll der Blödsinn? Bestimmen die über mich oder ich selbst? Ich bin nun mal so ein Typ, der erst einmal die jeweilige Situation auf sich zukommen lässt und dann entscheidet, was zu tun ist. Sollen sie es doch spontan nennen oder anarchistisch angehaucht und kopflos. Mir ist das eigentlich *schnurzpiepenegal.* Hauptsache, es klappt; und es klappt meistens. Man kann sowieso nie voraussahnen, was einem die Zukunft bringen wird, und Weissager bin ich keiner, allerdings auch kein Schwarzseher. – *Na*

gut, Herr Gewissen, manchmal kommt man mit so einer Einstellung übelst auf das Nebengleis. Dann hat man aber immer noch die Qual der Wahl: Entweder man wählt die eine oder die andere Richtung. Genauso wie beim Pokern. Nur wer wagt gewinnt.
»Wir werden noch eine Weile warten, dann können Sie.« Ein salomonisches Urteil.
»Na hoffentich ni zu lang!«, werfe ich ihr noch hinterher, bereit zum Weiterdiskutieren, obwohl ich kapiert habe, dass nichts mit Urlaub wird.

15

Frau Miller hatte sofort zugestimmt, als ich sie darum bat, mir den Brief abzuschreiben, und fügte noch einen Zusatzvers hinzu: »Mike hat den Brief selber verfasst, ich habe ihn nur abgeschrieben. Er hatte einen schweren Verkehrsunfall und Sie möchten bitte antworten.«
Ich bin gerührt, fühle mich von ihr erneut angezogen: »Sie hamdas wirklich schön geschrieben. Da musseja ganzeifach antwortn. BringSen bitte auch mit weg?«
»Natürlich. Und jetzt ran an die Arbeit.«

16

Brühreis gibt es heute, der ausnahmsweise mal genießbar ist; und wovon sich bereits der halbe Teller in meinem Magen tummelt, als sich die Tür öffnet. Was aber öfters vorkommt, weswegen ich ruhig sitzen bleibe und es mir weiter schmecken lasse.
»Setzen Sie sich derweil auf's Bett, er ist gerade beim essen«, vernehme ich eine Schwester.
»ist gut, danke.«
Ich werde stutzig: *Diese Stimme kennst du doch. Ist das nicht – na klar, meine Mutter!* Jetzt kann ich auch sehen, wie sie zu meinem Bett stolziert und dabei etwas auf den Lippen hat, was wohl ein mitleidiges Lächeln sein soll. Höchst ausdrucksvoll und vielsagend.
Sie hat also Mitleid mit uns. Dabei – ach, den Gedanken erspare ich mir. Ich muss cool bleiben, darf jetzt nicht in Hektik verfallen. Schließlich will ich ja was von ihr. Doch sie hat mich so lange zappeln lassen, jetzt habe ich endlich mal die Gelegenheit,

den Spieß umzudrehen. Deswegen lasse ich mir Zeit hier. Welchen haben wir heute eigentlich? Den 19.10., ni? Das heißt also, sie hat sich genau einen Monat nicht blicken lassen. Wow, wie einfühlsam von ihr, sich mal wieder herzubequemen. – Und seit ungefähr drei Wochen habe ich gar keinen Besuch mehr bekommen. Aber wenn ich da an die Army zurückdenke, dann ist das doch ein Klacks. Dort kam ich zweimal neun Wochen nicht vom Schiff. Wobei ich da allerdings noch Glück hatte. Der Rekord in unser Abteilung lag bei 24 Wochen oder so. Da darf ich mich doch gar nicht beklagen.

Während des Essens beobachte ich, wie sie einiges aus ihrem Beutel auspackt und in meinen Nachtschrank einräumt.

Aha, die Fürsorge ist ihr also tatsächlich auf den Hals gerückt, sonst hätte sie bestimmt nicht was zum Anziehen mitgebracht. Vorausgesetzt sie hat sich nicht entscheidend geändert seit unserem letzten Zusammentreffen.

»Kann ich etwas mitnehmen?«, fragt die Schwester, als sie wieder hereinkommt.

Ich bin zwar noch nicht fertig mit essen, aber Appetit habe ich keinen mehr. Dafür bin ich doch zu aufgeregt: »Ja, mei Teller. – Kannirausoffn Hof?«

Die Schwester und ich lächeln uns dabei vielsagend an. Denn was hier ablief, ist auch unter der Schwesternschaft kein Geheimnis geblieben.

»Ich bringe nur den Teller weg und dann schaffe ich dich raus. Okay?«

Kaum tritt sie jedoch aus der Tür, sieht sie scheinbar jemanden: »Helmut, kannst du mir das mal abnehmen?«, fragt sie ihn. »Ich muss Mike rausbringen.«

»Kommste mit?«, schiebe ich eine halb Frage halb Aufforderung zu meiner Mutter hinüber. Dann wende ich mich ab und lasse mich hinauskutschieren.

*

Wir sitzen im Hof. »Kann man hier rauchen?«, fragt sie mich.

»Da stehn die Aschebecher«, zeige ich mit dem Finger darauf. Und nachdem sie mir auch eine gegeben hat, entsteht erst mal eine Ruhepause. Ich glaube, dass sie bestimmt darauf wartet, dass ich beginne, das Gespräch eröffne, möglicherweise sie um Verzeihung bitte. Doch ich denke nicht daran, nutze die Zeit vielmehr dazu, meine jetzt in mir durchjagenden und fast nicht stoppbaren Gedanken zu ordnen. Ich bin nervös, aufgeregt, fast schon hektisch.

Also wegen der letzten Wochen anfuzen darf ich sie jetzt nicht. Denn ohne sie komme ich hier nicht raus. Darum muss ich das auf später verschieben. Jetzt heißt es, ihr Honig um den Mund zu schmieren.

»Ich bidonun bestimminner Lage zurfahren, waseigentlich geschehens«, fange ich nun doch an, da ich der Warterei überdrüssig bin. »Rich-tig?«

»Allzuviel weiß ich auch nicht, nur das, was mir erzählt worden ist.«

»Dann dat, watte weeßt.«

»Am 3.8. auf der Autobahn nach Dresden wolltest du jemandem helfen. Da kam ein anderes Auto, traf dich und verschwand.«

»Undas waralles?«, frage ich stirnrunzelnd, denn jeder erzählt mir hier was anderes, nur das Helfen-Wollen taucht immer auf.

»Na ich glaub, das reicht ja wohl. Immerhin warst du fast den ganzen August nicht bei Bewusstsein. Ich fuhr mit Manolo auf seinem Motorrad gleich zum Kamenzer Krankenhaus, wo du lagst. Und da hätten wir beinahe auch einen Unfall gehabt bei Pulsnitz. Es regnete und wir wären fast weggerutscht. Aber Manolo konnte das Motorrad gerade noch so halten.« – *Kann ich mir gut vorstellen, denn ich habe sie ja einmal auch mit einem Moped mitgenommen. Wo sie sich in der Kurve immer gegenlehnte, so dass ich damals geradeso noch einem Abflug entging.* – »Dort traf ich dann Pia und Frank. Sie wollte deinen Schlüssel, gab sich als meine zukünftige Schwiegertochter aus. Ich habe es aber sofort verhindert und außerdem hätte sie ihn sowieso nicht bekommen. Nur, wenn sie deine Frau gewesen wäre. Ich aber, als deine Mutter, bekam ihn. Und Frank, der hatte ein blutbeflecktes Hemd. Als ich wieder zu Hause war, rückte er mir damit auf die Bude und wollte sein Hemd gewaschen haben. Ich habe ihn natürlich gefragt, was das soll. Er sagte mir, dass das ja dein Blut sei und ich es deshalb entfernen müsste. Ich schmiss ihn raus. Er hat sich seitdem nicht mehr blicken lassen. Hat wohl ein schlechtes Gewissen.«

»Hater nowas zum Unfall gesagt?« Er war ja dabei, müsste also am besten Bescheid wissen.

»Nö, hat er nicht. Aber ich habe ja dann sowieso alles vom Krankenhaus erfahren.«

Höchst zufriedenstellend. ´Ich habe es vom Krankenhaus erfahren.´ Und das, wo das Krankenhaus in dieser Frage selber auf dem Holzweg herumkutschte. Dass das aber alles nicht hinhaut,

*müsste sie doch selber erkennen. Ich werde das aber vorerst für
mich behalten. Will sie ja nicht gleich wieder vergraulen, brauche
sie ja noch.*

*

Nachdem eine Schwester herausgekommen ist und meiner Mutter mitgeteilt hat, dass die Christoph sie sprechen wolle, bekomme ich die Möglichkeit, ein bisschen zu mußen, meine Gedanken zu ordnen, einen Schlachtplan zu erstellen; und mich umzuschauen, um zu sehen, was um mich herum passiert: Auf dem Weg laufen Patienten herum, Patienten von den psychiatrischen Stationen. Dabei werde ich richtig **neidisch**, dass sie sich bewegen können, wie sie wollen, während ich an den Rollstuhl gefesselt bin. Doch tauschen mit ihnen – nein, tauschen nicht. Bin froh, dass in dem Bereich des Kopfes, wo mein Verstand liegt, noch alles in Ordnung ist. (Nehme ich zumindest an.) Also müsste ich mir da einen anderen Partner zum Tauschen suchen. – Vorausgesetzt, er ist zum Tauschen bereit. Da bin ich mir keineswegs so sicher.

*

Meine Mutter hat wahrscheinlich erst darauf gewartet, bis ich mit überlegen fertig bin, denn jetzt kommt sie zurück. »Was wolltn se denn drin von dir?«, will ich wissen, allerdings sicher darin, dass sie mir das niemals sagen wird.

»Ich war bei der Chefärztin. Die erzählte mir einiges über deinen jetzigen Zustand und dass du Sachen brauchst ...«

»Über mei jetzgen Zusand? Wasn da?«, unterbreche ich sie.

»Du hast eine rechtsseitige Lähmung. Deswegen musst du dich im Rollstuhl fortbewegen.«

»Und, werdichn Rollstuhl jemals los?«

»Darüber hat sie nichts gesagt. Und ich kann es nicht so einschätzen. Aber es ist ja auch nicht so wichtig. Ich unterstütze dich. – War Pia eigentlich hier?«

»Zum ersten: Für miist dat verdammt wichtig, dassich den Roll-st-stuhl loswerd.« – *Ich hasse es, abhängig zu sein, und im Rollstuhl bin ich es.* – »Zum zweiten: Pia waramAnfang paarma hier, dasis aber schoungefähr drei Wochen her.«

»Ja, ja, das war mir klar. Erst heiß verliebt, dann haut sie ab. Scheint wohl doch nicht so weit her gewesen zu sein mit ihrem Gefühl.«

*Jetzt will sie mir wohl klarmachen, dass nur sie mich umsorgt.
Aber dann war wohl in den letzten vier Wochen Hochwasser in*

Zittau, oder irgend eine andere Naturkatastrophe. Seit letzter Zeit scheint ja alles möglich zu sein.

»Sprechen wir übernandres Thema. Denn darauf binnich jetzte ni besonders gudd zu sprechn. Haste mirziehsachen mitgebrach?«

»Ja. Allerdings wusste ich nicht, was du brauchst. Deswegen habe ich dir jetzt einen Schlafanzug, einen Pullover, Trainingshose, Slips, Unterhemden und Strümpfe mitgebracht.«

»Okay, danke. Ich brauchaber noch Taschentücher – meine Nase spiel vrück – eine Jacke, was zu lesn und vorallm Geld. Zum Beispiel für Zigrettn. Und offn Tee binch ou ni grad scharf.«

»Was willst du denn lesen?«

»Najaaa«, antworte ich langsam und gedehnt, denn ich bezweifle, dass sie dies hat, »Horror wär miram liebstn. Aich mussehrlich sagn, ich les jetzt fasalles, dennde Lageweile gehmir offn Sack.«

»Ich habe aber keine Horrorbücher oder -hefte. Doch wie wär's mit 'Jerry Cotton'?«

»'Jerry Cotton' – wennch mi richtsch erinnre, dannis das doch ne Taschenbuchreihe, ni? Über een Privatdetektiv o so. Okay, is genießbar. Nehmch.«

»Und Taschentücher kannst du sofort welche haben, Zellstofftaschentücher. Doch was Geld betrifft: Ich kann dir jetzt nur 5,- DM geben; habe aber deine Kontoauszüge mitgebracht.« Sie reicht sie mir herüber. »Hier sind paar Abzüge drauf, die mir nichts sagen. Vielleicht weißt du was davon.«

Anschauen. Doch mit jedem Blick weitet es sich immer mehr aus, bis ich darauf starre: *Da sind ja nur noch 300.- DM drauf! Und das, wo ich kein Gehalt mehr bekomme. Und was ist das? Zwei rassige Abzüge. Insgesamt 4.000.- DM!*

»weeßte, wode herkomm?«, frage ich auf Einblick hoffend meine Mutter und zeige auf die Abzüge.

»Ich kann mir nur denken, dass du sie an die zwei von der Armee geliefert hast. Kannst du dich daran erinnern?«

Wie auf ein Kommando fängt es wieder an, in mir zu dämmern: *Stimmt, bei der Währungsunion hatte ich von Zweien auf meinem Kahn zusammen 11.000,- DM übernommen. Weil ich Möglichkeiten hatte, es für sie im Umtausch von 1:1 zu wechseln.*

»Kann miberabsolut ni daran erinnern, ob ichsihnen scho zurückgezahlt hab oder ni. Und wenn nee, wo isn da der Rest?«

»Was für ein Rest?«

»Na die andern 7000.«

»Keine Ahnung. Doch von Saskia und mir hast du dein Geld schon zurückgekriegt.«

Endlich durchfährt mich ein Geistesblitz, vom Erinnerungsspeicher ausgesandt: *Na klar, ich habe das Geld doch verborgt, zumindest den größten Teil. Wie hieß der Kunde bloß? Komme jetzt nicht drauf. Aber der sollte mir doch das Geld zurückgeben, wenn ich zu meiner Armeeentlassung fahre. Das wäre – na wann? ach ja – am 22.8. gewesen. Durch das tiefgreifende Ereignis des Unfalles hatte sich mein Wissen darum leider verflüchtigt.*

»Okay, ich weeß wie... es wieder. Aber wie kommich amein Konto ran?«

»Da musst du mir eine Vollmacht geben. Dann kann ich es holen.«

Den Gefallen tue ich ihr zwar nicht sehr gern, doch mir bleibt zur Zeit gar nichts anderes übrig. Frage deshalb nach dem Inhalt.

»Ich hole ein Formular von der Kasse. Heute habe ich keines mit. Außerdem muss ich jetzt gleich los. Mein Bus fährt in zehn Minuten.«

Schnell komme ich zum Hauptanliegen: »Einejanz wichtige Fage noch: Man kannier übers Wochenende eem, wenn manne bewache Beibe ha. Würdste mi-skortiern?«

»Gibt es da nicht irgendwelche Probleme?«

»Nee. Übers Wochenende darf hier sowieso die Langeweilie Macht übernehmn, da is nurn bissel Wachpersonalwesend.«

»Und, muss ich danach erst fragen?«, will sie weiter wissen.

»Brauchste ni, das machich. Da muss man bloß Bescheid sagn, dann kamman hier raus.«

»Hm, ja, würde ich machen. Aber noch nicht dieses Wochenende.«

»Nee nee, damit habch ou goarne gerechnet. Wär ou bissel spät heut. Aber wie wärsn mit nächstm Wochenend?«

»Das geht. Ich komme nächste Woche sowieso noch einmal vorbei, da bringe ich dir die fehlenden Sachen. – Ach ja, auf dem Nachttisch liegt deine Brille. Also, tschüss.« Sie gibt mir die Hand und eilt los.

*

Ich sitze noch für eine Zigarette neben der Bank (sie hat mir ein paar dagelassen) und freue mich, freue mich wie ein Schneekönig, über dem es nach zehn Jahren endlich angefangen hat zu

schneien: *Nächstes Wochenende kann ich endlich (!) heim. Zumindest hat meine Mutter das gesagt. Ich glaube zwar erst daran, wenn es soweit ist, denn auf meine Mutter sollte man sich nicht so verlassen, aber freudige Erwartung ist eben doch da. Und dann wollen wir doch mal sehen, wie es ist, wenn ich aus dem Flair des Krankenhauses raus bin.*
Auch nicht anders.
Vielleicht! Doch dies ist meine allerletzte Hoffnung; darum bis zuletzt. – Wie viel Tage sind es eigentlich noch bis dahin? Acht? Wenn sie doch schon vorbei wären.

Eine Schwester kommt, will mich wieder hineinbringen.

»Hi Schwesterchn. weeßte schon det Neuste? Natürlich außer, dass der Arsch zwee Fäuste hat.«

»Mike, ich wöllte mal die Zeit erleben, wo du keine Sprüche klopfst. Also?«

»Nächst Wochenend – ni das jetzsche, nee, das darofffolgen-de – kannch endlich mal heem!«

»Wirklich?«

»Hat zumindes meine Mudder gesag.«

»Ist ja super. Da freue ich mich für dich.« Diana lächelt und – hmmmmh – wieder muss ich erkennen, wie lieblich das bei ihr ausschaut.

»Freu dinur weiter«, bekenne ich ihr. »Du siehst da richtig schnucklig aus, wennde lachst.« Und bevor einer von uns dazu kommt, verlegen zu werden, füge ich noch rasch hinzu: »Apropos Heimfahrt – ich weeß ja, dass ihr von meiner Gegenwarne Erholungspause nötsch habt; trotzdem soll-äh-solltet ihr dan bissel vorsichtsch sein. Denn noch binch ni heem. Noch seidihr mi ni los.«

»So so«, sagt sie nur. Und bringt mich dann mit Hilfe einer zweiten Schwester den steilen Berg hinauf, welcher zurück auf Station führt.

17

21. Oktober. Nachmittag.

Ich sterbe bald vor Langeweile, doch die sechs Tagen kriege ich auch noch herum. Wieder kann ich Parallelen zur Armee ziehen: Umso näher die von Anfang an herbeiersehnte Entlassung, desto länger die Tage. Denn auch hier zähle ich sie schon, habe nur kein

Maßband. Ist schon komisch, wie so ein ungeliebtes Detail Schema für ein ganzes Leben sein kann.

»Mike, du hast Besuch«, weiß eine hereinkommende Schwester zu berichten.

Völlig baff wende ich meinen Rollstuhl der Tür zu und bedecke sie mit neugierigen Blicken. Denn einen Besuch erwarte ich heute absolut nicht, habe das Gefühl, das entsteht, wenn eine Schwester sich blicken und verlauten lässt, dass man Besuch hat, schon fast vergessen. – *Nicht, dass mir nun die Langeweile noch weggeblasen wird. Ich mag die nämlich ganz heiß (ha ha).* – Aus diesem Grunde muss ich noch einmal nachfragen: »Wasabich??«

»Besuch. Willst du raus?«

»Welchne Frage – natürich! Die Luft hier drinne ähnelt doch gesieber-gesiebter.«

Doch bevor sie mich rausbringen kann, tritt jemand ein. Es ist – *ja, gibt es denn so was?? Natürlich, Engel und seine Freundin! Wie hieß sie gleich? – Äh, richtig, Manuela. Jetzt habe ich es. Und dabei habe ich doch – ach, Scheiß drauf, mir ist es wieder eingefallen und der Rest ist zur Zeit egal.*

»Hi Ente. Wie geht's dir? Kannst du dich noch an uns erinnern?«, begrüßt mich Engel.

Ich strahle. Und aus dem Grund muss ich mich zusammenreißen, nicht zu schnell zu sprechen. – *Huh, zusammenreißen, wie schwer.* – Vor meinem Unfall hatte ich eine hohe Sprechgeschwindigkeit inne, in der ich auch deutlich war.

»Grussrück, Engel. – Logisch kanmi noan euch erinnern. Schließlich wohnt o wohnteter mit in meinr Bude. Und deinamen hab ich ja grad gesagt, Lode Heinz, und deiner is« – dabei wende ich mich ihr zu – »Manuela. Richtig?«

Sie nicken und ich plappere weiter. Denn wenn ich endlich mal wieder so richtig die Möglichkeit habe zum Plappern, muss ich sie auch nutzen. »Unnu zur Frage, wies mir geht: Na ja, ich binsni gewohn, sonntags Besuchzkriegen. Daum giehts mir jetzte ou prächtig. Natürlich« – ich zeige auf den Rollstuhl – »den Umständn entspechen.«

Jetzt kommt auch noch meine Mutter herein.

»Was treibtenn euch heute her?«, will ich nun teils fassungslos teils glücklich wissen. »Ni dassch drüber böse wär, doh man wundert sich.«

»Servus Mike«, begrüßt mich meine Mutter. »Manuela und Engel haben den Vorschlag gemacht, dich zu besuchen. Und ich habe ihn gleich genutzt, die Sachen, von denen du sprachst, mitzubringen.«

Dann wendet sie sich an alle: »Geht derweil schon immer raus, während ich die Sachen einräume. Ich komme gleich nach.«

*

»Kann man hier eine rauchen, Ente?«, fragt mich Engel draußen, wobei er schon in seine Brusttasche greift.

»Es gibne Roucherinsl, ja. Wir müssen dazum dieses Gebäude ruman denn Vorderausgang. Allerdings bleibch ni gerne beier Station. Könnmerni woanders hin?«

»Von mir aus. Aber weiß dann deine Mutter, wo wir sind?«

»Okay, zuerst off die Roucherinsel.«

*

Nachdem auch meine Mutter zu uns gestoßen ist, sind wir losgezuckelt und haben soeben Bänke mit Tischen entdeckt. »Wollen wir dorthin?«, erkundigt sich Engel, der den Rollstuhl schiebt.

»Nischt dagegen. Du musst dich ja bestimmt ou ma ausruhen von dem Gschiebe, ni? Also leg mer dort ne Rast ei.«

Zwar meint er, dass es dabei keine Probleme gäbe – was ich ihm auch glaube – aber übertreiben sollte man es nicht.

»Willst du irgendwas zu trinken?«, fragt er mich, als wir angekommen sind; denn die Bänke stehen vor – Na was? Lässt sich nicht genau definieren. Sieht aus wie eine Gaststätte.

»Ichne Cola.« Manuela und meine Mutter wollen einen Kaffee, er bestimmt ein Bier, wie ich ihn kenne.

Die Pause kommt mir sehr gelegen, um meine Mutter gleich mal nach dem momentan Wichtigstem zu fragen: »Werdcham nächsten Wochenend abgeholt?«

»Ja, du kannst heim für das Wochenende.«

Da mischt sich Manuela ein: »Wir holen dich ab und bringen dich zu deiner Mutter. Recht so?«

»Sehr sogar!« Denn so kann ich mir wenigstens sicher sein, dass daraus was wird. »Wann?«

»Wann kannst du raus?«

»Abum sieben oso.«

»So zeitig können wir nicht. Aber zwischen neun und zehn, okay?«

»Wenns ock scho soweit wäre! Mittlerweile zählch schon die Tage!«

Während beide lachen, überlege ich mir, wie es heute meiner Mutter gehen müsste: *Sie befindet sich im Talk von Jugendlichen, die generationsbedingt eine andere Sprache sprechen. Dazu sind wir drei auch ziemlich quatschfreudig, wobei ich den Oberbock abschieße. Zwar behauptet sie von sich immer, dass sie jung geblieben wäre, doch wenn sie sich damals genauso affig verhalten hat wie jetzt, muss ich mich fragen, wie sie es geschafft hat, ein Opfer zum Heiraten zu finden. Gut, was heute affig ist, dürfte zu ihrer Zeit bombencool gewesen sein, d...*

»Was ist nun eigentlich: ist dir schon bekannt, wann du hier wieder verschwinden kannst?«, will Engel wissen, der inzwischen wiedergekommen ist.

»Eeh, wennch das wüsste, wärch schon ne Runde klüger. Aberch hoff, so balwie möglich.«

»Na, ich habe von einem Bekannten gehört«, sinnt er, »der war durch einen Verkehrsunfall querschnittsgelähmt worden. In Neubrandenburg wurde er als unheilbar abgeschoben, in Hamburg konnte er aber nach einem Vierteljahr wieder laufen. Zwar nur langsam, aber er konnte es. Was sagt dir das? Die Ostmedizin ist manchmal Scheiße.«

»Hmmh, ich hab was don gehört. Doch erstma Lage beschnuppern, obse hier was erreichn, dann wermer weitersehn. Ineem könntir euch aber ganz sicher sein: Mit Kleenigkeiten zufrieden geben, wien gewiefter Rollstuhlfahrer werden und son Scheiß, das kommt ni in Froage. Ich will alles! Und sollte dies hier ni genigen, dann werdch mir een Weiter-Kopp machen. Denn so was dürft ja ou Geld kosten,...«

»Richtig«, ruft meine Mutter dazwischen.

»... und ich würd ni davon sprechen, hättch welchs.«

»Mach, wie du denkst, Ente. Aber wir müssen jetzt zurück. – Logisch bringen wir dich noch ins Zimmer. Und am Dienstag kommen wir wieder. – Sie auch, Frau Scholz?«

»Nee, geht nicht, ich muss am Dienstag arbeiten.«

*

Zurück auf Station äuge ich dann erst einmal nach der Zeit und muss erfreut feststellen, dass der Tag fast vorbei ist, zwei Stunden später mittlerweile. Auch deswegen habe ich ausgezeichnete Laune, bin guter Stimmung wie Charles Manson, als auf einer

Flower-Power-Party drei Girls ihn belutschten. Wahnsinnig high macht das, zwei Freunde wiedergetroffen zu haben, bei denen ich mich wohlfühle, wohlfühlen darf, wohlfühlen kann! Bin auch der Meinung: *So einen Tag wie den heutigen kann es öfters geben.*

Ich klingle nach der Schwester, um ihr die drei Joghurts, die ich von Engel bekommen habe, für den Kühlschrank zu geben.

18

Montag, 22. Oktober. Visite.

Ich teile der Christoph mit, dass ich am Sonnabend abgeholt werde. Sie zieht zwar ein erstauntes Gesicht, legt jedoch kein Veto ein.

»Noch was?«, fragt sie mich dafür, wobei ihr deutlich anzusehen ist, dass sie die Audienz für beendet hält.

Doch ich habe gestern auf irgendeine Weise einen Vorwärtsschub im Selbstwertgefühl bekommen, will jetzt wieder anklingen lassen, dass ich auch noch was zu sagen habe: »Und jetzt möchtich wissn, wiesum mich steht. Aber genaustns!«

Die Visite schaut sich ganz verwundert an, so nach dem Motto: »Was ist denn mit dem los?«

»Warum wollen Sie das wissen?«, meldet sich als Erste die Christoph wieder.

»Um völlig drüber Bescheid zu wissn, wasimir los ist unwasich beseitigen muss.«

»Na gut. Also, Sie haben eine rechtsseitige Hemiparese, einen Kopftremor und eine Aphasie. Nach dem Unfall hatten Sie ein Schädel-Hirn-Trauma dritten Grades plus Gehirnkontusion, ein apallisches Syndrom, ein plumpes Ventrikelsystem, dazu eine linksbasale Einblutung, die aber verschwunden war, schon bevor Sie hierher kamen.«

»Gud. Damit durft ichalsosähn, dass Se gut lateinisch können. Ich aber bin dieser Sprache ni mächtig. Deswegen bittich nun um de Übersetzung.«

Alle, auch Jürgen und Vogel, schauen mich überrascht an. Die ganze bis jetzt hier gewesene Zeit über war ich relativ ruhig gewesen und jetzt plötzlich offene Rebellion gegen die Chefarztvisite.

Die Oberschwester wird angewiesen, dann jemanden zu schicken, der mir meinen Zustand erklärt. Gleichzeitig wendet sich die Visite dem Ausgang zu.

Heh, da ist noch nichts mit abhauen: »Warn Brüche ammir?«

»Sehen Sie welche an sich?«, kommt die furchtbar sinnvolle, leicht spöttische Gegenfrage.

»Ich wusste ni, dass man umn Kopf nen Gips trägt«, spotte ich zurück.

Prompt bekomme ich eine vernünftige Antwort: »Sie hatten keine. Noch eine Frage?«

»Ja. Wann werdch hier wieder rauskomm?«

Zögern, in dem das Knistern richtig zu hören ist, dann ringt sich die Chefärztin zu einer fast nicht hörbaren Antwort durch: »Wir wissen nicht, wie weit sich das wieder bessern wird. Machen Sie sich auf jeden Fall darauf gefasst, dass Sie für immer im Rollstuhl bleiben müssen.«

Ich bin ganz still geworden. Muss das eben Gehörte mir erst durch den Kopf gehen lassen, abschätzen, ob ich das als gegeben oder als Ärzteunfug hinnehmen soll: *Der Rollstuhl soll ab nun mein Allzeitbewegungsmittel sein?*

Neeiin!!!

*Ich kann es nicht glauben! Will es nicht glauben!! Es muss doch einen Weg geben, um da wieder rauszukommen! Die Christoph spinnt doch, gar keine Frage! – Stop! Hatte Engel gestern nicht was über einen Querschnittsgelähmten gesagt, der nach einem Vierteljahr wieder laufen konnte? Und bin ich querschnittsgelähmt? Abfahrt, natürlich nicht. Bin ich **wirklich** hier?? Hoffentlich nicht. Doch nach dem nächsten Wochenende werde ich es wissen. Und dann – hmmh, mal sehen.*

Ich schaue wieder auf. Die Visitenschar hat sich verdünnisiert, zog es vor, mich mit ihrem vernichtenden Urteilsspruch allein schmoren zu lassen.

»Mike«, wendet sich nun aber Jürgen an mich, »sieh es doch nicht so verbissen.«

Über mich ist aber das vor mir selbst Grauen wieder hereingebrochen. Wie weggeblasen ist dieses wunderschöne Gefühl, ein Mensch zu sein, dass mir gestern herübergereicht worden ist. Doch zum Glück kann ich sprechen – wieder sprechen – und ich gebe meiner Seele die Möglichkeit, sich auszuheulen, den Trotz – der mir schon in der Kindheit anerzogen wurde – schreien zu lassen, jeden anzugreifen, der es wagt, mir meine Hoffnung nehmen zu wollen.

»Ich binner Meinung«, wende ich mich an Jürgen – ich weiß dabei nicht, ob er mir wirklich zuhört, doch ich muss mich bei jemanden ausschütten, kann nicht anders – »das midm Rollstuhl könnde sichotal abschminkn. Ich bi mir ziemlich sicher, dass meine Augen so mies bleiben werdn. Dodder Rest – der Rest, der wird si wiedderholen. Und wenn bloß ich dran gloube, is mirs ou scheißegal. Abers wirso werden.«

»Ja, ich gloub ouch, dass d'es schaffst. Denn auf das Urteil von denen hier darf man nicht allzuviel geben.« Damit schnappt er sich seine Krücken und verlässt das Zimmer.

19

Dienstag, 23. Oktober. Nachmittag.

Heute früh habe ich Frau Miller verraten, dass ich am Sonnabend abgeholt werde – Manuela und Engel waren gestern da und haben es mir noch einmal versichert – und dass ich deswegen auf das Treppensteigen vorbereitet sein muss, da meine Mutter im vierten Stock wohnt. – Dem Rest der Ärzteschaft habe ich erzählt, meine Mutter wohne in der Parterre, denn sonst kommt da vielleicht noch jemand auf die Idee, dass die Belastung für mich zu hoch sei und man mir deshalb die Erlaubnis, in den Urlaub zu fahren, streichen müsse. – Doch Frau Miller meinte, dass dies kein Problem sei. Und nun stehe ich vor der Treppe, die in den Keller führt, und weiß nicht, ob ich mich vor ihr grauen soll. Weiß nur, dass ich es schaffen muss, keine Alternative habe, vertrauen werde auf Frau Miller, die schon dafür sorgen wird, dass ich nicht hinabsegle.

Ich gebe ihr meine Krücke, worauf sie, als wenn ich ihr Geliebter wäre, meinen rechten Arm umgreift und ich die linke Halteleiste anpacke.

»Und, wie läuft es?«, will sie wissen, während ich mit Vorsicht jede Stufe einzeln nehme.

»Bedeuten besser alsich dache«, bleibe ich stehen. »Dasses so leich geht – wow.«

»Na ja, siehst du.«

»Ich macheen Vorschlag, den Se doch sicherlich akzeptiern werdn: Jedden Dag mach mers nuso. Wir lassn de Rollstuhl vorder Türe dastehn und loufn die Treppe runter, ebenso wie wir untn ou loufn.«

Sie lacht. »Okay, können wir machen. Aber nicht, dass du mal allein die Treppe runterkommst!«

»Ich doch ni«, versichere ich ihr. Allerdings – *es liegt zwar nicht in meiner Absicht, ich nehme es mir auch nicht vor, doch man weiß ja nie.*

*

Wieder einmal – seit Sonntag zum dritten Male – darf ich den Besuch von Manuela und Engel genießen, könnte ihnen für die Aufmerksamkeit, die sie mir zuteil werden lassen, um den Hals fallen, vielleicht liebe ich die beiden sogar. Diesmal aber haben sie die mittlerweile verheirateten Anna und Steffen sowie deren Kind mitgebracht. Und da es draußen regnet, haben wir uns ins Besuchszimmer gesetzt.

Doch bald muss ich bemerken, dass Steffen einen trägen, gelangweilten Eindruck macht. Sofort frage ich mich, ob er von Manuela und Engel nicht nur mitgeschleppt worden ist.

»Steffen«, wende ich mich deswegen direkt an ihn, »was isn middir los? Du siehst so bedrücktaus.«

»Was soll mit mir los sein?«

»Wennich das wüsst, würdch di ni fragn.«

»Ich bin nur müde, sonst nix«, meint er. Wobei alle Augen sich auf ihn richteten, sich jetzt aber wieder abwenden.

Doch mir vermittelt seine Antwort das Gefühl, dass er hier nie mehr aufkreuzen wird: *Ich weiß nicht warum, ich spüre es ganz einfach. Doch vielleicht schlaucht es ihn zu sehr, jetzt verheiratet zu sein. Verständlich wäre es, denn vorher waren alle Mädchen Einnachtsfliegen bei ihm und Anna kennt er ja gerade mal ein dreiviertel Jahr. Ich glaube, da spukt es im Busch, dass es bei den beiden zu schnell ging.*

Aber ich war ja in der (nicht nur darin) Hinsicht auch nicht gerade ein Wunderknabe. Mein längstes waren knapp zwei Jahre. Sie wollte ich auch heiraten, wir waren schon verlobt, hatten uns schon das 'Ja-Wort in spe' gegeben. Dass daraus aber nichts wurde, lag daran, dass sie Schluss machte, während ich meinen Armeedienst absitzen musste. Was aber nicht heißen soll, dass nun alle Schuld bei ihr läge. Eine Aktie an Schuld besaß ich auch, wie das bei jeder gescheiterten Beziehung der Fall ist. Und diese Aktie war bei weitem nicht die kleinste: Als wir uns kennenlernten, wollte ich einfach noch keine feste Beziehung eingehen, wollte noch ein bisschen die Freiheit des Jungseins genießen, bildete mir ein, dass dies mit ihr nicht möglich wäre. Eigentlich – ja okay – hätte ich ihr gleich am Anfang klipp und klar sagen müssen, dass es zwischen uns nichts zu holen gibt. Doch dafür war ich zu feige. Es ist doch so verdammt schön, von jemandem umschwärmt zu werden. Also versuchte ich vielmehr, sie selbst dazu zu treiben, der Scheinbar-Farce ein Ende zu setzen. Sie sollte sich nicht schuldig fühlen. – Wie edel von mir! – Wir blieben aber zusammen, denn es machte ja Spaß, mit ihr zusammenzusein, wenn es auch zunehmend Differenzen gab. – Wir waren beide übelste Streitbälger. – Doch auch die gibt es in jeder Beziehung, und sie war das schönste und intelligenteste Mädchen, das ich bis dahin kennengelernt hatte. Aber das bemerkte ich viel zu spät, auch dass ich mich in sie verliebt hatte, meiner Traumfrau fündig geworden war weit ab von Zuhause. Ja, viel zu spät. Erst, als ich es fast schon geschafft hatte, sie dahin zu bringen, wohin ich sie haben wollte. Und es nicht wieder rückgängig machen konnte. Trauer.

»Engel«, bringe ich mich wieder zu Gehör, »sammal, warum seiddirn nischo eher gekomm?«

»Da war deine Mutter daran schuld, Ente. Zuerst wollten wir nach Kamenz kommen, aber da ging uns beschissenerweise das Auto kaputt. Doch dann kamst du nach Zittau ins Krankenhaus. Da haben wir es versucht, doch wir wurden einfach nicht durchgelassen. Nur Pia! – Was ist eigentlich mit der?«

»Keene Ahnung. Die warschungefähr drei Wochen nimmer hier. Ich nehman, dais Feierabend.«

»Hää, das sieht ihr ähnlich«, schaltet sich Manuela ein. »Erst große Liebe schwören und dann, wenn es brenzlig wird, sitzen lassen.«

»Na ja«, drucke ich ein bisschen verlegen herum, »wär der Unfall ni gewesn, hättch auf keen Fall mit ihr zusammenbleibn wolln. Die war mir zu hohlin der Birne. Ich wär da ab erstn September fürn Jahr in die USA as Betreuer gegangn. Aber so habch mi nachem Unfall in se verliebt.« – *Oder war es vielleicht nur Wohlgefallen daran, von jemanden Gutaussehenden umsorgt zu werden? – Glaube ich nicht. Dafür habe ich mich wegen ihr wohl doch zu sehr aufgerieben.*

Plötzlich fühle ich mich von der Erleuchtung wie geschockt: »Heh«, rufe ich ganz verblüfft, »daran erinner ich mich ja noch! Fiel mir so nebenbeiein! Scheinbar kommen alle Innerungen stückweise wieder.«

»Aber Pia müsste doch noch Klamotten von deinem Unfall haben«, reißt Engel das Gespräch wieder an sich.
»Wasn für welche?« Verdutzen begleitet meine Nachfrage.
»Ich war nicht dabei, Ente. Könnte mir aber vorstellen, dass es zumindest eine Jacke ist.«
Ich werde immer ungläubiger: »Hat die ni meine Mutter?«
»Keine Ahnung. Aber am besten, da fragst du sie am Wochenende selber.«
Kurz darauf kommt Helmut herein: »Herr Scholz, wie sieht es aus mit waschen?«
Davon bin ich nicht im Entferntesten begeistert und lasse es ihn auch spüren: »Sie hammohl die Angewohnheit, immer inder Besuchszeit zu kommn, wa?«
Was ihn zum Aufbrausen bringt: »Die Besuchszeit geht bis sechzehn Uhr und jetzt ist es sechzehn Uhr durch. Herr Scholz, es ist an der Zeit!«
Da schaltet sich Engel ein: »Herr Pfleger, wie wär's denn, wenn wir Mike waschen?«
Ich weiß, was jetzt kommen wird. Fange deswegen, und weil es drei Minuten nach vier ist, an zu grinsen.
Helmut plustert sich auf: »Das gibt es hier nicht! Wir haben unsere Vorschriften! In fünf Minuten ist er im Zimmer!«
Engel meint, als wir wieder allein sind, dass man da wohl nichts machen könne.
»Das hättch dir ou vorer sagn könn«, bestätige ich ihm. »Pia hats beim ou ma versucht, aber ouch da ohne Erfolg. Der kackt sich deswegn baldoffs Knie. – Übigens, du bist vorhin noch ni ganz fertsch gewordn, mir zu sagn, warumirni schon eher gekommen seid. Mit der IDS, das war geklärt.«
»Ach ja, richtig. Nun, deine Mutter weigerte sich, uns zu sagen, in welchem Krankenhaus du bist. Deswegen.«
»Tja, ich gloub, da sie mich ni besuchen wollte, sollte dies ou keen andrer dun. Blede Kuh!«

*

Zurück im Zimmer erklärt mir Engel noch, dass ich schon am Freitag um 19:00 Uhr abgeholt werde von ihm. Dann lassen sie mich allein.

Freitag, 19:00 Uhr. Das bedeutet, dass mein Urlaub immer länger wird! Kann nicht sagen, dass ich darüber böse wäre.

Vogel, der mittlerweile im Schlauch haust, weil der Blinde entlassen wurde, guckt mich ganz neidisch an. »Wieso kannst denn du am Freitag schon raus?«, ist ihm unklar.

Ich lächle. »Nur die Besten fahrnin Westen, die Doofen müssn loofn.«

Da er den Intelligenzdamm sowieso nicht gepachtet hat, will er sich nun mit mir streiten.

Zu einer Ausuferung kommen wir aber nicht mehr, da Helmut hereinkommt. »Herr Scholz, wollen Sie zurück ins Bett oder kommen Sie ans Waschbecken?«

Waschbecken? Hatten wir ja noch nie! Aber natürlich werde ich das Angebot annehmen, denn dies bedeutet ja eine Steigerung.

Während er mich wäscht, muss er noch seinen Senf zu meinem Besuch geben: »Erst kommt gar keiner wochenlang, dann kommen sie jeden Tag. Und wollen zuletzt noch, dass ich meine Vorschriften breche in Bezug auf das Waschen. Da sind sie aber an den Falschen geraten. Habe ich recht, Herr Scholz?«, kommt er mit der Frage aus seinem Brabbelton heraus.

Aber da ich gerade beim Zähneputzen bin, lasse ich ihn weiterfaseln, schiebe nur ein Brummen aus mir heraus. Was ihn auch zu befriedigen scheint, sonst würde er ja weiter mit Gedankenausbrüchen um sich schmeißen.

Doch was soll man auf soviel Dummheit sagen?! Am besten ist es doch, man legt ein mitleidiges Lächeln auf, das beruhigt die entsprechenden Gemüter; das des faselnden und das des angefaselten auch. Natürlich muss Vogel ihm jetzt noch beipflichten. Aber na ja, was soll's? Gleich und gleich gesellt sich eben gern. Kann nur hoffen, dass Vogel hier bald winke-winke macht, er geht mir nämlich mittlerweile ganz schön auf den Sack.

20

Freitag, 26. Oktober. 19:00 Uhr.

Gestern war der Navimaat, die »Steuereule«, hier aufgekreuzt, um mich nach seinem Geld zu fragen. Zwar konnte ich meine derzeitige Gehunfähigkeit als Ausrede vorbringen, nichtsdestotrotz will ich aber diese Angelegenheit so schnell als nur irgend möglich aus der Welt schaffen. Denn es ist peinlich, Schuldender zu sein.

*

Aufgeregt, meinem ersten Wiedersehen der Außenwelt entgegenfiebernd, habe ich die Uhr, welche im Gange hängt, immer im Blickfeld, halte sehnsüchtig Ausschau nach jemanden, der mir die Erlösung bringen soll.

Mittlerweile ist es 19:30. Uhr. Die Minuten dauern wie Jahre. Plötzlich – ich höre Engel! – *Oder?* – *Doch*. Er kommt gerade um die Ecke, gefolgt von Manuela und meiner Mutter.

Mein Gesicht glättet sich, – *endlich, endlich* – mir fällt ein Stein vom Herzen.

»Hi Ente, tut uns leid, dass wir erst so spät kommen«, entschuldigt sich Engel sofort, »aber wir wurden durch einen Stau aufgehalten. Ich hoffe, du bist uns deswegen nicht böse.«

»Gruß zurück. Natürlich warich nervös. Schonne halbe Stunde vorher habich gefangen, die Uhr zu beäugn. Wennde nach sollange Zeit wiederma ander Freiheit schnuppn darfst, dann, so gloubich, erübrigt sich jeder weitere Kommentar. Aber ihr seid jetzte da un dassis die Hauptsache.«

Eine misstrauische Frage muss ich aber trotzdem hinterherschicken, denn noch bin ich nicht draußen: »Ihr nemmt mich doch mit, oder?«

»Eeh Ente, was hast denn du gedacht?« Engel schmunzelt.

Etwas bin ich beruhigt, wenn auch nicht ganz; denn dass ich noch nicht draußen bin, der Fakt bleibt bestehen.

Mittlerweile sind auch meine Mutter und Manuela hinzugekommen, begrüßen mich. »Muss ich noch was einpacken?«, will meine Mutter wissen.

Ich verneine und erkläre, dass schon alles bereitliege. »Ich brauch bloß noch abgeholt zu werdn.«

Der Moment des Aufbruchs ist gekommen. Engel will wissen, ob es hier noch einen anderen Weg gäbe als über die Treppe. Doch bevor ich antworten kann, kommt eine Schwester angerannt. Regina.

»Nehmen Sie ihn mit?«, will sie wissen.

»Ja«, gibt ihr Engel zu verstehen, »wenn Sie uns lassen!«

»Sonst machse lassend«, brumme ich leise vor mich hin.

»Da gibt es hinten einen Weg ohne Treppen«, scheint sie es nicht gehört zu haben, »wo Sie ihn runterschieben können. Ich zeig ihn Ihnen.«

Selber kenne ich den Weg natürlich auch, bevorzuge jedoch den direkten: »Ich mecht – nee, ich will über die Treppe.«

»Es ist völlig uninteressant, was du willst!«, faucht sie mich an. »Du hast hier gar nichts zu bestimmen!«
Bäng – sie hat gerade den Bogen überspannt: *Mich in die stille Grube schmeißen zu wollen. Bei der tickt es doch nicht mehr ganz richtig.* Und animiert mich dazu, verbal zurückzugiften.
»Du hast ou niscjt zu sagn«, informiere ich sie über ihre Kompetenzen. Und zur Begleitung: »Irgendwelcheiwände?«
»Ich kann dich auch nicht-heimlassen! Dann kannst du hier darüber nachdenken, inwieweit du deinen Ton verbessern musst.«
Das war der Punkt, durch den ich völlig ausraste: – *Habe doch keine Lust, mir von ihr das Wochenende versalzen zu lassen. – Ich fange an zu lächeln. Weiß, dass es höhnisch aussieht und will es auch so:* »Ich kaddir jama offn Schuh scheißn. Wärnis erste Mal. Nur wars daas Bett. Aber jetze...« Ich bewege mich langsam auf sie zu.

Ihr Gesicht durchläuft jetzt alle Möglichkeiten der Farbpalette, so dass ein Chamäleon neidisch werden würde.

»Und was mein Ton betriff, alliebstes Schwestlein«, ich fange an zu strahlen – »wenn mi jeman reizt, dann bleibch niscjt schuldig. Und genau das haste jetzte gedan.«

Doch bevor ich sie noch weiter in den Boden stampfen kann, mischt sich Engel ein: »Schwester, das machen wir schon.«

In ihren nicht vorhandenen *(Oder doch?)* Bart knurrend schleicht sie sich davon, nicht einverstanden und doch wehrlos.

Während dem Lauf zur Treppe teilt mir Manuela lächelnd mit, dass ich gerade ganz schön zynisch gewesen sei. »Sie ist bald explodiert, während du immer weiter machtest. Eeh, ich wöllte nicht in ihrer Haut gesteckt haben.«

»Würdch doh ou ni middir machen. Aber bei derda wars grad netig. Die hat dochn Riss in der Waffel; und das muss mannir offzeign, sonst kapiert sies ni.«

»Man merkt, du wirst langsam wieder munter«, bemerkt Engel.

»Eeh, na gepennt habch ja wohl genug. Außerdem habch heut gudde Laune. Dürft ja woll ou keen Wunder sein, denn Freiheit – balde wirst du gegrüßt.«

Mittlerweile sind wir an der Treppe angekommen. – *Wenn mir Engel nicht helfen wöllte, würde ich es auch allein machen. Denn mein Zustand ist jetzt wie der eines Pferdes, das seinen Stall riecht.*

»Mann, das geht aber gut!«, zeigt er sich erstaunt, als wir unten angekommen sind. Ich erzähle ihm von meinem täglichen Üben.

Wir erreichen das Auto, was ein W 311 ist. Der Bauch der Ostfriesen stand Modell zu seiner Grundfarbe, dazu ein kackbraunes Dach. *Lustig finde ich es, locker, so nach den Motto:* »*TGL-Normen, ihr könnt mich mal!*« *Und außerdem fährt es.*

Dann in ihm drin muss ich bemerken, wie mein Rollstuhl in den Kofferraum geladen wird. Allerdings – *den zu Hause benutzen kommt eh nicht in Frage. Meine eigenen zwei Beine haben da zu laufen.*

»Ente, können wir losfahren?«, will Engel wissen, als alle im Auto sitzen und warten.

Ich fange an zu grübeln. »Also wenn ich´s mir recht überleg, dann – los, ahaunier!«

Niemand hat mich verstanden, alle schauen mich irritiert an. Ich könnte wiedermal wild fluchen deswegen, lasse es aber sein und beschränke mich auf Gesten.

*

»Scheint keiner da zu sein«, meint Engel, nachdem er an der Pförtnerloge mehrmals gehupt hat.

»Pfeif los!«, bringe ich mich zu Gehör. Und als wir uns wieder in Bewegung gesetzt haben, lasse ich noch eine Gedenkminute folgen. Alle lachen dabei; nur ich sitze ruhig und andachtsvoll da und meditiere. »Wie spä isses?«, will ich dazu noch wissen.

»Ääh 19:57 Uhr«, bekomme ich von Manuela zu hören.

»Also im Kalender feshaltn: Am 26.10.1990 um 19:57 Uhr passierich zum ersten VKU die Pfortn meis Gefängnisses.« Wir durchqueren gerade die Schranke des Einganges zum Krankenhaus. Ich fange an zu singen: »Glory, glory, halleluja ... « – *Mike, das war doch nur Jaulen.*

Die gute Stimmung steigt. Und es wird bestimmt erwartet, dass ich jetzt eine Predigt loslasse. Berüchtigt bin ich ja für meine langen Tiraden, und das hier wäre die beste Gelegenheit dazu. Doch: »Soeben binch gestartet, wiederie Freiheit zu beschnuppern. – Mmmh, riechtas gut.« Theatralisch recke ich die Nase in die Höhe. »Sengel, und jetzt mach Dampf. Ich brenn daroff, unser geliebtes Zittau wiederzusähn.«

*

Unterwegs will Engel wissen, was ich für dieses Wochenende eigentlich vorhabe.
»Freiheit genießn«, erwidere ich prompt.
»Ja, das ist klar. Aber ansonsten? Noch irgendwas anderes?«
Ich überlege. »Is morgen wasos im Vokshaus?«, frage ich dann.
»Also wenn ich richtig informiert bin, ja. Willst du morgen hin?«
Ohne Zögern stimme ich sofort zu. Engel versucht aber, mich davon abzubringen, berichtet mir über die gegenwärtigen dort herrschenden Zustände: »Mies, eklig, beschissen, Haufen Schlägereien, keine Stimmung mehr, keine – oder kaum noch – Metal-Runden.«
»Trotzm!«, bleibe ich dabei. Vielleicht Sentimentalität, Nostalgie, Erinnerung an schöne Erlebnisse von früher.
»Ich bin da aber nicht dafür!«, mischt sich plötzlich meine Mutter ein.
Verwundert drehe ich meinen Kopf in ihre Richtung: *Was soll das? Die glaubt doch nicht etwa, dass ich ab jetzt mein Leben der Langeweile verschrieben habe. Ich bin noch jung, will immer noch was erleben. Das läuft auch in Zukunft nicht so, dass sie über mich ein Monopol errichten kann, dass ich unter ihren muffigen Rockzipfel krieche.*
Aber bevor ich ihr etwas erwidern kann, springt Engel in die Bresche: »Wir sind doch bei ihm und passen auf ihn auf. Da wird es keinerlei Probleme geben.«
»Aber er ist krank!«, erinnert sie ihn.
He, die wird doch nicht etwa besorgt?!
»Natürlich brauchen wir Ihre Erlaubnis dazu, Frau Scholz. Ohne eine machen wir es freilich nicht. Aber wie gesagt, ich sehe darin keine Schwierigkeiten.« Aus Engels Stimme klingt volles Überzeugtsein.
Sie zieht ein beleidigtes Gesicht. »Dann macht doch, was ihr wollt!«, gibt sie sich geschlagen.
Ich wende meine Kopf – über den sich ein Grinsen ausgebreitet hat – von ihr wieder ab. Denn dass ich – dass wir machen, was wir wollen, daran braucht sie nicht zu zweifeln.
Für Engel ist das Thema damit erledigt. »Ein paar Videos habe ich geholt. Wollt ihr gucken kommen?«
Ich werde hellhörig: *Die beiden mögen doch auch Horror. Das dürfte doch bedeuten, dass ich endlich mal wieder welchen zu sehen*

kriege.

»Sehrger sogar! Und du?« Mit dieser Frage wende ich mich – scheinbar flehend – an meine Mutter.

Sie hat nichts dagegen, will mitkommen.

»Also fahren wir erst zu euch, Ente, und so um neun holen wir euch ab.«

*

Wenig später kommen wir bei meiner Mutter an.

»Warte mal Mike, wir holen erst einmal den Rollstuhl raus«, erklärt sie mir.

»Von mir aus könntirrn rausholen, aber reinsetzen werdch mich ni.«

Meine Mutter ist entrüstet: »Mike, willst du jetzt schon wieder mit Ärger anfangen? Wir bringen dich jetzt im Rollstuhl zum Haus, oder wir fahren dich zurück!«

Was soll ich nun sagen?! Ich möchte das Wochenende genießen. Das kann man aber nicht, wenn man im Krankenhaus ist. Nur – in den Rollstuhl will ich auch nicht. Zum Mäuse-Melken das Ganze. Komme mir vor wie Berenike nach Ausbruch ihrer Krankheit. Was mache ich jetzt?

Zum Glück für mich greift wiederum Engel ein *(im Kampf gegen meine Mutter scheinbar mein Schutzengel, der mich immer wieder aus den Patschen raushaut)*: »Frau Scholz, das geht schon klar. Wir werden ihn hochbringen.«

Man sieht es ihr an: Wieder ist ihr die Wendung nicht recht. Aber was soll sie machen? Sollt ich da vielleicht ein bisschen vorsichtiger sein? In Bedrängnis fällt ihr doch der größte Müll ein.

Oben, wo ich meine Schwester begrüße, lasse ich mich sofort in den für mich bereitstehenden Sessel fallen. Eine Wohltat für meine Beine. Und eines habe ich auch gemerkt:

Ich kann immer noch nicht laufen!

Also hat es nichts mit irgendeinem Flair zu tun.

»Hast du Hunger, Mike«, fragt mich meine Mutter.

Eh, was ist jetzt los? Ganz neue Töne, sie bietet mir was zu essen an. – Ich kann mich noch gut an meine Lehrzeit erinnern, da musste ich mich, wenn ich heimkam – ich war im Internat – allein versorgen; obwohl ich Kostgeld zahlte.

Ich verneine dankend.

*

Halb zehn erscheinen Manuela und Engel wieder: »Und, wie sieht es aus: Können wir los?«

»Sofott!« Meine Antwort kommt ganz schnell, damit meine Mutter keine Zeit hat, irgendwelche Einwände vorzubringen.

»Wir haben es nicht weit, bloß auf die Löbauer Straße. Zur Zeit wohnen wir bei Mascha«, fügt Manuela erläuternd hinzu.

»Kannst du dich noch an sie erinnern – an ihre Wohnung, Ente?«, will Engel wissen.

Okay, ich könnte ihm sagen: »Ja, ich kann mich daran erinnern.« Doch warum sollt ich ihm irgend etwas vormachen? Er ist ein Freund.

»Wennch die Umgebung säh, vielleich«, stockt es aus mir heraus, »aber sonst ... Wieso, warich schonmal dor?«

Manuela und Engel gucken sich verstohlen an, was für mich Antwort genug ist. Und ich merke wieder einmal, dass ich furchtbar im Eimer sein muss.

»Ente, scheiß drauf. Die Erinnerung wird schon irgendwann wiederkommen.«

»Darauchich aer Klopappe«, gebe ich zu bedenken.

Unter Gelächter zuckeln wir los.

*

Von der Umgebung der Wohnung kann ich nicht viel sehen, denn es ist dunkel (*herrliche Ausrede*). Allerdings habe ich auch kaum einen Blick darauf geworfen. Vielleicht später mal.

*

Als wir dann oben sind, zeigt uns Engel die Filme: »Wir schauen uns heute nur zwei an, die anderen von mir aus morgen. Ich schlage vor, 'Tanz der Teufel' und 'Auf den Straßen von San Francisco'. Der letztere ist ein Actionfilm, während der ein Horror ist.«

»Huh, bei Horrorfilmen fürchte ich mich immer so.« Manuela meint es ernst.

Nicht nur ich grinse. »KeenAngst, Manuela, wennes fürdich zu gruslig wird, nehmch di in Oarm und beschütz dich vorden besen Geistern, zeig denn Zombiesn dicken Mittelfinger un bewahr dein edlen Hals vorden Bissen der Vampir.«

Manuela lacht: »Eigentlich ist ja Engel dafür da, denn der wird für solche Sachen bezahlt. Aber gibt es einen Notfall, komme ich auf das Angebot zurück. Okay?«

»Was?«, ruft Engel, entrüstet und entsetzt.

«Nimmsniso tragisch, Engelchen«, flöte ich ihm zu, »erstns kann man sowas einstufn unter Arbeit-s-teilung un zweets haste nadürlich das Vorbenutzungsrech. Aber mamussja alle Meglichkeitn inetracht ziehn.«

»Na ja, irgendwo magst du schon recht haben, Ente, aber unter Verschleißerscheinungen leide ich noch nicht. Wäre ja auch ein bisschen früh mit zwanzig.«

Dann wendet er sich Manuela zu: »So, und jetzt zu dir, Abtrünnige!«

Während sie sich streiten, amüsiert sich meine Mutter, und auch ich lehne mich genießend zurück. Aber nach ihrer Versöhnung starten wir mit dem Anschauen des ersten Filmes, des Actionfilmes.

*

Ein Mann erscheint auf dem Fernseher, ein super-superkräftiger Mann. Und dieser fährt durch die weite, weite Welt. Allein. Plötzlich kommt eine Horde Böser, die überfallen den Zug, in dem er sitzt. Er überlebt, will die Räuber aufspüren und sie für die bodenlose Frechheit, diesen Zug überfallen zu haben, (Draußen hätte ein Schild hängen sollen: Hütet euch! Hier drin sitzt der edle Gute, der alles Böse jagt! Niemand entkommt ihm! Er ist Meister in Karate, Judo und anderen japanischen Wörtern!) dingfest machen, natürlich ohne Blutvergießen; aber wenn doch, dann gibt es wieder paar Böse weniger auf der Welt.

*

Das Nächste sehe ich, als sich der Film gerade im Finale befindet. Ich bin mir zwar nicht sicher, aber ich glaube, ich war eingedöst.

Schweinerei, bei so einem guten Film einfach die Luken dichtzumachen. Aber vielleicht war der zu interessant, hat auf meine Augendeckel gedrückt wie auf ein randvolles Fass. Da muss man ja irgendwann überquellen ...

Doch das Ende ist noch hochinteressant. Der Gute ist fast – nein, jetzt ist er fertig mit dem Aufmischen der Bösen; er knutscht noch eine wundervoll (langweilig) aussehende Blondine ab – natürlich schön an den Schultern haltend, wie sich das für einen edlen neuzeitlichen Ritter gehört – und dann kommt der Höhepunkt des ganzen Filmes: das unheimliche Schwarz mit der Aufschrift: Ende.

»Na, hat es euch gefallen?«, erwacht Manuela zuerst aus der Fernsehlethargie.

»Übelst«, gebe ich von mir, noch bevor die anderen etwas sagen können.

»Ente, du kannst das doch gar nicht wissen, du hast doch gepennt.« – *Oh Kacke, ich bin erkannt.* – »Willst du lieber heim?«

»Wieso? Der gudde Film kommt do jetzerst. Nun hamsich meine Sehnervn offs Fernsehguckn eingestellt, jetzt sindse topfit. Aber abgesähn davon – biste sicher, dass der Film nin Western war? Ich han Anfang unds Ende gesähn, was gereicht hat, um durchblickn zu könneen.«

»Ich muss gestehen, dass du da ziemlich recht hast. Magst du keine?«

»Ich findseanwidernd langweilig. Sie beinhalten doimmer dasselbe: Een Guter machtn Haufen Beser fertsch, wobei er immun is gegn Angriff irrerseits. Und zum Schluss kommne schene dahinschmelzende Blondine, derrer eeneisgekühltes Schmatzerl gibt, wobei die beeden immer schine off Abstand bedacht sin. Äh, grässlich anständig. Viel intessanter wärs doch, wenn maln Angriff aufni fehlschlüge.«

»Dann wäre ja der Film zu Ende, Mike«, wirft meine Mutter ein.

»Der wär doch da ni zu Ende. Genau da fängt dochn Horrorfilm an. Und deswegn magich die so.«

»Das war eine glänzende Überleitung, Ente«, erkennt Manuela an. »Applaus«

»Dange, dange, dange. Und damit heißtes off zum Hauptfilm des heutigen Abends.«

Das Licht wird ausgeschaltet, damit eine schummrige Behausung geschaffen, in der sich die Bewohner der Twilight-Zone besonders wohlfühlen und uns dadurch in ihre Höhlen bitten. Wo wir wählen können zwischen dem Versuch, mal einen Kannibalen darzustellen oder selber in die Pfanne zu kommen, wo das Opfer mit so reichlich Pfeffer gewürzt wird, dass der Deckel von seinem eisernen und brodelnden Sarg als Reflektor dient und ihn an seinem eigenen Ausgeschnaubten ersticken lässt. – Warum habe ich bei solchen Anlässen immer diese morbiden Ausbrüche?

*

Das magische Buch des Todes hat den Helden in ein Loch fallen lassen; er schreit, er rudert, mit den Armen, mit den Beinen, dreht sich gleichmäßig, allmählich langsamer werdend, um die eigene Achse, während sein Kopf Gegensalti dreht, dann *Bruch!*

Sand unter ihm, neben ihm, gelbroter Sand, Wüstensand, so weit das Auge reicht. Und über ihm: Kein Loch, durch das er eben gefallen ist, keine Spur, kein Schild, das ihm sagt: »So kommst du zurück!« Auf einer Sandkuppe tauchen Ritter auf, in Eisen geschlagen, bis an die Zähne geharnischt, bei seinem Anblick die Schwerter ziehend und auf ihn losstürmend, immer mehr und immer weiter. Dann:

Ende

Der Film war erstklassig. So geladen mit Spannung und so schön eklig dazu – ich bin begeistert.

»Eh, so mussn Film sein«, halte ich auch gegenüber den anderen meine Meinung nicht hinterm Berg versteckt. »Da kamman goarne einschloafn. Eene Aktion lest de andre ab, Überschung auf Über-äh-raschung. Ich gruselte mi zwar ou bei dem ni – was wohl daran liegt, dassch mi damit niidifiziere – doh essar ständig so, dass schon die nächste packende Szene kamm, wo man noch dabei war, die Vorhergehende zu verdauen. Herrlich.«

Die anderen stimmen mir zu. Manuela bemerkt noch, dass sie oftmals gar nicht hingeguckt hätte, weil es ihr da zu grausig wurde, so dass sie sich hinter dem breiten Rücken von Engel verstecken musste.

»Samal«, will ich wissen, denn mir ist noch was eingefallen, »dasar doh der zweete Teil. Infolgedessn müsstes doch mindestens nocheen erstn Teil gebn. Oder liegch da falsch?«

»Es gibt noch einen«, erklärt mir Engel, »aber der ist verboten.«

»Verbotn? Wieso?«

»Na soweit ich gehört habe, werden da echte Menschenkadaver verwendet. Und das ist den Oberbossen nicht genehm.«

»Scheiß Zensur!«, mache ich meiner Verärgerung Luft. »Als wennesn Unterschied machn würde, ob du die Kadaver von Menschen oder Tieren nimmst oder vielleicht bloß Puppn verwendst. Die Doten juckt das doch eh nimmer.«

»Da dürftste recht haben, Ente. Bei andren Sachen kacken die sich auch nicht so ins Hemd, aber da ... Und dabei soll der noch besser sein als dieser hier. Scheiße!«

Schließlich sehen wir ein, dass es ja doch sinnlos ist, wenn wir uns jetzt zerfaseln über die Leute von der Zensur, da es die nicht stört; aber es ist wie mit meinem Fluchen: Es erleichtert die Seele.

*

Ich liege auf der Couch in meiner Mutters Stube. Wir sind eben zurückgekommen, Mitternacht ist schon vorbei. Ich lasse den Tag – vor allem den Abend – noch einmal vor mir Revue passieren und muss befriedigt registrieren, dass er schön war. Zwar nicht der schönste, lag aber in der Stimmungsskala deutlich im positiven Bereich.

So kann es weitergehen!

21

Sonnabend, 27. Oktober. Vormittag.

Wir sitzen am Frühstückstisch, meine Mutter, meine Schwester und deren Freund. Der Manolo heißt und schwarz ist. Ich selber bin eigentlich nicht so für Schwarze – doch was soll das? Ich kann meiner Schwester nicht vorschreiben, mit wem sie ins Bett zu gehen hat und will es auch nicht. Außerdem hatte sie nie eine Chance, jemand anderes kennenzulernen. Denn seit meine Mutter geschieden ist, war sie Stammgast im nächstgelegenen Internat der Mocambiquaner und hatte meine Schwester – die damals neun war – oft mitgenommen; es musste also so kommen, vorstellbar. Ich selber bin dafür, dass die politisch Verfolgten ein Asyl bei uns bekommen, nicht aber die sogenannten Wirtschaftsasylanten. Denn wenn das so weitergeht, sind im Jahre 2000 nur noch USA, Kanada, weite Teile Europas, Japan und noch ein paar andere Länder bevölkert, der Rest gefällt sich in Einöden wie der Sahara, zerfledderten Fabriken und anderen Müllhalden. Außerdem wächst zum Beispiel durch die Kurden die Drogenkriminalität. Und bestimmt nicht nur die. – Manolo gehört zu den Wirtschaftsflüchtlingen.

*

Kurz vor elf kommen Manuela und Engel, bringen Pritsche mit. »Hallochn, nett, dassir kommt«, begrüße ich sie und Engel. »Eeh Pritsche, lässte dich ou wiedermal blickn?«

»Wir haben ihn hergeschleppt«, korrigiert mich Manuela »Oder meinst du, der wäre von allein gekommen?«

»Ne leichtere Frage haste wohl ni, wa? Fragn wirrin doch selber.«

»Ääh was hast du gefragt?«, bekomme ich daraufhin zu hören. »Äh entschuldige, ich habe nicht zugehört. Aber jetzt darf ich mich äh hierhersetzen, noa?« Er zeigt auf die hinter ihm stehenden Couch.

Die Frage hat er schon verstanden, will nur ablenken oder Zeit gewinnen, um sich ein brauchbares Antwortkonzept zu schaffen.
Ich erlaube ihm zu sitzen. Dann frage ich ihn noch einmal, achte aber darauf, dass er diesmal zuhört.

»Na ja, hm«, stammelt er zaghaft, »du musst das mal so sehen, ääh ich wusste ja nicht, ääh wann du wieder da bist. Äh, Ich tue ja auch nicht wissen, äh, wo du stationiert bist.«

Wer ist jetzt schlauer? Er vielleicht? Ich auf jeden Fall nicht. Das einzige Vernünftige wäre doch gewesen, er hätte mir gleich das Geld auf den Tisch geknallt. Der glotzt mich aber bloß treudoof an. Wäre ich jetzt nicht ein Krüppel, ich würde ihn aufmischen, das Geld aus ihm rausprügeln.

»Kennste schon das Wörtel Information? Scheini so. Ansonstn würdstes längst wissn. Aber du hattst keene Lust. Is ja ouch furchtbareifach, mitm Geld abzuhaun, wenner Gläubiger plötzlich stillgelegtis! Aber da hastirn Falschen ausgesucht. Bisichs Geld hab, geh ich dir offe Nervn. Apropos Geld – was isn nu eigentlich damit?«

»Äh na, ich muss erst meinen Kredit äh bekommen, dann bekommst du's äh hm.«

Da schaltet sich Engel ein: »Wie viel hast du bei ihm eigentlich Schulden?«

Verwundert schaue ich in seine Richtung, denn eigentlich müsste er das wissen.

»6.200,- DM, das weeßte doch«, wundert sich auch Pritsche.

»Von Pia habe ich gehört, es wären 10.000,- DM. Stimmt das?«

Aha, dahin sollte es gehen.

»Nein, äh das äh stimmt nicht. Äh wer weiß, was dir da Pia äh erzählt hat, aber es sind äh 6.200,- DM.« Sein Stammeln wird größer.

Die Sache nimmt eine sehr interessante Wendung. Es ist so, dass mir nur von dem Betrag 6.200,- DM erzählt wurde, mit Bestimmtheit kann ich da aber auch nichts sagen. Ich weiß nur, dass er mir noch was schuldet. Aber von zehntausend höre ich das erste Mal. Gegen so einen Betrag wäre ich allerdings auch nicht.

»Bist du dir sicher?«, bohrt Engel weiter.

»Äh du kannst es mir äh glauben, äh Engel.« Die Angst steht Pritsche jetzt ins Gesicht geschrieben.

»Da bleibt mir wohl vorerst auch nichts anderes übrig. Aber du kannst dich darauf verlassen, wir prüfen das nach. Und nächste

Woche machen wir eine Gegenüberstellung mit dir und Pia. So, und jetzt verpiss dich! Wenn ich deine Larve sehe, juckt's mir in den Fäusten!«

Pritsche erhebt sich so schnell er kann. »Tschüss, Ente«, kriegt er noch raus, auch ein »Auf Wiedersehen« zu meiner Mutter, dann verschwindet er. Und ich glaube, dass er, wenn er unten angekommen ist, erst einmal drei Kreuze machen wird, sich bei Gott, Buddha, Allah, Manitu und wer weiß, bei wem sonst noch, bedankt – aus Erleichterung.

»Stichwort Pia. Zudder machmer jetzt hin. Okay?«, schlage ich vor.

»Ja. Aber willst du echt mit?«, ist Engel besorgt.

»Natürlich! Ich ha midder nowwas klarzustelln. Irgendweche Einwände?«

»Traust du dir das auch wirklich zu, Mike?« Wieder schwingt eine noch nie gekannte Besorgnis in der Stimme meiner Mutter mit.

»Wenni, würd ichs ni machen«, beruhige ich sie jedoch brüsk.

Damit habe ich sämtliche Gegenargumente von allen im Keime erstickt. Wir starten.

*

Vor Pia ihrem Haus.

»Du bleibst sitzen, Ente«, weist Engel mich an, denn ich mache bereits Anstalten auszusteigen. Und Manuela bedeutet er, dass sie mit zum Haus kommt.

»Die kann sich auf was gefasst machen«, ist ihr klar. »Erst hoch und heilig Liebe schwören und dann im Stich lassen!«

Ich schweige dazu. Bin viel zu aufgeregt, um etwas sagen zu können. Weiß, dass Manuela Recht hat, doch ein Fünkchen Hoffnung auf eine gute Wendung ist in mir dennoch verblieben. Illusion?

Manuela und Engel klingeln. Daraufhin öffnet Pias Mutter, geht wieder hinein, und nach einer Weile kommt Pia selber. Von deren Gesicht ich nur das Profil sehe – schmerzende Erinnerungen werden da wieder wach – es scheint unbewegt zu sein.

Die drei diskutieren eine ganze Weile miteinander, ziemlich heftig, wie die Lautstärke zu verstehen gibt. Manuela will ihr sogar an die Wäsche gehen, wird aber von Engel davon abgehalten.

Eine Weile später kommt Pia zum Auto. Mürrisch ist sie; als sie jedoch zu mir ins Auto steigen will, hat sie ihr Lächeln aufgesetzt,

ein künstliches.
»Hallo Mike«, begrüßt sie mich.
»Dange eenfalls.« Belegte Stimme habe ich und bin ohne Lächeln.
»Mike, du willst mit mir reden?«
»Ob da redn vill Zweck hat, is fraglich; belassn wirs beiner Erkläung.«
»Was für eine Erklärung?«
Meine Stirn schlägt Falten. »Ich will jetzt wissn, wasos ist.«
Sie zögert. »Ich habe dich am Anfang geliebt« will sie mir dann weismachen – *Aha, die Märchenstunde ist angebrochen.* – »aber jetzt musste ich feststellen, dass es nicht genug war. Und deshalb habe ich unsere Beziehung abgebrochen.«
»Wow«, unterbreche ich sie, bevor sie den Schmalztopf aus der Tasche ihres Jogginganzuges holt – den ich noch nie gesehen habe, was sehr ungewöhnlich ist, denn er sieht gut aus – »du hasmich also gliebt! Hmm! Echt?«
»Wirklich.«
»Hmm, das hättchir niemas zugetrau. Na ja, Gottes Labynthe sin unerfoschbar. Aberum off die Sache zurückzukommn: Ich kann mich dunkl – es versinkt bald in in tiefste Finseris – erinner, dassu, alsde de letzte Mal bei mirim Krankenhaus warst, off mei Frage, ob de mich verlassn wirst, mit «Nie» geantwort hast.«
»Du ...«
»Stop! Du kannst dich glei rechtfertschn! Aber ibin noch ni fertig!« – Dunkelgraue Fetzen durchsprenkelt von klatschrosa Pünktchen scheinen über ihre Stirn zu hetzen, während gelbliches Schwarz sich in ihren Augen spiegelt, und das kann auch nicht von ihrem aufgesetzten Lächelns verborgen werden, sie linst durch die Umwelt wie eine mies gelaunte Verkäuferin. – »Dweeßt das doch bestimmt ni erst seit gestern«, fahre ich fort. »Warum hastn mich dannim Krankhaus schmorn lassn, mihins Ungewisse bfördert wienen zeitlosen Ackergaul, mir nischt gsagt? Selbst off mei direkte Fragin, und zuem Zeitpunkt hastes selbstverfeilich schon gewusst. Aber nein, Madam is zu feige. Ich könntir jan Hals umdrehn. I findi schlicht und ergeifend schäbig. Aber da warste ma wieder so, wies deinangewohnheit is: Die Unzverläss-s-s-igkeit in Person.« Ich rolle das Fenster hinunter und setze ein Verachtungsspucken nach draußen. »So, jetzt darfste.«
»Mike, du kannst dich in so eine Lage nicht reinversetzen ...«

Wütend feixend unterbreche ich sie: »Stimmt. Ich kann mich nicht hineinversetzn, mitem Krüppel zu schloafn. Nee, denn ibin ja selbsteiner.«
»So darfste das nicht sehen ...«
»Ach nee?? Wie dn dann?«
»Du warst mein Erster ...«
Ich lache laut und bitter auf, in dem Moment blitzt nämlich in mir die Erinnerung auf an ihre Abschiedszeremonie mit Marcus; und dass sie mit dem nicht nur Händchen gehalten hat, ist anzunehmen. »Jungfau warstaber keene mehr.«
»Doch. Aber das Häutchen ist mir vor einiger Zeit mit dem Finger entfernt worden.«
»So so.« Richtig überzeugt bin ich nicht. Aber davon, dass sie mir gleich erzählen wird, wie sehr sie mich deswegen geliebt habe und so weiter und so fort. Grausen erfüllt mich bei der Erwartung, das zu hören, deswegen werde ich sie ein bisschen verscheißern; etwas Spaß muss ja auch noch sein.
»Iwar aber keene Jungfrau mehr. Tut misehr traurig für dich. Nachem Jungfernhäutchen hättste beimir lange suchn könn, da hättste keens mehr gfunden.« Dabei setze ich mein Dauergrinsen auf, gluckse vor Lachen in mich hinein.
Sie schaut mich ungläubig an *(schöne Augen hat sie ja, das muss man ihr lassen)*: »Haben denn Männer überhaupt eins?«
»Hatte das noni gewusst? Wunder, wunder. Natürlich hammer ou eens – inner Sammeröhre drin.«
Ihr Blick wird noch ungläubiger. »Du willst mich verscheißern, so was gibt es doch gar nicht.«
Mist! Ich fühle, wie mein Grinsen immer breiter wird. Wenn ich doch bloß ernst bleiben könnte, wie früher. Da muss ich eben die Taktik ändern: Das breiteste Dauergrinsen her. Hoffentlich wirkt das. Ansonsten ist der ganze Spaß weg.
»Doch, die gibt's wirklich«, spinne ich weiter. »Passoff, ich werds dir ganz wissenschaftlich erklärn: Das Runde sindie Hoden. Die kennste, ni? Ou bkannt unterm Namen 'Nüsse'. Undann befindet sich ampenis – mschwanz – nausspritzloch. Aber dat kennste gantiert. Wenni, haste beim Bumsen gschloafn. Aber dem Stöhn nach klangste munter.« – *Habe ich mit ihr echt schon geschlafen? Keine Ahnung. Muss ich mal Engel fragen.* – »Unzwischen debeedn gibtsne Verbindungsröhr. – Eigenticht logisch, ni, dennie kommt sonst der Kinderzeugungssaft inde Eichel? Im Hodn wir-

der nämlich produziert. – Und in dieser Röhre befindet sich am Scheidweg zur Harnröhren n Jungfernhäutchn. Bei der Frau wird es durchstoßen, beimann durchspritzt. Kapiert? War ja idiotnsicher, misstes ja eigentlich ou geschnallt ham.«

»Glaube ich aber nicht.«

»Haha, is da mal wiedreene deiner villen Bildungslückn offgefüllt wordn?« Und bevor sie etwas entgegnen kann, fahre ich fort: »Aberum eigentlichen Thema zurückzukommn – du wolltst miras über dei Feigheit erzähln.«

»Ach du meinst ... es dir zu sagen – i... ich... ich hatte auch kein Geld, um zu dir zu kommen, mmh.«

»Also wenn-ich-mich-da-ni-irre und sie ni abschafft wordn is, gibts noddie Post, mit demman Abschiedsbiefe verschickn kann. Aber kannste überhautt schreibn?«

»Idiot!«

Getroffen. – Ich grinse erneut breit.

»Dann sage ich es dir eben jetzt: Es ist Schluss!«

»Das hab ich ni gewusst, das hab ich ni gewusst«, krächze ich zwischen den Tonleitern herum.

»Wie sieht's aus, soll ich am Donnerstag vorbeikommen und dir was zu trinken mitbringen?« Diese Frage kommt überraschend.

»Kannste machen. Wann willsten da sein?« Ich werde schon wieder schwach.

»Ich komme so um zwei. Recht?«

Ich nicke. Dann verabschieden wir uns und rufen die draußen wartenden Manuela und Engel.

Der sich sofort zu Wort meldet: »Pia, ich hörte, du hättest gesagt, Pritsche schuldet Ente 10.000,- Mark.«

»Ich habe das auch echt gesagt, weil ich es mal von ihm gehört habe. Wirklich!«

»Gut«, meint Engel zufrieden, »dann machen wir nächsten Sonntag bei ihm eine Gegenüberstellung. Halt dich bereit dafür!«

»Und wenn du da nicht da sein solltest«, ergänzt Manuela drohend, »dann, wenn ich dich dann das nächste Mal sehe, kannst du dir vorher schon immer mal einen Termin beim Schönheitschirurgen besorgen, damit er deine zerfleischte Fratze wieder aufpoliert!«

*

Zurück im Auto. Natürlich beherrscht noch der vergangene Akt meine Gedanken- und Gefühlswelt. Also: »In eurem Wortgefecht, worum gingsn da?«

»Ach«, antwortet Manuela, »nichts besonderes. Wir haben ihr nur aufgezeigt, was für einen erbärmlichen Scheiß sie veranstaltet.«

»Aber ziemich bedrohich, musstich feststelln. Du wolltsja schon offse losgehn.«

»Na die ist doch schnurzverkalkt!«, ereifert sie sich wieder, »und das schon in ihrem Alter! Wenn die sechzig ist, rennt sie in der Klapper rum.«

»Hähä, damit hatseja schon Bekanntschaft geschlossn, zumdest von außen«, kann ich berichten. »Als sie mich nochn Großbüchen besuchn gam, hammer dama vorbeigschaut. Und ich kanneu sagen, da herrschte urigs Gschrei. Aber vielleicht wird das maiihre neue Behausung. Die issir dann wenigstens bekannt.«

»Gibt's da auch eine Gummizelle?«, will Engel mit schalkhaften Grinsen auf den Lippen wissen.

»Keene Ahnung. Ich habbisjetz noch nie mit eener Bekanntschaft geschlossn.«

»Bestimmt gibt es da eine, würde mich wundern wenn nicht«, ist sich Manuela sicher. »Übrigens – Ente, hast du ihren Jogginganzug gesehen? Wo sie den her hat, haben wir nämlich auch gefragt. Wir haben ganz vergessen, dir zu sagen, dass du 850,- DM einstecken hattest.«

Zuerst wundere ich mich; doch dann wird mir klar, dass es so gewesen sein muss. Denn ich bin bestimmt nicht ohne Geld losgefahren. Aber – *wo ist es hin??*

»Und das ist jetzt weg.«

»Woher wisstirn das?«

»Haste uns doch selber gesagt«, schaltet sich Engel ein.

»Ja, das Geld ist weg«, bestätigt Manuela, »und Pia hat einen neuen Jogginganzug; im 'CK' hat sie einen auf spendabel gemacht. Eh, das sieht nach einem Wink mit dem Zaunspfahl aus, ni?«

»Könnte möglich sein«, sinniere ich. »Leider habchn totalen Filmriss. Amei Geld konnte unmöglichausfliegen, denns warim Bustbeutel und steckte inner Tasche meier Stetch-jeans.«

»Da ist aber leider nichts zu machen, Ente, die weiß angeblich von nichts.«

»Ich natürlich ouni. Doch vielleicht – hm – kommtie Erinnerung irgendwann witter. Dann lescht alleson selbstoff.«

»Worüber habt ihr eigentlich gequatscht?«, will Manuela nun wissen.

»Na ja, ich habse gfragt, obse zufeig war, mir mitzuteiln, dass Schluss is. Woroffsemir natürich kee Antwort gebn konnt. Dann« – ich fange an zu lachen, was sich bei mir jetzt bis zum Glucksen steigert – »habchir noh erklärt, dassn Mann Nungfernhäutchn inner Samenröhre hat.«

Großes Gelächter ist angesagt. »Und«, stößt Engel dazwischen hervor, »hat sie es wenigstens geglaubt?«

»Na ja, so ganzchüssig warse sich ni. Wurde hin und her gerissn zwischn Zweifl und Bejahun. Dann – quatsch – hizu kam wohl ou noch, dassch mei Dauergrinsen offlegtee, weilich ni ernst bleibn konnte.«

»Jetzt wird sich ihr Vakuum in der Birne kaputtschinden«, schlussfolgert Manuela. »Doch so doof, wie die ist, glaubt die das noch. Beim Nächsten sucht sie die Merkmale dafür.«

Und so können wir noch unsere Witze über dieses fatale Intermezzo machen, erscheint es mir persönlich doch nicht ganz so finster, wie es sich zuerst andeutete.

*

Abends. Wir kommen gerade am 'Volkshaus' an.

Meiner Mutter mussten wir erzählen, dass wir noch zu Bekannten fahren, damit sie nicht wieder in ihr Gezeter verfällt. Andererseits – wir fahren doch zu Bekannten! Im 'Volkshaus' sind doch bestimmt auch ein paar. Nichtsdestotrotz – *Bammel* ist angesagt. Denn noch ist mir unklar, was mich von denen erwarten wird. So wie früher wird es auf alle Fälle nicht, *hundert pro*. Denn da bin ich oft genug erfolgreich auf *Treibjagd* gegangen, weswegen ich nicht so sehr Augen für Trinkeratmosphären übrig hatte. Nur dürfte das jetzt eh ein bisschen schlecht möglich sein. Denn tanzen – was ich so übelst gerne mache und dazu meine Masche war – dürfte derzeit nicht besonders gut gehen. Na ja, aber Wunder gibt es ja immer wieder, ni? Oder doch nicht??

»So Ente, wir bringen dich jetzt im Rollstuhl rein«, kündigt Engel mir an. »Wir haben ihn noch hinten im Auto.«

Ich fange an zu knurren.

»Keine Widerrede! Ohne ihn läuft nichts! Mache dir doch nicht ins Hemd deswegen, du kannst doch schließlich nichts dafür.« – *Ob das die anderen auch so sehen??* – »Oder willst du nicht mehr rein?«

»Doch.« *Scheiße, dass ich jetzt so rein muss. Aber trotzdem – auf ins Getümmel!*

Dabei durfte ich auf dieser Straße hier schon bessere Zeiten erleben: Da war doch mal eine, die hatte ich heimgebracht, wohnte da vorn irgendwo. Brrh, war die hässlich, dazu hatte es bei ihr im Kopf auch noch ein bisschen gepennt. Aber zum Glück war es dunkel; und wenn man bei der Armee ist, fühlt man sich froh und glücklich, wenn man was feuchtes lebendiges zwischen die Beine kriegt. Und so standen wir vor ihrem Hause. »Darf ich mit hoch?«, fragte ich sie so ganz unverfänglich, als ob nichts dahinterstecken würde. Und ihre Antwort: »Meine Mutter wartet immer auf mich. Was willst du denn mit oben?« Oh nein, dachte ich, 'Was willst du denn mit oben?' Die stammt wohl von einer einsamen Insel. Was wird ein Junge, der sich schon die Mühe macht, sie heimzubringen, bei ihr um Mitternacht wollen?! »Milch trinken, ein Glas.« Und was machte sie? Nicht etwa mir einen Vogel zeigen oder mir eine klatschen oder anfangen zu feixen, ach: »Wir haben keine oben. Da müsstest du am Montag mal vorbeikommen, da ist welche da.« Tut die nur so oder ist die so schrecklich naiv?, fragte ich mich damals. Obwohl – naiv war das ja schon nicht mehr. Daraufhin bin ich aber abgehauen – in der Ungewissheit, ob ich nun heulen oder lachen soll. Allerdings konnte ich das Ding nicht für mich behalten. Und die Beschreibung davon, woran man nichts verbiegen brauchte, erzeugte großes Gelächter in der Szene. Im 'CK' wurde sie zum Beispiel höflich gefragt, ob sie heute ein Glas Milch da hätte. – Verdammt lang her, verdammt lang ... Schade. Obwohl – gerade mal ein halbes Jahr ist seitdem vergangen. Doch mit mir ist jetzt alles anders, nichts ist mehr so, wie es früher einmal war. Belastend.

*

Als wir ins 'Volkshaus' eintreten, werde ich von manchem ganz entgeistert angestarrt, so nach dem Motto: »Was will denn der hier?«; da hilft nur eines: Gute Miene zum bösen Spiel machen und eisgecoolt bleiben. Doch es ist verdammt schwer, verdammt heikel, verdammt unangenehm, man will auf die Leute zugehen, denen in die Augen schauen und sie dann fragen: »Sieh her! Ich bin ein Krüppel. Probleme damit?« Doch dann verkneift man es sich, aus Angst vor der eigenen Courage, aus Angst davor, dass man gegen das, was danach folgt, nicht gewappnet ist und setzt seinen Weg fort, lässt die tuschelnden Menschen hinter sich.

Dann setzen wir uns an einen Tisch, wo schon Bekannte dran sitzen: Heinz, Made, Steffen – bis zum Unfall sehr gute Kumpels von mir; *jetzt auch noch??* – Ines, Anet – sie wollte ich mal vernaschen vor vier Monaten, doch sie hatte gerade die Minna – und noch zwei Mädchen, die ich aber nicht kenne.

Allgemeine Begrüßung, die jedoch nicht so herzlich ausfällt, wie ich es erwartet habe.

Was hast du denn erwartet, Mike? Dass du im Rampenlicht stehst? Vergiss es, die Begrüßung war noch nie sonderlich herzlich. Du bist zwar der einzige hier im Rollstuhl, aber deswegen darfst du nicht glauben, dass nun alle zu dir gestürmt kommen.

Die Musik kann man mittlerweile echt vergessen: Rap, Reggae, Techno und so ein Zeug. Wenn man da die Kunden auf der Tanzfläche herumschwanken sieht, dann denken wir wohl das Gleiche wie die über uns: blödsinnig, lächerlich, affig. Aber – bis jetzt habe ich mir darüber noch nie einen Kopf gemacht – eigentlich ist es doch bei denen genauso wie bei uns: Sie lassen sich vom Rhythmus treiben, hin- und herschütteln, schwanken dazu paar Runden. Und bei denen äußert sich das eben in diesem Stakkatos, so dass es ausschaut wie bei beschwipsten Robotern, bei uns in Headbanging, dass den immer ja-sagenden Eseln gleicht. Aber manche schlagen sich deswegen. Warum eigentlich? 'Sinnig' so was. Dafür gibt es doch bedeutend bessere Gründe. Dann sieht es hier auch so abschürfend trist aus, nicht so anheimelnd wie in meinem früheren Leben. Oder hängt das auch mit meinem Gemütszustand zusammen? Denn es ist ja wirklich nicht so entzückend, eine Rollstuhlparade abzuhalten. So ein Zustand ähnelt der einer morbiden Ruine, die kurz vor dem Abriss steht.

»Ente, wie geht's dir?«

Als wenn ich jahrzehntelang als Eremit gelebt hätte und jetzt plötzlich von einem Moment auf den anderen in New York auf dem Manhattan-Square stehe, irrt mein Blick unstet in der Runde, hat Mühe, bekannte von unbekannten Leuten zu unterscheiden. Ich muss erst einmal wieder Klarheit in meinen Kopf bekommen, um mich orientieren zu können, von wem ich da eigentlich angesprochen werde – ich habe überhaupt nicht damit gerechnet, auf einmal Ziel der Aufmerksamkeit von jemandem zu sein.

Aha, Ines, erkenne ich, als der Schleier vor meinem Blick abgezogen ist. *Ich kann mich erinnern, die letzte in meinem Gedächtnis haften gebliebene Unterhaltung vor meinem Unfall hatte ich auf dem Marktplatz mit ihr abgehalten. Und ein bisschen (?) schmusen mit ihr würde ich immer noch gern. Doch becircen hat*

*sie sich damals schon nicht lassen, und jetzt – da kann ich es mir
erst recht abschminken.*
»Äh na ja, s geht eigentlich. Nur fürs Im-Rollstuhl-Sitzen kannch
minierwärmen. Außerdem kotzts michan, dassch dir jeds Wort inde Ohren brülln muss. Die Spuren davon kannste bloni sähn. Ich
hab jemanden auser Hölle, der wischse immer gleiab.«
Sie lacht. »Und wieso sehe ich keine Männchen oder so?«
»Weile nokeen Einlass inde Hölle zugeteit bekommn hast.«
»So so. Aber was anderes: Musst du für immer im Rollstuhl
bleiben?«
Ich werde wieder ernst: »Ich hoffe – ich gloube – ich wills nich!
Dieärzte hüllnsichin Schweigen olabern Bledsinn, undasin lateinisch. Folglich isses meglich. Dasier jetzt kannfür mich derend-
punkt sei, mich kannsa ou wiederotreiben. Zur Zeit versusch, de
Loufn mikricken zu erlern. Und wennch das geschafft hab, werdch
mi kundig machn, waseientlich passiert is. Bis jetzt weeßch nämich
garnischt driber.«
»Ist dir noch nichts darüber gesagt worden?«
»Ja. Aber blossn Haufen Müll. Nach 21 Jahren dürftch mija-
woll kenn, ni? Unwas mir da erzählt wird – sorry – wurde, passt
überhauni zusammn.«
»Aber letztendlich ist das doch egal ...«
»Mh, so ganz egalis mi dasni. Ich willseinfach wissn. Dann
kamman vielleicht draus schlussfolgen, wasos ist, undas dentspre-
chend bekämpfn.«
»Ich bin mir aber ganz sicher, dass du es schaffst.«
»Dei Wort in Gotts Gehör.«
Damit verabschieden wir uns (*Bitte küss mich! Bitte! Bitte!*)
und ich sinke wieder zurück in die Langeweile; denn stupide ist
es, die ganze Zeit am Tisch herumzuhängen und die Tanzfläche
anzuglotzen. Um überhaupt irgend etwas zu tun, werde ich mal
meine Sehschärfe testen: Ich nehme die Brille ab und lasse meinen
Blick durch die Gegend schweifen. Allerdings komme ich da nicht
sehr weit: Ich äuge durch die Disko wie ein Nilpferd durch ein
schmutziges Fensterglas. Früher war ich zwar auch nicht der beste Seher, doch damals besaß ich nur eine Nicht-so-schlimm-Brille,
die ich, weil ich ganz schön eitel war und immer noch bin, natürlich kaum aufsetzte, und auf Disko gleich gar nicht. Wenn ich da
jemanden nicht richtig begucken konnte, lief ich ein Stück auf sie
zu, stellte dann erst fest, ob ja oder Nur-eine-Nacht-ja. Nur kam

da manchmal das böse Erwachen. Jetzt sehe ich aber bedeutend schlechter. Ohne Brille müsste ich mich schon fast tastend durch die Gegend bewegen. – *Ach ja, stimmt ja, Mandy hatte mir von irgend so etwas in dieser Richtung berichtet: Dass ich fast blind geworden wäre usw. Und jetzt erfasse ich erst einmal die Ausmaße davon. Wie wundersam. Ich schwebe dahin auf Wolke 32, nur dass eben besagte eine Kackwolke ist.*

»Ente, machen wir los oder willst du noch bleiben? Du siehst ja, man ist hier schon in Auflösung begriffen«, reißt mich Engel aus meinem stummen Monolog.

»Okay, verdrück mer uns.«

Im Auto fragt mich dann noch Manuela, ob es mir gefallen hätte.

»Gefalln? Haha!«, presse ich müde raus. »Den Laden kannste jetzt völlivergessn. Dereinste Popprschuppn isses geworden. Vor der Wende warda wenstens nowasos. Aber jetzte – schmatzab! Ich finds jetztabgetaket dort, öde.«

»Wir haben es dir ja gesagt, aber du wolltest es ja nicht glauben.«

»Ja, hasja recht. Abern weiser Satz spuckte noinmirum, der sagt, dassnu soviel losis, wie maselberlosmat. Mitmiris azur Zeit goarnisch los.«

*

Bei meiner Mutter vor der Haustür.

Es ist kurz nach Mitternacht, wir sind müde, besonders warm ist es auch nicht, und beim dritten Klingeln erscheint immer noch niemand in der Tür. Unser Missmut steigt.

»Ich klingle jetzt noch einmal. Kommt dann immer noch niemand, nehmen wir dich mit zu uns, Ente«, kündigt Engel an.

Aber auch diesmal nichts.

»Ich schmeiße mal was gegen das Fenster.« Manuela.

Nach einer Weile kommt sie zurück. »Und?«, frage ich sie.

Im gleichen Augenblick öffnet sich oben ein Fenster. »Heh, was soll das?«, kommen schrille Töne heruntergeschwebt. Sie sind von meiner Mutter ausgesandt, unverwechselbar.

Engel lacht leise: »Welch eine Frage.«

Ich muss mir auch das Lachen verkneifen, denn ich will wie ein Minnesänger seine Maid meine Mutter herunterlocken – wobei ich glaube, dass das nicht so einfach sein wird, denn ich kann den anströmenden Zoff förmlich riechen.

»Hallochen, ich biis.« Dabei hallt ein Vibrieren in meiner Stimme, das so klingt wie das Krächzen eines im Todeskampf liegenden Raben. Nur, dass ich nicht im Begriff bin, den Löffel abzugeben, sondern vor einer Haustür stehe, in die meine Mutter mich nicht hereinlassen will.

»Reichlich spät, ni?«, ist sie sich ihrer Sache sehr sicher – *Lass ich ihn nicht in mein Kämmerchen, steht er im trüben Wässerchen.*

»Gingni eher, hab mich scho beeilt.«

Manuela und Engel – sie halten mich – müssen lautes Aufkichern unterdrücken. »Verärgere sie nicht ganz, sonst lässt sie dich nie mehr rein.«

»Was machst du nun, wenn ich dich nicht mehr hereinlasse?«, schwappt es da wie zur Bestätigung aus der Luft herab.

Aber bevor ich eine meine Mutter vielleicht endgültig aufbringende Antwort hinauslassen kann, wird die Haustür aufgeschlossen und Manolo erscheint: »Komm rein, Mike. Deine Mutter wollte es nicht, aber ich konnte mir das nicht mit ansehen.«

Ich verabschiede mich von Manuela und Engel; dabei machen wir uns aus, dass wir Morgen in meine eigene Wohnung gucken fahren werden.

Drinnen bedanke ich mich erst einmal bei Manolo. Doch dann will er wissen, was geworden wäre, wenn ich keinen Einlass gefunden hätte.

»Dann hättnse mich mitgenommn«, nicke ich zur Tür zeigend. »Und daach hättiedaoben gewaltigen Ärger bekommn.«

»Aber das nächste Mal sagst du Bescheid, wenn du zur Disko gehst.«

»Eeh, meir Mutter habch dagestern schoangekündigt, diwarbloss niso begeistert daon.«

*

Kaum sind wir in der Wohnung angekommen, lässt meine Mutter eine gewaltige Moralpredigt auf mich herabsausen: »Weißt du überhaupt, wie spät es ist?«

»Nö, asichlich wirste midas glei sagn.«

»Es ist nachts halb eins!«

Hm, noch nicht ganz – ich sehe die Uhr hinter ihr – *ungefähr zwei Minuten übertrieben.*

»Ich weiß auch«, kreischt sie weiter, während ich mich auf dem Sofa ausziehe, »dass du im Volkshaus in der Disko warst! Du bist nämlich davor gesehen worden! Manolo fuhr gerade vorbei!«

Ich habe jetzt keine Lust zu diskutieren, bin viel zu müde dazu. Darum lass ich sie weiterfaseln, irgendwann wird sie ihr Pulver schon verschossen haben.

»Sag mal, schämst du dich gar nicht?«

»Wofür?«, murmle ich nun doch zurück.

»Du bist krank! Da hast du um die Zeit zu Hause zu sein!«

Und mich einzubuddeln. – »Fettig?«

Das Ende ihrer Predigt scheint gekommen zu sein. »Ich warte auf deine Antwort!«

Ich grinse müde. »Nu ja, ichabdir doch gestern schon angekündig, dasschins Volkshaus gehn werde. Also ...«

»Wenn du dich weiterhin so aufführst, werde ich mir in Zukunft überlegen, ob ich dich wieder abholen lasse.« Damit verschwindet sie in die Schlafstube.

Ach, leck mich doch. Aber wasch dir vorher die Zunge.

22

Sonntag, 28. Oktober. Mittag.

»Wie siehtsn aus, könnt ihr mir mal helfen?« Ich schaue erwartungsvoll meine Schwester und meine Mutter an.

»Wobei?«, will meine Mutter wissen.

»Loufübungn. Ich ich schnappmir meine Krücke und dann loufmer durchde Stube.«

»Ist es nicht besser, wenn du auf Manolo wartest?«

»Nö. Am Nammittag kommn Manela und Engel, unda fahrmer in meine Wohnung. Bisdain willch die Loufübung gemachtam. Daach binich nämich zufettig offde Knochn; außem wirds dann langsam Zeit fürde Rückfahrt.«

»Wann musst du denn zurück sein?«, forscht meine Schwester nach.

»19:00 Uhr normaerweise.«

»Und was willst du in deiner Wohnung?«, ist meiner Mutter mein Vorhaben nicht ganz geheuer.

Ja, was werde ich wohl in meiner Wohnung wollen? Affig, die Frage. »Daan riechenunguckn, obichaus meim Reservoir nowas brauchn kann.«

»Na ja, wenn ich dir sage, du sollst dort nicht aus dem Auto steigen, hältst du dich sowieso nicht daran.«

Ich schweige.

»Was isn nu mitter Loufübung?«, komme ich auf das eigentliche Thema zurück. »Schließlich soller jetzige Zustand niewig andaun.«

»Na gut«, stimmt meine Mutter zu. Dass sie jedoch keine Lust hat, sieht man ihr deutlich an, hört es auch aus ihrer Stimme. Aber letztendlich ist mir das egal. Hauptsache, sie bewegt sich.

Saskia erhält von ihr die Anweisung, auf meine linke Seite zu gehen und dort zu halten.

»Ablossim Nodfall«, stelle ich sofort klar, »denn ichab ja de Krücke, dieich ou benutzen will.«

Während meiner Runden bemerke ich zum ersten Mal, wie winzig die Stube ist. Ständig bewege ich mich im Kreise, habe nie eine Geradeaus-Sprint-Bahn vor mir. Das Laufen selber lief auch schon besser. Zumindest scheint es aber flugfrei auszugehen.

Nach fünf Runden habe ich davon genug. In den Beinen zwickt es unangenehm, sie ertragen die Last noch nicht so, wie ich das gern möchte. Und außerdem bin ich mir ganz sicher, dass sie heute noch eine betriebsame Aktion erwartet. Also Schluss damit, Schluss für jetzt.

Meine Mutter schweigt dazu, als ich befinde, dass, wenn es weiter so läuft, der Rollstuhl für mich bald passé sein wird; sowieso lief sie die ganze Zeit mit hoch erhobenem, gelangweiltem Gesicht herum, schien von der Idiotie dieser Aktion überzeugt zu sein; und meine Schwester – sie stimmte mir zwar zu, doch sehr überzeugt klang das auch nicht, eher so nach dem Motto: »Geben wir ihm recht, sonst regen wir uns nur unnötigerweise auf.« *Aber die werden mich noch kennenlernen. Und dann wird das große Staunen beginnen.*

*

Gegen 16:00 Uhr kommen Manuela und Engel: »Und Ente, machen wir los?«

Bereits aufgestanden bewege ich mich gen Tür, höre nur noch, wie meine Mutter widerwillig ihr Okay dazugibt. »Aber gegen 19:00 Uhr muss er wieder im Krankenhaus sein«, fügt sie noch hinzu.

»Das schaffen wir schon«, wird sie von Manuela beruhigt, die mich dabei wissend angrinst. Ich öffne die Tür.

*

Bei mir zu Hause angekommen lassen wir den Rollstuhl im Auto. Wäre ja auch sinnlos, ihn erst mitzunehmen. Denn hier sich in ihm zu bewegen ist nahezu unmöglich; der Weg zur Haustür hat ein herrliches Relief wie das Pamirgebirge. Und dann die Treppen hinauf – da würde selbst Engel davor kapitulieren. Deswegen (?) werde ich laufen; Engel wird mich rechts halten, links werde ich mich auf die Krücke stützen.

»Los Ente, du schaffst das!«, spornt Manuela mich nach zwei Etagen an. Ich beginne nämlich schon, mich abzumühen, von Etage zu Etage wird das Steigen immer schwerer.

»Yoo, ich werdschaffen! Und wennich offm Bauch hochkriechn muss, ich komme hoch!«

Zum Glück ist durchgängig Geländer angebracht. Und da das auch noch links ist, hat Manuela die Krücke an sich genommen und ich kann mich mit dem linken Arm aufstemmen, so dass die Beine "nur" noch nachzudrücken brauchen. Das ist auch eine Hilfe für Engel, denn mich da hochzubugsieren dürfte nicht gerade einfach sein.

»Gehtsno, Engel?«, frage ich ihn deswegen, nachdem wir drei Etagen geschafft haben.

»Null Problemo. Wenn wir das geschafft haben, schaffen wir den Rest auch noch.«

»Okay! Daoff zurletztn Etappeider Erkimmung des Gipfels!«

*

Eine Treppe unter meiner Wohnung muss ich wieder eine Pause einlegen, denn an meinen Beinen scheinen Zentnerlasten zu hängen, der linke Arm weiß noch nicht so recht, ob er abfallen oder noch ein Weilchen mitspielen soll, meine Lunge verlangt kreischend nach einer Zigarette. Und dabei stehen wir vor meiner Toilette.

»Ente, hast du eine Ahnung, wo der Hüttenschlüssel hin ist?«, will Manuela wissen.

»Die Frage müsstich doheher euch stelln. Ich kann mich no dunkel einnern, alschierno weilte, warer da.«

»Jetzt ist er verschwunden und wir haben ihn nicht bzw. nicht gefunden.«

»Dann eben offbrechen, wennötig. Isses jetzt ninötig, noa?«

*

Wir gelangen vor meine Tür, schließen sie auf, der Eingang öffnet sich wie die Höhle der 41 Räuber. Dann wollen wir Licht

in die Stube zaubern, betätigen den Lichtschalter – nichts. Noch mal – nichts. Und noch mal. Und noch mal. Es bleibt dunkel.
»Scheiße!«, meckert Engel. »Das hat uns gerade noch gefehlt!« Die vier Stockwerke hochlaufen – umsonst – das wäre die absolute Krönung. Vor allem draußen ist schon fast dunkel.
»Unten, beier Hütte, müsster Sichungskasten sein«, fällt mir plötzlich ein. »Alledings sinda zwee Sichungen drinne, die eenis vonder Alten neban. Vorausgesetzt, meine ist nodaa.«

*

Eine Weile später kann ich in mein Reich einsehen. »Haha, weißt du noch, wie wir hier gesessen haben?«, appelliert Engel, der inzwischen wieder hochgekommen ist und mit uns in der Stube steht, an meine Erinnerung.

Ich lasse meinen Blick umherschweifen: Zwei Zimmer darf ich mein Eigen nennen, eines davon hatte ich zum Salon erklärt und das andere zum Schlafgemach; die Räume an sich sind auch nicht schlecht: schön groß, dicht scheinen sie ebenfalls zu sein, da lässt es sich bestimmt gut drin leben. Aber jetzt, wo ich es sehe, fallen mir die Mängel wieder ein: Kein Wasser – der Anschluss mit Spülbecken ist im Hausflur – Küche und Herd Fehlanzeige – aber ich kann ja eh nicht kochen. Doch ein schöner Kachelofen, mit dem ich aber noch nie zu feuern brauchte – seit April bin ich erst hier drin. Ansonsten sieht die Bude ziemlich kahl aus. Nur ein großer Tisch und eine Anrichte verschönern den Anblick – in der Stube. Dazu scheint hier eine urtümliche Schlacht im Gange gewesen zu sein, bei der alle Opfer ihr Hab und Gut liegen ließen. Ich gehe zwar nach dem Motto: Ordnung ist was für Spießer, Genies beherrschen das Chaos, doch so ein Genie bin ich nun auch wieder nicht.

Jetzt fällt mir etwas auf, das wir außer dem Fußboden als Sitzmöglichkeit benutzt haben könnten (Stühle und Sessel nicht anwesend, von einem Sofa braucht man gar nicht erst zu reden): »Samal, debeedn Lautspecher da, waren dieetwa unsre Stühle?«

Engel lacht. »Richtig, Ente. Darauf haben wir gethront. Oder unten auf der großen Sitzfläche. Oder auf dem Bett.«

»Dasis, nemmichan, darüben«, amüsiere ich mich mit. Und schiebe meine Überzeugung nach, dass mich das auch gewundert hätte, würde bei mir keines stehen. »Schließich isses das wichtwicht-wichtigste Möbelstück. Immehin entstehn dadie schenstenun schlimmstn Sachn: Die meisen Kinderwerdn im Bette gezeugt, de meisden Leute sterbn drin, unsoweider.«

In der Schlafstube angekommen plumpse ich sofort auf dieses eben angesprochene Prachtexemplar.

»Wow, ichabja sogoar nen Kleiderschank«, kennt mein Erstaunen keine Grenzen beim ersten Umsehen. »Under sieht norecht gudd aus.«

Dann taucht plötzlich ein Haufen Putz in meinem Blickfeld auf, der in der Mitte des Zimmers liegt. »Wo kommtn derer?«, will ich wissen.

»An dieser Stelle musste dir mal die Decke angucken, dann weißt es«, kann sich Manuela vor Lachen bald nicht mehr halten.

Von der grinst mich ein Loch an, als wenn es mir zuwinken wöllte mit einem Transparent in den Zacken: »Willkommen!«

»Unwie kommtasin?«

»Am Abend vor deinem Unfall hast du bei dir im Zimmer eine Mücke gejagt. Und der Putz da oben hatte nicht die Haltefähigkeit, um deinen Stoß mit dem Besen zu verdauen. Er rieselte runter. – Übrigens, die Mücke hast du dabei nicht erwischt.«

»Na ja«, gebe ich zu, »gegn Mücken hattich schoimmerwas. Jetzt aerst recht. Ich geh denächst deostrieren oder machene Unterschiftnsammung mitter Übschrift: Todden Mücken! Sie tynnisieren Krüppel!«

Während Manuela und Engel ablachen, bringen sie mir die ihrer Meinung nach interessanten Sachen, damit ich entscheiden kann, ob ich sie mitnehme oder nicht. Und so wandert in den Mitnahmebeutel Rasierzeug, eine schicke Fahne mit der Aufschrift: 'The South will the North rising again' und einem gutaussehenden bewaffneten, noch agilen Gerippe, ein Pullover mit dem Aufdruck eines bärtigen Gerippes auf einer Harley Davidson, und natürlich mein Seesack. Dann schaue ich noch die Briefe durch, aber nichts besonderes dabei.

*

Wir ziehen eiligst wieder ab, denn es ist schon ungefähr halb sieben. Völlige Finsternis draußen, völlige Finsternis drinnen – die Geisterzeit ist im Kommen.

Engel hat das Hauslicht angeschaltet, wir bewegen uns die Treppe hinunter – Manuela vorneweg, damit sie mir im Notfall noch das Gebetsschlusswort sprechen kann.

Im dritten Stock – fast. Plötzlich geht das Licht aus. »Los, die eine Stufe schaffen wir noch, Ente«, höre ich Engel brummen.

»Danach gehe ich einen Lichtschalter suchen.«

Auf der komme ich mir vor wie auf einer Affenschaukel. *Ich bin nachtblind geworden!*, überfällt es mich mit grimmiger Gewissheit. *Auch das noch.*

»Bleib bei Ente, ich suche derweil einen Lichtschalter«, lässt sich Manuela vernehmen, während ich versuche, mit den Zehenspitzen das Podest zu erfühlen.

Nach einer Weile ist sie wieder zu hören: »Scheiße, ich find keinen!«

»Lass«, ruft Engel, »kümmere dich um Ente. Ich renne wieder hoch zu dem, den ich vorhin betätigt habe.« Und ich rieche, wie sich sein Körpergeruch in Luft auflöst.

»Ente, wo bist du«, tastet sich ihre Stimme durch die Dunkelheit.

»Hier. Afrag mini, wo hier is.«

Im selben Augenblick spüre ich eine Erregung, die jedoch nichts mit Schönem gemeinsam hat. Meine Nachtblindheit ruckt immer stärker an denen sie einengenden Ketten, mein Gleichgewichtsgefühl ist trügerisch.

Bewege ich mich in Richtung Boden?? Bewege ich mich in Richtung Decke?? Bewege ich mich in Richtung linker Wand??

Das wäre doch edel, im Dunkeln die Treppe runterzufliegen.

Meine linke Hand irrt nach einem Rettungsanker suchend durch die Dunkelheit. Doch immer wieder umschließt sie nur Luft.

Der Geruch des Treppenbodens wird stärker – *Nähere ich mich ihm? Ich glaube ja!*

Das Hinabschweben wird immer schneller. Ich werde hektisch. Panik ergreift mich! Ich versuche noch einmal schnell, etwas zu erhaschen ...

Auf einmal – *Gerade so?* – wandert etwas zwischen meine Finger wie eine Konservenbüchse einem seit Tagen hungerndem Schiffbrüchigen. Erleichtert atme ich auf.

Das Licht leuchtet wieder auf. »Ich habe ihn gefunden und den Dauerlichtschalter gleich mit«, ruft Engel im Triumphsingsang.

Manuela, die ein paar Schritte von mir entfernt steht, sieht mich besorgt an: »Ente, du siehst ja so blass aus.«

Ich schaue mich um und dann an mir runter: Ich lehne an einem Türrahmen, stehe da wie eine sich bedroht fühlende Klapperschlange. »Allsokay«, hauche ich erschöpft. »Michat nurne Fratze ausem Krematorum angehucht; unweilinierschreckn wollte, hatse miou noh anpinselt, damitsoaussieht alsob.«

»Blödmann!«, lacht Manuela erleichtert auf.

»Los, jetzt müssen wir uns beeilen«, schallt es energisch die Treppe herunter, bevor Engel zu sehen ist. »Pünktlich kriegen wir dich sowieso nicht mehr ins Krankenhaus. Deine Mutter wird einen übelsten Aufstand machen.«

»Besser ich komm zuspätins Krankenhaus asumgekehrt. Und falls diedämiche von Freitag dais, dimuss sich ehnochde Kacke vom Schuh wischn. Dabrauchtir euch keene Sorgn zu machn.«

Im ersten Stock tritt eine alte Frau aus ihrer Wohnung. – Tante Emma.

»Huch, da erschrickt man ja!«, blökt sie und verschwindet wieder rein.

»Was warn mit der los?«, frage ich die anderen.

»Die ist nicht ganz dicht«, kommentiert Manuela.

»Kommt jetzt, Ente, wir haben keine Zeit.« Engel drückt auf das Tempo.

In dem Moment tritt die Frau wieder heraus. »Was wollen Sie hier?«, zetert sie.

»Karniggel säen«, gebe ich ihr Bescheid.

Manuela bleibt stehen und dreht sich um. »Er wohnt ganz oben«, sagt sie ihr höflich.

»Da wohnt niemand mehr!«, wird uns weisgemacht.

»Nee, ichwohn jetztin Kessel Nummer viere«, gebe ich ihr recht.

Doch Manuela sieht rot: »Wenn ich sage, er wohnt dort, dann wohnt er auch dort.«

Das Zetern geht weiter, was ein gefundenes Fressen für Manuelas Temperament ist. Sie beginnt damit, die Frau zu beschimpfen, ihr verbal den Garaus zu machen.

Als Engel mit mir am Auto angekommen ist, schickt er sich an zurückzulaufen, um Manuela zu holen. Aber in dem Moment kommt sie selber um die Ecke gebogen: »Bei so was Doofen wird man ganz kirre. Da gehe ich noch zu schnell auf die Palme.«

»Machdir nichtdras, dimmerkt doch enischt mehr. Beideer musstes nachsehn«, versuche ich Manuela zu beruhigen, als wir wieder im Auto sitzen und die Lichterketten der anderen Fahrzeuge an uns vorübersausen.

»Trotzdem!«, taut Manuela langsam wieder auf.

*

Zurück im Krankenhaus liege ich im Bett und lasse den VKU in meinem Kopf noch einmal vorbeiexerzieren: *Also auf Disko – das konnte man ja glatt vergessen. Ich kam mir vor wie ausgekotzt und zertreten. Dann benötige ich Schuldscheine, habe nämlich noch keine. Und das schnellstens! Sonst gucke ich nämlich in die Röhre. Und dann –* ich stocke, denn was ich mir jetzt zu sagen habe, ist ein auf den ersten Anschein hin deprimierendes Eingeständnis – **Ich** *bin wirklich* **Ich**, *was auch passiert sein mag, hier herrscht* **keine** *Verscheißerung vor, das Terrain des Krankenhauses hat* **nichts** *mit meinem Befinden zu tun. Und es gibt keine Alternativen, entweder aufrappeln oder Abgang. Denn in diesem Zustand kann ich weder studieren, noch kann ich meinen Beruf ausüben, noch werde ich ein Mädchen finden. Überhaupt nichts kann ich mehr! Darum bleibt nur noch eins: Entweder ich komme wieder hoch, oder ich liquidiere mich selber. Doch ich will wieder hochkommen,* **ich will, will, will!** *Und ich werde es. Zwar sind die angestrebten vier Wochen nun vorbei, ... ich werde mir ein neues Zeitlimit stellen: Bis Jahresende. Und ab morgen wird voll gepowert.*

23

Ich laufe durch die Straßen von irgendwo, ganz normal, ohne Rollstuhl, ohne Krücken, habe ein Mädchen im Arm, das sich eng an mich schmiegt und mich mit verliebten Augen anstrahlt, trabe in einer Gruppe von jungen Leuten, scheinbar ohne bestimmtes Ziel und ohne bestimmten Zweck – wir genießen einfach nur das Leben. Und jetzt ruft mich jemand. Doch woher? Ich kann nirgends jemanden entdecken. Scheiß drauf, keine Lust jetzt, Verstecken zu spielen.

»Herr Scholz, Herr Scholz!«

Die Stimme wird immer lauter: *Verdammt, was ist das für ein Arschloch? Und jetzt wird es auch noch dunkel – Hat jemand meine Lichter ausgeknipst? – jetzt wieder hell. Häh, was ist das??*

Ich schlage die Augen auf. Und liege in einem Zimmer, in dem Licht brennt.

Wo bin ich hier?

Plötzlich fällt es mir wie Schuppen von den Augen: *Ich bin im Krankenhaus.* Allein. Und dort lehnt meine Krücke, mit der ich noch nicht richtig laufen kann, dort drüben steht mein Rollstuhl, den ich so unendlich hasse.

Mein Blick wandert weiter. Und ich sehe – *wie hieß er gleich? ach ja, richtig* - Jürgen, wie er vor dem Waschbecken sitzt und sich wäscht. Und ich sehe Vogel, wie er gerade aus seinem Schlauch getrottet kommt; und Helmut, der mich grinsend anschaut.

»Na Herr Scholz, ausgeschlafen?«, fragt er mich. »Sie waren heute ziemlich schwer wachzukriegen. War gestern Abend irgend etwas Besonderes? Ach ja, Sie waren ja dieses Wochenende im Urlaub. Wie war's denn?«

»Ausbaufähig. Könntn Dauerutan werdn«, brumme ich noch schläfrig, mich in die andere Welt zurücksehnend.

Währenddessen fängt er an, mich zu waschen. Wobei das Bett nass wird wie in der ITS, als ich mir eingepinkelt hatte.

Als er aber wieder gehen will, schaue ich noch schnell auf das Fenster. – *Bin ich auch noch farbenblind geworden?*, speit in mir ein stimmbrüchiger Chor, dem das Singen vergangen ist. Denn es schimmert mir eine Schwärze entgegen, welche die der mondabgewandten Seite, aber auch die der völligen Umnachtung sein könnte.

»Wie spä isn daseigentlich?«, frage ich deswegen Helmut, nicht genau wissend, was das Schlimmere wäre.

Er schaut auf seine Uhr: »Kurz nach drei.«

»Was??! Dasisja middeninder Nacht! Keen Wunder, dasschdani offwach!«

»Ich muss ja noch meinen Zug kriegen«, rechtfertigt er sich, wobei er schon aus der Tür tritt. »Und außerdem ist es doch wohl nicht so schlimm, wenn ich eher komme. Ihr könnt doch sowieso weiterschlafen.«

»Wemmer weiterschloafn könn«, kann ich nur noch die geschlossene Tür anbrummen. Denn derzeit schlafe ich schlecht. Finde es außerdem zum Kreuzigen, aus diesem schönen Traum gerissen worden zu sein. Aber halt: *Hat da nicht mein Unterbewusstsein zu mir gesprochen? – Manche Leute glauben doch an Träume. Ich zwar nicht, lasse mich in diesem Fall aber gerne umkrempeln. Habe auch von Traumdeutungen gehört, in denen eine Prophezeiung ausgesprochen wurde; wiederum gab es aber auch solche, die nur eine Rückblende darstellten.*

Was war es nun??

Ich hoffe, es war ein Orakel.

*

Am Nachmittag begebe ich mich im Rollstuhl auf den Gang. Die Vorübergehenden schauen ganz verwundert, doch Helmut – *Der ist doch schon wieder da!* – ist der erste, der sich dazu äußert: »Was wollen denn Sie hier draußen? Dürfen Sie das überhaupt?«

Ich fühle in mir wieder Aggressivität aufschwappen. Denn was die Therapien betrifft, habe ich alles hinter mir; doch ist mir eine Stunde am Tag zu wenig, folglich muss ich es selbst in die Hand nehmen.

»Ich gloube« – dabei befühle ich meinen Kopf – »ich habelber wasoffm Hals. Da fragich bestimmtnierst jemandum Erloubnis, obchübn darfoni.«

»Aber Ihnen kann doch dabei was passieren«, meint er, während er mich wieder zurückschiebt.

»Derollstuhl drehtwoh seineignen Pirou–etten. Oder irgendwasanders. Oder was dudermir? Ich dachttimmer, derisabsolut sicher.«

Er antwortet aber nicht, verpflanzt mich dafür vor mein Bett, wie ein ungezogener Lausbub in die Ecke zum Schämen abgestellt wird.

Ich lasse es bewusst geschehen. Weil ich nämlich – wenn er wieder abgezogen ist – ein paar Minuten später erneut auf dem Flur sein werde.

Diesmal ragt kein Zipfel von ihm um die Ecke, weswegen ich ohne Probleme losrollen kann.

Als wenn der Rollstuhl mich verspotten wollte, klappt das aber nicht so einfach, wie es vorher aussah; denn ich muss mit rechts immer doppelt soviel schieben wie mit links, finde dafür den Rhythmus noch nicht, fahre halb Slalom wie ein unter Koks stehender. Aber ich komme voran, wenn auch mühselig. *Und Kleinvieh macht ebenso Mist.*

Während ich beim Zuckeln bin, kommt eine Patientin aus ihrem Zimmer. Und da mein Gesicht ihr gerade zugewandt ist, kann ich sie begutachten: Kurze Haare, schlank – beinahe zierlich – ungefähr dreißig; insgesamt attraktiv bis verführerisch.

»Aha, ein Neuer hier«, lächelt sie mich an.

Ich lächle zurück: »Soneubinchier goarne. Warbloss biseute nonioffer Bildfläch. Aberasat sich nu geändert. Ich meld mich zurück offer Bihnes Läbens.«

»Darfst du das überhaupt?«, fragt sie mich besorgt.

Schon wieder diese blöde Frage.

»Eh weeßte, dasismir scheißegal, obch darf oni! Ich machseenfach!«, gebe ich ihr eine – zugegeben – etwas ruppige Antwort. »Schließich isses meikörper undüberdenn habche alleenige Verfügungsgewalt!«

In dem Moment kommt Helmut um die Ecke. »Herr Scholz, Sie sind ja schon wieder draußen!«, faucht er.

»Erstens isses mirm Zimmer zu langweig, wesegen ichoffn Gang rausgeh unzweitens würdes michübelst wundern, wenn hier iben verbotenis. Diesis keene Säglingsstation.« Zum Schieben dürfte es diesmal etwas zu weit für ihn sein, denn ich stehe am anderen Ende des Ganges und er ist stinkend faul.

»Aber Sie haben doch Behandlung bei den Krankengymnastinnen. Können Sie das dort nicht machen?«

»Ooh, ne halbestundamtag, wow, wiejeffektiv.«

»Aber wenn Ihnen nun was passiert, haben wir die Arbeit.«

»Ach, das täte mir furchtbar traurg, ich bäte sogarum Verzweifung. Doch zurst trifftsjawoh mich. Und ighörni zur Gaddung der Selbstmörder.«

»Das soll also heißen, Sie gehen nicht zurück ins Zimmer.«

»Jetzte zumindst ni.«

»Und wann da?«

»Zumabendbrot.«

»Das gibt es aber gleich.«

»Dakommi schozrück. Alleene!«

Er gibt auf und tritt den Rückzug an.

»Dem hast du es aber ganz schön gegeben, dem lieben Helmut«, meldet sich die Patientin wieder zu Wort. »Doch der braucht das. Sonst denkt der noch, der kann sich alles erlauben.«

Mein Lächeln wird breiter: »Wie heißtn du?«

»Marika. Und du?«

»Wesegen bistnier?«

»Och, wegen irgend so einem Bandscheibensalat«, erklärt sie mir, nachdem sie lachend zurückgegrüßt hat. »Zur Zeit kriege ich Spritzen in' Rücken. Aber die machen das hier mehr aus Vermutung, haben selber keinen blassen Schimmer, was da sein soll. Vor einem Jahr war ich aus genau demselben Grund schon mal hier. Aber nach meiner damaligen Entlassung ging es wieder los. Deswegen darf ich auch bloß bis zu fünf Kilo heben ... «

»Eh ich wär froh, wennich fünf Kilohäben könnde ... «

»... Doch bei meiner Arbeit ist das ziemlich schwer zu bewerkstelligen.«
»Alsas arbeitestn?«
»Als Maschinennäherin. Da muss man öfters die Stoffballen durch die Gegend hieven. Und die wiegen nicht nur fünf Kilo. Aber jetzt zu dir. Was ist mit dir passiert?«
Ich erzähle ihr die mir bekannte Version. Dabei bemerke ich, wie sie tief betroffen wird. Und mir kommt die Erkenntnis, dass ich damit eine Mitleidsshow abziehen könnte.
Ist aber Stuss. Sonst kriege ich vielleicht noch ein Mädel, das sich nur einen guten Namen machen will. Akzeptanz ist doch dann hinfällig. Bemitleidetsein; und das heißt Unterwürfigkeit; und das impliziert Krieg! Zu Hause will ich aber keinen Krieg, sondern Harmonie.
»Du schaffst das, aus dem Rollstuhl wieder rauszukommen«, versichert mir Marika, nachdem ich mit meinen Ausführungen ans Ende gekommen bin. »Ich bin mir da völlig sicher.«
Was war das? Wieder eine Höflichkeitsphrase? – Mike, du hörst doch schon die Flöhe husten. Und auch, wenn es darüber große Zweifel gibt, sie langsam aber sicher auch in deinem Kopf wie brünstige Wölfe bellen, so wünschst du dir doch, dass sie recht behält; sie muss recht behalten! Und wirst doch auch alles dafür tun.
Auf einmal fühle ich mich in die Pflicht genommen wie ein Untertan, der von seinem König eine schier unlösbare Aufgabe zugeteilt bekommen hat und bei Nichterfüllung geköpft wird: *Ich darf sie nicht enttäuschen. Möge mir mein Schicksal holder gestimmt sein als am 3.8.1990.*

24

Donnerstag, 1. November. Vormittag.
Endlich dieser *beschissene* Oktober von diesem *beschissenem* Jahr vorbei. Und heute ist der Buß- und Reuetag. Aber – *was sollte ich bereuen? (Jackline ist lange her.) Zu büßen wäre da schon was: Nämlich dass ich einem oberprächtigen Auto im Wege stand.*
Tja, meine Damen und Herren, und heute ist Feiertag. Was neu ist für die Ex-DDRler. Und ich weiß es nur, weil die am Sonntag Dienst habende Schwester uns statt eines Rüffels, als wir über

eine Stunde zu spät kamen, beiläufig fragte, ob Engel mich da auch abholen käme. Wozu er ja sagte und ich meinen Stand zu den Feiertagen ändern musste, denn eigentlich sind sie doch für meine Regeneration völlig nutzlos. Also – *auf zur Rückkehr in die Gesellschaft, welche auch immer.*

*

Mittlerweile ist es 10:00 Uhr. Ich sitze vor der offenen Haustür, rauche (wenn sie offen ist, darf ich es dort), bin schon fertig angezogen und übernervös.

»Kommt keiner?«, fragt eine Schwester im Vorbeigehen.

»Bijetzni«, räuspere ich mich kurz. So nebenbei, denn mein Blick ist voll auf draußen konzentriert.

»Ist doch nicht so schlimm«, versucht sie mich zu beruhigen, »dann bleibst du eben heute hier.«

»Aja? Unwassollichnanzen Tag machn?«, bekommt sie jetzt ein Fauchen zurückgeschleudert. Was ich aber sofort bereue, denn eigentlich kann sie ja überhaupt nichts dafür, meint es garantiert nur gut, trägt keinerlei Schuld an meiner Misere. Sie hat eben nur das Pech, mich in meiner jetzigen Situation angesprochen zu haben – oder es ist ein Beweis meines Unvermögens, mit Menschen umzugehen.

Und scheinbar ist sie auch ein bisschen beleidigt, obwohl sie weiterhin höflich bleibt und mir erzählt, dass ich im Besucherraum fernsehen, lesen oder weiter üben könnte.

Mike, was für einen Scheiß hast du denn da wieder fabriziert?, meldet sich mein Gewissen zu Wort. *Was soll das Ganze? Lass doch deine Wut nicht an ihr aus, sondern an denen, die es verdienen! Sie ist nicht dein Blitzableiter; und diese Erscheinungen treten bei dir jetzt ganz schön häufig und abnorm zu Tage.*

»Entschuligung«, versuche ich darum, es wieder geradezubiegen, »aber ich bin jetzt ganz schön geladn.«

»Schon gut, nicht so schlimm. Wir sind so was gewöhnt. – Aber heute Abend musst du sowieso wieder da sein. Da dürfte das doch nicht viel Sinn haben.«

»Ja, ich weeß. Aber Sinn hatesschonn. Wennde Möglichkeit dais heemzumachn, dann willchseou nutzn. Un mirisam Dienstag gesagt wordn, dasschabgeholt werde.«

Plötzlich sehe ich draußen den ostfriesenbauchgelben Wartburg kommen. »Okay«, blicke ich die Schwester verabschiedend an, »sekomm grad.«

»Tut uns leid, Ente«, entschuldigt sich Engel, als er geparkt hat und hochgekommen ist, »dass wir so spät kommen. Aber wir hatten eine Panne. Schlimm?«
»Jetzt nimmer.« Meine schlechte Laune ist in dem Augenblick, wo sie kamen, verflogen.
»Gleich hier die Treppe runter?«
Ich grinse. »Da fragste äh erst?«
»Stimmt, das hätte ich mir eigentlich sparen können. Es hätte nur sein können, dass du mittlerweile gern im Rollstuhl sitzt.«
»Englengl, für wann möchtste inner Station mitn Gidderstäbn am Fenster as Patientangemeldt werdn?«
Schnell schaut er sich um, ob schon die bösen Jungs in weißen Kitteln und Zwangsjacke zu ihm unterwegs sind. Doch draußen liegt alles wie eingeschlafen da, nur paar Spatzen zeigen an, dass die Pfützen ihnen gehören.
»Ente, hätte ja durchaus sein können, dass sich deine Einstellung mittlerweile geändert hat.«, lässt er sich wieder vernehmen.
»Losjetz, wirziehn davon, bevordeoff nomehr soiche blödsinnig, niemas eitreffnde Gedankn komms.« Und brülle im Tonfall des mir bekannten Liedes: »Ich will hie raus!«
Vom '-s' kommt aber nur noch der Anfangsbogen ans Tageslicht, weil ich einen Hustenanfall bekomme. Meine Stimme war wohl nicht so richtig begeistert davon, plötzlich etwas Lauteres von sich geben zu müssen. Zwar klappte es früher einmal, aber wie sagte die Karikatur von 1919 schon: Andere Zeiten, andere Sitten.
»Das kommt davon, wenn man sich mit uns anlegt«, konstatiert Manuela postwendend, die inzwischen zu uns gestoßen ist und alles mitbekommen hat. »Das ist die Quittung dafür. Jetzt müssen wir dich wohl doch rausfahren.«
»Nöö!«, krächze ich, noch immer hustend.
*
Als wir dann losgefahren sind, erzählt mir Engel, dass sie schon auf Reserve sind. »Wir sind nicht mehr zum Tanken gekommen. Jetzt sind wir schon froh, wenn wir es noch bis zur nächsten schaffen.«
»Eh, zehn Märkerchen kaicheuchou dazugebn. Am letztn Sonnabend bekamch vomeiner Mutter fuffzn, die anderen fünfe brauch noch zum Überlebn.«

»Das ist aber nicht nötig, Ente«, widerspricht mir Manuela sofort. »Wir hätten dich auch so geholt. Also lass stecken.«

Doch ich bleibe dabei: »Das gloubcheuch schon! Aber ihr werdet ja für diese Leistung nibesahlt – dakaman goarne bezahln! Dann habtir keen Job. Da kannsja wohlni sein, dassir fürs ganze Spritgeld offkommt; lange dürftsnämlich kaum noch so gehn. Daisesdowohl logisch, wennchas dazugeb.«

»Aber du verdienst überhaupt kein Geld, wir kriegen wenigstens Arbeitslosenunterstützung!«

»So langch was hab, kannunwill iwas dazugebn. Kein Widerspruch.«

*

Wir kommen bei meiner Mutter an.

»Ente, wir bringen dich hoch, fahren dann erst einmal zu uns rüber und kommen später noch mal wieder«, unterbreitet mir Engel den Tagesablauf. »Okay?«

»Zähneknirsch, genehmigt. Gezwungenermassn.«

*

Oben angekommen. Wir klingeln. Totenstille. Klingeln noch einmal – Totenstille.

»Was soll die Scheiße?«, grantet Engel. »Die hat wohl heute keinen Bock auf dich und sich deshalb verdrückt, hä?!«

Ich schweige und zucke nur mit den Schultern: *Was soll ich dazu sagen? Pestilent diese Version: ich stehe jetzt hier wie bestellt und nicht abgeholt. Ist ja nicht das erste Mal.*

Nun wummert Engel gegen die Tür, dass sie in ihren Grundfesten erbebt und die Türklinke anfängt zu wimmern – weiterhin Totenstille. Nur einen Stock weiter unten wird geöffnet; ein Geräusch, das dann aber wieder abstirbt, als horche jemand.

Eine ältere Frau erwartet uns, als wir das Haus wieder verlassen wollen. »Ach je«, grämt sie sich, »Sie sind da und Ihre Mutter ist weggefahren. Kommen Sie überraschend?«

»Nöö!«, stellt Manuela klar. »Sie wusste Bescheid. Ich habe es ihr selber gesagt!«

»Herrgott, ach, und was nun?«

»Hat sie was gesagt, wann sie wiederkommen will?«, fragt Manuela weiter.

»Mir gegenüber nicht. Und wenn zu jemand anders im Hause, dann wüsste ich es.«

Ich lächle unwillkürlich in mich hinein. Wie das bei vielen alten Leuten so üblich ist – die Hausfee steht vor uns.

»Wir nehmen ihn mit zu uns und damit basta«, entscheidet Engel. Und bedankt sich noch bei der alten Frau.

»Voner Möglichkeit, den Tag beieuch zu verbringn, binch ni gradentsetzt, ganzim Gegenteil«, bekunde ich den beiden, als wir wieder im Auto sitzen.

»Wie sieht's aus, Ente«, will Engel unvermittelt wissen, »fahren wir erst nach Polen rüber?« – Zittau liegt am Dreiländereck, was die deutsche, tschechische und polnische Grenze beinhaltet, und der Übergang nach Polen liegt am Ostende der Stadt.

»Hm, von mir aus. Wolltirda irjendwas Bestimmtes?«

»Kippen. Brauchst du auch was?«

»Ni, dassch wüsste.«

*

Als wir hinter der Grenze sind, will Manuela von mir wissen, ob ich mal aussteigen möchte. »Den Rollstuhl nehmen wir mit raus und karren dich durch das Gelände.«

»Nee dange«, weise ich ab. »Mitollstuhl offken Fall.«

»Aber du siehst doch selber, was hier los ist«, wendet sie ein.

Eigentlich richtig, gewaltige Massen spurten hier hin und her. Aber im Rollstuhl – nein danke. Wäre schädlich für mein Image. Die Disko hat schon gereicht.

»Dann bleibchebn imauto.«

Manuela und Engel schauen sich bedeutsam an. Die denken bestimmt: »Mann, ist der eitel!« *Was ja auch stimmt, da mache ich überhaupt keinen Hehl daraus. Warum soll ich mich erst im Rollstuhl zeigen, wenn ich ihn sowieso bald los bin? Den größten Eindruck macht es doch immer, wenn man plötzlich wieder anwesend ist, aus dem Morast steigt wie Phönix aus der Asche! Eh, und deswegen: Rollstuhl – nein!*

*

Am Nachmittag in der Wohnung von Mascha fällt mir plötzlich ein, dass ich mal rasiert werden müsste. Und nicht so unqualifiziert wie von diesem Haarzerstörer im Krankenhaus.

»Nee, das mache ich nicht«, lehnt Engel aber resolut ab. »Ich habe mit mir schon genug Schwierigkeiten; da schneide ich dir auf alle Fälle die Kehle durch.«

Manuela schaltet sich ein: »Ich würde es ja machen, aber ich weiß nicht so genau wie.«

Nachdem Engel es ihr erklärt hat, findet sie es von der Theorie her ganz einfach. »Aber die Klinge ist scharf und ich fuchtle mit ihr an deiner Kehle rum.« – Engel muss aufpassen, dass er vom vielen Lachen nicht einen Buckel kriegt – »Ich habe Angst davor, dir dabei weh zu tun.«

»Ich lassch läbn«, bedeute ich ihr.

»Ja, das hoffe ich. Die Frage ist nur, ob ich dich.«

»Bitte keene Stoßgebäte jetzte, legos.«

Aufmerksam, vorsichtig, deshalb auch gründlicher als ich es könnte *(sorry – konnte)*, geht sie ans Werk. Dazu bewege ich – wie sie meint – mein Kinn handgerecht.

Dann beschaut sie sich ihr vollendetes Kunstwerk. Befindet ihr Gesellenstück für gelungen und schickt sich an, den Rasierer auswaschen. Doch dabei fällt dessen Klinge bei mir zwischen die Beine.

Ich kann mich nicht zurückhalten, ein unbewusster Mechanismus jagt meine linke Hand der Klinge hinterher.

Die Hand taucht wieder auf – langsam, mit traurigem Kopf – ohne Klinge, aber mit blutendem Zeigefinger. Eine tiefe Schnittwunde klafft an der Kuppe, lässt den Fingernagel überlegen, ob er an dem fleischernen Faden sein Dasein weiterfristen soll.

»Mensch, Ente«, schreit Manuela aufgebracht, »was soll das?! Dir darf man wohl neuerdings nicht einmal mehr zwischen die Beine fassen?!«

Ich muss unwillkürlich grinsen. »Nagud, weildus bist – du darfst. Aber sag Bescheed, wenndewas findest, was nide Klinge is. Awas, brauchstmir ounisagn, ich dürfts jaeh merkn.«

Sie schaut mich ganz besorgt an: »Ist dir schlecht?«

Ich rolle mit den Augen, fange an zu würgen, halte mir die rechte an den frisch rasierten Hals. »Ich fall glein tiefohnmacht«, verschwindet meine Stimme immer mehr in tiefe Gemächer.

Nicht ganz sicher, ob ich spinne oder es ernst meine, inspiziert sie mich genauestens. Da ich aber bald anfange zu grinsen, wird ihr klar: »Blödmann!«

Nun versucht sie, mir den Finger zu verbinden, was aber nicht so einfach ist, denn der will nicht aufhören zu bluten. »Du hättest dir den Finger abschneiden können!«, belehrt sie mich dabei.

Aber dann schafft sie es. Und es naht wieder die von mir so ungeliebte Zeit der Rückkehr ins Krankenhaus.

25

Sonnabend, 3. November. Früh.

Wieder wird es nach Hause gehen. – *Das lasse ich mir gefallen, aller zwei Tage. Und heute – Pritsche bruch!*

Mittlerweile ist es um sieben; ich muss noch frühstücken.

Plötzlich geht die Tür auf und Manuela und Engel kommen herein.

»Hi Ente«, weiden sie sich an meiner Verblüffung. »Können wir los?«

Meine Augen drohen überzuquellen: »Eeh Gruß! Schon da?«

»Kommen wir zu zeitig?«

»Nee! Nidoch! Bin blossüberrascht, dassir jetzte schon hier seid. Die Nacht habtir wohl durchgemacht, wa?«

»Das nicht«, berichtigt mich Manuela. »Aber Engel fängt nächste Woche einen Job als Paketfahrer bei der Post an. Dann müssen wir uns darauf einstellen. Und deswegen haben wir uns gedacht, holen wir ihn heute zeitig. Kritik?«

»Hä? Absolut ni! Vomiraus kömmer los. – Ahja, wasisn eigentlich mit meir Regierung? Haddie irgendwas verlautn lassn wegn dem Buss-un Reuetag?«

»Erstens: Wie kommst du auf Buß- und Reuetag? Das heißt Buß- und Bettag«, bekomme ich umgehend eine kirchlich-theoretische Lektion erteilt.

»Isochso ziemich de gleiche. Wer reuevoll is, betet ou.«

»Da spricht der Ungläubige. – Aber zweitens: Deine Mutter war nicht anzutreffen. Doch falls die dich wieder nicht reinlässt oder nicht zu Hause sein sollte, nehmen wir dich mit zu uns. Okay?«

»Genehmig. Sehr sogar.«

Währenddessen habe ich mich fertig angezogen, so dass dem Aufbruch nichts mehr im Wege steht.

*

An der Zimmertür werden wir gestoppt. Schwester Kringel kommt herein – sie ist schon etwas älter und ganz sympathisch: »Wissen Sie es schon? Ich darf Sie zusammen nicht fortlassen.«

»Waaas??«, rufen wir drei negativ überrascht gleichzeitig aus. Und ich füge noch ein »Wieso?« hinzu.

»Herr Scholz, Ihre Mutter hat angerufen. Sie dürfen nur noch weg, wenn sie dabei ist.«

»Das kann doch wohl nicht wahr sein?!«, macht Engel seinem Ärger Luft.

»Es tut mir leid«, beteuert die Schwester. »Aber ich kann es nicht ändern. Von mir aus könnten Sie los, aber ich muss mich daran halten.«

»Oh nein, da kommt man hier raus – umsonst!«, knurrt Engel weiter. »Die muss doch echt denken, wir schwimmen im Geld. Die dreht jetzt völlig durch. Weißt du, was die vorhat, Ente? Die will dich umglucken wie eine Henne ihr kaputtes Ei, auf dass du nie wieder aus dem Dreck rauskommst.«

»Sone Haube hatou Löcher«, stoße ich explosiv angeheizt hervor. »Und beir offalle Fälle. Wie sagte Wilhelm Tell schon: Durch diese hohle Gasse mussekomm. Ichmachir son Feuer unterm Arsch, dass sieScheißen vergisst.«

Nun wende ich mich an die Schwester: »Das heesstalso hierbleibn!?«

»So weit ich weiss, hat sie am Telefon gesagt, dass sie heute kommen will.«

»Haa haa«, lache ich bitter. »Ich kamich überdeutlich erinnern, das hatse schoma gesagt. Aber wenndiewas verspricht, machtses zu sibzschprosent ni.«

»Ich kann da auch nichts machen«, betont die Schwester noch einmal. »Aber wollen Sie wenigstens vorn im Essensaal zusammen frühstücken?«

Wir stimmen zu. Aber über die Dummheit meiner Mutter müssen wir uns immer noch aufregen, vor allem ich bin wegen den Aussichten auf die Zukunft kaum zu bremsen.

»Wielang könntirn bleibn?«, frage ich deswegen die beiden.

»Na länger als eine Stunde nicht«, antwortet Engel.

»Daich höchstwahrscheinlich wieder hierbleibn muss – und wie langweilig dasis, braucheu nierst zu erzähln ...«

»Wir glauben dir das schon, Ente«, versichert mir Manuela. »Aber wir können auch nicht ewig bleiben.«

In diesem Moment kommt Schwester Kringel wieder herein: »Herr Scholz, Ihre Mutter ist gekommen. Da kommen Sie ja heute doch noch weg!«

»Machts tschüssi«, verabschiede ich mich von den beiden, nachdem sie mich ins Zimmer zurückgebracht haben. »Undineem könntir euch ganzicher sein: Das nimmtse wieder zurück! Und wennchse foltern muss!«

»Ente, mache keinen Blödsinn!«, versucht Engel, mich zu beruhigen. Dann werde ich von ihnen alleingelassen.

Draußen auf dem Gang scheinen sie meiner Mutter zu begegnen, denn ich höre, wie sich Manuela und meine Mutter gegenseitig anfuzen. Und Manuela ist nicht der Typ, der so etwas aus achtzig Meter Entfernung macht.

Kurz danach kommt meine Mutter rein und mit ihr Manolo.

»Morgen Mike«, grüßt sie scheißfreundlich.

Ich bin jetzt aber absolut nicht in der Stimmung dazu, ihr um den Hals zu fallen. Doch meine große Schimpftirade werde ich mir für die Fahrt aufheben, sonst lässt sie mich wirklich hier.

»Eenfalls«, erwidere ich deswegen nur.

Im Auto dann, als wir das Krankenhausgebiet verlassen haben, kann ich mich nicht mehr zurückhalten, die schaumige Spitze meines Haders gärt ihre Krone gegen die Autoscheiben, mein innerer Bottich ist dabei überzulaufen: »Sammal, was sollten das eijentlich, dass de anriefst, damich Manuela und Engel nimmer abholn solln?«

»Ja, ich habe angerufen. Aber nicht gesagt, dass sie dich nie mehr abholen können, sondern dass ich dabei sein will.«

»Haa haa! Dasisdoch bei dir dasselbe! Und zumindest müssteste ihnda Bescheed sagn, denn zude Rockefellers gehörn seni, dasse sinnlosihr Geld für Sprit rauswerfn könn!«

»Ich habe sie nicht angetroffen«, heuchelt sie betont schnippisch.

»Du hasesdoch goarne versucht«, entfährt es mir.

Schweigen.

»Was warneientlich am Donnerstag?«, bohre ich weiter.

Sie versteckt sich hinter Entrüstung: »Wir hatten für heute ausgemacht, nicht für Donnerstag.«

»Da wussstchja ounoni, dasser Tagn Feiertagis. De Wende brachbrachten jaerst mitsich. Und hättste dich kundig gemacht, wärste dagewesn. – Oder ouni.«

»Wenn du den einen Tag da drin bist, wird es doch wohl nicht so schlimm sein.«

Mühsam halte ich meine Hände im Zaum, um nicht etwas zu tun, was ich hinterher vielleicht bereuen würde; denn soeben hat sie einen wunden Punkt von mir berührt. »Du meinwohl, ich vergnügmich inem Stinkkaff?«

»Auf jeden Fall habe ich angerufen, damit so was wie am Donnerstag nicht mehr vorkommt.«

»Lach lach«, entgegne ich süßsauer. »Ich gloubeher, der Grund für deiach so wohlüberlegten Anruf warmei Diskosuch vorige Woche.«

Schweigen.

»Hastir schonma überlegt, wasas für Konsequenzn hat? Manollo kann bestimmt ouni immer fahrn.«

»Stimmt«, schaltet der sich ein, »nächste Woche bin ich nicht da. Das heißt, dass ich dich da nicht abholen kann.«

»Siehste!«, gifte ich daraufhin meine Mutter weiter an. »Aber die Folgen mussich ja nu tragn! Dir kannsdoch egal sei, was weiter passiert!«

»Ich habe es mir überlegt.«

»Ja, natüich!«

Dies glaube ich ihr sofort. Denn damit hat sie mich besser unter Kontrolle. Doch es wird vorbei sein, dämliche Kuh, vorbei, sobald ich wieder laufen kann!

Sie wechselt das Thema - *um wieder überragend auftrumpfen zu können?* »Um das auch mal zu erwähnen – Manuela denkt wohl, sie ist die Größte! Faucht mich an auf dem Gang im Krankenhaus, was das soll, dass ich angerufen habe. Aber die Klappe zum Grüßen kriegt sie nicht auf.«

»Da wunderstedich?? Du meinst wohl, sie hätt keen Grund dazu, wa??«

»Ich bin deine Mutter!« – *Leider.* – »Also entscheide ich, was mit dir gemacht wird! Das junge Fuzel hat da überhaupt nichts zu sagen! Die soll sich erst einmal Respekt Älteren gegenüber aneignen!«

Mir liegt es auf der Zunge zu sagen, dass nur der Respekt bekommt, der ihn auch verdient hat. Doch in dem Moment kommt mir die Einsicht, dass das die Aufforderung an sie wäre, Manolo die Order zu geben, zurückzufahren. Ich fange an, mich in Schweigen zu hüllen; weiß jedoch, irgendwann wird der Überlaufpunkt gänzlich erreicht sein, wird es aus mir nur so rauskippen wie die Eingeweide eines unter der Schrottpresse zerstampften Autos, wenn sie weiter so auf mich einprügelt, eine wahre Salve von Tiefschlägen auf mich loslässt.

*

Am Abend bekomme ich ein männliches Etwas vorgestellt: »Das ist Fritz Ottokar, mein neuer Freund.« Stolz umgürtet sie dabei; sie präsentiert ihn, als wenn sie einen besonderen Fang gemacht hätte. Aber das hat sie ja auch: strähnige, schwarze Haare, beim Stoppelbart ist man sich nicht so sicher, ob der nun ständig anwesend ist oder er sich in schlecht rasiertem Zustand befindet; dürr ist er (nicht schlank, schlank ist was anderes), seine Figur ähnelt einer ausgewrungenen Milchflasche, unwillkürlich muss ich mich fragen, ob er der Bruder von Vogel ist. Meine Mutter hatte da, was das Optische betrifft, auch schon bessere Zeiten gesehen. Einige fallen mir da ein, z.B. mein Vater. Wobei ich noch immer nicht ganz verstehe, warum er sich nicht schon eher von ihr getrennt hat, als erst nach knapp fünfzehn Jahren. Meine Mutter wäscht sich kaum, hat jahrelang nicht ihre Zähne geputzt, zog fast ständig über andere Leute her – mit denen zusammen sie danach aber trotzdem eine Alk-Fete abzog. Dabei hätte sie erst einmal über sich selbst nachdenken müssen. Und obwohl bei der Scheidung auch eine Scheißsituation für meine Schwester und mich entstanden war, und obwohl ich mich nicht im Guten von meinem Vater getrennt habe, doch in der Beziehung kann ich ihn verstehen. Ich hätte es auch gemacht; allerdings schon viel, viel früher.

Ich begrüße also Fritz, der neun Jahre jünger sein soll als meine Mutter – wird mir gesagt. Doch keine Einwände, denn die letzten – und da waren auch akzeptable dabei – waren alle jünger. Allerdings bekam sie von ihnen nach einer Weile immerzu den dicken Mittelfinger gezeigt; was sie aber nie dazu anregte, sich mal den Kopf darüber zu zerbrechen, warum das so ist; wodurch sie vielleicht auf den Gedanken gekommen wäre, dass sie selber daran schuld sein könnte. Nein. Aber ich glaube nicht, dass Fritz ihr den berüchtigten Finger zeigen wird; denn der dürfte froh sein, überhaupt etwas Weibliches vor die Augen zu kriegen.

Meine Schwester nickt verächtlich grinsend zu ihm rüber. – *Heißt das etwa, da ist noch einiges zu erwarten?*

Vom ersten Eindruck her scheint er okay zu sein: Er gibt fleißig Zigaretten aus (da kann ich meine sparen), redet davon, mich aus dem Krankenhaus rausholen zu wollen. Was ich verständlicherweise sehr begrüße.

»Eh, was soll er denn jetzt schon draußen?«, fährt plötzlich meine Schwester dazwischen.

Konsterniert schaue ich meine Schwester an. Muss mir aber im gleichen Moment gestehen, dass sie Recht hat. Aber ich werde mal sehen, wie es weitergeht.

»Na, was soll er denn da drin? Ist doch absolut affig dort.«

Na ja, ich sehe es zwar meistens - *Quatsch! Immer!* – genauso, und doch ist diese Meinung ein bisschen beschränkt. Denn zur Zeit kann ich mich ohne fremde Hilfe nicht fortbewegen.

»Du siehst nicht ganz durch!«, ist meine Schwester derselben Ansicht. »Was soll und kann er hier machen? Nichts! Die sollen ihn dort erst mal gesundpflegen!«

»Saskia, achte gefälligst auf deine Äußerungen!«, schaltet sich meine Mutter mit einer wiedermal superwissenschaftlichen, zum Thema passenden Aussage ein. »Wenn hier einer nicht mehr durchsieht, dann bist du es!«

»Gleich und gleich gesellt sich eben gern.« Saskia kann sogar zurückfighten.

Ich grinse. Und wundere mich, dass ich es nicht bin, gegen den sich alles richtet, sondern meine Schwester, die sich jetzt fluchtartig in ihr Zimmer zurückzieht.

*

Fritz erzählt jetzt davon, dass er früher auch einen Unfall erleiden musste, ein Motorrad hatte ihn damals gestriffen. Und vier Wochen lang wäre das Krankenhaus seine Bleibe gewesen.

Vier Wochen! Furchtbar schwerer Unfall! Solange habe ich nur gepennt ... Unklar, dass er davon überhaupt erzählt!

*

Ich will mich an die Wand stellen, um etwas für meine Beinmuskulatur zu tun. Fritz bemerkt es, hilft mir.

Als wir an der Wand angekommen sind, richte ich ihm meinen Dank aus und versuche ihm klarzumachen, dass ich ab jetzt allein an der Wand stehen werde.

»Ich halte dich lieber fest, sonst kippst du mir noch ab.«

Ich schaue ihn ungläubig an: »Wassollich machn, abkippn? Du scheinst zu vergessn, dasschne Wand hinter mir hab. An die kannchmich klammern. Oder bister Meinung, dasse meim Gewicht nachgibt?«

In dem Moment steckt Saskia den Kopf aus ihrem Zimmer: »Lass ihn doch dort allein stehen. Meinst du, er ist eine zusammenfallende Puppe?« Und verschwindet flugs wieder.

»Was willst denn du plötzlich draußen?«, wendet sich meine Mutter ihrer Tür zu, bekommt aber keine Antwort.

Fritz scheint jedoch einigermaßen geläutert zu sein. Er setzt sich zurück auf seinen Stuhl, zündet sich eine neue Zigarette an, schaut aber immer wieder misstrauisch zu mir herüber.

Nach einer Weile habe ich davon die Nase voll. Außerdem spüre ich es in den Knochen. darum will ich mich wieder setzen; bleibe aber trotzdem stehen, weil ich auf die Ablassinstitution muss.

Mal allein probieren. Mal sehen, wie weit sie mich ziehen lassen. Oder wie weit ich komme.

Aufgestanden sind sie schon, haben aber noch keine Hand an mich gelegt. Beobachten nur, wie ich mich tastend an der Wand lang bewege.

*

Auf dem Weg zum Korridor ist eine Schwelle am Ende der Stube. Über welche ich stolpere, da ich deren Höhe nicht berechnet habe *(vor dem Unfall war ja alles noch soo einfach, da hat man so was soo lässig absolviert)*. Und trotz des Versuches, mich noch irgendwo festzuhalten, schaue ich mir jetzt den Boden des Korridors aus der Nähe an.

»Siehst du, ich hab's dir doch gesagt!«, tönt Fritz sofort. Dann hilft er mir auf.

Normalerweise würde ich es ja allein versuchen, aber ich habe jetzt erst einmal genügend Minuspunkte eingesammelt; *Fritz dürfte nun so wachsam sein wie die Amme in der ITS.*

»Ich werdsaer immer widder versuchn, bisches packe. Daroff kannstich verlassn.«

Nachdem ich auf der Toilette war, vor der er wartete wie ein Treiber auf seinen Sklaven, schafft er mich dann zurück in die Stube. Dabei spannt er wie vorhin schon seine Bizeps an, ich spüre, wie er versucht, meinen Arm abzuklemmen. Bei noch niemand anderem war dies zu bemerken. Man muss sich mal vorstellen, eine Frau würde dies tun.

Ich teile es ihm mit. Er aber – keine Regung. Vielleicht möchte er mir oder sich selbst – möglicherweise sogar der ganzen Welt – zeigen, wie kräftig er ist. Na ja, jedem Tierchen sein Pläsierchen.

*

Es ist spät und ich bin müde. – *Gehen die nun bald in die Heia?* – Sie rauchen, schlucken ihr Bier weiter, labern über irgendwelches »hochinteressantes« Zeug. Und ich darf die Wände anglotzen oder auf den sich ständig wiederholenden und doch von Fritz immer neu rezitierten Bericht seines Verkehrsunfalls lauschen; oder ich lasse mich davon beträufeln, wie meine Mutter mal wieder über andere Leute herzieht (wobei mein Freundeskreis und mein Vater die Priorität haben).

Doch nach einer Weile bin ich dessen endgültig überdrüssig: Ich habe Mühe, die Augen offenzuhalten, weiß nicht, was ich jetzt noch Sinnvolles anstellen soll. darum lege ich mich auf die Couch, meine derzeitige Schlafstatt.

»Willst du schlafen?«, werde ich gefragt.

»Nee, ruhn.« Damit drehe ich mich auf die andere Seite und versuche, Morpheus zu meinem Gefährten zu machen. Im Dämmerzustand bekomme ich noch mit, wie die Lautstärke weiter gehalten wird. - *Schlafe ich in einer Kneipe?* - Denn derartige Dünste kommen herübergeweht, was ja für den Körper in der Schlafenszeit so ungeheuer bekömmlich ist. Nur - *es ist nun mal nicht meine Bude, folglich muss ich mich dieser Tortur fügen.*

26

Sonntag, 4. November. Vormittag.

Ich wache auf. Durch das Fenster strahlt Helligkeit herein, ein sonniger Tag erfreut die Welt.

Ich suche die Uhr, um zu wissen, wie spät es ist, und entdecke sie auf dem Fernseher - *stimmt ja, da steht sie immer* -. Doch da ich das Zifferblatt nicht deuten kann, muss ich zuerst nach meiner Brille angeln. Die auf dem Stuhl liegt, der aber nicht in meiner Reichweite steht.

Ich lasse darum meinen Oberkörper zum Boden hinab. Dabei ist mir klar, dass ich noch nicht weiß, wie dann das Zurückkommen aussehen soll, was mir aber erst einmal egal ist.

Abgesenkt grapsche ich nach dem Stuhlbein und muss mich dabei länger und länger machen - *beim mich jetzt Abmessen würde man wahrscheinlich eine Größe von 180 cm statt der 173 ermitteln* - um es zwischen die Finger zu kriegen. - *Wöllte mal wissen, welcher Blödmann den Stuhl so weit weggestellt hat.*

Schließlich erreiche ich ihn, ziehe ihn mir heran, nehme die Brille herunter und setze sie auf.

Laut Uhr ist es kurz nach neun, was für meine Mutter noch nicht die Aufstehzeit ist, früher für mich allerdings auch nicht war.

*

Mit einem Klammergriff an den Polstern hochgezogen und jetzt wieder oben liegend muss ich auf die Toilette.

Was nun? Nach Hilfe brüllen? Kommt nicht in Frage. Warten? Ist zu dringend. Und ich will nicht schon wieder ins Bett pinkeln.

*

Ich habe mich entschieden, es selber in die Hand zu nehmen. Doch dazu muss ich mich zuerst aufsetzen, was nicht ganz einfach ist, denn ich liege in einer tiefen Kuhle. Doch solche Komplikationen bin ich ja schon vom Krankenhaus her gewöhnt. Dort hilft mir dabei immer das Fensterbrett, hier werde ich die Lehne zu Hilfe nehmen.

Schon den nächsten Schritt vorausplanend setze ich mich so, dass ich den Sessel, der direkt neben der Tür zum Korridor steht, packen kann. An dem ich mich hochziehen muss, damit ich zum Stehen komme.

So, und jetzt – ja, der Rest ist einfach – immer an der Wand lang zur Tür.

Ich stehe an der Tür wie zu meinem ersten Landgang vor dem diensthabenden Offizier. Öffne sie. »Huuh«, im Korridor ist es so dunkel wie am Tage in Graf Draculas Behausung. Und ich habe keine Ahnung, wo der Lichtschalter ist. Also muss das Licht von der Stube ausreichen.

Es leuchtet auf, erhellt spärlich auch den Korridor; und das Erste, was ich sehe, ist die ominöse Schwelle. »Pass auf, Mike, über die bist du gestern schon gestolpert«, schreit es in mir, um mir davon abzuraten.

Doch ich klammere mich am Türrahmen fest, ebenso danach am großen Spiegel, stoße mit letzter Kraft die Klotür auf, um ans Becken zu taumeln, wobei ich noch über den Klovorleger stolpere; kann mich aber geradeso noch abfangen, bevor ich mit dem Kopf voran ins offene Klobecken stürze. Ich lasse mich erschöpft doch hochzufrieden auf die Klobrille sinken und gebe meiner Blase den Befehl, die wacklige Sperre zu lösen.

*

Wieder auf der Couch liegend schwöre ich mir, das dem ab jetzt immer so sein wird, egal ob da meine Mutter rummotzt oder nicht. Und auch im Krankenhaus werde ich dies durchsetzen.

*

Die Schlafzimmertür geht auf. Und ich höre es am Getrampel, kann es auch riechen – meine Mutter *"duftet"* anders – dass Fritz angeschlürft kommt. Ich stelle mich schlafend, habe keine Lust, mir schon wieder sein Geschwafel anzuhören.

Er setzt sich, nachdem er auf der Ablassinstitution war, korkt eine Flasche Bier auf, steckt sich eine Zigarette an.

Hat mir richtig gefehlt, dieser Schlafzimmersmog; Schlussfolgerung: Es geht eben nix über ein gutes Frühstück. Und sechs Bier ergeben ja auch ein Schnitzel.

»Wohbekomms!«, fährt es aus mir heraus. Scheiße, jetzt habe ich meine Tarnung verloren.

»Du bist schon munter? Kannst ruhig noch 'n bissel pennen.«

»Beideier dampfndn Gegnwart wird maja muntr. Wie reizend: aufstehn, rouchn, Bier trinkn. Welch genussvoller Tagesbeginn.«

Er lässt sich aber von dieser Bemerkung nicht stören. »Sag mal, was war'n das vorhin für'n Krach? Warst du das?«, fragt er stattdessen.

»Ich waroffer Hütte. Sonstno Fragn?«

Verwirrung schleicht sich in seine Gesichtszüge – wie beim Blick auf den ersten Hund, der sich auf einen drehenden Brummkreisel gesetzt hat.

»Äh wo warst du?« Er hat seine Sinne wieder beisammen. »Ich gloub, äh ich hab mich verhört.«

Pause. – *Missachte ich da gerade seine Illokution? Denn ich habe keine Lust, mich zu wiederholen.*

»Wieso gehst'n alleene droff? Äh konnste nicht rufen? Ich hätt dir doch geholfen«, setzt er dann doch fort.

Ich glaube, es ist an der Zeit, Klartext zu reden: »Also pass maoff: Deihilfsbereitschaft findchjaokay, is gudd un schiene; aber alles hat seine Grenzn. Ibikeen Wicklkind! Und wennchoff de Hütte muss, dann gehich. Oder sollchmirers vondiren Erlaubnisschein holn? Könntjaou sein, du willstaltn kommn.« – *Bäh, furchtbarer Gedanke!* – »Sei doch froh, dasschalleene geschafftab, daaste eene Arbeit wenschr. Außerdemis mir klar, worande mit meier Mutter grade werkeltes. Undabei lässman sich bloß ungern stören, das weeßchaus eigner Erfahrung.«

»Okay, okay«, brummelt er, trinkt sein Bier aus, raucht zu Ende und verschwindet wieder in die Schlafstube.

Hoffentlich ist ihm jetzt klar, dass er erst mal zu fragen hat, bevor er hilft. Denn ich hasse es, entmündigt zu sein.

*

Um elf stehen sie auf und ich vollbringe meine Waschung mit allen möglichen Verrenkungen selbst.

Ja, wieder mal baden, das wäre wahrhaftig luxuriös. Aber im Krankenhaus scheint es so eine Möglichkeit nicht zu geben, zumindest nicht für mich.

Meine Mutter ist in der Waschecke verschwunden, will neuerdings ihre Zähne putzen. Fritz aber hält auch dies nicht für nötig. Wieder hat er sich hingesetzt, wieder trinkt er ein Bier – heute schon sein zweites und es ist noch nicht mal Mittag – und wieder raucht er.

Zum Frühstück zeigt er dann allen, wie gesund er lebt: Er trinkt nur Kaffee.

»Willst du denn nichts essen?«, kann es sogar meine Mutter nicht fassen.

Er schaut ganz entsetzt auf, als wenn ihm gerade ein Topf heißer Schwefelsäure zum Trinken angeboten worden wäre: »Ich esse zum Frühstück nie was!«

Manolo – der mittlerweile auch da ist und mir gegenüber sitzt – und Saskia feixen still in sich hinein. Ist mir jetzt auch klar warum: Fritz ist schon satt, Alkohol heißt sein Brot, Nikotin sein Gemüse, Koffein seine Butter. Sonst hätte sein Körper überhaupt keine Energien, würde seine Lunge sich weigern, einen Zug aus den ihn umgebenden Mief aufzunehmen.

Eine Weile später erzählt mir Saskia leise, dass sie letzte Nacht gehört hätte, » ... wie die beiden gebumst haben. Aber sich waschen kommt für die beiden nicht in Frage. Wenn wir eine Katze hätten, die wüsste gar nicht, bei wem von beiden sie zuerst zwischen die Beine gehen sollte.«

Bei mir ist der Vorhang gefallen: Ich muss lauthals losprusten - *die arme Katze, die würde dann vergeblich ihren ersehnten und errochenen Fisch suchen* – und da ich gerade beim Kauen bin und deswegen den Mund voll habe, spucke ich quer über den Tisch – und Manolos Gesicht ist der Zielpunkt. Nun ist sein Lächeln etwas reichhaltiger.

Ich entschuldige mich sofort bei ihm, denn das habe ich echt nicht gewollt. Und glaube auch kaum, dass meine Mutter so hohnlachen würde, hätte sie die Ladung abbekommen. – *Vor allem, wenn sie wüsste, warum ich so losgelacht habe. Aber wer den Schaden hat, braucht für den Spott nicht zu sorgen.*

Manolo macht gute Miene zum bösen Spiel, nimmt es gelassen, hat nicht einmal sein Lächeln verloren. Ganz ruhig entkeimt er sich das Gesicht und frühstückt weiter.

*

Nach dem Essen halte ich es für angebracht, noch einmal das Thema 'Manuela und Engel' aufzuwärmen. Denn ich vermisse sie stark, stärker, am stärksten. Mir kommt es so vor, als wenn ich die Langeweile vom Krankenhaus mit der von hier getauscht hätte. Ein Kompromiss muss her: »Ich hamir folgndes überlegt: Manoloun Engel holn mich abwechselndab. Diesürde bedeutn, dass nächses Wochnende Engel drais.«

»Das muss ich mir noch überlegen«, ringt sich meine Mutter eine Antwort ab.

Aber da schaltet sich Manolo ein: »Warum nicht? Das wäre doch günstig. Nächstes Wochenende bin ich nicht hier, da kann ich ihn sowieso nicht holen.«

»Und aussem habich nächses Wochnende Geburstag!«, füge ich hinzu.

»Du hast doch erst den Montag darauf, am 12.11.« Sie gibt sich noch nicht geschlagen.

»Ich wer versuchn, inn freizubekommn. Dadürfte niallzu schwer sein.«

Sie wird unsicher: *Wegen dem Vorschlag? Darf ich jetzt verhaltenen Optimismus in mir billigen?*

»Aber ob du nun an dem Tag zu Hause oder im Krankenhaus bist, ist doch auch nicht so wichtig.« Jetzt wird sie beleidigend.

»Du meinalso«, bin ich dadurch von einem Moment auf den anderen wieder auf 180, »ich soll mein Geburstag ineintönscher Langeweile misom beklopptn Zimmernachar verbringn, dernimehr zu tunat, alsumzustinkn undalle möglichn Leutanzufuzn?! Eeh fang ma a, dein Stinhinergruneizuschaltn undarüber nachzudenkn, obch möglicherweise niouchnoch dasu brechtscht bin, in meim Alter was zuerlebn!« *Jetzt ihr an die Gurgel springen, sie für alles, was sie mir antut, büßen lassen.*

»Dann mache doch, was du willst.«

Fast hätte ich wieder gesagt: »*Das werde ich auch!*«, kann es mir aber geradeso noch verkneifen. »Aber jemad mussin Bescheid sagn. Dadese ja vertriebn hast, hamse sich dies Wochende nimmer blickn lassn.«

»Das werde ich tun.«

»Hoffentich!« Glauben werde ich es erst, erscheinen sie am nächsten Sonnabend. Weil die Versprechen meiner Mutter nie in Gottes Gehör dringen. Scheußlich!

*

Soeben hat meine Mutter mir wiedermal die Übermittlung der Grüße aller möglichen Leute präsentiert – *klingt wie Beileidsbezeugungen bei einem Todesfall* – jetzt ist das Thema ihrer Tiraden aber die neue Frau meines Vaters – *hatten wir ja schon lange nicht mehr.* – Die neueste Version von meinem Unfall tritt dabei ans Tageslicht: »Du wärest gegen einen Baum mit zu hoher Geschwindigkeit gerast, und dabei hätte es dich erwischt. Das habe ich in der Kaufhalle gehört. Na, wie findest du das?«

»Sehr intessant.« Ich höre kaum zu.

Aber meine Mutter schaut so siegesbewusst umher, als hätte sie noch einen Trumpf in der Tasche: »Die sagte auch noch, dass es dir recht geschehen sei. Wie stehst du jetzt dazu?«

Ich zucke verächtlich mit den Schultern. »Die kamichma.«

Die Siegesgewissheit wandelt sich um in Enttäuschung. Es ist ihr anzusehen, dass sie einen Wutausbruch von mir erwartet hat.

Würde diese Frau vor mir stehen und mir das ins Gesicht sagen, hätte ich sie auch niedergemacht, yeah. Egal, was mir selbst passiert wäre. Aber jetzt ist sie kilometerweit entfernt, da rege ich mich doch nicht auf. Denn ob das überhaupt stimmt – ha. Erstens kommt es aus der Gerüchteküche und zweitens von meiner Mutter. Und die – die dreht doch eh alles so um, wie sie es braucht.

Meine Mutter will aber immer noch Punkte kaschen und zaubert das nächste Thema aus dem Ärmel: »Saskia hat diese Woche Mascha und Kulle gesehen. Sie lief hinter ihnen her. Dabei hörte sie, wie Mascha und Kulle über dich sprachen. Und weißt du, über was?«

»Woer?«

»Sie sprachen darüber, dass du vorige Woche in der Disko gewesen warst. Und dass das eine absolute Blödheit gewesen sei. Es wäre unverständlich, dass ich das als Mutter zugelassen hätte. – Und, was sagst du nun dazu?«

»Wuff.« *Das dämliche Gesülze geht mir so auf den Sack, ich kann es nicht mehr hören! Ist komisch, was sie immer alles vernimmt. Und dass ihr auch immer alles so in den Kram passt.*

Ich wechsle das Thema. »Wann machmer ne Gehschule?«

Von dieser Antwort ist sie völlig überrascht. »Saskia«, will sie bei ihrem Thema bleiben, »hast du das gehört oder nicht?«

»Was?«

»Wie Mascha und Kulle sich über Mikes Diskobesuch unterhalten haben!« So nach und nach gerät sie in Rage: Ihre beiden Kinder hören ihr einfach nicht zu.

»Ja«, erinnert sich Saskia. Schaut dabei aber nicht einmal von ihrem Kreuzworträtsel auf.

»Siehst du«, ruft meine Mutter mir wiedermal triumphierend zu, »es stimmt also! Ich habe Recht gehabt! Und, was meinst du nun darüber?«

Ich denke doch gar nicht daran, darauf einzugehen. Das geht mir doch fünf Meter am Arsch vorbei. »Wann mammer ne Gehschule?«

»Jetzt nicht«, bekomme ich zu hören.

»Dann machichseebn alleene.«

Plötzlich fällt mir etwas anderes ein: »Bringmich jemand mazu Engelun Manuela?«

»Warum?«, will meine Mutter wissen.

Warum will man wohl zu seinen Kumpels? Vielleicht hatte sie nie welche gehabt, weiß es deshalb nicht. »Ich willsinn wegn nächster Woche sagn.«

»Das mache ich nächste Woche selber«, wiegelt sie ab.

»So brauchste dinierst hinbemühn.«

»Wenn es richtige Freunde wären, hätten sie sich längst blickenlassen.«

»Ja, voallem, wennmanse vertriebn hat.«

Wenn Blicke töten könnten, wäre ich jetzt erschossen.

Sie setzt sich an den Tisch und schlägt auch ein Kreuzworträtsel auf. »Ich habe jetzt keine Zeit, ich habe gerade was zu tun.«

»Saskia, machst dues?«

Die gibt nicht mal Antwort.

Scheinbar rede ich hier mit der Wand. Aber allein zu Manuela und Engel, das wäre eine Möglichkeit, dann wäre ich hier ein für allemal weg. – Ich rucke an. Klappt nicht. Ich rucke noch einmal an. Klappt wieder nicht. *Nee,* finde ich plötzlich, *das wäre etwas größenwahnsinnig. Mache ich eben Gehschule, damit ich in absehbarer Zeit nicht mehr von ihren Gnaden abhängig bin.*

»Was soll das jetzt?«, blickt meine Mutter auf, als ich es diesmal schaffe, mich zu erheben.

Wieder Krieg?
»Ich majetz Gehschule, damitas Wochenende ni völlig sinnlos verstreicht. Und dassichs kann – heute früh warer Beweis. Ich waroff der Hütte, alsir nochanner Matratze horch-horch-horchtet.«
»Ach daher kam der Krach.«
Nanu, meine Schwester kann ja noch sprechen. Ich dachte, sie wäre stumm geworden. Aber schon wieder Unbehagen wegen meiner Aktionen. Jetzt muss ich denen auch noch was vorpredigen:
»Okay, danächstemal pisscheuch offde Couch. Dann habtir den Krani, dereuchineuerm Schönheitsschlaf stört.«
»Du hättest uns ja rufen können«, weist mich meine Mutter zurecht.
»Hmmh, logisch. Wenn ich rufe, werdetir alle wach. Aberann hat wenstens jedderwas davon.«

Das Thema scheint meiner Mutter nicht zu behagen. Darum kommt sie auf das erste zurück: »Du bleibst aber sitzen. Ohne uns machst du nichts.«

Ich fange an loszulaufen. - *Konfrontation, wenn es sein muss. Aber einsperren in das Gefängnis des jetzigen Zustandes – nee, danke.*

»Mike«, schreit sie, »kannst du nicht hören? Ich finde das nicht in Ordnung, was du machst!«
»Aich.«
»Ich helf dir nicht, wenn dir was passiert.«
»Juckini, ich louf trotzdem.« Und tipple mit Hilfe der Wand ins Schlafzimmer, allein, ohne Krücke.

*

Yeah! Ich bin da! Ohne Tiefflug ging es vor sich. Richtig schade, dass es draußen keine Wände gibt. Denn dann würde ich mich hier nicht festhalten lassen.

*

Auf dem Weg zurück zur Stube wartet wieder eine Schwelle auf mich. »Komme in meine Arme, Baby!«, lockt sie mich. »Dolce vita. Dein Anblick berauscht mich wie ein tosende Gischt versprühender Wasserfall, deine Attitüde ist so richtig köstlich, der Liebe mutest du so bedürftig an wie ein in der Gosse hockendes Waisenkind und nach Vernascht-Werden scheint jede Fiber von dir zu brüllen. Wirst du meine nächste Eroberung?«
Ihre mit Besessenheit versehene Begierde wird erhört, nur der hinter der Schwelle postierte Dauerbrandofen will sich meiner Um-

armung entziehen; und wieder schaue ich mir meine Umgebung von unten an, kann sehen, wie der Fuß meiner Mutter im Hausschuh hin- und herzuckt, das eben noch angewinkelte rechte Bein meiner Schwester sich behäbig streckt.

»Habe ich das dir nicht gesagt?«, ist meine Mutter augenblicklich von ihrem Rätsel aufgeschreckt. »Und was nun?«

»Wasastesagt? Dasschüber die dämliche Schwelle stolpern werde? Dasärja daserste zutreffnde Orakel von dir, seitichexistiere.«

»Jetzt setzt du dich hin!« Sie packt mich an der mittlerweile wieder aufgerichteten Hüfte und drängt mich auf die Couch zurück. – *Scheiß Krüppeldasein! Ich kann nix dagegen machen!*

»Und da bleibst du sitzen!«, fühlt sie sich in der Lage, mir einen Befehl zu erteilen. Und sorgt dafür, dass ich ihm auch Folge leiste.

Damit ich nicht weiter aufmüpfig bin, reicht sie mir eine Zeitung herüber, die »Bild der Frau«. - *Genau passend. Sie hat wohl bei der Geburt nicht richtig hingeschaut. Und Eunuch geworden bin ich nicht – hoffe ich.*

Aber aus reiner Langeweile, die sich in meinem Leben langsam zur Hauptschlagader entwickelt, sehe ich mal nach, was darin geschrieben steht: Eine Geschichte nach der anderen fange ich an, beginne aber nach zwei Zeilen die nächste. – *Zwar bin ich in einer beschissenen Situation, aber von diesem Klatsch kriegt man das Grausen, da ziehen sich so nacheinander alle stabilen Zellen des Körpers auseinander und bilden Löcher. Wie kann man nur so einen Müll lesen?*

*

Ich schaue wiedermal auf die Uhr. Kurz nach fünf. Und komischerweise wird etwas wahr, was ich nie für möglich gehalten hätte: *Endlich geht es bald zurück.* Doch jetzt habe ich erst einmal Hunger.

»Wann gibsn Abendbrot?«

Meine Mutter schaut mich fragend an. Ich schaue fragend zurück. Nach einer Weile Anstarren ermächtigt sie endlich ihren Kopf dazu, eine Wendung zur Uhr hin zu vollführen.

»Saskia, räume den Tisch ab!«, weist sie dann meiner Schwester an. »Abendbrot!«

Nach dem Tischdecken beabsichtigt sie, mich samt Sessel an meinen Essplatz zu schieben. Wie immer will ich aber laufen.

»Bleib doch sitzen, ich schaffe das schon.«

Nichtsdestotrotz stehe ich auf, komme aber beim ersten Schritt ins Taumeln. Ohne erst zu überlegen, was ich jetzt anstellen könnte, um meinen Körper vor dem endgültigen Zermatschtwerden zu retten, strecke ich meine Hände nach vorn aus, als wenn ich jemanden um Gnade anflehen möchte und falle in die Richtung, wohin meine Mutter mich schieben wollte.

Ich bekomme den Tisch zu fassen, hänge jetzt an ihm wie eine schlechtstehende Leiter, die an eine Wand angelehnt wurde. Und der Tisch rutscht auch noch weg!

Saskia erlöst mich, indem sie hinter ihn tritt und ihn so aufhält. Nun kann ich die Beine hinterher holen und mich auf den bereitstehenden Stuhl setzen.

Meine Mutter hat völlig verdattert zugeschaut. »Du kannst absolut nicht hören, wenn man dir was sagt, he!?«, begehrt sie jetzt auf. »Wenn dir nun was passiert wäre, dann wäre der Tisch oder zumindest das Abendbrot im Eimer!«

»Verschon mich damit und vergisses.«

»Dann wäre nichts mehr zum Essen da!«, erfüllt sie meinen Wunsch jedoch nicht.

»Das 'Ross isou noch da.«

»Und woher das Geld nehmen? Du hast keins, ich habe keins, also ...«

»Vergisses«, wiederhole ich.

*

Als Manolo mich zurückbringen will, verspricht sie mir, dass ich nächstes Wochenende wieder abgeholt werde.

27

Montag, 5. November. Vormittag.

Frau Miller ist zur Kur und eine Studentin soll sie vertreten. Aber es ist bereits neun Uhr durch und niemand ließ sich bislang blicken. Deswegen beschließe ich, auf den Flur trainieren zu gehen.

Als ich nach der Klinke greifen will, entzieht sich diese, als wenn meine Hand etwas Aussätziges an sich hätte. Und durch die geöffnete Tür tritt eine junge Frau.

»Sind Sie Herr Scholz?«

Ich bejahe, wonach ich erfahre, dass sie die vertretende Studentin ist. »Müssen Sie jetzt irgendwo hin?«, erkundigt sie sich noch.

»Erseinmal: Lassieses dämliche 'Sie' weg. Ich bin Mike unweg mussini. Wollte bloß niso lange wartn, deswegenraußen offm Gang trainiern. Aberdas hat sichjanuerledigt.«

»OK, also Mike. Ich habe gehört, dass du sehr ehrgeizig sein sollst; und deswegen soll ich mit dir zweimal am Tage was machen. Dazu habe ich folgenden Vorschlag: Vormittags machen wir Gymnastik, nachmittags reine Gehschule auf dem Gang. Einverstanden?«

So so, ich bin also ehrgeizig. Na ja, eigentlich egal, wie sie das nennen. Fest steht nur, ich will wieder laufen können. Und das ist doch normal, da braucht man nicht erst ehrgeizig zu sein. Aber bitte, wenn sie es so betiteln wollen. Von mir aus.

»Du kannst dich doch hier allein mit dem Rollstuhl bewegen«, fällt ihr plötzlich ein, nachdem sie die Tür hinter sich geschlossen hat. »Also mache es auch!«

*

Sybille (so heißt sie) läuft mit mir die Treppe hinunter, wobei sie die mir mittlerweile schon geläufigen Ermahnungen gibt: Knie durchdrücken, Po rein, Brust raus, linke Schultern nicht hochziehen; Altbekanntes alles, und doch habe ich sie in meinem Gangstil noch nicht intus. Ich kann ihr nicht einmal böse sein dafür – bin es auch nicht – aber irgendwie bringt mich das doch zur Verzweiflung, lässt meine Stimmung sinken. *Es kann aber auch sein, dass ich gerade vor ihr alles richtig machen will. Typisches Machogehabe. Aber versuche ich auf das Eine zu achten, mache ich das andere falsch, verlege ich mich auf das andere, lasse ich das Nächste hängen. Schrecklich, aber mir fehlt noch das Zusammenspiel.*

*

»Samal«, frage ich sie im Keller nach der Krankengymnastik, wobei die Übungen mit dem Seil ihr bevorzugtes Hobby zu sein scheinen, »Frauiller meente, dasse kursvor Weihnachten wiederkomme un wiruns dann wahrscheinlich goarnemehr sähn werdn, weilich meine Zelte schonabgebrochn habe. Gloubstaran ouch?«

Sie überlegt lange. »Jaa äh weißt du«, antwortet sie mir dann langsam, zögerlich, nach den richtigen Worten suchend, »wenn ich mir dein Gangbild genau betrachte, dann bin ich in der Frage sehr, sehr skeptisch.«

Inzwischen lässt sich die andere Studentin blicken. Erleichtert unterbricht Sybille sofort, um sie zu begrüßen und um ihr das Neueste vom Tage zu berichten. Aber in der Zeit bietet es sich mir an, ihre Gesprächspartnerin zu mustern: Angela hat eine anheimelnde Ausstrahlung an sich; dazu glatte lange Haare, bluesig angezogen, trägt eine kreisrunde Nickelbrille sehr zu ihrem optischen Vorteil; Sybille ist mein Traumtyp (*soviel Schönheit auf einem Haufen – da muss man ja schwach werden*), aber Angela – *ich weiß nicht warum, ich fühle mich zu ihr viel mehr hingezogen als zu Sybille, könnte mir mit ihr bedeutend mehr vorstellen als nur ein quicky Flirt. Liegt es vielleicht an ihrem ganzen Ambiente, das Gefühl von Einfachheit verbreitet, die dich wissen lässt, du wirst nicht aus irgendwelchen materiellen Gründen auf der Müllkippe verrotten?? Ist es wirklich immer so entscheidend, ob der Traumtyp vor dir steht oder ein anderer?*

Ich wende mich wieder Sybille zu. »Wiesosiehstedasso skeptisch?«, versuche ich nachzubohren.

»Er fragt gerade danach, wann er wieder laufen wird können«, erklärt sie Angela meine Frage. Dann wendet sie sich wieder mir zu: »Dein Gang ist noch zu instabil! Wenn du das, was ich dir gesagt habe, befolgen kannst, sehe ich für dich Land in Sicht. Aber vorher nicht! Und dies kann noch sehr, sehr lange dauern.«

»Abis Weihnachten willich wenstens den beschissenn Rollstuhl lossein! Und dassichdas ni schaffn werde, davon binch ni ganzsoüberzeugt wiedu. Natüich wirds schwer; sogar sehr, sehr schwer, das ismir klar. Aberich gloube – nee, ich weeßes sogar –: Esis möglich!«

Mein Blick wandert hilfesuchend zu Angela hinüber. Doch sie kann mir nicht beistehen, gibt mir zu verstehen, dass sie sich in dem Metier noch nicht so auskenne. Und Sybille – sie zieht es vor, ihre Meinung wieder einzuschränken: »Ich will ja nicht sagen, dass du es nie schaffen wirst. Aber ich glaube, dass es noch eine lange Zeit in Anspruch nehmen wird; auch was den Rollstuhl betrifft.«

»Wie viel Zeit noch?«

»Du stellst mir vielleicht Fragen! Ich komme mir vor wie auf einer Prüfung! Also okay, sage ich es mal so: Wenn du es bis zum nächsten Sommer geschafft hast, kannst du stolz sein. – Wir sprechen jetzt aber nur vom Rollstuhl.«

Soll ich ihr glauben? Soll ich ihr nicht glauben? Keine Ahnung. Jedermann sagt – jedermann der Ahnung haben sollte auf dem Gebiet – ich werde es nicht schaffen, bin für alle Zeit an den Rollstuhl gefesselt. Nur – ich kann und will es nicht glauben! Befinde mich aber allein auf weiter Flur mit dieser Ansicht – das weiß ich. Wie hat Sybille gesagt: »Wenn ich es bis zum nächsten Sommer schaffe, kann ich stolz sein.« Aber was ist, wenn es mir doch bis Weihnachten gelingt? Dann darf ich wohl oberstolz sein!? Vielleicht meint auch deswegen jeder, dass es für mich keine Chance gibt, weil ich niemandem damit einen Gefallen tue. Oder irre ich mich da? Ich tue es doch nur für mich, ich wäre der alleinige Gewinner; und deswegen habe ich mir auch selber den Beweis zu erbringen. Mag derjenige noch so schön sein, noch so hässlich, mag er noch so klug, noch so dumm sein – niemand kann mir sagen, wie meine Zukunft aussehen wird. Weil niemand in mir drinsteckt, niemand bei mir die Fäden zieht, auf dass ich das mache und dieses nicht. Aber ich muss was riskieren, wenn ich es packen will, muss viel riskieren, muss sehr hoch riskieren! Aber verdammt noch mal – dann soll man mich auch riskieren lassen. Nicht immer mit erhobenem Zeigefinger dastehen und rufen: tue das nicht, tue jenes nicht. Das ist **mein** Körper, er gehört nur **mir** allein!

*

Auf dem Weg zum Rollstuhl strenge ich mich mit jeder brauchbaren Faser meines Körpers an.

»So schlecht sieht es doch gar nicht aus«, meint Angela, die auf dem Rückweg mitgekommen ist und jetzt meinen noch nicht ausgereiften Laufstil sieht.

»Das sehe ich auch so. Als wir heute früh herunterkamen, lief es bedeutend schlechter. Man merkt jetzt, dass er sich anstrengt. Vielleicht habe ich ihn angestachelt?«

»Hmmh! Und da er so einen starken Willen zu haben scheint, glaube ich, dass er es schaffen wird«, ist sich Angela jetzt sicher. »Vielleicht nicht bis Weihnachten, aber viel länger wird es dann nicht mehr dauern.«

Oh diese Worte! Psychotricks? Möglich. Trotzdem: Wenn man sie vernimmt, strecken sich einem die Ohren vor Wohlgemut. Was sagt ihr Gesicht? Sie lächelt mich freundlich ... – Mike, du sollst ihre Mimik, nicht ihr Antlitz betrachten! – Offen sieht sie aus, als wenn sie das, was sie gerade gesagt hat, auch wirklich so meinen würde. Nicht so einschmeichelnd wie das vieler anderer Leute, die sich oftmals einreden: »Lassen wir ihn zum Schein seinen Willen. Der ist doch behindert, der merkt sowieso nichts mehr.« *Nein, sie scheint voll hinter dem von ihr Geäußerten zu stehen. Ist deshalb mein Herz so von Wärme erfüllt, wenn ich sie sehe?*

Abgesehen davon, auch ich bin der Ansicht, dass es jetzt besser als vorhin klappt. Und was Sybilles Bemerkung von wegen »anstacheln« betrifft – damit muss sie gar nicht mal so unrecht haben. Zwar glaube ich, dass man mich nicht anzustacheln braucht, doch möglich ... Vielleicht ist dafür aber wieder bloß das männliche Gockeln verantwortlich. Zwei wunderschöne Frauen ...

28

Mittwoch, 7. November. Mittagspause.
Ich ersuche den Neuen, Heinrich, für mich zu klingeln.
»Warum läßt'n klingeln?«, will Vogel wissen, der noch am Tisch sein Mittagessen reinschlürft.
»Ich mussmaoff die Hütten Ei legn«, gebe ich ihm Auskunft, obwohl es ihn eigentlich gar nichts angeht.
Nach einer Weile ist immer noch niemand gekommen, ich werde zunehmend ungeduldig: *Mein Mastdarm lässt sich doch nicht den Befehl geben, dass er zu dem und dem Zeitpunkt Ruhe zu geben hat. Aber die Schwesternschaft kommt nicht aus dem Knick! Eher kann man hier verrecken, als dass sich mal jemand blicken lässt!*
»Da musste Geduld haben! Das kann ziemlich lange dauern, bis die offkreuzen!«, meint Vogel. Und fügt noch grinsend hinzu: »Vielleicht kommt auch goar niemand!«
»Dann scheisschen vorde Türe! Das werdnse bestimmt wegmachn, wennseni reinlatschen wolln!«
In dem Moment tritt Helmut herein: »Wer hat geklingelt?«
»Und warum?«, fragt er mürrisch weiter, als ich mich melde.
»Ich mussoff Toilette.«
»Warum nehmen Sie dann nicht die Flasche? Wir haben jetzt gerade Mittagspause.«
»Meinedärme dürftedas kaum intressieren, ob gerade Mittagspause oder Schlafenszeit oderirgendwasandresis. Außerdem dürftes sich ebissel schlecht machn, een Ei inde Flasche zulegn.«
»Wenn Sie unbedingt auf die Toilette müssen, bringe ich Sie natürlich hin. Aber bitte suchen Sie sich das nächste Mal eine andere Zeit aus.«
Am Eingang zur Toilette kläre ich ihn auf, dass ich nicht geklingelt hätte, » ... wärni die dämliche Schwelle dort. Blossander dürfts fümich ebissel schwer werdn.«

Dann sind wir in der Toilette angekommen. »Und ansonsten können Sie sich kümmern? Auch mit dem in die Klokabine hineingehen?«

»Ich kann.« Und erzähle ihm von der ähnlichen Situation, die ich zu Hause durchgestanden habe. Wobei mir natürlich klar ist, dass ich hier etwas anderes vor mir habe. Doch Helmut will Mittag essen.

Kurze Zeit später sitze ich vor der Klokabine. Helmut hat sich wieder verdrückt und ich habe nun die so lang ersehnte Chance. Natürlich bin ich jetzt aufgeregt. Aber Angst? Was soll da schief gehen? Ich brauche nur aufzustehen – was ich schon x-mal geübt habe – mich an der Kabinenwand festzuhalten, drei, vier Schritte zu laufen, mich auf das Klo zu setzen, und das wäre alles. Doch in der Theorie klingt das immer so schrecklich einfach.

Beim Hineinlaufen den Blick ständig nach unten gerichtet komme ich in der Kabine an, ziehe die Hose runter, drehe mich um und setze mich darauf. Will ich. Doch beim Herumdrehen gerät der Ablauf ins Stocken. Mein Gleichgewicht macht sich wieder selbständig! Ich falle mit dem Kopf voran in Richtung Klobecken. Schnell will ich die Arme vorbringen, um mich abfangen zu können.

Vorher bleibe ich aber mit den Schultern hängen zwischen Klobecken und Nebenwand, habe nun den Schwebezustand einer eingekeilten Kaki vor dem unerreichbaren Küchenschrank eingenommen.

Was nun?

Links von mir ist eine Klingel, zu der ich hinreichen könnte. Aber als wenn mich etwas davon abhalten wöllte, überfällt mich die Befürchtung, dass der ganze Trott mit dem Hierher-Kommen-Können wieder von vorn losginge, wenn ich sie betätige. Und da – wie auf ein Kommando schreit es kategorisch auf in meinem Kopf: »*Nein! Nur im äußersten Notfall!*« Ich ziehe die sich schon in Kursrichtung befindliche Hand wieder zurück.

Der erste Versuch, mich anhand des Beckenrandes hochzudrücken, geht schief. Weil ich zu sehr festhänge. – *Zum Glück ist keiner hier, ansonsten hätte ich bald das zeternde Personal auf dem Hals. Aber ich muss mich trotzdem beeilen, denn kaum ewig dürfte es so still bleiben.*

Ich schaue mich nach einer neuen Möglichkeit um. Und entdecke einen Haltegriff. – *Komme ich hin? Ja!*

Ich ergreife ihn und klammere mich an ihm fest wie an einen rettenden Strohhalm. Zerre und reiße dabei, um mich aus dieser misslichen Lage zu befreien.

Als ich *endlich* wieder gerade stehe, dringt das Geräusch eines in den Toilettenvorraum Getretenen an mein Ohr.

Ich glaube, so schnell habe ich noch nie eine Tür geschlossen wie jetzt gerade. Puh, wäre auch unvorstellbar gewesen, der- oder diejenige hätte sich eine Minute früher hier blicken lassen. Das wäre doch ein Bild für die Götter gewesen, hätte bestimmt in irgend einer Klatschspalte gestanden:

Patient, allein gelassen vom Krankenhauspersonal, klemmte sich ein zwischen Toilettenschüssel und Wand.

Da bin ich der Peinlichkeit geradeso noch einmal entwischt. Genauso aber – wäre ich ins Klobecken gefallen, dann hätte es für mich wohl den Gongschlag gegeben:

Blutiger Totenkopf eingelegt in frisches Pisswasser!

Mike, das ist nicht zum Lachen, du hättest dabei draufgehen können! – Bin ich aber nicht und damit erledigt die Sache!

*

Nach dem Abwischen – das anfängt, mit rechts organisierbar zu werden; denn es ist belastend, als Rechtshänder dies mit links tun zu müssen – habe ich geläutet und mich in den Rollstuhl zurückbewegt. Aber obwohl ich auch schon am Waschbecken war, um mir die Hände zu waschen – niemand kommt.

Muss man denn hier alles allein machen?

Zum Warten habe ich jedoch keine Lust. Also werde ich mein Gefährt allein zum Zimmer zurückführen.

*

Kaum bin ich wieder an meinem Zimmer angelangt, wobei die gefürchtete Schwelle kein Problem für mich darstellte, kommt Helmut angewetzt: »Herr Scholz, Sie sind schon hier?«

»Ich habmich seller zurübewegt. Und dadasin Zukunftimmer so sein wird, werdich Sie nimmer vom Mittagessen wegholen.«

Er weiß gar nicht, wie er mir danken soll. Ich muss mir aber heimlich ins Fäustchen lachen: *Mama mia, wenn der wüsste! Aber ich werde es ihm nicht erzählen.*

29

Donnerstag, 8. November. Früh.

»Herr Scholz, Sie werden heute zum Optiker gebracht. – Herr Scholz, Herr Scholz, wachen Sie auf!«

Diese Schreie und das darauffolgende Rütteln bringen mich wieder in die abscheuliche Welt eines Krüppels zurück.

Miese Art und Weise, einen aus sein Träumen zu holen. Wer ist es denn eigentlich? Ach, die Oberschwester.

»Sind Sie wach, Herr Scholz?«

»Leider. Aber Gute Nacht.« Damit schnappe ich mir das Fensterbrett, ziehe mich auf die ihr abgewandte Seite und rüste mich zum weiterschlafen.

Damit ist sie aber überhaupt nicht einverstanden, versucht mir, die Decke wegzuziehen – die ich jedoch festhalte.

Sie wird wieder laut: »Bewegen Sie sich hoch, Herr Scholz! In zehn Minuten gibt es Frühstück! Und dann werden Sie heute Vormittag nach Löbau in die Poliklinik zum Augenarzt gefahren! Begleiten wird Sie Schwester Regina.«

Während sie mir dies mitteilt, drehe ich mich langsam wieder auf den Rücken und komme zum Sitzen. Doch als der Name der Begleitperson fällt, lasse ich mich wieder zurückfallen: *Herrgott, was tust du mir an? Ich liebe die doch so übelst abgöttisch! Und dann diese Tortur! Regina! Wäre ich ein Kampfstier, wäre sie mein rotes Tuch. Na gut – ich kann es mir zur Zeit leider nicht aussuchen, wer mir auf der Pelle hängt.*

*

Mittag. Ich bin zurück von meinem Ausflug. Und – es war die Hölle im Kleinformat. Da war noch so eine Pute sprich Ebenbild von Regina mit, so dass ich unter Doppelbewachung stand. Und dann das endlose Warten: Zum Lesen hatte ich nach einer Weile keine Lust mehr; von manchen der herumsitzenden Rentner wurde ich mitleidig belächelt, von anderen ignoriert; mit meiner Eskorte ein Gespräch aufzuziehen war ein Ding der Unmöglichkeit. Aber nach drei Stunden bekam ich dann endlich Audienz von der Augenärztin; doch man sollte es kaum glauben: Die war der größte Hammer! Dass meine Augenstärke sich um zwei Dioptrien auf rechts 5,5 und links 6,5 verschlechtert hatte, dafür konnte sie nichts; dass sie den Begriff »Aschenbecher« für meine neuen Brillengläser nicht anerkennen wollte, auch das kann man noch als lachlich verwerfen; aber als sie mir einreden wollte, dass Brillen mit höherer Glasstärke die besseren wären, musste ich an ihr zweifeln. Bestimmt ist sie der Meinung: Nur Brillenträger ha-

ben den vollen Durchblick. – Ihre Augen waren auch hinter einer versteckt. – *Bisschen narzisstisch, die Kleine.*
Ich bin froh, dass ich da wieder weg bin.

30

Sonnabend, 10.11. Früh.
Ich habe eine schlimme Ahnung, glaube nicht, dass meine Mutter Engel Bescheid gesagt hat. Schön wäre es natürlich, diese Vision würde sich nicht erfüllen, aber ...
Halb sieben wurden wir geweckt. Es dauerte auch nicht lange, da ging zum ersten Mal die Tür auf. Ich schaute nach, ob es für mich ist – nein, es war für Jürgen. Bei ihm lief wie immer alles buttrig. Sein Vater stellte noch fest, dass ich wohl Probleme mit dem Kreislauf habe, denn ich hätte so eine kalte Hand *(Ist mir neu. Bestimmt eine ur-ur-uralte Bauernregel.)*, dann verschwanden sie.
Ich war gerade fertig geworden mit waschen, da ging zum zweiten Mal die Tür auf. Sofort schoss mein Blick wieder herum – um abermals enttäuscht abdrehen zu können: Nun war es das Empfangskomitee von Vogel.
Jetzt sind nur noch Heinrich und ich da. Bei ihm kämen sie aber erst um acht, erzählt er mir.
»Hast du nicht dieses Wochenende Geburtstag?«, wundert er sich.
Ich lache bitter auf: »Ja, ammontag. Wasaber keene Gantieis fürsabholen. Mei Mutter fragte mich letzdes Wochende sogar, wasch andemdag daheeme will.«
»Zum Geburtstag? Ist doch klar! Aber wirst es sehen: wir sehen uns erst am Dienstag wieder.«
»Sieatouch gesagt, dass simich abholn will. Trotzdem gloubchs erst, wennde Türoffgeht unseir Antlitz reinschiebt.«
»Siehst du! Und am Dienstag erzählst du mir, wie schön es war«, bekräftigt er noch einmal seine Meinung. »Aber jetzt werden wir erst einmal in Ruhe frühstücken.«
Heinrich hat den Teller halb geleert, da öffnet sich erneut die Tür. Wieder will mein Kopf sich zur Tür hindrehen, bricht jedoch mitten in der Bewegung ab; die Stimme, die ich da vernehme, sagt mir, dass sie niemandem aus meinem Bekanntenkreis gehört.

*

Kurze Zeit später sitze ich abreisebereit an der Ausgangstür; rauche, bin nervös, angespannt, mein Blick wandert ständig hin und her zwischen Uhr und Hof. – *Ich bin die letzte Ratte auf dem sinkenden Schiff. Nur hoffentlich lässt man es mich noch verlassen, bevor es absäuft!*

*

Acht Uhr.

Meine erste Zigarette ist zu Ende, doch noch ist niemand für mich gekommen. Ich weiß nicht, was ich machen soll. Starre wie ein Gefangener, der durch seine Gitterstäbe die Freiheit betrachtet, in den trüben Novembermorgen. Zwar ist das hier kein Gefängnis, aber dennoch bin ich gefangen: gefangen im Rollstuhl, gefangen im Krankenhaus, gefangen im Zwielicht meiner eigenen Gefühle, die mir sagen: »Du bist ausgestoßen!« Zwar kommt draußen ab und zu eine Schwester vorbei, oder es schleicht ein Patient von einer anderen Station durch das Gelände, oder eine Katze jagt wahrscheinlich einer Maus hinterher, Vögel geben ihre letzte Singvorstellung, bevor sie den Schnabel schließen bei Einbruch des Winters; doch sonst – Totenstille. Sogar die Luft gibt sich einsilbig, als wenn sie mir zeigen wöllte, dass es für mich kein Entrinnen von hier gibt, ich eingeschlossen bin für etwas, an dem ich nicht den geringsten Schuldanteil habe. – *Oder trage ich doch einen auf meinen Schultern, weiß nur nichts davon?*

Ich höre hinter mir Schritte; drehe mich deshalb um und erblicke die gleiche Schwester, die ich schon am Buß- und Bettag genervt habe.

Schlechtes Omen?

»Kommt wieder keiner?«, will sie wissen.

»Bis jetzt ni.«

»Guck mal, das letzte Mal wurdest du doch auch erst so spät abgeholt«, versucht sie mir Mut zuzusprechen. »Und jetzt haben wir es ... halb neun. Ich würde mir da keine Sorgen machen. Jetzt zumindest noch nicht.«

»Duuh magst ja recht ham. Doch diesmal habchalln Grund, besorgt zusein. Denndeganse Entscheiduliet beimeier Mutter.«

»Na da müsst es doch erst recht klappen.«

»Ha ha, du kennst meine Mutter ni. Vorallm, dase am letztn Wochende in Bezugoff meingeburtstag – dencham Montag hab – sonne dämliche Bemerkung losliess; und darüer, dasscham Tag Urlaub kriege, warse absolutni begeistert.«

»Wie alt wirst du denn?«

»22«

»Kann man deine Mutter telefonisch erreichen?«

Kurzes Nachdenken von mir. Dann fällt mir etwas ein: »Beir im Haus hat jeman Telefonn. Anders kammase nierreichn.«

»Pass auf: Ich sage dir Bescheid, wenn es um zehn ist. Dann kannst du sie mal bei mir anrufen. Okay?«

Ich nicke und wende mich wieder dem trostlosen Draußen zu.

*

Dreiviertel neun. Wieder eine Zigarette zu Ende.

Also wenn ich um zehn nicht anrufen muss, speit zur gleichen Zeit die Cheopspyramide Kängurus aus!

*

Um neun. Die nächste Zigarette an.

Ist das die dritte? Oder die vierte? Oder sogar schon die fünfte? Keine Ahnung. Habe das Zählen verlernt.

*

Zehn nach neun. Zigarette – zu Ende.

Ich werde immer nervöser und gleichzeitig immer mehr zur Furie. Die Minuten verrinnen wie ein zäh fließender Autoverkehr, werden scheinbar zu Stunden, machen sich ein Spiel daraus, mich zu foltern, mich der grausamen Prozedur auf der Streckbank zu unterziehen. – *Wenn es doch wenigstens bald halb zehn wäre, damit ich wieder eine rauchen kann.*

*

Halb zehn. Zigarette an.

Aah, ein bisschen beruhigt es die Nerven, wenn auch nicht völlig. Denn draußen ist immer noch nichts. Ich erhöhe die Wettaktie, dass niemand kommt.

*

Zehn vor zehn.

Der Rollstuhl unter mir wird immer heißer. – *Glühende Kohlen?* – Aber des sinnlos Wartens ist genug, ich fange an, mich langsam vor das Schwesternzimmer zu bewegen.

Dort angekommen schaue ich noch einmal auf die Uhr: *Ich darf nicht mehr trainieren, ich werde zu schnell. Denn es sind noch fünf Minuten. Noch fünf Minuten warten.*

*

Endlich sind auch die vorbei. Ich klopfe an.

»Kann ich anrufen?«, frage ich die herauskommende Schwester.

Nachdem sie mich eingelassen und die entsprechende Nummer im Telefonbuch gesucht und gefunden hat, ruft sie an, verlangt meine Mutter, gibt mir den Hörer.

»Hieris Mike!«, informiere ich sie, als sie sich gemeldet hat.
»Wasn los? Wieso werdchni abgeholt?«
»Du weißt doch: Manolo ist nicht da.«
»Eeh, wenn ich mini irre, hattmer Letztwochenende ausjemacht, dass Manela undengel michabholn! Zurerinnerung: Dassollte immerabwechselnd loufn, mamanolo, malengel. Mich liessestejani zuinn, wolltstinn selber Bescheid sagn. Und?«
»Ich wollte es ja auch machen, habe sie aber nicht angetroffen.«
»Du biddoch goarne gegang! Nie wolltstedas!« Das könnte ich jetzt ins Telefon schreien. Doch sie würde nur den Hörer auflegen und die Farce für beendet betrachten.

»Soso«, bleibt mir deswegen nur die Aushilfsbemerkung.

Schweigen quillt durch den Draht. Ich warte auf einen Vorschlag von ihr, doch – Schweigen quillt durch den Draht.

Ich sehe schon: Sie ist zufrieden mit der Tatsache, dass ich im Krankenhaus bleibe, dass ich meinen Geburtstag hier heruntersitze. Doch ich kann mich damit nicht abfinden.

Ich versuche es noch einmal: »Fallsdedas vergessen hast, mussiches dir sagn: Ich-hab-am-Montag-Geburstag! Mein 22., damitte nierst rechn musst!«

»Ich weiß es. Und?«

Lapidar klingt das, so als ob: »Ist doch nichts besonderes.« *Okay, ist auch nichts besonderes. Zumindest nicht für andere. Aber für mich schon. Nur – uninteressant für sie.*

»Ichabamontag Urlaub deswegen.«
»Du kennst ja meine Ansicht darüber.«

In mir brodelt es nun endgültig hoch, Titan würde jetzt zu schmelzen anfangen. Aber ich tue so, als wenn ich diese Bemerkung ignorieren würde: »Dubwegstich jetzte zuengel – isjanurumde Ecke. Und ihm sagste jetzt Bescheed! Un gloub ni, du könnst mir wieder sagn, dawär keener da! Um die Zeitisser da!«

»Ja.«

Ich bin mir nicht so sicher, ob sie überhaupt zugehört hat, denn sie klang so entrückt, als ob sie das, was ich wutentbrannt von mir gebe, nichts angehe. Also wiederhole ich meine Forderung.

»Ja. Aber jetzt muss ich auflegen, das ist ja nicht unser Telefon.«

»Aberweg dich!«, rufe ich noch schnell. Muss aber im selben Moment den bekannten Klang eines aufgelegten Telefons hören.

*

»Und, was erreicht?«, fragt mich die Schwester.

»Sieat mir gesagt, dasser Schwarze nidais«, erkläre ich mit Verachtung im Tonfall. »Komisch, aberas ismir genauso wie ihr schonne ganse Woche bekannt. Ich habse jetzoffgefordert, sich rüber zum Jungen zuwegen, dense letzes Wochende vergraultat.«

»Warum das? Ich war eigentlich der Meinung, die holen dich ganz gerne und zuverlässig ab, bemühen sich sehr um dich.«

»Richtig! Aber meier Mutter wares zusehr. Sie mages wohni, wennchir nimmer den zahlreich vorhandnen Dreck wegräume. Se erzählte, dasse Engel – dasis der Junge – obwohl se beiihmwar, niangetroffn hab. Das kannse aber der Großmutter der Scheißausfliegn erzähln. Die gloubts vielleicht.«

»Mike! Das war eine sehr ungepflegte Ausdrucksweise!«

»Na ja – mussch zugeben«, gestehe ich ein und blinzle sie mit einem versuchten, doch nicht richtig gelungenen Lächeln an. »Stivoll wars wirklich ni. Gloubaber, treffenformulier. Das richtsche Wort zur richtschen Sitation. Un meie augnbickliche Lage isnuma beschissen.«

»So so. Aber ich möchte dir noch einmal sagen, dass es hier auch über das Wochenende sehr schön sein kann: Da kannst du dich ausschlafen ... «

»Biich seitm Koma!«

» ... lesen ... «

»Diedeale Tagsbeschäftigung!«

» ... fernsehen ... «

»Macht miunheimlichan.«

» ... trainieren ... «

»Da bleibmirim Normafall goarnischandres übrig!«

»... und jemandem schreiben. Ist doch ein Haufen von Beschäftigungen!«

»Und rouchen! Genauas werdchetzt tun! – Aber kannch umelfe nommal anruffn?«

»Noch einmal? Da ist doch nichts mehr zu machen, oder?«

»Möglich bissehr möglich. Aber ich will minomma überzeugn. Gloub zwarni, dasse überhaupt zuengel geht, aberer Mensch sollja goarneso bise sein, wieer aussiett. Nlimmchen Hoffung is noch da.«

»Okay, das wäre dann aber das letzte Mal für heute. Sollte es dann immer noch nicht in Ordnung sein, verlebst du dieses Wochenende an unserer Seite.«

*

Elf Uhr.

Ich sitze wieder vor dem Telefon, nur dass diesmal die Stimme meiner Schwester im Hörer klingt. Und auf die Frage hin, ob meine Mutter nicht anwesend sei, antwortet sie mit einem unmissverständlichen »Nee!«

»Woisn nuschon wiederin?«, kann ich nur noch ohnmächtig fragen, obwohl ich weiß, dass es eigentlich sinnlos ist, dies zu wissen.

»Die ist in die Kneipe gegangen. Hat zwar gesagt, dass sie bloß was zu trinken holen gehe, aber ... Du weißt ja, was bei der da immer rauskommt.«

»Ja, ich weeß: Lässich vollloufn, schlepptirgndn Vogel an, kacktunter seibeschwörungn die Couch voll unzu gudderletzt lässtse sich voim fickn, währnse grad kotzt. Alles kloar!«

»Nun, zwar drastisch ausgedrückt, aber stimmen könnte es!«

»Sag mal«, komme ich auf das eigentliche Thema zu sprechen, »ich hattir dochoffgetragn, dassesich zuengel bewegn soll, weilich hier rauswill!«

»Ja, sie hat einen Zettel geschrieben und wollte den mit hinbringen.«

Daraufhin stoße ich eine Lachsalve aus – eine bittere, eine gekünstelte, denn nach Lachen ist mir im Moment überhaupt nicht zumute.

»Gloubste neuerdingsan Märchn?«, frage ich Saskia.

Sie lacht ebenfalls: »Nee, nee. Aber ich kann dir auch nicht helfen. Wenn Manolo da wäre, würde das kein Problem sein.«

»Aberisnida, ich weeß!«

Eigentlich könnte sie ja mal selbst zu Engel gehen, darauf hätte sie jedoch allein kommen müssen. Ich bin es leid, um Hilfe zu betteln an einer Stelle, bei der ich mir ziemlich sicher bin, dass da nichts rauskommt. Also darf ich dieses Wochenende plus meinen Geburtstag hier verbringen. Glänzend. Und noch immer bin ich wütend. Die Krankenhausmöbel wöllte ich kurz und klein schlagen. Aber die können auch nichts dafür.

*

Nach dem Essen sollte Mittagsruhe herhalten, klappte nur wiedermal nicht. Darum sollte mich ein Buch fesseln. Klappte aber auch nicht. Ich schaltete mein Radio ein, welches ich mittlerweile auf dem Nachtschrank stehen habe. Und laut dem war es da gerade zehn vor zwei. Ich beschloss, bis um zwei bei laufenden Radio im Bett zu bleiben, hatte allerdings noch keinen Plan, was ich danach machen würde.

Als die Nachrichten kamen, war in mir ein Entschluss gereift. Ich nahm meine Krücke und begab mich an Jürgens Bett. Wo ich mich mit der freien Hand festhielt und meine Runden drehte. Das klappte einigermaßen, nur an den Ecken kam ich ins Wackeln.

Dann hieß es, den gleichen Weg zurücklaufen mit umgekehrten Vorzeichen. Wobei mir auffiel, dass ich mich mehr am Bett festhalte als mit der Krücke abstütze.

Nunmehr bin ich an der ersten Ecke angelangt, bleibe stehen. Mit einem Mal wird der Raum ein paar Lux heller, ich sehe meinen ehemaligen Mathe-Lehrer Pescheck, der inzwischen leider verstorben ist, am Fenster aufleuchten und mit erhobenem Zeigefinger versuchen, mir die Grundbegriffe der Geometrie klarzumachen: Die Ecke. Die Ecke ist ein Teil der Architektonik und anderer Künste, wo die eine Gerade auf die andere trifft. Zuerst betrachten wir den dabei entstehenden Freiraum. Der bei rechtwinkligen Ecken, wie hier eine am Bett ist, 270 Grad beträgt.

Ich schüttele den Kopf, schaue dann wieder zum Fenster. Die Vision ist jedoch verschwunden, ich bin wieder allein.

War das nun ein Hologramm aus dem Jenseits oder eine Physiognomie meiner angegilbten Fantasie?

Ich lasse diese Frage unbeantwortet und wende mich wieder der Ecke zu, laufe weiter.

Doch die Ausführungen Peschecks geben mir keine Ruhe, kreiden an, dass sie noch unvollendet sind und deshalb nach Abschluss verlangen. Also setze ich sie fort: Eben dieser Freiraum kann für einen Krüppel, der sich nicht damit abfinden will, einer zu sein, sehr unangenehm wer...

Ein Abbruch erfolgt urplötzlich, denn diese Stelle betrachte ich mir nun aus der Unteransicht. Nur, dass mir dabei die rechte Beckenseite etwas schmerzt. Wird wohl ein blauer Fleck werden, nehme ich an.

Fang nicht an zu simulieren! So lange noch nicht die Bekanntschaft mit den Zombies vom Friedhof gemacht worden ist, hast du noch keineswegs ausgereizt! Und du weißt ja, Mike: Entweder du löst dich aus dem Rollstuhl, oder dein Lichtlein, das sowieso nur noch auf Sparflamme brennt, verlischt. Also musst du für deine Besserung was tun. Und wenn du dabei den Abgang machst, kannst du auf dem Jüngsten Gericht mit Recht und Fug behaupten, ein Opfer deines Kampfes um eine vorzeitige Reinkarnation geworden zu sein.

Aber bevor ich mich wieder erheben kann, öffnet sich die Tür; herein kommt – das müsste Helmut sein, zumindest den Hosenbeinen nach.

»Herr Scholz, wo sind Sie? Sind Sie hier irgendwo?«

Ja, er ist es, ich erkenne seine Stimme. Und durch sein Gefrage wird mir klar, dass von mir nicht ein Zipfel in seinem Sichtbereich liegt. Nur mein Rollstuhl steht im Zimmer.

Er dürfte dies auch bemerken; denn seinen Schritten nach zu urteilen, sucht er mich.

»Herr Scholz, Herr Scholz, wenn Sie hier irgendwo sind, geben Sie einen Ton von sich!«

Ich muss aufpassen, dass ich nicht anfange, loszuprusten. Meine Krücke habe ich schnell unter das Bett gezogen; darunter muss er also richtig schauen, will er mich finden. Aber wenn ich ihn ein bisschen verscheißern könnte, wäre das doch ein Amüsement an diesem vermaledeiten Tag.

Er geht hinaus. Zwischen Tür und Angel beginnt er jedoch, in der nur ihm eigenen Manier zu schreien: »Mechthilde, hast du den Herrn Scholz gesehen?«

»Nein«, antwortet ihm eine weibliche Stimme.

»Aber sein Rollstuhl steht hier«, brummt er, während er die Tür von außen zumacht. Dann keift er immer noch lautstark auf dem Gang: »Hätte sich wenigstens abmelden können! Aber nein, haut einfach ab! Das ist die Jugend von heute!«

Ja, das ist die Jugend von heute. Und was war mit der von gestern? Sollte sich mal das »Das Wort zum Sonntag« von den 'Toten Hosen' anhören. Bewusst.

Kaum habe ich mich mit Hilfe der Bettpfosten wieder aufgestellt, befällt mich erneut die Frage nach dem Jetzt. Die ich mir nur mit zwei Möglichkeiten beantworten kann: Entweder ich betätige mich an dieser falligen Aktion weiter, oder ich rolle per Rollstuhl hinaus, auch um ihm zu zeigen, dass ich doch in meinem Zimmer war.

Ich bin weitergelaufen. Und da ich nun wusste, wie man sich festhalten muss, ging es leichter vorwärts; auch ohne Krücke, denn die nutzte mir hier ohnehin nichts. Allerdings – so ganz gefeit vor Gefahren war ich durch dieses Wissen auch nicht. Es gab da ein paar Situationen, wo ich mich geradeso noch festklammern konnte. Nur – *dadurch erhalte ich in den Beinen das Gefühl für das Laufen wieder, und allein das ist wichtig. Auch wenn es mit Festklammern ist. Das Gleichgewicht muss ich erst einmal hinten anstellen.*

Ich bin in der dritten Rückwärtsrunde. Da öffnet sich die Tür und herein kommt – Pfleger Helmut. – *So ein Mist, damit ist die schöne Verarschungspointe im Eimer.*

»Herr Scholz, Sie sind ja doch da!« Die Verwunderung ist ihm ins Gesicht geschrieben.

»HamSes noch nierfahren? Ich wurdniabgeholt. Meie Mutter hatte keene Lust, ging sich lieber die Birne vollkippn.«

»Ja, das weiß ich. Aber vorhin – ich war hier, doch Sie nicht. Wo warn Sie da? Und Ihr Rollstuhl stand da vorne.«

»Ich war die ganze Zeit seit dem Mittagessen im Zimmer.«

»Wollen Sie mich verscheißern?!« Jetzt wird er langsam böse. »Wenn ich Sie hier nicht gesehen habe, wie kann es da sein, dass Sie den ganzen Nachmittag hier waren?«

Ich habe noch keine Lust, schon die Auflösung zu bringen. Will das Platzen der Pointe noch ein bisschen hinhalten: »Ich bineider nochn verdammschlechter Läufer. Sie ham gesagt, meirollstuhl stand noim Zimmer? Ich sehni ganzn Zusammenhang.«

»Was weiß ich?! Ihnen ist doch jeder Mist zuzutrauen!« Die ersten Anzeichen von Wut schwingen in seiner Stimme mit.

Oje, hoffentlich habe ich da meine Karten nicht überreizt. Schleunigst das Blatt ausspielen! »Na ja, alSe vorhn reinkamn, lagich gradunterm Bette und hab die Stahlfedern anner Matratze gezählt.«

»Und warum haben Sie nicht geantwortet, als ich rief?« Er klingt zwar immer noch erbost, aber die Erregung scheint im Abklingen zu sein.

»Ichab do geantwortet«, erkläre ich unschuldig.

»Ich habe Sie aber nicht gehört.«

»Dafür kannch doch ounischt«, lasse ich nicht locker. Muss mir aber dabei mit aller Macht die Erklärung verkneifen, dass er sich mal die Ohren waschen bzw. dort Unkraut jäten sollte. Denn jetzt das Ganze noch zu übertreiben, wäre zuviel des Guten.

»Wie sind Sie denn daruntergelangt? Unfreiwillig? Und ist Ihnen dabei was passiert?«

Eigentlich komisch: Ich habe ihm gerade das Blaue vom Himmel heruntergelogen und er wird besorgt. Na ja, die Sache wird ein bisschen peinlich; aber Kinder – normale Kinder – machen auch Blödsinn, hecken was aus, führen es durch; und dann, wenn sie an den Pranger gestellt werden, ist es ihnen peinlich. Aber kaum ist alles vorbei und vergessen, machen sie es wieder, nur diesmal raffinierter. Und genauso geht es mir jetzt auch. Finde es jetzt peinlich, aber vorhin hat es noch Spaß gemacht. Und was das Wieder-Machen betrifft – ja, auf alle Fälle; nur dann mit einem etwas weniger verfänglichen Thema.

»Ich willma sagn, dadrunter gestürzt habch mich ni. Aber ou ni verletzdabei. Allesin Ordnung.«

Er nickt beruhigt und geht.

Ich aber lasse noch ein bisschen Training mit dem Rollstuhl auf dem Gang folgen.

31

12. November. Mein 22. Geburtstag.

Wieder nicht zu Hause unter Freunden. Und das nun schon drei Jahre lang: 88 Armee, 89 Armee, jetzt Krankenhaus. Dabei dachte ich, da durch die Wende meine Armeezeit von drei auf zwei Jahre heruntergesetzt wurde, könnte ich – nee, seit September wollte ich doch eigentlich in den USA weilen und dort arbeiten. Was aber auf jeden Fall bedeutend besser gewesen wäre als im Krankenhaus zu versauern. Doch es hat nicht sollen sein. Wäre nicht dieser beschissene 3.8. gekommen, dann säße ich jetzt nicht im Rollstuhl, müsste mich nicht durch meine Mutter bevormunden lassen wie ein geistig behindertes Wickelkind. Aber was soll's: Blick in die Vergangenheit ist sinnlos. Und doch ist es unklar, was ich durch die Wende alles für Möglichkeiten hatte. Aber geschehen ist eben geschehen. Auch durch eben diese Wende konnte so ein Bekloppter mit seinem Auto durch die Straßen rasen. Hat eben alles seine Vor- und Nachteile. Ich habe jetzt die ehrenvolle Aufgabe, mich aus diesem Desaster wieder herauszuziehen. Obwohl – bin ich nicht auch ein bisschen selber schuld? Wäre ich nicht so blöd gewesen, anderen helfen zu wollen, wäre mir das überhaupt nicht passiert. Allerdings, wäre ich nicht geboren worden, hätte es für mich keinen 3.8.90 gegeben. Und würde nicht die Evolutionsgeschichte existieren, hätte meine Geburt überhaupt nicht stattgefunden. Und so weiter und so fort. Doch – wer ist nun schuld? Die Eiweiße? Weil sie es in Betracht zogen, sich zu teilen und dadurch die ersten Einzeller auszuspucken? Oder gehen die Ursachen noch weiter zurück? Vielleicht ist der Urknall daran schuld. Durch ihn ist unser Sonnensystem doch erst entstanden. – Ach, Scheiße alles. Das soll das Gesetz der Zufälle sein. Ist ja auch logisch, nur helfen tut es absolut nicht. Über die Ursachen lässt sich nichts aus ihm entnehmen.

»Guten Morgen!«, wünscht die eben hereingekommene Oberschwester allen Einwohnern.

Auf einmal bemerkt sie mich: »Herr Scholz, ich denke, Sie sind zu Hause. Sie haben doch heute Geburtstag, ni? Übrigens alles Gute. Wie alt sind Sie denn geworden?« Und geht wieder hinaus, als ich mich bedankt und ihr zerknirscht mein Leid geklagt habe.

Doch kurz darauf kommt sie wieder. »Herr Scholz – folgendes: Da Sie ja heute eigentlich Urlaub haben, sind Sie nicht in unser Planung. Deshalb haben wir uns überlegt, dass wir Sie heute einfach zum Ct-Strom nach Dresden schicken. Recht so?«

»Sehrechsogar. Da habich wenstens was zu tun und braunide Flöhüberm Türrahmn zu zähln.«

Verdutzt schaut sie nach oben, dann misstrauisch auf mich – und erklärt nach einer gewissen Testpause meines Geisteszustandes: »Sie dürfen aber drei Stunden vorher nichts essen!«

Erschreckt werde ich aus meiner Lethargie gerissen: »Sollas heessn, dassch nimma frühstückn darf?«

Sie lacht. »Keine Angst, frühstücken können Sie noch. Sie werden erst um zwölf abgeholt. Und weil Sie heute Geburtstag haben, dürfen Sie sich auch aussuchen, was.«

Das lasse ich mir nicht zweimal sagen, ich frühstücke nämlich gern. Außerdem ist das hier drin die einzige immer genießbare Mahlzeit. Und wenn ich auf Vorrat futtern soll, muss es mir schmecken. Sonst geht das generell nicht.

»Dann nehmch Semmeln, Butter, Nougat – HamSe Kuchn?«
Kopfschütteln.
»Schade. Dann nehmch noch mindestens ne Tasse Kakao.«
»Und das ist alles?«
»Fürsersteja!«

Sie nickt freundlich und geht dann meine Bestellung holen.

*

Dreiviertel zwölf. Die anderen essen gerade Mittag. Derweil sitze ich im Rollstuhl auf der Raucherinsel, erwärme meine Lunge und blase Trübsal.

Als wenn ein dichter Smog Einkehr gehalten hätte, erscheinen plötzlich wie Glücksfeen aus dem Nichts Sybille und Angela in meiner Oase: »Alles Gute zum Geburtstag, Mike. Und hier, das ist für dich. Werde aber nicht besoffen davon.« Sie geben mir eine Packung Mon Cherie.

Ich bin tief bewegt, würde ihnen, wenn ich es könnte, um den Hals fallen. Und das nicht nur deshalb, weil sie so gut aussehen. Es ist eine unerwartete Beschenkung, macht mich von einem Moment auf den anderen so glücklich wie einen eben entlassenen Sträfling, der nach zehn Jahren wiedermal etwas anderes als gesiebte Luft einatmen darf.

»Dange, dan-ke«, versuche ich meiner Rührung Ausdruck zu verleihen. »Ich dankeuch viemals. Ihr seid diejersten, diemir heut waschenken. Anfrage: Kannch füreuchirendwas tun?«

Ihre Augen lachen auf, der aufgeheiterte Schalk zieht dahinterstehend seinen Hut. »Wir wussten, dass du heute zu deinem Geburtstag noch nichts bekommen hast. Und das konnten wir uns nicht mit ansehen. Aber wie kommst du auf dein Angebot?«

»Nehmts vomiraus als Phrase, obwohls keenis; mirwar halt so und ich mein dasangebot wirkichernst. Ihrabt meie Seele soin Bewegung gebracht, mir blieb da goar nix andresübrig, alseuch meine Ehrbietung zu zeign; dieann diesn Voschlag ausstüpte.«

»Ist nicht nötig. Aber danke. Es berührt einen schon, wenn man von einem Behinderten, der selber Hilfe braucht, solch ein Angebot bekommt. Danke.«

Damit verabschieden sie sich und ich rauche noch meine Zigarette zu Ende.

*

Gerade will ich wieder zur Raucherinsel aufbrechen, da macht uns ein junger Mann seine Aufwartung, den ich noch nie vorher gesehen habe. »Herr Scholz, sind Sie das?«

Ich schaue an mir herunter. Dann bestätige ich ihm seine Annahme und fordere ihn im selben Atemzug dazu auf, mich bei meinem Vornamen zu rufen.

»Okay. Ich bin Michael, der neue Pfleger hier. Der Wagen nach Dresden ist da, ich begleite dich. Bist du bereit?«

Wir bewegen uns nach draußen, wo ein Lada auf uns wartet. Was mir bedeutend lieber ist als ein Krankenwagen. In dem wirke ich nach außen hin immer so, als wenn darin ein kurz vor dem Abkratzen-Stehender durch die Gegend rattert. Der Pkw erscheint mir da integerer. Obwohl er auch ein Rot-Kreuz-Zeichen trägt.

»Können wir den Rollstuhl hier lassen, Mike?«

Dies hebt meine Stimmung gewaltig. Und Michael wird mir immer sympathischer: »Logisch! Stellin vonmirausin irgendeine Kammer, wochn nimmer zu sehn kriege!«

»Gut. Dort ist ja dann ein Rollstuhl, da kannst du wieder in einen hinein.«

Plumps! – Meine Stimmung sinkt wieder sofort um ein paar Grad. »Ich hadich überschätzt. Dachte, du wärsanz okay. Aberamit kannste keene Freudengefühle inmir wecken!«

»Du willst wohl nicht?«

»Richtscherkannt!«

»Na ja, das werden wir uns dann dort überlegen. Jetzt aber rein.«

*

An der Dresdener Akademie angekommen, steigt zuerst der Fahrer aus. »Bleibt sitzen«, weist er uns an, »ich hole zuerst einen Rollstuhl.«

Sofort muss ich an Michael gewandt einen Protest einlegen: »Eeh, das mitm Rollstuhl kannste vergessn! Daheeme steigchouni ineen, loufaber trotzdem. Okay, niim Freien rum, ohne Krücken immer blossander Wand lang; abers dürftowohl keen Problem für dich sein, mich zu halten. Tragen brauchste mich ja ni.«

»Na gut, versuchen können wir es ja mal. Aber sollte es nicht klappen, steigst du sofort in den Rollstuhl!«

»Es wird klappn!«

Der Fahrer kommt mit dem Rollstuhl angezuckelt und sieht uns laufen. Ihm ist es aber egal, für ihn sind die Regeln Befehl.

»Vomiraus kannste dich selbereinknien, michaber wirste off jedn Fall nidarinne sehn!«, weise ich ihn zurück.

Doch er lacht nur. »Ich habe die Order bekommen, dass du in einen Rollstuhl musst. Also keine Widerrede.«

»Naguut, dann kriegste vonmiroune Order: Bring diesn Rollstuhl – derübigens wiealleanderen ouch superhässlich is – zurück!«

Während dieser Verkündung versucht er paar Mal, mich zu unterbrechen, doch ich werde stets lauter.

Bevor wir uns weitere Niedlichkeiten an den Kopf schmeißen, schreitet Michael ein: »Mike, stehst du das kräftemäßig auch durch?«

»Ich willunwerdes durchstehn!«

Daraufhin bedeutet er dem Fahrer, den Rollstuhl wieder zurückzuschaffen. Doch der protestiert auch dagegen.

»Ich übernehme die volle Verantwortung!«, wird jetzt Michael ungehalten. Und setzt sich damit durch wie bei einer Zwangsvollstreckung.

*

»Sie sind Herr Scholz, nicht?«, werde ich von einer Schwester gefragt, als ich nach ewigem Warten endlich aufgerufen worden bin. Und führt mich nach meiner Bejahung zu einer Apparatur.

Im Nebenraum wird gerade beratschlagt: »Im August hatte er folgende Werte: ...« Dann verlieren sie sich in lateinischen Bezeichnungen, woraus ich nicht einmal den berühmten »Bahnhof« entnehmen kann.

»SanSemal«, wende ich mich deshalb an die mich hinein begleitende Schwester, »habichas grade richtigehört: Ich war schon mahier? Wenn ja, entziehsichs nämich meier Kennis.«

»Ich weiß es nicht, aber ich werde mal den Arzt fragen.«

»Weiderhin möchtich wissn, wieunwas hier mit mir passiert.«

»Wie erkläre ich es Ihnen am besten? ...«

»Amesten ohne lateinsche Fachbegriffe. Denn mitenen stehich vorm gleichn Problem wieen Schwein, dasnuhrwerk repariern soll.«

»Na gut, ich versuche es mal: Also – äh die Computertomografie – kurz genannt Ct-Strom – müssen Sie sich so erklären, dass äh es eine Röntgenaufnahme ist, die vom Computer ausgewertet wird. Geröntgt wird dabei äh nur der Kopf. Dabei brauchen Sie sich nur hier drauf-äh-zulegen« – sie zeigt auf die Schiene der Apparatur – »und werden hineingeschoben – automatisch, ebenso wie wieder raus; äh schrittweise.«

Als ich dann dabei bin, mich auf dieser Schiene zu platzieren, stellt sie fest, dass das schon wieder ganz gut ginge, besser, als nach der Schilderung meiner Begleitung zu erwarten gewesen wäre.

Das wird mir in letzter Zeit häufig gesagt. Wobei ich Höflichkeitsfloskeln mal ausklammere. Und selber bin ich auch der Meinung, dass ich gut vorankomme. Nun höre ich das aus berufenem

Munde (bei dieser Schwester aus einem entzückendem dazu) – ja, es scheint echt vorwärts zu gehen. Dann würde das eigene Bankrottgehen sich von selbst erledigen.

*

»Sie sind schon zweimal dagewesen«, teilt sie mir mit, als sie vom Arzt konsultieren zurückkehrt. »Anfang und Ende August wurden Sie hier schon mal überprüft.«

»Und, wasis darausgekommn?«, frage ich weiter.

»Das weiß ich natürlich nicht, aber ich habe dem Arzt schon Bescheid gesagt, Sie können mit ihm nachher sprechen. Und jetzt Ruhe.«

Dies ruft in mir unwillkürlich ein Lächeln hervor: *Mike, der ewige Quälgeist. Aber ich will eben wissen, was mit mir passiert.*

*

Als ich wieder auf dem Gang bin, tritt mir ein Arzt entgegen: »Sie haben Fragen?«

»Habich. Wiech mitterweilerfahrn durfe, warichimaugust schon zweemahier. Ich möchte wissen, wasamals ineim Koppe rumspuckte unwies jetztaussieht.«

»Okay. Ich werde es mal kurz umreißen: Beim ersten Mal hatten Sie noch eine Blutung im Kopf, die aber schon beim zweiten Mal weg war. Weiterhin hatten Sie einen dunklen Fleck im Gehirn, der aber jetzt auch noch besteht. Wahrscheinlich ist er angeboren.«

»Mei Orientierungsvermögen«, vermute ich.

Er zuckt mit den Schultern. »Das können wir natürlich nicht feststellen. Aber wieso – ist das so schlecht?«

»Schlechteraschlecht.« Und erinnere mich dabei an den Sommer 86, als ich in Bansin zeltete und erst nach drei Stunden suchen den Bungalow wiederfand, unter dem ich übernachten musste, weil die Herren Ordnungshüter abgerissene Schwarzcamper wegprügeln wollten.

Er schmunzelt: »Dann wird es wohl so sein. – Was ich noch sagen wollte: Die einzelnen Bereiche bei Ihnen im Kopf waren so ziemlich durcheinander. Aber das hat jetzt wieder angefangen, sich zu stabilisieren. Sie brauchen erst in circa einem Jahr wiederkommen. Noch was?«

Ich verneine. Daraufhin verabschiedet er sich und geht.

*

»Und jetzt zurück im Rollstuhl zum Wagen«, ordnet Michael an, dem ich mich wieder zugewandt habe.

»Dichamse hier wohlouam Koppe bestahlt, wa, und dabeine zu hohe Dosis angewandt?!«

Schabernack leuchtet in seinen Augen auf: »Ist klar, das habe ich mir gedacht, dass du nicht willst. Gehen wir wenigstens zum Wagen zurück?«

»Nein nein nein nein! Ich will noch Kakis fürsabendbrot sammeln! – Ne dumme Frage erfordert ne dumme Antwort!«

Unterwegs gibt er sich fest überzeugt davon, dass »... wenn du so weiterkämpfst und dich weiter so entwickelst wie bisher, wirst du bald allein laufen können und keinen Rollstuhl mehr brauchen!«

32

Freitag, 16. November. Abends.

An meinem Geburtstag hatte meine Mutter mir per Telefon Grüße ausrichten lassen. Die sie jetzt gegen Glückwünsche austauscht.

Vorhin, gegen 16:00 Uhr, wurde ich von Manolo und ihr zum Besuchs eines Optikers abgeholt, wo ich mir ein Brillengestell aussuchen durfte. Oder besser sollte. Denn das Angebot war mehr als dürftig. Allerdings kommt hinzu, dass ich Brillen an mir allgemein hässlich finde. Da es jedoch derzeit unmöglich ist, dies zu ändern, wollte ich wenigstens eine kreisrunde Nickelbrille haben. Aber – hatten sie nicht. Nun versuchten sie mir alle möglichen Intelligenzverstärkerdesigns aufzuschwatzen und ich musste mich wohl oder übel für eines entscheiden. Doch welches? Die Auswahl fiel mir sehr schwer. Also nahm ich das meiner Ansicht nach beste Stück von den garstigen und sagte mir, dass ich mich erst einmal daran gewöhnen müsse, dann stelle sie kein Problem mehr dar. Aber so richtig überzeugt war ich davon nicht, vor allem, ich kann zur Zeit sowieso nicht in den Spiegel gucken, da blickt mir immer noch ein deprimiert und abgehärmt, ein grausig aussehender Typ entgegen. Im Januar wird die Brille abholfertig sein (*So lange?*). Bis dahin muss ich mich also noch mit meinem Halbsichtmonokel herumschlagen.

»Noch mal herzlichen Glückwunsch zum Geburtstag! Und das hier ist für dich«, gibt mir meine Mutter ihre Hand und zwei

Päckchen dazu.

»Dange, dange, wie niedlich voeuch.« *Klang ironischer, als es gedacht war.*

Nachdem ich das erste geöffnet habe, schaue ich mich vorsichtig und verdutzt um. Denn ich bin maßlos überrascht: Ein T-Shirt, welches auch noch gut aussieht. Noch habe ich Mühe, das sich vor mir Abspielende zu begreifen.

Ich teile meiner Mutter mit, dass ich begeistert bin, glaube, dass auch meine ganze Körpersprache dem nicht widerspricht.

»Na ja«, ist diese Gegebenheit, einen dankbaren Sohn vor sich zu haben, neu für sie und drückt sich deswegen in leichter Verlegenheit aus, »auf dem Markt habe ich es entdeckt. Und da ich wusste, dass du auf so etwas stehst, habe ich es gekauft. War ja auch bloß 24,- DM.«

Ja ja, irgend so eine Andeutung musste ja kommen. Habe zwar mal gesehen oder gehört oder gerochen, dass der Schenkende den Preis für sich behält, aber egal. Aus meinen früheren Aktivitäten mit Pritsche zusammen (wir hatten mit derartigen Accessoires gehandelt) *wusste ich es sowieso. – Aber das T-Shirt ist echt toll! Vorn und hinten ein Aufdruck von Metallica – wow. Sonst war es immer so, dass ich fast schon Angst hatte, wenn mir meine Mutter Oberklamotten schenkte, vor den Erscheinungen, die mich dann überfielen. Man kann ja schlecht »nein, danke« sagen, wenn man zu Weihnachten oder Ostern oder eben am Geburtstag etwas überreicht bekommt. Aber diesmal ... man bessert sich.*

Beim zweiten Päckchen muss ich laut auffeixen. Damit erinnert sie mich wieder eindeutig an ihren eigenwilligen Geschmack: Seifenstücke, bestimmt aus der Wäscherei, in der sie arbeitet, von solcher Qualität, die woanders wahrscheinlich zum Klobeckenausscheuern benutzt werden. Schon oft habe ich versucht, sie umzumodeln, nach ihrer Scheidung war ich manchmal sogar ihr Kleidungszusammensteller. Allerdings hätte ich damals neunzig Prozent ihres Kleiderschrankes der Mülltonne anvertraut. Jetzt aber habe ich dazu keine Lust mehr. Darum: *Artig bedanken und dann Platte machen, wohin damit.*

*

Eine Weile später wartet sie mit der nächsten Überraschung auf: »Mike, ich habe diese Woche bei der Kasse für dich Geld geholt. 300,- DM, wie ausgemacht. Hier sind sie.« Damit reicht sie mir drei Hunderter herüber; mit ihnen aber auch gleich die

Aufforderung, meine Schulden bei ihr zurückzuzahlen. »Ich habe sie aufgelistet, du kannst es nachprüfen.«

Haa haa, wenn ich jedes Mal ihre Schulden bei mir aufgelistet hätte, wären schon paar Seiten voll. Und dieses Geld habe ich nie wiedergesehen! Doch ... jetzt nicht weiter interessant.

Ich prüfe die Liste durch - *Trau ihr nicht mal zwei Meter auf einer breiten, fetten Allee über den Weg! Meine Mutter ist zwar nicht die hellste, doch Intelligenz zum Ausnehmen hat sie. Am eigenen Leib durfte ich das schon oft genug verspüren. Und ich war auch immer so dumm, darauf hereinzufallen. Eltern sollten zwar Vertrauenspersonen sein, aber ...*

»Offer Liste ismireiniges unklar«, habe ich wiederum Grund, Zweifel anzumelden. »142,- DM, wassolln dassein?«

»Das weiß ich auch nicht mehr. Aber da ich es mir aufschrieb, stimmt es. Dürfte noch aus deiner Vorunfallzeit sein.«

»So so.« Meine Schwester hat dadurch einen Grund, sich zu amüsieren, denn sie dürfte mir an der Miene die Reaktion ansehen.

Unklar so was: Was ich anzweifle und von dem meine Mutter nicht weiß, wie sie es mir erklären soll, geschah in meinem früheren Leben. Von dem ich ungefähr die letzten drei Tage nicht in meinem Kopf habe. Ziemlich leichte Art, sich Geld zu verschaffen. Aber mit mir kann sie es ja machen, bin ja wehrlos. Doch – meine liebe Maminka - nur noch noch!

Meine Mutter schaut mir jetzt über die Schulter. »Die zwanzig Mark habe ich dir geborgt, als du im Granada tanken musstest.«

»Häh? – Ach ja, kamicherinnern.«

»Und die sechzig Mark sind für die Turnschuhe, die du anhast.«

Das schlägt dem Fass doch den Boden aus: Für die barbarisch hässlichen Turnschuhe soll ich ihr das Geld zurückzahlen?? Paar 5,40 Mark-Turnschuhe hätten es doch auch getan! Aber nee ... Abgesehen davon würden die nicht so schnell auseinanderfallen.

»Ich habe keine anderen bekommen«, erklärt sie mir säuerlich, nachdem ich ihr dies vorgehalten habe. »Außerdem dachte ich, dass ich dir damit eine Freude machen würde.«

Mike, nicht lachen jetzt! Die Sache ist alles andere als zum Lachen!

»Vergisses«, erkläre ich wegwerfend. »Ader Rest, wasisnamit?«

Sie zuckt mit den Schultern. Doch dann strafft sich ihr Körper, setzt zur Antwort an.

»Vormunfallentstandn, richtig?«, erspare ich ihr den Speichelverlust.

»Ja.«

Okay. Sinnlos, darüber weiter zu diskutieren. In dieser Familie herrschen die Arbeitsgesetze: Paragraph eins – Die Mutter hat immer recht. Paragraph zwei – Wenn sie mal nicht recht hat, tritt Paragraph eins in Kraft.

Ich lese die Endsumme laut vor: »202,- DM. – Kannse wechseln?«

»Rund gerechnet bekomm ich doch 210,- DM, noa?«

»Ja, ich weeß, Mathe-ma-matik warnonie deine Stärke. – Gerundet wärens 200,- DM. Aber ich bin goarneso, ich gebir 202,- DM.«

Enttäuscht dareinguckend verschwindet sie in ihrem Schlafzimmer.

Nach einer Weile kommt sie mit ihrem Portemonnaie wieder. »Ich kann dir nur 95 wiedergeben«, erklärt sie mir.

Eia, hätte mich ja gewundert, wenn sie nichts mehr in petto gehabt hätte. Aber scheiß drauf. Drei verloren sind besser als acht. Nehme ich es also, denn schon wieder Streit – keine Lust.

33

Sonnabend, 17. November. Nachmittag.

Soeben bin ich von meiner Schwester zu Engel und Manuela geschoben worden. Was zwar meiner Mutter nicht gefiel, sie sich dagegen auch sträubte; aber Saskia ließ sich dazu engagieren.

Nach einer Verschnaufpause bringe ich das Thema darauf, warum sie sich nicht wiedermal blicken lassen. »Wennirin meiner Nähe seid, fühleich michech gutt. Dasebt meie Stimmung gewaltig, enorm. Also, warum?«

»Du musst das mal so sehen, Ente«, versucht Manuela, mich aufzuklären. »Erstens weißt du ja, warum wir nicht mehr zu dir kommen – oder besser gesagt – nicht mehr kommen können. Und zweitens hat Engel jetzt einen Job bei der Post gefunden – als Kraftfahrer. Was bedeutet, dass wir auch sehr wenig Zeit haben.«

»Hm, dasis natürlch schön fürEuch. Nur für mich – na ja – isses beschissn.«- *Egoistische Anwandlung?*

»Und in einer Stunde muss Engel wieder los. Arbeiten.«

»Sonnabnds?«, ist mir der Umstand nicht ganz geheuer.

»Ja, jeden Tag. Dafür hat er zwei Tage in der Woche frei.«
Mir schwant was Böses. »Mit meir Mutter habichabernu geregelt, dassirEuchimabholn abwechselt. Daseisst, dassir nächse Woche dran wärt.«
Manuela bestätigt meine Befürchtungen. Erklärt mir, dass das nicht möglich sei, da Engel Frühschicht habe.

Ich werde traurig, sehr traurig: *Mir scheint es, als wenn damit die Isolationsmauer errichtet worden ist, ich ein Gefangener meiner selbst werde, den Gang in ein tiefschwarzes Labyrinth angetreten habe, dass Außenstehenden als normales Bild erscheint, innen jedoch unzählig viele stumme alleingelassene Seelen einkerkert.*

Jetzt schaltet sich Engel ein: »Aber morgen Abend könnte ich dich zurückbringen! Soll ich?«
Ich spüre, wie meine Stimmung sofort wieder einen Hechtsprung nach oben macht, fühle mich wie ein Kind, das in dem Augenblick seinen ersten Ball bekommt: »Natürich! Welcheene Frage! Aber – mir kommta eene Idee: Wie wärs, wennanolo michimmer her- undihr wieder zurückbringt?«

»Ente, Ente, du darfst das nicht verallgemeinern!«, dämpft Manuela sofort wieder meine Euphorie. »Wir müssen erst einmal sehen, wie es nächste Woche aussieht. Immerfort läuft es anders.«

»Vielleicht lässt sich was machen«, schränkt Engel mich beruhigend ein.

»Na ja, esis nämlich so: Wennich beieuch bin, fühlich mich dazu inner Lage, die Reatät meis Krüppeldasein insinterstübchen zu schickn«, gestehe ich ihnen bedrückt. – *Es ist zum Kotzen: Ich bin drauf und dran, zwei meiner besten Freunde zu verlieren – und die wichtigsten sind sie auch; nicht nur dadurch, weil ich scheinbar keine mehr habe. Aber wer ist schuld an dieser Misere? Meine Mutter. Weil sie so eklig egoistisch ist und nicht einsehen will, dass sie unrecht haben könnte und bei anderen das korrekte Denken leichter vonstatten geht!*

»Das machen wir doch gerne, Ente«, lässt mich Engel wiederholt wissen. »Und aus dem Krüppeldasein kommst du auch wieder raus!«

34

Sonntag, 18. November. Abends.

Das Krankenhaus hat mich wieder.
Hach, ich hasse es! Ich hasse es! Ich hasse es! Doch zur Zeit besteht keine Chance, hier herauszukommen. Ich kann nicht, meine Mutter will nicht und die Ärzte hier drin dürfen nicht. Doch manchmal – Was heißt manchmal? – meistens wöllte ich hier abhauen, auf Nimmer Wiedersehen verschwinden. Doch dann – dann meldet sich eine befehlende Stimme in meinem Kopf, die mich auffordert, hier zubleiben. Und noch gehorche ich der Stimme, noch. Aber sehr lange nicht mehr – glaube ich.

»Du willst sicher rein laufen«, vermutet Engel, nachdem wir ausgestiegen sind. Und fügt nach einem Blick auf mich hinzu, dass es ihn sehr gewundert hätte, wäre es nicht so gewesen. »Also komm.«

*

»Ente, ich staune!«, lässt er mich auf halbem Wege an seiner Überraschung teilhaben.

»Wieso?«, will ich wissen.

»Ach obwohl – bei dir braucht man ja nicht zu staunen«, geht er jedoch nicht auf meine Frage ein. »Du machst ja sowieso meistens das, was keiner von dir erwartet.«

»So so. Atrotzdm willichs wissn! Spannich ni soff diefolter! Sagieber, warumde staunst!«

»Kannst du dich noch daran erinnern, wie wir bei deinem ersten Urlaub in deiner Wohnung waren?«

»Ich kann. Da musstn wirerst bei totaer Finsernis die Sichrung reindrehn; wenig später beim Runterlatschn ginguns dasauslicht aus und wir wusstn ni, wos is; zumluss bekammer ounoch Zoff midder Altn, dieuntn wohnt ... ja, das warer beste Nammittag nachm Unfall.«

»Und kannst du dich erinnern, wie ich dich die Treppe hochgeschleppt habe?«

»Waranz schönwer, wa?«

»Na ja, ging noch. Aber leicht warst du absolut nicht, mit der Zeit ging es mir ganz schön in die Knochen. Hatte am nächsten Tag Muskelkater.«

»Eh, dasut mir traurig. Hättste dowas gesagt!«

»Na so schlimm war es nun auch wieder nicht. Hatte ja dann auch vier Tage Erholung. Aber was ich sagen wollte – jetzt geht es viel, viel leichter! Ich brauche dich kaum noch halten! Ich glaube – nee, ich bin mir sicher – lange brauchst du meine oder von irgend jemand anderem die Hilfe nicht mehr! Wahrscheinlich Silvester schon läufst du wieder ganz allein. Zu wünschen wäre es dir.«

Ich bin tief bewegt: *Dies von **ihm**, eeh – was Wichtigeres gibt es für mich nicht. Denn dadurch, dass er mich laufend stützen musste, hat er in dieser Sache den größten Durchblick. Und mir Höflichkeitsfloskeln vorzuspinnen – dürfte er kaum nötig haben. Vor allem – endlich mal einer, der meine Ansicht teilt.*

»Dange! Ich werdatürlich versuchn, es hinzukriegn. Aber nach diesr Einschätzung bleib mir ou goarnischt andres übrig. Ich musses schaffn! Un ich weres schaffen.«

Mittlerweile sind wir am Zimmer angekommen. Und Manuela, die den Rollstuhl hereingebracht hat, erwartet uns bereits. »Na, kommt ihr auch schon?«, fragt sie spitzbübisch.

»Eh, hättste dichausgezogn vorde Türe gstellt, wärnengelnich umde Wette gerannt. Und da binch mir niso sicher, dassengel gewonn hätte! Dann wärchoffn Händn gerannt oso.«

»Der ist frech! Der ist frech geworden!«, belfert sie empört. Aber der Schimmer eines Lächeln scheint trotzdem auf ihrem Gesicht.

»Wieso gewordn?«, stelle ich in Zweifel. »Ich warsdoschonimmer.«

»Stimmt auch wieder«, pflichtet sie mir bei. »Mit deiner rabenschwarzen Seele hatte man schon immer zu kämpfen.«

Doch bevor ich wieder eine unanständige Bemerkung rauslassen kann, schaltet sich Engel ein: »Ente, wieso um die Wette laufen? Habe ich doch gar nicht nötig. Zu Hause kriege ich sie doch sowieso. Da brauche ich mich doch nicht erst abschinden.«

Das war das Ende meiner Beherrschung. Ich muss mich an der Stange festhalten, weil ich sonst vornüber zu kippen drohe, und fange an zu wiehern.

Manuela aber ist fassungslos, stürzt auf Engel zu: »Hör zu, du Schurke: Heute Abend hast du Einfuhrverbot!«

*

Später liege ich im Bett. Engel und Manuela haben mich noch hineingebracht, nachdem sie sich wieder versöhnt hatten, und haben mich auf ein späteres Wiedersehen vertröstet. Doch im Augenblick kann ich keinen vernünftigen Gedanken fassen, muss immer noch über Engels Bemerkung lachen, habe mich immer noch nicht beruhigen können. Und bin überzeugt davon, dass das die einzige schöne Stunde am ganzen Wochenende war.

Stehen mir nur noch selten solche Momente zu?

35

Dienstag, 20. November. Nachmittag.

Wieder sitze ich draußen auf der Bank, rauche, und bin wie so oft in letzter Zeit allein; sehe dabei, wie Sybille und Angela gerade aus der Einkaufsstation kommen. Tiefstes Gefühl der Sympathie ergreift mich augenblicklich, vor allem bei dem Gewahren von Angela. Und während ich ihrer beiden Anmut bewundere, fällt mein Blick wie nebenbei auf ihren Laufstil; Wie schon bei den geistig Behinderten beflügelt mich sofort die quälende Eifersucht, denn er wirkt einträchtig koordiniert und in Vollendung abgerundet. Jetzt, wo ich nicht laufen kann, wird mir klar, wie schön solch eine Bewegung aussieht.

»Mike, alles okay?«, fragt Sybille, als sie bei mir ankommen.

»Vonokay kaman wahrhaftigni sprechn, aber numständen entsprechnd fühlich mich gutt. Dange der Nachfage.«

»Mike, nicht so deprimiert!«, versucht Angela, mich aufzulockern.

»Na guckmal, wärst du erfreutrüber, wennde nimmer loufn könntst?«

Sie schüttelt den Kopf.

»Naalso. Dann darfich doch wohl ne Runde deprimiert sein.«

»Eine Depriphase ist aber das Schlimmste, was du jetzt haben kannst – glaube ich! Du darfst dabei nicht vergessen – dessen bin ich mir ganz sicher – dass du es schaffst! Du trainierst doch unheimlich viel!«

»Magsein. Aberohnefolgserlebnis biste dir mitter Zeit nimmer sosicher, obde ouwirklich offm richtschen Weg bist. Zwar binich noni gansoweit, alangsam möchtsich dochn spürbarer Erfolg bei mireinstelln. Sonst beginnich, an mir selbst zu zweifeln.«

»Du darfst das nicht so verbissen sehen. Auch mit Rollstuhl kann man gut leben. Du kennst doch bestimmt den einen Politiker im Bundestag. Ich weiß jetzt nicht, wie er heißt ...«

»Ich weeß, wende meenst.«

»Ja, und der kreuzt doch auch im Rollstuhl durch den Bundestag. Ich will damit sagen, dass man auch dann erfolgreich sein kann.«

»Ich kamichaber nian Rollstuhl gewöhn! Will ständig rausausihm! Und beidem Politiker herrschn ouganzandre Bedingungen alseimir. Derat keene großn Probleme mit seier Umgebung. Dem sagt niemand: tue das ni, tue jenes ni! Ihn versucht niemand zu entmündign, als groß Wickelkind abzustempeln. Eraut ständig Scheiße und alle findensokay. – Aber wasmir gradeinfällt: Wisst ihr niwas, was mich weiter voranbringt? Ihr seidoch Experten! Das wichtigste für michis doch, dasschdas Gefühl fürs Loufen wiederkriege. Die Kraft, die Ausdauer – das kaman später ranziehn, dasis nidas Primärre.«

Sybille und Angela tauschen sich aus: »Ich glaube, da war doch was«, meint Sybille.

»Na klar, richtig, da war wirklich was!«, hat auch Angela einen Geistesblitz. »Ich kann mich erinnern, uns wurde gezeigt so ein Behandlungsgerät für Kinder.«

»Wenn es hier een großes gibt, dann könnte Mike es nutzen«, zeigt Sybille an, dass sie die gleiche Idee hat.

»Nur ist mir nicht bekannt, dass sie hier auch eins haben«, stellt Angela jedoch wieder in Zweifel.

Ich habe sehr gespannt zugehört. Aber nun möchte ich genaueres wissen: »Erklärmir jetzte dochmal bitte, wasaseinsoll!«

»Es gibt da eine Laufmaschine. Die wird bei kleinen Kindern angewendet, die nicht laufen können – wegen einem Beinbruch oder so.«

»Sowas müsstes doch eigenlich ouchin meier Größe gebn«, schätze ich. »Off Kinder legn sie zwars Hauptaugenmerk, aber soalt binich janouch ni. Miris natürlch klar, dass Kinders leichter ham, loufn zu lern – oodasLoufn wiederzulern – weilse ni sovill Gewicht misich rumschleppn. Dasarf aber nolange ni heeßn, dass Ältere selektiert werdn müssn.«

»Wir wissen es auch nicht, ob es sowas gibt«, lässt Angela mich wissen. »Und auch, wenn du so anklagend sprichst – womit du hoffentlich nicht uns meinst« – ich schüttle den Kopf – »wir wissen es wirklich nicht. Aber auf alle Fälle werden wir uns umhorchen!«

»Und wenn es hier eine geben sollte, verschaffen wir sie dir«, fügt Sybille noch hinzu. »Aber jetzt machen wir wieder rein. Wir haben noch was zu tun. Tschüss! Und rauche nicht so viel!«

Kaum sind sie fort, fängt es in meinem Kopf wieder an zu arbeiten, vollführt meine Traumwelt wieder Purzelbäume, ich sehe einen Schweif am Horizont wie Jakob, als er auf seinem Weg zu

Laban in der Savanne brachlag und ihm der Herr erschien: *Eine Laufmaschine. Sie könnte der Strohhalm sein, der rettende Strohhalm. Wenn ich das richtig verstanden habe, kann ich darin laufen lernen, könnte mich in ihr fortbewegen ohne Rollstuhl und ohne Krücken. Mann, das wäre ja super, obertoll! Fortbewegen ohne fremde Hilfe! Dann würde das nicht nur eine Illusion bleiben.*

Doch wie zur Bestätigung, dass dem noch nicht so ist, kommt Helmut raus und fragt, ob er mich hineinbringen soll. Mir ist zwar klar, warum er dies fragt – er will mich wieder waschen – aber ich komme zur Einsicht, dass Trainieren besser ist als hier draußen herumzusitzen und eine gute Tat für die Lunge zu vollbringen. Also gewähre ich ihm sein Vorhaben. Muss aber weiterhin an die Laufmaschine denken, sehe durch sie eine noch einmal geöffnete Büchse der Pandora, aus der jetzt noch das letzte Gut schlüpfen könnte.

36

Montag, 26. November. Nachmittag.

Auf dem Gang habe ich jemanden entdeckt, der sich mit zwei Krücken vorwärtsbewegt, ich schaue ihm aufmerksam zu: *Er läuft zwar fast in Zeitlupe, aber er läuft, und das ohne fremde Hilfe! Das wäre doch was für mich! Wieso habe ich eigentlich nur eine? Wenn ich zwei hätte, würde ich pausenlos damit trainieren. Bis ich es beherrschen würde. Und irgendwann könnte ich es. Ich bin mir da absolut sicher. Aber da muss ich wohl mal wieder nachfragen; denn scheinbar kommt hier keiner auf die Idee, dass ich mich steigern wollte und könnte. Hier muss man sich immer erst bemerkbar machen, sonst vergessen die einen.*

Im Zimmer frage ich Jürgen sofort, ob er mir mal eine Krücke von sich borgen könnte. Denn mich hält nun nichts mehr, ich will das Laufen-Lernen mit zwei Krücken selber in die Hand nehmen.

Nachdem er mir eine geborgt hat, hieve ich mich zuerst aus dem Rollstuhl. Was kein Problem mehr für mich darstellt, seit ich es ständig übe. – Ich steige mittlerweile auch allein vom Rollstuhl ins Bett und umgekehrt, rolle ebenso allein auf die Toilette. – Dann klemme ich mir die beiden Krücken unter die Ellbogen und will loslaufen.

Das geht aber übelst beschissen! Hätte ich nie gedacht! Sah leichter aus, als es wirklich ist!

Und so marschiere ich auch an der ersten Kurve, die ich umschiffen will, unter Jürgens Bett. – Mein Stammplatz mittlerweile.

Jürgen prustet los. – Der Anblick dürfte auch ziemlich lachlich gewesen sein, wie ich wie ein plötzlich abtauchendes U-Boot auf einmal verschwinde. – »Heh, was passiert?«, ruft er nach einer Weile, sein Feixen jedoch nicht unterbrechend.

»Nee, nischt. Und komm bloß nioffn Gedankn zu klingeln. Das brauchn dieni zu wissen. Sonst legn die mir noch Handschellen an.«

»Schaffstes ouch, wieder hochzukommen?«

»Logisch. Ich muss dasdoni zumerstenmal machn. Inner ITS habichs mehrmas praktiziern dürfn. Warumalso solls hier ni klappn?«

Ich stehe wieder auf. Und am Bettrand angelehnt komme ich in den Genuss, Jürgens grinsendes Gesicht zu genießen, dem dasselbe Mienenspiel über die Züge huscht wie Aphrodite, als diese von der von Zeus geschwängerten Europa wahrgenommen wurde.

»Und jetzt?«, will er erwartungsvoll wissen.

Ich schaue ihn zweifelnd an: »Deine Fragen sinwoll ausm Lehrbuch für Dummheit?! Natüich gehs weiter! Oder meinste, wegn diesm een meier vielln Flüge fangchan zu heulen un mich einzubuddeln?«

Diese Frage lässt er mir unbeantwortet, sein Amüsement gilt meinen weiteren Laufversuchen.

Doch auch diesmal komme ich nicht weit, da ich erneut den Rhythmus verliere, wobei aber fraglich ist, ob ich jemals einen inne hatte. – *Aber dann muss ich ihn finden, eine andere Möglichkeit gibt es nicht!*

»Und jetzt?«, will Jürgen schon wieder wissen.

Diesmal konnte ich mich zwar am Bettgestell festhalten, aber durch seine Fragerei kommt in mir der Trotz hoch: »Weiter gehs!«

Jawoll, weiter geht es. Zurück zum Ausgangspunkt. Und wenn ich auf dem Kopf hinspringen muss, aber ich werde es schaffen. Jürgen wartet doch nur darauf, dass ich aufgebe. Aber da kann er lange warten! Ich komme mir ja sonst vor wie der Hase, als er vom Igel getäuscht wurde!

Jetzt Tempo: Hechel zum Rollstuhl (den ich mal ausnahmsweise erreichen will), wobei mir das Bettgestell zum abstützen heimlich als Hilfe dient.

»Schon fertig?«, ist Jürgens Wissensdurst noch immer nicht gestillt, als ich ihm, wieder im Rollstuhl sitzend, seine Krücke zurückreiche.

Och, der Trottel geht mir so auf den Sack! Ich merke schon, wie der gefährlich anschwillt! Der will mich wohl alle machen?!

»Fürserste ja«, antworte ich ihm jedoch gemäßigt, damit er Ruhe gibt und sich nicht noch einmal aufspielt wie Napoleon nach der Eroberung Preußens.

Jürgen hat vom Lästern genug; er dreht sich auf die linke Seite, aus der er nicht herausfallen kann, weil sein Bett dort von einem Gitter abgesperrt ist, und verrichtet sein – *Na was? Mittagsschlaf kann man dazu nicht sagen, er tut es fast den ganzen Tag über!* – Schläfchen oder besser Schnarcherchen; röhrt dabei wie eine Hirschkuh, die Solistin in einem Chor ist und gerade eine Fehlgeburt hatte, als wenn er allen Leuten sagen möchte: »Ich bin jetzt in Ruhe zu lassen!«

Na ja, wenn ich es mir recht überlege, dann sollte ich wohl doch erst einmal den Einsatz der Laufmaschine abwarten. Allerdings schadet es ja nie, zuerst die Lage in einem unerforschtem Gebiet zu sondieren. Dies sagten schon die alten Kriegsherren, und ich bin im Krieg mit meinem Körper. Dazu muss ich das komische Gerät aber erst einmal haben. Wollen die etwa schon wieder Terror erleben? Mmmh, von mir aus gerne. Dies würde wohl der Wiederbelebung einiger eingeschlafener Hirne dienen. Nötig? Sieht so aus.

37

Dienstag, 27. November. Vormittag.

»Angela«, Sybille ist gerade nicht anwesend, »wendmir doch bitte ma dein Gehör zu!«

»Ja, was ist, Mike?«

»Du erinnerst dich doch bestimmt, dass ihrmir die Loufmaschine vorgeschlagn habt.«

Sie nickt bestätigend.

»Unihr machtoch diese Woche wieder zurück. Bis dahin möchtich mitebn diesm Gerät vertraut gemacht wordn sein.«

»Hat dich Sybille noch nicht eingeführt?«

»Ich hadie Maschine überhauptnoni zu Gesicht gekriegt.«

»Oh, dann werde ich mich mal drum kümmern, dass du sie in den nächsten Tagen erhältst«, verspricht sie mir. Und dass Angela zu ihrem Wort steht, davon bin ich überzeugt. Denn sie versucht immer, sich in derartige Sachen hineinzufühlen, ist mit Leib und Seele dabei.

*

»Bist du fertig, Mike?«, tönt die in der Tür erschienene Sybille. *Aha, da Mittag durch ist, folgt nun Laufschulhalbestunde.* – Ich nicke.

»Dann komm!« Damit gibt sie mir die Krücke und schnappt sich meinen rechten Arm, die hinzugetretene Angela hält die Tür weit auf.

Draußen vor der Tür steht etwas, das mir völlig unbekannt ist. Fragend schaue ich die beiden Mädchen an.

»Ja, das ist die Laufmaschine«, berichtet mir Angela.

Ich merke, wie es in mir stockt: *Daran soll ich laufen lernen?* – Eine blanke Metallkonstruktion auf vier Rädern bietet sich mir dar, an einer Seite sind zwei Streben, auslaufend in Polster, in Schulterhöhe ungefähr.

»Und, möchtest du darauf?«, zweifelt auch Sybille.

Will ich das wirklich? Mir wird noch ein bisschen mulmig bei dem Gedanken. Doch – was soll's? Mehr als den Hals brechen kann ich mir sowieso nicht. »Alsübergangslösun schon; weeßaberni, wi-eich datanstelln soll.«

»Das zeigen wir dir«, versichert Angela. »Wichtig ist nur, dass du es auch willst.«

Während Sybille mich einen Meter vor dem Gerät stehend festhält, gibt mir Angela eine mündliche Gebrauchsanweisung: »Die Stützen hier « – die Streben mit den Polstern – »kommen unter die Schultern in die Achselhöhlen. Damit du dich fixieren kannst zum Nicht-Umkippen. Und auf die hier« – die Streben, welche parallel zu den Achselhöhlenhaltern befestigt sind – »legst du deine Hände. Dann stehst du gerade, senkrecht, nicht, wie es oftmals deine Art ist, krumm wie ein verschlissener Fiedelbogen. Dann läufst du los. Das war alles. Schwer?«

»Nö, voner Theorieher ni. Nur inner Praxis dürftsn bisselandersaussehen.«

»Genau diese Praxis werden wir jetzt einstudieren«, klärt Sybille mich auf. »Angst?«

Ein zweifelnder Blick wandert aus meinen Augen in ihre Richtung.

»Dann komm.«

An dem Gerät wird mir die Krücke abgenommen und ich harre nun freistehend auf mein Schicksal; schwanke äußerlich dabei wie ein sich auf dem Feld im Wind wiegender Grashalm und innerlich versteife ich mich wie ein vor einer Schlange sitzendes Kaninchen. Doch kurz darauf halte ich mich schon an den Streben fest, nur meine Schultern sind noch in der Schwebephase – ich will sie auf die Polster schieben.

»Hmm, die müssen wir ein bisschen runterstellen«, sieht Sybille ein, dass diese noch zu weit oben sind.

Nach dem Einjustieren sind meine Schultern hinaufgerutscht und ich stehe bedeutend sicherer. Die Spur Angst, die sich vorhin aufgedrängt hatte, ist wie weggeblasen, auch wenn ich mich sicherheitshalber schon immer nach einem geeigneten Platz zum Fliegen umsehe.

»He, gerade hinstellen!«, ermahnt mich Angela.

Ich schaue sie belustigt an: *Recht hat sie ja, ich hänge im Gerät wie ein Schluck Wasser, der gerade überlebend aus einem Zerstäuber gekommen ist.*

Beim Aufrichten muss ich wie schon seit langem bemerken, dass ich mich vom Gefühl her nie gerade postiere, immer eine linke Krängung habe. Und stehe ich mal gerade, kommt es mir so vor, als wenn die Hauptlast auf dem rechten Bein liege. Genauso soll ich immer verstärkt nach rechts gucken, weil das nach links ohne Beanstandung vonstatten geht, ich aber Schwierigkeiten habe, den Kopf nach rechts zu drehen. Aber jetzt ist das Schiefstehen nicht so gut möglich aufgrund der Polster, weil sie mich so aufrichten, wie es sein soll.

»Na ja, so geht es einigermaßen«, findet Sybille. »Und jetzt setzt du einen Fuß vor den anderen und schiebst dabei die Laufmaschine vor dir her.«

Ich versuche loszulaufen. Doch die Laufmaschine ist mir nicht ganz geheuer. Deswegen gehe ich das noch zögerlich an, beobachte, dass sie mit mir auch nichts anstellt, was nicht in ihr Metier gehört.

Doch plötzlich gerate ich in Rückenlage! Merke, wie es mich zurückzieht! Sehe, wie das Gerät mir folgt – nicht ich ihm, nein – es mir! Und würden mich nicht die *wohltuenden* Hände von Sybille und Angela festhalten, wäre ich nach hinten unten galoppiert.

»Noch einmal, Mike«, seufzt Sybille auf, »du musst, wenn du die Schritte nach vorn setzt, auch das Gerät mit nach vorn schieben!«

»Habichs nijemacht?«, fange ich an zu witzeln. »Ich vermute, die Laufmaschine hatnochn Rückwärtsgang drinne. Daroff warch nämlini vorbereitet.«

Keine Antwort. Angela und Sybille schauen sich nur grinsend an.

»Pmmp, pmmp, krrrh – so, jetzt isser Vorwärtsgang drinne!«

»Mike, würdest du jetzt bitte die ganze Sache ernst angehen?«, fängt Angela an zu kochen.

»Binichoch!«, versichere ich, und blinzele dazu reumütig. »Kömmer jetzt losstampfn?«

»Darauf warten wir schon die ganze Zeit!«

Ich tippel los, diesmal allerdings mit bedeutend mehr Tempo.

Ach Scheiße, schon wieder vergessen, den Körper nachzuschieben!

Ich gebe meinem Körper einen Ruck, bevor die beiden Mädchen zufassen können. Aber: *Kacke, jetzt hänge ich wieder drauf wie ein besoffener Ochse auf einer Kuh! Rasch die Beine folgen lassen!*

Ich kämpfe mich ruckartig vorwärts.

Ein paar Meter später habe ich den Rhythmus einigermaßen gefunden. Sofort glüht in mir ein Hurra-Gefühl auf: *Ich laufe! Ich laufe ohne Krücken, ohne fremde Hilfe – ich laufe! Beifall! – Am liebsten würde ich das Vorderteil der Laufmaschine vor lauter Jubel hochschweben lassen; was ich aber besser sein lassen sollte – sonst machen sich Angela und Sybille noch ein vor Angst und ich stolpere über die Pfützen.*

*

Nach viel zu kurzer Zeit ist Ende der Vorstellung. Ich muss das Gerät auf dem Gang stehen lassen, werde ins Zimmer zurückgebracht. – *Ein Scheißgefühl, wenn man gerade noch von eigener Hand geführt wurde. Wird Zeit, dass dies ein Ende nimmt.*

»Aja, wasmir gradeinfällt: Gestern habich jemandn gesehn, der mit zwee Krücken durchde Gegend gestiefeltis. Allein, ohne fremde Hilfe! Warum habnich eigentlich blosseene?«

Entgeistert werde ich angeschaut. Dann rafft sich Sybille zu einer Erklärung auf: »Weil du noch nicht sicher genug bist, allein zu laufen. Deswegen.«

Aha, Sybille klärt mich auf. Doch diese These stammt aus längst verflossenen Zeiten. Es muss ja mal anders werden!

»Soso!«, belächle ich sie ironisch. »Aberetzt dürftich inne Phase kommn sein, zwee benutzn zu könn.«
»Du bist ja lebensmüde!«
Da hat sie vielleicht gar nicht mal so unrecht. Allerdings hier nicht. Nur wenn es niemals mehr klappen würde.
»Ichamir daso gedacht«, versuche ich einzulenken, »dassch natürlich nigleialleene loslege. Ihr möchtetes mir beibringn. Ich bin miraber sicher, dassch nu dazu reif bin!«
»Und was wird aus der Laufmaschine?«, scheint Angela nicht mehr auf meiner Seite zu stehen. »Du hast doch so darauf gedrungen, sie zu bekommen. Und jetzt ... «
»Natürlich trainierich mitter weiter«, unterbreche ich sie. »Aberallein! Mitten Krücken untereurer Offsicht.« Da sie ja nur noch diese Woche da sind, erübrigt es sich, sie darauf aufmerksam zu machen, dass dies nicht ewig so bleiben würde.
»Mike, das mit dem am Laufrad allein trainieren kannst du vergessen!«, erzürnt sich jetzt auch noch Sybille. »Du kommst doch gar nicht auf die Stützen der Laufmaschine! Wenn du damit stürzt, haben wir den Max!«
Ich lächle innerlich – bitter, doch trotzig: *Die unterschätzt mich gewaltig.* – »In Bezugaufs Draufkommn werdich schonn Weg findn.«
»Eeh, wenn du anfängst, damit allein zu üben, lassen wir die Laufmaschine gleich verschließen! Du kannst ja eine Schwester fragen, ob sie dir dabei hilft.«
»Wegen der zweiten Krücke werden wir Frau Kiefer (stellvertretende Physiotherapiechefin) fragen«, fügt Angela hinzu. – *Hat sie sich doch nicht von mir abgewandt?* »Denn wir können die Verantwortung echt nicht übernehmen. Du hast ja schon von Sybille gehört: Wenn dir dabei was passiert ... «
» ... hab ihrn Max«, ergänze ich.
Mittlerweile sind wir im Zimmer angekommen.
»Mike, noch mal – denke daran, was ich dir gesagt habe!«, ermahnt mich Sybille ein letztes Mal. Dann durchbohrt mich ein prüfender Blick von ihr, Angela verstärkt seine Stromstärke, so dass es fast schon unangenehm wird, trotzdem halte ich ihm aber stand.
Wenn das Thema nicht so ernst wäre, könnte ich lauthals drüber lachen. Die Schwestern fragen – haahaa! Die haben ja sooo viel Lust und nehmen sich dafür auch sooo viel Zeit. Und ich weiß

wahrlich nicht, warum ich damit bis morgen warten soll. Doch ich werde wie immer mit dem Rollstuhl trainieren gehen. Allerdings kann ich für nichts garantieren. Die Laufmaschine hat auf mich so eine Wirkung wie etwas Verbotenes auf ein Kind: Trotzdem haben!

*

Nanu, wo is´n das Laufgerät hin?, wundere ich mich auf dem Gang. *Ich habe es doch dort vorn abgestellt. Da muss ich doch mal gucken, wo es geblieben ist. Vorausgesetzt, Sybille und Angela haben es nicht aus reiner Vorsicht mitgenommen. Dann hätte ich allerdings ´n Dreck.*

Ah, da ist es ja. Es steht in der Nähe vom Ärztezimmer. Wie spät ist es? Schon vier Uhr durch? Dann dürfte von den Ärzten ja kaum noch jemand da sein – wenn ich nicht gerade Pech habe und einer von ihnen Dienst hat. Dann muss ich mich dumm stellen.

»Entschuliung«, wende ich mich an eine vorbeigehende Patientin, »wärnSemaso feundlich, miras Gerät da offn Gang zu bringn? Hier läufsichso schlecht.«

»Natürlich«, antwortet sie mir.

Nachdem sie es an meinen Wunschort gestellt hat, fragt sie mich noch, ob sie mir hineinhelfen soll.

»Nö dange, ni nötig«, lehne ich ab im Vertrauen auf mein eigenes Können und das mir beistehende Glück.

Trotzdem bleibt sie aber stehen und schaut mir zu.

Au Backe, jetzt komme ich mir vor wie auf einer Prüfung! Wenn ich es nicht schaffe, bin ich im ganzen Krankenhaus als Große-Töne-Spucker verschrien! Mir bleibt also gar keine andere Wahl, ich muss erfolgreich sein!

Ruhig und gelassen – scheinbar – rolle ich hinter das Gerät.

Puh, wenn ich daran denke, was jetzt alles passieren könnte? Ich würde ... Ach, ab ins Hinterstübchen damit!

Ich stehe auf und lasse mich gegen die Stützen fallen. - *Wegrollen kann das Gerät nicht, denn es ist gegen die Heizung gestellt.* - Die Streben bekomme ich sofort zu fassen, brauche nur noch die Schultern über die Polster zu schieben.

Die Patientin steht da, nickt beifällig, als ich es geschafft habe.

Wieder allein stehe ich erst einmal still zur Beruhigung des Adrenalinspiegels. Erleichtert atme ich dabei auf, erleichtert darüber, nicht versagt zu haben.

Mein erster freier Gang: *Langsam, ganz langsam, immer schön auf alles achtend – ja, so muss es ablaufen. Ganz ruhig, nicht die Ruhe verlieren, keine Hektik aufkommen lassen; ich stehe unter nicht einem einzigen Druck, habe also alle Zeit der Welt. Darf dabei aber auch nicht zu langsam werden, habe ja vorhin gesehen, was dann passieren würde. Und diesmal sind keine schützenden Hände hinter mir.* Trotzdem – das dürfte ein irres Gefühl sein, weit und breit niemanden zu sehen und ich laufe! Und in naher Zukunft wird das immer so sein!

Ich schreite den Gang vor und zurück, und das zweimal. Unterwegs kommen Patienten aus ihren Zimmern raus, gucken kurz in meine Richtung, gehen dann weiter. Auch eine Schwester kommt vorbei, sieht mich laufen, ist verwundert: »Herr Scholz, wieder aktiv? Dürfen sie dies überhaupt?«

Was soll ich sagen? Informiert scheint sie nicht zu sein, sonst hätte sie mich längst weggezerrt. »Klaro!« Flucht nach vorn!

Ein Lächeln erscheint auf ihrem Gesicht, dann geht sie weiter ihrer Arbeit nach.

Nach weiteren zwei Runden bewege ich mich zurück in den Rollstuhl. Und muss dabei bemerken, dass meine Beinmuskulatur von diesem Ausritt starke Verschleißerscheinungen zeigt. Trotzdem werde ich nach dem Abendbrot noch eine Übung folgen lassen.

*

Das Essen schleunigst reingestopft rolle ich zur Laufmaschine zurück. Denn jetzt habe ich es auf einmal sehr eilig, sehe in ihr meine große Chance, das Laufen wiederzuerlernen.

Bei ihr angekommen habe ich mein Tempo noch nicht reduziert und will mich in der gleichen Weise wie vorhin an sie ankoppeln.

Scheiße, war zu schnell, verfehlt!

Nur mit den Händen habe ich die Maschine fassen können, meine Schultern hängen noch in der Luft. Und da sie sich vorwärtsbewegte, Toleranz zwischen ihr und der Heizung bestand, klammere ich mich nun an sie wie ein fehlgetretener Hochseilartist an sein Laufseil.

In dem Moment kommt Marika aus ihrem Zimmer. Die Maschine steht parallel zu ihrer Tür, weshalb es ihr sofort ersichtlich wird, was für Probleme ich beim Reinsteigen habe.

»Mike, soll ich dir helfen?«, fragt sie mich besorgt.

»Ni nötig, dange«, ächze ich, denn ich bin gerade dabei, mich aus dieser peinlichen Lage wieder in die Normalstellung zu bringen. Bin diesmal unangenehm berührt von ihre Erscheinung, wettere darüber, dass zu allem Überfluss sie jetzt auch noch auftauchen musste.

Nachdem sie gesehen hat, dass ich mich von allein wieder aufstellen kann, zieht sie von dannen.

*

Eine halbe Runde habe ich fast absolviert, da biegt Michael um die Ecke. Glaube aber nicht, dass ich bei ihm Probleme bekommen werde.

»Mike, was machst du da?«, fragt er mich überrascht.

»Dassiehste doch – loufen. No Fragen?«

»Nein, keine mehr. Aber eine Aufforderung!«

Ich werde misstrauisch.

»Von Sybille wurde ich informiert, dass du ohne Aufsicht die Laufmaschine nicht benutzen darfst! Also bewege dich zurück zum Rollstuhl – ach nein, ich helfe dir dabei. Bleibe ganz ruhig stehen.«

Ich glaube, ich höre nicht richtig!

Fassungslos starre ich ihn an. »Heh, erstens habich dies Treiben heute schoma nach sechzehnuUhr durchzogn – ohne Probleme – unaußerdem kannste ja jetzte deoffsicht übernehmn!«

»Ich habe jetzt aber keine Zeit! Und wir sind darüber belehrt worden! Wenn dir was passiert, bin ich schuld. Und das Risiko will ich nicht eingehen. Also komm jetzt.«

»Eh, dasmitm Ni-Eingehn-Wolln kommiraber sehr bekannt vor, scheinhier anner Tagesornung zu sein! Es dünkt, als wärichinner Konservnfabik, woich inner Geleetunke stecke unni loskomm!«

Doch darauf geht er nicht ein. Vorsichtig zieht er mich zum Rollstuhl zurück, wobei ich natürlich versuche, mich dagegenzustellen, habe aber – auch natürlich – keine Chance.

»Jetzt verstehen wir uns wohl nicht mehr, hm?«, fragt er mich, als er mich per Rollstuhl ins Zimmer zurückbringt.

»Vergisses!«, antworte ich mürrisch.

»Sieh das doch mal ein: Wir sind darüber belehrt worden, dass du nicht mit der Laufmaschine üben darfst«, startet er noch einen Rechtfertigungsversuch.

Insgeheim muss ich grinsen: *Das kommt bestimmt nicht alle Tage vor, dass die Schwesternschaft darüber belehrt wird, aufzupassen, dass dieser eine Patient etwas Bestimmtes, was in keinen*

Schriften steht, nicht macht. Lach lach!

»Und wir müssen uns mit diesen Anweisungen anfreunden«, rechtfertigt er sich weiter. »Sonst kriegen wir was auf die Mütze.«

Und wenn die sich an solche dämlichen Anweisungen halten, kriege ich was auf die Beine!

Doch ich habe meinen Mund verschlossen, hülle mich in Schweigen. Wenn es mir auch schwerfällt, so ist das meiner Meinung nach doch das Einzige, womit ich meinen Protest kund tun kann.

Wir wollen gerade ins Zimmer eintreten, da rauscht die Schwester heran, der ich vorhin die Notlüge aufgetischt habe. »Herr Scholz«, keift sie mich an, »Sie haben mir doch vorhin erzählt, Sie dürften mit der Laufmaschine üben. Dabei stimmt das doch gar nicht!«

»Meieransicht nach darfiches«, antworte ich ihr aus voller Überzeugung.

»Das kann doch nicht wahr sein!«, hat ihre Fassungslosigkeit den Gipfelpunkt erreicht. »Der steht auch noch zu seinen Lügen!«

Ich fange an zu grinsen: *Was erwartet sie denn? Natürlich stehe ich zu dem, was ich gesagt habe. Der Zweck heiligt bekanntlich die Mittel.*

Michael bringt mich hinein. »Ich glaube«, versucht er dabei auf mich einzureden, »darüber solltest du mal nachdenken.«

»Worüber, un warum?«, lasse ich mich nun doch zu einer Antwort hinreißen. Dabei bin ich aber mit meinen Gedanken ganz woanders, habe dieses Geschehnis längst abgehakt: *Morgen werde ich das mit Sybille und Angela in Ordnung bringen. So geht es ja nun nicht! Ich bin hier, um mich wieder hochzupäppeln, nicht, um dem Personal beim Saubermachen zuzusehen. Also!*

Michael aber verzieht sich kopfschüttelnd. - *Hähä. Er dürfte nun völlig der Meinung sein, an mir ist nichts mehr zu richten. Doch mir bleibt nur die Wahl zwischen zwei Punkten: Entweder ich nehme Rücksicht auf das Personal und genieße das Rollstuhlleben, oder aber ich nehme keine Rücksicht und katapultiere mich wieder hoch. Und dazu war dieser Tag sehr wichtig. Ich habe das Tor weit aufgestoßen, an dessen Ausgang sich mein Ziel befindet. Doch um hindurchtreten zu können, muss ich erst noch einiges regeln. Wenn es sein muss, mit Terror.*

38

Die Strafpredigt von Sybille folgt am nächsten Vormittag zur Krankengymnastik: »Kannst du dich erinnern? Gestern habe ich zu dir gesagt, dass du die Laufmaschine nur unter Aufsicht benutzen darfst, nicht – ich wiederhole – nicht allein!«

»Ich weeß ni, warumdedich sooffregst. Die zweema, diechdran war, gings doch gutt.« *Kann nur hoffen, dass sie nichts von meinen Flatterversuchen erfahren hat. Allerdings glaube ich nicht, dass Marika mich verpfeift.*

»Okay, zweimal ging es gut, doch das dritte Mal?«

Sehr gut, sie weiß nichts davon. »Ach komm, hör dooff, daran deie Gedangn zu verschwendn! Ichabn Trick raus!«

»Gott sei Dank, dass ich Freitag gehe. Dann können sich andere mit dir rumschlagen. Denn du wirst langsam problematisch. Doch solange ich noch da bin, hältst du dich an meine Anordnung!«

Da wäre ich mir an deiner Stelle nicht so sicher, meine Gute. Einmal Blut geleckt, ... und jetzt will ich es ausschlürfen.

»Und noch einmal: Solltest du dich nicht daran halten, nehme ich das Gerät wieder mit, bringe es nur zum Training hoch!«

Gut, dass ich ihr meine Ansicht nicht verraten habe. Aber eins muss sie noch hören: »Wennichas richtig verstandnab, dann sollimich indieseOffgabe fürne Stunde pro Tag reinknien; den Restes Tages darfch mich einbuddeln. Wow, wiefolgversprechend.«

»Du kannst ja noch mit dem Rollstuhl trainieren.«

»Ich gloub, dirisnicht ganz klar, dasses da-n himmelweitn Unterschied gibbt. Imollstuhl dürfn dearme answerk und anner Loufmaschine debeene. Außerdem willich keen gewiefter Rollstuhlfahrer werdn, sonderneider loufn könn! Klar?«

»Nächste Woche kannst du von mir aus machen, was du willst! Aber in dieser Woche hörst du noch auf meine Anweisungen. Und übrigens, ich habe Frau Kiefer wegen einer zweiten Krücke für dich gefragt. Sie sagte nein! Und damit ist das Thema für mich erledigt.«

*

Am Nachmittag entschließe ich mich, mit dem Rollstuhl ein bisschen herumzukutschen. Dabei stelle ich fest, dass die Laufmaschine noch am selben Platz wie gestern steht.

Nein Mike, du benutzt sie jetzt nicht! Du wartest, bis du beaufsichtigt wirst!

Oh, wahnsinnig schwer, meine ganze Beherrschung muss ich zusammengürten, komprimieren, denn die Schlange der Sünde windet sich um die Gestänge und schmachtet dort in erotischen Zuckungen. Trotzdem schaffe ich es aber, ihr zu widerstehen; obwohl ich sie aus den Augenwinkeln betrachte, obwohl mein Rollstuhl wie automatisch ihren Kurs ansteuert. Doch ich fahre an ihr vorbei. Nichtsdestotrotz muss ich mich aber erkundigen, ob Michael da ist. Nicht, weil ich mit ihm reden will, sondern weil ich mich ... - *Verborgen, bleibt geheim!*

Er ist nicht da, dafür Schwester Diana. »Schwesterchn«, flöte ich ihr zu, »kannstemirma een Gefalln tun?«

»Gern. Welchen?«

»Daraußen offm Gange steht de Laufmaschine ...«

»Und mit der willst du laufen.«

»Richtig! Aberohneoffsicht darfch das ni. Weeßwarni warum, aber de ham sich hierallemein etwas fickrig.«

»Was haben die sich?« Ungläubig erzürnt schaut sie mich an.

»Oh. Äh ...« Verlegenheit versucht, in mir hochzuschwappen, ich suche schleunigst nach einem anderen Begriff. »Äh ich wollte sagn, manetraut sich hier nisorichtig.«

»Aha, ich kann mir so ungefähr denken, was du andeuten willst. Aber die Übung können wir schon machen. Allerdings habe ich nicht viel Zeit.«

»Isnischön, aberouni traisch. Hautsache, ich kommausm dämichen Rollstuhraus.«

»Gut. Und wie soll ich dir dabei helfen?«

»Indemde dieaktion beäugst«, erkläre ich ihr. »Den Rest machich alleene.«

Sie stellt sich an die Gangkreuzung, von der aus man den ganzen Flur überblicken kann. *(Wo auch der Spiegel ist. Aber sich schön zu machen, ist nicht nötig, ihre Anmut lässt sich nicht mehr steigern!)* Währenddessen habe ich mich zur Laufmaschine begeben, sie routiniert angefallen, fange nun an, mit ihr loszutippeln.

Als ich bei Diana vorbeikomme, verklickert sie mir ihre eigene Meinung: »Also, ich habe mir die Sache jetzt aufmerksam besehen. Komme dadurch zu der Ansicht, dass du weder Probleme mit dem Anvisieren und Ergreifen hast, noch mit dem Laufen. Ich kann es also nicht ganz verstehen, dass man dich an ihr nicht trainieren lässt.«

»Sadasma dendauntn imkeller. Diesinabsoluni deieransicht, ham sogaramit gedroht, siemir wieder wegzunehmen.«

»Also von mir aus kannst du mit ihr laufen. Ich gehe jetzt weiter meine Arbeit machen. Rufst du, wenn du Schwierigkeiten hast?«

»Natürlich.« *Wenn ich dann noch rufen kann.*

Weg mit diesem Pessimismusgedanken. Ich schwimme gerade auf einer Erfolgswelle, die will ich mir durch nichts vermiesen. Habe auch keinen Grund, Diana irgendeinen Vorwurf zu machen; ich bin es doch, der hier mit hohen Einsätzen pokert, der die Schwestern austrickst und daraus Profit schlägt. Und außerdem passiert mir sowieso nichts, ich habe einen guten Schutzengel. Wenn er nicht wäre, würde ich mich längst als Fettauge auf der Sudoberfläche des Höllenkessels Nummer vier vergnügen. Mache ich aber nicht. Ergo? Allerdings, am 3.8. hat er gepennt. Vielleicht war gerade eine hübsche Engelin bei ihm zu Besuch?

*

Ich bin in der dritten Runde, da kommt Marika um die Ecke: »Na Mike, wieder auf Achse?« Dabei schaut sie sich um und bemerkt, dass ich erneut ohne Aufsicht trainiere.

»Jaaa«, schiebe ich ihr einen misstrauischen Blick hinüber.

»Haste mich gestern verpfiffn?«, komme ich dann nicht umhin nachzuhaken, obwohl ich ihre Antwort eigentlich bereits kenne.

»Meinst du wegen der Schwierigkeiten, die du beim Reinsteigen hattest?«

»Hmm, genau die! Dekomscherweise wusstn die Schwestern hinterher, dasschunterwegs bin.«

»Nee, ich habe nichts verraten, habe da geschwiegen wie ein Grab. Aber was ich wissen wollte: Hattest du beim Reinsteigen heute wieder Probleme?«

»Diesma zogich zuroffsicht Swester Dianaran«, berichte ich beruhigend. »Dieswarnur kurzonnte, a Prüfung bestandn!«

»Musst du das immer unter Aufsicht machen?«

»Komscherweise ja!«

»Dann kannst du auch irgend jemand von uns fragen. Wir helfen dir auf alle Fälle. Und wenn es nur Beaufsichtigung sein muss.«

Ich muss unwillkürlich die untere Kinnlade vorschieben und einträchtig nicken: »Danke.« Denn ich bin positiv beeindruckt.

»Und was ich dir auch noch sagen wollte, Mike: Wenn du weiter so durchziehst wie bisher – man konnte es ja beobachten – dann läufst du bis zum Frühjahr mindestens so wie Vogel! Da wette ich mit dir.«

»Okay, dierausforderung nehmichan. Allerdings binich sehr dafür, dass de die Wette gewinnst. Jetzt machich abererstmal Schluss. Bin fertsch off die Knochn.«

Habe ich seit zwei Wochen meine Glücksgeläutorakelzeit? Erst Michael, dann Engel, jetzt Marika, Angela halb, dazu plappere ich mir selber immer solches Zeug vor. Trotzdem ist es immer wieder unbeschreiblich schön, von irgend jemand anderem das eingeredet zu bekommen. Und natürlich sehnt man sich am meisten danach, dass es von den Leuten ausgesprochen wird, denen man nahesteht – nahe stehen will. Nicht immer diese windigen Orakel: »Das schaffst du nicht und dies schaffst du nicht!«, *die ein so richtig depressiv machen können. Wenn man immer nur selber gewiss ist, dass man sich wieder aufrappelt, die anderen –* **Fachleute!** *– immerfort gegenteiliger Meinung sind, eh dann kann man mit der Zeit den Glauben an sich selber verlieren. Doch soweit war es bei mir zum Glück noch nicht; und nun wird es wohl auch nie mehr so sein – nehme ich an.*

39

Freitag, 30. November. Nachmittag.

Heute ist der Tag gekommen, wo die beiden Süßen sich von dieser Station verabschieden müssen. – *Kommen sie noch einmal hoch?* – Erwartungsvoll laufe ich mit der Maschine über den Gang, um sie sofort erblicken zu können.

Just in dem Moment biegen sie um die Ecke. Sybille sieht mich als erstes, lässt ihren Blick suchend über den Gang kreisen, muss dabei jedoch wiedermal meinen scheinbaren Frevel konstatieren.

Ein strafender Blick schießt nun herüber; wäre ich nicht ausgewichen, hätte er mich wohl in Grund und Boden gestampft, so wie es den Opfern von Bud Spencer immer ergeht.

Aber trotz allem vermag ich nicht, mich eines Grinsens zu erwehren. »Bein Schwestern habichbscheid gesagt«, kann ich reinen Gewissens beteuern. »Abunzu schaunse vorbei.«

»Weißt du was?«, lässt Sybille ihren Flunsch sprechen. »Es ist mir ab jetzt total egal. Schließlich ist es ja dein Leben ...«

»Hmmh, dasaste vollkommn richtscherkannt«, vertiefe ich ihre Überzeugung.

» ... und da wir uns jetzt von dir verabschieden wollen, kannst du danach machen, was du willst. Also tschüss und viel Glück.« Sie gibt mir die Hand, winkt noch einmal und geht.

Angela ersetzt ihren Platz. Und auf einmal kommen mir meine Augenlider unendlich schwer vor wie bisher nur einmal in meinem Leben, als ich Jackline das letzte Mal vor der Armee sah und ihrem aus dem Fenster des abrollenden Zuges herausschimmerndem Antlitz unter Tränen zuwinkte. Jetzt aber könnte ich Angela in die Arme schließen und nie mehr loslassen; schon seit langem hat nichts in mir so sehr nach einer bestimmten Frau gelechzt, wie das jetzt der Fall ist; alles um mich herum ist ausgeschaltet, ich stehe vor ihr in einer schmalen Schneise und sehe nur ihre alles in sich aufnehmen könnenden Augen, die mich jetzt traurig – *Oder kommt mir das nur so vor??* – anlächeln. Gut – sie ermöglichte mir Sachen, auf die ich sonst hätte wohl ewig warten können. Nie werde ich die Schuld, in der ich ihr gegenüber stehe, begleichen können. Ich verdanke ihr unheimlich viel. Doch wird dieser tiefe innere Schmerz nur deshalb ausgelöst? Oder weil ich sie nie mehr wiedersehen werde? – *ICH MAG SIE!*.

»Mach's gut. Mike. Und du schaffst es.« Sie drückt mir noch einmal fest die Hand – *Ist da etwa ein kleines Streicheln dabei?* – und geht.

Ein winziger Tropfen vernebelt mir den Blick, als sich die Schneise auflöst. Aber – ich schüttle wie wild den Kopf – *Was soll's? Ich muss jetzt allein weiterziehen, habe nie wieder die befehlenden und die Willen einreden wollenden Stimmen neben mir. Werde die grantige Sybille und die zuverlässige Angela vermissen, yeah; beide waren so unendlich lieb, ich fühlte mich meistens wohl, wenn sie mir was aufschwatzen wollten. Und nicht nur, weil sie gut aussehen. Doch ich kann nur hoffen, dass mich nicht jedes Mal so ein Abschiedsschmerz ereilen wird. Nun aber muss es wieder heißen: Augen nach vorn, Kopf gegen die Wand, bis sie bröckelt, und weiter den steilen Berg erklimmen!*

40

Montag, 3. Dezember. Vormittag.

Da ich heute noch keine Behandlung hatte, treibe ich mich allein auf dem Gang herum. Allerdings mit dem Rollstuhl, denn mich hat eine Vorahnung beschlichen, dass ich meine Kräfte heute noch brauchen werde.

Nanu, Frau Miller kommt um die Ecke? Ach ja, sie ist ja zurück von ihrer Kur!

Ein scheeler Blick begleitet ihre strahlende Miene: »Guten Morgen, Herr Scholz. Sie gucken mich so böse an. Ist irgendwas nicht in Ordnung?«

»Guddn Morn, Frau Miller«, grüße ich zurück. »Unich guckni böse, nurerwarned.« In lauernder Erwartung.

Während ich spreche, schiebe ich ihre Begleiterin in mein Visier: Halblange dunkelblonde Haare, schlank, macht einen seriösen Eindruck. Aber welche Rolle soll sie hier spielen? Vielleicht ... *Ach, wozu einen Kopf darüber machen? Mit Garantie erfahre ich es sowieso gleich.*

»Das hier ist Claudia«, stillt Frau Miller meinen Wissensdurst. »Sie macht hier ihr Praktikum, betreut Sie bis Weihnachten. So, ich lasse Sie jetzt mir ihr allein.«

»Sie haben es also ...«, beginnt sie ihre Therapie, wobei sie aber ihren ersten Satz nicht vollenden kann, weil ich sie unterbreche.

»Das dämiche 'Sie' kannstir sparn. Ich magsni. Duetwa?«

»Nein, natürlich nicht. Aber wir bekommen es so gelehrt. Und manche Patienten wollen es eben halt so. Meistens bin ich ja auch jünger.«

»Wie alt bistn?«

»Neunzehn.«

»Nagut, ich 22. Afür dich binich Mike und ichittarum, dass de mich duzt.«

»Okay, Mike. Also, ich soll mit dir soweit wie möglich vorwärtskommen. In welcher Region bewegst du dich?«

»Ichefind michoffm Wevomollstuhl zun Krückn. Unzur Zeit erlernich das Loufn inner Loufmaschine daorne.«

»Ohne Hilfe?«

»Ohne Hilfe! Allerdings sollioff Befehlon Sybille – Kennste die?«

»Sybille? Ja, die kenne ich.«

»Äh also, offefehl vonir sollichunter Beoffsichgung loufn. Mirunverständich, debeider Benutzung habichasolut keene Schwierigkeiten.«

»Zeig es mir mal.«

Wieder eine Prüfung! Aber ich glaube, diesmal dürfte es die letzte dazu sein. Allerdings darf ich jetzt nicht versagen, es geht nämlich um verdammt viel. Sonst ginge das ganze Spiel wieder von vorn los.

»Ich sehe, das geht gut!«, bescheinigt mir Claudia, nachdem ich ihr das Laufen ohne Probleme vorgeführt habe. »Du brauchst also keine Aufsicht mehr dabei!«

Endlich – endlich ist dies ad acta gelegt! Ich könnte sie umarmen. Doch halt: Noch wäre dieses Umarmen verhalten. Denn ich muss doch mal sehen, ob sie generell dazu geneigt ist, Neuerungen einzuführen. oder ob dies nur eine Eintagsfliege war.

»Wie siehtsn eigentlichaus mizwee Krückn?«

Okay, das mag vermessen sein, jetzt noch mehr zu wollen. Denn eigentlich müsste ich ja froh sein, ihr Ja-Wort für das alleinige Betreiben der Laufmaschine bekommen zu haben. Aber meiner Meinung nach kann ich es mir zur Zeit nicht leisten, geduldig auf etwas zu warten. Weil ich dann vielleicht ewig warte.

»Hast du das schon mal gemacht?«, will sie wissen. – Klingt nach: »Wir werden es angehen.«

»Vorige Woche habich Sybille gfragt, obsmögliwäre, dasse mit miramit tainiert; sie hatsaber abgelehnt.« *Kein Wort davon, dass Frau Kiefer dies verboten hat; sonst kommt sie noch auf die Idee, ebenfalls zu fragen.*

»Ist dir bekannt warum?«

»Keeneahnung.« *Obligatorische Notlüge.*

»Na ja, wer weiß. Aber ich bin der Meinung, dass du es schaffen könntest. Deswegen bringe ich beim nächsten Mal noch eine mit.«

»Wäras heut Nammittag?«, frage ich vorsichtig mit hochgezogenen Augenbrauen und zitternder Stimme.

»Ja, nach dem Mittagessen!«

Als ich dann zur nächsten Frage ansetzen will, schneidet sie mir das Wort ab: »Ja ja, ich weiß, worauf du jetzt hinaus willst: Frau Miller hat mich schon davon unterrichtet, dass du zwei Behandlungen am Tage bekommst. Du wirst also zweimal am Tage mit mir vorlieb nehmen müssen.«

»Ich kanni behauptn, dass mirasunlieb wär.« Durch ihre Zugeständnisse ist sie mir *überriesengroß* sympathisch geworden. Denn damit steht einer Neuerlernung bis Weihnachten nichts mehr im

Wege.

Sie lächelt: »Ich muss jetzt wieder runter. Bleibst du noch in der Laufmaschine, oder willst du zurück in den Rollstuhl?«

»Ich bleibe.«

*

Wiedermal sitze ich auf der Raucherinsel und lasse mich bereitwillig von den durch diesen Morgen angeschwemmten Gedanken abführen: *Ich habe es geschafft! Ich bekomme endlich die zweite Krücke! Und es wird hoffentlich nicht allzu lange dauern, bis ich allein damit laufen kann. Claudia weiß es nicht, aber sie dürfte mein Lebensretter sein. Oder sagen wir mal: einer von vielen, nur eben ein besonderer. Hingegen muss man sich das mal vorstellen: Ohne, dass ich aktiv geworden wäre, ohne dass ich anfing, Terror zu machen, hätte ich niemals diese Chance bekommen. Dann wäre mein Leben einfach zugeklappt worden, ohne dass es jemals richtig angefangen hatte. Ist man hier denn sowenig wert?*

Nun liegt es aber bei mir selber. Diese Chance muss ich – will ich nutzen! Sonst kann ich mir selbst die Schuld zuschreiben. Doch dazu wird es nicht kommen. Ich werde es schaffen!

*

Mittag ist endlich vorbei. In mir kocht die Aufregung. Ich spiele mit dem Gedanken, auf den Gang hinauszugehen; doch ich weiß, dass ich jetzt nicht trainieren kann, weil ich der Pol bin einer klimatischen, einer politischen und einer physikalischen Umwälzung. Geraucht wird jetzt auch nicht, Claudia könnte in jedem Moment kommen – und dann würden wir uns verpassen.

Die Tür geht auf.

Wer ist es? Mist, ein weißer Kittel. Und auch noch Regina, Scheiße. Die brauche ich jetzt wirklich nicht.

Sie will nichts von mir. Oder doch? Sie will schon waschen.

Eh unklar! Wir haben es kurz nach Mittag. Das muss ein Lacher sein. Sollte lieber ihr Face richten. Doch mich waschen ... ? Eeh, Abfahrt! Die hat doch einen Harry an der Leine.

Die Tür geht wieder auf.

»Claudia!«, belle ich sie freudig erregt mit imaginären Schwänzchen-in-die-Höh an; hätte nur noch gefehlt, dass ich mit ihr verfahre wie Dino mit Fred.

»Und Mike, können wir?«

»Selbstverfeilich! Und seidir gewiss, du bis noch nieso sehnsüchtig erwartet worden wiejetzte! Siehste den Nebel ringsumich rum? Es dampt schon.«

Regina bellt in den Äther: »Ich wasche aber gerade die Patienten!« Sie ist nicht gewillt, ihr Terrain kampflos freizugeben.

Möglich, dass Claudia etwas sagen möchte, ich komme ihr jedoch zuvor: »Um die Zeit – dasollwohln Witzein?! Wahrscheinich biste derannahme, dassmer denjansen Nammittag schöbrav inner Heiahockn. Dasannste aber vergessn. Ich zumindst ni.«

»Wir haben noch mehr Patienten zu waschen, und wir wollen auch mal Feierabend haben!«, bläst sich Regina weiter auf.

»Eh, dannasch vomiraus erste andern, mich zletzt. Ich gloubaum, dass man hier abfaulzn soll. Also wennde dich inner Paologie een bissel auskenn würdst, müsste wissn, dass manam Nammittag nochn paar Kibel schwitz. Und wasis dann midän? Die kommann mitins Bette, wassoieso blossaller zweebisrei Wochen neu bezogn wird, oderas? Un Badn isja beieuch ouniübich; also wirmanier zum Dreckschwein abgerichtet.«

Reginas Gesicht nimmt wieder die typische giftgrüne Farbe an: »Das musst du schon uns überlassen!«

Mir reicht es. Ich drehe ihr den Rücken zu, wende mich an Claudia: »Komm, haumerab! Das Geschwafl issoo sillos, da wirdm ja schlechdabei.«

*

»Warte, ich helfe dir beim Aufstehen!«, bietet sie mir an, als wir der waschfreudigen Regina entkommen sind.

Dafür kennt sie mich aber zu schlecht, sonst hätte sie das nicht gesagt. Bevor sie mich erreicht hat, um zugreifen zu können, habe ich mich schon erhoben. Doch nun ist sie umso schneller neben mir, hält mich fest, damit ich nicht umkippe.

»Mike, eigentlich solltest du warten, bis ich da bin.«

»Offstehn zählzu meien tägichen Übungn. Ansonsten könntich michja ouniso problemlos insoufgerät bewegn.«

»Na gut, aber jetzt machst du genau das, was ich dir sage!« Und wartet mein zustimmendes Nicken ab, bevor sie mir die beiden Krücken gibt.

Sie lässt mich los.

Stehen kann ich schon mal. Aber Stehen allein ist mir nicht genug. – Fragend schaue ich sie an.

»Welche Seite war die schlimme bei dir?«, will sie wissen. Und begibt sich dann auf die rechte Seite.

»Du gehst jetzt los, Mike. Und im Notfall werde ich zugreifen«, versichert sie mir.

Ich versuche, mich voran zu bewegen. Dabei soll ich erst die eine Krücke, dann das diagonal gelegene Bein setzen; anschließend umgekehrt. Und genau dies will auch mein Kopf tun. Nur meine Beine ... wacklig

                aber ich **laufe**!

stelzig wie ein Storch im Salatfeld

                aber ich **laufe**!

schief wie der Turm vom Pisa

                aber ich **laufe**!

Claudia muss zwar öfters mal zugreifen – aber meine Beine bewegen sich doch. Einfach so, als wenn nichts dabei wäre.

Eine ganze Ansammlung Patienten hat sich mittlerweile zusammengerottet, um diesem Schauspiel beizuwohnen. Beifälliges Gemurmel tritt aus ihnen hervor.

»Mike«, fragt mich daraufhin Claudia, »stört dich dieses Zugucken?«

»Niimringsten. Ich fallerne off.« Und genieße es wie auf dem Zeltplatz von Liberec, als ich nach dem Pokerspiel, bei dem ich beim letzten Segment alles gesetzt und dadurch gewonnen hatte, Applaus erhielt.

Sie aber ist beruhigt, wodurch dem Wandeln auf der Triumphpromenade nichts mehr entgegensteht.

                    *

Nach einer Weile gerate ich mehr und mehr ins Torkeln, meine Kräfte verlassen ihr Stelldichein und sinken rapide ab.

»Mike, bleibe mal stehen!«, bedeutet mir Claudia. »Wir machen eine kleine Pause. Und dann werden wir nur noch bis zur Gangkreuzung laufen. Fürs erste Mal ist das mehr als ausreichend.«

*Oh no, wenn ich bedenke, was ich früher für Strecken **gerannt** bin! Und jetzt? Das hier sind ungefähr zwanzig Meter! Aber was soll ich mich nach meiner Vergangenheit zurücksehnen? Die ist ja doch vorbei. Ich lebe jetzt! Jetzt muss ich sehen, wie ich meinen*

Arsch an die Wand – oder besser – die Füße auf den Boden kriege, jetzt muss ich mein Scherflein nach Hause tragen. Jetzt! Früher ist doch Jahrhunderte entfernt.

Nach einer Weile gehen wir weiter. Aber ich bekomme kaum noch ein Bein vor das andere.

Scheiße, mein Krafthaushalt ist tatsächlich total am Boden! Dass es so schlimm ist, habe ich nicht vermutet. Das sind ja gewaltige Ressourcen, die ich wieder aufforsten muss.

Irgendwie schaffe ich es aber noch bis zur Gangkreuzung. Doch es war mehr automatisch im letzten Bereich, unkontrolliert, dem Zufall überlassen. Auch habe ich dabei wieder auf meinen Schutzengel vertraut, dessen Beistandsetat unerschöpflich zu sein scheint.

»Bis hierher hast du es geschafft. Jetzt musst du aber wieder zurück.« Ein Fragezeichen prangt auf Claudias Stirn. »Soll ich dir den Rollstuhl holen und dich zurückfahren?«

»Nee, sollste nicht!«, erkläre ich bestimmt und unmissverständlich in leicht aggressiver Stimmung und damit jeden Widerspruch von vornherein in die Verbannung schickend. »Du gloubstoch wohlniim Ernst, dass ich, wenncheenmalan Krücken bin, mich freiwillig in Rollstuhl zurückodern lass?!«

Damit konzentriere ich mich wieder auf meinen Lauf, fange an, eine Kurve zu beschreiben.

Einen Augenblick später sitze ich jedoch eine Etage tiefer, nehme der Putzfrau wiedermal die Arbeit ab. – *Doch was war die Ursache? Kurve zu sehr geschnitten? Bestimmt. Aber der Hauptgrund dürfte doch die ausgehende Kraft gewesen sein. Und nichts anderes.*

Zum Glück aber war davon noch genügend in den Armen, so dass ich mich abfangen konnte. Zugute kam mir dabei allerdings auch, dass Claudia schnell zugriff, dadurch meinen Flug verlangsamte.

Eine Patientin läuft sofort herbei und hilft Claudia, mich wieder aufzurichten.

»Es ist unglaublich, wie schnell er wieder laufen lernt«, wundert sie sich dabei. »Als er kam, ist er noch auf einer Liege hereingerollt worden. Und jetzt läuft er schon fast allein mit Krücken! Eine unglaubliche Energie hat der Junge! Unglaublich, ja!«

»Ich glaube Ihnen das«, pflichtet ihr Claudia bei. »Aber loben sie ihn nicht zuviel, sonst wird er noch eingebildet.«

Da könnte sie recht haben! Wenn man sich das so richtig vereinnahmt, wird man auf alle Fälle verlegen. Und ich schätze, zum Eingebildetwerden ist es dann bloß noch ein kleiner Schritt. Aber ich hasse eingebildete Leute! Folgerichtig werde ich darauf achten, dass ich es nicht werde. Denn – da bin ich mir völlig sicher – ich werde sie noch mehrmals zum Erstaunen bringen.

»Jetzt siehst du wohl ein, dass der Rollstuhl nötig ist?«, holt mich Claudia aus meiner eigenen Welt zurück.

»Puh, wieso? Solliches?«

»Achso! So einer bist du! Du willst nicht einsehen, dass du für heute genug gute Arbeit geleistet hast und mit einem unglücklichen Sturz alles wieder kaputt machen kannst!«

»Naürlich weeßch, dasses mich treffn könne. Aber darananf maneinfani denken! Sonst bekommt manangst! Und dann bleibt manen Pflegefall imollstuhl. Eh, das nimit mir. Da setzchdoch lieber mein sichsoieso schonimarsch befindichn Körperei, umma wieder rauszukommn. Ineener Lagwie meiner haste goareene andre Wahl.«

»Aus dem Rollstuhl kommst du auf alle Fälle raus. Das heutige Laufen mit den Krücken sah nämlich nicht schlecht aus.«

»Meinste?«, frage ich sie verwundert. »Ich hajedacht, nachm Flug wirds Loufn erstma zurückgestett. Ich fands beschissn!«

»Mmh, du darfst keine Wunder erwarten, musst einfach ein bisschen Geduld haben!«

Ich verziehe angewidert das Gesicht: *Geduld – was soll das sein? Noch nie welche gehabt. Das ist aber auch ein Vorteil. Dadurch kann mich nämlich niemand hier einlullen, peitsche ich mich selber voran (ob andere nun mitziehen wollen oder nicht), warte nicht auf eine Märchenfee, die mich von diesem Alptraum befreit. Denn ohne meine Ungeduld und dem Versuch, ständig die Initiative zu ergreifen, wäre hier doch nie was losgegangen. Da wäre ich immer noch das siechende Stück Dreck, das im Bett liegt und auf die Erlösung wartet. Aber auch so geht es nur sehr schleppend voran.*

»Okay, ich sehe, das stößt bei dir auf taube Ohren!«, schlussfolgert Claudia. »Dir muss man erst die Fakten vorführen, damit du die Folgen begreifst! Du kannst es noch einmal versuchen. Aber sehe ich einen kleinen Ansatz dazu, dass du wieder fällst, wirst du mit dem Rollstuhl zurückgebracht. Und zwar von der Schwester da vorn. Die liebst du ja so sehr.« Sie zeigt auf Regina.

Sie will mich foltern! Die Aussicht, von Regina angefasst zu werden, ist wie die eines Mannes, der am Fuße eines Abhanges festgekettet ist und über sich eine Lawine Müll in seine Richtung stürzen sieht. »Azeptiert!«, gehe ich jedoch das Risiko ein.

Ich schlürfe vorwärts. Die Beine kann ich kaum noch heben, mit dem jeweiligen Fuß taste ich das Linoleum nach dem besten Stand ab, mein Blick ist starr auf die Krücken gerichtet, damit sie sich nicht ins Abseits stellen; doch die Aussicht, von Regina dann in die Fittiche genommen zu werden, verleiht mir zusätzliche Kraft.

Nach ungefähr der Hälfte des Ganges wage ich einen Blick nach oben. Und wie automatisch fällt er auf einen Punkt, der mich mit Grausen erfüllt, mein Blut zur Gerinnung treibt: Regina lauert in meiner Zielbahn und grinst mich teuflisch an. – *Erwartet sie ein köstliches Mahl?* – Ich fange an zu taumeln.

Sofort packt Claudia zu, um mich in den Rollstuhl zu setzen, wonach sie sicherlich Regina rufen wird, damit diese mich hinterkarrt.

Ich sage nichts mehr, kann nichts mehr sagen, denn mein Mund ist wie zugenäht; und außerdem habe ich dem vorhin selber zugestimmt. Der Unrat hat sich nun über mich entladen, ich stecke jetzt tief in der Gülle, habe den Mund zu voll genommen.

»Bringste zweeterücke morgn wieder mit?«, bekomme ich im Zimmer den Mund wieder auf und kann so meiner Furcht Ausdruck verleihen.

»Hast du etwa Angst bekommen vor dem Laufen?«, fragt Claudia verwundert. »Du wolltest doch mit zwei Krücken laufen.«

»Nö, nö, absoluni. Ich dachnur, du siehstavonab nach heutigeneignissn.«

»Es lief doch gut! Dass du gefallen bist, lag an Entkräftung, nicht an mangelndem Gleichgewicht. Beim ersten Mal kann man noch keine Wunderdinge erwarten.«

Ich fange an zu strahlen; alles ist vergessen, selbst die stinkende Müllkippe von vorhin. »Das sollaso heeßen: Moinjehts weiter?«

»Morgen Vormittag hole ich dich ab und da laufen wir runter, ohne den Rollstuhl zu Hilfe zu nehmen. Und morgen Nachmittag machen wir einen Spaziergang auf dem Flur. – Oder glaubst du, dass das zuviel für dich wird?«

»Icha mitterweierkann, Faulheit isier fehlam Platz, ichmi schindn muss, willichwas erreichn.« Nur, dass dieses Schinden eine neue Qualität bekommen hat.

41

Mittwoch, 12. Dezember. Früh, Chefarztvisite.

Als die Ärzteschar vor mir auftaucht, sitze ich gerade am Tisch und frühstücke. Man beobachtet mich dabei wie ein Pferd auf dem Tiermarkt, ich schaue auf. Doch das lateinische Fachsimpeln wird beibehalten, ich sehe keinen Grund, mein Frühstück zu unterbrechen.

Plötzlich nimmt mein Ohr wieder bekannte Laute auf – die Sprache ist gewechselt worden, Deutsch nunmehr an der Tagesordnung: »Seine Motorik hat sich verbessert; er macht Fortschritte beim Laufen; und auch, was seine Handlungen betrifft, wird er kontrollierter – das war nicht zu erwarten.«

Aha, Frau Christoph hat mich gelobt! Hat ja lange genug gedauert, bis sie die Zeichen der Zeit erkennt.

»Auch der Umgang mit seinem Zuhause hat sich gebessert«, weitet die stellvertretende Chefärztin Frau Heinzl die Analyse aus.

Haha, wenn die wüsste.

»Er hat zwar noch öfters ein Loch in der Trainingshose, aber sonst scheint alles in Ordnung zu sein.«

Grinsen: *So ein Loch ist doch nötig für das Durchlüften der Beine. Und da meine Mutter keine Lust hat, die zu stopfen, eh dann muss ich mir eben die Beine weiter durchblasen lassen. Kriege ich wenigstens keinen Fußpilz oder vermoderte Beine.*

»Und, wie sieht es mit seinem geistigen Zustand aus?«, will Frau Christoph wissen.

Ach, uninteressant. Der ist okay.

»Sein geistiger Zustand lässt noch zu wünschen übrig. Der ist noch nicht wieder intakt«, gibt Frau Heinzl zu hören.

Ich fange an zu husten, habe mich verschluckt. Die Speiseröhre hält in der Peristaltik inne, erstarrt, Zweifel beginnen, durch meine Gehirnwindungen zu rasen.

»Ist mit Ihnen irgend etwas?«, fragt mich Frau Christoph.

Inzwischen habe ich mich wieder unter Kontrolle. Nur das Lächeln auf meinem Gesicht bleibt verschwunden.

Ich herrsche die Visitenrunde, speziell Frau Heinzl, an: »Wasollner Blödsinn? Wie kommSen daroff, dassch niganz da wär?«

»Sie müssen uns doch zustimmen, dass mit ihrer Sprache einiges nicht stimmt«, antwortet sie mir. Und die anderen gucken mitleidig wohlwollend zu mir herüber.

»Wasatn die Sprache mitem geistigen Zustanzu tun!?«, rege ich mich fassungslos auf.

»Leute, die Abitur haben, müssten doch auf einem höheren Niveau sprechen, ni?«

Das ist die Krönung. Wutentbrannt fange ich an zu schnauben wie ein rachedurstiges Pferd, dem die Hufe entfernt wurden.

Das Visitenkollegium bemerkt meine Stimmung, flüchtet hinaus.

Wenn ich gekonnt hätte, wie ich wöllte, wären sie von mir alle einzeln seziert worden. Da hätte ich sie erst einmal eingefrostet, bis auf die, welche ich gerade in der Mangel habe; und dann hätten sie mal erleben dürfen, wie abgetakelt ich bin. Nee, denn reif waren sie dazu allemal. So ein Irrsinn: Alle, die Abitur haben, sind was Besseres. Sorry, Lady Blödschmalz, aber ich zähle mich nicht dazu! Dann – die Artikulation macht eine Aussage über die Verfassung im Kopf. Dann müsste jeder Stumme in der Klapper stecken – als Insasse wohlgemerkt. Aber ich habe mal irgendwo munkeln hören, dass solche in Artikulationsschwierigkeiten steckende Leute sogar Hochschulabschlüsse haben! Was ist mit denen? Das riecht mir so nach Krüppeldiskriminierung! Im Grunde genommen kann mir ja ihr Urteil eigentlich egal sein, ich brauche ja nicht irgend eine Prüfung vor ihr ablegen. Aber wurmen tut mich das schon. So etwas überhaupt zu denken, ist doch schon eine bodenlose Frechheit. Gut, dass sie es mir wenigstens gesagt hat. Dadurch weiß ich, woran ich in dieser Institution bin.

*

Am Abend trainiere ich wieder mit der Laufmaschine. Rundenerhöhung ist aber nicht mehr möglich, weil mir nach einer kurzen Zeit immer schwarz vor die Augen wird. Immerhin war ich schon bei hintereinander zwölf Runden. Aber jetzt? Weiß der Teufel, was mit mir los ist. Zwischendurch habe ich es auch probiert, auf Geschwindigkeit zu laufen. Habe ja Stützen, die können mich festhalten. Schließlich will ich ja nicht nur laufen, sondern auch rennen können. Um wieder Fußball zu spielen.

Nach drei Runden wird mir wieder schwindlig.

Ob es daran liegt, dass ich rauche? Okay, durch die Bindungsliebe des im Blut befindlichen Hämoglobins an Kohlenmonoxid wird weniger Sauerstoff in den Kopf gefördert. Und auch Claudia gab mir zu verstehen, dass diese meine Befürchtung richtig wäre; allerdings verständlich, dass sie so was sagt, denn sie raucht nicht. Doch ich beschließe, mein Rauchen bedeutend einzuschränken: Im Krankenhaus wird nicht mehr geraucht.

42

Montag, 17. Dezember. Mittag.

Die Tür öffnet sich. »Mike, du hast Besuch!«, weiß eine Schwester zu berichten.

Im Bett liegend wende ich erstaunt meinen Kopf von einem 'Jerry Cotton' ab und drehe ihn zur Tür: »Jetzt, Besuch? Wesollnasein?« Dass es meine Mutter nicht ist, halte ich für sicher. Engel? Nein, der muss bestimmt arbeiten. Damit fällt Manuela auch aus. Also darf ich mich wohl überraschen lassen, wer mir da seine Aufwartung macht.

Die Schwester verlässt achselzuckend wieder das Zimmer, da zeigt sich mein Besuch schon.

»Hallo Ente«, begrüßt mich Bine strahlend. »Mit mir hast du wohl gar nicht gerechnet, wa?«

»Äh Hi Bine«, antworte ich erfreut. »Nee, du kommsunerwartet. Freumichaber dennoch über dein Besuch. Binsbloni gewöhnt.«

»In der Station gegenüber liegt meine Tochter, die habe ich besucht. Und da dachte ich mir, schaust du auch gleich mal bei Ente vorbei.« Mittlerweile ist sie bei meinem Bett angekommen. »Und, wie geht es dir?«

»Esgeht offwärts. Unneroffsicht loufch jetzt mitzee Krücken – alleene!«

Sie zeigt auf meinen Rollstuhl, der neben dem Bett steht: »Und was ist mit dem da?«

»Leider musschich mitihm noch durchs Gelände kämpfn, dasemir die zweete Krücke niüberlassn. Abelange brauchin nimmer. Meiner Meinung nach nodies Jahr. Dann kanner vonmiraus auseinanderfalln.«

»Trainierst du noch mit ihm?«

Ich schüttele den Kopf. »Ich sagtir doch schon, dasseine Zeit bei mirabgeloufnis. Ichab seitn paar Wochen soen Laufgerät, midem trainierich. Aber sobalich mitten Krücknalleene loufn kann, könnses ouwieder fürnächsten mitnehmn. Ich wechsle dann zum Freistil! Undann ...«

»... bist du raus aus dem Rollstuhl.«

»Richtig. Dann isas Schwerste ersmal geschafft. Ich gloub, dasses dananimmer soweitis biszum wieder Richtsch-Loufn-Könn.«

»Vor einem Vierteljahr hätte niemand geglaubt, dass du jemals wieder hochkommst ...«

»Doch, ich.«

»Deinen Willen möchte ich haben!«

Soll ich mich jetzt sonnen? Aber eigentlich ist dem gar nicht so, dass bei mir der Willen entscheidend war. Ich stand unter Zwang! Durch meine Motivation wurde ich unter Zwang gesetzt; unter dieser Fuchtel leistet man viel mehr; man sieht es ja daran, was in den KZs bewältigt wurde.

»Nun zu was anderem: Wenn du willst, kannst du zwischen Weihnachten und Silvester zu mir kommen. Von mir aus auch übernachten. Hast du Lust?«

»Hmmh, die habich!«, erkläre ich ihr in fröhliche Stimmung versetzt. Das wäre doch mal eine willkommene Abwechslung: Raus aus der Bude meiner Mutter, zurück ins Jugendleben.

»Okay. Jetzt muss ich aber los. Tschüss.« Damit geht sie und lässt mich in gespannter Freude zurück.

*

Abends, Abendbrot vorbei.

Ich sitze meine Tagesabschlusszigarette rauchend vor der Haustür. – Dies ist meine letzte in der Schachtel, und soll damit meine letzte im Krankenhaus sein. – Plötzlich höre ich es laut knallen.

Dem Klang nach müsste es das Laufgerät gewesen sein, analysiere ich sofort. Und vernehme darauffolgend ein sich zereimerndes Gewieher.

Vogel, ganz klar. Sein Gegröle klingt doch immer wie das eines stimmbrüchigen Raben, der einem Passanten auf den Kopf geschissen hat. Aber was ist der Grund für seine Erheiterung? Auf jeden Fall hängt es mit meinem Übungsgerät zusammen.

Als ich wenig später zurückkomme, wird mir sofort klar, woran Vogel seine Macken ausgelebt hat: Die Laufmaschine lehnt schief angenickt an der Tür der Putzfrauen.

Tja Vogel, für dich ist es immer besser, du siehst davon ab, Lebendige verprügeln zu wollen, denn deswegen bist du ja hier.

Aber an irgendwas musst du dich ja auslassen, ni? Richtig! An toten Gegenständen. Die schlagen nämlich nie zurück.

Ich bewege mich zurück ins Zimmer. Zweifle nicht daran, dass das Gerät irgendwann aufgeräumt wird; brauche mich deswegen nicht erst abzumühen.

Da öffnet sich die Tür der Putzfrauen, noch bevor ich in mein Zimmer verschwinden kann, mit lautem Getöse. Heraus kommt die, die ungefähr so breit wie hoch ist.

»Ja was soll das denn?«, fragt sie ganz erschreckt und gleichzeitig verwundert. »Was sucht denn das Gerät hier?«

»Da müssnSe mal Vogel fragn!«

Daraufhin brabbelt sie etwas in ihre geschwulstige Kinnlade und schafft das Gerät an seinen Platz zurück.

»Ah, der Rollis-Royce kommt«, bemerkt Jürgen, als ich im Zimmer auftauche. Eine Bezeichnung, über die ich vor ein paar Wochen noch gelacht habe, aber jetzt – *könnte sich ruhig mal wieder was Neues einfallen lassen* - ziehe ich nur noch einen gelangweilten Flunsch dazu.

Den ich in einen verächtlichen umtausche, als ich Vogel erblicke: *Der Blödmann grinst auch noch so hämisch, guckt erwartungsvoll, als sei er der Meinung, dass ich wegen seiner ach so geistvollen Tat ein großes Lamento loslasse. Aber da kann er lange warten. Es wäre wenig sinnvoll, sich mit einem Vollidioten seiner Güte anzulegen. (Schreiben will er zum Beispiel erst wieder, wenn seine ebenfalls gelähmte rechte Hand sich wieder voll benutzen lässt. Aber – kann er überhaupt schreiben?) Außerdem verschwindet er am Donnerstag. Endlich verschwindet er, denn es ist nicht gerade begeisternd, mit so einem Kunden auf einem Zimmer zu liegen.*

Jürgen und Heinrich sagen am Donnerstag ebenfalls Good-bye für immer, so dass ich sturmfreie Bude haben werde. Kann das aber nicht lange nutzen, da ich ihnen an diesem Nachmittag um drei folgen werde; allerdings nur für dieses Jahr, denn am 6.1.91 stehe ich wieder Krücke bei Fuß. Meine Mutter hat nur bis dahin Urlaub; diesmal erteilte sie mir jedoch die Erlaubnis, zu Hause bleiben zu dürfen. Obwohl sie zuerst dagegen war.

43

Donnerstag, 19. Dezember. Endlich!

Vorhin wurde Jürgen abgeholt. Zwar dachte ich, dass er sich verabschiedet, aber da hatte ich ihn wohl überschätzt. Er schlürfte siegesbewusst an seinen Krücken aus dem Zimmer.

Nun ja, letztendlich ist es doch egal. Hauptsache, ich bin ihn los.

Der Unangenehmste ist jedoch noch da: *Hoffentlich wird der nicht vergessen. Dann melde ich mich persönlich bei seinen Eltern und lasse ihn holen.*

Kurze Zeit später ist für Heinrich das Krankenhaus-Intermezzo vorbei. Er wird von seiner Tochter abgeholt, die unverkennbar geistig auf eine für andere unangenehme Art und Weise etwas behindert ist; und da sie die Putzfrau kennt, muss sie in diesem Komplex hier schon kampiert haben. Sie hatte befunden, dass ich unhöflich sei, weil ich mich während ihres Besuches auf mein Bett legte. Wahrscheinlich hatte sie sich angebaggert gefühlt. Auf jeden Fall gab es darauf nur eine Antwort: Schweigendes Grinsen. Jürgen dafür bekam wieder einen der für ihn typischen schrillen Lachanfälle. Und dann erklärte sie mir noch, dass es nicht so wichtig sei, einen Partner zu haben; sie sei selbst geschieden, komme aber ganz gut mit der Trennung zurecht. Ich nickte wissend, denn ein Blick auf sie ließ es mich verstehen. Dann war sie davon überzeugt, nachdem sie mich in Bewegung gesehen hatte, dass ich nicht die geringste Chance hätte, jemals wieder hochzukommen. Bei mir sähe es »... so furchtbar schlecht aus ...«. Heinrich stellte dies zwar in Frage, aber in mir brauste es auf. Und wäre Heinrich nicht gewesen – er war ganz sympathisch – hätte ich ihr die Krücke zu kosten gegeben.

Nun verabschiedet er sich, wünscht mir alles Gute, ich ihm ebenfalls; seine Tochter ist indessen wieder dabei, mit der Putzfrau einen einträchtigen Tratsch zu kauderwelschen.

»Eeh Vogel, wannirstn duabgeholt?«, will ich wissen, als Heinrich die Tür hinter sich geschlossen hat.

»Erst kurz nachm Mittagessen.«

»Eeh, du kannsdir sicher sein, ich wünsche dir, dasseoff keenfall vergessn wirst.«

Draußen treffe ich Claudia, die gerade mit der zweiten Krücke in der Hand anspaziert kommt: »Zum letzten Mal, Mike. Denn heute Mittag verlasse ich dieses Gebäude hier. Jetzt will ich noch mal was von dir sehen!«

»Wie siehsn mit Eintritt aus?«, krähe ich vergnügt und übermütig, während ich mir die Krücken schnappe.
»Quatsche nicht so viel, mache lieber«, weist sie mein Anliegen zurück.

*

Wenig später ist der Zeitpunkt des Abschieds von ihr gekommen. Und jetzt bin ich plötzlich keineswegs mehr so vergnügt.
»Du hast es bald geschafft, wenn du dies beibehältst«, ist sie sich sicher und spricht damit aus, was ich schon lange denke.
»Beimir gehtserstam siebtenanuar weiter«, versuche ich noch, sie zu überzeugen. »Solange binichaheeme. Um niauser Übung zu komm, könntchja dorweiter trainiern.«
»Sollst du ja auch, aber nicht mit Krücken!«
Ich kichere heimlich: *Wenn sie wüsste! Steffen hat mir seine Krücken geborgt, die er mal benutzen musste, als er sich bei einer Rauferei mit den Bullen ein Fußgelenk brach. Und was ich mit denen anstellen werde, ist doch wohl klar. Ich habe es vor zwei Wochen schon einmal probiert, nur da war es noch erbärmlich; die Krücken sind auch viel zu klein, obwohl Steffen ganz paar Zentimeter größer ist als ich; trotzdem: diesmal wird es wieder versucht und diesmal wird es klappen. Wenn ich nächstes Jahr hierher zurückkomme, bin ich des Rollstuhles entledigt!*
Claudia reicht mir nun die Hand und sagt »Tschüss« zu mir. Sie hätte auch auf »Nimmer Wiedersehen« sagen können, denn etwas anderes ist nicht wahrscheinlich. Ich umgreife fest ihre Hand; will dadurch meine ganze Traurigkeit ob dieses Abschiedes offen legen. Zwar ist es diesmal nicht so schlimm wie bei Angela letzten Monat, trotzdem aber ersehnt sich mein Herz irgendeine dunkle Ecke, in die es sich verkriechen und wie ein Schlosshund heulen kann. Denn auch ihr habe ich unbeschreiblich viel zu verdanken: Wer weiß, auf was für Umwegen ich ohne sie das Laufen hätte erlernen müssen, wer weiß, ob ich es ohne sie überhaupt erlernt hätte. Durch sie habe ich den Anfang geschafft. – Oder nein, den Anfang zwar nicht, den bekam ich von Angela, Frau Miller, der ITS oder noch weiter vorher, als man mich wieder zusammengeflickt hatte, doch irgendein wichtiger – hochwichtiger – Schritt war es auf jeden Fall, mich an zwei Krücken zu stellen. Und obwohl sie den nächsten Schritt nicht eingeht, ihr zum Dank verpflichtet fühle ich mich trotzdem. - *Ich werde sie nie vergessen.*

*

Nach dem Mittagessen – ich habe mich soeben auf das Bett gelegt und angeschickt, ein Döserchen zu machen – geht heute zum wiederholten Male die Tür auf. Neugierig öffne ich sofort die Augen einen Spalt und sehe dadurch die Mutter von Vogel.
Endlich!
Als er seinen Mief nach außen geschoben hat, kommt eine Schwester herein: »Na Mike, jetzt ganz allein. Öde, noa?«
»Aweeßte, Kranknhausis sieso öde. Aberim Zimmer binich lieber alleene. Da habchmich nach keem zu richtn, kann machen wasch will, kann Musik hören, diemir gefällt ... «
»Ach ja, deine schreckliche Hottentotten-Musik.«
»Doches gibt eineausnahme: ... Och, du weesschon weche, ni?«
»Ja ja, eine Frau, noa?«
»Ineener michim Bett bewachndn!«, bin ich das wahre Omen der Unschuld.
»Da wirst du hier aber keine finden. Nicht mal Regina, und die magst du doch so sehr, noa? – Doch nun zu etwas anderem: Ich habe gehört, du wirst heute schon abgeholt. Stimmt das?«
»Ja, normerweise um dreie. Aber du weeßja, wieas beimirsois.«
»Hmmh, alles klar. Aber ich habe hier was für dich: dein Weihnachtsgeschenk. Und um drei haben wir Weihnachtsfeier. Sollte dich bis dahin noch keiner abgeholt haben, kommst du eben vor. Sie findet im Speiseraum statt.«
»Hoffentlich bin ich da nicht mehr da«, sage ich mir leise, als ich wieder allein bin; Weihnachtsfeiern mag ich nämlich nicht so sehr. Muss mir im gleichen Augenblick jedoch eingestehen, dass solche Feste für Kinder etwas Großartiges sind. Doch bei mir ist das schon lange her; und außerdem möchte ich zu dieser Zeit schon auf dem Weg nach Hause sein.
Ich erforsche den Inhalt des Geschenkes, muss mir dabei eingestehen, dass ich es nett finde, dass sie ihre Patienten zu Weihnachten nicht vergessen.
Beim Öffnen-Wollen der Bändel – was ich früher schon immer versucht habe und meistens darin erfolgreich war – stelle ich fest, dass mir das aufgrund des Zitterns der linken Hand nicht mehr gelingt, weil die Enden förmlich aus meinen Fingern rutschen wie eingeseifte Gelatine. Als ich mir die Schuhe zuband, deutete es sich das erste Mal an; und es ist immer stärker geworden. Die Visitengesellschaft will die Sache erst einmal beobachten. Obwohl

das nun schon paar Wochen so ist. Aber – *Nein nein Mike, Beobachtung muss sein. Vielleicht löst sich das Wackeln auf wie Jessie ihre sie ans Bett fesselnde Handschellen.*
    Dann kommt der Inhalt zum Vorschein. Hauptsächlich Schokolade, welche mit Pfefferminze gefüllt ist, andere mit Sahne. Auch Marzipan ist dabei (*iieh!*).
    Nicht immer wäre mein Gaumen wohlig angetan davon, wenn ich ihm alles zuführen würde, doch bestimmend ist für mich dabei die Absicht, nicht der materielle Wert.

*

    Um drei.
    Von mir aus kann es losgehen; ich bin nämlich in meine Klamotten geschlüpft, habe fertig gepackt (den Seesack; denn meine Mutter ist endlich dahintergekommen, dass er sich viel effektiver handhaben lässt als tausend Plastikbeutel). Fehlt nur noch mein Abholkommando. Aber da es wiedermal nicht kommt, muss ich wohl oder übel an der Weihnachtsfeier teilnehmen, da wird mir kaum was anderes übrig bleiben.
    Eine Schwester kommt hereinspaziert und hält die Tür sperrangelweit auf: »Und, kommst du mit?«
    »Haja keeneandre Wahl.«
    »Du musst nicht. Aber da dich noch niemand geholt hat, könntest du ja derweil in den Speisesaal vorkommen. Wenn du geholt wirst, bringen wir dich natürlich wieder raus.«
    »Also gut«, gebe ich mich resignierend geschlagen. »Hoffntich bringtsmich oaufandre Gedankn.«
    »Du wirst sehen, die Feier ist sehr schön.«
    Draußen sind meine Ohren voll auf Empfang gerichtet.
    Da, sie kommen! – Scheiße, nein, es sind zwei junge Patienten. – Die mich auch noch blöd angucken wie Laika den Weltraum und dann anfangen zu kichern.
    Kindisch! Na ja, die sind ja auch erst 16, 17 ungefähr. Ist ja möglich, dass sie noch nie einen Erwachsenen im Rollstuhl gesehen haben.

*

    Um fünf. Ich bin zurück im Zimmer. Und blicken lassen von meinem Abholkommando hat sich immer noch niemand.
    Auf der Weihnachtsfeier vorhin saß ich im Rollstuhl und musste feststellen, dass ich in ihm hockte wie ein sich auf eine Tarantel gesetzter Pilger. Ständig wollte ich hoch, konnte nicht ruhig sitzen

bleiben in ihm. Unvorstellbar, was das für einen Tumult ausgelöst hätte, wenn ich plötzlich aufgestanden und die mir gegenüber sitzenden Kindischen – den Inhalt der Teller und Tassen in ihrem Gesicht abstellend – umarmt hätte. Sie warteten doch nur darauf, sich wieder über irgend etwas mokieren zu können, mussten nicht mal Gründe dafür finden. Sie machten sich über alles lustig, was manchmal eher zum heulen war, maßten sich an, die Leute auszulachen, in deren Schwierigkeiten sie selber nicht steckten. Und ich – ich wollte es zwar vermeiden, doch beim Vesper gab ich ihnen reichlich Gelegenheit dazu: Das Essen selber klappte so einigermaßen, aber das Trinken ... Rechts hatte ich nicht die Kraft, links zitterte ich wie ein unter Strom Stehender. Infolgedessen – schwaps, schwaps, schwaps. Es war zum Verrückt werden. Immer wieder machte es schwaps – der Durst der Tischdecke dürfte gestillt gewesen sein, aber mein Mund hatte nichts davon. Schließlich musste ich mir eine Schnabeltasse bringen lassen. Die beiden Kicherer werden gedacht haben, dass ich mal zeigen wollte, wie gut ich schon bin. Dabei war ich echt froh gewesen, dass ich von der Schnabeltasse weg war! Doch da ... *Scheiß linke Hand, scheiß Gewackel, scheiß Unfall; hätte ich nur nicht auf der Autobahn jemandem geholfen, dann müsste ich dies nicht über mich ergehen lassen! Auch bin ich gespannt, wie lange diese dämliche Ärztekammer sich mein Gewackel noch angucken will! Vielleicht, bis ich am ganzen Körper zittere wie ein angeblasener Wackelpudding! Und zur Krönung des Ganzen holt mich auch keiner ab! Durch diesen Scheiß-Unfall bin ich von meiner ach so holden, narzistischen Mutter abhängig geworden! Zum Kotzen finde ich das!!*

Sonst war die Feier nicht schlecht. Weihnachtsmusik wurde gespielt, paar Patienten übten sich als Satiriker, das Essen war gut. Aber in mir konnte trotzdem keine gute Laune aufkommen. Im Gegenteil. Und dies alles wegen dem Desaster mit meinen Händen und weil ich darauf wartete, abgeholt zu werden. Aber wie ich jetzt weiß, hätte ich mir diese Illusion abschminken können.

*

Mittlerweile steht mein Abendbrot vor mir: *Sieh an, sieh an – zur Feier des Tages haben sie sich was einfallen lassen: Bockwurst mit Kartoffelsalat, dazu Joghurt.*

Aber obwohl es diesmal sogar schmeckt, so richtiger Appetit will trotzdem nicht aufkommen in mir wegen dem alles überschattenden Frust im Bauche. Aber wiedermal schiebe ich es in die

Abstellkammer – *Vielleicht nur so zum Zeitvertreib?*

»Hallo Mike, wir sind es«, ist der Raum überraschend von einem Moment auf den anderen mit Leben erfüllt.

Ich drehe mich um. Und mein Gehör findet Bestätigung: Manolo. Und mit ihm Saskia.

»Hi«, schlottere ich verdattert raus. »Miteuch habich üerhaunimmer gerechnet!«

»Tut uns leid, Mike«, entschuldigt sich Manolo. »Aber ich musste noch arbeiten. Und deine Mutter hat mir gestern erst Bescheid gesagt.«

Das sieht ihr ähnlich; aber es ist sinnlos, sich darüber aufzuregen. Vor allem, wenn sie nicht da ist.

»Mike, können wir los?«, will Saskia wissen.

Ich reiche ihr den Joghurt, lasse mir meine Jacke geben, und wende mich danach an Manolo: »Hilfste mirabei, zumauto zu laufn?«

»Klar. Und Saskia bringt den Rollstuhl hinterher.«

Aber noch bevor sie sich ihn greifen kann, protestiere ich dagegen: »Warumehmern eigentlich mit? Zu Hause brauchn doch soiesoni!«

»Aber wenn Mutti dich ausführen will?«, ist Saskia anderer Meinung.

»Dasannse voll abschmatzn, dasschimollstuhl nadraussngeh. Die Zeitn sin vorbei. Ich habhier anefangn, alleene mit zwee Krückn zu loufn. Undas willich überde Feiertae perfektionieren. Wennicham 6.1. hierher zurückkomm, hatsichs Rollstuhlfahrn für mich fürimmer erledscht.«

»Von deinem Vorhaben wird Mutti aber nicht so begeistert sein.«

»Eh, dasismir egal. Dann hatse äben Pechehabt. Un wennse dabei aufm Koppe steht und mitm rechn Fuss Salti deht – ismireal.«

»Wir nehmen den Rollstuhl aber mit!«, legt Saskia kategorisch fest. »Warum willst du eigentlich, dass wir ihn nicht mitnehmen? Du brauchst ihn doch nicht zu tragen. Die Arbeit haben wir doch.«

Klarer Fall von Unwissenheit. Saskia hat noch nie in einem gesessen, sonst würde dies nicht über ihre Lippen kommen.

»Wennchihn sehe, wirmirübel. Werdann immer an mein finsersn Läbnsaschnitt erinnert.«

»Wir nehmen ihn mit und damit basta! Die zwei Wochen hältste auch mit seinem Anblick aus!« Sie packt ihn und schafft ihn raus.

Manolo und ich schauen uns an, nicken wissend und versichern uns gegenseitig, dass es zwecklos ist, dagegen anzukämpfen. »Sture Weiber.«

Mit dieser Erkenntnis folgen wir ihr.

44

Montag, 23. Dezember. Vormittag.

Das Frühstück will ich mir wie im Krankenhaus mittlerweile immer selber schmieren. Doch meine Mutter gibt mir nie ein Messer. Wahrscheinlich handelt sie nach dem Sprichwort: Messer, Gabel, Schere, Licht sind für kleine Kinder nichts. Anders kann ich es mir nicht erklären; oder sie möchte mal eine gute Tat vollbringen, und da muss sie es natürlich gleich wieder übertreiben.

Mit Yvonne schreibe ich mich nach wie vor, doch es sind lediglich nur noch Worte, kein Sinn und kein Inhalt mehr, nur der Übung halber. Sie dafür schickt mir Kataloge, Sexzeitschriften, Aktfotos und die Aufforderung, sie Weihnachten bis Silvester besuchen zu kommen. Aber ihre Adresse erfuhr ich trotz Anfrage nicht. Dabei würde ich gern hinfahren. Noch dazu, wo ich dafür die Erlaubnis meiner Mutter habe. – Scheinbar! Denn diese erachtet es nicht für notwendig, die schon fertigen Passbilder für den Reisepass abzuholen; obwohl ich ihr das Geld dafür bereits gegeben habe. Ich könnte also selbst, wenn ich die Adresse von Yvonne hätte, nicht nach Holland fahren.

Am Freitag holte sie mein Krankengeld. Über 1.000,- DM waren es, das sind 316,- DM im Monat. Und davon hat sich meine Mutter sofort 50,- DM einbehalten, um was zu essen zu kaufen; und weitere 100,- DM durfte ich ihr borgen, da ihr Betrieb in Zahlungsrückstand sein soll. Sie sollte auch auf das Gericht gehen wegen der Schulden, die man bei mir hat. Und dort wurde ihr mitgeteilt, ich müsse jetzt alles selber organisieren, das Gericht übernimmt nur noch die Geldeintreibung. Und auch die muss ich jetzt vorfinanzieren.

Ich schimpfte über die Bürokratie, als ich das hörte: *Jetzt ist sie doch noch verfaulter als vor der Wende!*

Aber heute will ich zu Bine. Denn da Manolo in der Zeit zwischen Weihnachten und Silvester nicht hier sein wird und ich mir den Besuch auf keinen Fall entgehen lassen möchte, muss ich ein paar Tage früher als abgemacht hin. Aber noch ist Manolo nicht in Reichweite, noch liege ich deswegen auf der Couch. Es ist erst zehn Uhr.

Ich döse vor mich hin, habe ein Romanheft neben mir liegen. Doch lesen kann ich nicht mehr, habe die Nase voll davon, denn ich tue es schon seit über einer Stunde. Wieder einschlafen ist auch nicht drin.

Früher, vor meinem Unfall, lag ich auch so lange im Bett, manchmal sogar länger. Aber durch mein fast endloses Ausschlafen im August bin ich wahrscheinlich zu ausgeruht. Oder habe ich wirklich eine Zurückstufung ins Kindesalter gemacht? Denn als Kind konnte ich auch nicht mithalten mit der Schlafenszeit meiner Eltern. Damals habe ich dann im Bett gespielt, habe meiner Phantasie freien Lauf gelassen. Doch jetzt dürfte sich das verabschiedet haben, denn so verspielt bin ich ja nun auch nicht mehr. Ich spiele zwar gern mit Frauen, aber nicht mehr mit Bettdecken. Denn genau die habe ich damals in ein Auto verwandelt.

Plötzlich reift in mir eine Idee. Die nach Erfüllung verlangt.

Ich taste mich vor zur Waschnische, nur die Ecke liegt noch vor mir. Doch in dem Moment, als ich sie umkreisen will, verliere ich mein Gleichgewicht, falle zurück, wo der Fußboden schon auf mich wartet. Schnell noch irgendein Rettungsanker. Der Vorhang der Waschnische. Der ist allerdings nicht in der Lage, mein Gewicht aufzuhalten, verlangsamt aber die Fallgeschwindigkeit, so dass ich mich in aller Seelenruhe auf den Boden setze.

»Dämliche Routine!«, fluche ich vor mich hin. Beschaue mir dabei mein Werk: Der Vorhang ist zwar nicht völlig von seiner Leiste entfernt, aber fast. Und außerdem hat die Aktion einen tierischen Krach gemacht. Aus dem Schlafzimmer höre ich schon Stimmen und das Knarren der Betten. Folglich wird man gleich herübergetrabt kommen. Also schleunigst aufraffen und in die Waschnische verschwinden.

Während dem Warten darauf, dass mein Wasser warm wird, schlürft meine Mutter herbei. »Mike, was für einen Krach hast du gemacht?«

Plötzlich fällt ihr das ungesunde Hängen des Vorhanges auf: »Das kann doch nicht wahr sein! Was ist mit dem Vorhang passiert?«

»Is doniso tragisch«, versuche ich, den Wind aus ihren Segeln zu nehmen. »Iwarhalt zu schwer füren Vorhang. Offm Weg hierher habich mei Gleichgewicht anner Ecke da verloren, im Sinkflug mich daran festgehalten. Na ja, unsergebnis siehsteja.«

»Warum hast du nicht auf uns gewartet?! Aber nee, du musstest ja den Vorhang herunterzerren! Du brauchst ihn ja nicht wieder aufzuhängen!«

Meine Mutter lamentiert immer noch, als mein Wasser warm geworden und das Waschbecken damit gefüllt ist sowie die Seife vor mir liegt. Sie denkt nicht daran, die Nische zu verlassen, hängt mir nach wie vor auf der Pelle.

»Wenndedir den Voang nomma richtig anschaust«, erkläre ich ihr darum, »wirste merkn, dasser nurauser Verankerung gerissn is, ni aber kaputt is oder zerfetzt. Undin wieder zu befestign, dürfteni dasrosse Problem fürdich sein.«

Damit habe ich aber noch mehr Wasser auf ihre Zetermühlen gegossen. Sie schwafelt undefinierbar weiter; ich verstehe nur, dass es um das Prinzip ginge. Doch wo bleibt die Frage, ob bei mir alles in Ordnung geblieben ist? Ich glaube, hier bin ich auf Mutterliebe in Vollendung gestoßen, bei der ein Vorhang wichtiger ist als der sowieso schon verkrüppelte Sohn. Sie wird wieder ihrer Denkweise gerecht, dass nur das Materielle wichtig ist.

*

Nachmittag.

Manolo ist nun anwesend, demzufolge rüste ich mich für den Gang zu Bine. Meine Mutter versteckt schnell die beiden geborgten Krücken, wogegen ich natürlich protestiere.

»Du nimmst die lange da mit!«, entgegnet sie mir aber. »Die reicht für dich!«

»Der Meinung bichni!«, gebe ich mich noch nicht geschlagen. Denn dort ist für mich neues Terrain. Und wie man sich auf eines spezialisieren kann, habe ich ja schon einmal in der ITS erlebt. Außerdem möchte ich natürlich meine Fortschritte präsentieren. Man läuft doch immer mit stolz geschwellter Brust herum, wenn man Beifallsbekundungen erhält.

Aber meine Mutter lässt sich nicht erweichen: »Mike, entweder du nimmst die Krücke da mit, oder du bleibst hier!«

Blöde Kuh! – Ein Blick auf ihr Gesicht verrät mir, dass davon kein Weg wegführt. Folglich muss ich diesen Brocken schlucken.

Denn besser ich gehe, als mich weiter vollsülzen zu lassen.

*

Die Hälfte des Treppenhauses haben wir hinter uns, da hören wir plötzlich, wie die Haustür geöffnet wird und uns Schritte entgegenkommen.

Ich bin überrascht, als ich diesen Jemand sehe. Verwirrt überrascht, denn Frank kommt uns entgegen, den ich seit dem Unfall zum ersten Mal wieder zu Gesicht bekomme.

»Hi Ente«, begrüßt er mich jedoch scheinheilig, als wenn wir uns gestern erst getroffen hätten. »Wie geht es dir?«

»Dassiehste doch«, quetsche ich leicht aggressiv aus mir raus. »Isübigens nett, dassdedich ouchma blickn lässt.«

»Ich hatte bisher keine Zeit.«

»Aja, dieübiche Zeitfrage. Wie konntch das vergessn?!«

»Ist deine Mutter oben, Ente?«

Halb nicke ich, halb löst sich ein »Ja« in Luft auf. Dann setze ich meinen Weg fort, während er weiter hochgeht.

Kurz vor der Haustür höre ich, wie oben ein großes Gekreische beginnt. Meine Mutter ist diejenige, die in Tränen ausgebrochen ist und dabei schreit. Zwischendurch vernehme ich, dass es um mein Geld geht, das während dem Unfall verschwunden ist. Doch bin ich der Meinung, dass ich noch früh genug erfahren werde, um was es sich hier handelt, verlasse deswegen weniger neugierig das Haus.

*

Ich sitze bei Bine. Steffen, Heinz, Engel und Manuela sowie Engels Mutter sind auch da, aber eine richtige Quatschstimmung will nicht entstehen. Was vielleicht daran liegt, dass wir fernsehen.

In einer Werbepause will Bine wissen, wieso ich heute schon gekommen bin und nicht wie ausgemacht.

Ich erkläre es ihr, womit sie befriedigt zu sein scheint.

Wieder eine Weile später schneide ich ein Thema an, das mich brennend interessiert: »Fraganalle: Was machtirn zu Sivester?«

»Für mich ist der Tag schon ausgebucht. Ich bin arbeiten im 'Volkshaus'«, beeilt sich Bine zu erwidern.

»Wir fahren zu ihr« – sie zeigen auf Engels Mutter – »und feiern dort«, stimmen mich Manuela und Engel auch nicht frohgelaunter.

»Wir wissen noch nicht so richtig was«, tun sich Heinz und Steffen schwer. »Wir wollen eine Fete machen, wissen bloß noch nicht wo.«

Endlich höre ich das, worauf ich gewartet habe. Feten sind doch nie schlecht, und möglicherweise fällt da was für den Rest der Nacht ab. Denn in den letzten drei Jahren habe ich nie eine Neujahrsnacht allein beenden müssen. Die Chance muss ich ergreifen.

»Wennichabei sein kann, fändichs toll. Und warum machmerni die Fete bei mir offer HumoldtStraße? Dort hammer zwee Räume. Fallsmane Zeitlang weche unestört sein wolln, könnse nebnan verschwindn unde andern schüttn derweile weiter. Unde Nachbarn ... die machten vor meim Crash ou keene Zicken. Außerdem hamsesich zu Silvester nioffzuregn.«

»Ja, äh, hm, das wäre eine Möglichkeit«, befindet Steffen. »Aber äh das müssen wir uns noch überlegen. Wir geben dir Bescheid.«

»Aber bringtn bissel Malzbiermit. OffAlk stehich zur Zeit niso«, fange ich schon an, Pläne zu schmieden.

Während die anderen weiter fernsehen, komme ich nicht umhin, mich auf Silvester schon mal zu freuen: *Endlich wiedermal einen Abend lang völlig ausgelassen sein, endlich wiedermal einen Abend lang die Puppen tanzen lassen, alles vergessen, alles wegschieben. Und vielleicht, aber nur vielleicht..., an der Zeit wäre es mal wieder. Wundert mich sowieso, dass ich nach so langer Abstinenz nicht ins Bett onaniert habe. Haha, das wäre doch der absolute Geck, wenn Regina früh das Bett machen will und tausend kleine Mikeilein sich bei ihrem Anblick ins Laken verkriechen. Aber dann wöllte sie vielleicht von mir auch noch welche haben. Iieh, nein danke! Dann würde ich ja für ewig von irgendwelchen entstellenden, nie mehr zu heilenden Hautkrankheiten befallen sein!*

45

Dienstag, 24. Dezember. Vormittag.

»Oh, du schöne Weihnachtszeit, Weihnachtszeit, Weihnachtszeit ...« Heute ist Heiliger Abend. Doch für mich kommt Heiligkeit erst in Betracht, wenn ich aus dem Rollstuhl aufgestanden bin.

Geschlafen habe ich – na ja, es ging. Ich lag auf einer Couch, die so schmal ist, dass, hätte ich mich umhergewälzt, ich mich vorher schon auf den Fußboden hätte legen können. Außerdem musste ich mich dick einmummen, es war fürchterlich kalt. Und dann – man ist froh, dass man mal länger schlafen kann, da kamen Bines Kinder, weckten mich.

Dann beendete Bine das Treiben, indem sie herüberkam und ihre Kinder in deren Zimmer zurückscheuchte; um danach wieder in ihr eigenes zu verschwinden.

Nichtsdestotrotz ist bei mir nun aber die Schlafenszeit vorbei – ich liege müde da und kann nicht mehr einschlafen.

Es dauert nicht allzu lange, da kommt Bine erneut herübergetapst. Ihre Kinder, die sich mittlerweile wieder bei mir aufhalten, rennen deswegen ganz schnell zurück, da es sonst wahrscheinlich ein großes Donnerwetter geben würde. Und wie groß das sein kann, habe ich ja schon paar Mal erlebt. Wobei ich froh darüber war, nicht ihr Kind zu sein.

*

Nach dem Frühstück – Engel und seine Mutter sind heute früh losgefahren, Steffen und Heinz haben sich schon in der Nacht verabschiedet – will ich wieder trainieren. »Wer hilftn mirabei?«, frage ich deswegen Bine und Manuela.

»Also ich nicht. Ich getraue mich nicht«, fürchtet sich Bine.

»Isanz leicht«, versuche ich, sie umzustimmen. »Ich binas Alleneloufn schonen bissel gewöhnt, machs laufend im Krankenhaus – allerdingsmt zwee Krückn. Zu Hause habch ouch zwee, aber meieach so intelligente Mutter rückt nur eene raus. Frag michaber bitte ni warum. Vielleicht willse verhindern, dasschn Abflug mache. Denn dessen dürftsesich im Klaren sein: Sobaldich wieder gescheut loufn kann, siehtse vonir blossnoch die Rücklichter. – Aber zu meier Frage zurück: Wer machtsnu? Jemand muss mirja die zweete Krückersetzen.«

Schweigen. Betretene Gesichter.

Ich wende mich an Manuela: »Machstes? Wär ja beidir nis erste Mal. Undne Mülltonne mit Offsatzbrettern binchja schließich ouni!«

Ihre Stirn faltet sich, die Augen kehren sich nach innen, die Wangen geben den Anschein, als wenn sie von einem Pflug durchfurcht werden würden. Sie denkt nach.

Plötzlich geht ein Ruck durch sie hindurch. – Positiver Ruck? – »Na gut Ente, ich mache es! Aber nur ganz kurz!«

»Was dachtestn du? Een Ausdauersportler binch nochni!« Klemme mir dabei meine Krücke unter den linken Arm.

*

»Unklar!«, urteilt sie erstaunt nach einer Weile. »In Kurven bist du noch ein bisschen wacklig, aber auf geraden Strecken ... Ich ließ dich sogar mal los, doch du liefst einfach weiter! Ich brauche dich auch bloß noch am Zippel halten, du lehnst dich voll auf die Krücke! Wenn du jetzt noch nicht allein mit zwei Krücken laufen kannst, hast du es aber bald geschafft. Den Rollstuhl brauchst du auf alle Fälle nicht mehr lange. Erstaunlich, was du in der kurzen Zeit vollbracht hast. Ich glaube nicht, dass ich es auch schaffen würde.«

Mmh, welches liebliches Sonett, welch anmutig klingende Ballade in meinen Ohren. Das zu hören, ist das diesjährige größte Weihnachtsgeschenk, was ich bekommen konnte. Es verschafft einem den Eindruck, dass man auch als Krüppel noch in der Lage ist, etwas zu leisten, etwas erreichen kann, was nicht jeder bringt, weil er nicht um die eigene Auferstehung kämpft.

Als das Mittagessen kurz darauf fertig ist – es gibt gegrillten Broiler mit Pommes frites – überfällt mich ein Gedanke, den ich sofort an Bine weiterleite, da er für mich eine überdimensionale Bedeutung besitzt: »Sag mal Bine, würdeste michaller zwee Wochn offnehmn? Natüich nur so lange, bisch wieder übern Tisch guckn kann.«

»Machen würde ich es schon«, antwortet sie mir, »aber was würde denn deine Mutter dazu sagen?«

»Die hat nichts zu sagen!«, wäre mir fast rausgerutscht, doch ich muss diesen Gedanken im letzten Moment revidieren. Denn was zu sagen hat sie schon, nur ob ich darauf höre, ist die andere Frage.

»Der werdichs schon beibringn«, entgegne ich dafür. »Außerdem würdasdoch neechte Enlastung fürse sein. Kotzt dochehschon übelst ab, dassemich jedes Wochenend holn soll. Auch bräuchtestes ni umsonst machn. Pro Monat 50,- DM, okay? Undwasas Herbringn betrifft – da werdich von Manoho hergebracht. Und wennEngel Zeitat, hoffich, vonihmou.«

»Okay, dann machen wir es so. Ich sage dir noch Bescheid, wann ich Zeit habe. Aber um auf das Kostgeld zurückzukommen: Kriegst du jetzt Rente?«

Während ich ihr meinen finanziellen Stand erläutere, gibt Manuela beim Verschwinden in ihre neue Wohnung Manolo die Klinke in die Hand.

»Danke für die schönen Stunden!«, verabschiede ich mich nun von Bine. Und trete wieder den ungeliebten Gang an zu meiner Mutter zurück.

*

»Hast du geraucht?«, fragt mich meine Mutter sofort, als ich wieder in meinem Stammsessel sitze. – Sie hat mir meine Zigaretten weggenommen und mir Rauchverbot erteilt, weil das Rauchen besonders gefährlich in meiner speziellen Lage wäre. Allerdings sie und Fritz pusten mich weiter mit Rauch voll. »Das ist ja was anderes!«, war ihr Kommentar, als ich dies anfocht.

»Nö, wieso?« Es macht mir nicht das Geringste aus, sie zu belügen, schon als Kind war dem nicht so. Denke auch nicht im Traum daran, mir von ihr etwas befehlen zu lassen.

»Weil du so riechst.«

»Dieandern hamalle geroucht. Daisses donomal, ni, wenn manoudach duftet.« Diese Ausrede habe ich von ihr selbst, denn diese bekam mein Vater von ihr immer aufgetischt.

Sie gibt nun Ruhe. Ich aber will wissen, was mit Frank war.

Damit habe ich bei ihr eine Lawine ausgelöst: »Der ist sich keiner Schuld bewusst! Das Geld, was dir fehlt, hat er nicht genommen« – *Hätte ich auch erzählt.* – »Der weiß auch nichts davon, wo deine Schuhe hin sind, er weiß nicht einmal, was du für welche angehabt hast!« Und dann folgt noch ein großes Trara, was für ein mieser Typ er sei und dass er mich nur ausnutzen wollte und so weiter und so fort. Doch was sagt mir nun dies alles: *Ich glaube nichts. Meine Mutter bringt es einfach nicht fertig, ihn mal nach dem Unfallhergang zu fragen, was ja zur Zeit die Priorität besitzt. Es fehlt also völlig der Grundstock. Und das Abscheulichste: Sie glaubt noch an den Mist, den sie sich da zusammenreimt. Dabei sollte man doch meinen, nach 22 Jahren dürfte sie mich kennen. Sie rennt aber scheinbar mit zwei großen Scheuklappen herum, die ihre Augen vor der Umwelt verschließen. Und ich darf mich, sobald ich wieder laufen kann, selber auf die Ursachenforschung begeben.*

*

»Nun ist Weihnachtszeit, schönste Zeit! Jetzt ist der Weihnachtsmann gar nicht mehr weit, jetzt ist der Weihnachtsmann gar nicht mehr weit.«

Wir stehen kurz vor der Bescherung. Eigentlich sollte die Weihnachtszeit ein schönes besinnliches Fest für die ganze Familie sein, bei mir war es aber meistens nicht so. Mal bekam ich angedroht, nichts geschenkt zu bekommen, ein andermal wurden die Geschenke bewusst verspätet ausgeteilt, oder es gab wirklich keine. Dazu krakeelte jedes Jahr meine Mutter unter Tränenausbruch, dass sie zu Weihnachten nichts bekommen möchte. Wenn man dies dann aber mal verwirklichte, war sie beleidigt. Deshalb wurde das Sie-Beschenken für mich auch bald nur noch zum baren Pflichtakt. Wobei manchmal die komischsten Sachen herauskamen: In einem Jahr hatte ich ihr eine Axt geschenkt. Im nächsten versteckte ich diese, schenkte ihr eine neue. Natürlich war dadurch der Familienskandal vorprogrammiert: Mein Vater musste aufpassen, dass sein Feixen nicht zu auffällig wurde, meine Mutter beschwerte sich, dass sie wohl nur noch eine Axt wert sei, klagte darüber, dass sie nichts Gescheutes mehr geschenkt bekäme. Dabei hatte sie selber mal gesagt: »Einem geschenkten Gaul guckt man nicht ins Maul.« Allerdings sollte dies wohl nur für mich gelten. – Nichtsdestotrotz bin ich der Meinung, dass man sich zu solchen Anlässen nicht etwas Nützliches sondern etwas Schönes schenkt. Aber sei es, wie es ist: Man sollte niemals nie sagen.

Ich kann mich dunkel erinnern, in meiner tiefsten Kindheit stand noch ein Weihnachtsbaum in der Stube. Jetzt allerdings würde man in der ganzen Wohnung vergeblich suchen. – *Na ja, sonst habe ich den auch immer geholt. Zur Zeit aber schlecht möglich.*

Auch das an den Weihnachtsmann glauben wurde mir ziemlich schnell abgewöhnt. Denn erstens wagte ich es zu bezweifeln, dass er Erpressungsversuche der eigenen Eltern befürwortet, und außerdem kann ich mich noch sehr gut daran erinnern, wie meine Mutter immer die Bescherung durchführte: Mit dem Wäschekorb in den Händen, Gesicht klein gemacht – so dass es aussah wie das eines Schrumpfkopfes – strahlende Miene, Nase steil nach oben gereckt – als ob sie dem Weihnachtsmann noch ein paar Geschenke abgepokert hätte. Und dann kam die Bescherung: Seit meine Schwester sich als anwesend betrachten konnte, bekam ich grundsätzlich das bedeutend Wenigere. Okay, vielleicht war ich wirklich der Unartigere. Aber ich bezog auch für jeden Unfug, den meine Schwester baute, die Dresche. (Für meinen eigenen bekam ich natürlich auch welche.) Einmal führte das soweit, dass meine Mutter mich grün und blau schlug (Haue gab es mit dem Ausklopfer). Und so beginnt es doch, dass die Zweifel anfangen, einem durch die Gehirnwindungen zu spazieren.

Jetzt bekomme ich aber keine Dresche mehr. Als ich 14 war, wollte meine Mutter mir wieder einmal welche verpassen, da habe ich ihr den Ausklopfer weggenommen. Mein Arsch war meiner Ansicht nach lange genug ihr Teppich gewesen. (Der erste Ausklopfer war an mir schon kaputtgegangen.)

Nun aber steht sie in der Stube, genauso wie in meiner Erinnerung. Und überreicht meiner Schwester und mir die mehr oder weniger begehrten Geschenke. Doch dieses Mal – ich will es kaum glauben, denn es ist das erste Mal seit 15 Jahren – fällt mein Anteil reichlicher aus. Wieso? Ach ja, meine Schwester ist bei ihr in Ungnade gefallen. Sie helfe meiner Mutter nicht im Haushalt, meine Mutter müsste darum alles allein machen. Doch mir stellt sich die Frage, woher dies kommen soll? Denn das ist meiner Schwester nicht anerzogen worden. Im Gegenteil: Ich musste ständig raboten, was von großen Lustausbrüchen meinerseits natürlich nicht begleitet war. Und da die Dresche mich nicht mehr schrecken konnte – ich war sie schon so gewöhnt, dass ich nur noch zum Schein heulte, sobald ich aber wieder meine Ruhe hatte, lachte ich darüber – war ich darin nicht besonders fleißig und verzog mich, wenn ich die Gelegenheit hatte.

Inzwischen habe ich die Päckchen geöffnet. Und muss wiederum erstaunt feststellen, dass sie seit meinem letzten Geburtstag am Pokal des Geschmackes gekostet zu haben scheint: Der darinliegende Pyjama gefällt mir sehr, ebenso wie die Slippackung, auf denen ein paar küssende Lippen auf dem Hinterteil sind. Der Pullover, den sie mir mit dazugesteckt hat, gefällt mir ebenso außerordentlich. Den sollte aber eigentlich Fritz bekommen, wie mir meiner Mutter erzählt, aber da sie sich mit ihm verkracht hat, bekomme ich ihn.

Ich öffne das letzte Päckchen – und fange danach an zu lachen.

»Was ist los, Mike?«, will meine Mutter wissen.

»Anichts, ich freu mich bloß.«

Damit ist sie beruhigt und ich kann ungestört weiter lachen. Denn in dem letzten Päckchen ist sie ihrer alten Geschmacksmarotte wieder gerecht geworden: Mich grinst dieselbe Seife an wie zu meinem Geburtstag. Es verstärkt sich in mir auch der Eindruck, sie will mich damit eindecken. Vielleicht tritt da das typische Muttersyndrom ein, dass die Kinder es mal besser haben sollen. Trotzdem aber hat sie sich diesmal bemüht, über ihren eigenen Schatten zu springen. Deshalb bedanke ich mich auch bei ihr.

Doch noch vor dem Öffnen meiner eigenen Päckchen habe ich sie beschenkt mit etwas, das diesmal keine Axt ist, sondern ein selbstgewebter Bettvorleger; wobei natürlich nicht ich der Künstler war, sondern die Putzfrau vom Krankenhaus, die so breit wie hoch ist. Tatsächlich hat jeder Mensch auch seine guten Seiten. (Hitler dürfte ebenfalls welche gehabt haben, nur ist mir nicht bekannt, wo diese lagen.) So ist es ihr Hobby, für ihre Puppen zu stricken; gegen Entgelt auch für die Bedürfnisse der Patienten.

Meine Mutter ist erfreut davon. Natürlich wäre ihr eine Waschmaschine lieber gewesen; mir ist aber nicht bekannt, dass ich neuerdings im Geldkeller von Donald Duck schlafe.

Was meine Schwester angeht – sie hat ein bisschen Pech gehabt: Ihr wollte ich eine Schallplatte von Sandra, ihrer Lieblingssängerin – *igittiigitt* – kaufen, aber die ist hier noch nicht gelandet, obwohl ich sie schon vor einem knappen Monat bestellt habe. Entweder haben die dort ihren Lageplan verloren – mir wird ja laufend erzählt, sie wäre bestellt worden – oder ich bin wiedermal belogen worden. Na ja, mit einem Krüppel kann man das ja machen, der kriegt es ja eh nicht mit, der ist unmündig. Nur trifft es diesmal nicht mich selber.

46

Sonntag, 30. Dezember. Abends.

»Manolo, wärsteso feundlich un bingst mich zu Bine?«, frage ich ihn, der früher als geplant wieder da ist.

Meine Mutter hat es ebenfalls vernommen. »Mike, was willst denn du schon wieder dort? Sie sollen zu dir gelatscht kommen, nicht du laufend zu ihnen! Schließlich kannst du nicht laufen!«

Das ich nicht laufen kann, darf sie mittlerweile der Vergangenheit zuschreiben. Ich drehe hier jeden Tag allein mit den zwei Krücken meine Runden. Und es werden immer mehr. Auch bin ich schon ohne Krücken ein bisschen weiter als bis zur Toilette gelaufen: zur Schlafstube, und die ist am entgegengesetzten Ende. Zwar immer an der Wand stützend, aber gelaufen. Außerdem kann ich

mich noch dunkel daran erinnern, dass vor nicht allzu langer Zeit Manuela und Engel immer kamen.
Demzufolge ignoriere ich sie einfach. Dafür schaue ich fragend Manolo an.
»Wenn deine Mutter nichts dagegen hat, können wir es machen«, meint er.
Ich hasse es, meine Mutter um Erlaubnis fragen zu müssen, kann es aber nun mal nicht ändern: »Ich darfoch, ni?«
Sie setzt an, wieder eine überdimensionale Tirade abzuhalten. Doch weil sie mich dabei anschauen muss, sieht sie mein Gesicht: Abscheu, Verachtung, gelangweilt sein drückt es aus, dienend zur Abschreckung. Das gesehen wendet sie sich ab. »Mache doch, was du willst.«
Ein zustimmendes Lächeln huscht über mein Gesicht.

*

»Mike«, fordert meine Schwester, die auch mitgekommen ist, mich auf, als wir bei Bine ankommen sind, »du bleibst hier erst einmal sitzen. Ich gehe mal gucken, ob überhaupt jemand da ist.«
Ich füge mich ohne Widerspruch, denn für heute bin ich ja nicht angemeldet.
Nach einer Weile kommt sie zurück, setzt sich ins Auto, wendet sich mir mit ernstem Gesicht zu:» Sie ist da.«
Visionen von einem tollen Abend gaukeln mir vor.
»Aber«, fährt sie fort, »sie lässt dich nicht rein. Weil du schon da warst.«
Ruckartig halte ich im Türöffnen inne, drehe mich zurück. »Wa-a-as?«, stammele ich bestürzt.
»Ja, du hast richtig gehört: Sie will dich nicht reinlassen.«
»Los, wir versuchens nomma«, blase ich zum erneuten Angriff. »Diesma kommich aerärmit!«
Knurrend willigt meine Schwester ein.

*

Nach ihrem Klingeln kommt Bine raus und sieht mich stehen: »Ente, ich habe doch vorhin schon gesagt, dass ich dich nicht aufnehmen kann!«
Aha, 'kann'! Wer lügt nun von den beiden? Ach, egal, Wortklauberei bringt mich jetzt auch nicht weiter.
»Hm, unwiesoni?«
»Weil ich dann zur Arbeit muss. Da ist auch niemand, du kannst also nicht hier bleiben!«

»Wo sindneandern?«, will ich erstaunt wissen.

»Manuela und Engel sind zu seiner Mutter gefahren. Wo Steffen und Heinz sind, weiß ich nicht.«

»Istir wegn morgn was gesagt wordn?«

»Nö, nichts.«

»Okay, machsesser!«, verabschiede ich mich mürrisch, in aggressiver Stimmung, unzufrieden, mit einer ungewissen und fürchterlichen Ahnung von der Zukunft behaftet. Dann drehe ich mich um und schreite die Treppe hinunter.

Im Auto will dann Manolo wissen, wie es weitergehen soll.

»Ich trauirni!«, muss ich mich jedoch erst einmal über Bine auslassen. »Deshab fahrmer jetzuEngel, umzu sehn, ober wirklich nidais. Wohngleiim nächsn Haus.«

Dass Manolo darüber, mich weiter durch die Gegend zu kutschieren, wenig erfreut ist, sieht man ihm an. Trotzdem stimmt er zu.

*

Doch auch dort ist niemand. »Dann bleiboß noch eene Mögichkeit«, muss ich einsehen. »Manolo, kömmer nochbei Steffen vorbeifahrn?«

»Hmmh! Es muss aber schnell gehen, ich muss dann noch weg!«

»Ja, machir keene Sorgn«, beruhige ich ihn. »Enteder ich bleibort, oder mer könn zurückfahrn. Off jedn Fall gehts schnell.«

Jetzt protestiert aber meine Schwester gegen Manolos Absicht. Denn seit er die verlauten ließ, schaut sie ihn verblüfft und befremdet an. Dementsprechend groß ist ihre Rage, die sie nun aus sich herausschüttet; bei der aber die Fensterscheiben wissen, dass sie nicht zu vibrieren brauchen, obwohl sie nun wieder die ganze Nacht allein bleiben muss.

Nach einer kurzen Diskussion besiegeln sie einen Friedenspakt. Er verspricht ihr, dass er morgen wiederkommt, die Feierstunden bei ihr verbringt, mit ihr das Jahr in Glückslaune abschließen will. Worauf sich ihre Stimmung wieder verbessert wie bei einem Hund, der zum Abtöten seines Knurrens ein Häppchen vorgeworfen bekommen hat.

*

Anna steht vor dem Auto. »Ente«, begrüßt sie mich, »was ist los?«

»Hi! ISeffen da?«

»Nö, der ist bei Bine.«

Horch horch, da war ich doch gerade. Aber von Steffen war da nichts zu sehen. Vor dem Crash war er – so denke ich – mein bester Kumpel, jetzt scheint er aber das Interesse verloren zu haben – ich bin eben nicht mehr der spuckende Goldesel.

»Haterwasegn morgn gesagt, woer hingeht, woihr hingeht?«, frage ich aber.

»Soweit ich das weiß, gehen wir morgen ins Volkshaus.«

»Soso! Wolltmerniin meier Bude offer Humoldtstasse neFete machn? Haternischt gesagt daon?«

»Hmmh nö, nicht, dass ich wüsste. Aber ich werde es ihm mit sagen.« Damit betrachtet sie die Audienz für beendet und wir fahren zurück.

Wird sie es ihm sagen, wird sie es ihm nicht sagen? Ich weiß es nicht. Denn sich auf sie verlassen – das geht absolut nicht.

Kurz vor dem Unfall lernten Steffen und ich sie gleichzeitig kennen, verliebten uns beide in sie. Da ich aber bei der Armee war, hatte ich das Nachsehen. Was sie aber nicht daran hinderte, am zweiten Wochenende, an dem ich sie sah, mit mir zu flirten. Ich dachte mir: Sieht gut aus, das kann was werden. Von der Werft aus, in der ich damals lag, schrieb ich ihr sogar – sie mir allerdings nie zurück. Und als ich dann wieder im Urlaub daheim war, durfte ich sofort erfahren, dass sie sich für Steffen entschieden hatte. Ich akzeptierte es. Aber dann der darauffolgende Abend: Ich rockte gerade ab im 'Volkshaus', plötzlich fiel mir jemand um den Hals und knutschte mir die Lippen wund. Ich war völlig verblüfft, denn zu diesem Zeitpunkt hatte ich keine feste Freundin. Aber als ich dann die Gelegenheit zum Nachschauen hatte, erblickte ich Anna; und in mir begannen im selben Moment die Glocken zu läuten, ein rosaroter Wolkenhimmel senkte sich auf mich herab wie im Theater die Kulisse. Auf einmal war ich mir nicht mehr so sicher, ob ich wirklich kampflos das Revier räumen wollte. Sie stammelte mir nun ihr Leid vor, dass sie die Nase voll habe von Steffen, dass er nicht arbeiten gehen wollte, dass er nicht zu ändern sei, dass sie jetzt erkannt hätte, in ihr würde doch etwas für mich brennen. Daraufhin fragte ich sie, ob dies Steffen auch schon wüsste. Denn ich hatte absolut nichts dagegen, den Rest meines Lebens mit ihr zu verbringen; aber mir war das furchtbar peinlich Steffen gegenüber. Nun erzählte sie mir, dass sie noch einmal zu Made müsse, um ihre Sachen zu holen, die sie dort auf der Fete gelassen habe.

Was der nächste Wunderpunkt für mich war. Denn normalerweise war ich bei solchen Aktionen immer dabei, diesmal wurde ich aber nicht mal eingeladen. Hatte man mich etwa selektiert? Ich wunderte mich weiter. Später gingen wir dann zu der Fete; bei der ich aber unten blieb, denn ich verspürte keine Lust, mich mit Steffen zu prügeln. Denn ich bin mir ganz sicher, dass genau das erfolgt wäre, weil er, wenn er was getrunken hatte, immer aggressiv wurde. Aus den Fenstern erklang dann ein großes Trara, von dem ich aber kein einziges Wort deuten konnte. Eine Weile später kam Anna herunter. Zusammen gingen wir zu einer Bekannten, um dort zu übernachten. Was mich aber in dieser Minute schon stutzig machte, war, dass ihre Stimmung plötzlich ganz andere Winkel durchstreifte, was von mir jedoch auf das eben Erlebte gerichtet wurde. Sie war nicht mehr leidenschaftlich, vermied zärtliche Berührungen, erschien dafür richtig reserviert, strahlte eine Ernüchterung aus, die alle Illusionen niedermetzeln kann. Und zur Krönung kam uns auch noch Steffen hinterher gefahren. Dann standen wir uns gegenüber, Auge um Auge, Zahn um Zahn; Ich zeigte ein verschlossenes Gesicht, seine Mimik wurde vom Sturzhelm verdeckt. Zwischen uns herrschte eine hochexplosive Stimmung. Ein falsches Wort, und niemand hätte das Weitere prophezeien können. Doch nach einer Weile taxieren fuhr er weiter. Und als wir dann bei der Bekannten waren, klingelte er und versuchte hereinzukommen, um mit mir zu reden. Unsere Bekannte wies ihn aber ab – er solle das am nächsten Tag mit mir ausmachen, wenn er wieder nüchtern sei. Aber nichtsdestotrotz beschlichen mich plötzlich Zweifel, ob ich ihm Anna wirklich ausgespannt habe und mit ihr zusammenleben könne, meine Gefühle erhört und erwidert werden. Diese Skepsis erwies sich dann auch als angebracht: Wir lagen zwar zusammen im Bett, tauschten ein paar Küsse; doch das war alles. Und am nächsten Tag erklärte sie mir, dass sie es sich noch einmal überlegen müsse. Weil sie von Steffen nicht wegkäme. Da wurde mir klar: Ich bin nur zu Steffens Eifersuchtsentwicklung benutzt worden. Dies bestätigte sich dann abends. Mit Steffen aber kam nie wieder eine richtige Freundschaft auf.

Ich bin mir sehr sicher, dass sie auch jetzt keine Lust haben, Silvester mit einem Krüppel zu verbringen. Oder doch?

47

Montag, 31. Dezember. Nachmittag.

Meine Mutter ist zu Fritz gegangen, mit dem sie sich wieder zusammengerauft hat; Saskia mit Manolo in ihrem Zimmer – ich sollte dort besser nicht horchen. Ich wollte zwar, dass er mich zu Pritsche fährt, doch meine Schwester hatte ihr Veto eingelegt. Worauf ich ihr verkündete, dass ich es dann eben allein mache. »Ist mir doch egal«, gab sie mir daraufhin beleidigt zu verstehen.

Soeben bin ich auf der Haustreppe zum ersten Mal weggekippt in der Wendung, welche von Treppe zu Treppe führt. Nicht gerade angenehm für meine rechte Seite, denn auf die habe ich mich gesetzt. Aber die Hälfte der Treppe habe ich geschafft, also schaffe ich auch die andere. Und schraube mich wieder in die Höhe, was leichter als erwartet geht.

Nach dem Verlassen des Hauses schrillt es plötzlich in mir wie der Feueralarm in einem Hochhaus: »Ich bin draußen! Ich bin draußen, ohne dass jemand in meiner Nähe ist!«

*

Auf dem Fußweg ersetzt der Zaun die Wand; in der Erwartung, sofort zugreifen zu können, wenn ich aus dem Gleichgewicht komme, laufe ich immer dicht bei ihr, fühle mich jetzt wie Marie Wards nach ihrer Freilassung. Dabei fällt mir das Laufen besonders schwer, weil die Krücken *paar Meilen* zu klein sind. Aber trotzdem werde ich zu Pritsche laufen.

Plötzlich beschleicht mich ein Gedanke, den ich zwar versuche wegzuschieben, der aber trotzdem immer mehr die Herrschaft in mir ergreift: *Was mache ich, wenn Pritsche nicht da ist? Ich glaube, dann habe ich mir das Buch: 'Der Weg war umsonst' gekauft. Und heute ist ja zu erwarten, dass er nicht da ist.*

In der Zwischenzeit, während ich nachgrübelte, haben sich meine Füße weiterbewegt. Sind dadurch an der ersten zaunlosen Stelle angekommen.

Was mache ich nun? Zu der hiesigen Haustür laufen? Dann hätte ich immer einen Rettungsanker an der Seite. Doch dann bräuchte ich ewig, bis ich ankommen würde. Sowieso dauert es schon viel zu lange. Außerdem muss ich dort vorn eh über die Straße, das ist dann riesig frei. Also, was nun? Umkehren? Nö, ich laufe jetzt schnurgerade weiter. Wenn ich fliege, stehe ich wieder auf. So einfach ist das. Keine Widerrede! Bammel – okay, aber den hatte ich schon immer vor ungewissen Anfängen, werde ihn auch noch öfters haben. Das macht aber vorsichtig, und genau das ist jetzt nötig.

*

Ich habe es geschafft. Zwar war viel Gewackel dabei, aber eben geschafft. Befriedigt ein Blick nach hinten – *Oje! Ungefähr nur zwanzig Meter, die ich in der schier endlosen Zeit vorangewackelt bin. Hh, wenn ich das richtig bedenke, werde ich erst, wenn es dunkel ist, dort ankommen. Dann kann ich es vergessen.*

Ich beschleunige mein Tempo.

Plötzlich steigt ein Fluch in den Äther. Und ich beglückwünsche mich gleichzeitig, dass der Zaun neben mir steht, so dass ich nur die rechte Krücke aufzuheben brauche.

Doch schon wieder ein Wackler; und ich muss einsehen, dass ich für diese Marschgeschwindigkeit noch keinerlei Sicherheit in den Beinen habe. Laufe ich aber langsamer, werde ich nie an mein Ziel kommen. Schlagartig wird mir bewusst, dass ich in einen Teufelskreis geraten bin.

*

Inzwischen bin ich am nächsten freien Ort angekommen. Wo wieder eine entscheidende Frage ansteht *(Wahrscheinlich sind an jedem Etappenziel imaginäre Fragepfeiler angebracht, die nur bei ihrer Lösung das »Okay« zum Weiterlaufen geben)*: Gehe ich über die Straße oder bleibe ich bis zuletzt auf dem Fußweg?

Ich beschließe, meine Wanderung auf ihm fortzusetzen, auch aus dem Grund heraus, dass es ja nicht mehr weit bis zur Ecke ist.

Doch nach einem einzigen Schritt bleibe ich wieder stehen, starre nach vorn, als wenn dort halb Jackline halb Angela stände: Eine ältere Frau plus Mini-wow-wow sie spazieren gerade über die Straße. Meine Rettung? »Halloo!« Ich wedle mit der rechten Krücke.

»Kann ich Ihnen irgendwie helfen?«, ruft sie zurück und kommt mit erhöhter Geschwindigkeit herübergetippelt.

»Ich biedaumm.« Und will ihr erklären, worum es mir geht.

Sie aber ist schneller: »Na kommen Sie, ich begleite Sie.«

*

Im Laufen konnte ich ihr meine Bitte auch nicht vortragen, da ich hochkonzentriert bleiben musste, komme deswegen erst am Ende der freien Stelle dazu: »Entschuljun, könnSemich bidde zu

Donspachstasse bringn? Ich mussanding mahin.«
»Oh, das tut mir aber leid, aber ich muss auf die Löbauer Straße. Und habe jetzt auch keine Zeit. Ich werde zu Hause erwartet.«
Der Hund bellt dazu zweimal, als ob er alles verstehen würde.
»Sch...ade«, zieht sich meine Stirn bedauernd hoch, »anisch zu machn. Musschmiebnalleene durchschlagn.«
»Ja, schaffen Sie das denn überhaupt? Was ist Ihnen denn eigentlich passiert? Oder ist das schon von Geburt an so?«
»Nee nee. Ich hattsonen dreckn unveschutten Verkehrsufall.«
»Oje oje! Können Sie mir auch sagen, was da geschah?«
Ich zucke unwissend mit den Schultern: »Neeleichere Frage hamSe woni, wa?! Ich weeßesja selbsni, werdrüberm Unklarn gelassn.«
Sie schaut mich mitleidig an, in ihren Augen ist lesbar: Ach, der arme Junge, der arme Junge.
»Und, wird es wieder besser werden?«, will sie weiter wissen.
Ich berichte ihr stolz von meinen Errungenschaften.
»Wo wohnen Sie denn?«
Langsam drehe ich mich um und weise mit dem Zeigefinger darauf.
»Dann gebe ich Ihnen einen Rat: Kehren Sie um, Sie werden schnell wieder zu Hause sein. Doch bis zur Dornspachstraße ist es noch zu weit.«
In mir herrscht Krieg. Die eine Seite, die vernünftigere (?), möchte diesen Rat befolgen, die andere, die was erreichen will, drängt dazu weiterzulaufen. Und keine will einen Kompromiss eingehen.
»Wie spätissesn?«, mache ich es davon abhängig.
»Gleich dreiviertel vier.«
Halb fünf wird es dunkel – Umkehren? Weiterlaufen? Salomon wäre wohl eher auf eine Lösung gekommen.
»Gehen Sie zurück?«, versucht die Frau nachzustoßen.
»Ich bimir noni schlüssig, steckim Ziespalter Gfülle.«
»Tut mir leid, aber ich muss los. Alles Gute!«
Ich bedanke mich, während der Hund noch sein Abschiedswow-wow gibt.

*

Wieder allein schaue ich mich um, ob noch irgend jemand hier entlangkreuzt, den ich ansprechen könnte. Doch nur ich bin auf der Straße. Deshalb baut sich die Frage auf: Was mache ich nun?

Gebe ich dem Bedürfnis weiterzulaufen nach oder gebiete ich ihm Einhalt, siegt etwa die Vernunft, die mir sagt: 'Umkehren!'? Doch wo bleibt da der Beweis für mich selbst? Allerdings – wenn ich den Verlauf der mich noch erwartenden Strecke durchgehe, dann ist mir klar: Die Schwierigkeiten, die ich bis jetzt überstanden habe, sind nur ein Lacher dagegen. Also, was tun??

Endlich gebe ich mir einen Ruck: *Vernunft, heute hast du gesiegt. Ich gebe auf. Es wird sowieso gleich dunkel, und ich wackle doch jetzt schon gewaltig, obwohl es noch hell ist. Was soll da erst werden, wenn ich nichts mehr sehe? Außerdem trage ich immer noch die Brille, mit der ich nur die Hälfte erkenne. Also umkehren. Und habe ich mir den Sinn für die Realität bewahrt, muss ich einsehen, dass ich mir schon etwas bewiesen habe. Es sind ungefähr vierzig Meter, die hinter mir liegen. Ein Neuanfang auf alle Fälle; und es werden größere Strecken kommen, die sich dann letztendlich zu Kilometern entwickeln werden. Aber dies jetzt schon zu vollführen, wäre keine Risikobereitschaft mehr, sondern Dummheit. Spätestens auf dem Rückweg würde ich zusammenbrechen. Deswegen: Genug für heute.*

*

Zurück geht es bergab, wodurch ich glaube, dass ich weniger Kraft brauchen werde. Ich lehne mich einfach in die Krücken, lasse meine Beine rotieren und laufe.

Doch ich werde immer schneller. So sehr, dass ich schon vermeine, ganz leicht zu rennen. »Wird das gut gehen?«, stellt sich mir augenblicklich die Frage.

Nach ein paar Metern kann ich mich nicht mehr abbremsen, mein Oberkörper will eher zum Ziel gelangen, als der Rest hinterherkommt. Ich segle hinab zur Erdoberfläche. Fange an zu jammern: »Scheiße! Auuh, tut das weh; und wieder die rechte Seite!«

Die Krücke habe ich diesmal unerklärlicherweise nicht fallen lassen, dadurch sind meine Fingerknöchel auch noch aufgeschürft. Und ein Zaun zum Festklammern war nicht vorhanden, da ich an einer freien Stelle bin. Aber den Kopf hatte ich eingezogen; denn schließlich brauche ich den noch; und abgesehen davon dürfte der schon genug malträtiert sein. Zu allem Überfluss klopften auch noch meine Mutter und meine Schwester darauf herum – immer von hinten, denen machte das Spaß. Zwar hatte ich sie angefaucht, dass sie damit aufhören sollen, aber auf einmal schienen beide an Ohrenverstopfung zu leiden. Dann hatte ich es aber mal geschafft, meiner Schwester dafür eine zu klatschen. Was da für ein großes Gezeter losging. Doch seitdem habe ich Ruhe vor ihr. Und bei meiner Mutter wird das auch noch klappen.

In letzter Zeit habe ich erkannt, dass man flexibel fallen muss. Wenn man wie ein nasser Sack zu Boden sinkt, ist es zur Verletzung nicht weit. Was aber nicht heißen soll, dass, wenn man flexibel fällt, dem nicht so ist. Aber das Risiko dazu ist halt kleiner.

Ich rappele mich wieder auf, setze meinen Gang fort.

Die Überbeschleunigung setzt wieder ein. Und diesmal mache ich einen Satz über die Krücken hinweg, als wenn ich ausprobieren wöllte, ob man per Krücken Stabhochsprung zustandebringen kann. Aber nun steht ein Zaun zu meiner Linken. Ich lasse die Krücken fallen, klammere mich fest an ihn mit beiden Händen.

He, was ist das? Der Zaun macht den Abgang! Verstehe ich überhaupt nicht! Da hält man sich schon am Zaun fest, weil es für einen der letzte Halm des Lebens ist, und dann kippt der einfach weg! Der hat den Beruf, seine Bestimmung verfehlt.

Ich liege halb auf dem umgestürzten Zaun, halb auf dem Zaunsims. Und taste meinen Körper ab, finde jedoch außer ein paar blauen Flecken wiedermal rein gar nichts. Blicke darum gen Himmel, wo mein Schutzengel wahrscheinlich auf die nächste Aktion wartet, bei der er einspringen muss, und bedanke mich bei ihm. Nehme dabei an und hoffe es auch, dass er dafür sehr hoch bezahlt wird, damit er nicht auf die Idee kommt, in Streik zu treten.

Es ist bereits am dämmern. Höchste Zeit für mich, daheim wieder einzufliegen. Und darum halte ich mich ständig am Zaun fest. Mit rechts führe ich zwar immer noch die Krücke, habe jedoch die andere auch dort, halte sie abgespreizt.

Im Treppenhaus stolpere ich im ersten Stock über den Fußabstreicher.

»Blödes Vieh, könntest wenigstens Platz machen, wenn ich dort langkomme!«, schnauze ich ihn an.

Auf der halben Treppe zum zweiten Stock befördere ich mich in einen Liegestütz. Dabei lasse ich eine Krücke fallen. »Hm, da hatte ich mein Gewicht zu weit vorn. Aber so viele gesunde Leute sind auf der Treppe schon rumgepurzelt, da darf ich mir es auch mal erlauben.«

Die Krücke ist bis zum Podest vom ersten Stock hinabgerutscht. Ich lasse sie aber liegen, sehe nicht ein, warum ich den beschwerlichen Weg noch einmal bewältigen soll.

*

»Schon wieder da?«, fragt mich meine Schwester verwundert, als sie mir die Wohnungstür öffnet, und schaut mich prüfend an.

»Ich binizu Pritsche geloufn«, erkläre ich ihr keineswegs verlegen. »Unefähr vierzscheter, damusstioffgebn. Hadaffür schonne Heidnseit gebauch.«

»Und, alles drangeblieben?«

»Willse mal nachguckn?«

Sie verzieht das Gesicht; dann tritt sie beiseite und geht die zweite Krücke holen.

Drinnen sitzt Manolo: »Hi Mike, auch wieder da?«

»Siehmanasni?«

Er lässt seine Zähne aufblitzen. »Ich muss dann noch weg«, wird er jedoch gleich darauf wieder ernst. »Willst du noch irgendwo hin?«.

Dass Pritsche sich noch zu Hause befindet, ist unwahrscheinlich, wäge ich ab. *Außerdem will ich heute Silvester feiern und mich nicht wegen Geld rumkloppen müssen. Steffen, Made usw. verabscheuen meine Gegenwart – dies bekam ich ja überdeutlich zu spüren. Was dann? Ach ja, na eben – da sind doch noch Kalle und Wilma. Bei denen habe ich meine letzten Videos vor dem Unfall beäugt. Vielleicht sind die da.*

»Unennse daheemesin, kannich möglichweise dor penn«, teile ich es Manolo mit. »Dann wärer heute Aben für mich nochinner poistivn Tüte.«

Mittlerweile ist Saskia zurückgekommen. »Aber nicht zu Pritsche, das machen wir ein andermal!«, schränkt sie ein, nachdem ich es ihr verkündet habe.

»Nee, keejeangst. Offe Beelzestasse.«

»Und wenn alles gut geht, bin ich gegen Mitternacht auch wieder zurück«, wirft Manolo ein.

Entrüstet schaut Saskia um die Ecke. Und entfacht wieder einen ihrer fruchtlosen Dispute. Währenddessen ich in meinem Sessel sitze und meine Beine relaxe; denn jetzt merke ich erst, wie kaputt ich bin, muss mir eingestehen, dass es wirklich besser war, nicht weiter zu laufen.

Doch sie einigen sich wieder, wenngleich Saskia auch nur zähneknirschend. Für mich aber bleibt nur die Hoffnung, dass es mir nicht eines Tages genauso gehen wird, dass ich laufend allein gelassen werde, obwohl ich mit jemanden zusammen bin. Denn das bedeutet doch Tortur auf Lebenszeit und schmerzt.

*

Auf dem Weg nach draußen bin ich wieder mit den zwei Krücken bewaffnet und gehe allein die Treppe hinunter. Manolo ist nur in Reichweite, um zuzufassen zu können.

»Das geht ja schon sehr gut!«, staunt er überrascht.

Ich weiß es, freue mich aber trotzdem. Auch darüber, dass es diesmal so gut klappt, bedeutend besser als vorhin.

*

Wir sind angekommen. Ich gehe zu der Treppe, die zur Haustür führt, lasse es jedoch hochzugehen, bevor ich weiß, ob sie auch wirklich da sind. Die Treppe umfasst nur drei Stufen, was ja eigentlich ein Klacks ist, doch kann man sie eigentlich nicht als solche bezeichnen: Sie ist das absolute Horrorlabyrinth, eine Aufeinanderschichtung von Steinen in unterschiedlicher Höhe, Breite, Länge und Kursrichtung. Ein System kann man da nicht erkennen. Wahrscheinlich war da ein abstrakter Künstler am Werk, welcher anarchistisch veranlagt war.

Während Manolo auf mich aufpasst, klingelt Saskia. Aber im Fenster bewegt sich nicht das Geringste, kein Hund bellt, kein Kind weint ob der nächtlichen Störung. Sie wohnen unten, daran kann ich mich noch deutlich erinnern; aber dort ist es zappenduster und bleibt auch so.

Saskia klingelt noch einmal.

Saskia kommt zurück.

»Während dem Klingeln habe ich auch ins Fenster geschaut«, versucht sie mir klarzumachen. »Da war aber überhaupt nichts zu erkennen. Sah aus wie unbewohnt.«

»Scheiße!«, mache ich meinem Ärger Luft. »Das warsann wohl! Entweder sindse weggezogn onida. Damitisoer letzte Abend dieses Joahres im Eimer.«

Manolo will wissen, ob ich noch eine andere Idee habe. »Vielleicht Bine oder Steffen.«

»Vergisses! Diesin weggegangn. Ins Volkshaus. Un zwarohne mich. Ich bin ja nischt mehr wert. Off gehts wieder zurück inde trise Bude meier Mutter. Ich weeßoarne, wasch mitm angebrochn Abend anfangn soll. Saskia, hastnine Idee? Haste was zum Suppn da? Ich setz michinollstuhl, da kannischt passiern.«

»Und wer soll den Rollstuhl hochschaffen?«, stellt sie mich sofort vor die Tatsache, dass ich mich nicht mal besaufen kann. »Und außerdem bekommst du nichts Alkoholisches! Wovon ich sowieso nichts da habe.«

»Undazu kommoch«, füge ich in angeheizter hochaggressiver Stimmung hinzu, »dassde ouni willst, dassch dichn Kotznebel einhüll!«

Das hält sie aber einer Antwort nicht für würdig, ich habe allerdings auch keine erwartet; dafür begibt sie sich ins Auto, wohin wir ihr folgen.

*

Das Jahr 1990 ist in zehn Minuten vorbei. Meine Schwester und ich sitzen am Tisch, warten auf den Beginn des neuen Jahres und schauen fern. Aber da in der Wohnung meiner Mutter nur ARD und MDR zu bewundern ist, eignet sich das Programm zum Abgewöhnen. Doch so ganz sicher, dass es in den anderen Programmen anders abläuft, bin ich mir auch nicht. Denn ich gehe davon aus, dass die Leute im Fernsehen annehmen, die jungen sind alle ausgegangen *(was ich ja normalerweise auch tue)*; deswegen dürften sie die Silvestersendungen auch nur für solche Leute gemacht haben, die bereits mit Gott und der Welt abgeschlossen haben und mit einem Auge in den Sarg lugen. Aber ich gehöre nun mal nicht dazu! Oder steht für mich doch schon ein Sarg bereit?

Manolo kommt auch nicht wieder. Zwar habe ich immer noch die leise Hoffnung, dass er irgendwas zum Schlucken mitbringt, nehme aber an, er versprüht gerade seinen Afrikacharme an eine der vielen Willigen. Doch um Gottes Willen meiner Schwester nichts davon sagen, sonst heißt es wieder: »Nein, der macht so was nicht! Er ist treu! Möglicherweise ist er nur durch einen Stau aufgehalten worden.« Und das wäre dann wahrlich nicht im Sinne des Erfinders.

Um die Langeweile zu vertreiben, unterhalten wir uns über das, was gegenwärtig so anliegt, und vor allem über Sex. Saskia scheint diesem Erfahrungsaustausch sehr bedürftig zu sein, da – obwohl sie schon vor knapp drei Jahren entjungfert wurde – sie dabei noch keine prächtigen Erlebnisse machte, wie sie mir erzählt. Denn Manolo scheint im Bett ein eingefahrener, ohne Phantasie handelnder Volltrottel zu sein. Also gebe ich ihr in theoretischer Hinsicht einige Tipps. Denn eigentlich ist es doch wunderschön, eine Zeitlang das Paradies auf Erden zu erleben.

Dabei fällt mir wieder ein, wie es bei mir am Anfang war: Ich wusste nichts über erogene Zonen, kannte nicht den Begriff Orgasmus. Ich hatte auch keinerlei Ahnung davon, wie das überhaupt vor sich geht. Dazu lag das Mädchen auch noch da wie ein Brett, so nach dem Motto: 'Nun fang mal was mit mir an!' Gut, ich war zwar in ihre Einflugschneise eingedrungen, aber darauf hatte es sich dann auch schon belaufen. Doch woher sollte ich es wissen? In der Schule in Bio war nur von der Anatomie die Rede. Zu Hause war dies ein Tabuthema. Demzufolge wurde ich also "perfekt" aufgeklärt. Zum Glück interessierte ich mich dafür. Weil ich mir nicht vorstellen konnte, dass dies schon alles gewesen sein soll. Ich machte es zu meinem Hauptinteressengebiet, es wurde meine Lieblingsbeschäftigung, ich fand auch gute Lehrmeisterinnen. Und deshalb meine ich, dass meiner Schwester auf diesem Weg etwas mitgegeben werden muss; denn immer nur dasselbe wird mit der Zeit langweilig, und letztendlich verliert man daran die Lust. Das wäre schade, denn für einen mit Gefühlen ist es die absolute Erfüllung, die Créme de la Créme des Lebens.

Meine Schwester ist überrascht darüber, dass man mit mir so offen über dieses Thema reden kann. »Mit unserer Mutter geht das nicht.«

Ich lächle wissend. Was soll ich dazu auch sagen? Ich weiß doch, dass es stimmt.

*

Es ist eine Minute vor zwölf, wir essen gerade Abendbrot. Plötzlich wird Saskia schlecht.

»Wasisn midiros?«, frage ich sie verwundert. »Hastetwa doch Alka?«

»Quatsch! Ich habe den ganzen Tag nichts gegessen. Darum ist mir jetzt wahrscheinlich schlecht geworden.«

»Haha, wie kamman ouchsodoof sein, denansen Tag nischzuessn?!«

»Ich muss abnehmen! Deswegen!«

Na gut, wenn ich sie mir von der Seite aus betrachte, wäre das wirklich nötig. Habe eben nur meine Zweifel darüber, ob das mit einer Hungerkur zu realisieren ist. »Versuchsma mit Sport.« Habe mal irgendwo gehört, dass er helfend sein soll. Und natürlich nicht nur Matratzensport.

Saskia schickt mir einen zweifelnden Blick herüber. Dem ich aber nicht lange standzuhalten brauche, da sie ihn gleich wieder auflösen muss, um mit vorgehaltener Hand aus der Stube zu rennen. Dann höre ich, wie sie die Toilettentür aufreißt und nach Ulf schreit.

Just in dieser Sekunde beginnt das Jahr 1991.

Schöne Begleitumstände sind das für einen Jahreswechsel: Meine Schwester kotzt, ich sitze vor der Glotze, in der nur Blödsinn kommt, und feiere das super-super-super-schönste Silvester seit Jahren. – Quatsch, seit ich lebe! – Ja, es ist so schön, dass ich davon ganz verlegen werde, mich unwohl fühle, genug davon habe. Aber es passt irgendwie zu dem Jahr 1990.

Eigentlich sollte man sich ja zu so einem Zeitpunkt irgend etwas vornehmen. Und natürlich auch einhalten. Aber das, was mir vorschwebt, besteht schon eine ganze Weile. Nun gut, ein neues Jahr hat angefangen: Ich nehme mir erstens vor, in dem Jahr 1991 an Krücken zu laufen. Was allerdings nicht heißen soll, dass, sollte die Chance kommen, ohne Krücken laufen zu können, ich sie nicht zu nutzen versuche. – Zweitens möchte ich wieder ein Mädel kennenlernen, das mich akzeptiert und das mich liebt. Wobei mir natürlich Jackline am liebsten wäre. Doch bei ihr weiß ich nicht, wo sie sich gerade aufhält. Was zwar herauszufinden sein müsste, denn immerhin gibt es ja die Auskunft und das Einwohnermeldeamt; aber die Krücken müssen erst der Vergangenheit angehören, bevor ich ihr unter das Augenlicht trete. Sonst käme das einem Gnadengesuch gleich. Und so etwas anzustreben, liegt mir völlig fern. – Drittens soll mein Studium dieses Jahr beginnen. Denn es besteht immer noch die leise Hoffnung, es angehen zu können.

Meine Schwester kommt zurück von ihrer Ulf-Aktion. Im Gesicht sieht sie aus wie eine Kreidewand, die zur Verstärkung mit weißer Farbe angepinselt wurde. Trotzdem quatschen wir noch ein bisschen, müssen dabei feststellen, dass im Fernsehen weiterhin nur Müll kommt. Deswegen beschließen wir bald, ins Bett zu gehen. Obwohl es noch nicht mal um eins ist.

Das Jahr 1991 hat begonnen. Hoffentlich wird es nicht so beschissen wie 1990.

48

Donnerstag, 3. Januar, 1991. Nachmittag.

Ich befinde mich gerade auf meinem Übungstrip mit den beiden Krücken quer durch die Wohnung, da fängt meine Mutter an zu jammern. Nichts Neues, und wiedermal geht es um die Thrombose in ihrem linken Unterschenkel. Klar dürfte das etwas Unangenehmes sein. Wenn man aber die ganzen Jahre in keinster Weise was dagegen tut, nach der sicherlich anstrengenden Arbeit nicht für Ausgleich sorgt, immer nur sein Sitzfleisch quält mit sinnloser Mensch-ärgere-dich-nicht-Spielerei, dann muss man die Schuld bei sich selber suchen und sie nicht irgendwelchen nichtdefinierbaren äußeren Erscheinungen zuschanzen. Natürlich geht es auf die Knochen, wenn man den ganzen Tag mit schweren Lasten herumläuft oder an einer Maschine steht. Man kann Verletzungen aber auch vorbeugen, wenn man nicht so eine anormale Meinung hat von Sport wie sie: »Ich mache genug Sport bei der Arbeit. Da brauche ich nicht noch welchen danach.« Sport ist Mord, aber kein Sport ist Doppelmord. Außerdem vergeht fast nie ein Tag, an dem sie keinen Grund zum Jammern findet. Das berührt ihre Umgebung schon überhaupt nicht mehr. In ihrem Betrieb kümmert es niemanden, Saskia und ich haben dafür auch nur noch ein müdes Lächeln übrig.

»Mike«, keift sie plötzlich heulend zu mir hinüber. »Wenn du solche Schmerzen hättest, wer weiß, wie du dann reagieren würdest?! Du kannst das ja gar nicht einschätzen! Dir geht es doch gut, da interessiert dich doch deine alte Mutter nicht!«

Ich erstarre. Meine Wangen verkrampfen sich schmerzhaft. Ein Bilderbuch blättert sich vor mir auf, ein Bilderbuch, das vergessen geglaubte Szenen aus meiner Kindheit zeigt: Beim Aussperren von ihr an einem kalten, regnerischen Apriltag – ich war neun – sah ich keine andere Möglichkeit, als ein Lagerfeuer in der Bodenkammer zu entfachen. Es gelang mir aber nicht mehr, dieses Feuer zu löschen, ein Großbrand entstand. »Feuer! Feuer!«, wollte ich ihr beichten, aber auch da ließ sie mich nicht in die Wohnung herein./ Zweimal hintereinander hatte ich mir von einer ihrer Arbeitskolleginnen ein Fahrrad geborgt. Das erste Mal entstand ein Platten, das zweite Mal ging die Kette kaputt. Beide Male war ich nicht daran schuld. Aber ich bekam übelste Prügel, die mir damals noch weh tat. Dann sollte ich ins Heim für Schwererziehbare. Dass daraus nichts wurde, hatte ich der Schule und einigen Nachbarn zu verdanken./ Anerkennung für meine guten Leistungen in der Schule bekam ich nie, wurde nur andauernd dafür getadelt, dass ich so unordentlich war. Doch wo sollte ich die Ordentlichkeit herhaben? Das Entscheidende für die Persönlichkeitsentwicklung ist doch das Elternhaus. Von meiner Mutter gab es da niemals etwas abzuschauen, genauso wenig von meinem Vater, der dazu noch ständig Auswärtsspiele veranstaltete. Meine Mutter betonte zwar immer, sie wäre treu geblieben, aber ich bezweifle, ob sie überhaupt jemanden gefunden hätte, sie musste wohl treu bleiben. Deswegen gab es laufend Zoff, in den ich mit hineingezogen wurde. Mit Absicht! Eines Nachts – ich hatte damals kein eigenes Zimmer, musste deswegen im Ehebett schlafen und spät nachts in die Stube wechseln – erwartete mich meine Mutter vor der Schlafzimmertür mit heruntergelassener Schlüpfer und gelüftetem BH. Mein Vater stand abseits und amüsierte sich köstlich. Mir aber blieb gar nichts anderes übrig, ich musste an meiner Mutter vorbei. Also nahm ich meine Bettdecke, hielt sie mir so vor den Kopf, dass ich das Ganze nicht beäugen musste. Denn der Anblick war wahrhaftig unerquicklich: die Bremsspuren leuchteten aus ihrer Schlüpfer hervor, Hängetitten waren schon angesagt, obwohl sie erst 34 war, verwaschene, abgeschlaffte Figur, im Großen und Ganzen abstoßend. Und als ich auf dem Couch lag und meine Eltern verschwunden waren und sich drüben weiter stritten, hörte ich, wie meine Mutter sagte: »Das nächste Mal lasse ich ihn zugucken, wenn ich meine Binde wechsle.« 'Binde?', fragte ich mich. 'Ist sie etwa irgendwo verletzt? Davon weiß ich doch gar nichts!' Ich hatte eben damals noch keine Ahnung, dass Binden noch zu anderen Zwecken nutzbar sind, ich war erst zehn. Aber dadurch schwebte ich zwischen Abscheu und Mitleid hin und her. Zum Einen empfand ich die ganze Aktion als peinlich und herabwürdigend, zum anderen fühlte ich jedoch mit meiner Mutter. Wenn ich auch mies behandelt wurde, so war ich doch aus ihrem Schoss gekrochen. Dadurch bestanden noch so etwas wie Blutbande. Empfand ich damals! — Mit zwölf wurde ich von ihr ausgesperrt, als ich vom Fußballspielen zurückkam. Es war schon Herbst; aber ich war nur leicht bekleidet und musste die halbe Nacht unter einer dünnen Plasteplane im Hausflur vor mich hinfrosten. Erst gegen Mitternacht wurde ich von mein Vater von dieser Qual erlöst, als er von der Musik heimkam (er spielte in einer Kapelle) und völlig konsterniert seinen halberfrorenen Sohn sah. Ihr war das aber völlig egal. Sie ließ noch eine Wiederholung folgen. — Gegen das Fußballspielen hatten meine Eltern generell etwas: In der dritten Klasse wurde für Sportarten Werbung gemacht. Unter denen war auch Fußball. Ich wollte mit dieser Sportart anfangen, weil ich leidenschaftlich gern Fußball spielte. Aber mein Vater sagte: »Da brichst du dir nur die Knochen!« Meine Mutter stimmte dem zu; damit sollte sich für mich das Thema erledigt haben. Erst als meine Eltern auseinander gingen, durfte ich ihr nachgehen – na gut, ich machte es einfach, denn meine Mutter konnte mir mitnichten noch irgend etwas verbieten. – Aber da war die beste Zeit zum Lernen vorbei. —— Und wiederum als ich zehn war – war wohl mein trotzigstes Alter – versuchte ich, Quarkkeulchen für die ganze Familie zu kochen. Die auch einigermaßen gelangen; allerdings war der Zuckernapf reichlich bekleckert. Meine Mutter kam heim, sah, was ich geschaffen hatte. Ich erwartete nun lobende Worte. Doch sie entdeckte auch den vollgekleckerten Zuckernapf, dessen Inhalt noch ungefähr die Hälfte betrug, und schmiss mir eine Schimpfkanonade entgegen. Das Ergebnis: Am Abend und am nächsten Morgen durfte ich den Napf ausmampfen. Iiiehh, mich schüttelt es jetzt noch, wenn ich nur daran denke, so ein Leckerbissen war das. Auch damals wurde mir speiübel. Zum Glück erlösten mich Nachbarn von der Mahlzeit, gaben mir was Richtiges zu essen. (Solange ich den Zuckernapf nicht ausgeleert hatte, bekam ich zu Hause nichts anderes. Währenddessen ließen sich meine Eltern die Quarkkeulchen schmecken.) Doch dieser Vorfall hatte mir das Kochen für immer verleidet. Und ich glaube, da meine Mutter selber absolut keine Ahnung davon hatte, sollten es ihre Kinder auch nicht lernen. Denn dann könnten wir uns selber etwas kochen, wenn uns ihr Fraß nicht schmeckt. —— Taschengeld war ein Fremdwort für mich. Nur racken durfte ich, damit sie ihren Arsch fettsitzen konnte. Dafür bekam ich aber nicht etwa Sachen aus dem 'Exquisit' oder aus dem Modeshop, nein, Sachen aus dem Bauernladen und von irgendwoher stammende gebrauchte Klamotten passten zu mir. Dass ich die total zum Kotzen fand, interessierte nicht. Und bekam ich mal wirklich etwas Vernünftiges – was zwar selten vorkam, manchmal aber geschah – dann hieß es: »Machst du das dreckig, hauen wir es dir so lange um die Ohren, bis es wieder sauber ist!« Da hätten sie aber gleich dazusagen müssen, wie so etwas gehen soll. Vielleicht, wenn man es im Schrank hängen lässt. Aber da staubt es ja ein. Womit das nicht-dreckig-machen also eine ähnliche These wäre wie das Perpetuum-Mobile.

Jetzt weiß ich wieder, was früher hier so ablief, woher meine Antipathie gegen meine Mutter stammt. Zwar waren das bei weitem noch nicht alle elternerzeugte schöne Erlebnisse, ich habe das

Bilderbuch noch nicht bis zum Ende umgeblättert, aber dies sind die Beispiele, die auf den ersten Seiten Movies mit der Überschrift »Herausragend« beinhalten und jetzt feste Konturen in meinem Kopf annehmen. Noch nie in meinem Leben war der Drang so groß gewesen wie jetzt, zu ihr hinzulaufen und sie so zu massakrieren, dass sie nie wieder ein derartiges Wort herausbringen kann. Doch ich beherrsche mich. Wenn auch nur aus dem Grunde der Einsicht in die Realität: Sie bräuchte im Clinch nur eine überraschende Bewegung machen oder fortlaufen, dann hätte ich nicht die geringste Chance.

So belasse ich es bei dem Grollen: »Wiköja tauschn! Schmerzn gegn Rollstuhl!«

Und auch Saskia unterstützt mich sofort: »Mutti, so hättest du das nun wirklich nicht zu sagen brauchen!«

Wie hätte sie es denn dann sagen sollen?

Doch ich laufe weiter, behalte den Einwand für mich. Zu affig wäre es, sich jetzt mit beiden anzulegen. Derzeit habe ich keine Lust auf einen Zweifrontenkrieg.

Meine Mutter blubbert leise weiter vor sich hin: »Auhauhauh, solche Schmerzen. Und dann Kinder, die einem nicht helfen.«

Aber mir geht das jetzt 24 Kilometer am Arsch vorbei. Und: Wobei sollen wir ihr helfen? Beim Mensch-ärgere-dich-nicht-spielen vielleicht? Oder beim Kreuzworträtsel machen? Denn jemandem bei etwas helfen, setzt voraus, so glaube ich, dass er diese Tätigkeit erst einmal selber versucht. Aber wie, wo, wann, warum ... tut sie was? Sollte mein Name Hase sein? Denn ich weiß von nichts.

49

Sonnabend, 5. Januar. Nachmittag.

Auch Fritz kann mich nicht daran hindern, meine Runden zu drehen, die ich mittlerweile schon auf 16 erhöhen konnte. Und so bleibe ich jetzt völlig unbeachtet dabei. Niemand steht da, kontrolliert, ob alles klargeht, niemand würde den Fall der Fälle bemerken. Ist ja auch schon Routine, dass da ein Krüppel durch die Wohnung schleicht, sich darum bemüht, alles wieder in Ordnung zu bringen. Ich bettle aber auch nicht. Darauf wartet doch meine Mutter nur, dass ich flehend auf Knien angekrochen komme. Um mir dann eine Abfuhr erteilen zu können.

Nein, mit mir nicht! Dann mache ich es eben allein!

Ich befinde mich im Mittelgang, wo ich mich soeben wenden wollte, dabei aber das Gleichgewicht verlor. So liege ich nunmehr auf dem Fußboden, gelandet genau auf der Brille, die mit der Nase zusammen meinen Flug aufhielt.

»Verdammte Scheiße!«, schwappt es in mir wiedermal über. »Ich Trottel habe die Krücken nicht losgelassen. Dadurch hatte ich keine Chance, mich irgendwo festzuklammern!«

Fritz kommt angewetzt: »Was is'n los? – Ach, siehste, eh, du hörst ja nicht off uns. Nun haste die Bescherung.«

»Du gloubstoch wohl nietwa, dassch mich dadurchabaltn lasse?«, findet mein Brüllen jetzt eine Richtung.

»Ja, siehste ni, was passiert is? Das hätte noch viel schlimmer kommen können! Die Glassplitter der Brillengläser hätten in deinen Augen stecken bleiben können!«

»Yo, unner Brillnbügel suchsichnenandren Weg inne Nase alsde Luft, so dass Blut ausspitzt unamit deWände beleckert werdn; dann – weiter eindringn – quillte Gehirnmasse vor, besuddelte Auslegwae un lässt eenachAusgestoßem stinkndn Bachentstehn. – Eeh, ou wennch offer Straße langgeh, kammirn Dachziegel offn Kopp falln undie hochschickn un stockteurn Kleider von Passantinn bespritzn – Eeh, vergisses! Du hastoch nullAhnung!«

»Ich hatt ouch schon een Verkehrsunfall ... «

Doch ich unterbreche ihn sofort: »Ja ja, unsoweiter unsofort. Deie Anspache ismir bekann, also lasse steckn.«

Nun schaue ich nach, was mit meiner Brille passiert ist: Sie liegt in einer winzigen Blutlache, welche vermutlich von meiner Nase heruntergeronnen ist. Nun ja, das ist nicht das große Problem, dann wird sie eben wieder einigermaßen gerichtet, den Feinschliff besorgt ein Optiker.

»Au Kacke!«, entfährt es mir, als ich sie nach dem Aufheben näher betrachte.

»Was'n los?«, will Fritz wissen.

»Derechte Bügel isabgebrochn. Scheiße!«

»Okay, jetzt setzte dich zurück off'n Couch!«

Ich mime eine herabwürdigende Grimasse und tappe weiter, nachdem ich ihm die Brille gereicht habe. Da ich aber in Richtung Couch laufe, nimmt er wohl an, dass ich mich auch dorthin setzen werde.

Er hat aber falsch gedacht: Ich bin bis zur Tür gelaufen, habe dort eine Kehrtwendung gemacht, will meine Runde nun fortsetzen.

Doch meine Mutter hat meine Aktion beobachtet. Und da ich keinerlei Anstalten mache, dem Befehl Folge zu leisten, springt sie auf, kommt angespurtet, drückt mich hinunter in die Couch.

Ich ächze mich wieder hoch, will weitertappen.

»Mike, was hast du vor?« Mein Tun erscheint ihr unfassbar.

»Weiterloufn.«

»Deine Brille ist kaputt. Willst du noch mehr Schaden anrichten?«

»Kannse dicherinnern? Ich musstene ganze Zeit ohne Brille rumloufn. Unas werdchouch mindestns nächse Woche. Also kannichs jetztouch. Dich sehich noch, also werdch dichniübern Haufn renn.«

»Mike, deine Brille ist kaputt, kapiere das doch endlich! Du setzt dich jetzt wieder hin! Oder willst du die ganzen Möbel kaputt machen??«

Ich kümmere mich nicht mehr darum, was sie kreischt, drehe weiter meine Runden. Denn vor mir baut sich mit jedem Schritt immer deutlicher ein Ziel auf, dass es unter allen Umständen zu erreichen gilt: Selbständig werden. Und deshalb mache ich weiter. Ohne Rücksicht auf Verluste.

50

Sonntag, 6. Januar. Nachmittag.

Ich stelle mich moralisch darauf ein, dass ich in ein paar Stunden wieder zurück ins Krankenhaus muss. Dort werde ich es durchsetzen, dass der Rollstuhl in Zukunft auf ewig für mich ein Tabu bleibt. »Ich werd nie wieder im Rollstuhl komm!«, prophezeie ich auch meiner Mutter.

»So so.« Klingt sehr überzeugt; sie glaubt es mir mal wieder nicht. Aber sie wird es sehr bald erleben, und dann »Winke-Winke« ihrer Herrschsucht.

»WennManolo nikann oderseiAuto kaputtis, könntirmichjabholn, dann fahrnmer mitm Zug«, hake ich mit einem Vorschlag nach, von dem ich überzeugt bin, dass er sehr sinnvoll ist.

Doch sie grinst nur und spielt ohne eine Antwort weiter ihr Mensch-ärgere-dich-nicht.

Dafür meldet sich Saskia zu Wort: »Und was ist, wenn du im Zug mal auf die Toilette musst?«

Ich schaue sie ungläubig an: »Dawiruns schonwaseinfalln.« Erstens könnte ich ja, bevor ich in den Zug steige, Wasser lassen gehen, und zweitens dürfte es kaum das große Problem sein, mir zu helfen. Aber eigentlich müsste sie darauf selber kommen. – *Hatten wir schon mal, nicht?*

»Du scheinst zu vergessen, dass es im Zug gewaltig ruckelt. Ich könnte dich da nicht halten.«

»Und ich auch nicht«, pflichtet ihr sofort meine Mutter bei.

Ich ziehe es vor, meinen Mund geschlossen zu halten. Denn es ist doch eh sinnlos. Aber ich kann es verstehen: Für das Image ist es bestimmt nicht besonders erhebend, in der Öffentlichkeit einem Krüppel auf das Pissoir zu helfen.

*

Meine Mutter erwacht plötzlich aus ihrer Spiel-Lethargie: »Mike, mal was andres: Willst du eine Wohnung wie diese hier haben?«

Ich horche auf – *Ist da irgendein Läuten im Busch?* –: »Das wär ni schlecht«, drücke ich mich deswegen vorsichtig aus.

»Die Wohnung unten in der Parterre ist frei, die Mieter sind dort ausgezogen. Und die ist genauso wie die hier. Wäre das was für dich?«

In der Parterre – das wäre nicht schlecht. Habe ja erlebt, wie ich auf der Treppe zu meiner eigenen Wohnung kämpfen musste.

»Und wie kommichanseran?«

»Ich werde dir die Wohnung auf der Gebäudewirtschaft besorgen. Und saubermachen werde ich sie auch immer.«

Saskia fängt an zu grinsen; ich muss es mir wiedermal verkneifen, um damit nicht schon wieder in die Minuspunktekiste zu greifen; schaue nur erheitert in die Weltgeschichte. Und außerdem – erst einmal muss ich die Wohnung haben, dann sehen wir weiter.

»Versuchsma«, fordere ich sie auf, und bin mir im gleichen Atemzug nicht so sicher, ob daraus etwas werden wird.

*

Im Krankenhaus angekommen holt Saskia den Rollstuhl heraus, will mich wieder hineinsetzen.

»Nö, ich louf«, weise ich sie ab. Manolo stimmt mir zu, doch auch seinen Protest hätte ich nicht gelten lassen.

Pfleger Helmut kommt heraus, will helfen.

»Nein dange, nich nötig!«, lehne ich kategorisch ab.

Bewundernd schaut er mir zu: »Herr Scholz, Sie haben ja einen Riesensprung nach vorn gemacht! Jetzt können Sie ja allein laufen. Wie haben Sie das gemacht?«

»Ichattebn keenLust mehr, imollstuhl zu bleibn. Außerdem habchdoch gesagt, dasscham Joahresende ausmollstuhl raus bin. Un wasch versprech, halchouch. Versuchs zumindest.«

Seine Kinnlade senkt sich vor Staunen ein Stück hinab.

*

Nachdem sich Saskia und Manolo mit der Zusage, mich nächstes Wochenende wieder abzuholen (»Vorausgesetzt, deine Mutter hat nichts dagegen!«, waren Manolos Worte), verabschiedet haben, folgt eine innerzimmerliche Vorstellung. Dabei erfahre ich, dass der eine Franz heißt und beinamputiert ist. Der andere, Hans, ist hier wegen irgendwelchen neurologischen »Kinkerlitzchen«, wie er sagt. (Ihm ist jedoch nicht bekannt, was es für welche sind.) Der dritte im Bunde, Ottokar, liegt im Schlauch und hat ebenfalls neurologische Probleme; dazu noch Granatsplitter in der Hüfte, welche sich regen. Und alle drei erfreuen sich schon der Altersrente, sind Kriegsveteranen. Woher auch ihre Verletzungen stammen.

Ich aber kann mich noch gut an die letzten Stunden im alten Jahr erinnern, die ich hier verbrachte: Da war es angenehm ruhig, keiner ging einem auf den Geist, man brauchte sich nach niemandem zu richten. Aber natürlich muss man Bettnachbarn hier einkalkulieren, denn das Krankenhaus ist ja kein Nobelhotel. Ich hoffe nur, dass ich mit den Neuen nicht solche Probleme kriegen werde wie mit Jürgen und vor allem Vogel. Ich laufe nämlich wieder, da könnte ich etwas giftig werden.

Jetzt heißt es aber erst einmal schlafen. Und morgen wird die Entscheidung kommen: weiterhin Rollstuhl oder nur noch Krücken.

Werde ich einen Sieg davontragen?

51

Montag, 7. Januar. Früh.

Ich bin mit allem, was morgens ansteht, fertig, warte nun auf die Physiotherapie. Da sie aber ewig nicht kommt, lege ich mich noch einmal flach und döse vor mich hin.

*

»Mike, aufstehen!«

Nanu, die Stimme kennst du doch. – Ich öffne die Augen einen Spalt. – *Ah, Frau Miller. Was will die hier? Achso, stimmt ja, ich warte auf sie. Bin wohl ernsthaft eingeschlafen.*
Mühsam ächze ich mich hoch.
»Wie spätissesn?«, will ich als erstes wissen.
»Dreiviertel zehn.«
»Hmmh, da haich ja richtigannerratze gehorcht.«
»Sind Sie jetzt wieder anwesend?«
»Ich betrete langsamiedr dasInnredeses Raumes.«
»Okay. Das hier ist Conny, eine Studentin. Die wird Sie die nächsten vier Wochen betreuen. Machen Sie es ihr nicht so schwer.«
»Habichs schoma eener schweremacht?«, muss ich mich wundern. Doch dann wende ich mich der Studentin zu. »Hi Conny! Off gutte Zusammarbeit!«
Sie grüßt zurück – lächelnd. – Ich kann es mir jedoch nicht verkneifen, bei Frau Miller eine Bemerkung über Conny anzubringen: »Hübschenug isseja, da sehich keene Pobleme.«
»Herr Scholz«, erklärt Frau Miller mir lachend, aber bestimmt, »sie ist schon vergeben!«
»Scheiße!« Doch dann fällt mir noch was ein: »Dasis zwarn Grund, akeen Hindernis!«
Sie schaut mich nur verwundert an – ist wohl erstaunt darüber, dass ich auf einmal so zum Diskutieren aufgelegt bin; die Seite kennt sie noch nicht von mir – und will dann stattdessen wissen, ob ich mit hinunterkomme.
Die geborgten Krücken stehen versteckt hinter dem Bett, weshalb sie von ihnen noch nichts wissen dürfte; auch reicht sie mir die Krankenhauskrücke herüber, als ich mich einverstanden erkläre, und bringt ihren Arm in Stellung zum mich Abstützen.
Was mache ich nun? Protestieren? Und meine Krücken hervorholen? Oder simulieren? Den noch immer gehunfähigen Patienten? Und den entscheidenden Punkt auf einen günstigeren Moment verschieben?
Wann ist günstig?
Ich kann damit herausrücken, dass für mich die Rollstuhlzeit erledigt ist. Das kann aber gereizt aufgenommen werden und ich werde auf alle Fälle einer Prüfung unterzogen.
Was ist, wenn ich versage??
Scheiß drauf! Ich habe doch noch nie Schwierigkeiten bei einer Prüfung gehabt! Ich werde es ihr stückweise sagen, in spätestens

einer halben Stunde weiß sie es. Und wenn sie es nicht begreifen will, hat sie eben Pech gehabt. Für mich auf jeden Fall Rollstuhl passé.

»Frau Miller, miClaudia zusammn binchimmer mit zwee Krückn geloufn. Sierwartn dowohlni, dassch mich jetzte zurücktufn lasse?«

Sie gibt Conny Bescheid, dass sie die zweite Krücke holen soll.

Währenddessen gehe ich den nächsten Schritt: »Frau Miller, währen meis Urloub habchas alleenige Loufen richtschelernt.«

Reaktion: Ungläubig guck. Also noch ein bisschen mehr raus: »Gessernierangkommn binchouch mit zwee Krückn, undabei allein. FragnSe Helmut omei Bettachbar, wennsesni gloubn.«

Franz, der gerade im Bett liegt und die ganze Zeit interessiert zugeschaut hat, bestätigt es ihr.

»Und wo sind die Krücken dafür?«, will sie nun von mir wissen. »Wie ich erfahren habe, bekamen Sie nur eine.«

Nachdem ich ihr mitgeteilt habe, dass ein Kumpel sie mir borgte, zeige ich ihr, wo sie stehen.

»Die sind aber mächtig kurz«, ruft sie überrascht aus, als sie diese zu Gesicht bekommt.

»Der Kumplerzählde mir, dassieim zusammgeklappt wärn. Unmir isses ni gelungn, den Zustanwieder offzuhebn.«

»Aber laufen konnten Sie damit trotzdem?«

»Sogar draussn.«

»Dann zeigen Sie es mal!« Sie streckt mir eine Hand herüber, die ich nutzen soll, um mich daran festzuhalten, wenn ich aus dem Bett steige. Die ich aber nicht annehme, mich dafür selbst auf den Fußboden hieve.

»Eingebildet ist er auch noch geworden«, moniert sie.

Um das zu widerlegen, lasse ich meine Hände in Richtung ihrer Hüften wandern.

Sie weicht sofort aus, als sie es bemerkt. »Damit bin ich wohl dazu gezwungen, meine Aussage zurückzunehmen«, schlussfolgert sie nun und stellt die beiden Krücken vor mir auf.

Ich ergreife sie. Doch Hektik will in mir aufkommen.

Ruhig, Mike! Keine Hektik, denn so schaffst du es nie. Du bist jetzt kurz vor dem Ziel! Brauchst nur noch durch diese Pforte, dann hast du es vollbracht! Mache jetzt nicht schlapp!

Ich schwinge mich in die Krücken hinein. Lasse noch einmal schnell durch meinen Kopf ziehen, was ich alles dabei beachten

muss. Dann erfolgt der erste zögerliche Schritt.
In dem Moment kommt Conny wieder herein.
»Warte mal!«, sagt Frau Miller.
Meint sie nun mich oder Conny? Ich kann nicht sehen, wohin sie schaut, denn ich habe ihr gerade den Rücken zugedreht. Halte aber trotzdem an; und bekomme dadurch Gelegenheit, Conny noch mal in Augenschein zu nehmen.

Doch dann werden mir von Frau Miller die langen Krankenhauskrücken gereicht.

Ich habe es nicht geglaubt, hatte erst meine Bedenken, aber es steht sich viel besser damit. Nicht mehr so wie ein abgeknickter Telefonmast, nein, gerade, aufrecht, als wenn man damit ausdrücken wöllte: »Hier komme ich, und ich habe euch was zu sagen!«

Auch das Laufen ist Dimensionen besser, ich fühle mich nicht mehr so in Gefahr.

»Okay«, befindet Frau Miller, nachdem sie sehen konnte, wie das Zögern aus meinem Schritt verschwand. »Sie haben es geschafft, sind den Rollstuhl los!«

Das war's!

Aufschwung?

»Sleep with one eye open«
Metallica

1

Geschafft, geschafft, geschafft, ich habe es geschafft!!!!!!!!!!!!! – juhuhuhuuu, ich laufe wieder – **allein!**!!! Unfassbar, was in mir vorging, als ich das Urteil hörte, und doch – es ist Wirklichkeit – schöne Wirklichkeit! Unglaublich für viele, yeah, aber – es ist wahr: Mindestens die Ärzte hier (und wer weiß, wer sonst noch) haben gedacht, der Rollstuhl bleibt für alle Zeit mein Lebensbegleiter, waren überzeugt, das war's für mich, haben mir niemals zugetraut, dass ich zurückkomme auf die Bühne des Lebens – können sich ja heute noch nicht eines verächtlichen Schmunzelns erwehren. Aber trotzdem – nicht nur ihnen habe ich gezeigt, dass sie diese These in den Müll schmeißen können.

Schwester Annemund – das ist die, welche mir so September/Oktober rum mal die Musrinne ausgekratzt hatte – gratulierte mir heute früh dazu, hob aber auch gleichzeitig den imaginären Zeigefinger: Sie hoffe, ich mache jetzt so weiter, bleibe nicht stehen. »Bei Ihrem Mut und dem Willen, den Sie besitzen, bin ich mir ganz sicher, dass Sie noch viel erreichen können!«

»Stehbleien?«, ließ ich jedoch keinen Zweifel zu. »Geharnich. Se könnch doff verlassn, dassch weitermach. Schließich willch widder Fußball spieln könn. Undisahin bedarfes noch einer Schitte.«

Allgemeines Aufstöhnen im Zimmer, als mir der Begriff »Fußballspielen« von der Zunge schlüpfte. Und dann gab man mir zu verstehen, dass ich froh sein solle, überhaupt wieder alleine laufen zu können, das mit den Krücken laufen solle ich erst einmal perfektionieren, ich solle mir nicht so hohe Ziele setzen, und weiteres bla-bla-bla.

Klar, im Endeffekt mögen sie recht haben: Ich bin froh, dass ich wieder allein laufen kann; aber ich muss auch draußen mit Krücken laufen können – ohne dass ich Nachbarzäune umstoße. Zur Zeit ist es bei mir wie bei einem Tier, das Blut geleckt hat und auf den Geschmack gekommen ist, deshalb einen Nachschlag will und sich nun vor die Wahl setzt: Alles oder nichts. Und so betrachte ich die Krücken – auch wenn sie mir voriges Jahr noch vorkamen wie einem zeitreisenden Dichter im Mittelalter die Rotswid von Gammlersheim – nur als Zwischenlösung, will wieder ohne Hilfsmittel laufen können, Freistil, das gehört sich ja wohl so. Und stelle ich mir auch immer nur so etwas zum Ziel, was ich noch nicht kann, dadurch purzle ich vorwärts, bis zum goldenen Ende.

– Oder dem Sturz in den Sarg. Was aber nie passieren wird! – Und natürlich wird es wieder Leute geben, die mir dabei Knüppel zwischen die Beine werfen wollen. Aber diese Knüppel werde ich abprallen lassen! Ich bin es doch schon gewohnt, diese Leute, diese Knüppel! Wobei ich eine sehr gewichtige Erfahrung gemacht habe: Andere haben immer bedeutend mehr Angst um mich, wenn sie mich sehen, als ich selbst. – Oder um Einrichtungsgegenstände, siehe meine Mutter. – Denn ich komme gar nicht dazu, welche zu haben (sonst würde es vielleicht in Panik ausarten), muss mich viel zu sehr auf meinen Körper konzentrieren; merke es dadurch auch sofort, wenn mein Körper die Hufe hochreißt, so dass ich dann schleunigst nach dem berühmten Rettungsanker Ausschau halten kann. Nur so kann ich hoch riskieren; und das ist ja schließlich die Ursache für mein ganzes Aufrappeln.

*

Nachmittag, Krankengymnastik vorbei, keine Aufgaben mehr. Jetzt heißt es für mich erst einmal auf dem Gang herumspazieren – stabilisieren.

Ich drehe meine Runden. Schreite dabei vor der versammelten Station auf und nieder, gehe förmlich durch ein Spalier, das mir Glückwünsche und wohlgemeinte Äußerungen zuruft. Und ich muss sagen, ich genieße das Bad in der Menge.

Es macht mich unheimlich stolz, symbolisch auf die Schulter geklopft zu bekommen. Genau dies hätte ich eigentlich die ganze Zeit über schon gebraucht, bekam aber nur scheinbare Fakten an den Kopf geworfen, die sich jetzt als Dogmen erwiesen haben. Und da ich dies sehr schnell merken lernte, musste ich damit leben, behielt in meinem Kopf jedoch das Überzeugt sein von meinem Wiederhochkommen. Auch diese Mitleidsheuchelei! Wie mich das angeekelt hat! Aber als Krüppel? Viele bilden sich ein: »Mit dem können wir es ja machen.« Und dies muss man dann alles schlucken. Sagst du aber was dagegen, wirst du belächelt. Und mich persönlich bringt das zur Weißglut, lässt mich über den Wipfel der Palme hinausklettern, wo eigentlich schon gar nichts mehr ist. Es gibt nur eine Chance, dagegen anzukommen, und die habe ich genutzt – beziehungsweise habe den Anfang dieser Chance erfolgreich an mich herangezogen! Und habe es allen gezeigt, die mir zuheuchelten: »Es wird schon wieder werden. Bald kannst du wieder laufen.« Oftmals ließ man mich nicht, versuchte, mich davon abzuhalten, den Weg nach oben zu erkennen und ihn zu beschrei-

ten. Doch da half es nur, mit dem Kopf gegen die Wand, bis die Wand bröckelt. Und darauf bin ich stolz! Weiß auch, dass ich etwas geschafft habe, worum mich mancher beneidet, was viele, kämen sie in so eine Situation, nicht nachvollziehen könnten. Weil sie in kritischen Situationen jeden Kampfeswillen vermissen lassen würden, nicht an sich glaubten, den Schwanz aus Angst vor irgendwelchen Komplikationen einzögen. Aber – auch ich bin noch am Anfang, habe noch viel vor mir, wo mir noch viel passieren kann. Und ich bin kein Prophet, wüsste nicht, was werden würde, wenn man mich noch einmal in den Rollstuhl zurückschmeißt. Doch ich glaube, dass ich mit Wieder-Allein-Laufen-Können das Schwerste erledigt habe.

Drei Runden habe ich hinter mir.

Jetzt möchte ich aber sehen, dass ich zurückkomme in meine Behausung! Meine Beine fangen schon an zu zittern, sie werden labil. Ein sicheres Zeichen dafür, dass meine derzeitige Kraft sich dem Erliegen nähert.

Ein Mitpatient öffnet mir die Tür. Drinnen wollen Franz und Hans wissen, wie es draußen war.

»Gnießenssert«, halte ich mich jedoch nicht lange auf und strebe weiter zum Bett.

Vor dem Bett angekommen brauche ich mich nur noch umdrehen, dann kann ich hineinplumpsen. Da: »Scheiße«, stöhne ich schmerzerfüllt auf, während ein erhöhter Pulsschlag durch meinem Kopf tobt. Drehungen sind wirklich nicht meine Spezialität. Dazu ist mein Oberkörper auch noch nach vorn getaumelt, was ich mit den Beinen nicht mehr abfangen konnte. Über die Krücken habe ich mich drüberweggelehnt; was im Endeffekt dazu führte, dass ich mich kopfüber in Richtung Fußboden katapultierte.

Vor Hans seinem Bett liegend drehe ich mich erst einmal um, um wieder auf mein Sitzfleisch zu gelangen. Gleichzeitig will ich die Stelle entlasten, auf die ich geflogen bin: irgendwo am Kopf, vermutlich die rechte Augenbraue. Zumindest tut es da höllisch weh. Und als ich wieder in die Sitzstellung gelangt bin, merke ich, wie mir etwas den Kopf hinunterläuft. Ich taste danach, gucke: Blut!

Franz und Hans kommen gleich angewetzt: »Mike, was machst du denn da für Sachen? Ist dir was passiert?« Wahrscheinlich hext mein schmerzverzerrtes Gesicht noch ein paar Sorgenfalten mehr auf ihrer Stirn hinzu.

Hans, der als erster da ist, lässt seinen Blick über meinen Kopf schweifen: »Oje, das sieht nicht gut aus. Verletzung am Auge. Bleib mal sitzen! Oder noch besser, leg dich wieder hin! Ich hole einen Arzt.« Und spurtet nach draußen.

Franz, der den freigewordenen Platz übernimmt, beäugt sich nun ebenfalls die Sache. »Mann, Mike, das sieht wirklich nicht gut aus. Ist dir irgendwie schwummrig?«

Aber noch bevor ich eine Antwort geben kann, erscheint schon Hans mit Frau Dr. Heinzl. Die mich gleich unter ihr prüfendes Auge nimmt.

»Waren Sie kurz außer Bewusstsein?«, will sie wissen.

Ich verneine.

»Können Sie da hoch aufs Bett? Da kann ich Sie mir besser ansehen.«

Statt einer Antwort richte ich mich auf. Worauf sie an meiner rechten, Hans an meiner linken Seite zugreift. Franz angelt sich meine auf dem Boden befindlichen Krücken, stellt sie zurück an mein Bett.

Frau Heinzl sieht sich jetzt meinen Kopf genauer an: »Da ist nur eine Platzwunde am rechten Augenlid, nichts Ernsthaftes. Und die ist so klein, dass ich sie nicht zu nähen brauche.«

Hach, bin ich da erleichtert! Als ich zehn war, hatte ich bei einer Rauferei eine Platzwunde am Kopf abgekriegt. Und die musste mit drei Stichen genäht werden. Oh, tat das weh! Seitdem habe ich eine Abneigung gegen die Vernäherei.

»Die Blutung hat aufgehört, aber vielleicht müssen wir es klammern!«

Klammern? Zitter zitter, kenne ich noch gar nicht! Klingt aber auch nicht gerade begeisternd!

»Ach, wissen Sie was? Ich mache auf die Wunde einfach nur was drauf, Sie bleiben eine Stunde liegen, und Dr. Frisch, der heute Dienst hat, guckt sich die Sache in einer halben Stunde noch mal an!« – Dr. Frisch ist der Neue, der sich hier einarbeiten soll. Aber für die beiden weiblichen Chefdoktoren ist er mehr der »Sam«. Ruhig, schüchtern, kleinlaut; sieht auch so aus, als ob er kein Wässerchen trüben könnte; ein der baldigen Lichtung naheliegender dunkelbrauner Seitenscheitel ziert ihn; eine Hornbrille nennt er sein eigen, aus der paar Glubschaugen gucken; schlank kann man ihn schon nicht mehr nennen – er ist regelrecht dürre, wobei ich mir nicht ganz sicher bin, ob ihn nicht schon ein laues

Lüftchen umwirft. Zwar heißt es: »Stille Wasser sind tief!« Wenn er aber einen halben Meter tief ist, dann führt die Sahara Flussdeltas. Frau Heinzl dagegen ist robust. – *Eieieih, liegt da etwa ein tieferer Grund dahinter, dass er hier an dieser Station eingestellt wurde unter die Regierung dieser zwei Amazonen?*

»Frau Heinzl, hamSe jetztetwa Feierabnd?«

Sie bejaht.

»Oh, dann tutes mirnatürich trauig, dassichn verzögert hab.«

Sie verlässt nun das Zimmer, aber ein Lächeln konnte es sich nicht verkneifen, noch schnell über ihr Gesicht zu säuseln.

»Eben noch am Boden, aber das Frechsein kann er sich nicht verkneifen.« Franz wundert sich schon wieder.

Ich sage aber nichts dazu, denn ich bin mir ganz sicher, er wird davon noch mehrere Kostproben bekommen.

*

Auf dem Bett, döse vor mich hin.

Langweilig! Aber was soll ich machen? Habe mir das ja selber eingebrockt, kann mich deshalb nicht beschweren! Und das Lesen lasse ich jetzt auch lieber; auf dem Rücken liegend geht es sowieso schlecht. Also: Träumen, das hilft immer. – Na gut, nicht immer, aber immer öfter. Und ich tue es ziemlich oft.

Mein emotionaler Traumspeicher spuckt schon seit einer ganzen Weile nur noch eine Seite aus. Und so auch diesmal, so dass sie die Macht in mir ergreift, so dass sie meine Empfindungen einhüllt in eine Welt, die so sein sollte, wie ich es gerne hätte, aber noch (?) nicht so ist: *Jackline. Sternenklarer Himmel. Ein schwaches Lüftchen haucht in diese milde Sommernacht. Der See vor uns unbeweglich geräuschlos. Wir schauen uns an. Im Lichte der dort vorn stehenden Laterne gewahre ich die so sehr geliebten Züge, lege meine rechte Hand auf deine linke Wange, lasse den Daumen einen Halbkreis beschreiben von der Nasenspitze bis zu der geschürzten Oberlippe. Du küsst ihn zart, dann saugst du ihn an – oder saugt er deine Lippen an? Er löst sich nur ganz langsam von ihnen, wobei ein Geräusch entsteht, als wenn ein Vampir den letzten Tropfen Blut aus seinem Liebesdiener saugt und sich den, während er in höchster Ekstase ist, besonders munden lässt in der Gewissheit, dass er ihm gleich ewiges Leben schenken wird. Ist jetzt ein Stückchen Haut abgelöst? Guckt irgendwo schon der Knochen aus seiner Verankerung? Ich achte nicht darauf, lasse dafür meinen Daumen wieder den Rückzug antreten, verharre aber an* der Nasenspitze, um noch ein bisschen zu frotzeln. Er kitzelt an ihr. Von tiefestem Zorn übermannt schießt deine Zunge hervor, gibt dem Daumen einen Schubser, so dass er sich erschreckt in sein Haus zurückbegibt. – Stimmt ja, deine Zunge ist ja von so enormer Länge, wie ich es noch nie gesehen habe. – Wir lösen uns voneinander; ich schaue dir fasziniert zu, wie du den Bikini fallen lässt, sehe mit wachsendem Verlangen, wie das Oberteil an den Brustknospen, die zunehmend wachsen, hängen bleibt, dann abspringt wie ein von der Volumina her resignierendes geplatztes Kondom vom steifen Penis. Du springst ins Wasser. Ich lasse die Hose fallen und springe hinterher. Dunkelheit. Ich rudere. Weiterhin Dunkelheit. Ich rudere stärker. »Mike«, schallt es klagend aus der Ferne. Ich erhöhe die Frequenz. Der Schall wird schwächer. Ich kreise rundum, doch nirgends nimmt die Akustik wieder zu. Und zurückschreien kann ich ja nicht, bin ja im Wasser. – Wundert mich eh, dass ich es solange luftmäßig durchhalte. – Da, dort taucht was Lichternes vor mir auf. Acht Buchstaben, wie ich jetzt ausmachen kann: Also den ersten kann ich noch nicht erkennen, der zweite ein a, der dritte ist unklar, dann ein k, ein l, ein i – Jackline. Wuff! Ja, wo bist du? Ich bin derzeit wirklich in einem schwarzen Loch, während du irgendwo da draußen bist. Und es dürfte auch nicht sehr schwer sein, herauszukriegen, welche Umgebung du mit deiner Schönheit soeben becircest. Doch – ich kann derzeit nichts tun, um sie zurückzugewinnen. Nichts?? Nichts!!! Rrrrrrrrrrrrrrrrr!! Krüppel verrecke!! Nur – in meinem jetzigen Zustand, nee, das kannste vergessen. Wie würde es denn aussehen, wenn ich plötzlich vor ihrer Tür stände, mit Krücken bewaffnet, kaum laufen könnend? Das würde doch den Anschein erwecken, dass ich zu ihr gewinselt käme, um mein Ego zu befriedigen. Sie würde denken, sie ist nur mein Notobjekt. Ich würde damit auf ihre Mitleidsdrüse drücken – was vielleicht von Erfolg gekrönt wäre; denn sie ist – Zum Glück! Deswegen liebe ich sie ja! – emotional aufgeheizt. Aber nee nee, diese Möglichkeit kommt nicht in Frage. Erst muss ich mich wieder völlig aufgerappelt haben, dann auf in den Kampf um sie.

Dr. Frisch kommt herein, schreckt mich auf aus meinen Vergangenheits- und Zukunftsbetrachtungen: »Herr Scholz, ich habe vernommen, sie haben sich eine Platzwunde am Kopf zugezogen? Zuviel zugetraut und deswegen übernommen, wa?« Und untersucht meinen Schönheitsmakel, während ich mich rechtfertige.

»Haben Sie noch irgendwelche Schmerzen?«, will er nach einer Weile wissen.

»WennSeniraderoff rumdrückn, ni!« Genau das tut er nämlich momentan.

»Wenn Sie nicht noch einmal darauffallen, ist es in einer Woche wieder zu. Klammern brauchen wir es nicht. Ich mache jetzt noch was darauf, zum Schluss kommt noch eine Binde drüber; dann ruhen Sie sich aus, tun heute nichts mehr.«

Aber nicht doch, Doktorchen! Wenn ich mich in einer Stunde aklimatisiert habe, werde ich wieder rausgehen auf den Gang. Ist doch wohl klar!

»Sie passen ein bisschen auf ihn auf, denn ich traue ihm nicht«, fordert er Franz und Hans auf. Die jedoch nicht antworten. Was ihn veranlasst, sie befremdet anzuschauen – und dann doch zu gehen.

»Habtir gehört? Ihr seid meieOffpasser!«, kann ich mir nicht verkneifen, Franz und Hans zu frotzeln.

»Blödsinn, so was!«, ereifert sich Hans. »Sollen wir uns vielleicht kloppen, wenn du raus willst? Wir geben dir den freundschaftlichen Rat, dich für heute auszuruhen; aber aufhalten können und werden wir dich niemals!«

»Okay, ich habn registriert: Alle Warnungen sinoff mich abgeschossn! Wie spät isses?«

Hans guckt auf seine Uhr: »Kurz vor fünf. Wieso?«

Um vier rum erfolgte mein Bodenanflug. Somit kann ich meine Aktivitäten wieder aufnehmen.

»Weilch jetzte offsteh, wieder rausgeh, weitertrainiere.«

Franz will zu einer Gebotstirade ansetzen: »Mike ... «

Ich komme ihm aber zuvor: »Franz, spardir deie Worte. Sie dringen bei mir sowieso ni ins Vernunfszentrum. Ich hab durch de vorhin passierte Begebenheit gelernt, wasch zu vermeidn hab und wieichs anstelln muss. Außerdem fühlich michokay; ich hab ja ni vor, mir offm Lid rumzudrückn. Unne Stunde is vorbei.« Hans hält mir grinsend die Tür auf.

Ich grinse zurück und begebe mich auf den Gang.

Draußen werde ich natürlich sofort und laufend gefragt, was mit meinem Auge passiert ist. Und nachdem ich es ihnen berichtet habe, gehen eins-zwei-drei-vier-viele Achs und Ojes durch die Runde. Und auch der Hinweis, ich solle es nicht übertreiben.

»Übertreibn is besser as untertreibn!« Provokation wiedermal.

»Aber wenn dir was passiert, du dadurch wieder zurückgeworfen wirst?!«, wird eingewendet.

Doch zum Antworten komme ich nicht mehr, auch nicht zum Darüber-Nachdenken und damit vielleicht zum Knie-Schlottern. Dr. Frisch erscheint auf der Bildfläche. Ich sehe ihn kommen, lehne mich deshalb in Erwartung an die Wand; mit heiterem Gesicht, denn mir ist klar, was gleich folgen wird: eine Schimpfkanonade, die mich aber juckt wie Buirmann das Schreien seiner Opfer.

»Herr Scholz, habe ich ihnen nicht gesagt, Sie sollen für heute drin bleiben?«

»Ja, hamSie.«

»So! Und warum tun Sie's dann nicht?« Er klingt erregt, wird immer lauter. Vielleicht übt er gerade die chromatische Tonleiter.

Ich bleibe ruhig und gelassen: »Weil Ses mir empfohln ham, denn die Zeit der Befehlis vorbei. Und ouch, wennSeda anderer Meinung sind – ich besitz eeneignen Kopp zum Dekken. Und derhat mir gesagt: Mach weiter! Solche Flige haste ganzeenfach einzukal-kal-kalkuliern, sons wird nischt. Außerdem isses für mich noch unerforsches Gelände. Und wie heeßes so schön: Jemand, der noch nie vom Pferd gefalln is, kann ni reiten. Ende der Durchsage.«

»Mit dem Pferd meine ich natürlich nicht Ihre Frau!«, will sich aus mir noch hinausschleichen, aber ich kann es geradeso noch hinunterschlucken. Wobei es ja meistens so ist: extrem dünn, extrem dick. Aber das wäre wohl des Guten zuviel gewesen, denn er ist sowieso schon platt. Nichts mehr sagend, nur noch kopfschüttelnd, tritt er den Rückzug an.

Dafür kommt Marika: »Siehst du, Mike, habe ich dir nicht gesagt, dass du bis Frühling wieder laufen kannst – mindestens so gut wie Vogel? Nun, wir haben noch keinen Frühling, aber du kannst es schon!«

»Äh hmm – eeh«, wehre ich ab und zeige dabei auf mein rechtes Augenlid, »übertreib ni. Ich habis jetz gradmaan Anfang geschafft.«

»Aber besser als Vogel läufst Du schon!«

»Neee, Vogel lief ohne Krückn, der konnts garni mitn. Unzum Freistilloufn willch erst hin, kriegs aber nochni off die Reihe.«

»Das schaffst du auch noch, dessen bin ich mir gewiss!«

Ist sie nicht zufällig ein Weissager oder so? Aber ich will mich nicht mehr gegen ihre Orakel stemmen, glaube ihr voll und ganz.

Denn mit ihrer Prophezeiung, dass ich wieder aus dem Rollstuhl komme, hatte sie ja recht.

»Da waroch nowas«, fällt mir eben noch ein. »Marika, hammer nium irjendwas gewettet? Ne Schachtel Kippen oer so, ni? Ich bin zwar froh drüber, ni gewonnn zu ham – zumerstn Mal übigens – aber der Verlierer der Wette binch trotzdem! Und desegen ... «

»Vergiss die Wette. Ich habe sie doch nur abgeschlossen, um dich anzustacheln. Ich hatte auch nie vor, äh, den Gewinn der Wette einzustreichen. Denn dass du verlierst, war mir völlig klar.«

»Daanke, daanke, hähä. Ich kanni behauptn, dassch dich erschlagn werde, um dirde Schach-Schachtel aufzudrängn.«

»Gut, dann lässt du mich also am Leben. Na, dann werde ich jetzt mal vorsichtshalber in mein Zimmer verschwinden. Übe weiter wie bisher, damit du den Rest auch noch schaffst.« Sie lächelt mich noch einmal an und geht.

Ja, schon um sie nicht zu enttäuschen, musste ich es einfach schaffen; ich war es ihr schuldig! Aber ich bin es auch noch einer anderen schuldig: Jackline! Und deswegen stand ich von Anfang an und stehe auch immer noch unter Zwang; und unter Zwang etwas zu leisten, da sind dem Erfolg keine Grenzen gesetzt!

2

Freitag, 18. Januar. Nach 16:00 Uhr.

Auf dem Weg, meine neue Brille zu holen.

Dann endlich wieder Durchblick. Auch wenn Brille bei mir Scheiße ist. Aber wie sagte Mike Krüger schon: »Sie ist zwar nicht schön, aber man hat Platz.« Damit meinte er allerdings seine Latzhose, nu nu, aber ist eben das gleiche Prinzip.

Allerdings der Weg hier – GNADE!!! Zwar ist er nicht weit, ich schätze mal hundert Meter, denn Saskia und Manolo haben mich vorhin abgeholt und bis zur Post gefahren, aber Fritzl auf einer abschüssigen Seifenbahn ist nichts dagegen. Die Seifenbahn hochzu wäre mir lieber. Nur – *ich muss da durch!*

Obendrein sehen Saskia und Manolo auch noch zu, dass sie Abstand zu mir gewinnen.

»Ieh, wenn das einer sieht, dass ich mit diesem Krüppel verwandt bin, mein Gott, was da meine Bekannten dazu sagen würden! Nicht auszudenken!«

Hat aber auch seinen Vorteil: *Ich fliege allein. Niemand kommt mir in die Quere dabei. Erhöht das meine Überlebenschancen? Ich glaube ja!*
Also vorwärts, langsam, unsicher, entschlossen. Und auch meine Eitelkeit dürfte ihr großes-oder-noch-größeres unbrauchbares Kraftpaket wer-weiß-wohin geschnallt haben: *Schließlich sähe das diffam aus, wenn man von zwei auf der Straße aufgelesen und fortgetragen werden muss. Und es ist kein Geheimnis, dass ich in Zittau nicht unbekannt bin.*
Stöhn, da wäre es fast passiert. Instinktiv mache ich das Richtige, setze die Krücken vor mich hin. Und dazu auch noch mit dem nötigen Abstand. Hätte ich sie näher an mich herangesetzt, wäre wiedermal Krüppel-Stabhochsprung mit garantiert unsanfter Landung angesagt gewesen. Aber so konnte ich mich zurückhalten.
Nachdem ich mich wieder fixiert habe, laufe ich weiter. Vorher noch schnell registriert, dass Saskia und Manolo nichts bemerkt haben. Und dass ich ungefähr die Hälfte des Weges geschafft habe.
Und die zweite Hälfte – die auch noch!
Eine Weile später – wieder: *stöhn. Also mein Instinkt ist noch okay, er hat wieder richtig gehandelt. Diesmal ließ er meine Füße einen Viertelkreis rumrutschen, so dass es ausgesehen haben dürfte, als wenn ein gehfähiger Roboter noch Orientierungsprobleme hat.*
»Geht es noch, Mike?«, höre ich plötzlich Manolo. Saskia und er haben diesmal mein Taumeln bemerkt und sich zu einem Herspurt aufgerafft.
»Na ja, außer dassmei Glei-Gleichgewich nochab undu Labitität zeit un meie Beene vonner unewohntn Be-Be-Belasung alles andreals begeisert sind, gehsnoch.«
»Willst Du mal eine kurze Pause machen?«
»Hmmmh, okay.«
Saskia schaltet sich ein: «Wir hätten vielleicht doch den Rollstuhl mitnehmen sollen!«
Aggressivität – schnell nach oben – *Meine Finger an ihren Hals, langsam zudrücken, dabei immer wieder fragen: 'Was willst du? Was willst du?'* – »Wennich de Krücken nizum Stähn bräuchte, würdch miden dei Gesicht eener Scheenheitsopation unterziehn! Dann dürftstals lendendes Eiterfacegom rumloufn!« – *Sie ist nicht mehr in der Lage was zu antworten, ihre Zunge sonnt sich soeben, wird dabei aber nicht braun, sondern blau – na ja,*

*vielleicht ist das ja die Zungenbräune – wie auch die Nase, die
Lippen, die Wangen, ihr Körper verfällt in arrhythmisches Zucken – blitzschnell (na ja, vielleicht auch weniger blitzschnell) löst
sich meine Hand wieder, lässt ihren Körper auf den Boden fallen
und ein Dankeslied krächzen.*

Eine schwarze Wand zieht vor ihr Gesicht. »Ich gehe schon
immer zum Optiker, stelle mich an, damit wir gleich dran sind,
wenn ihr kommt.« Hops, weg ist sie.

»Offde Idee midem beim Opiker schonimmer hinstelln hättsouch scho früher komm könn. Wennch michichtg einnen kann, muste madortimmer langoarten!«, beschwere ich mich bei Manolo.

»Na ja, wir haben eben gedacht, dass du schneller bist. Das war ein Fehler von uns, sehe ich ein.«

»Ich bin doch kee Rennpferd!«, knurre ich ihn an. Und weiß nicht so recht, was ich jetzt machen soll – lachen oder heulen?

Eeh, Riesenfrechheit zu denken, dass einer, der sich gerade vom Rollstuhl gelöst hat, so behende ist, wie ich früher wurde, wenn ich eine schnuckelige Mieze sah. Die müssen doch echt denken, ich brauche nur mit dem Finger zu schnipsen, und schon wäre wieder alles okay!

»Können wir wieder?«, fragt Manolo an.

»Ja!«, habe ich mich noch nicht ganz ausgeknurrt.

*

Drinnen, während ich sitze und warte, beobachte ich die Leute und sehe bei ihnen alle Stufen von Mitgefühl bis Verachtung.

Aber was soll's? Mitleid finde ich beschissen, meinen jetzigen Zustand verachte ich selber. Vor allem, wenn ich in den Spiegel gucke, erfasst mich das kalte Grausen. Ergo – nicht darauf achten. Und ein Stückchen weg kann ich jetzt sowieso nicht viel erkennen, denn ich tappe in verschwommener Dämmerung. Denn nicht einmal die Brille, die sich bei meinem Tiefflug nach Silvester zwischen Fußboden und meine Nase drängte, habe ich zurück. Unklar, dass das so lange dauert, bis sie die wieder ganzgekriegt haben. – Wenn überhaupt.

Nach einer endlos langen Zeit sind wir endlich dran. Ich erhebe mich, um zur Brillenlady zu laufen. Da kommt mir ein junger Mann in die Quere. – *Will der Trottel etwa mit mir kollidieren? Scheinbar! Der hat wohl Tomaten auf den Augen, wa?!*

Ich bleibe stehen, lehne mich auf die rechte Krücke, stelle die linke in seine Richtung.

Er läuft voll dagegen.

»Au!«, schreit er, »Kannst du nicht aufpassen?«

Ich muss mich erst mal wieder fixieren. Lasse dazu den linken Fuß nach hinten gleiten – doch dann stützt mich schon Manolo. Sofort ist wieder der junge Mann mein Zielpunkt: »Nee, kannichni! Aer wie siehsn aus, wennde mal deie Brille putzt?!«

Er will etwas entgegnen, doch die Proteste der anderen halten ihn stumm.

»Kannich jetz durch?«, tue ich superhöflich zu ihm.

Er tritt gezwungenermaßen einen Schritt zurück; ich dafür schreite zum Martyrium meiner zukünftigen Brille.

*

Zu Hause dann erzählt mir Saskia, dass meine Mutter laufend auf ihr rumhacke, sie mache nichts für mich.

»Dassoll wohln Lacher sein«, tröste ich sie. »Wer hat mir denn zumeispiel de Fingernägel verschittn, de Haare gewaschen, mich rasiert?!«

»Sie will das aber nicht einsehen!«

»Weilse doof is.«

»Genauso hetzt sie immer über den, der gerade nicht da ist. In der Woche bist du ihr Opfer, am Wochenende bin ich dran. Frag sie doch mal, was es diese Woche gab!« – Saskia weiß, dass ich mir da keine Platte mache.

Meine Mutter kommt gerade in die Stube.

»Mamuschka«, tröpfle ich ein bisschen Re-Ata – sogenannter Klebeschmalz – um sie drumrum, um danach besser zupacken zu können, »ich habe gehört, du hättst mir was zu sagn?«

Misstrauisch guckt sie um die Kurve: »Ich wüsste nicht was!«

»Letze Woche haste done Rede über mich geschwungn. Ich würd ouch gern wissn, worumsich da handelte.«

Ein vorwurfsvoller Blick wandert in Richtung meiner Schwester. Die hat sich jedoch in ihr Kreuzworträtsel verzogen und grinst vor sich hin. Und meine Mutter ist stocksauer, in höchstem Maße wütend, bläulich flimmernde Wellen fließen stockend schon über ihre kleine Stirn. Sie kann es wohl nicht leiden, wenn man auf die Schliche ihrer Hetzdemagogien kommt. Jetzt bleibt ihr aber nichts mehr anderes übrig: Sie muss mir ins Gesicht sagen, was sie ausgebrütet hat. *(Premiere! Denn ich wage zu bezweifeln, dass sie das jemals tun musste!)*

»Es geht um Fritz«, bringt sie zögerlich hervor. »Du bist doch genauso gegen ihn wie deine Schwester.« Und steigert sie sich mehr und mehr hinein in das Thema. »Erst wolltest du, dass ich keinen Schwarzen, sondern einen Weißen habe, jetzt habe ich einen, du bist aber wieder dagegen! Wahrscheinlich bist du der Meinung, ich sei schon zu alt dafür!«

Saskia und ich grinsen im Duett. Denn Fritz ist zwar weiß, aber die Schwarzen sind auf Garantie klüger und sauberer als er. Und was ihr Alter betrifft: Eigentlich ist man ja dazu nie zu alt und die Sache hat auch nichts mit ihrem Alter zu tun. Aber Selbsteinsicht ist bekanntlich der erste Weg zur Besserung.

»Ich hanischt gegn Fritz asich, nur scheint Waschn fürn een Femdwort zu sein.«

»Das geht dich aber nichts an!«

Nein, ich schlafe ja – zum Glück – nicht mit ihm.

Ich grinse breit und fröhlich. Plötzlich fällt mir was anderes ein: »Samal, wasisn ei-ei-ei-eigentlich mider Wohnung?«

»Ich bin nicht dazu gekommen! Und ich werde auch in der nächsten Zeit nicht dazu kommen!«

Die Angelegenheit ist zwar nicht zum Lachen, ich finde sie aber trotzdem lustig.

Vielleicht gerate ich jetzt ins Stadium des ewigen Grinsens.

»Aja, un warum ni?«

Das war das auslösende Zeichen für einen ihrer Heulkrämpfe. »Für dich muss man überall hinrennen«, kreischt sie schniefend, »zum Gericht, zur AOK, zur Kasse; irgendwann reicht es mir dann mal.«

»Du kannst dir ganz sicher sein, dassich, wenni könnte, es selbst machn würde!«

»Du kannst aber nicht, und ich mache es auch nicht mehr! Lass dir doch was einfallen, wie du es machst!«

Amen.

Aber so enttäuscht bin ich gar nicht.

Mit ihr in einem Haus zu wohnen, stelle ich mir nicht sehr amüsant vor! Ständig den Moloch ihres Daseins im Nacken ... habe ich schon 21 Jahre ertragen müssen! Nein, danke!

3

Sonnabend, 19. Januar. Mittag.

In meinem Sessel, langweile mich – wie fast immer bei meiner Mutter. Und bin dabei, mich an meine neue Brille zu gewöhnen. *Schweineteuer* war sie, 84,- DM. Allerdings habe ich jetzt den größten Durchblick seit meiner Wiedergeburt. Sie wird aber – *da bin ich mir 100%-ig sicher* – nicht mein Endresultat bleiben; denn ich sehe mit ihr aus *wie Clown Ferdinand mit einer verkleinerten Klobrille*. Stockhässlich ist sie; aber meiner Meinung nach ist das jede Brille. Und den Intelligenzverstärker, der mir noch genießbar erscheint, führten sie nicht.

Jetzt aber will ich raus an die frische Luft. Ich habe laufen gelernt, draußen ist schönes Wetter, also raus.

»Hallihallo, kommeener voneuch mit raus?« Anfragen muss man ja.

Ein von Ignoranz gekennzeichnetes Schweigen kreist durch den Raum.

»He!«, fange ich nun an, lauter zu rufen. »Ich habeuch gefagt, wer mich zu Mascha bringt! Und ich erwartne Antwort!«

Mitleidig schauen sie sich an. Saskia tanzt ein Grinsen über das Gesicht, und meine Mutter – die steht ihr in nichts nach.

Sie wollen sich wohl gegenseitig sagen: »*Ach, der arme Krüppel, jetzt will er raus. Wir haben aber keine Lust, uns jetzt mit seinem Gestolper zu beschäftigen. Soll er doch bleiben, wo er ist und in seinem eigenen Saft schmoren. Der ist sowieso nicht mehr zurechnungsfähig.*«

Dann bequemt sich meine Mutter dazu, mir eine Antwort zu geben: »Was willst du dort? Die kommen doch nie zu dir, also warum sollst du zu denen gehen?!«

Ich habe keine Lust, die alte Leier erneut zu servieren; stattdessen wende ich mich an Saskia.

»Nein, keine Zeit!«

»Bei mir genauso!«, fügt meine Mutter hinzu.

Eigentlich hätte ich mir das denken müssen, denn sie spielen gerade zusammen 'Mensch, ärgere dich nicht'!

»Dann machichs eben alleene!« Dies habe ich schon mehrmals gesagt, nur dass ich da noch im Rollstuhl war. Doch ernst gemeint hatte ich es immer. Und diesmal – diesmal mache ich es.

Ich schiebe mich hoch, greife mir meine Krücken, bewege mich zur Wohnungstür.

»Du bleibst sitzen, Mike!«, schreit meine Mutter.

Ich ignoriere ihren Befehl, gehe hinaus in den Korridor.

Während ich mich ankleide, höre ich sie drinnen brabbeln: »Es ist eine Frechheit von ihm, uns das anzutun! Der Verbrecher, der! Aber ich glaube nicht, dass er los macht.«

Meine Schwester schweigt dazu. Aus gutem Grunde, denn seit Silvester weiß sie es besser.

In mir drin rumort es. Die Vernunft in Allianz mit der Bequemlichkeit, der Faulheit, der Gewöhnung und der Familienliebe einerseits und die Unvernunft zusammen mit der Unstetigkeit, dem Draufgängertum und dem Ehrgeiz – *Wer sind nun eigentlich die größeren Schweinehunde, die man besiegen muss?* – andererseits stehen sich wieder einmal bis an die Zähne bewaffnet gegenüber, lassen die Schwerter funkeln, die Helme blitzen, die Lunten lodern, es scheint nur noch Centi-, Mili-, Mikro-, Nanosekunden zu dauern, bis sie übereinander herfallen und Funkenregen auf das geistige Schlachtfeld niederprasseln. Erschwerend kommt noch hinzu, dass ich meinen ersten Versuch eines längeren Ganges vorzeitig abgebrochen habe. Der Leichengeruch wird stärker.

Aber diesmal nicht. Auch schon deswegen, da ich dann von meiner Mutter immer belächelt werden würde, wenn ich ankündige, dass ich einen Sololauf hinlege.

Eine letzte Chance gebe ich ihnen aber noch, damit sie nicht sagen können, ich hätte sie links liegen lassen: Ich gehe nochmals in die Stube, frage, ob sie es sich anders überlegt haben. Doch wie erwartet bekomme ich auch diesmal ein »Nein!« zu hören. Woraufhin ich mich verabschiede, die Wohnung verlasse und mich die Treppe hinunter begebe.

Gut, dass ich im Treppenlaufen geübt bin, stelle ich fest, als ich unten ankomme. *Kein Flug, kein Wackler, ich hatte mich immer im Griff.*

Durch die Haustür, bloß noch ein Absatz vor mir – *kein Problem, der sieht nicht weiter schlimm aus.*

Huch, Scheiße, fast wäre es passiert. Ein Wackler, ich konnte ihn gerade noch abfangen. Aber mag kommen, was will, ich werde nicht umkehren! Da müssen schon schwerere Geschütze aufgefahren werden! Und nicht mal dann ist es sicher, ob ich zum Rückzug gezwungen werden kann!

Ich komme am Zaun vorbei, den ich zu Silvester umgerempelt hatte. Und bleibe kurz stehen, spüre, wie eine Welle von Gedanken versucht, mich in ihren Fluten mitzureißen.

Ich kann es mir aber jetzt nicht leisten, in Gedanken versunken durch die Gegend zu trotten.
Bei dem Anblick des Zaunes steigt in mir unwillkürlich Heiterkeit hoch. Zu Neujahr, als meine Mutter wieder zu Hause aufkreuzte, wetterte sie über diesen umgestürzten Zaun: »Wer weiß, welche Ganoven den wieder umgerissen haben! So was gehört ins Zuchthaus!« Saskia und ich schauten uns wissend grinsend an, hielten aber beide die Klappe. Und ließen unsere Mutter weiter lamentieren, die das Thema noch fleißig erörterte.

*

Nach einer Weile – wie lange weiß ich nicht, da ich ja keine Uhr mehr besitze – bin ich an der Ecke angelangt, an der ich diese Straße verlassen werde. Meine Beinmuskulatur ist natürlich nicht gerade begeistert von der Belastung, die ich ihr aufbürde, deswegen gehe ich auch zum hier ansässigen Zaun, setze mich auf den Erdboden. Und dort wird erst mal die Faust vor Jubel geballt: Geschafft, bis zur hiesigen Ecke – wird ja auch Zeit! Zwar absolvierte ich damit erst rund ein Drittel meines mir bevorstehenden Weges, was aber keinen Grund zur Sorge darstellt – auch diese Strecke nimmt mal ihr Ende.
Ich stehe wieder auf, schaue so ganz beiläufig (?) zu den Fenstern meiner Mutter zurück. Wo tatsächlich jemand seinen Kopf zum Fenster hinausstreckt, ich aber nicht erkennen kann, wer es ist. Aber gleichzeitig fangen zwei Stimmen in meinem Inneren an, sich zu streiten, jede will recht haben, keine weicht einen Schritt zurück: »*Mike, geh jetzt zurück! Du hast ihnen doch bewiesen, dass du es kannst!*« *Die Stimme der Vernunft. Ich dachte, die ist vorhin besiegt worden. Steht wohl auch immer wieder auf, wa? Na, auf jeden Fall hat sie sich schon einmal in mir durchgesetzt, und das darf nicht zur Gewohnheit werden.*
Ich höre mir an, was die andere Stimme zu sagen hat: »*Mike, geh weiter! Das ist die einmalige Gelegenheit, ihnen zu zeigen, dass sie dich mal können! Und das willst du doch!*« *Ja, das ist die Stimme, mit der ich mich immer mehr identifiziere, die frei von Angst ist, frei jeder Auferlegung, frei jeder Beschränkung, die meine ist, die ich selber bin.*
Okay, diese einmalige Gelegenheit werde ich wahrnehmen. Niemand weiß, ob sie sonst jemals wiederkommt. Denn wenn ich jetzt einen Rückzieher vollführe, habe ich es doppelt schwer. Nein, ein Zurück gibt es nicht.

*

Nächste Ecke, noch circa fünf Meter bis zum Ziel. Auf der Gerade hatte ich einen einzigen Wackler, als der Asphalt sich in Löcher auflöste. Konnte mich da aber abfangen. Und jetzt?

Fast geschafft, nur noch ein Katzensprung bis zu dem Haus, wo Mascha wohnt. Selbst für mich! Wenn man bedenkt – vor einem Monat bin ich noch im Rollstuhl durch die Gegend gekraucht. Und jetzt? – Los, weiter! Auch wenn dir mulmig ist in den Beinen, das Stückchen schaffst du auch noch.

*

Da – geschafft! Angekommen! Der Eingang zum Haus liegt vor mir. Erst mal prüfen: Schaut jemand aus den Fenstern? Nö, niemand zu sehen. Also alleine weiter.

Zur Haustür hinauf muss ich über einen Absatz und über eine Treppe. Und nirgends kann man sich festhalten! – *Oder doch?* – Die Veranda hat eine Seitenwand; welche ich nutze, da ich keine Lust habe und nicht mehr in der Lage sein dürfte, nur mit Hilfe der Krücken die Stufen hinaufzulaufen.

An der Haustür angekommen halte ich erst einmal Ausschau nach einer Klingel. Ich finde auch eine – namenlos; und es existiert hier eine rechte und eine linke Seite. *Na wie schön!*

Ich habe keine Ahnung, welche Seite die richtige ist.

Wenn da keiner da ist, habe ich'n Dreck! Ach egal – jetzt bin ich so kurz vor dem Ziel! Jetzt darf mal wieder mein Schutzengel in Aktion treten. Und wenn nicht, setze ich mich eben auf die Treppe und lege eine Pause ein; die habe ich nämlich dringend nötig.

Die Haustür ist offen – *wunderbar* – . Und im Hausflur befinden sich die Briefkästen, wo auf einem von ihnen Maschas und Kulles Namen draufstehen.

Aber hoffentlich wohnen sie nicht ganz oben. Meine Erinnerung besagt zwar, dass ich damals, als ich mit Manuela und Engel hier war, »nur« eine Treppe hinauf musste, aber auf meine Erinnerung verlasse ich mich nicht. Infolgedessen muss ich alles abklappern.

Ganz unten wohnen sie nicht. Darum ächze die Treppe hoch.

Erster Stock – da auch nicht. Aber was mir auffällt: *Es existiert nur eine Seite. Warum sind dann an der Klingel zwei? Da waren die Architekten wohl mal wieder nicht ganz nüchtern?!*

Nächster Stock – auch hier nur eine Seite. Ich schaue auf das Namensschild – groß und deutlich prangt da Kaminski.
Das ist der richtige Name. Ich bin da. Jetzt brauchen die bloß noch da zu sein!
Ich horche an der Tür – *Ja, Stimmen höre ich. Exquisit, mein Weg war nicht umsonst!* – Die Aufregung quillt wieder.
Klingeln. Ich höre jemanden kommen. Stelle mich etwas seitlich zur Tür, sonst müsste ich die Treppe noch einmal hochlaufen.
Kulle steckt seinen Kopf raus. »Heh Ente!«, ruft er überrascht. »Wie kommst denn du hierher?«
»Irüße zück!« Mühsam kommen die Worte heraus, denn ich bin schier überwältigt von Stolz und Zufriedenheit. Außerdem stimmt mich der Empfang optimistisch.
»Ichin gelaufn.« Jetzt habe ich mich wieder einigermaßen in der Gewalt.
»Komm rein, Ente! Musst ja ziemlich fertig sein.«
»Danke! Binichouch!«
Kulle kündigt in die Stube hinein meinen Auftritt an: »Heh Leute, wisst ihr, wer gekommen ist? Ente!«
»Waaas??«, schallt es von drinnen. Und dem folgt sofort ein hörbares Aufspringen und Heraneilen.
Mascha taucht auf, Steffen danach. Beide begrüßen mich verwundert. Steffen steht schon wieder unter Strom; aber das ist mir jetzt so egal wie einem Dieb sein Opfer.
»Ente, hat dich jemand hergebracht?«, will Mascha wissen.
»Nee, ich bin alleene gekomm.«
Staunen macht sich auf ihrem gar nicht so schlecht aussehenden Gesicht breit.
»Komm erst mal rein in die Stube, lass dich in den Sessel fallen!«, ordnet sie an.
Auf dem Weg dort rein will mir Steffen unter die Arme greifen.
»Lass nur, danke, nicht nötig«, will ich sagen.
Aber: »Faßni so hochan, du hebst mich ja aus!«, fordere ich ihn stattdessen auf.
Grunzend lässt er ganz los. Und meine Krücken müssen mir wieder zu Hilfe eilen.
In der Stube sitzen noch zwei: Eine »sie«, die mir irgendwoher bekannt ist, ich weiß nur nicht woher. Aber ihr Erscheinungsbild kann man nicht vergessen: So extrem negativ anzuschauen, hässlich? – Kehrt sich schon fast um. Rotblond, eine Frisur wie sie die

Gischt in der Jauchegrube vorzeichnet; ihr Gesicht sieht aus wie ein vertrocknendes Hinterteil eines Pferdes, voll von Mitessern und Eiterpickeln; eine Figur wie eine zerdrückte, dickbäuchige Regentonne; ihre Schwimmringe finden bestimmt schon kein Versteck mehr, denn nicht einmal ihr Pullover kann sie verbergen – ein dicker, fetter, unansehnlicher Wulst quillt unter ihm hervor. Und etwas sagt mir, dass die Erinnerung, die ich an sie habe, nicht die schönste ist.

Der zweite, ein »er«, dürfte ihr Macker sein. Ja, er ist es auf alle Fälle! Sie fallen sich nämlich andauernd um den Hals, lecken sich gegenseitig das Gesicht ab. Und die beiden haben sich echt gefunden, er ist die ideale Ergänzung für sie: Was sie so fett ist, ist er so dürre. Aber um das zu überspielen, scheint er einen Stapel Lexika unter den Oberarmen zu tragen. – Blond ist er, besitzt strähnige halblange Haare – die vom Design her aussehen wie die von Pumpernickel, als er gerade einen gruseligen Horrorfilm sah – sein Gesicht sieht so sympathisch aus wie das von Oma Erna, als sie zur Totenwache blieb; dazu ist er – so weit das Auge blicken kann – tätowiert; ich vermute mal, er hat schon mindestens ein Gastspiel im Knast gegeben.

»Ente, das sind Elsa und Qualle«, stellt mir Mascha die beiden vor.

»Hi Ente!«, tönt Qualle, »wenn du irgendwelche Hilfe brauchst, musst du es uns nur sagen. Auf uns kannst du dich verlassen.«

Wunder, wunder! Er scheint sympathischer zu sein als er aussieht. Oder war das nur wieder eine Höflichkeitsfloskel??

»Ich grüß zück! Undu kannsdir sicher sein, ich kommdroff zurück, wenns sei muss!«

Dann darf ich feststellen, was hier stattfindet: eine kleine Fete. Jeder schluckt was in sich hinein. Dabei wird sich viel erzählt – wobei ich da nur ein kleines Mosaiksteinchen bin; aber mir ist dies recht, Hauptsache, ich werde reintegriert. – Weiterhin hören wir Musik – erleichtert stelle ich fest, dass es nicht so ein Schnulzenschwabbel aus Großvaters Zeiten wie bei meiner Mutter ist, und auch nicht so ein Dschungelpop wie der, mit dem mich Saskia immer nervt – bei der Steffen laufend testen will, ob ich die Musik von Neil Young noch kenne. Und so empfinde ich den Nachmittag als ganz vergnüglich und dass es eine gute Idee war, meinen eigenen Kopf durchzusetzen.

*

Draußen ist es dunkel geworden, fünf Uhr. Und da ich meine Tabletten nicht mithabe – mittlerweile habe ich auch Tremarid gegen die Wackelei – will ich wieder zurück, oder besser ich muss.

»Soll ich mitkommen?«, fragt Steffen.

»Das wärni schlecht.«

Unten vor der Haustür läuft Steffen mir voraus. Ich versuche, ihm zu folgen. Doch – *Der dämliche Absatz! Hab doch gewusst, dass er mir noch Schwierigkeiten bereiten wird!* – mein Gewicht ist zu weit über die Krücken gekommen. Das in dem Moment, als ich mich vom Absatz hinunterbewegen wollte. Und ich schaffe es nicht mehr, den Flug aufzuhalten! Auch Abrollen gelingt mir nicht! Darum lasse ich die Krücken fallen, fange mich mit den Händen auf. Liege aber trotzdem am Boden; weil ich noch nicht kräftig genug bin, mich mittels Liegestütz zu halten. Zwar habe ich es im Krankenhaus durchgesetzt, dass ich jeden Mittag allein in die Turnhalle der Physiotherapie kann, dort Liegestütze – zwei schaffe ich schon – Rumpfheben, Kniebeuge Klimmzüge trainiere – versuche, bis jetzt aber ohne Erfolg – habe aber – leider – noch nicht soviel Kraft, um meine beschleunigende Masse von immerhin 64 Kilogramm aufhalten zu können. Darum nehme ich den Erdboden wieder etwas genauer unter die Lupe.

Steffen kommt zurückgerannt: »Geht's? Was'n los?«

»Ach, der scheiß Asatz. Nigrad mei Liebespatz.«

Ich beäuge mich nach ernsthaften Verletzungen, kann aber außer ein paar Schrammen an den Händen nichts finden. »Okay, nischt passiert, kann weitergehn.«

Ein älteres Ehepaar kommt vorbei. »Hast du das gesehen«, wendet sie sich an ihn, »der gehört doch ins Krankenhaus.«

Während er irgend etwas Unverständliches zurückbrummt, steigt in mir wieder die kalte Aggressivität hoch: *Nicht helfen, nein, rumpalavern, das können sie! Hätte ich es doch nur auch so gehalten, dann wäre ich jetzt kein Krüppel! Wenn ich könnte, wie ich wöllte, würde ich ihnen die Hölle auf ihrem Spaziergang bescheren! Aber das überlasse ich Steffen, dem ist es nämlich ebenfalls nicht entgangen, er scheint genauso aufgeladen zu sein wie ich.*

»Verpisst euch, ihr dreckigen schleimigen Votzen! Sonst feuere ich euch so eine, dass euch die Mitesser aus dem Gesicht fallen!« Er bewegt sich drohend in ihre Richtung. Das Ehepaar, das sich an die Ecke gestellt hat, um gaffen zu können, sieht zu, dass es wegkommt.

»Und, können wir weiter?«, richtet er sich nun an mich.

Ich nicke. »Aer soiche Stinkvotzn rägmioff! Wegn soichn Vöeln binch verkrüppelt!«

Nach einer Weile – wir sind schon ein Stück vorwärts gekommen – fange ich an, mir seinen Laufstil zu betrachten: *Es ist unfassbar! Ich versuche, mich sicher und schnell vorwärts zu bewegen, während er bei dem Tempo schlendert! Okay, Steffen war schon immer schneller als ich. Aber so frappierend war die Differenz nun auch nicht. Da muss ich doch mal sehen, ob es bei mir auch schneller geht.*

Scheiße, nee! Da komme ich aus'm Rhythmus, mein Gleichgewicht scheint dann unter Windstärke achtzehn oder mehr zu leiden.

Ich wanke. Habe Mühe, mich oben zu halten. Aber Steffen ist sofort da, stützt mich.

»Ente, du stellst dich jetzt an den Zaun, wartest auf mich. Ich renne schnell zu deiner Mutter, hole die Tabletten. – Oder willst du nach Hause?«

»Quatsch! Mich wieder inner Langeweile grilln lassn? Vergißes!«

Ich stelle mich an den Zaun, er rennt los. Aber nach einer Weile habe ich das Warten satt: *Was mache ich? Ihm hinterhergehen? Nee, Blödsinn, der kommt doch sowieso zurück! Ich trabe zurück zu Mascha. Höchstwahrscheinlich holt er mich auch ein, ich werde kein Rastempo einlegen.*

*

Nach etlicher Zeit komme ich vor dem Haus, wo Mascha wohnt, an. Und treffe unten Kulle.

»He Ente«, ist er überrascht, »wo is'n Steffen?«

»Deris meie Tabettn holn. Ich binnurn Stück mitgeloufn. Dann ginger alleene weiter unichkam zurück. Aber wo willsn du hin?«

Er teilt mir mit, dass er was zu trinken hole. Und ich soll derweile hoch gehen.

Oben verkündet mir Mascha, dass auch sie schnell mal weg müsse. Ich solle derweile warten. Und in der Stube begrüßt mich ein Pärchen, das mir völlig unbekannt ist, das nicht mal mein Unterbewusstsein kennt. »Hallochen! Wer seidnihr?«, frage ich sie deswegen.

Sie schauen mich ganz verwundert an wie einen Wächter aus 'Ali Baba und die 40 Räuber'. »Hallo!«, antworten sie mir dann jedoch. »Wir sind Naschenka und Piepe. Was is'n mit dir, Unfall gehabt?«

»Richtig, Verkehrsunfall.«

»Und, schlimm?«

»Haha, begeisternd nicht gerade; aber es könnte schlimmer sein.«

Wirklich lachhaft! Das dürfte die dümmste Frage sein, die mir je gestellt wurde.

Nun will Naschenka noch wissen, was mir eigentlich genau passiert ist, ob ich jemals wieder ohne Krücken werde laufen können. Ich tische ihr meine Unfallversion auf, erzähle ihr vom Rollstuhl. Dann wartet sie mit einer auf von ihrem Cousin, der auch einen Verkehrsunfall hatte. Und da hat er das gemacht und dieses, ebenso jenes, und deswegen könne sie sich auch in meine Lage hineinversetzen. Aber es ist doch merkwürdig, dass manche Leute, wenn sie einen Verunfallten vor sich haben, die längst verschollenen Geschichten von Verwandten 12. Grades hervor kramen.

Während sie ihre Höflichkeitsstory fleißig herunterrasselt, fallen mir wieder meine Haare ein.

Pfleger Michael geht mir schon übelst auf den Geist wegen ihrer Länge. Allerdings die Länge hat zu bleiben, nur die Ohren müsste man mal wieder frei schaufeln und allgemein abstufen – die Haare, nicht die Ohren. Wenn ich dem keine Rechnung trage, so versprach ich Michael, kann er mir eine Glatze scheren. (Doch darauf bin ich nicht gerade scharf.) Also frage ich mal Naschenka: »Sammal, bringsdues, Hoare zu schneidn?«

»Ja. Wieso?«

»Na ja, meie Lodn müßtn mawiedr abestuft werdn.«

»Kein Problem, kann ich machen. Wann?«

»Morgn Nammittag.«

»Okay, also um vier. Ist recht?«

Ich nicke.

Sie schaut auf die Uhr, bemerkt plötzlich, dass sie los müsse. Und verschwindet zusammen mit Piepe auch.

*

Halb zwölf. Ich bin aufgebrochen in Richtung meiner Mutter. Steffen, der mit Tabletten und ohne Probleme bekommen zu haben kurz nach Naschenka und Piepe zurückkehrte, und Kulle, der sich auch kurz darauf wieder einstellte, begleiten mich. Und nachdem wir die Hälfte, ohne dass ich Balletteinlagen zeigte, geschafft haben, hat Steffen die Nase voll von meiner langsamen Wandelei und spikt los, um meine Mutter zu holen.

An der letzten Kurve treffen wir auf sie. Sie lächelt zwar, aber ihrem Gesicht sieht man an, dass sie verbittert ist. Folglich braut sich bei ihr ein Gewitter zusammen, das bald über mich hereinbrechen wird. Doch erst mal verabschiede ich mich von meinen zwei Begleitern.

»Holste mich Morgn umeens wieder ab?«, frage ich Kulle noch.

Er bejaht. Und verschwindet mit Steffen zusammen.

»Mike, weißt du, wie spät es ist?«, giftet dann meine Mutter, als wir losgezuckelt sind.

Aha, jetzt ist das Gewitter im Anmarsch!

»Also vorhin wars hal zwölfe, dann wirds jetzte nbissel spätter sein.«

»Ja, es ist um zwölf durch! Kranke haben um sechs daheim zu sein!«

Ich schweige dazu, denn ich finde es lachhaft.

»Demzufolge«, fährt sie fort, »kann ich auf die AOK gehen und erzählen, dass du dich nachts noch rumtreibst! Dann wird dein Krankengeld gesperrt!«

Schluck. Würde sie es machen? Zuzutrauen wäre es ihr! Aber wenn – Sie will wirklich einen Krieg provozieren, wie's ausschaut, überschätzt sich wiedermal maßlos. Ist die bescheuert? Ja. Trotzdem – den Krieg kann sie haben! Ich habe garantiert die besseren Nerven als sie!

Schweigend, nur innerlich kochend, trotte ich aber weiter, lasse sie ihr Lamento fortsetzen.

4

Sonntag, 20. Januar. Mittag.

Ich warte darauf, dass es um eins wird. Denn die Stimmung hier ist nicht auszuhalten. Schweigen und Ignoranz haben sich breit gemacht.

Waren sie nicht immer schon so breit? Vielleicht nicht, vielleicht ja. Aber jetzt wird es mir erst richtig klar. Nein, falsch, darauf bin ich schon vor einem viertel Jahr gekommen. Doch jetzt – jetzt kann ich endlich weg, dir die Rücklichter zeigen, blöde Kuh!

*

Um eins.

In meinem Bauch fängt es wieder an zu rumoren – *als wenn da zwei Riesenechsen einen Zweikampf mit übelster Umweltvernichtung durchführen würden* – ich bin nervös, aufgeregt.

Halb zwei. Mir reicht es.

Wenn der Prophet nicht zum Berge kommt, muss eben der Berg zum Propheten gehen!

Ich erhebe mich, bewege mich hinaus, um mich anzukleiden.

»Mike, was hast du jetzt vor?«, will meine Mutter verwundert wissen.

»Ichehzu Mascha.«

»Wollten die dich nicht abholen kommen?« Hohn. Siegessicherer Hohn.

Als von mir aber keine Antwort kommt, lässt sie wieder ihren Frust raus: »Warum musst du denen immer hinterher laufen?! Du siehst doch, dass sie dich nicht abholen! Also wollen sie dich doch nicht!«

Kurz durchfährt mich die Einsicht, dass sie recht hat. Doch ich schiebe sie sofort beiseite.

Denen auf den Geist zu gehen ist immer noch besser, als hier rumzuglucken!

Ich gehe.

Bin schon an der Wohnungstür, da schreit mir meine Mutter noch hinterher, dass ich um halb fünf wieder da zu sein habe. »Dann schafft dich nämlich Manolo zurück, und der muss hinterher arbeiten gehen!«

Ich lasse mich doch noch zu einer Antwort herab: »Halfünfe kannsde vergessn! Um vier kommeene, die schneidmir die Hoare!«

»Dann musst du sehen, wie du es hinbekommst!«

»Wolltest du deine Haare nicht lang lassen?«, meldet sich plötzlich Saskia zu Wort.

Ein Grinsen huscht über mein Gesicht: »Ich willse jani abasiern lassn.«

»Noch mal«, mischt sich meine Mutter wieder ein, »halb fünf bist du da, ansonsten kannst du nicht zurück!«

Was mich endgültig zur Heiterkeit anregt. »Da werdch bestimmni trauig sein!« Und verdrücke mich.

*

Abends im Krankenhausbett halten die Vorgänge des Tages noch einmal eine Parade in mir ab: Ich bin ohne Zwischenfall zu Mascha gelaufen. Erst auf der zu ihr hochgehenden Treppe hob es mich aus. Meine Brille verbog sich dabei, so dass ich sie nicht mehr aufsetzen konnte. Kulle bog sie mir dann aber so zurecht, dass dies wieder möglich war. Dann wartete ich auf Naschenka. Um vier – niemand war gekommen; es wurde halb fünf, dann um fünf – Naschenka blieb außerhalb meines Sichtbereiches. Da war ich also wieder mal durch Höflichkeitsfloskeln verarscht worden. In der Zwischenzeit sagte mir Mascha, dass ich verstehen solle, dass sie sich nicht um mich gekümmert habe: Sie habe Kinder. Und bei Steffen sei das genauso. Nur bei Engel könne sie es nicht verstehen. Ich erzählte ihr daraufhin, wie meine Mutter ihn und Manuela rausgeekelt habe. Was Mascha aber nicht daran hinderte, sich auf Engel herumzuwälzen, ihn in tiefste Abgründe zu treten und noch einmal nachzustoßen.

Also die Moral von der Geschicht': Hast du Kinder, lässt du deine Freunde im Stich! Aber lässt sich da überhaupt keine Übereinkunft treffen?

Um sechs war ich wieder zu Hause, von Kulle heimgebracht. Unterwegs hatten wir Engel getroffen, der sich über meine Fortschritte erstaunte und freute. *(Oder tat er nur so?)* Natürlich fragte ich ihn sofort wieder, ob er mich abholen könne – aber sein Auto ist kaputt, sagte er mir. *(Ausrede?)* Zu Hause explodierte dann meine Mutter fast. »Wie kannst du nur so spät nach Hause kommen?« und »Du solltest längst weg sein! Manolo kommt dann noch mal, aber der ist sauer!« Schließlich wollte sie auch noch wissen, wieso meine Haare nicht gekürzt sind, denn ich sei doch deswegen zu Mascha gegangen. Als ich ihr erklärte warum nicht, konnte sie sich wieder darüber auslassen, was ich für Freunde hätte. Und sie hatte auch recht, sehe ich ein; aber wenn man sich nicht draußen sehen lässt, lernt man nie neue kennen. Dazu braucht man aber Bekannte als Sprungbrett, sonst wandelt man ewig auf der Oberfläche des Isolationssumpfes, sofern man nicht einsinkt. Bei meiner Abfahrt war sie dann am Auto wieder scheißfreundlich. Sie versprach auch, dass sie mich nächstes Wochenende wieder abholen lassen würde. Mir war aber nicht so richtig klar, ob ich ihr trauen sollte. Auch Manolo und Saskia legten sich im Krankenhaus nicht fest. Auf meine mehrmals gestellte Frage, ob sie mich wieder holen werden, hieß es immer: »Wenn es deine Mutter will.«

Wahrscheinlich sollte mir dadurch mein Abhängigkeitsverhältnis zu ihr klar gemacht werden. Wie entzückend!
Die Parade ist vorbei, der Tag ist vorbei, doch so richtig wohl ist mir nicht. Nur werde ich erst nächstes Wochenende sehen, ob zurecht oder unbegründet.

5

Samstag, 2. Februar. Früh 11:00 Uhr.
Gestern hat sich Claudia verabschiedet. Einmal in ihren vier Wochen hat sie probiert, ob ich es schon realisieren kann, nur mit einer Krücke zu laufen, aber es ging total in die Hose. Ich kam mit der Gewichtsverlagerung nicht zurecht, dazu fehlte mir noch die Koordination. Aber ich war's auch noch nicht gewöhnt. Trotzdem bin ich ihr sehr dankbar dafür, dass sie es versucht hat.
Am gestrigen Vormittag hatte sie praktische Abschlussprüfung, ich das Opferlamm. Und natürlich habe ich versucht, alles, was sie mir anwies, so gut wie möglich zu machen – Kniebeugen in Wartestellung, Rumpfheben, Koordinationsübungen, Laufen. Die Millern wirkte aber nicht sehr zufrieden damit. Und wie mir Claudia später sagte, hatte sie nur eine '3' dafür bekommen. Verstehe ich zwar nicht ganz, denn ich war zufrieden, aber sie soll eben zu wenig Abwechslung hineingebracht haben. Claudia war jedoch zufrieden mit der '3' – also was soll's?!
Da heute Sonnabend ist, sollte ich ja eigentlich zu Hause sein. Aber Fehlanzeige. Da kommt niemand. Und das nun schon die zweite Woche. Dabei – meine Wäsche reicht nur sieben Tage. Weswegen ich auch letzten Sonnabend anrief. Erreichte meine Mutter auch. Doch ihre Erklärung wie immer in solchen Fällen: das Auto ist kaputt. Ich teilte ihr mit, dass ich wenigstens Wäsche brauche. Worauf sie mir versicherte, welche in der darauffolgenden Woche vorbeizubringen. Aber – nicht mal ein Zipfelchen von ihr gab mir seine Aufwartung. Wahrscheinlich ist sie der Meinung, da sie selbst kaum die Wäsche wechselt, brauche ich dies auch nicht zu tun. Und so kämpfte ich mich nun mit sechs Slips über die bis jetzt zwei Wochen. Unangenehm! Aber was soll ich machen?? Nun habe ich mir einen Zugfahrplan besorgt, suche mir die hiesigen Ankunftszeiten heraus – damit sie nicht wieder sagen kann, sie habe keine Ahnung, wie sie hierher kommen soll – dann gehe ich wieder einmal anrufen.

»Was liegt denneutan?«, frage ich sie, nachdem sie sich gemeldet hat.

»Das Auto ist immer noch kaputt.« Gelangweilter Klang.

»Ich hadirdoch gesagt, dasses nochn Zug gibt; und ichseh keen Grund, ihn ni zu benutzn.«

»Hmmh.«

»Ihr könnmichouch inihm abholn.«

»Hmmh.«

Ihr »hmmh« macht mich stutzig. »Wie sollnas jetzte weitergehn?«, stelle ich deswegen eine Fangfrage.

»Hmmh.«

Jetzt fängt der Topf an überzukochen. Auf sie mit Gebrüll: »Sag mal, hörste mir überhaupt zu??«

»Hmmh. – Was?« Damit dürfte sie nicht gerechnet haben, dass ich ihre Unaufmerksamkeit registriere. Ich wiederhole meine Frage.

»Natürlich höre ich dir zu, Mike.«

»Außer wennde mirni zuhörst, und dasis fasimmer!«

»Hmmh.«

Das »hmmh« geht mir auf'n Sack! Die hat echt Glück, dass man durch's Telefon nicht durchlangen kann! Ansonsten ...

»Meie Wäsche reicht nurne Woche! Jetzt sinschon zwee Wochen vorbei! Logisch, dassch neue brauch!«

»Und wie soll ich das bewerkstelligen? Kannst du mir das auch mal sagen? In der Woche muss ich arbeiten und am Wochenende kann ich nicht, da das Auto kaputt ist!«

Dann kriechst du eben über die Landstraße!

»Haste schoma voner staatlichn Einrichtung gehört, die sich Reichsbahn nennt? Und dade natüich, weilde nie Zeit has, dein Taschnfahrplan ni findst, habch mich scho kundig gemacht, nenn dir jetzte die Abfahrtszeitn!«

»Und schreibse dir off!«, stoße ich nach dem Nennen noch mal nach.

»Unich erwart dich morgn! Besser machn!«

»Ja, ich komme morgen.«

»Und, alles klar gegangen? Was ist rausgekommen?«, fragt mich die gerade hereinkommende Schwester Kringel, die den ganzen Zirkus absolut nicht verstehen kann.

»Siesoll morgn kommn un Wäsche bringn. Aber obses macht – das kanncherst sagn, wennse dais. Un wases Abholn betrifft: Das

Auto isma wieder kaputt. Wie immer, wennch niabgeholt werde.«

»Das finde ich aber reichlich merkwürdig. Erst kam sie ja überhaupt nicht. Fängt das jetzt wieder an?«

»Keene Ahnung!« Damit bewege ich mich zurück ins Zimmer.

6

Montag, 4. Februar. Frühstück ist vorbei.

Ich bin gespannt, wer mich ab heute betreut. Da aber ewig keiner kommt, lasse ich wieder mal eine riskante Versuchsaktion steigen: Ich bewege mich mit nur einer Krücke bewaffnet im Zimmer herum. Muss dabei hochkonzentriert sein - *denn ich fühle mich in der Bewegung wie ein Mininashorn auf wegrollenden Eiern! Ich torkel da was durch die Gegend, unklar!*

Das Zimmer habe ich einmal durchmessen, muss jetzt wieder zurück. Darum heißt es wenden. Doch da – schneller als ich denken kann, liege ich auf dem Boden.

Was hab ich denn jetzt wieder falsch gemacht?? Zu schnell um die Kurve, Gewicht nicht verlagert, dadurch nicht mittig bewegt, konnte nach rechts den Abgang machen; was ich auch tat.

Franz, der meine Aktion argwöhnisch beobachtete, hat nun natürlich Stoff für eine seiner Moralpredigten gefunden: »Mike, dir kann man erzählen, was man will! Aber du hörst nicht drauf! Aber du hast doch gerade gesehen, wohin das führt! Warum wartest du nicht auf die Krankengymnastik?«

»Weil die immer nur das middir übn, wasde breits vorweisn kannst. Die Kra-Kra-Krankengymnastik diender Stabisation. Neuland betretn musste aer selst erstma.«

»Du bist verrückt!«

»Verrückt is besser as penibel, phantasielos, nüttern in mentalem Sinne. Außedem kann mansn Physoterapeutinn ni zumutn, die Verantworung für soiche riskantn Aktion zu übernehmn. Die muss man schon selber tragn! Deswegen bleibteem ouch gar nischt anres übig, alses alleine zu exerziern.«

»Jetzt gehst du aber zurück zum Bett und wartest!« Während er dies sagt, hilft er mir auf.

»Vergißes!«, entgegne ich. »Was sollchn im Bette?! I will hier laufend entlassn werdn, ni kriechend!«

»Bis du wieder fällst ... !«

»Hmmmh, dann stehicheben wiederoff.«

»Und wenn dir dabei was passiert?«

»Tja, dann, ja genau dann habch Pech gehat. Das wäraber immer noch besser, als im jetzen Zustand dahinzuvegetiern.«

»Ich habe auch mal so gedacht«, holt er seine Erinnerungen hervor. »Nach dem Krieg lag ich in einem Lazarett, hatte ein Bein verloren. Da habe ich auch gedacht: 'Mensch, was hat dein Leben noch für einen Sinn?! Du wirst nie wieder laufen können.' Aber wir hatten einen Pfleger, der war – wie soll ich es ausdrücken – brutal. Der half dir nicht, wenn du hingefallen warst, da musstest du dir alleine hochhelfen. 'Im späteren Leben hilft dir auch keiner!', sagte er immer. Und im Nachhinein bin ich ihm dankbar; denn durch ihn habe ich gelernt, dass es so auch geht.«

»Siehste, un mei Pfeger binich selber. Bei mir sinaußerdem die Bedingungen een bissel anders: Ich bin, zum Glück, ni beenamutiert. Ich habouchn Sprung vom Rollstuhl zun Krücken schon geschafft. Dasim Ganzn betachtet, stehnmir dochalle Wege offn. Ich muss und werdas freihändige Loufn schaffn!«

»Dein Willen ist echt zu bewundern. Nur oft gehst du zu forsch an die Sache ran. Bei mir war das früher auch so: Ich wollte alles auf einmal. Immerhin war ich erst 21. Ich musste aber sehr schnell merken, dass es nicht so geht.«

»Na ja, und diese Bereiche mussich seller ersauslotn. Und damm werdch jetzte weitermachn.«

»Ich habe ja auch nichts dagegen, ganz im Gegenteil. Aber du musst eben langsamer an die Sache rangehen.«

Zustimmend lächle ich ihn an, trabe dann weiter. Allerdings echt in Richtung Bett, weil mir die rechte Beckenseite durch den Flug wehtut; und außerdem bin ich in den Kniekehlen vom langen, noch ungewohnten Stehen abgespannt.

Plötzlich kommt Frau Miller herein, und in ihrem Fahrwasser eine junge Studentin. Welche nicht gerade mein Idealtyp ist – sie hat kurze Haare, trägt Brille – aber sie macht einen so sympathischen Eindruck, der mich sofort begeistert: Sie strahlt in ihrer ganzen Bewegung, in ihrer Art so eine freche Lockerheit aus, welche besagt: 'Jetzt genieße ich das Leben; was danach kommt, wird sich zeigen.' Die gleiche Einstellung, wie ich sie habe.

»Guten Morgen!«, eröffnet Frau Miller ihren Vortrag. »Mike, das ist Fräulein Klotz. Sie wird Sie die nächsten vier Wochen betreuen.« Damit lässt sie uns allein.

»Dass wiruns mit «Sie» ansprechen, kannsde aber vergessn!«, stelle ich erst einmal klar.

»Von mir aus, wenn niemand was dagegen hat ... Ich bin Lisa.«

»Hi Lisa. Ich bin Mike.«

Nach diesen Begrüßungsformalitäten unterbreitet sie mir den Vorschlag, gleich Laufschule durchzuführen. Und will nach meiner Zustimmung wissen, was ich erwarte.

»Tja, wieder freihändsch loufn. Unne nächste Stufe dothin isses Loufn miteener Krücke. Und daich mir vorgenommn hab, miras in nächsten vier Wochen reinzuziehn, bist dus Opfer.«

»Ääh, hört sich ja grauenvoll an.«

Ich grinse wissend.

»Meinst du, dass du das schaffst?«

»Ich meins ninur, ich bin mir sicher. Vor paar Wochen dacht hierouch noch niemand dran, dasschma – mich mal wiederohne Rollstull bewegn werd. Mit vollm Risiko habichsaber geschafft. Risiko ismei Lebn«, kläre ich sie auf.

»Na Hauptsache, du haust dir dabei nicht den Kopf ein!«

»Derhat schoneen fahrndes Auto geknuttscht, also kanner dasouchab.«

»Okay!« Damit nimmt sie mir die rechte Krücke weg.

Gut, dass ich heute früh schon ein bisschen vorgeübt habe. Dadurch ist mir jetzt bekannt, wie das geht.

»Hmmh, du duftest gutt.« Ich schwebe auf einer berauschenden Wolke.

»Danke.« Sie ist purpurrot geworden.

Treffer?

Infolgedessen werfe ich ihr noch mehr Komplimente an den Kopf.

Immer verlegener werdend, platzt sie heraus: »Du sollst laufen, nicht mich angucken!«

»Eeheh, Spaß muss dowo dabei sein, das gibder ganzn Sacherst die richtsche Würze, machseerst pikant!«

»Tue dich jetzt auf äh dich tun äh kon-konzentrieren, nicht auf mich, nee, auf dich!« Dabei äugt sie durch ihre Brille wie ein Deutschprofessor auf eine knifflige Mathematikaufgabe.

Automatisch setze ich bei dem Anblick zu einem Lachgewieher an.

»Wa-was ist denn nun schon wieder los?«, will sie wissen.

»Entschuldige, aber duäugst durch deie Brille so – naoff jedn Fall niedich! Da konntichs mirni verkneifen, bewundernd zu lachn!«

»Ahaa. Hm. Äh an deine scheinbar so charmante Ausdrucksweise muss ich mich erst gewöhnen, ich werde äh nämlich ständig verlegen dabei. Jetzt a-a-aber laufe weiter!«

*

Es ist gerade Mittagspause und ich liege im Bett. Wach, denn müde bin ich nicht. Aber dadurch haben die Gedanken an das letzte Wochenende wieder die Gelegenheit, mich zu überfallen: *Von meiner Mutter war auch gestern nichts zu sehen. Und ich kann mich so dunkel erinnern – am Anfang meines Zombielebens behielt sie auch meine Wäsche für sich. Damit wird es ganz deutlich: Sie will ihre Selbsthygieneangewohnheiten auf mich übertragen, sie ist der festen Ansicht, dass, da sie die Schlüpfer nur einmal in der Woche wechselt, auch ich das nur so oft zu tun brauche. Aber ich kann mich absolut nicht dafür begeistern! Okay, da ich zur Zeit keine intime Partnerin habe, kann ich mich allein in den aufkommenden Fischgestank einsuhlen. Aber trotzdem stört es mich! Es ist ein unangenehmes Gefühl, wenn man nach dem Waschen wieder in den schon seit einer Woche in Betrieb befindlichen Slip steigen muss, so ausgelaugt, unfrisch, morbide, unangenehm ist dann das Gefühl, das beste Stück kommt sich dann vor wie in einer Miefkammer, wo gerade Klärgrübenprodukte mit Ozeanabfällen vermischt werden! So geht es auf jeden Fall nicht weiter!*

Und so wird es auch nicht weitergehen. Denn was sich da in mir als Lösung herauskristallisiert, wird auf jeden Fall in meinem Leben und vielleicht auch in ihrem Leben für Veränderungen sorgen; denn dies ist die einzige Lösung, ich muss sie ergreifen, oder ich werde ein wandelnder, gehirnloser Haufen Dreck, der nur noch willenlos herumgrunzt und den man hinundherschieben kann, wie man möchte, oder man lässt ihn einfach an seiner Stelle kampieren und in seinem eigenen Mief irgendwann verrotten:

Ich gebe meiner Mutter den Abpfiff.

Ich will das ja schon seit ein paar Wochen tun, aber jetzt ist eine muss-Gelegenheit daraus geworden. – Ich bin sichtbar dabei, mich wieder auf die eigenen Beine zu stellen. Und da ist es doch logisch, dass ich nicht zu Hause hocken bleibe, sondern aktiv werde. Es ist doch wie mit der Aufhebung der Lähmung: Nichts kommt von allein, alles muss man sich erarbeiten. Da darf man nicht auf irgendwelche Wunder warten. Aber dies kann meine Mutter offen-

sichtlich nicht begreifen. Am letzten Wochenende, an dem ich bei ihr war und sie keine Anstalten machte, mir zu helfen, bin ich allein weggegangen. Was ihr die Erkenntnis beschert haben dürfte, dass ich drauf und dran bin, ihr aus den Händen zu gleiten. Infolgedessen hat sie die Konsequenz gezogen, mich im Krankenhaus versauern zu lassen. Da bleibt mir im Endeffekt gar nichts anderes übrig, als ihr die Kehrseite zu zeigen. Denn Versöhnung? Dann müsste ich mich ja auf ein Level begeben, wo ich nie hin will. Und Reue? Wofür? Ich bin nun mal nicht der Typ, der in irgendeinem Sessel im eigenen Dreck teilnahmslos vor sich hinsiecht. Meine Mutter hat aber gedacht, dass dem so ist. Obwohl sie mich nach 22 Jahren doch eigentlich kennen müsste. Tja, dann muss es ihr auf eindrucksvolle Weise klargemacht werden. Und das geht nun nicht mehr anders als mit einem Schlußstrich unter die Beziehung. Dass sie aber die Gründe dafür auf keinen Fall bei sich selbst suchen, sondern alle bei mir finden wird, daran brauche ich nicht zu zweifeln.

Ich bin glücklich darüber, endlich eine Lösung gefunden zu haben. Fühle mich jetzt gelöster, innerlich frischer. Doch da – die nächste Frage taucht hinter einem verborgenen Winkel auf, zeigt mir, dass das Problem noch lange nicht gelöst ist: Wo soll ich hin? In meiner eigenen Wohnung kann ich zur Zeit nicht allein logieren. So realistisch bin ich mittlerweile, dass ich das einsehe. (Aber aufgeschoben ist bekanntlich nicht aufgehoben!) Doch – na eben, hatte Qualle nicht gesagt, dass ich nur Bescheid zu sagen brauche, wenn ich Hilfe benötige? Jetzt habe ich sie nötig! Das werde ich aber nächstes Wochenende einrenken.

Wie komme ich heim? – Wuff, der nächste Einwand kam sofort. – Ach ja, na klar – Fach ist doch hier! Wir gingen zusammen in die 1. Klasse. Werd ihn mal fragen, ob er mich mitnehmen kann!

7

Mittwoch, 6.Februar. Nachmittag.

»Gehn wir raus?«, fragt mich Lisa, als sie gerade hereinkommt.

Schönes Wetter, die Herausforderung draußen außerdem größer: »Ja!«

Währenddem Begutachtung der Mitreingekommenen: Lisa's Mitstreiterin hat blaue Augen, halblange dunkelblonde Haare, groß (allerdings nicht so wie Lisa, denn Lisa ist größer als ich), Figur gängig, Aussehen – na ja, geht so. Ich glaube, sie ist ein Mauerblümchen, eines, das auf einem Komposthaufen steht. Und in diesen Eindruck passt auch, dass sie total ruhig zu sein scheint, kein Wässerchen trüben kann.

*

Draußen. Andrea – von Lisa erfuhr ich, dass ihre Mitstreiterin so heißt – links von mir, Lisa auf der anderen Seite. Doch ich laufe allein; Andrea und Lisa greifen nur zu, wenn's mal für mich eng wird. Und das passiert schon mal ab und zu, nicht immer, aber immer weniger. Und das dadurch aufkommende Hochgefühl bringt mich auf den Gedanken, die rechte Krücke hoch zu strecken, nur mit der linken zu laufen.

»Mike, was soll'n das??«, ruft daraufhin erschreckt Lisa. Und auch Andrea rügt mich.

»Ich fühlmich superin Form, wasch ausnutzn muss! Schließich willich jama mitteener Krücke ouch draußen loufn könn! Un logischerweise muss dafürmadder Anfang gemacht werdn!«

»Aber wir üben das doch drin schon mit dir!«

»Hm, stimm, ja.« – Seit gestern. – »Aberamit schließch niaus, dasoff draußn zu verlagern.«

»Was soll ich dazu sagen?«, ist sich Lisa unschlüssig.

Ich grinse sie an, was soviel bedeutet wie: Nichts. Und laufe weiter wie bisher.

*

Wiedermal Post von der Holländerin. Eigentlich habe ich daran völliges Desinteresse mittlerweile und ebenso lang fallen meine Antworten aus. Vom Inhalt her. Ich schreibe halt ein bisschen größer, damit es viel aussieht. Aber ich muss laufend nachgrübeln, was ich ihr schreiben soll. Normalerweise schreibe ich immer aus dem Bauch heraus, sie kann mich aber nicht inspirieren; nicht mal ihre Briefe kann ich selektieren, weil da immer das gleiche drin steht: Vorhaltungen, dass ich sie vor dem Unfall mal vergnatzt habe; Vorhaltungen, dass ich sie immer noch verspotte (?); Sexzeitschriften sind dabei und Versprechungen (die ich schon gar nicht mehr glaube), dass sie mal kommen will. Aber die letzten zwei Briefe waren die Krönung: Sie schrieb in holländisch! Ich kann kein Wort von der Sprache, und das weiß sie auch. Spätestens von dem Zeitpunkt an, als ich es ihr mitteilte. Sollte aber dieser Brief wieder in holländisch geschrieben sein, raste ich aus.

Ich reiße ihn auf, schaue ihn mir an – holländisch. In mir brodelt's. Ich schnappe mir sofort Stift und Briefpapier, gehe zum Tisch, schreibe nur einen einzigen Satz: »Entweder, Du schreibst wieder in Deutsch oder Englisch, oder Du lässt es bleiben!« Und hoffe, dass das deutlich genug ist.

Die darf doch nicht denken, weil ich zum Krüppel gemacht wurde, lechze ich nach derartigen Erniedrigungen, will ihr den Fußpilz von den Zehen lecken. Die hat doch nicht mehr alle. Ich sehe nach wie vor keine Veranlassung dazu, mir alles gefallen lassen zu müssen.

8

Sonnabend, 9. Februar. Früh.

Ich stehe fertig angezogen am Ausgang mit Holger zusammen, der mir versprach, dass sein Vater mich mitnimmt. Welcher gerade um die Ecke kommt. *Eeh,* und es ist erst halb acht, so zeitig war ich Sonnabends von hier aus noch nie zu Hause. Natürlich bin ich auch aufgeregt, weil ich nach drei Wochen endlich mal wieder aus diesen bedrückenden Krankenhausmauern raus kann.

»Guten Morgen!«, begrüßt uns Herr Fach. »Mike, ich habe von Holger schon gehört, dass ich Sie mitnehmen soll. Alles fertig?«

Ich bejahe.

In dem Moment geht die Tür des Chefarztzimmers auf, Frau Christoph tritt heraus: »Guten Morgen, Herr Fach!«

Plötzlich sieht sie mich: »Nanu, Herr Scholz, werden Sie auch abgeholt?«

»Herr Fach nimmichmitt.« Siegessichere Antwort.

»Das geht aber nicht, Herr Scholz! Wo wollen Sie denn hin? Wenn Ihnen was passiert, haben wir die Schuld! Nein, so geht es auf keinen Fall!«

Meine Siegessicherheit nimmt in dreifacher Lichtgeschwindigkeit ab, meine Augen versuchen, sie so stechend als nur irgend möglich zu fixieren, zu hypnotisieren, das kleine Zentrum in ihrem Kopf, das dieses Urteil soeben ausgespuckt hat, umzupolen – ich starte aber noch einen letzten Versuch: »Offgenommn werdch von Freundn, midän habich schon geredet. Dennes hat sich ja schon lange anedeut, dassichm Symbol meier Mutter die letze Balsam-sam-samierung gebn muss!« Pokern.

»Und was ist, Herr Scholz, wenn die nun nicht da sind?«

»Die sinda!«

»Ich traue Ihnen nicht, Herr Scholz!« – Sie muss in ihrem Studium eine Menge Rhetorik gehabt haben: Sie hat ihre Professorglotzen aufgesetzt und wackelt fleißig mit dem Kopf, um ihren Worten Nachdruck zu verleihen; den Mund reißt sie weit auf, so dass man, wäre man daran interessiert, dabei nachschauen könnte, wo sie ihre Plomben sitzen hat. »Haben Ihre Freunde ein Telefon?«

»Die wohnin Zittau! Da isneignes Telefon ni anner Tagesodnung!«

»Schlecht für Sie! Wir werden noch einmal Ihre Mutter anrufen; wenn die damit einverstanden ist, können Sie mitfahren. Aber zu ihr!« Damit sagt sie Schwester Kringel Bescheid, die sofort anrufen geht.

In mir kocht es, ich fühle mich, als wenn ich im Knast eingesperrt wäre, die Wände des Flurs rücken wieder paar Augenbreit oder mehr zusammen. Ich stehe direkt vor dem Ausgang, brauche nur hinauszugehen und diesen Komplex zu verlassen. Und wenn ich es könnte, würde ich es auch tun. Und dann notfalls trampen. Aber den Blick für das Realistische muss ich mir bewahren: *Ich kann es nicht – noch nicht. Aber wenn es soweit ist, wird mich niemand hier mehr aufhalten können. Doch dann werde ich auch gar nicht mehr hier sein. Aber in dem jetzigen Moment könnte ich die Christoph auf irgendeine Weise massakrieren. Sie war mir noch nie sympathisch; aber jetzt ist der Ofen ganz aus.* **Sie wird sich noch** *– hör auf, unflätig zu fluchen, Mike!! – Denn sie kennt das Ergebnis genau: Nie, nie, nie wird meine Mutter diesem Kompromiss zustimmen!*

Schwester Kringel kommt wieder. »Die Familie, wo das Telefon steht, ist zwar da, aber deine Mutter nicht«, verkündet sie mir mitleidig.

»De pennoch!«

»Soll ich sie später noch einmal anrufen?«

»Nee, danke, brauchnSe ni! Da kommeh niescht Nuzzbringndes raus!«

»Was ist denn mit ihr los?«, will Frau Christoph wissen.

»Ach, dasisbeirr soübich. Außerdem kannsess ni ertragn, dassch wieder flügge werde unihr davonflattre.«

»Klingt ja schlimm! Aber schon, als sie eingeliefert wurden, war uns klargeworden, dass da einiges schief läuft.«

»Genau! Und daum willichs jetze beendn! Unner Herr Fach würd mich ja mitnehmn.«

Sie bleibt aber auf ihrem Verbot sitzen, erzählt mir was von Verantwortung, die sie dafür trüge. Und sie sei sich darüber nicht im Klaren, wo ich das Wochenende bleibe. Und dass ich zu meinen Freunden ziehen könne, wäre ihr nicht sicher genug. Und bla-bla-bla.

Dabei scheint sie aber zu vergessen, dass es in Zittau auch Brücken gibt.

»Nächse Woche off alle Fälle!«, verabschiede ich mich von Herrn Fach und seinem Sohn, als die Christoph verschwunden ist. Dann gehe ich wutentbrannt eine rauchen.

*

Nach dem Mittagessen halte ich keine Verdauungsruhe, sondern schreibe einen Brief mit der Aufschrift »dringend« an Mascha und Kulle. In ihm lege ich ihnen meine Bitte dar, dass sie in der nächsten Woche herkommen, damit ich wieder Urlaub kriege.

Hoffentlich tun sie es.

*

Nachmittag.

Draußen ist es sonnig. Eine sehr gute Gelegenheit, Pigmente zu haschen und dabei was für die Lauffertigkeiten zu tun.

Ich teile es Pfleger Helmut mit.

»Eine rauchen?«, will er wissen.

»Nee, nee, übn. Daheeme hättichs ouch gemacht, also übertage ichsoff hier!«

»Im Gelände?«, fragt er nun erstaunt.

»Ja wodn sons?«

»Da gehen Sie aber nicht alleine, da nehmen sie jemanden mit!«

»Mußas unedingt sein?«

»Na wenn Ihnen was passiert, wissen wir von nichts. Und hinterher bekommen wir was auf den Deckel, weil es dann heißt, wir hätten nicht auf Sie aufgepasst!«

Ich sehe es zwar ein, bin aber trotzdem verärgert – Tradition? – Doch ändern kann ich es eh nicht! Darum auf zu einer Patientin, die mir immer Äpfel zusteckt. Weil ich glaube, dass sie mir diesen Gefallen bestimmt tut. Was sich dann auch bestätigt. Und so durchmesse ich zum ersten Mal auf eigenen Beinen den Krankenhauskomplex.

9

Am nächsten Nachmittag will ich wieder raus, nur die Patientin kommt diesmal nicht mit. »Ich erwarte Besuch«, sagt sie mir.
Na gut, dann mache ich es eben allein.
Pfleger Helmut, der sieht, dass ich raus will, fragt mich wieder, wo ich hin will.
»Eene rouchn!« Notlüge. Sonst lässt er mich nicht raus. Aber so durchmesse ich zum ersten Mal auf eigenen Beinen **allein** den Krankenhauskomplex.

10

Mittwoch, 13. Februar.
Keine Antwort von Mascha und Kulle, auch nichts zu sehen von ihnen.

11

Freitag, 15. Februar. Nachmittag.
Auch gestern keine Antwort von Mascha und Kulle sowie nichts zu sehen von ihnen, heute ebenso nicht. Und morgen ist schon Sonnabend.
Ich sitze wiedermal vor dem unteren Eingang auf dem dort stehenden Leiterwagen, dampfe vor mich hin. – Ich rauche, neuerdings wie ein Schlot. Schon seit über einer Woche. Da kommt Andrea hoch.
»Mike, musst du rauchen?«, fragt sie mich, als sie mich sieht.
»Ja, ich muss. Vier Wochen ni aus diesm Kapuff gekomm und keen Lannin Sicht. Kommir hier schon vor wieim Knast.«
»Weißt du aber, was durch das Rauchen alles passieren kann?«
»Ja, weeßich. Da gibts sonen Stoffim Blut, der heeßt Hämoglobyn. Der hade Offgabe, den Saurstoff durchn Körper zu befördern. Am allerliebsten aer dies äh äh Hämoglobyn bindt jedoch Kohlenmonoxid. Im Rauch befindet sich Kohlenmonoxid. Damit wird also wenscher Saurstoff innen Kopf gefördert.«
»Wenn du darüber so gut Bescheid weißt, warum tust du es dann?«
»Aus Fust, Langeweile – aufgundaller negativen Erscheinungn, dies gibt. Allerdings rouchich nivielam Tag.« *Normalerweise.*

»Auch wenn du nur eine einzige rauchst, rauchst du schon eine einzige zuviel!«

Inzwischen habe ich im Aschenbecher die Zigarette ausgemacht, stelle ihn wieder zurück auf das Fensterbrett. Dabei lausche ich aber weiter Andrea's Worten. Sie hat eine ganz einfühlsame Stimme aufgelegt, die jeden Winkel im Kopf erreicht; auch wenn sich einige Regionen verstecken wollen – sie schaffen es nicht, jedes Wort dringt zu ihnen. Wie in den Kopf eines kleinen Jungen, auf den seine Mutter wegen den Konsequenzen eines bösen Streiches einredet.

»Was ... Auaah, waswarndas?«

Ich taste nach: Der Aschenbecher ist auf meinen Kopf gefallen. Und da waren schon ein paar Kippen drin. Ebenso spielt jetzt die ganze Asche Verstecken in meinen Haaren.

Andrea lacht. »Habe ich es dir nicht gesagt? Siehst du, das war der Wink Gottes.«

»Ja, kannch mir vorstelln! Der schein sowieso was gegn mich zu ham: Erst machter mich zum Krüppel, dann läßter mirn Aschnbecher offn Kopp falln; vonandreneispielen zu sprechn, würd jetzt zu weit führn.« Varus hatte sich nach seiner Schlacht im Teutoburger Wald bestimmt genauso gefühlt wie ich jetzt – ach nee, der war ja, glaube ich, erschlagen worden. »Ich empfind doch goarni sone Tauer, dassch mei Haar mit Asche bestreun muss!«

»Na ja, ich muss jetzt los! Also, mach's gut! Und denke mal daran, was ich dir gesagt habe.«

Okay, ich habe es registriert; ich fand ihre Predigt wirklich unter die Haut gehend; aber mit dem Nichtrauchen kann ich mich nicht so richtig identifizieren, schließlich steht es bei mir unter einem schlechten Omen: Als ich das erste Mal aufhörte, brach kurz danach meine Verlobung auseinander, und als ich das zweite Mal aufhören wollte, kam der Unfall. – Ich stecke mir die nächste Zigarette an.

12

Sonnabend, 16. Februar. Früh.

Seit gestern wieder allein im Zimmer; die anderen sind entlassen worden. Stört mich aber wie gehabt absolut nicht, obwohl die drei ganz in Ordnung waren.

Es ist komisch, um nicht zu sagen beschissen: Ich sehe die Leute kommen und gehen, ich jedoch bleibe immer hier. Werden die anderen mich auch mal gehen sehen??

Ich bin angezogen, zur Abreise bereit. Pfleger Helmut kommt herein, um das Frühstücksgeschirr zu holen: »Nanu, Herr Scholz, dürfen Sie auch in den Urlaub?«

Hoffentlich ist die Christoph nicht da und hoffentlich hat sie ihm nichts gesagt!

»Jaa natüich. Un Herr Fach nimm mich mit.«

»Aber Sonntag Abend sind Sie wieder da!« Und geht beruhigt.

Erleichtert: *Er weiß von nichts. Schwein gehabt! Das Schwierigste wäre damit geschafft.*

Dann Seesack auf den Rücken, Krücken in die Hände, hinaus auf den Gang, denn ich muss gestehen, ich bin immer noch nervös – werde im Inneren wieder einmal von den Auswüchsen gepeitscht. Am Eingang treffe ich Holger: »Kannst du mitkommen?«

»Ich kann!«

»Gut, mein Vater ist da. Warte, den Sack nehme ich dir ab.«

Wir gehen zusammen raus. Draußen treffen wir Schwester Ursula, eine Schwester, die auch zur alten Garde gehört und mir immer Knüppel zwischen die Beine werfen will, wenn ich anfange zu riskieren.

Spießrutenlauf? Ist dies das Ende meiner Show?

»Machen Sie los, Herr Scholz?«

Der Kloß in meinem Hals fängt an zu taumeln. »Jaa.«

»Werden Sie von Holger seinem Vater mitgenommen?«

Der Kloß löst sich langsam auf. »Jaaa.«

»Das finde ich aber nett von ihm. Da kommen Sie auch endlich mal wieder heim. Wie lange waren Sie jetzt nicht zu Hause?«

Nur noch ein minimales Partikelchen von Kloß ist in meinem Hals verblieben. »Vier Wochn.«

»Dann wird's aber wieder mal Zeit. Na dann, viel Spaß zu Hause!«

»Jaaa, danke eenfalls. Tschüssi.«

Hahaha, zu Hause. Ich fahre nicht zu meiner Mutter, ich fahre zu Kulle und Mascha. Die werde ich dann auch gleich mal fragen, warum sie mir nicht geantwortet haben.

*

Draußen. Aber das noch festsitzende Etwas vom Kloß wird sich erst in dem Moment lösen, wenn ich aus diesem Komplex raus bin!

Denn dann kann ich mir erst wirklich sicher sein, dass ich Erfolg hatte!

*

Angekommen. Herr Fach hat mir meinen Seesack hinter der Haustür abgestellt und wir haben uns ausgemacht, wann er mich Sonntag Abend hier abholt.

*

Treppe hoch. Meinen Seesack habe ich an der Haustür stehen lassen, da er mich behindern würde. Und natürlich bin ich wiedermal aufgeregt.

Was ist, wenn niemand da ist? Mir ist klar, dass ich dann in einer prekären Lage wäre. Sollte es aber so sein, muss ich mich spontan entscheiden, was ich mache. Aber erst dann! Jetzt heißt es erst mal: Gedanken beiseite schieben. So hat es nicht zu werden!

Vor der Wohnungstür. Nichts zu hören drin.

Aber was erwarte ich? Wir haben es doch erst ungefähr halb neun! Da kann ich doch nicht erwarten, dass jetzt schon Bambule gemacht wird.

Ich klingle. Kinderstimmen.

Uff, Erleichterung. Da ist also auf jeden Fall jemand, auch wenn sonst noch Totenstille herrscht.

Warten.

Wo kann ich mich hinsetzen? Sieht nicht gerade verheißungsvoll aus, nur die Treppe bietet Sitzmöglichkeiten. Allerdings wird sich meine Musrinne darüber freuen. Ach was, ich laufe wieder runter, hole meinen Seesack.

Ich will mich gerade losbewegen, da höre ich Schritte. Und so eilig, wie sie klingen, kann es nur Kulle sein. Folglich bewege ich mich wieder zur Tür zurück.

Die sich öffnet. Ein Kopf schiebt sich durch den Eingang: Kulle.

»He Ente, Servus!«, ruft er überrascht aus. »Mit dir haben wir ja gar nicht gerechnet! Komm rein!«

Wir schreiten durch die Stubentür. Mascha kommt – noch verschlafen aus dem Pyjama guckend – aus dem Schlafzimmer. Und braucht erst einmal eine Weile, bis die Erleuchtung sie erreicht hat, wer sie da so früh weckt.

»Hi, Ente!«, erkennt sie dann aber. »Setze dich erst mal auf den Sessel.«

Nachdem ich mich gesetzt habe und Kulle sich aufgemacht hat, meinen Seesack zu holen, schaue ich mich um. Und bemerke Elsa und Qualle, wie sie zusammen auf dem Sofa liegen und es den Anschein erweckt, als würden auch sie hier wohnen. Janine und Maria, Maschas Kinder, sind auch in die Stube gelaufen gekommen und betrachten mich neugierig. Und eine Weile später kommt Mascha von der Toilette zurück und Kulle mit meinem Seesack.

»Ente, mit dir hatten wir jetzt aber gar nicht gerechnet!«, bekomme ich auch von Mascha zu hören.

Doch ich bin am Ziel, jegliche Spannung ist von mir abgefallen; also ist mir erst mal alles so egal wie den Kamelen ein ausgetrockneter Flusslauf, von dessen Zustand sie schon seit einer geraumen Weile wissen. Und ich kann wieder grinsen: »Wann habtihr mich denn erwartet?«

Die Frage klopft ins Leere. »Wie bist du denn hergekommen?«, fragt Mascha stattdessen.

»Dais miteenerim Krankenhaus, midem ich früher inde Schule ging und der jetzan Epipsie leidet. Dessn Vadder hat mich mitgenommn. Holmichouch Morgenabnd wiederab.«

»Aber ich denke, du durftest nicht!«

»Aha, ihr habtalso mein Brief bekommen. – Ja, das is richtig, ich durftni. Da binch halt getürmt.«

»Du bist getürmt?« Alle erwachsenen Augen sind jetzt auf mich gerichtet.

Ich nicke.

»Dann kann es aber passieren«, fährt Mascha fort, »dass sie anfangen, dich zu suchen!«

»Eure Adresse ist dorni bekannt.«

»Das mit dem Suchen ist nur bei Geisteskranken so«, wirft Kulle ein.

»Und das bist du ja nicht«, pflichtet Qualle ihm bei.

Mascha: »Hmmh, das könnte sein. Und eigentlich ist das ja logisch: Nur als Geisteskranker kannst du eine Gefahr für die Menschheit darstellen, als Körperkranker riskierst du «nur» deinen eigenen Hals. Aber das Türmen machst du in Zukunft nicht mehr, verstanden?! Nächste Woche kommen wir bei dir im Krankenhaus vorbei. Diese Woche konnten wir nur noch nicht, weil wir keine Zeit hatten.«

Das kenne ich doch irgendwo her. Von wem war denn das nur? Ach ja, das war von der, aus deren Schoß ich entfleucht bin. Trotzdem denke ich aber, dass es hier ein bisschen anders werden wird. Und was das Türmen betrifft: Ich habe da gleich zwei Fliegen mit einer Klappe geschlagen.

*

Nach dem Frühstück stelle ich fest: »Ich kann doch bleibn, oder?«

»Immer nur für kurze Zeiten – ja«, verkündet Mascha. »Für ewig – nein, das geht leider nicht, wir haben da zuviel zu tun. Bruce, mein drittes Kind, kommt auch noch, dann wird der Platz eng.«

»Sehich völlig ein. Soll ja ouchni fürimmer sein, bloß, so langch im Krankenhaus bin.«

Zustimmendes Nicken.

»Aber jetz mussch nommal rüber zu meiner Mutter, meine Sachen holn.«

»Die holen wir dir nächste Woche!«

»Begeistert mich ni. Denn dann wirdse die Wäsche höchswahscheinich ni rausrücken. Außerdem brauchichse sofort. Deswegn musschse gleiholen. Kommjemand mit?«

»Ja, ich komme mit!«, meldet sich Qualle.

Dass er mitkommt, hätte ich wirklich nicht gedacht. Aber da sieht man mal, wie man sich in den Menschen täuschen kann.

*

Ich ziehe mir im Korridor meine Jacke an. Dabei stehe ich natürlich freihändig, bin nur angelehnt. Plötzlich – mein Gleichgewicht, meine Hände die Jackenärmel

– **WIE SOLL ICH MICH ABFANGEN?** –

Ich falle wie ein nasser Sack. Versuche zwar noch, die Schultern breit zu machen, damit ich mich irgendwie, irgendwo festklemmen kann – aber vergeblich. Der Boden rast meinen Augen immer näher. Und da – Bruchlandung. Meine Nase hat den Senkrechtflug aufgehalten. Ich setze mich wieder auf. Fasse mir an die leicht schmerzende Nase. Sie blutet ein bisschen.

Die anderen haben das Gepolter gehört, kommen sofort angewetzt. »Ente, was machst'n du für Sachen?«, wettert Mascha besorgt.

»Na irgendwas lief midem Anziehn schief. Ich weeßouchni was. Unde Landung war ouchnigrad butterweich, weil meie Hände nochinner Jacke vergrabn warn.«

»Komm erst mal hoch und setze dich in den Sessel!«, fordert mich Qualle auf und packt mich zusammen mit Kulle an den Oberarmen.

In der Stube fängt Mascha an zu schlussfolgern: »Damit dürfte dir ja nun klar geworden sein, Ente, dass du nicht gehen kannst! Qualle geht alleine, holt deine Sachen!«

Dessen Protest folgt aber sogleich: »Wie soll ich'n das machen? Ich weiß doch gar nicht, was er haben will! Die kann mir doch sonst was erzählen! Außerdem wollte ich mich da nicht reinhängen!«

»Da hatter rech. Ich muss schon beiihr selber offkreuzn«, pflichte ich ihm bei.

»Aber du hast doch gerade einen Sturz erlebt!«, versucht Mascha, mich zu erinnern.

»Da habich schon ei-äh-einige hindermir unbestimmt noch viele vormir, haha, da brauchmer uns nix vormachn. Und deswegn kackch mirni offs Knie.«

»Aber bist du auch wirklich wieder okay?« Mascha ist echt besorgt.

»Jo. Keen Probem.«

»Na gut! Aber Qualle, du passt gut auf ihn auf!«

*

Vor der Außentür von dem Haus, wo meine Mutter wohnt, gibt mir Qualle noch mal paar Tipps: »Und bleib völlig ruhig, Ente. Lass dich nicht in irgendwelche Diskussionen ein. Und so bald du dein Zeug hast, verschwinden wir wieder. Ich stehe nur neben dir, den Streit austragen musst du schon selber.«

»Alles klar, Qualle.«

*

Vor der Wohnungstür.
Qualle klingelt. Ich stelle mich in Positur.
Warten. Totenstille.

Ruhe vor dem Sturm oder niemand da? Oder vielleicht hat die Alte keine Lust aufzumachen?!

»Wie spät isses?«, frage ich Qualle.

»10:47 Uhr.«

Okay, wahrscheinlichste Möglichkeit – sie pennt noch.

Ich klingle selber.

Da, hörbare Geräusche. Ein Schlürfen ist auszumachen. Sie kommt.

Die Wohnungstür öffnet sich. Meine Mutter erscheint in ihr: »Hallo Mike!«

»Gruß. Meine Sachn!«

Das »bezaubernde« Lächeln, das sie aufleuchten ließ, verschwindet blitzartig: »Was willst du denn mit denen?«

»Ich-ch ziehee hiieraushs!« Bin unheimlich aufgeregt, deswegen kommt meine Sprache stoßweise.

»Mike, wir wollten dich vorige Woche abholen. Wir haben angerufen, aber du warst nicht mehr da.«

Wenn die Sache zum Lachen wäre, würde ich es jetzt tun. Aber: »Vergißes! Hol meie Sachn! Eher wirstemich nilos!«

Ihr Gesicht erstarrt immer mehr: »Ich weiß jetzt aber ·nicht, wo sie sind!«

»Dann suchse!«

Das Gesicht zur Faust geballt, Gefechtsauge ausgefahren, Haare waren von Anfang an gesträubt (sie ist gerade aufgestanden, wie unschwer zu erkennen ist), geht sie in die Stube. Und da sie die Wohnungstür offengelassen hat - *was ich ihr auch geraten hätte, ansonsten könnte sie sich eine neue kaufen* - stelle ich mich mit Qualle in den Korridor.

Nach einer Weile kommt sie wieder, schleppt zwei große vollgestopfte Plastikbeutel mit sich. »Das ist alles!«

Ich räume mit Qualles Hilfe die beiden in den Seesack ein. Dann: »Dasoll doch wohln Witzsei, hm? Wasisn zumeispiel miden 150,- DM?«

Jetzt ist die ihr typische Phase erreicht, wo sie in einen Heulkrampf ausbricht. Da sie dies aber gewöhnt ist, kann sie zwischendurch zu ihrem Gezeter ansetzen: »Die bekommst du schon noch! Auf Heller und Pfennig zurück! Aber eine andere Frage: Was is'n mit dem Fahrgeld für Manolo? Dass du Schwarze nicht leiden kannst, ist ja bekannt! Aber wo waren denn deine weißen Freunde? Abgeholt hat dich doch Manolo! Und ... «

»Ja, nachdemde meine weißn Feunde verriebn has.«

» ... wer hat'n mich zu dir hingebracht? Ein Schwarzer! ... «

»Weilde niemanandres kennst!«

» ... Du hast dich ja früher mit ihnen gerne rumgeprügelt! Ein richtiger Verbrecher bist du! Der Krankenschwester von der hier für dich zuständigen Ärztin habe ich deine Wohnung gezeigt! Eine richtige Verbrecherbude ist das! Jetzt hat sie aber gleich das richtige Bild von dir! Auch mit den Hausleuten habe ich gesprochen! Richtig unbeliebt hast du dich gemacht! Verbrecher!«

Ich grinse zu Qualle rüber, während sie zetert. Er erwidert das Grinsen und winkt ab. Dann wende ich mich ihr wieder zu:

»Fertig?«

»Ich bin noch lange nicht fertig! Was glaubst du denn, was der ganze Schreibverkehr mit deiner Armeestelle gekostet hat? Ich habe mir auch für dich die Hacken wund gelaufen, trotz meiner Thrombose! Als erster aufgenommen habe ich dich auch und nicht deine Freunde!«

»Wannkommichs Geld?«

»Das bekommst du schon noch! Nächste Woche! Aber über diese Schwelle« – sie zeigt auf die der Wohnungstür – »kommst du nicht mehr!« Und zerfließt jetzt darin, was sie seit dem Unfall noch alles für mich getan hat.

Doch ich unterbreche ihr Gezeter: »Ich will ouchs Bild zückham, was Jackline un michei meier Vereidgung zeit!« – Das hatte sie in der Weihnachtszeit aus meiner Wohnung mitgenommen, für sich, obwohl dies mein Bild ist, meine Erinnerung, ich es ihr deswegen nicht geben wollte. Aber sie nahm es sich einfach, lagerte es bei sich auf dem Fernseher. Ich forderte sie auf, sich eine Kopie davon machen zu lassen; sie antwortete: »Ja, das mache ich schon noch.« und »Du bekommst dein Bild zurück.« Aber bei ihr herrscht eben zwischen Sagen und Tun eine gewaltige, unüberbrückbare Kluft.

Sie dreht ab in die Stube. Ich nehme an, sie holt es nun. Aber ganz schnell muss ich einsehen, dass ich schon wieder mal in einer Illusion schwebte. Sie wird höhnisch, bevor sie die Stubentür durchtritt: »Ja ja, bei dem Unfall hat er die ganzen Verletzungen am Kopf gehabt. Das merkt man auch. Denn dass er nicht mehr alle beisammen hat, ist ja unschwer zu erkennen.«

»Das musste aber nicht sein!«, wird sie daraufhin von Saskia angefaucht.

Aber diese Beleidigung heizt mich so sehr an, bringt mich so sehr in Rage, dass ich mich in Richtung Stube bewege.

Es ist doch unglaublich, dass man so etwas von ihr angehängt bekommt! Denn sie leidet nicht durch einen Unfall an ihrer Schizophrenie, sie hat sie von Geburt an. Weil ihre Mutter bei ihrer Geburt schon 51 war. Bei solch einem Alter sind ja mögliche Komplikationen nicht ausgeschlossen. – Obwohl, ist sie multiple? Eher miniple oder so. Na ja, aber irgendwelche Phobien oder Manien oder wer weiß welche -ien hat sie auf alle Fälle.

Qualle hindert mich durch Festhalten am Eintreten in die Stube und damit am Losgehen auf sie: »Bleib ruhig, Ente, bau jetzt keinen Scheiß! Wenn du dein Zeug hast, verschwinden wir hier! Dann kann sie rumfaseln. Und wenn du nicht alles bekommst, ist es auch nicht so schlimm, dann holen wir es in der Woche!«

Saskia kommt heraus, auch um auf mich einzureden: »Mike, laß sie in Ruhe! Es hat doch keinen Zweck! Dass sie doof ist, wissen wir doch beide. Dafür hat sie jetzt wiedermal einen ihrer vielzähligen Beweise geliefert. Aber du bleib ruhig; und was dir noch fehlt, bringe ich dir nächstes Wochenende. Aber letztendlich lädt sie wieder ihren ganzen Frust auf mich ab, wenn du weg bist! Und das ist nicht angenehm!«

»Glaubich. Aer sammal – wie hältstes überhaut beidiesm schäbin – vielleicht deshalb so e-e-ekekeler-reregenden – Etwasaus?«

»Ich muss! Ich bin noch keine 18! Aber dann ... Oh, sie kommt, ich verdrücke mich lieber!«

Wieder prangt ein einziger Satz in mir auf und verdrängt alles nebenstehende: *Wenn ich könnte, wie ich mir das vorstelle, hätten die beiden mich nicht aufgehalten, dann wäre sie jetzt auch ihre oberen Schneidezähne los. Die unteren verlor sie, als sie – ich war da grade Teeny – stockbesoffen den Korridorfußboden küsste; worauf es von ihr hieß, ihr Ex-Ehemann – mein Vater – hätte sie von hinten zu Boden geschlagen. Hielt ich von Anfang an für ein bisschen lachhaft, meiner Meinung nach blanke Einbildung; könnte allerdings auch ein déjà-vu gewesen sein.*

Meine Mutter kommt zurück aus dem Schlafzimmer – ihr höhnisches Grinsen ist noch breiter geworden. Am Ofen wirft sie ein paar Schnipsel in den Kohlenkasten. Schnell schaue ich nach, ob auf dem Fernseher noch das Bild steht: Es ist verschwunden.

»So«, sagt sie, als sie den Kohlenkasten fertig bereichert hat, »jetzt kannst du es nicht mehr bekommen. Es liegt zerrissen da drin.«

Ich koche, mein Körper wird von Adrenalinstößen durchpeitscht, ich fange an, vor Wut zu schwitzen, stehe kurz vor der Explosion.

Wenn sie jetzt in meiner Reichweite wäre, dann ... so weit reicht meine Phantasie nicht, um mir das vorstellen zu können.

Ich bewege mich in die Stube hinein.

Diese Bewegung hat sie wohl als Drohung verstanden – womit sie nicht einmal falsch gelegen hat, denn es war eine – kommt auf mich zugeeilt. Und genau vor mir bleibt sie stehen. Dann versetzt sie mit ihrer rechten Hand, mit energischem Gesichtsausdruck und dem Krächzen »Raus hier!« mir einen Stoß vor den Brustkorb.

Da meine Reaktionsgeschwindigkeit der Zeitlupe zuzumessen ist und für eben diese Zeitlupe sie zu schnell handelte, komme ich nicht dazu, eine Abwehraktion zu starten. Jetzt heißt es nur noch: Flugverbesserung. Denn ich taumle zurück, befinde mich auf absteigendem Ast.

Die eine Krücke, die ich mithabe, ich stelle sie hinter mich, Hinterausgang dicht. Der große Spiegel – ich klammere mich an ihn. Und auch Qualle ist sofort da, stützt mich ab. Ich bin fixiert.

Doch ehe ich einen Gegenschlachtplan ausarbeiten kann, erfolgt schon ein neuer Angriff von ihr. Zwar nur mit der flachen Hand, aber – sie schlägt zu. In Richtung Gesicht von mir. Und so, wie sie aussieht, mit all ihrer Kraft.

Ich reiße die Krücke hoch. Mit links, denn dort habe ich keine Explosivitätsminderung. Oder fast keine. Und schaffe es tatsächlich noch, die Krücke zwischen ihre heranwuchtende Hand und mein wutverzerrtes Gesicht zu bekommen.

»Au!«, brüllt sie. Durch die Krücke nahm die Laufbahn ihrer Hand ein jähes Ende.

Sie versucht es noch einmal.

Ein Krüppel müsste doch zu vernichten sein, nicht wahr, Schlampe?

Und versucht es diesmal auf einem anderen Weg – aber auch da kann ich ihre Hand abwehren.

Plötzlich schreit alles in mir: **Jetzt mach sie fertig!!!** Die *Gelegenheit wäre jetzt äußerst günstig! Die Krücke nur horizontal nehmen statt vertikal und zustoßen! Denn jetzt ... ich habe alles unter Kontrolle, totaler Kontrolle. Aber irgend etwas ...* Scheiße. Irgendein Winkel in meinem Körper, der über mich die entscheidende Macht besitzt, sagt: »*Nein! Du tust ihr nichts!*«

Dafür werden wohl diese scheiß Blutsbande verantwortlich sein. Immerhin hat mich ja ihr Eierstock ausgespieen, habe ich als Fötus von ihrem Fruchtwasser gelebt, wollte aber schon bei der Geburt nicht raus (erst ein Kaiserschnitt brachte mich ans Tageslicht), dann habe ich als Säugling von ihrer Milch getrunken! Ihr Blut ist in mir, ich bin ein Produkt von ihr! Und sie hat mich auch zu dem gemacht, was ich jetzt bin! Durch ihre Schlampigkeit, Gefühlsunfähigkeit, Rücksichtslosigkeit hat sie in mir die Eigenschaften geweckt, die jetzt an der Oberfläche herumschwimmen: Egoismus, Trotz, Selbständigkeit, Gier nach Liebe, männliche Schlampe. Kann man so ein Vorstufenprodukt massakrieren?? Das wäre doch das gleiche, wie wenn sich die Menschen dazu ermächtigen, Gott den Krieg zu erklären! Aber es geht doch auch nicht an, dass man von so einem Wesen beleidigt, erniedrigt, malträtiert wird! Auch wenn dieses Wesen die eigene Mutter ist!!

Dieser Krieg meiner inneren Mächte nimmt mir die Qual der Wahl: Meine Mutter hat den Rückzug der sich nun anbahnenden Niederlage vorgezogen. Dabei scheint sie aber nicht zu wissen, ob sie über die ihr weh tuende Hand jammern oder über mich insgesamt heulen soll. Sie macht beides. Zwischendurch zetert sie noch ein bisschen: »Raus hier, mach dich raus hier!«

Damit hat sie den ihrigen Tragödienakt absolviert. Vielleicht steckt da irgendein System dahinter?

»Ich verschwind nieher, bisich mei Zeug hab!«, versichere ich ihr ganz ruhig, leise, mit kampfbereitem Unterton. Denn ich weiß, dass dies sie viel mehr auf die Palme bringt.

»Wenn du nicht verschwindest, rufe ich um Hilfe!«, kreischt sie.

Von mir aus.

»Ich verschwind nieher, bisich mei Zeug hab!«

»Hilfe! Hilfe! Hilfe! Hilfe! Hilfe!« Sie steht in der Mitte der Stube und schreit, so dass schon die Fensterscheiben anfangen zu vibrieren.

Ich schaue in Saskias Richtung: Sie kann sich das verächtliche Grinsen nicht verkneifen. Ich schaue zu Qualle rüber: Er tippt sich grinsend an die Stirn. Und ich? Ich bin tief beeindruckt. Amüsiere mich. Sie hat sich wieder vollkommen – wie schon so oft – zum Obst gemacht. Was bei ihr vorherrscht, ist – *ich muss demnächst mal nachschauen, was das ist. Interessiert mich.*

»Ich verschwind nieher, bisich mei Zeug hab!«

Jetzt ist ihr Gipfel erreicht. Sie schreit auf und eine Sintflut von Tränen ergießt sich aus ihren ach so honigsüßen Augen. Sie rennt ins Schlafzimmer und verrammelt dort die Tür.

»Ende der Vorstellung!«, verkündet Saskia. »Mike, sie kommt jetzt nicht mehr raus, solange du da bist! Du kennst sie doch!«

»Reichlich, überreichlich, mirreichs! Aer vomiris noch Zeuda! Wasirdn midem?«

»Das bringe ich dir vorbei!«

In dem Moment geht die Schlafzimmertür auf, meine Mutter kommt in die Stube geschlichen.

Okay, das muss sein!

Ich trete in ihr Sichtfeld: »Ich verschwind nieher, bisich mei Zeug hab!«

Ein Schrei ertönt. Sie kratzt die Kurve, Schlafzimmertür zu, wieder verrammeln – *Klappe zu, Affe tobt.*

Ich lasse ein wieherndes Prusten los. Qualle stimmt ein. Saskia lacht auch, rügt mich jedoch auch: »Das musste aber nun wirklich nicht sein! Man kann es auch übertreiben!«

»Soweit binch noch goarni! 22 Jahre quäln – da hatse reichich Vorsprung. Un ausserdemm – fürde Beleidigung vonvorne hatse noviel mehr verdient!«

»Ja ja, ihre Äußerung zwecks deiner Verletzungen sehe ich auch nicht ein, aber du weißt ja, dass sie nicht nur davon keine Ahnung hat. Und wer so mit seinen Kindern umgeht, hat keine verdient! Warum hat sie sich überhaupt welche zugelegt? Vielleicht der Genüge halber?! Oder weil es die Normalität so gebot?!«

»Oer um sichn Dreck wegäum zu lassn«, gebe ich zu bedenken.

Qualle mischt sich ein: »Eeh, was ich hier erlebt habe, habe ich in meinem ganzen Leben noch nicht erlebt! Ich hätte nie gedacht, dass es so etwas gibt; aber jetzt weiß ich's! Das ist keine Mutter, das ist ... Scheiße!«

Saskia meldet an, dass wir jetzt besser gingen. »Hier erreicht ihr doch eeh nichts mehr!«

»Ja, sons kotze noch ihe Trändüsn durchs Schüsselloch inde Stube!«, setze ich zum Abschlusswort an.

»Da gibt es keine mehr, die sind schon total ausgelaugt«, berichtigt mich Qualle.

Ich lasse diese These im Raum stehen. Wir schnappen das Zeug, verabschieden uns von Saskia und gehen.

Für immer? Würde mich nicht wundern.

13

Sonntag, 17. Februar. Früh.

Ich bin in dem Zimmer von Maschas Sohn eingezogen. Da er gerade im Heim ist, war dies möglich. Jetzt aber liege ich noch im Bett, döse vor mich hin.

Vorhin musste ich auf die Toilette. Da ich aber der Meinung war und immer noch bin, dass dazu eine Krücke ausreicht, habe ich mich erst mal unfreiwillig gesetzt. Es war aber kein Problem, wieder hochzukommen. Dann ging es flugfrei weiter und auch zurück.

*

»Ich mach jetzma zu Steffn«, verkünde ich nach dem Mittagessen. »Kommjemanmit?«

»Du willst laufen, wa?«, will Mascha wissen.

»Ich willninur, ich muss! Sonst wirdas niewas! Denn das ausm Rollstuhsteign war bloßn Kleinziel, mehr ni!«

»Qualle?«, reicht Mascha nun meine Frage weiter.

Der grinst zweifelnd, gibt sich aber dann geschlagen: »Okay! Aber nur zu Steffen oder was?«

»Nur??«, stelle ich jetzt in Zweifel. »Eeh, das wär seit meimUnfall de längste Stecke, dieich zuückgelegt hab-e! Demuzfoge kannsdedas 'nur' weglassn!«

»Und was machen wir, wenn er nicht da ist?«

Diese Frage erscheint mir etwas sehr merkwürdig. »Nazurücklaufen natürlich! Oder willsteerst eenTripinde Unerwelt machn?«, frage ich ihn darum.

Brummelnd ächzt er sich hoch.

Daraufhin gehe ich in den Korridor mich anziehen.

Kulle kommt sofort hinterhergerannt: »Ente, ich werde dir lieber dabei zugucken, sonst setzt du wieder zu einem deiner Tiefflüge an!«

»Hab keene Angst. Ich habmein Lannungsstabisator ausjefahrn.«

*

Als Qualle und ich dann zu Steffen laufen, erkläre ich ihm, dass ich es toll finde, dass er mir beim Laufen hilft. »Bei meier Mutter musstichimmer drum betteln. Und zu 80% hatses dannigemacht. Aer beieuch ... danke!«

Ein Schimmer von Verlegenheit huscht über sein Gesicht: »Na ja, wir haben eben gesagt, dass wir dir helfen, und daran halten wir uns. Aber jetzt konzentriere dich wieder auf das, was vor dir liegt – auf dein Laufen und nicht auf das Quatschen!« – Zur Zeit muss ich meine Kommunikation und mein Laufen noch trennen, weil ich sonst aus dem Rhythmus komme.

»Quatschn mussouch sein!«

»Ah, ich sehe schon, du musst immer das letzte Wort haben!«

»Richtig!«

Er winkt ab: »Los, laufen!« Ich setze mich wieder in Bewegung.

*

Dann bei Steffen, Anna spielt mit Bert – ihrem Sohn (er ist zwei Jahre alt und macht einen aufgeweckten, temperamentvollen, niedlichen Eindruck) – lachen wir erst einmal über die gestrige Vorstellung meiner Mutter. Vor allem über ihr Hilfegeschrei müssen wir uns fast zerkugeln. Plötzlich fällt aber Steffen ein, dass er mir noch eine Hose zu geben hat.

Ich kann mich (natürlich) wieder an nichts erinnern.

»Die soll ich dir von Hannelore geben«, versucht er meinem Gedächtnis auf die Sprünge zu helfen. »Die sollte doch Gürtelschlaufen anbringen. Kannst du dich an Hannelore erinnern?«

In mir fängt es langsam an zu dämmern. Schemen tauchen wieder vor mir auf, aber noch nichts konkretes. »Hannelore?«, frage ich deswegen nach.

Steffen schaute mich die ganze Zeit aufmerksam an. »Die fette, hässliche, die von mir immer was wollte«, versucht er mich zu erinnern. »Die mit war an deinem ersten Wochenende ohne Jackline. Aber sogar du hast da sie verschmäht, hast dich mit 'ner anderen getröstet.«

In mir fällt es wie Schuppen von den Augen: »Aja, ich erinner mich wieder dran! Du meinst die, die so fettwar, dasser Arsch eens Bauereipferes nebnse stationiert schlankerschein würde. Jaja, alleslar, ich weeß, wemde meenst.« Ihr habe ich es zu verdanken, dass ich diese Hose von blau auf schwarz färben musste. Sie hatte die Hose, als ich diese mal Steffen borgte, gewaschen und dann zum Trocknen vor die Backröhre gehängt. Was sie dann aber vergaß, so dass meine Hose an der Tasche versengt wurde. Aber Gürtellaschen hatte die Hose echt keine und Hosenträger sehen mir zu blöd aus. Da habe ich eben sie gefragt, ob sie diese mir anbringt. Sie tat es und jetzt habe ich die Hose wieder.

Hätte Hannelore die Hose jedoch behalten – ich wäre nie darauf gekommen.

»Riche Hanneore mein Dank aus!«, fordere ich Steffen auf.

»Ich werde sie aber demnächst nicht sehen, du kannst aber mal zu ihr hingehen. Sie hat mir gesagt, dass sie sich drüber freuen würde.«

Doch ich verlege diese Möglichkeit auf später, denn etwas anderes ist mir jetzt wichtiger: Ich frage Steffen nach Ohrringen, denn meine alte Designsucht kommt wieder durch.

»Nur den hier.« Er zeigt auf sein linkes Ohr. »Wieso, brauchst du welche?«

»Na ja, brauchn ni, aberch hättgern welche. Was würdndie kostn?«

»Warte mal, ich habe einen Katalog da. Da kannst du dir welche aussuchen.«

Der Katalog ist ein Metal-Katalog. Dementsprechend sind auch die Ohrringe gestaltet. Wovon einige nicht schlecht aussehen, andere man aber unter Ulk verbuchen kann. Und die Preise bewegen sich von 18,- DM bis 99,- DM. Ich bin noch unschlüssig.

»Da drin werden auch T-Shirts angeboten. Da kannst du dir gleich mit welche aussuchen, wenn du willst«, verweist mich Steffen.

Nach einer Weile habe ich mich dann entschieden: »Das miden Ohrringn lasssch voerst, hebmir dies für späteroff. In Hinbick off meienoch reichlich löchigen Nervnbahn musschdasakzeptiern. Aer T-Shirts habchmir zwee ausjesucht!« Ich zeige sie Steffen.

Nachdem er sie sich notiert und den Kostenpunkt festgestellt hat, fragt er mich, ob ich ihm die 38,- DM gleich geben könnte.

»Ich hab jetzkein Ged mit. Das kriegste, wennsdais.«

Dann erkundige ich mich bei ihm nach einer Armbanduhr, denn ich habe es satt, immer nicht zu wissen, in welcher Zeit ich mich befinde.

Er holt eine ran. »Aber nicht kaputt machen, sie ist noch ein Geschenk von meinem Großvater!«

Ich muss aufpassen, dass ich nicht loslache. Die Uhr ist eine Quarzuhr mit Zeigern. Und vor nicht allzu langer Zeit gab es solche noch gar nicht. Aber okay, teuer ist sie vielleicht, zumindest vor der Wende waren Quarzuhren sauteuer. Und kaputtmachen will ich sie natürlich auch nicht. – Ich bedanke mich.

»Und du kannst ruhig wieder vorbeikommen!«, versichert mir Steffen, als Qualle und ich uns verabschieden. Doch ich habe Steffens schwarze Seite vor weniger Zeit kennengelernt, so richtig traue ich ihm nicht. Und deshalb – sich auf ihn verlassen: Ich wage es zu bezweifeln, dass er sich in anderthalb Monaten geändert hat.

14

Montag, 18. Februar. Visite.

»Herr Scholz, haben Sie uns nicht was zu sagen?«, will Frau Christoph wissen.

Alle sind versammelt: Frau Dr. Christoph, Dr. Frisch, Frau Dr. Heinzl und die Oberschwester. Und alle schauen mich vorwurfsvoll an.

Wollen mich wohl durch die Mangel drehen?!

Aber ich habe gute Laune. »Was wolln Sien hörn?«

Frau Heinzl wird aufgebracht: »Wo sind Sie denn am Wochenende gewesen?!«

»Daheemenatüich.«

»Hat Ihre Mutter Sie abgeholt?«, meldet sich Frau Christoph wieder zu Wort.

»Nö.« Ich lasse mir jetzt bewusst jedes Wort aus der Nase ziehen, habe dazu ein unbeteiligtes Gesicht aufgesetzt; werde auch nicht in eine Reuestimmung versetzt, denn mir war von Anfang an klar, was mich heute erwarten wird.

»Da durften Sie doch gar nicht heim!«

Ich zucke mit den Schultern.

Jetzt ist die Oberschwester an der Reihe: »Und Sie haben eiskalt Pfleger Helmut und Schwester Ursula belogen! Schämen Sie sich gar nicht?«

Das »nein« kann ich mir gerade noch so verkneifen, aber richtigstellen muss ich etwas: »Ich habseniangelogn, nurwas verschwiegn.«

Jetzt fliegt ein Ausdruck der Entrüstung über die Gesichter. Und Frau Heinzl ergreift wieder das Wort: »Das das das ist doch wohl dasselbe!«

Soll ich ihr erklären, dass es zwischen Lügen und Verschweigen eine Nuance Unterschied gibt? Und soll ich es ihr auch beweisen? Ach, sinnlos, sie kapiert es ja doch nicht! – Ich schaue sie mitleidig lächelnd an.

Sie aber hat ihren Dampf noch nicht abgelassen: »Wie fänden Sie es denn, wenn wir Sie einfach für eine ungewisse Zeit nicht mehr rauslassen?«

»Beschissn!« - Ich hoffe, dass war deutlich genug. - Mein Lächeln ist schlagartig verschwunden, hat einem misstrauischen Lauern Platz gemacht.

Jetzt schreitet aber Frau Christoph ein: »Ich glaube aber nicht, dass das viel Sinn hätte. Er würde es drauf haben und uns wieder abhauen!«

Richtig, Frau Christoph, richtig.

»Aber Herr Scholz, wenn Ihnen etwas passiert wäre, hätten wir die Verantwortung gehabt!«

»Esisaber nischt passiert.« Ich lasse Griesgram in meiner Stimme mitschwingen, damit es so aussieht, als wenn ich reuig wäre.

»Hinterher kann man das immer sagen, aber vorher ... Doch nun etwas anderes: Was war denn nun am Wochenende?«

Das Lauern zerkrümelt sich in Gelöstheit, weil ich wieder Boden unter den Füßen bekommen habe: »Wieiches vorausgesagt hab: Ich bin bei mein Bekanntneigezogn un hab meiner Muttern Winke-Winke gegebn!«

»Und das hat Ihre Mutter einfach so hingenommen?«

»Nee, natürlich ni!« Ich erzähle nun von dem Gerangel zwischen meiner Mutter und mir.

»Sehen Sie«, erklärt mir Frau Christoph, »ich habe es Ihnen doch gesagt, es wird zu Konflikten mit Ihrer Mutter kommen!«

»Das war mirouch vonvornerein kloar. Aberich wolldie Sache ni ande Öffentichkeit schleppn. Dewegen habch dasu geschwiegn. Nuhat sichde Sache aer gundlegnd geaendet. Meine Mutter wollte Krieg, sie solln ham!«

»Warten Sie aber bitte noch damit, bis Sie hier raus sind!«

»Wasoffentlich balsein wird!«

»Und wie soll's bei Ihnen nun weitergehen?«

»AmMittwoch kommn meine Bekanne hierher, ummit Ihndas Problem zu klärn. Zu ihnen gezogn binichschonn. Nurmidem Hinkommen mussch mich seller kümmern. Aber dasisnide Schwieigkeit.«

»Zur Zeit macht es der Herr Fach, nicht?«

»Richtig.«

»Aber der Holger ist diese Woche zum letzten Mal da.«

»Aha! Gut, dasses mir sagn! Da werdch michmal nachner neun Mögichkeit umsehn. UnzurNott gibes nochn Bus unnen Zug.«

Sofort meldet Frau Heinzl wieder ihre Bedenken an: »Das geht aber noch nicht, Herr Scholz!«

Stimmenthaltung. Nur müde grinsen.

»Sie haben es gehört, Herr Scholz!«, meldet sich wieder Frau Christoph zu Wort. »Und wenn Ihre Bekannten diese Woche kommen und ich kann mich mit ihnen einigen, steht ihren Urlaubsansprüchen nichts mehr im Wege. – Aber was Ihr Türmen betrifft: Es mag zwar aus der jetzigen Sicht richtig gewesen sein, aber es war auch sehr, sehr unverantwortlich! – So, und jetzt widmen Sie sich wieder der Rehabilitation.« Damit ist die Moralvisite beendet.

*

Mittlerweile teilen zwei Neue mit mir das Zimmer. Einer liegt im Schlauch, ist ganz okay. Er ist mittleren Alters und aus irgend einem Grund hat sich bei ihm im rechten Bein ein Nerv abgeseilt, so dass er asymmetrisch läuft. Aber es habe sich schon gebessert, versichert er mir, am Anfang hätte er gar nicht laufen können. Infolgedessen schaue ich mir sein Laufbild sehr genau und sehr oft an, um etwas für mich ableiten zu können.

Der andere, ein Altersrentner, hat dafür *einen am Scheitel!* Selber lässt er laut seine Volksmusik von den *Herbert-Roth-Beatles* erdröhnen; lasse ich aber mal meine Musik ablaufen – welche auch nicht gerade leise ist – fängt er an, groß und breit zu wettern.

Das hebt nicht gerade meine Stimmung! Toleranz, wo bist du?

Plötzlich kommt mir die Erleuchtung: *Ein Bett im Schlauch ist doch noch frei. Und da der Behauser des Schlauches sich sowieso selten darin aufhält, dürfte es da auch keine Konflikte geben!*

Sofort probiere ich mal, ob ich Schwierigkeiten habe, hinüberzukommen. Ich kann es mir zwar nicht vorstellen, aber sicher ist sicher.

Der Alte will auf seine typisch mürrische Art wissen, was ich drüben will.

»Hühnerscheißeliminiern!«

Das geht dich einen Dreck an.

»Was?« Er hat es nicht verstanden.

Ich habe aber keine Lust, es noch einmal zu wiederholen. Deswegen gebe ich ihm den Rat, sich wieder um sein Gedudel zu kümmern. Was er dann auch vor sich hin brummend tut.

Der Schlauch öffnet sich vor mir: *Hier riecht es besser als im Hauptzimmer, denn hier wird ja wohl kaum neben dem Essen ein Ei gelegt, springen keine schwitzenden Pissbullen durchs Gelände, kann man das Fenster leichter erreichen, wenn man kotzen muss, um währenddem den Kopf hinauszustrecken. Dazu – heh, das Bett am Fenster ist ja noch frei. Wow! Da – alle seine Enden fangen an, sich aufzurollen;* »Mike, komm, mmh, mmh, aaach!« *Yes Sir, ich muss hier rein, mich gelüstet es danach (vor allem, wo ich weiß, dass ich es kann)!*

*

Nach einer Weile kommt der Insasse. Ich wende mich sofort an ihn: »Sammal, wasch dich fragn wollte: Störts dich, wennch Morgen beiir einzieh? Daird meiBett frei für solche, dienihierrübr könn!«

»Nee, stören tut es mich nicht. Aber geht es bei dir überhaupt?«

»Ja. Ich habs vorhinschon getestet.«

»Aber du musst das hintere Bett nehmen! Das vordere bleibt meine!«

»Isrecht, ich schloaf soieso liebram Fenser.« – *Da ist mir der erste Platz zum Notausgang sicher.*

»Okay, dann kannste kommen!«

»Gott sei Dank!«, verabschiedet der Alte ein Dankesgebet. Und ich kann ihm nur beipflichten.

15

Mittwoch, 20. Februar. 14:00 Uhr.

Ich stehe am Eingang, warte auf Mascha und Kulle. Und messe ihrem Kommen große, wenn nicht schon übergroße Bedeutung für mich bei.

*

14:10 Uhr.

14:00 Uhr wollten sie kommen! Aber da ist noch niemand!
Meine Aufregung hat sich metamorphisiert zu Nervosität.

*

14:20 Uhr.

Noch immer keiner da. Mein Inneres nähert sich dem Endstadium, der Wut.

Sollten die etwa ... ?

*

14:30 Uhr.

Niemand hat sich blicken lassen.

Herrlich! Das verströmt doch schon wieder den Gestank nach Diskriminierung! Muss ich etwa erneut türmen?? Und ich habe auch noch meine Zigaretten nicht einstecken. Trottlig!

Ich will sie holen gehen.

Genau in dem Moment geht die Eingangstür auf. Ich drehe mich um, will sehen, wer es ist. Und – Erleichterung; ich fühle, wie ein riesiger Felsbrocken von meinem Herzen abfällt: Mascha und Kulle sind gekommen. Und sofort, wie auf Befehl, verzerrt sich mein Gesicht wieder zu einem breiten Grinsen.

»Hallo Ente!«, begrüßen sie mich. Und Mascha fügt hinzu: »Tut uns leid, dass wir so spät erst gekommen sind. Aber der Zug hatte Verspätung. Du hast wohl schon gedacht, wir kommen nicht mehr?«

»Ichgrüß zu-zu-zurück! Unwaseuer Komm betifft: Sagmers so: Ich warmirnimmerso sicher, dassir kommt.«

Vorwurfsvoll schaut sie mich an: »Aber Ente! Wir haben doch gesagt, dass wir kommen. Also kommen wir auch!«

»Vergißes! Esisja bekannt, dassde Reichsbahn ne Macke hat. Also, warum drüber offregn?« Und füge noch beruhigend hinzu:» Ihr wißdoch – meie Uneduld.«

In diesem Moment kommt Frau Christoph aus ihrem Zimmer: »Herr Scholz, sind das Ihre Bekannten?« Und bittet nach meiner Bestätigung Mascha, welche sich als zuständig angibt, zu sich herein.

»Gehn wir derweil eine rauchen?«, will Kulle wissen.

Wir gehen.

Nach einer Weile kommt Mascha wieder heraus.

»Und, wasis rausekommn?«, will ich sofort wissen.

»Im Endeffekt hat sie nichts dagegen, dass du zu uns kommst. Sie wollte eben nur wissen, zu wem du ziehst. Sie hat auch eingesehen, dass es keinen Zweck hätte, dir dies zu verweigern, weil du dich ja sowieso wieder verdünnisieren würdest. Also dein letztes Wochenende bleibt hier allen in Erinnerung!«

Ich stoße einen hohen jubilierenden Triller aus. »Allesin Butter! Wunnerbar! Und midm Heemkomm kümmerchmich!«

»Sie hatte auch nie den Eindruck gemacht, als wolle sie dir den Urlaub vermiesen«, fährt Mascha fort. »Und erklärte mir, dass du nur körperlich behindert, geistig dafür voll auf der Höhe bist.«

»Hej«, ich bin echt verwundert, »das sinja ganz neue Töne! Im Desember meentesenoch, ich wär daoben nimmer ganda! Meente, als Abiturient müssch mich gewählter ausrücken könn.«

»Aha! Siehst du!«

Ich zeige ihr einen Vogel. Dann gehen wir ein bisschen im Krankenhauskomplex spazieren. Wobei ich mich von der Woge der Entzückung tragen lasse. Von genau der Woge, auf der ich liebend gern immer und stets reiten würde.

16

Freitag, 22. Februar. Nachmittag.

Ich liege auf dem Bett und lese den Brief, den ich gerade bekommen habe. Er ist von der Holländerin. Und sie schreibt mir – mal wieder in Deutsch – dass dies ihr letzter Brief sei. Sie gehe nach Indien und sie habe von mir und meinem Eingebildetsein die Nase voll.

Mich regt der Brief zum Schmunzeln an: *Das hat sich also wenigstens von selbst erledigt, ohne dass ich erst eine Abschiedsballade schreiben muss. Und was die Vorwürfe betrifft – Ach, egal, aus und vorbei. Aber was ist das, was sie mir mitgeschickt hat? Sind das etwa Mondos? Zuzutrauen wäre es ihr. Aber – das sind doch gar keine! Das sind – na klar, Tampons! Also, wenn ich mal die Regel im Kopf habe, besitze ich nun Möglichkeiten, diese einzudämmen!*

Ich liege auf dem Rücken und lache vor mich hin, habe Mühe, mich zu beruhigen.

Aber na ja, vielleicht ist das ihre Rache dafür, dass ich mal in Zweifel gestellt hatte, ob sie ein Mädchen ist. Und sie hatte das – wie alles andere auch – ernst genommen. Weswegen ich zu bezweifeln wage, dass sie das hier ironisch meint. Aber dies ist so irrelevant wie der ganze andere Scheiß in der Richtung. Das Kapitel ist abgeschlossen und damit erledigt der Fall, John Schehr und Genossen.

17

Montag, 25. Februar. Nachmittag.

Laufschule bei Lisa steht wieder an. Und da es draußen regnet, wird sie im Gang stattfinden.

Lisa«, fordere ich sie zu ihrer Meinung auf, »midm eenrückig gehn – daslappt schonganz gut. Findsteniouch?«

»Ja, das ist komisch. Am Anfang habe ich nicht so recht daran geglaubt, aber jetzt bin ich mir vollkommen sicher, dass du das Normalgehen wieder schaffst! Bin jetzt meine vierte Woche hier, aber du hast es geschafft, mit einer Krücke gut gehen zu können! Unklar!«

Ich genieße das Lob. »Dange! Aer du hasne ganze Menge dasu beietragn!«, muss ich ihr jedoch postwendend bescheinigen.

»Ach! Entscheidend dafür war dein Willen und dein Mut, etwas zu tun, was weh tun könnte!«

»Vielleicht. Abersis noch goarniso lange her, da hat mamich äh eenfachni glassn. Undu ließt mich ebn gewährn. Danke!«

Sie lächelt verlegen, wobei man ihr ansieht, dass sie so etwas gern hört.

»Aber Lisa, jetz bittich umde Könung: Wir loufnim Gang, ohne de Kücken mizunehmn!«

Erschrecktes Gucken von ihr.

»Schließich willichja«, fahre ich fort, »keen perfetter Krückenläufer werdn, sonnern mir schwebt mehrs freihändsch Loufenvor!«

Zögerlich – so erlebe ich sie das erste Mal ('Die Geister, die ich rief, ich werd' sie nicht mehr los!') - rückt sie mit ihrer Zustimmung heraus.

Auf dem Gang kann ich mich wieder in der Aufmerksamkeit sonnen, was aber diesmal zur Folge hat, dass ich unkonzentriert werde. Lisa bemerkt das auch sofort und schickt die anderen Patienten fort.

»Ich weiß zwar, dass du gern auffällst«, erklärt sie mir, »aber jetzt sollst du laufen, nicht posen!«

*

Wir sind von unserer Wanderung zurück.

»Sag mal«, will sie wissen, »hast du das schon mal probiert?«

»Nee, bis jetz ni.« Das stimmt sogar.

»Es lief nämlich sehr gut für das erste Mal!«

Ich bin tief zufrieden. »Na ja, vielleichsinmer dabei, eingeschlafne Winkel zu weckn. Aberch darfdochwohl annehmn, dassmerdas jetz-jetzt jedn Tagübn?!«

Sie bejaht. Dann geht sie.

»Tschüssi Süße!«

Sie wird krebsrot im Gesicht, wahrscheinlich vor allem, da alle im Zimmer Versammelten nun losgrölen. Und auch ich bin unheimlich amüsiert. Allerdings nicht lange. Denn sie brabbelt irgend etwas vor sich hin und flüchtet. Sieht ganz so aus, als wenn ich wieder einmal Minuspunkte gesammelt hätte.

18

Sonnabend, 02. März. Nachmittag.

»Ichaba Lust, jetz rauszugehn«, erkläre ich in Maschas Stube. »Kommt jemand mit?«

Alle gucken sich gegenseitig an. Vielleicht mitleidig, vielleicht fragend, vielleicht abwertend – ich weiß es nicht; da sie mir alle mit dem Rücken zu sitzen, kann ich ihre Blicke nicht analysieren. Aber ich spüre, dass auf jeden Fall einer die Runde macht.

»Jetzt nicht. In 'ner halben Stunde«, erklärt mir Mascha. Und wendet sie sich wieder dem Fernseher zu.

Nach circa 20 Minuten ist der Film zu Ende. »Un, werommt jetzt mit?«, will ich wissen.

Betretenes Schweigen, mit Grinsen verbunden.

»Ich denk, nanner halbn Stunde kommjeman mit!«, drücke ich nach.

»Weißt du was, Ente«, ringt sich Mascha dann zu einer Antwort durch, »heute nicht mehr. Morgen macht Qualle einen Lauf mit dir.«

»Jetzt hammer aerso schöns Wetter draußn. Werweeß, wies morgen wird.«

»Laut Wetterbericht soll es schön werden.«

»Dennir Frosch kannja Grippe ham, leidet deswegn unner Orientungsproblemn.«

»Außerdem sehen wir uns jetzt den Film «Die Außerirdischen» an. Willst du ihn nicht auch sehen?«

Ich grüble nach: *Eigentlich ist es ja nichts Neues für mich, allein hinaus zu gehen. Und ich glaube, selbst ein Horrorfilm könnte mich jetzt nicht fixieren.*

»Dann gehich ebenalleine. Allerdings bloßin Gartn. Aber morgen – dasäuft totzem, richtig?«

»Ja«, wird mir versichert.

»Naann vill Spaß noch!« Damit stehe ich auf und gehe mein Jacke anziehen.

*

Ich bin jetzt schon ein paar Runden durch den Garten gelaufen: *Monoton ist das, eintönig. So ungefähr wird der Spaziergang von Inhaftierten aussehen: Fünf Meter nach rechts, fünf Meter nach links ... Und wie um das Bild zu erhärten, steht rechts von meinem Aktionsradius ein abgeschlossener, vergitterter Gartenzaun. Welcher den Weg zu dem Nachbargarten, der in die Weise-Straße mündet, versperrt. Der Weg in die Freiheit? Eigentlich bräuchte ich ja auf die Straße nur durch das Haus hindurch. Doch hier* drüber klettern – das wäre viel genussvoller. Aber ich bin noch ein kaum laufen könnender Krüppel. Und dann noch klettern? Ich muss wohl doch durchs Haus. Denn raus will ich jetzt, hier drin ist mir zu doof!

Ich lege meine Gedanken ab, schaue wieder aufmerksam durch das Gelände. Und muss feststellen, dass ich mittlerweile vor die Zaunpforte gelaufen bin.

Überrascht mich das? Nee, ich glaube nicht. Mein Unterbewusstsein weiß, was ich mag.

Die Pforte ist nur hüfthoch. Das Darüberwegsteigen dürfte also nicht das Problem werden.

Früher konnte ich es ja auch und da habe ich es gern gemacht! Allerdings, beim letzten Mal durch ein paar Gärten hindurch, um den Weg abzukürzen, hatte ich mir gnadenlos die Hose aufgerissen.

Zuerst schaue ich mich um, ob jemand zuguckt. – Das Jagdfieber hat mich wieder gepackt, dem Verbotenem nachzuhetzen. – Dann stelle ich die eine Krücke, die ich mithabe, rüber und schwinge mich auf den Zaun. *Geht ganz leicht*, muss ich feststellen. *Nur lange drauf sitzen bleiben darf ich nicht, ist nämlich unangenehm für das Heiligtum zwischen meinen Beinen!*

*

Auf dem Fußweg der Weisestraße angekommen stehe ich unschlüssig da: *Eigentlich sollte ich ja zu Mascha zurückgehen; sie weiß dann gar nicht, wo ich bin. Andererseits – sie guckt gerade Fernsehen, normalerweise will sie da nicht gestört werden. Ach, scheiß drauf, mir passiert nichts. Latsch'mer mal zum Tunnel, da will ich schon lange hin.*

*

Dann an der ersten Kreuzung.

Nanu, fällt mir auf, das ist doch das erste Mal seit dem Unfall, dass ich allein eine Straße überqueren will. Mach ich's oder gehe ich zurück? Immerhin habe ich schon ein beträchtliches Stückel geschafft! Aber – fange ich jetzt an durchzudrehen?? Ich werde noch so viele Straßen überqueren müssen. Wenn ich da schon beim ersten Mal zurückschrecke, kann ich es vergessen. Also los!

Auf der anderen Straßenseite will ich gerade auf den Bürgersteig treten, als ich plötzlich anfange zu – taumeln. Prinzessin auf der Erbse Konkurrenz, wenn ... – Linken Fuß schnell hinter, ausfedern, steif! – ... sie versucht, auf ihrem Bett zu stehen ... und

sich dabei zurücklehnt. – Dadurch wird dem Taumeln ein Ende bereitet. Aber ich muss aufpassen: Ich bin eindeutig zu weit nach rechts geschwankt, und da befindet sich keine Krücke.
Jetzt aber zurück? – Nö, weiter! Bis zum bitteren Ende!

*

Wieder zurück bei Mascha. Im Sessel sitzend habe ich meine Beine ausgestreckt. Drei Stunden war ich unterwegs, habe aber mein Ziel – das Tunnelende – verschieben müssen, weil für meine Beine die Belastung zu hoch wurde. Trotzdem war es jedoch ein erhebendes Gefühl, dort mal wieder durchspähen zu können.

»Und, wieder da?«, erkundigt Mascha sich beiläufig.

»Hm, binich. Aberch mussugebn, dasschniim Gartn gebiebn bin. Wamir zu doof dort. Dafür ... « Ich erkläre ihr, wo ich war.

»Und, was passiert?«, will sie wissen.

»Fugfrei!«

»Na ja, wir haben auch mal aus dem Fenster geguckt, ob bei dir alles klar geht, aber da warst du schon nicht mehr zu sehen. Da haben wir uns schon gedacht, dass du auf Wanderschaft gegangen bist. War ja auch vorher schon abzusehen, dass du es dort nicht lange aushalten wirst.«

Ich grinse, denn mir wird klar, dass sie recht hat.

19

Sonntag, 3. März. Abends. Ich bin zurück im Krankenhaus.

Pfleger Helmut kommt ins Zimmer: »Ah, ich sehe, Sie sind zurück, Herr Scholz. Und, war's schön?«

»Genießbar.«

»Morgen 15:00 Uhr werden Sie in Löbau der Sprachtherapeutin vorgestellt.« Und verabschiedet sich.

Ich bin überrascht: *Es wurde langsam mal Zeit, dass die eine Spezialistin an mein Gequatsche ranlassen! Der Eingang zu einer neuen Welt??*

Am Wochenende durfte ich erkennen, dass ich auch bei Mascha keine Hilfe beim Aufpäppeln bekomme! Ergo: Wenn ich mich dabei auf andere verlasse, bin ich verlassen! Gute Nacht Illusion, Wunschdenken.

20

Montag, 4. März. 15:00 Uhr.

»Also, ich bin Frau Werner, die Logopädin. Meine Aufgabe ist es, bei Ihnen das Sprechen wieder hinzubekommen. Aber erst mal schildern Sie mir bitte, wie Ihr Unfall sich abgespielt hat.«

»Nein, nein«, schüttelt sie dann nach der Schilderung der mir bekannten Version verständnislos den Kopf, »es ist unglaublich! Doch Sie sind ja der lebende Beweis dafür, dass es so etwas tatsächlich gibt. Und – sind im Krankheitsverlauf schon Verbesserungen eingetreten?«

»Da haben Sie ja schon sehr viel geschafft!«, muss sie feststellen, nachdem ich ihr auch diese Frage beantwortet habe.

»Ja, ich weeß, aberch binnoch langeni zufriedn. Bisetzt binch gradema vom Totenbett offestanden, rennaber nochrum als wadelnde Leiche!«

»Na na na, so drückt man es aber nicht aus!«

»Mögich. Abers stimmt.«

»Na gut. Aber jetzt was anderes: Waren Sie schon mal beim HNO-Arzt wegen einer Kehlkopfuntersuchung?«

Ich schüttle den Kopf. »Wieso, sollticidas?«

»Eigentlich ja. Ich kann doch so nicht arbeiten. Ich weiß doch nicht, ob an Ihrem Kehlkopf was kaputt ist. Auch, wenn es so scheint, als ist mit ihm alles in Ordnung. Aber wenn doch ein Schaden besteht, muss ich ganz anders reagieren. Deswegen muss ich sicher gehen.«

»Dann fordernSes dochan. Die hammich schon lange genug zappeln lassn, jetzt könndema wasafür tun, dass meie Stimme ni verkorkst bleib! Und wennse die Untuchu-Untersuchung nicht veranlassn, fangchan, im Krankenhaus Terror zu machn!«

»Das brauchen Sie nicht«, erklärt sie mir daraufhin sofort. »Das wird schon gemacht. Ich schreibe es auf, und dann läuft die Sache.«

Jetzt machen wir Lautbildungsübungen – wobei ich einen Spiegel vorgesetzt bekomme – ich muss vorlesen und nachsprechen, wobei ich feststellen muss, dass alles ziemlicher Krimskrams ist. Da ich aber glaube, dass er notwendig sein dürfte, ergebe ich mich dem Los.

Zum Abschluss gibt sie mir noch einen Tipp: »Das Einzelwort bilden klappt ganz gut, aber wenn Sie Wortgruppen, in denen

Wörter drin sind, die mit Vokalen anfangen, hintereinander aussprechen sollen, ziehen Sie diese zusammen. Sprechen Sie mir mal nach: Ich ernte eifrig Eicheln.«

Ich fange an zu lachen.

»Warum lachen Sie plötzlich?«, wundert sie sich.

»AlSieas sagten, musstich sofortanwas denkn!«

Jetzt will sie auch noch wissen, an was.

»Verratchni!«

»Was schweinisches?«

Ich nicke, kann aber nicht reuevoll gucken, da ich immer noch lachen muss.

»Dann behalten Sie es für sich!«, fordert sie mich auf. »Doch jetzt heißt es konzentrieren! Also noch mal: Ich ernte eifrig Eicheln.«

Kaum höre ich dies, will mich ein neuer Lachanfall überwältigen, doch diesmal behalte ich die Kontrolle über mich. Ich spreche es ihr nach, muss dazu aber noch lächeln..

»Sie können sich wohl gar nicht beruhigen«, stellt sie erheitert fest. Doch dann kehrt sie zu ihrer Arbeit zurück: »Sehen Sie, Sie ziehen alle Wörter grundsätzlich zusammen. Es klingt dann so: Ichesseifrigeicheln. Trennen Sie die Wörter einmal.«

»Das war schon viel besser«, bescheinigt sie mir nach diesem Versuch. »Und jetzt noch einmal.«

»Gut«, findet sie danach, »und das machen Sie jetzt immer so. Im Krankenhaus lesen Sie auch weiterhin laut. Das verbessert nämlich Ihre Sprache, sie werden verständlicher.«

Wir verabreden uns für jeden Montag, dann gehe ich. Bin aber froh, dass meine Artikulation endlich mal richtig behandelt wird.

Nach einem Dreiviertel Jahr! Hoffentlich ist es noch nicht zu spät! Denn bei der Sprache ist mit riskieren nichts zu machen!

21

Sonnabend, 9. März. Vormittag.

»Mascha, haste een Busahrplan?«, frage ich sie, als wir gerade frühstücken.

»Wo willst'n hin?«

»Ma meine eigne Budebelinsn gehn.« Worauf sie mir einen reicht.

»Aha, ich mussos«, fällt mir sofort auf. »In 40 Minutn fährer Bus; und ich weeßni, wie langich zur Haltestelle brauch.«
Mascha gibt mir eine Busmarke. Dabei fragt sie mich mit, was ich zu Hause wolle.
»Die Bude langsam wieder bewohnbar machn. Außerdem suchich nachwievor meine Studenzulassung! Die mussort irgendwo sein, weeß nurniwo!«
»Okay, aber bau keine Scheiße!«
»Nee nee, ich schlepp mich midder Anewohnheit rum, dazuimmer offe Hütte zu gehn!«
Abfälliges Seufzen begleitet mich aus der Wohnungstür.

*

An der Bushaltestelle angekommen, stelle ich fest, dass ich eine halbe Stunde hierher brauchte, also noch Zeit habe. Da hier aber keine Bank mehr steht und ich nicht so lange stehen kann, setze ich mich auf den Erdboden. Und zum Glück bin ich warm angezogen, sonst würden mir noch die Eier abfrieren. Mit denen ich aber noch einiges vorhabe.

*

Von der Haltestelle aus, die meiner Wohnung am nächsten liegt und bei der ich gerade angekommen bin, sind es noch ca. 300 Meter. Jetzt ist es dreiviertel elf; dann hoffe ich doch, dass ich bis halb zwölf da bin.

Ungefähr zwei Drittel habe ich geschafft, da muss ich über eine Straße. Und da ziemlich viel Verkehr herrscht und ich ein Lauftempo wie eine halbseitig gelähmte Schnecke habe, ist mir das alleinige Überqueren ein zu hohes Wagnis. Deswegen frage ich den nächsten vorbeikommenden Passanten, ob er mir hinüber helfen kann.

Er mustert mich von oben bis unten und zurück – *Wahrscheinlich hat er noch nie einen mit Krücke gesehen.* – unterzieht mich einer sorgfältigen Gesichtsprüfung. – *Vielleicht hofft er, dass ich nun erröte, aus welchem Grund auch immer.* – »Gut, kommen Sie!«, sagt er dann. Er schaut auf die Straße, läuft dann rüber. Allerdings so schnell, dass ich keine Chance habe dranzubleiben. Und dazu kommen auch noch Autos.

Egal, jetzt mache ich rüber!

Mein Schutzpatron, der mittlerweile die andere Straßenseite erreicht hat, kreischt mir noch irgend etwas Unverständliches zu. Nur an seinem Gesicht kann ich ablesen, dass es irgend etwas Missbilligendes ist. Daraufhin zeige ich ihm den Mittelfinger; und siehe da, er befolgt diesen Rat auch sofort. So sieht also die Hilfsbereitschaft meiner Umwelt aus.

Okay, mit einer Krücke sehe ich wirklich nicht sicher aus. Aber gerade so eine Unsicherheit müsste doch eine Erhärtung des Hilferufes bilden! Aber nein! Wenn das immer so abläuft, na dann 'Gute Nacht'! Und eines wird mir wieder klar: Entweder ich schaffe meine Regeneration, oder ich bin am Ende. Meine noch aus der Oberfläche ragenden Haare wird niemand ergreifen und mich an ihnen herausziehen! **Niemand!** *Das wird mir immer wieder deutlichst klar gemacht.*

*

Ich sitze vor der Anrichte in meiner Wohnung. Durchsuche sie ein bisschen wegen der Studienzulassung, finde diese aber nicht, habe auch nicht mehr viel Hoffnung, dass ich sie dort finden werde. Und nach einer geraumen Weile habe ich auch die Nase voll vom Suchen. Darum bewege ich mich in die Schlafstube, wo ich mich in immer noch währender Ermanglung von Stühlen und ähnlichem auf das Bett setze, vor mich hindämmere, dabei eine rauche. Als Aschenbecher benutze ich einen dreckigen Teller, der auf dem Tisch stand. Meine Bude sieht zwar immer noch aus wie ein massakriertes Schlachtfeld, weswegen ich auch den großen Aschenbecher benutzen könnte, aber irgendwann muss ich das hier ja sowieso wieder ausmisten, da muss ich nicht noch zusätzlich Dreck auf dem Fußboden setzen.

Nachdem meine Zigarette abgeglimmt ist, bewege ich mich zum Kleiderschrank, um nachzugucken, ob da noch was Interessantes drin ist. Und während ich mir zwei lange Unterhosen einpacke, schaue ich in den Spiegel: *Der mir da entgegenlugt, sieht beschissen aus. – Achso, das bin ich ja! Zwar wurden mir voriges Wochenende von einer Bekannten die Haare geschnitten, aber es ist nicht die Frisur, die das Bild so katastrophal macht. Denn die Frisur ist noch das schönste an mir. Nein, es ist* **alles** *andere! Zum Beispiel das Gesicht: Schief ist es und deprimiert sieht es aus, die Augen haben ihre Leuchtkraft verloren, der doch so – das wurde mir zumindest* **früher** *gesagt – sinnliche Mund hat eine Kränkung bekommen; dazu leuchten an der Stirn und am Hals hässliche Narben. Auch der linke Unterarm ist übersät davon. Doch was soll's? Die ganze Figur kann man den Schweinen, die auf Diät stehen, zum Fraß vorwerfen. Angenommen, eine kleine*

Windböe pirscht sich heran, dann erlebe ich es live, was es heißt: 'Über den Wolken muss die Freiheit doch grenzenlos sein ...' Nur die Landung wird dann etwas unsanft. Ja, wenn ich mich und das Gerippe auf meinem Pullover vergleiche, dann muss ich feststellen, dass das Gerippe der Gewinner sein würde, es einfach schöner ist. Nein, so bekomme ich kein Mädchen! Entweder mir gelingt es, all das zu übertuschen oder zu verbessern, oder ich bleibe für den Rest meines Lebens ein Eremit! Und ich wollte nie ein Eremit werden!

*

Vor Hannelores Haustür, welche zugeschlossen ist, ich klingle. Da es von meiner Wohnung aus nicht weit bis hierher ist und außerdem die Bushaltestelle sich ein Stückchen hinter der nächsten Ecke befindet, habe ich beschlossen, sie zu besuchen. Aber da rührt sich nichts.

Na ja, vielleicht geht ihre Klingel nicht. Versuche ich es eben erst mal unten, so dass ich ins Haus rein kann. Dann werden wir weitersehen.

Es macht auch tatsächlich einer auf. Und als ich dem erkläre, was ich will, lässt er mich herein.

Auf der Treppe grüble ich dann, woher ich ihn kenne.

Sein Gesicht ist mir bekannt. Aber woher? Keine Ahnung. Ach egal. Wenn er von mir echt was wöllte, hätte er sich schon zu erkennen gegeben.

Da Hannelore tatsächlich nicht da ist, entferne ich mich wieder.

Wahrscheinlich ist sie mal wieder auf der Suche nach dem blinden Kronprinzen. Na ja, vielleicht findet sie ihn auch mal. Sie möchte sich aber beeilen, sie ist schon 46 oder so.

22

Sonntag, 10. März. Vormittag.

Es klingelt. Mascha geht raus öffnen. Kommt dann wieder rein, bringt jemanden mit. Ich sitze zwar mit dem Rücken zur Tür, erkenne aber die Stimme: meine Schwester.

»Hallo Mike«, begrüßt sie mich. »Wir bringen dir das Geld.«

Ich wende mich nun um und erwidere ihren und Manolos Gruß.

Nachdem sie sich gesetzt haben, reicht sie mir ein Blatt Papier. »Und hier sind die dazugehörigen 50,82 DM.«

Ich glaube, ich höre nicht recht: »Wie viel? Das warn dochma 150,- DM!«

»Na ja, sie hat dir alles mögliche abgezogen. Schau auf den Zettel, dort hat sie es aufgelistet!«

Tatsächlich. Meine Mutter ist auf diesen Betrag gekommen. Allerdings mit Rechnungen, die aus dem Buch: 'Wie ziehe ich jemanden das Fell über die Ohren?' zu kommen scheinen. Sogar die Briefmarken, die sie benötigte, um meinen Armeestützpunkt darüber zu informieren, dass ein Verkehrsunfall mich aus den geordneten Bahnen des Lebens geworfen hat, rechnete sie mir mit an.

Ein Lachanfall übermannt mich, ein Lachanfall, der aber nicht durch Heiterkeit erzeugt worden ist. Mein Kopf schüttelt sich automatisch. Doch sich darüber aufregen besitzt nicht den Hauch eines Wertes; selbst wenn sie anwesend wäre, hätte dies keinen Sinn.

»Na, gefällt dir der Zettel?«, will Saskia wissen.

»Eeh, unheimlich. Der hebmich fasvom Sessel.« Was Grund genug für uns ist, wieder einmal über den geistigen Zustand meiner Mutter zu befinden.

»Sie ist auch mächtig sauer auf dich«, fügt meine Schwester schelmisch lächelnd noch hinzu. Was mich aber nur dazu veranlasst, mit der Handkante gegen meine Brust zu tippen.

»Wie geht es denn dir überhaupt?«, schaltet sich plötzlich Manolo ein.

Daraufhin erzähle ich von meinen weiteren Fortschritten und dass ich gestern in meiner eigenen Wohnung war. Dann bekomme ich noch ihre Überzeugungen übermittelt, dass ich mein Endziel erreichen werde, sie schauen sich noch ein bisschen in der Stube um und gehen schließlich.

»Hast du das gesehen«, fragt mich Mascha, nachdem sie weg sind, »wie die sich umgeschaut haben?! Die Wohnung einer Prüfung unterzogen, ob du auch keine Verschlechterung gewählt hast!«

»Ich kannich beruhigen – habch ni.«

23

Dienstag, 12. März. Nachmittag.

Ich befinde mich am Ausgang meiner Station, warte auf Frau Miller. Denn da es seit voriger Woche vorbei ist mit dem Betreuung durch Studentinnen, stehe ich seitdem wieder unter ihrer Obhut. Und wir wollen hinausgehen, denn heute ist schönes Wetter.

Doch ich werde langsam ungeduldig. Ich warte jetzt schon sehr, sehr lange – mindestens fünf Minuten, vielleicht auch zehn, möglicherweise aber auch fünfzehn, ich weiß es nicht so genau; aber auf jeden Fall sind es schon Epochen. Ich gehe raus vor die Tür, frische Luft schnuppern.

Lange halte ich es aber auch da nicht aus, nach nur kurzer Zeit beginnt wieder in mir das schon gewohnte Gefühl der Unruhe zuzubeißen.

Also?

Ich sehe mir gegenüber eine Bank stehen. Um dorthin zu gelangen, müsste ich aber **den halben Hof** überqueren. Zum Krücke nehmen – die an die Haustür lehnt – habe ich jedoch keine Lust.

Könnte ja sein, dass in dem Moment Frau Miller herauskommt und diese mich dann mitnehmen lässt! Und darauf bin ich nicht im geringsten scharf!

Demzufolge bleibt mir nur die Wahl zwischen Verzichten und ohne Krücke rüberlaufen. Aber – *wenn ich mich freihändig rüberbewege, könnte mir übelst was passieren. Seit dem Unfall bin ich ja noch nie über eine freie Fläche ohne Krücke gelaufen. – He he, nicht daran denken, einfach tun! Jeder Anfang muss mal gemacht werden! Und hier stehe ich vor dem Anfang meines Zieles. Da ist Kneifen ein Fremdwort.*

Ich laufe in Richtung Bank. Ein dumpfes Grummeln in der Magengegend, angespannt bis in die letzte Haarspitze, die Hände schweißnass, bereithaltend für das Abfangen bei einem Tiefflug – so stolziere ich in meine Zielrichtung. Und stakse dabei darauf zu wie ein Urwaldpavian, der einen Besenstiel verschluckt hat und zum ersten Mal in seinem Leben ein zivilisiertes Haus sieht.

Angekommen.

Ich bin – »Jäh!« Faust geballt, Arm angebeugt, Stolz überflutet mein Gesicht – *Ich habe es geschafft, ich habe es endlich geschafft, ich habe mir selbst gezeigt, dass ich noch laufen kann! Ich habe diesen wichtigen Sprung vollbracht, muss jetzt nur noch ans richtige Ufer schwimmen!*

Ich setze mich auf die Bank.

Frau Miller erscheint kurz darauf; hält meine Krücke in der Hand und zeigt auf mich: »Wie kommen Sie denn dorthin?«

Ich lehne mich zurück und halte die Arme verschränkt: »Gelaufen, wassons?«

»Und die Unterarmstütze hat jemand wieder mit reingenommen, oder was?«

Ich schiebe den Kopf zurück in die zweifelnde Stellung: »Aer Frau Miller, was denkn Se denn vonmir? Natürich habichse anner Tür abestellt, bevorich zur Bank geschlendert bin!«

Ihre Haare werden zerzaust etwas konträr durch die in Bewegung gebrachte für Märztage sehr warme Luft.

Nach dem Lauf erklärt sie mir, dass sie nächste Woche nicht da sei, in Villingen an einem Weiterbildungsseminar teilnehme.

»Dann könntichja die ganse nächste Woche Urlaub nehmn«, fällt mir sofort ein.

»Können Sie. Müssen es aber mit der Frau Christoph klären!«

»Daserdich machn!«, verspreche ich ihr.

*

Abends.

Ich trainiere wieder – wie in der letzten Zeit fast jeden Abend auf dem Flur – ohne Hilfsmittel, allerdings die Wand gleich neben mir. Die aber nur bis zu der Kreuzung reicht, von wo aus es zum Essenssaal geht. Bis jetzt bin ich immer nur bis zu dieser Kreuzung gelaufen, nie weiter, denn zu mehr traute ich mich nicht. Doch ab heute soll das anders werden.

Die Kreuzung liegt vor mir. Noch mal tief durchatmen, den letzten Rest Konzentration an die Front schicken. Ein laues Gefühl in meiner Magengegend – es befindet sich immer dort, wenn ich vor entscheidenden Situationen stehe – durchforstet meinen Bauch und ergreift Besitz von den anliegenden Körperteilen.

Aber im Hof klappte es auch! Also los!

Scheiße, das war zu schnell!

Ich lasse eine Hand zurückschnellen und bekomme gerade noch die hinter mir hängende Festhaltestange zu fassen.

»Das solltest du noch nicht machen!«, gibt eine herbeigeeilte Patientin ihren Kommentar dazu ab.

»Wanndn da? In fünf Jahrn? Ich maches, un zwar jetzte!«, bringe ich unmissverständlich zum Ausdruck.

»Du musst aber nicht immer solches Glück haben wie eben! Du könntest dabei fallen! Und dann bist du vielleicht noch schlimmer dran als jetzt!«

»Geh nicht«, wehre ich ab.

Sie schüttelt den Kopf: »Unglaublich!«

So ganz unglaublich möchte ich es nicht machen, deswegen biete ich ihr an, hier zubleiben und aufzupassen. »Aber keene Kon-Konzentations-Konzentrationstörung durch Töne erklingn lassn! Un keen Dazwischentetn! Sons fliegch offalle Fälle un rase aus!« Damit verschwindet sie wieder aus meinem re- und ideellen Sichtkreis, ich bin wieder voll konzentriert auf die vor mir liegenden zwei Meter.

Dann bewege ich mich los. Langsam, langsam, große Beherrschung ist dazu nötig. Zwar will ich die Strecke so schnell wie möglich hinter mich bringen, dies soll aber laufend geschehen!

*

Angekommen! Ich bin auf der anderen Seite!

Rasch greife ich nach der dort befestigten Festhaltestange und drehe mich um, um die Reaktion der Patientin zu sehen. Sie rauscht aber gerade um die Ecke.

Egal, ich habe es geschafft! – Geballte linke Faust.

Nun laufe ich weiter in Richtung Toilette und merke, dass es viel besser läuft, wenn ich etwas zum Festklammern neben mir habe – weil ich mich da sicherer fühle. Und dann, als ich den Gang zurücklaufe, bleibe ich sogar mitten auf der Kreuzung stehen und schaue nach der Uhr.

Es muss so sein: Einmal gemacht – Routine. Man muss dabei aber aufpassen, dass diese Routine nicht zu groß wird, sonst wird es gefährlich, weil man dann unaufmerksam wird!

24

Freitag, 15. März. Nachmittag.

Ich warte wieder am Ausgang auf Frau Miller. Und wieder lässt sie auf sich warten. Natürlich werde ich auch diesmal von Ungeduld zerfressen.

Also, was diesmal tun? Wieder zur Bank marschieren?

Mein Selbstbewusstsein hat in den letzten Tagen einen gewaltigen Aufschwung vollzogen. Was ich auch verstehen kann. Zwar habe ich diese Woche bei der Überquerung des freien Raumes – was ich sehr oft nun mache – auch mal den Fußboden berochen und holte mir dafür fleißig Rüffel und Moralpredigten von Patienten und Schwestern ein, auch wütende Protestkundgebungen folgten, als ich trotzdem weitermachte; aber so etwas schlägt mittlerweile einen großen Bogen um meine Ohren, juckt mich nicht im Geringsten.

Und deswegen wahrscheinlich ist es mir jetzt zu affig, zur Bank rüber zu gehen. Denn dass ich es kann, habe ich mir ja schon einmal bewiesen. Ich habe aber auch keine Lust, hier herumzustehen wie eine Schale Fleisch, die bestellt und nicht abgeholt wurde und deswegen verwest. Darum muss etwas Neues her. Plötzlich schiebt sich in mein nun suchend umher kreisendes Blickfeld die Treppe: *Na klar, da ist doch auch mal ein Weiterkommen nötig! Deshalb werde ich jetzt die Treppe ohne Krücken und ohne Festhalten hinaufgehen.*

Zuerst zähle ich die Stufen: *Es sind sechs. Na die schaffe ich doch locker.*

Dann jede Stufe einzeln hoch – um mich sofort abfangen zu können.

Ich bin oben.

Tatsächlich schaffte ich es locker, zwar mit Schwankungen, aber ... hm ... locker.

Ich laufe wieder runter mit Festhalten.

*

Eine Weile später. Ich warte immer noch. Darum: Dieselbe Aktion noch einmal. Dabei: *Es geht verdammt langsam.*

Da ist ja eine sich schämende Nacktschnecke im Halbschlaf schneller!

Ich muss mich gewaltig dazu zwingen, nicht das normale Treppensteigen durchzuführen. Aber (noch?) ich habe mich in der Gewalt.

*

Wieder unten, warten auf Frau Miller nach wie vor. Und rein zufällig rückt immer wieder die Treppe in mein Blickfeld: *Eigentlich könnte ich ja mal das normale Treppensteigen versuchen. – Nein, nein, nein, für heute reicht's! – Ich habe es aber schon zweimal erfolgreich bestanden! – Aber nur innerhalb des ersten Males! – Scheiß drauf, ich mach's! Mehr als schiefgehen kann es nicht!*

Wieder Grummeln im Bauch. Ich hebe die linke Hand etwas an, um sofort zugreifen zu können, wenn es ernst wird. Los.

Ah, das gefällt mir von der Geschwindigkeit her schon viel viel besser.

Allerdings bin ich dabei mächtigen Schwankungen unterworfen. Und da – ich habe nur noch eine Stufe bis zum Ziel – *Schwupps* – gut, dass ich schnell reagieren kann. Es erfasste mich eine Welle der Luftradialkraft, so dass ich ohne das mich rettende Geländer mir die Treppe näher betrachtet hätte. Doch nach einer kurzen Ruhepause steige ich die eine Stufe auch noch hoch.

Oben schaue ich die Treppe hinab und überlege, ob ich es beim Absteigen nicht auch mal ohne Festhalten probieren sollte. – Die Meuterei der Grummelindianer in meinem Bauch wächst zur Revolution an.

Klar doch, ich probier's! Allerdings jede Stufe einzeln, zur Eingewöhnung.

Mit der Ferse des rechten Fußes zuerst und der linken Hand in Lauerstellung versuche ich mich an der ersten Stufe. Und muss dabei mit Grausen bemerken, wie hoch diese ist. Mein rechter Fuß platscht auf die nächste Stufe wie ein triefender Sack in seine ihm zustehende leere Mülltonne! Aber da ich den linken Fuß schnell nachziehe, kann ich mein Gewicht wieder zur Normallage zurückbringen. Pause.

Da höre ich Schritte und glaube, dass dies Frau Miller ihre sind. Schnell nehme ich die nächste Stufe in Angriff, damit sie mich gleich in Aktion erlebt.

Gerade nächste Stufe erreicht, als sie erscheint. »Was machen denn Sie da?«, will sie verwundert wissen.

Ich erkläre es ihr. Dann – die dritte Stufe. Bei der kommt es aber wieder zu Schwankungen in der Luftstabilität, so dass es mich durchschüttelt.

»Halten Sie sich doch fest!«, ruft Frau Miller erschreckt.

»Isni!«

Diese Bestimmtheit dürfte sie aber kaum noch fassungslos machen, da sie solche eigenwilligen Sachen von mir schon gewöhnt ist. Stattdessen stellt sie sich in Positur, um mich im Notfall auffangen zu können.

Komischerweise klappen aber die letzten drei recht gut, besser als die vorherigen. »Sie besitzen wohl eine magische Kraft?«, frage ich sie darum, als ich unten ankomme.

Sie zuckt mit den Schultern, will dafür wissen, wie es lief.

»Hochzu StufefürStufe keene Schwiegkeiten; normal, da mussich offpassen; un runder – Na ja, hamSeja grade gesehn. Ich binaber nochni inner Lage, wennder eene Fuß die unere Stufe anschwebt, die Afahrtgeschindigkeit zu bemsen. Da komm bloßn eenzsches Plupp raus.«

»Und, was sagt Ihnen das?«

»Dass nochn gewaltiges Stück Arbeit bissur Perfetion zu schaffen is«, zucke ich mit den Schultern. »Dasaber isbei Weitermachn erreichbar.«

Resignierend winkt sie ab und wir gehen raus.

25

Sonnabend, 16. März. Früh.

Noch im Bett liegend. Muss pinkeln. In letzter Zeit passiert mir dies häufig, dass ich deswegen mitten in der Schlafenszeit aufwache. Da liegt auch keine chronische Morgenpisslatte an, ich muss immer pinkeln gehen. Und da ich nicht der Schnellste bin – das Bett als Klo zu benutzen, wäre nicht in meinem Interesse und die Pissbulle wurde mir weggenommen – bin ich gezwungen, schon beim kleinsten Anzeichen dafür aufzustehen.

Mein Bettnachbar stößt bei meinem Vorbeigehen ein paar Schnarchstöhner aus – *wahrscheinlich begegnet er in seinem Traum gerade der schwarzen Wand, die vor dem Raum mit der Aufschrift 'Frauen' als Barriere aufgestellt ist. Denn er ist Junggeselle. Aber nicht aus dem Grunde, dass er keine will, nein, er kriegt keine. Und wenn man ihn sieht, weiß man warum: Fette Bierwanne, klein ist er, schrumplig dazu; zwar ist er erst 35 – aber trotzdem angezogen wie Urgroßmutter auf einer Leichenschau: blaue Stoffhosen, kariertes Hemd, eklig aussehende braune Lederjacke – die sein Aussehen einer zerbeulten Fischkonserve nur betont – dicke Hornbrille – der Rahmen so dick, dass man meinen könnte, er will seine fehlende Intelligenz damit überspielen – angeklatschte, fettige Haare; die Frisur sieht aus, als wenn ein Rudel Vetas auf seinem Kopf eingefroren und nicht wieder aufgetaut worden wäre. Dazu ist er freiwillig und gern hier, findet alle Vorgänge hier gut und schön, tratscht wie ein arbeitslos gewordenes Marktweib. Er hat es sich auch mal geleistet, bei mir in Misskredit zu fallen: Ich hatte erfahren, dass er es gepetzt hatte, dass ich mit dem Zug fahren will. Worauf ich mich natürlich sofort in gereizter Stimmung fühlte. »Eeh«, belferte ich ihn an, als ich ihn unter die Finger kriegte, »du dämiche Petze, wenn dues nochmal wagst, auszutratschn, dassich midem Zug fahrn will, kriegste vonmir Feuer unterm Oarsch!«* Er wusste natürlich von nichts, doch ich deutete ihm an, dass dies eine Warnung war. *»Das nächste Mal würdest du dir nachher wünschen, es für dich behalten zu haben!«* – Am nächsten Morgen wurde ich bei der Visite auch gleich nach meinem Vorhaben befragt.

Ich komme ins Hauptzimmer. Eigentlich müsste ich da im Dunkeln durchtraben, was mit erhöhten Schwierigkeiten für mich verbunden wäre, aber sofort wird Licht angemacht. Ein überaus sympathischer Patient tut das immer. – Er ist wegen einem Schlaganfall hierher gekommen. Und damals, vor drei Wochen, konnte er sich absolut nicht bewegen. Jetzt läuft er schon wieder an Krücken. Weil er auch fleißig riskierte. Da er aber schon 51 ist, zeigt sich, dass dieses Riskieren keine Angelegenheit des Alters ist. Allerdings – *ich brauchte zum wieder Laufen können vier Monate, er aber nur zwei bis drei Wochen! Warum? Was mache ich falsch? Versuche ich vielleicht zu wenig? Frau Miller sagte mir zwar, dass es bei ihm ein ganz anderer Fall als bei mir sein würde und er deswegen so schnell wieder hochgekommen wäre, aber diese Feststellung tröstet mich nur wenig, die Frage nach dem Warum bleibt unbeantwortet im Raum stehen.*

Vor mir der Gang; und den will ich ohne Krücken – wie in letzter Zeit immer – durchqueren. Doch da – *Scheiße, mein Gleichgewicht ist nicht mit aufgewacht!*

Nach ein paar Metern weiter darf ich mir den Gang aus der Mausperspektive betrachten. Eine Schwester kommt sofort angerannt.

Auch noch die alte Orthodoxe!

»Herr Scholz, was wollen Sie jetzt schon hier draußen? Es ist Viertel sechs!«

»Ich mussoff Toilette!«

»Und das ohne Krücke?«

»Richtig!« Dabei erhebe ich mich wieder.

»Es ist ja bekannt, dass Sie so etwas laufend veranstalten, aber jetzt ist es früh am Morgen, da ist Ihr Körper noch gar nicht richtig wach! Da nehmen Sie gefälligst Ihre Krücke dazu!«

Ohne sie einer Antwort zu würdigen stapfe ich los.

»Halten Sie sich doch wenigstens fest, Herr Scholz! Sie schwanken doch!« Und schnappt sich an der freien Stelle meinen Arm und führt mich hinüber wie einen Blinden, dem sein Hund abhanden gekommen ist; bewacht mich danach noch, bis ich in der Toilette verschwunden bin.

26

Sonntag, 17. März. Bei Mascha. Früh.

Es ist noch sehr früh – draußen dämmert es gerade – und ich muss wiedermal auf die Toilette. Mir bleibt also nicht anderes übrig als aufzustehen, in meine – barbarisch hässlichen – Turnschuhe zu steigen und loszustiefeln. Doch die Türklinke will sich nicht von mir anfassen lassen.

Irgendwie scheine ich den falschen Gang in meiner Motorik drinne zu haben. Den Rückwärtsgang.

Ich falle in Richtung Bett zurück. Doch kurz davor ist für mich Endstation. – *Den Fußboden hier müsste man mal auspolstern!* – Und wieder darf meine rechte Beckenseite den Aufprall genießen. Die gleiche Stelle wie gestern! Und sie fängt an, gegen derartige Behandlung zu revoltieren, schmerzt vor sich hin.

Auch einen anderen Landeplatz muss ich mir mal aussuchen!

Ich rappel mich nach kurzen Reiben an der schmerzenden Stelle wieder hoch und wanke – trotzdem ohne Krücken – auf das Klo.

*

Im Bett fläzt mir gerade ein Horrorschmöker seinen düsteren Inhalt in die Gehirnwindungen, da klingelt es draußen. Doch weil mich das An-die-Tür-Gehen nichts angeht, stelle ich nur meine Lauscher auf Empfangsbereitschaft.

Derweil geht draußen Kulle an die Tür. Und unterhält sich angeregt mit jemandem.

Die Stimme seines Partners kenne ich doch! Weiß nur nicht, wo ich sie hinstecken soll!

Und da ich auch kein Wort verstehen kann, wende ich mich wieder meiner Lektüre zu.

Doch plötzlich öffnet mein Erinnerungsspeicher seine Pforten: *Pritsche! Die Stimme gehört doch Pritsche! Na dem habe ich auch was zu sagen.*

Ich steige wieder aus dem Bett, schlüpfe in meine Turnschuhe und will nach draußen eilen. Doch kurz vor der Tür höre ich, wie draußen wieder geschlossen wird.

Scheiße, ist mir dieser dämliche Schleimschwanz wieder entwischt. Hoffentlich ...

Kulle tritt ins Zimmer: »Ente, Pritsche war gerade da.«

... hat er sich das schriftlich geben lassen, dass Pritsche mir noch 6.200,- DM schuldet?!

»Ich weeß«, antworte ich Kulle, »deswegn wolltch grade rauskommn.«

»Wäre sowieso nicht nötig gewesen und hätte auch nichts gebracht. Denn er hat, wie er sagt, kein Geld. Aber wenigstens hat er den Schuldschein unterschrieben, den wir gestern vorbereitet haben. Aber das musste er auch, ansonsten hätte ich ihn solange verprügelt, bis er das kapiert hätte!«

»Dasbrauchder dreimatäglich, damitiepaar graun Zelln, diein seiner Maske rumschwirrn, wieder oerendlich Struktur kriegn. Diraber dange!«

»Und hier hast du einen Zettel davon. Ich habe ihn auch als Zeuge unterschrieben, damit es da juristisch keine Schwierigkeiten gibt.« Er reicht ihn mir und verschwindet.

*

Nachmittag. Ich liege auf dem Couch und warte auf die Schnelle Medizinische Hilfe.

Vorhin habe ich mich wieder gen Fußboden abgeseilt, allerdings ohne Rettungsseil. Und wie kann es anders sein: natürlich wieder auf meine schon angeschlagene rechte Beckenseite. Die einzige Stelle, auf die ich nicht fliegen darf, die steuert man bei solchen Gelegenheiten immer an. Und jetzt tut sie mir höllisch weh. Deswegen liege ich auf dem Couch und warte. Warte und warte, warte immer mehr und immer länger.

»Wenn es gebrochen wäre, würde die Stelle gelb leuchten«, tut mir Elsa ihre Weisheit kund. »Ich habe damit Erfahrung, ich hatte schon mehrere.«

Ich werfe einen Blick auf meine von Schmerzen gepeinigte Stelle: Doch die Farbe gelb hat sie nicht im Angebot, nur blau und rot. Wenn es stimmt, was Elsa sagt – wovon ich allerdings nicht so überzeugt bin – schleppe ich keine Fraktur spazieren. Allerdings *– ach nein, ich hatte beim Unfall ja keine Brüche am Schädel.*

Nach einer bedeutend langen Weile *– Da hätte man inzwischen eher verrecken können!* – trifft der Arzt ein. »Na, Herr Scholz, was haben wir denn?«

»Was Sie haben, weiß ich nicht ...« kämpft in meinem Mund um die Freigabe. Doch ich verwehre sie der Bemerkung, erzähle stattdessen die Entstehungsgeschichte meines Leidens.

Daraufhin untersucht er mich.

»Nein, Bruch ist keiner, nur eine starke Prellung!«, teilt er mir am Ende mit. »Bei welchem Arzt sind Sie?«
»Ich bin zurZeitim Kranknhaus.«
»In Großbüchn«, füge ich noch hinzu, als er mich fragend anschaut. Möchte aber auch keine falsche Gedanken aufkommen lassen, ergänze deswegen, dass ich in der neurologischen Station untergebracht bin.
»Also haben Sie jetzt Urlaub.«
Ich nicke. »Ne Woche.«
»Da wäre es besser, Sie brächen Ihren Urlaub ab.«
Schweigen meinerseits.
Da hat man schon mal eine Woche Urlaub und dann soll man ihn vorzeitig abbrechen?? Vergiss es! Da müssen schon schwerere Kaliber kommen.
»Jetzt kühlen Sie es aber erst einmal! – So, das war's.«
Nachdem er weg ist, lasse ich mir von Mascha die Stelle mit Camphoderm einschmieren, packe dann ein nasses Handtuch darauf und fange damit an, mich wieder einmal zu langweilen.

27

Dienstag, 19. März. Nachmittag.
Im Vorraum der Versicherung, ich sitze dort und harre der mir bevorstehenden Ereignisse. Zusammen mit Maschas beiden Töchtern und Henry, einem Kumpel von Mascha (meinem Schutzpatron).
Eine junge Frau erscheint. – *Wow, ich bin begeistert. Zwar ist sie blond, aber mehr als zuckerniedlich: Ihr Antlitz versucht erfolgreich, den Begriff der Harmonie und Vollendung auszudrücken, ihre Figur animiert einen zum phantasieren:* »*Was wäre, wenn ...*« *Dazu hat sie ein himmlisches Lächeln; ich kann meinen Blick von ihr nicht losreißen!* – Freundlich schaut sie mich an und lässt mich dann auf den Schwingungen, die vom Klang ihrer Stimme erzeugt werden, dahingleiten: »Guten Tag! Sind Sie Herr Scholz?«
Im entferntesten Dämmern dringt ihre Frage an mein Bewusstsein. »Jaaahaa«, presse ich automatisch heraus. Aber mein Inneres setzt seine Begutachtung fort: Ich schwebe auf dem Gedanken-UFO über jede Schwellung an ihr, lasse mich in jede Tiefe von ihr hinabgleiten, vollende von dort aus den Bogen wieder – bin damit auf der anderen Seite der üppigen Rundung angelangt – spüre das

Pulsieren und Vibrieren ihrer Adern, lasse mir die Energie ihres Geistes entgegen strömen ...

»Gut, ich bin Frau Schwellow. Ich bin von oben heruntergeschickt worden. Wie kann ich Ihnen helfen?«, pocht es wieder an meine Bewusstsein, wie ein sich eingrabendes leises Rauschen eine Dunkelkammer umhüllt.

..., bis sich meine Augen dazuschalten und mitschweifen. Und sie gelangen zu ihrer rechten Hand. Aber was sie da entdecken, lässt sie vor Gram erstarren: *Ein Ehering prangt dort! Zwar ist verheiratet sein noch kein Hindernis, aber allemal ein Grund. Und wenn man dazu ein Krüppel ist, wird dieser Grund immer gewichtigerer. Denn für einen so Zugerichteten setzt man doch nicht seine Ehe auf's Spiel. Abfahrt!*

Infolgedessen beginne ich nun, von meinem Unfall zu erzählen. Sie hört es sich an, geht danach meine Akte holen – *Ich habe hier schon eine?* – und als sie wieder zurück ist, stellt sie als erstes fest, dass der Unfallverursacher nicht bekannt ist. »Die Frau Doktor Christoph – kennen Sie die?«

»Die hat uns nämlich mitgeteilt«, fährt sie fort, nachdem ich genickt habe, »dass eine Ermittlung des bleibenden Schadens Ende Juli erfolgen soll. Aber Sie wollen jetzt bestimmt die Sachen ersetzt haben, die Ihnen dabei kaputtgegangen sind. Was war das?«

»Meie Bille hat sichda verdünnisiert.«

»Kostenpunkt?«

Ich habe zwar keine Ahnung, aber da sie das sowieso nicht nachprüfen kann, darf ich da ruhig mal zu meinem eigenen Vorteil rätselraten: »Hm, die war ziemlich neu, 30,- DM oerso.«

Sie schreibt es ohne Widerspruch auf. »Okay, weiter.«

»Dannham ouch meinUhr sowie meine Turnschuh n Abgang gemacht.«

»Kommen wir zuerst zur Uhr: Was für eine Art und wie alt war sie?«

»Es warne Solarquarzarmuhr, warrundanderthalb Jahre alt.« Dazu besaß sie für mich Erinnerungswert, denn Jackline hatte sie mir, als wir schon verlobt waren, zu Weihnachten geschenkt.

»Sagen wir 50,- DM?«, schlägt sie vor.

Ich stimme zu.

»Und jetzt zu den Schuhen.«

»Daswarn paar Exquisitturnschuhe, die nagelneu warn, ersteen Monat alt. 171,- DM warer Preis.«

»Okay! Sagen wir 150,- DM.«

Ungläubig schaue ich sie an, runzle die Stirn. Sie dafür schaut mich erwartend an, erkennt dann jedoch den Dissens zu ihrem Vorschlag in meinen Augen: »Nicht einverstanden, was? Na gut, 160,- DM.«

Ich fange an zu handeln: »170,- DM.«

»Nee, nee, nee!«, erbost sie sich. »Zwar waren sie – wie Sie mir sagten – fast neu, aber soviel gibt es nicht! – 165,- DM«

Soll ich auf meiner Forderung bestehen? – Ach nee, ist affig. Eigentlich bin ich doch damit schon zufrieden. Sechs Mark nur eingebüßt – ist doch gängig.

»Genehmigt!«, gehe ich darum auf ihren Vorschlag ein. Dann bekomme ich noch meine Anziehsachen ersetzt, wobei ich erfahre, dass sie vorhin gerade von meiner Mutter hier hergebracht wurden.

»Und, war da noch mehr?«, erkundigt sie sich, nachdem ich das Geld und meine Jeanshose zurückbekommen habe.

Ich überlege: *Soll ich ihr das mit dem verschwundenen Geld vorsetzen? Einen Riesenschwarm Hoffnung, der besagt, dass ich das Geld wiederbekomme, füttere ich ja nicht gerade; vor allem, da ich nicht beweisen kann, es überhaupt gehabt zu haben. Aber versuchen kostet ja nichts, also ran an die Mama!*

»Wo sind die hin?«, will sie daraufhin wissen.

»Keene Ahnung. Zudem Zeitpunkt suchtich inner Hölle den fürmich reserviertn Kessel Nummer vier.«

Zweifelnd schaut sie mich an. »Hmmh, da muss ich erst mal oben fragen, ob Ihnen das auch ersetzt wird. Ist aber sonst noch was?«

»Ja! Wieisnas mit Schmerzensgeld?«

»Dazu ist erst einmal eine Untersuchung nötig. Mit der aber laut Ihrer Neurologin noch bis Anfang August gewartet wird. Sonst noch was?«

Irgendwie erweckt sie den Anschein, dass sie die Nase voll habe von der langen Liste, die ich ihr vorsetze. Aber jetzt tue ich ihr den Gefallen und verneine, weil mir nämlich nichts mehr einfällt.

»Dann gehe ich jetzt erst mal wieder hoch. Dauert aber nicht lange.«

»Meinst du, du kriegst die 850,- DM wieder?«, fragt Henry, als sie weg ist.

»Natürlich, sonst hättichsjani versucht.«

»Viel Glück dabei«, gibt er sich aber pessimistisch.

*

Nach einer gewissen Zeit kommt sie wieder. »Sie bekommen das verlorengegangene Geld wieder«, verkündet sie mir.

In mir kommt Freude auf. – *Juhu, damit ist diese Kohle doch nicht auf der Regresshalde!*

»Weiterhin bekommen Sie für die Fahrten aus dem Krankenhaus heim und wieder zurück Fahrgeld.« Sie zeigt mir die Aufstellung. »Summa Summarum macht das« – sie zählt zusammen – »1.152,- DM. Wollen Sie die gleich haben?«

»Ja!« Ich muss das Geld in der Hand haben, erst dann kann ich mich richtig darüber freuen.

Nachdem ich das Geld bekommen habe, fange ich an zu überlegen, was ich mir dafür kaufen könnte: *Einen Porsche? Haha. Ich glaube, den müsste ich auf Teilzahlung nehmen! Falls es dafür langen würde!*

Inzwischen wünscht mir die Versicherungstante noch »Gute Besserung«, wofür ich mich mit einem »Danke, gleichfalls« bedanke und dann trennen wir uns voneinander. Eigentlich schade. Denn sie ist in den anderthalb Stunden, in denen ich hier war, mir immer sympathischer geworden: mein süßer, spuckender Goldesel.

»Und jetzt geht's wieder heim, wa?«, glaubt Henry, als wir wieder draußen stehen.

»Damer jetzte gans inner Nähesin, kannchja gleichmamit guckn, wode Ärztin hockt, beiderch mich meldn soll.«

Er stöhnt auf: »Wo soll denn das schon wieder sein?«

Ich suche den Zettel, auf dem es vermerkt ist. »Mist, ich habn Zettel nimit. Abers soll inner Poliklinik Haus II sein. Wo isn das?«

»Keine Ahnung! Zu wem sollst'n du?«

»Ismir entfalln. Ich weeß nur noch, dassirre Krankenschwester Annegret heeßt.«

»Fragen wir mal hier nach!«, beschließt er. Wir stehen vor dem Gebäude der Sozialfürsorge.

*

»Können wir Ihnen irgendwie helfen?«, werden wir drinnen von einer älteren Frau begrüßt. Eine andere kommt hinzu.

Ich lege ein Lächeln auf. Was mir jetzt auch nicht besonders schwerfällt, da ich gute Laune habe. »Guden Tag! Wir suchne Ärzin, dern Name miretztni einfällt. Aberäben die hatne Krankenschwester namens Annegret. Und die sollnin Poliklinik Haus II sitzn.«

»Wir kennen zwar diese Schwester auch nicht, aber wir rufen mal an.«

Nach ihrem Telefonat erklärt sie mir, dass im Haus II niemand mehr da ist und im Haus I niemand eine Schwester Annegret kenne. »Immerhin ist es ja schon dreiviertel sechs. Da müssten Sie mal morgen – oder noch besser – am Donnerstag hingehen.«

»Okay!« Wir bedanken uns und laufen los; zur Bushaltestelle, wo wir noch eine Viertel Stunde warten müssen, dann aber heimfahren. Ich darf aber mit Genugtuung genießen, dass mein Körper so eine Belastung aushält. Zwar schmerzt mein Becken immer noch, aber nur noch ein bisschen; und das ist aushaltbar.

28

Donnerstag, 21. März. 10:30 Uhr.

»Ich geh heut zur Schuhmachern. Kommjemanmit?«

»Die Schuhmachern, wer is'n das?«, will Mascha wissen.

»Die Ärzin, die hier fürmich zuständig is unzuderich gehn soll.«

»Jetzt nicht. Kulle und ich müssen dann weg. Muss das unbedingt sein?«

Ich nicke.

»Henry, was isn mit dir?«

»Ich habe auch keine Zeit, muss dann ebenfalls weg«, erwidert er.

Tja, der hat die Nase noch voll vom Dienstag. Denn wenn ich erst einmal irgendwo bin, will ich noch dorthin und dahin, wie eine Frau im Schuhladen. Und das weiß er mittlerweile.

»Tja, was nun?«, will Mascha wissen.

Na gut, kann sein, ich verlange – nein, ich erbitte – ziemlich viel; aber in letzter Zeit häufen sich solche Ignoranzvorfälle. Doch ich habe diese Gesellschaftsschicht gewählt und war vorbereitet darauf, dass ich mich ab da nur noch auf mich selbst verlassen kann. Als ich noch bei meiner Mutter hauste, verließ ich mich auf sie. Aber jetzt ... Das hat auch Vorteile für mich: Ich lerne es, mich durchzubeißen.

»Ich gehallein.«

»Aber baue keine Scheiße!«

»Nee, derGruch gefällt mir ni!« Ich ziehe mich an und gehe.

*

Eben habe ich Schwester Annegret kennengelernt. Und nebenan praktiziert Frau Medizinalrat Dr. sec. sec. Schuhmacher. Die mich warten lässt.

Eine Weile später präsentiert sie sich mir ein kleines, stämmiges, mindestens schon über fünfzig seiendes Frauchen.

»Guten Tag, Herr Scholz. Kennen Sie mich noch?«

Ich stutze verwundert: »Sollt ich das?«

»Na klar, in der ITS habe ich Sie doch untersucht.«

Ich schaue sie mir genauer an. Aber nichts zu machen, sie wird nicht schöner dadurch und ihr Gesicht wird mir um keinen Deut bekannter. Ich zucke mit den Schultern.

»Das haben Sie dort auch gemacht.«

Nun werde ich grimmig: *Das war gerade ihr erster Punkt auf der Minusseite. An die Zeiten werde ich gar nicht so gerne zurückerinnert.*

»Na, legen Sie sich erstmal auf die Pritsche. Und entblößen Sie ihren Oberkörper.«

»Das sieht schon besser aus als damals«, teilt sie mir nach ihrer Untersuchung mit, die dieselbe war wie die von Frau Christoph am Freitag, »aber Sie müssen noch eine ganze Weile im Krankenhaus bleiben.«

Ich merke schon, sie besitzt die außergewöhnliche Fähigkeit, sich bei mir unbeliebt zu machen. Soll ich im Krankenhaus etwa auf völlige Genesung warten, wobei ich aber nicht so überzeugt bin, dass die jemals stattfindet? Wie ich draußen lesen konnte, ist sie auch Ärztin für Psychiatrie. Die ist wohl davon angesteckt worden. Ich kenne nämlich ganz bestimmt meinen Körper besser als sie: Er gibt mir Zeichen, wenn was nicht stimmt. Sie aber erlaubt sich ein allumfassendes Urteil, nachdem sie mich drei Minuten gesehen hat! Wo bin ich hier hingeraten? Sollte sie sich nicht erst mal selber untersuchen?

»Ich werde mit Frau Dr. Christoph telefonieren und ihr meinen Befund mitteilen. Erholen Sie sich gut im Krankenhaus.«

Ich lasse sie plappern, ziehe nur ein abfälliges Gesicht.

Sie kann sich darauf verlassen, ich werde allen Bemühungen von ihr, mich noch länger oder für immer im Krankenhaus zu behalten, entgegenwirken. Ich weiß nicht, ob es ihr Glück oder ihr Pech ist, dass sie mich noch nicht weiter kennt. Aber in einem kann sie sich ganz gewiss sein: Wenn sie anfängt, über mich regieren zu wollen, wird sie mich kennenlernen. Und ich wage zu

bezweifeln, ob das dann so gut für sie ist.
»Herr Scholz, wie sind Sie eigentlich hierher gekommen?«, will sie nun wissen.

Ich gucke misstrauisch in ihre Richtung: *Was hat sie nun wieder vor?*

»NStück midem Bus, denRest gelaufn.«

»Mit dem Bus? Ging das überhaupt?« Sie kann es schwerlich fassen.

Die Stirn kraus zu ziehen, gelingt mir nicht mehr, denn sie befindet sich bereits in dem Zustand. »Na ja, sging ziemich schwer. Dasich meie Verbindungsschraubn zischn Hüfte und Been ausgebuttert hattn, musstichserst verdrahtn. Dann hattch aer keene Probleme mehr.«

»Haben Sie etwa Prothesen? Davon weiß ich ja gar nichts.« Ungläubig wälzt sie wieder die Akten.

»Deswegn sagichs Ihnenjaouch! Ich habouch Augnprothesn.«

»Was für welche?«, glaubt sie sich verhört zu haben.

»Augenprothesen.«

»Sie wollen mich verscheißern!«

»Ja.« Ich bleibe völlig ernst.

Ein mitleidiges Lächeln entsteht auf ihrem Gesicht. 'Ach ja, ich habe ja einen psycho-neurotischen Kranken vor mir', wird sie jetzt denken.

»Einen Krankenwagen werde ich Ihnen jetzt rufen, der Sie wieder heimbringt.«

Das ist die **Krönung!** *Flucht!! Flucht!!*

»OffWiedesehn!«

Sie brabbelt zwar noch irgendwas, aber ich höre nicht mehr darauf, sehe zu, dass ich verschwinde.

Wer weiß, auf was für Gedanken die sonst noch käme! So verkalkt wie die ist, steckt die mich noch in eine Gummizelle!

*

Nur noch ein Platz ist zu überqueren, der Busbahnhof. Leider kann ich mir hier nicht die flachsten Stellen aussuchen, weil da schon Busse stehen. Also muss ich die etwas klipprigen Stellen nehmen, dann noch einen Pfützenozean umrunden.

Ich stiefele vorsichtig los, die Krücke sorgsam führend. Denn erstens merke ich immer noch deutlichst, dass ich ein Becken besitze, und zweitens stelle ich es mir nicht sehr begeisternd vor, den Sturzflug in eine Pfütze zu praktizieren.

Ich habe es fast geschafft. Muss nur noch auf den Bordstein der Bushaltestelle, zu der ich will, hinaufsteigen. Doch währenddem – rutsche ab. Abfangen nein! Platsch! Krrh!

Zum Glück bin ich in keine Pfütze gefallen, aber nass ist es dort, wo ich liege, auch. Und ich bin wieder genau auf die Stelle geflogen, die sowieso schon schmerzt. Weshalb jetzt in ihr ein Vulkan kurz vor dem Ausbruch steht oder schon dabei ist.

Zwei Jugendliche kommen, helfen mir wieder hoch. »Geht's wieder?«, fragen sie.

»Ja, danke.«

Ein Bus kommt gerade, in den ich sofort einsteige. Mühsam ächze ich mich hoch – noch mühsamer als sonst – und auch das Hinsetzen ist diffiziler. Ich kann kaum sitzen.

Schließlich deichsel ich es so, dass mein rechte Sitzbacke am Sitz vorbeihängt. Da schmerzt es nicht ganz so sehr. Und fange an, aus dem Fenster zu schauen.

Au Kacke, bemerke ich plötzlich zu meinem Entsetzen, *auch noch der falsche Bus. Jetzt fahre ich erst ein Ringel durch die Stadt, bevor ich bei Mascha ankomme.*

29

Freitag, 22. März. Abends.

Ich liege auf der Couch, pflege meine schmerzende Stelle. Auch Henry ist da – zusammen sehen wir fern. Die beiden Kinder sind im Bett, Mascha und Kulle ausgegangen.

Plötzlich ist zu hören, wie draußen die Wohnungstür aufgeschlossen wird.

Nanu, sind die beiden etwa schon zurück?

Die Stubentür geht auf. Herein kommt Kulle. Er ist voll wie – *nein, nicht wie 1000 Russen auf einer Wodkafete, aber wie 876!* – Er grinst uns an, worauf ich einen Blick an mir hinabsteigen lasse: *Nein, keine Geschlechtsumwandlung.*

»Haalloo«, lallt er, »mussus nurrh schellwas holn.«

Er wankt wieder hinaus; dafür sind die Zipfel von zwei anderen zu entdecken, die auf die Stubentür zustreben.

Ach egal, das werden nur wieder Elsa und Qualle sein.

Uninteressiert wende ich mich darum wieder dem Fernseher zu.

»Haalloo Eentee!«, erschallt es.

Nanu, das klingt doch gar nicht nach den beiden!
Ich drehe meinen Kopf zur Tür zurück. Und erstaune: »Hej, ich grüsseuch!« Wilma und Kalle sind gekommen. »Miteuch habchja goarni gerechnt! Was treibtneuch hierher?«
»Wir gehen mit Kulle ins 'CK'«, erklärt mir Kalle.
»Außerdem wollten wir mal wieder nach dir gucken«, fügt Wilma hinzu. »Wir haben uns ja lange nicht gesehen.«
»Wißtihr warum?«
»Ja, ist uns bekannt«, antwortet sie mir. »Ente, Ente, du machst ja Sachen.«
»Na wenn, dann richtig!«
»Und, wie läuft's jetzt bei dir?«
»Offwärts.« Ich kann es mit ruhigem Gewissen sagen. »All-All-All-Allerdings sitzn – derseit een Problem. Durch Flüge immeroffde gleiche Stelle hier ismei Oarschim äh äh hmm« – ich muss nachgrübeln, was für ein Wort in die Redewendung kommt – »Eimer.«
»Na ja, du schaffst das schon!«, kriege ich von beiden zu hören. Damit wenden sich ihre Füße wieder dem Ausgang zu.
»EenMomentnoch! – Sat mal, ihr wollteoch eure Klampfe gansmachn lassn. Habtihr die noch?«
Kalle bejaht.
»Brauchtihr die?«
»Wieso, brauchst du sie?«
Jetzt bin ich an der Reihe zu nicken.
»Dann hol sie dir!«
»Kalle«, kommt jetzt der Rüffel von Wilma auf ihn geflattert, »da müsste er soviel rumsteigen!«
Ich könnte ihnen ja erzählen, dass ich schon mit dem Bus fahre.
Kalle zeigt sich erleuchtet: »Okay, ich bringe sie Ostern vorbei.« Damit werden Henry und ich wieder mit dem liebreizenden Fernseher alleingelassen.
Yes Sir, das wäre doch absolut bombig, wenn ich mal wieder eine Gitarre in der Hand halten könnte. Erstens ist das gut für meine Finger und meine Handgelenke – auch für meine Stimme – und zweitens macht es mir viel Spaß. Ist bloß nicht so schön, dass meine Mutter meinen Texthefter nicht rausrückt. An alle Texte kann ich mich beim besten Willen nicht mehr erinnern. Ebenso wie nicht an die Griffe, die bei den Liedern benutzt werden.

Aber paar weiß ich ja noch; und was den Rest betrifft – abwarten. Vielleicht erarbeite ich mir den Hefter ja wieder, vielleicht jage ich ihn meiner Mutter ab. Denn was will sie damit?? Das meiste ist in Englisch, die kann doch nicht mal richtig Deutsch. Doch Hauptsache, ich kriege erst mal die Klampfe. – Wann ist eigentlich Ostern? Ach ja, nächste Woche schon. Exquisit.

30

Sonnabend, 23. März. Früh.

Aufgrund der Verletzung musste ich im Bett die Seite wechseln, damit ich mich auch weiterhin abends in den Schlaf lesen kann. Sonst verdecke ich mit meinem Rücken das Licht der Nachttischlampe. Und so liege ich ein bisschen auf dem Rücken, dann wieder auf dem Bauch. Und versuche auch ab und zu, mich auf die rechte Seite zu drehen. Bis jetzt aber bleibt es da bei dem Versuch, denn immer sofort bringen sich wieder paar Schmerzelchen zu Gehör, besitzen die Überzeugungsgabe, mich von meinem Vorhaben abzubringen.

Beim Aufstehen will ich in meinem Portemonnaie nachsehen, wie viel Geld ich noch habe. – Vorgestern und gestern war ich nämlich vorn auf dem Löbauer Platz mir was zu Trinken holen. Im Laden wurde ich ganz verdutzt angeschaut; die Verkäuferinnen kannten mich noch aus meiner Nichtkrüppelzeit, sie wussten noch nichts von meinem "Glück", waren dementsprechend überrascht. – Aber der Blick in meine Finanzen versetzt mir sofort einen Nervositätsschlag: Der Tausenderschein ist weg! Dunstige Schwaden rasen über den Zimmerhimmel, ein Vierfüßler mit Raubvogelgesicht, mit drachenartig gebildeten Schwanzende, ein Sagittarius, steht am Bettende und speit grün-violettes Feuer in meine Richtung, indem Engel zu sehen sind, die soeben erfahren müssen, wie das ist ohne Flügel. Ich zwinge mich dazu, ruhig zu bleiben, kämme noch einmal das Portemonnaie um. Noch einmal, und noch einmal. Aber der Schein bleibt verschwunden. Ich durchsuche das Bett. In meinem Becken läuten die Alarmglocken in höchsten Tönen – *uninteressant, Jetzt will ich mein Geld wiederfinden!!* – Aber auch im Bett ist nichts. Ich bewege mich zu der Stelle, wo mein Geld lag: *Es besteht doch immerhin die Möglichkeit, dass es herausgerutscht ist.* Aber auch dort nichts. Ich lege mich auf den Fußboden, starte einen Rundumblick. Das Geld bleibt verschwunden.

Meine Hoffnung schwindet.
Vielleicht liegt es in der Stube!
So schnell es geht, bewege ich mich hinüber. Dort sind schon alle auf, schauen mich erwartungsvoll an.
»Satmal, habtihrnen 1.000,- DM-Schein gesehn?«, will ich wissen.
Alle verneinen.
»Scheiße, verdammte!!«, brülle ich wutentbrannt.
»He, was is'n los?«, ist Mascha befremdet.
»Eris weg! Am Diensag hattchn vonner Versichrung gekriegt, unjetzte isser weg!« Ich kann keinen klaren Gedanken mehr fassen, bin restlos übermannt von der aufkommenden Erkenntnis, überrumpelt, gefesselt, gequält.
»Wo hast'n du ihn liegen gehabt?«, erkundigt sich Qualle. Und nachdem ich es ihm erzählt habe, begeben sich er und Kulle in mein Schlafzimmer.
»Iß erst mal was«, versucht Mascha, mich zu beruhigen.
Lustlos schiebe ich mir einen Bissen rein. Aber ich wende mich sofort davon ab, als Kulle und Qualle wieder hereinkommen.
»Und?«
»Nichts.«
Mascha meldet sich wieder: »Jetzt iß erstmal, dann sehen wir noch einmal in Ruhe nach!«
»Verdammte Scheiße!« Der nächste Bissen hat Mühe, die Schwelle in die Speiseröhre zu überschreiten.

*

Abends.
Mascha, Elsa, Kulle und Qualle sind vorhin weggegangen. Vorher versuchte Elsa noch, eine Modenschau zu machen. – *Der Versuch ist ja lobenswert, aber die Ausführung ...!* – Wir sollten einschätzen, wie es aussieht, was sie anzieht, und wie sie sich schminken soll. Natürlich sagten wir ihr unschuldsvoll, dass sie gut aussähe. Doch kaum hatte sie sich abgedreht, grinsten wir uns an. Was sie bot, war keine Modenschau, sondern eine Monsterverunglimpfung. Das Kleid, welches sie anzog, sah aus wie des kleinen Mucks Trauergewand. Und ihr Sich-schminken: Ich persönlich mag es sehr, wenn sich ein Mädchen schminkt; das zeigt, dass sie sich pflegt, dass sie etwas aus sich machen will; aber schminken muss auch gelernt sein. Bekanntlich ist es ja dazu da, dass man bestimmte Gesichtsstellen hervorhebt, andere kaschiert. Aber bei

ihr – da gibt es nichts hervorzuheben oder zu kaschieren, das hat alles schon die Natur (und ihre Intelligenz) getan, und zwar ohne Schminke: Jede einzelne Fettspalte prangt wie ein in den Vordergrund gestelltes Bild hervor und alles, was man als hübsch bezeichnen könnte, ist abhanden gekommen *(War es jemals anwesend?)*: Ob das ihre Augen betrifft, ihre Haare, Frisur, Gesichtszüge, Nase ... einfach alles. Vielleicht ist der Nagel der zweitgrößten Zehe vom ihrem linken Fuß schön – aber das kann ich nicht beurteilen, will ich auch nicht beurteilen können.

Jetzt aber spielt Henry wieder den Babysitter, passt auf die Kinder (und auf mich) auf. Und er hat einen Neckarmann-Katalog mitgebracht, den ich mir anschauen soll. Und geht wieder, nachdem ich ihm gesagt habe, was ich haben möchte – paar neue Turnschuhe, einen Packen Socken, einen Stapel Slips – er es sich aufgeschrieben hat und wir uns geeinigt haben, dass er das Geld bekommt, wenn ich die Ware habe.

*

Draußen wird die Tür aufgeschlossen. Ich liege auf der Couch und sehe fern. Es ist Mitternacht durch, besagt mir die Wanduhr.

Alle vier kommen rein. Ziemlich grimmig sehen sie aus, allerdings ohne irgendein Anzeichen, paar auf die Lichter bekommen zu haben.

Elsa macht sich als erste griesgrämig bemerkbar: »Ente, runter vom Couch!!«

Träum ich oder wach ich??

»Na, wird's bald?«

Ich bin wach.

Wahrscheinlich wollte sie da mal wieder irgend jemanden aufreißen, der war da aber so erschreckt von ihrem Antlitz, dass er dieses »Vergnügen« ausschlug.

»Kack dirni offs Knie!«, fauche ich gereizt zurück. »Du wirstichdoch, solanger Film läuft, woanders plaziern könn!«

»Ich will aber den Couch zum Schlafen bereit machen! Außerdem geht dich das'n Scheißdreck an!«

»Dann werdich natüiich sofott flüchtn! Ich stellmirdas ni grad schönvor, wennde nebnmir liegst!«

Jetzt rastet Elsa aus. Ihr Gesicht färbt sich vom strahlend roten zum leuchtenden Purpur. – Mir drängt sich automatisch der Gedanke an eine verrücktspielende Ampel auf. – »Was mit deinem Arsch los ist, daran bist du doch selber schuld!«, keift sie mich an.»Du hast im Krankenhaus zwei Krücken bekommen! Also nimm die gefälligst auch!«

»Da stimme ich zu, Ente«, lässt sich Mascha vernehmen. »So kriegst du dein Gleichgewicht nie wieder in Ordnung. Du verlegst alles auf links; dadurch kommt rechts gar nicht erst dazu, sich an die steigende Belastung zu gewöhnen. Mach's doch später mit nur einer.«

»Dannbauchich goar keene mehr!«, lasse ich durchklingen.

»Du spinnst total!«, ereifert sich wieder Elsa.

Die hört sich gerne quatschen, die dumme Kuh. Erzählt ja schließlich nicht jeder so einen unqualifizierten Blödsinn wie die.

»Ich war paar Mal im Krankenhaus wegen Brüchen ... «

»Kannich mir vorstelln. Unim Gesicht haste bleibende Schäden davongetragn.« Hat sie das mitbekommen? Ich glaube nicht.

»Da hätte ich auch gern Krücken gehabt, weil ich so schlecht laufen konnte. Und du hast sie, nutzt sie aber nicht!«

Ich bin mittlerweile aufgestanden und trotte Richtung Bett; »GueNach« lasse ich beim Verlassen der Stube erklingen. Doch als ich zurückblicke, fällt mir noch einmal Elsas Anblick ins Gesicht. Er schleppt die Einsicht in meinen Kopf, dass ich **glücklicherweise** nicht so bin wie sie. – *Selbst als Krüppel bin ich besser dran.* – Aber das – genau das – ist zu hart, selbst für mich zu frappant, als dass ich es ihr sagen könnte, als dass sie es kapieren könnte, als dass es etwas nutzen könnte. Und ich habe keine Lust, mich jetzt auf eine fruchtlose Diskussion einzulassen.

In meinem Zimmer angekommen, fange ich an, mich auszuziehen. Da fällt mir ein, dass ich mein Portemonnaie in der Stube vergessen habe. Also schwinge ich mich wieder auf, um es zu holen.

Die letzten 134,- DM will ich nicht auch noch entschwinden lassen.

Doch bevor ich die Tür erreicht habe, tritt mir Qualle entgegen: »Du hast dein Portemonnaie vergessen.« Er reicht es mir, grinst mich spitzbübisch an und geht wieder.

Ich nehme es und stecke es unter das Kopfkissen. Aber erst habe ich kontrolliert, ob noch alles drin ist.

Im Bett liegend fällt mir wieder Qualle sein spitzbübisches Grinsen ein: *Was sollte denn das besagen? Möglich – oder na klar, er ist bestimmt der Meinung, ich habe es mit Absicht liegen lassen, ich wollte sie ködern. Das lag mir aber völlig fern. Ich hatte es wirklich vergessen. Manchmal bin ich so zerstreut wie ein Pro-*

fessor. Aber stop – wiederum könnte das ein Hinweis sein! Sollte jemand von hier das Geld genommen haben? Oder alle zusammen? Scheiße, ich weiß es nicht!

31

Montag, 25. März. 10:00 Uhr.

Der Zeitpunkt ist gekommen, an dem ich wieder ins Krankenhaus einrücke. Der Krankenwagen wartet schon vor der Tür. – Da es einen so langen Urlaub im Krankenhaus nicht mehr gibt, wurde ich am 16. entlassen und jetzt wieder neu aufgenommen. Deshalb werde ich abgeholt.

»Also tschüss!«, verabschiede ich mich. »Und nachm Geld guckter nochmanach, okay?«

»Ja, machen wir«, versichert mir Mascha. »Aber nächstes Wochenende, das Osterwochenende, kannst du zu uns nicht kommen, da bekommen wir Besuch!«

»Machnichts, dann kurierch mich eben erstma aus.« Und gesellschaftsbrauchbar bin ich ja auch nicht, muss ich mir selbst eingestehen.

Beim Treppe-Hinabsteigen hält mich der eine Pfleger – laufen kann ich ja immer noch nicht richtig – der andere trägt meine Krücke und meinen Seesack, den er von Kulle, der ihn und mich sonst immer hinunterschafft, anvertraut bekam. – Kulle ist hier so etwas ähnliches wie der Hausgeist: Er kocht (wirklich gut), er sorgt sich am meisten um die Kinder, und auch ich genieße meistens seine Hilfe. Wenn er nicht wäre – *oje, der Bach der Disharmonien würde dann hier überströmen.*

Im Krankenwagen werde ich auf die Pritsche gelegt und festgeschnallt. Diesmal aber nur an den Hüften, damit ich nicht hinunterrutsche. Dann geht es zurück ins Krankenhaus.

*

Nach dem Mittagessen (das ich im Bett einnehmen musste, da ich nicht sitzen kann) und dem Röntgen meines Backgrounds lehne ich im Chefarztzimmer, blicke erwartungsvoll mit leichter Anspannung auf Frau Christoph; die soeben die Röntgen-Bilder einer genauen Betrachtung unterzieht. »Sie haben keinen Bruch«, kann sie mich dann erlösen, »nur eine starke Sitzbeinprellung. Mit starkem Bluterguss. In zwei, drei Wochen ist das wieder vergessen. Sie müssen die Stelle kühlen und mit Hepathromb einschmieren.«

Hmmh, das mache ich doch schon die ganze Zeit. Hoffentlich verpisst es sich wirklich so schnell. Geht einem nämlich auf'n Sack, sich nicht bewegen zu können!

Meine Audienz bei ihr ist damit beendet. Doch ich muss feststellen, von der vor dem Urlaub besprochenen Entlassung war nicht die Rede. Ich habe aber das Thema auch nicht darauf gelenkt, wie es sonst immer meine Art ist. Denn ich glaube, der Zeitpunkt dafür wäre nicht der richtige gewesen.

Aber aufgeschoben ist bekanntlich nicht aufgehoben. Sie kann sich darauf verlassen: Sobald ich meiner Normallage wieder angepasst bin, gifte ich in der Beziehung erneut los.

32

Donnerstag, 28. März. Früh, Visite.

Die ganze Ärzteschar steht wie immer vor meinem Bett, beäugt mich und schwafelt lateinisch. Doch da, sie finden wieder mal in die deutsche Sprache zurück: »Herr Scholz, wie geht es denn Ihrem Bein?«

Wer hat da zurückgefunden? Aha, Frau Christoph.

»Es wird, es wird. Aber unheimlich lansam.« Ich habe seit Montag die meiste Zeit im Bett zugebracht, mich den sprachlichen Aufgaben gewidmet – leise sprechend gelesen – und geschlafen. Furchtbar langweilig. Erinnert mich an die Zeit in der ITS. Nur war es da ungewollt und hier mehr oder weniger freiwillig.

Frau Heinzl mischt sich ein: »Sie sind wie immer ungeduldig! ...«

»Zum Glück!«, unterbreche ich sie.

Doch sie lässt sich nicht beirren: »Gönnen Sie sich doch mal eine Erholungspause!«

»Sie scheinnzuversn, dassich auser Übung komm!«, erinnere ich sie. »Un das kannchmir jetzte ni leistn!«

Die Antwort darauf erfolgt wieder in lateinisch und wieder hat Frau Christoph ein Einsehen mit mir und biegt die Begutachtung in die deutsche Sprache ab. »Herr Scholz, vom BfA wegen Ihrer Kur haben wir noch immer nichts gehört.«

Die Oberschwester zeigt, dass sie auch noch anwesend ist: »Drüben in Station 14 gibt es aber schon Genehmigungen.«

Ich höre aufmerksam zu, denn es geht ja schließlich um meine Perspektiven. Außerdem erfährt man nicht oft von und bei Ärzten, was hinter den Kulissen abläuft.

»Station 14? Was für eine soll'n das sein?«, will Frau Heinzl wissen.

»Die Station der Alkoholsuchtkranken«, gibt ihr die Oberschwester zu verstehen.

Dr. Frisch, der auch da ist und wie immer nichts zu sagen hat, nickt zustimmend. Aber er nickt auch, wenn es nichts zu nicken gibt.

»Echt?«, ist Frau Christoph fassungslos.

Die Oberschwester nickt nun auch.

»Na wer weiß, was da ist. Wir hätten es wohl förmlicher beantragen müssen. Das werden wir aber demnächst machen.« Mit diesem Abschlusswort beendet Frau Christoph die Visite. Ich ernte noch von allen ein freundliches Zulächeln – wie fast immer; außer wenn ich ganz großen Terror gemacht habe – und kann dann wieder die Beine in meinem Bett ausstrecken. Aber ich bin mit der geistigen Verarbeitung der Visite noch nicht ganz fertig: *Habe ich das richtig verstanden, dass die Alkis die Kur kriegen und ich nicht?? Soviel ich weiß, ist diese Kurklinik erst im März, also in diesem Monat eröffnet worden. Und die sind gleich die ersten, die dort anspringen können? Das wäre eine Riesenfrechheit! Dann sind die vom BfA ja noch frecher als ich! Denn wenn das wirklich so ist, haben die dort eine merkwürdige Selektion. Leider kann man da keinen Terror machen. Oder doch? Mal sehen.*

33

Sonnabend, 30 März. Nachmittag.

Ich habe Bauchschmerzen.

Mist, ich kann kaum laufen, nicht sitzen, muss aber scheißen! Verdammt! Aber ich muss mich auf die Spur machen, sonst ist meine Schlafanzughose voll.

An der Klotür angekommen merke ich, wie meine Musrinne warm und feucht wird.

Scheiße, jetzt aber schnell rein!

In der Kloschüsselkabine will ich mich in altbekannter Manier auf die geöffnete Klobrille fallen lassen: »Auaaa!«

Die ist hart wie Sau, tut schweinisch weh! Aber scheißen muss ich trotzdem! Denn was sich da in meiner Hose befindet, ist keine

Bremsspur mehr, sondern sind die Folgen eines technischen Defektes: Versagen der Bremsen. Und Bremsklötzer habe ich keine bei mir!

Nach einer Weile ist es mir endlich gelungen, den gängigen Sitz gefunden zu haben: Rechts halb hoch, links festgesessen, Kopf an die linke Seitenwand gelehnt, Haltung auf halb acht wie ein besoffener Seemann, der in der Wand ein Guckloch sucht, weil auf der Nebenhütte eine geile Käte sitzt. Und dabei blubbert es aus mir unten raus wie aus einem überlaufenden Fass voll gärender Tunke.

Dünnpfiff! Hat mir grade noch gefehlt jetzt! Ich kann nicht sitzen und habe die Scheißerei – herrlich!

*

Zurück im Zimmer. Ab in die Wäsche mit der Schlafanzughose und waschen. Doch kaum bin ich damit fertig und habe eine neue Hose angezogen, drückt es mir wieder in den Gedärmen rum.

Schon wieder auf die Hütte! Nein! Aber ich muss! Will ja nicht schon wieder eine Hose einsauen!

Diesmal schaffe ich es. Und so darf ich nun zum zweiten Mal innerhalb einer Stunde auf unbequeme Weise mein Innerstes nach außen kehren.

*

Nachdem ich es der diensthabenden Schwester gemeldet habe, bekomme ich irgend so ein schwarzes Kohlezeug.

Soll helfen, ist mir gesagt worden. Na hoffentlich bald.

34

Montag, 1. April. Ostermontag. Nachmittag.

Seit gestern reibt mir Pfleger Helmut meine angeschlagene Stelle mit Voltaren Emuygel ein. Soll besser sein als das Hepathromb, meinte er. Und so ist es auch. Die Farben an meinem rechten Bein, das übertüncht ist von der rechten Arschbacke bis zur Kniekehle, durchleben gerade eine Metamorphose: Erst bunt wie ein eben entstandener Regenbogen – rot, grün, blau – jetzt bleichen die Farben langsam aus und nehmen die Komplementärfärbung an: Rosa, gelb, oliv, violett; Zeit für mich also, wieder mit dem Laufen zu beginnen. Ich kleide mich dafür an. Alles klappt, nur den rechten Strumpf bekomme ich nicht an seine Position. Ich kann das rechte Bein nicht anbeugen, es fühlt sich an, als wäre eine Sperre drin. Infolgedessen klingle ich.

Niemand kommt. Klingle noch einmal.

Wird Zeit, dass ich wieder auf die Beine komme, damit sie merken, dass ich auch noch da bin!

Es dauert wieder eine geraume Zeit, und meine Hand zuckt schon wieder in Richtung Klingel, da geht die Tür auf. Herein kommt Manuela: »Was is'n los? Warum klingelst'n du wie'n Blöder?«

»Selbsdran schuld, wenndeniht kommst. – Kannsde mirma den rechen Strumpf anziehn?«

»Warum machst'n das nicht selber?«

»Das wolltich grad sagn! – Weilich dasreche Been nianbeugn kann.«

»Ph, kümmere dich doch.«

Sollte ihr Hals mein Zielobjekt werden? »Ich habes ja schon versucht, aber ... «

»Dann darfst du nicht soviel fliegen! Und wenn du wieder zu Hause bist, hilft dir ja auch keiner, oder?! Also ich mache es nicht!«

Jetzt reicht es mir. »Du wirst dafür bezahlt!«, herrsche ich sie an.

Ihr Gesicht wird rot, blass, dann wieder rot, dann wieder blass – es wechselt die Farbe wie die Haut eines Chamäleons. »Jetzt riskierst du wohl die große Lippe, was?« Einen Tick zu betont schnippisch.

Aber ich spare mir diesmal die Antwort, grinse auch nicht, nur verächtlich heruntergezogene Mundwinkel. Denn ich brauche nichts mehr zu sagen, sie ist schon schwer getroffen. Mit mürrischem Gesicht geht sie auf meinen Fuß zu, zieht den Strumpf an und verschwindet dann verbissen, schweigend, hastig. Und mir wird klar, dass das mal nötig war, um sie auf den Boden der Realität zurückzuholen. Denn sie schwebte schon über den Wolken, glaubte, sie könne sich alles erlauben.

35

Donnerstag, 4. April. Vormittag.

Endlich haben sie es hier mal in die Reihe bekommen, dass ich in der Woche nach Zittau geschafft werde. Zwar mit einem

Krankenwagen – andere, die aber nicht zu meiner Station gehören, müssen zum Augenarzt – aber letztendlich muss ich darüber hinwegsehen.

Die anderen sind abgeladen und wir stehen vor der Versicherung, von der ich zur Zeit mein Krankengeld bekomme.

»Sie bleiben im Krankenwagen sitzen, ich gehe rein nachfragen!«, bekomme ich von der mitgefahrenen Schwester angewiesen.

Während sie drin ist, habe ich die Muße, über sie nachzudenken: *Unfreundlich ist sie, kalt, stinkig. Wahrscheinlich hat sie ihren Job in der Armee bei schikanierenden Zecken gelernt!*

Plötzlich sehe ich Mascha, Qualle und Kulle draußen vorbeilaufen. Sofort versuche ich, mich bemerkbar zu machen.

Sie bemerken es und kommen herbei: »Hallo Ente, was machst'n du hier?«

»Gruß zrück! – Ich bin hier, ummir Geld uneue Turnschuhzuholn. Damitch die barbarisch-häßlichn enlich losbin.«

»Na so hässlich sind sie doch gar nicht«, meint Qualle.

Ich schaue ihn zweifelnd an. »Reichtaerzu«, lasse ich mich nicht umstimmen.

In dem Moment kommt die Schwester wieder. Sie drängt die drei beiseite, gibt ihnen zu verstehen, dass sie verschwinden sollen. Und ihnen bleibt nichts weiter übrig, als verdutzt drein zu schauen. Ich bin auch verblüfft. Schnell erkläre ich ihnen die Sachlage, indem ich mir an die Stirn tippe und auf die Schwester zeige.

»Kommst du am Sonnabend?«, ruft mir noch Mascha zu.

Die Schwester scheint nun endgültig die Nase voll zu haben, versucht die Krankenwagentür zu schließen. Und der Fahrer eilt herzu, um ihr zu helfen. Deswegen bleibt mir nur noch die Zeit für ein »Ja!« Denn ich habe keine Lust, mich jetzt mit der Schwester anzulegen. Sie führt mein Geld mit sich und soll noch am heutigen Tag ein höriges Lamm für mich spielen bei dem, was ich in Zittau vorhabe.

Nachdem sich Mascha, Qualle und Kulle entfernt haben – nicht ohne noch vorher der Schwester einen unmissverständlichen Blick zugeworfen zu haben – legt sie mir den Rechnungszettel vor. Und fordert mich auf, ihn zu unterschreiben.

Doch erst mal bleibt mein Blick an der Zahl hängen. »460,- DM – wie teiltn sich dasoff?«, will ich wissen.

Ich erfahre, dass davon für Monat März 260,- DM anstehen und der Rest für den Monat Februar.

»Waaas??«, wird mir die Sache immer unklarer. »Ich kann mich erinnern, das waren mal 316,- DM!«

Sie seufzt gelangweilt auf: »Es steht auf dem Zettel, wie das berechnet wurde. Aber jetzt beeilen Sie sich mit Unterschreiben! Ich habe nicht viel Zeit; und außerdem wollen Sie ja noch etwas anderes unternehmen, nicht?«

Das ist die reinste Erpressung! Aber mir bleibt gar nichts anderes übrig, als ihrem Befehl zu folgen. Schließlich will ich ja unter anderem noch in den Schuhladen.

*

Auf der Fahrt dorthin betrachte ich sie von der Seite: Sie ist nicht hässlich, nein, ganz und gar nicht. Aber ihr unsympathisches Verhalten und das, was sie dadurch ausstrahlt, ziehen eine tiefe Furche nach der anderen auf ihrem Gesicht, wenn auch zur Zeit noch imaginär (scheinbar!); aber diese Furchen hinterlassen eine welke Note. Wodurch jeder, der mit ihr in Berührung kommt so wie ich jetzt, hinter ihre Kulissen blicken kann, sich vorzustellen vermag, wie sie in 50 Jahren ausschauen wird (Oder schon eher?? Vielleicht schon morgen??): Ihr Teint wird grau, Runzeln prägen ihre Züge, Hexenhaare schießen wie Pilze aus ihrem Gesicht; ein paar übriggebliebene Haarsträhnen überqueren ihren Kopf, so dass es ausschaut, als wenn Klopapier an einem Nates hängengeblieben wäre; ein paar schwarze Stummel – Ihre Beißer? – präsentieren sich auf der Oberfläche der Lippen – oder besser Mundverschlüsse – wie bei den Nutrias, die sich gerade auf ein Mahl vorbereiten. Jetzt ist sie aber trotzdem noch genießbar. Allerdings bei ihr in die Einflugschneise einfliegen, na ja, muss nicht sein. Oder doch? Machen wie früher: Quer durch den Gemüsegarten. Denn früher war Sex meine Lieblingsbeschäftigung; hätte auch nichts dagegen, wenn es wieder so werden würde! – Kurz vor Weihnachten erledigte ich es in Ermanglung besserer Gelegenheiten zum ersten Mal nach dem Unfall manuell, fünfe gegen einen, doch da tat es weh. Aber es muss schmerzfrei sein, es hat schmerzfrei zu sein, deswegen eine Weile später noch einmal; diesmal klebte der Hauch von etwas Schönem daran. Wahrscheinlich hatte sich durch die lange Nichtbenutzung die Vorhaut zusammengezogen. Aber Sex? Ich weiß nicht, ob ich ihn noch kann, ob ich noch fähig bin, eine Frau zum Höhepunkt zu treiben, sie erbeben zu lassen, sie in wollüstige Ekstase zu versetzen. Denn eine Freundin habe ich ja nicht mehr. Niemand mehr da, bei der ich das erfahren könnte. Pia hat sich ja verdünnisiert. Und eine andere – nicht in Sicht. Früher – tja, früher – da war das ganz anders. Da konnte ich mir noch aussuchen, welches Mädchen. Doch jetzt?? Auf einen ganz einfachen Nenner gebracht: Gesund, arm – 'nicht so schlimm, komm!' Krüppel – 'weg, ab in die Versenkung!' Und das macht fertig, man gerät da in eine selbstzerstörerische Trance. Irgendwie muss ich da rauskommen. Aber wie? Gibt es dafür einen Schlüssel? Wenn ja, dann möchte er mir aber bald gegeben werden. Denn nicht das Erreichen des Studiums ist meine Primärmotivation, nein, meine gesellschaftliche Stellung. Ich bin kein Karrierehengst; hatte einmal schon die Frau gefunden, mit der ich glücklich hätte werden können. Doch ... Ich Trottel!

Der Krankenwagen hält. Wir steigen aus, um in den Schuhladen zu laufen.

*

Ich komme aus dem Schuhladen wieder heraus – in schönen weißen, neuen Adidas-Knöchelturnschuhen; jetzt gefalle ich mir selber schon viel mehr, und das ist die Basis dafür, ein Mädchen zu bekommen – da bemerke ich Anna, Steffen und Engel.

Aha, heute ist der Tag der Begegnungen!, stelle ich fest. Und will mich wieder bemerkbar machen. Doch sie bemerken es nicht. Stolzieren weiter. Und in mir kommen Zweifel auf, ob sie mich überhaupt sehen wollten. Denn mit Krücken laufen nicht so viele durch die Gegend. Und sofort tritt wieder das letzte Silvester vor meine Augen: *War das eine weitere Erkenntnis? **Ja!!***

Im Krankenwagen erfahre ich dann von der Schwester, dass es mit einer Geldanzeige Zeit hätte und wir jetzt zurückführen.

Nanu, zeigt man das drei Jahre später bei den Bullen an, wenn einem Geld geklaut wurde?

36

Freitag, 5. April. Nachmittag.

Auf meiner Seite die Toilette ist gesperrt, da wird gebuddelt. Infolgedessen muss ich auf den anderen Gang gehen.

Ich komme wieder heraus aus dem Toiletteneingang; da öffnet sich vor mir die Zimmertür. Eine Frau, eine junge. Sofort setzt wieder meine Begutachtung an: Sie ist einen halben Kopf kleiner als ich *(gut, gut)*, hat braune Augen, ihr Teint konkurriert mit zarter Schokolade, kurze rotangehauchte braune Haare *(sieht niedlich aus)*, Figur schlank bis zierlich.

Sehr interessant, muss ich feststellen, *nicht so langweilig wie eine Schaufensterpuppe; und sie kann hinreißend lächeln.*

Aber mehr als das schickt sie mir nicht herüber, geht weiter. Weshalb ich sie leider nicht in ein kontaktknüpfendes Gespräch verwickeln kann. Aber ich bin mir sicher, dass sich dazu eine passende Gelegenheit noch bieten wird.

37

Sonnabend, 6. April. Früh.

Seit gestern Abend bin ich wieder im Essensaal dabei. Im Bett zu essen behagte mir nicht besonders, also rückte ich wieder an den Tisch. Aber da ist die Luft zu – im wahrsten Sinne des Wortes – beschissen. Und die Schwestern kommen nicht mal auf die Idee, die Fenster dabei zu öffnen. Jedenfalls nicht immer. Die müssen in dem Gestank ja nicht kampieren. Und deswegen bin ich zurück in den Essenraum, in dem ich schon seit Februar mein Essen zu mir nehme.

Auf dem Weg dorthin. Da kommt Schwester Regina mir entgegengelaufen mit einem Tablett, das mit Frühstück gefüllt ist. Ich gehe zur Seite, um sie durchzulassen.

»Herr Scholz«, faucht sie mich plötzlich an – es kann sein, dass das ihre gewöhnliche Sprechart ist, aber es klingt immer wie ein Fauchen – »wo woll'n Sie hin!?«

»Innen Essensaal. Wohisonst?«, entgegne ich verwundert.

»Immer diese Mätzchen! Gestern haben Sie noch im Zimmer gegessen!« Wütend – ihr Gesicht fängt wieder an, grün anzulaufen – bleibt sie stehen.

»Fallsirdas entgangn is: Ouch gestern warich schonimEssensaal! Undadurch ismir unklar, wasas Ganze soll!«

»Immer jeden Tag was Neues!«, brabbelt sie vor sich hin, wendet sich und läuft mit dem Tablett in den Essensaal.

»Herr Scholz, Sie werden doch schon wieder frech!«, schallt es da aus der Küche, entsandt von Helmut.

In mir sprudelt es wieder einmal: *Immer, wenn man den beiden beweist, dass sie unrecht haben, gilt man als frech. Okay, Frechheit ist zwar die direkte Form, jemandem die Wahrheit zu sagen, nur diesmal bin ich relativ höflich geblieben.*

Aber ohne mich auf eine doch sinnlose Diskussion einzulassen, stapfe ich weiter.

*

Mittlerweile wieder in Zittau sitze ich bei Mascha im Sessel und schaue zu, wie die anderen frühstücken. Werde dabei gefragt, wie es meinem Sitzfleisch geht.

»Gebrochn is nischt, bloßas Sitzbeenis geprellt, verbundnmitn übelstn Bluterguß«, kann ich ihnen mitteilen. »Un deswegn breitet mirs Sitzen nochimmer Probleme, abers wird wieder. Und wasas Loufen betrifft: Sei Montag trainierch wieder – schmerzfrei. Muss nur offpassen, dasschni zuviel Rücknlage bekomm un dadurch zrückfall. Deswegn neigch mich jetztimmer nwenig nach vorn, damitch eventuelle Flüge miden Händn abfangn kann; weshalb ich Handschuhanzieh.«

Mascha: »Gut. Aber sag mal, wer war'n diese Olle am Donnerstag?«

»Die soll vonner Fürsorgesein. Dochich gloubeher, die war vonner Entsorge.«

»Wieso, ist sie mit dir auch so rumgesprungen?«

»Isse. Die hat vielleicht angenommn, ich sei ouch außer Klapper. Allerdings – dieis wohl von dort angesteckt wordn. Offm Stationsschild steht nämich Neuologie unni Psychatie. Dasisn klittekleener Unterschied. Abersinja Fremdwörter. Ach ejal. Die hat ni bloß een Rißinner Waffel, also vergeßtes. Aer wasandres: ... «

»Lässt du uns mal essen?«, erkundigt sich Elsa.

Ich erkenne aber den Grund nicht, mich von weiterem abhalten zu lassen. »Ich wusste goarni, dassde dazude Ohrn brauchst. Paßoff, dumachst so:« – Wütend grunzt sie. – »Du fährst deine Hörsensorn zwischem Gemüse andein Ohren aus, lässt dabei deine Geschmacksnervn un Kaumuskelnoffas Essn konzentriert. Issas möglich?«

»Nee!«, faucht sie. Man kann richtig sehen, wie ihre Wut sich in ihrem ach so holden Antlitz niederschlägt. Sie kriegt schon rote Ohren, der Fettwulst, den man normalerweise Oberlippe nennt, fängt an zu zittern, als wenn an ihm Strom anliegt, welcher langsam erhöht wird.

Doch ich lasse mich nicht stören, setze mit meinen erklärenden Ausführungen fort. »Hmmh, dasürfte ziemlich schwer sin«, bestätige ich ihr. »Das Problem is nämlich komplex zu betachtn. – Ah ja, Kompexität is ja ouchn Fremdwort. Na gutt. Komplex is gleich umfassend. Noch Fragen?«

Jetzt wird sie von allen Seiten belacht. Und sie: Der Abstand zwischen Riecher und Essen wird immer kleiner. Die Nahrungsteile überprüfen schon ihre Waffen, um die Nasensäfte erfolgreich abwehren zu können. Ich will sie darauf hinweisen, unterlasse es aber. Ihr Gesicht ist durch den Wutanfall sowieso schon noch hässlicher geworden. – *Mike, das geht doch goarne!* – Stattdessen komme ich zu meinem eigentlichen Anliegen zurück: »Aber wasich eigentlich fragn wollte: Was isn nueigentlich mitmeim ... «

»Geld?«, vervollständigt Mascha fragend.

Ich nicke.

»Wir haben danach gesucht, es aber nicht gefunden. Wahrscheinlich hast du es irgendwo anders verloren.«

So so. Fehlte nur noch, dass sie sagt: »*Ach wie gut, dass niemand weiß, dass ich Rumpelstilzchen heiß!*«*Ist schon merkwürdig.*

»Damussch eben neAnzeige machn«, versuche ich noch mal auf den Busch zu klopfen.

»Das ist dein gutes Recht«, bescheinigt sie mir jedoch. Und alle fangen an – auch Elsa – zu grinsen; außer Kulle, der unbeteiligt weitermampft. Tja, und damit ist die weitere Initiative wieder einmal mir überlassen. Ich will sie ja eigentlich auch immer an mich reißen, aber in dem Falle spüre ich, dass ich keine Chance habe. Erstens, weil das irgend jemand hier vollbracht hat, deswegen über meine Aktivitäten Bescheid wissen wird, und zweitens weil ich ein Krüppel bin und zur Zeit keine Möglichkeit sehe, in der Woche in Zittau einzufliegen. Aber ich sehe schon: »**Mit Krüppeln kann man das ja machen, nicht?**«

38

Sonntag, 7. April. Nachmittag.

Ich sitze bei Steffen, wo auch Manuela und Engel sind. Und wir unterhalten uns über die nicht mehr auffindbaren 1.000,- DM.

»Das ist doch eine Riesensauerei!«, meint Engel, und alle anderen stimmen zu.

»Weißt du – oder ahnst du, wer's gewesen ist?«, will Steffen wissen.

»Nisorichtsch. Aberich vermute, dass Qualles war.«

»Nee, der auf keinen Fall!«, widerspricht mir Steffen sofort. »Der macht so was nicht. Zwar andere Sachen, aber so was ist ihm zu durchsichtig. Und Kulle scheidet auch aus. Bleiben nur noch die Büchsen.«

Ich fange an zu sinnieren: »Elsa wäre möglich, sogar sehr möglich« – dass es mir geklaut worden ist, daran besteht kein Zweifel mehr; und wenn ich ehrlich bin, habe ich auch nie einen gehabt – »aerMascha könnmerouch ausklammern.«

»Warum eigentlich?«, ist Engel nicht meiner Meinung.

»Na ja, ich weeßni warum, ich gloubeinfach, sie würde sowas ni machen.«

»Da kennst du sie aber schlecht! Sie tut von vorne scheißfreundlich, aber von hinten ist sie in der Lage, dir sonst welchen Mist anzutun. Wir haben lange genug bei ihr gewohnt, ich habe ihr Getue voll durchschaut. Sie ist extrem falsch! Also sei in Zukunft ihr gegenüber vorsichtig!«

»Das werdich off jeden Fall, da kannstdedir sichersein! Aber nächste Woche möchtich deswegn neAnzeige machn. Vielleich werdn se damit auser Reserve gelockt. Un außerdem willichouch gleich mitn Sparbuch eröffn, damimr sowas ninochma passiert. Engel, könnste mich dasu abholn?«

»Ja, kann ich. Wann d'n?«

»Wie wärs Mittoch 14:00 Uhr?«

»Okay. Aber ich glaube, dass eine Anzeige nicht viel Sinn haben wird. Die sind dazu zu abgeklärt.«

»Und außerdem – nehmen wir mal an, Kulle scheidet aus – können es ja alle drei gewesen sein«, gibt Steffen zu bedenken. »Dann decken sie sich gegenseitig.«

»Ja, ich weeß, dassichs Regress schreibn kann. Unesis zum Kotzn, noa – ers verschwindn mir beim Unfall 850,- DM, dann, ich habse kaum wieder, sinse zwee Tage später wieder weg. Aber Probieren geht vor Studieren!«

Kurze Zeit später fahren Engel und Manuela los und nehmen mich mit zu Mascha. Dort erinnern sie mich noch mal daran, dass sie mich am Mittwoch abholen werden und düsen dann ab.

39

Dienstag, 9. April. Mittag.

Wie in letzter Zeit immer bin ich in der Mittagspause in der Turnhalle der Physiotherapie und mache meine Kraftgymnastik. Und am Freitag habe ich es endlich geschafft, zwanzig Liegestütze hinzupacken. Wenn ich daran denke, dass ich vor ungefähr einem halben Jahr geradeso mal einen geschafft habe, sieht das nicht schlecht aus. Deshalb habe ich gestern angefangen, Klimmzüge zu probieren. Kammgriff, denn Ristgriff geht schwerer. Doch nicht einen geschafft. Und Jetzt hänge ich wieder an der oberen Stange der Sprossenwand.

Ruhig atmen. Eins-zwei-drei-anziehen! Es klappt!! Fallenlassen und sofort wieder anziehen – den Schwung ausnutzen! Und – noch mal geschafft!

Völlig erschöpft lasse ich mich wieder auf den Boden hinab; schnappe nach Luft, weil sie mir durch diese Anstrengung abgedreht worden ist. Und meine Beine zittern wie im Taifun steckende Grashalme. Aber: »Jeeeeejj!« Geballte Faust!

Ich hab's geschafft! Endlich! Bis zu meiner früheren 18 ist es zwar noch weit, aber auch das werde ich schaffen! Den Anfang dazu habe ich ja eben vollzogen!

Beim wieder Hochgehen treffe ich noch im Keller Frau Miller; und berichte ihr sofort davon. Sie zieht bewundernd die Lippen kraus. Was für mich das schönste Gefühl ist. Auf diese Leistung, die keine Eintagsfliege bleibt und bleiben darf, bin ich sowieso stolz, aber dafür von anderen anerkannt zu werden, verschafft mir erst richtige Genugtuung. Ich freue mich.

40

Mittwoch, 10. April. 14:00 Uhr.

Eigentlich sollten mich jetzt Engel und Manuela abholen, aber noch (?) sind sie nicht da. Und ich werde auch erst dann glauben, dass sie kommen, wenn sie vor mir stehen. Trotzdem sitze ich schon auf der Parkbank und rauche. Nervös. Warte.

Am Montag habe ich Frau Christoph Bescheid gesagt, dass ich heute Nachmittag weg muss. Selbstverständlich wollte sie auch wissen warum. Ich erzählte ihr die ganze Geschichte.

»Ich habe es ja schon am Anfang bemerkt, dass die anrüchig sind«, gab sie mir daraufhin zu verstehen. Was ich aber eher für ein Gerücht halte.

Solche Besserwisser erzählen doch hinterher immer das Gleiche: »Das haben wir schon vorher gewusst! Das haben wir schon vorher geahnt! Hättest du nur auf uns gehört!« Geben aber solche Leute ausnahmsweise mal vorher Prophezeiungen ab, dann treffen die mit 80%-iger Sicherheit nicht ein. Kein Wunder, dass manche Jugendliche auf Ältere nicht hören.

Schließlich gestattete sie mir den Ausgang.

Ich sitze immer noch. Warte immer noch. Rauche immer noch; eine nach der anderen, schaue; immer wieder auf die Uhr.

Ich erinnere mich, es war einmal, dass sie später kamen, am Buß- und Bettag; aber dass sie jetzt auch kommen, ist nicht so sicher. Unsere Freundschaft ist arg zerrüttet, wenn nicht zerstört worden, durch meine Mutter, durch die Behinderung ... okay, vielleicht auch durch meinen Drang, mich immer durchsetzen zu wollen, auch auf die Gefahr hin, dadurch bei anderen anzuecken. Aber anders habe ich doch gar keine Chance, es Phönix gleichzutun! Damit stecke ich jedoch in einem Teufelskreis. Aus dem ich nicht ausbrechen kann und auch nicht ausbrechen will. Ich suche mir – oder ich muss mir suchen – einen anderen Weg. Ist nur sehr schade um diese Freundschaft. Es wäre allerdings schön, würde ich mich irren.

Ein Auto. Schon paar Mal habe ich eins gehört, doch es war niemals der mir bekannte Wartburg. Trotzdem: immer wieder aufgeregt. Am Anfang war es noch freudige Erregung, aber jetzt? Vielleicht Angst vor der nächsten Enttäuschung?

Es ist – *Scheiße, wieder nichts, ein dämlicher Skoda.* - Fast schon resignierend wende ich mich wieder meiner Zigarette zu.

Doch da – ich bemerke, dass hinter dem Skoda noch ein Wagen auftaucht. – *Ja, das ist er, der ostfriesenbauchgelbe Wartburg mit dem kackbraunen Dach! Sie sind es, sie sind es! Sollte ich mich doch geirrt haben?*

»Hi Ente«, begrüßt mich Engel, als sie angekommen sind – Manuela tritt lächelnd dazu – »wir sind'n bisschen spät, nicht?«

»Joah«, lasse ich gedehnt ertönen.

»Wir sind zu spät losgefahren. – Aber ehrlich gesagt, wir hatten gar nicht mehr dran gedacht. Um zwei fiel's uns erst wieder ein.«

Ich weiß nicht, woran das liegt, aber Engel hat so eine erfrischende, belustigende Art an sich. Wenn er und Manuela da sind, ist das Krüppeldasein mir wie aus dem Kopf geblasen. Ich muss mich dann erst wieder selber daran erinnern, sonst würde ich anfangen, herumzurennen und irgendwelche verrückten, einem Krüppel nicht gestatteten Sachen zu machen. Aber aufgrund dieser Lustansteckung fange ich an zu grinsen, immer breiter. Und würde mich nicht wundern, bekäme ich jetzt einen Lachkrampf. Deswegen: »Kommt, wir machn jetztelos. Schließlich hamer noch einiges zu tun.«

*

Während der Fahrt frage ich sie, was aus meinen Platten wird.

Die beiden beratschlagen, dann gibt mir Manuela Auskunft: »Du bist doch laufend bei Steffen. Da geben wir sie dem, und du kannst sie dir dort abholen.«

Von der Möglichkeit bin ich zwar nicht sonderlich angetan, wegen Steffens Unzuverlässigkeit, allerdings befinden sie sich dann in meiner Reichweite.

*

Wir fahren in Zittau ein. Zuerst Richtung Bullenburg. Plötzlich entdecke ich Mascha und die anderen drei. Und Mascha schaut auch noch in meine Richtung.

Hoffentlich hat sie mich nicht entdeckt. Ein bisschen peinlich wäre das schon – ich fahre sie anzeigen, und sie entdeckt mich.

Aber zum Glück ist Engel sofort an ihnen vorbei.

»Haben sie dich gesehen, Ente?«, will er wissen.

Ich schaue zurück zwecks Ausguck nach ihrer Reaktion. »Nee, sieht nisso aus. Außerdem habch mich sofort, woichse sah, kleen gemacht.«

»Und wenn, ist das auch nicht so schlimm!«, klärt uns Manuela auf.

Na ja, wenn ich es genau betrachte, hat sie schon recht, aber ... ich find es eben irgendwie peinlich. Denn ohne Mascha wäre ich nach dem Kriegsausbruch mit meiner Mutter im Krankenhaus verrottet.

Schließlich halten wir in einer Nebenstraße, die ungefähr fünfzig Meter von der Bullenburg entfernt ist. Und nach dem Aussteigen fange ich an, mit den Krücken – ich habe jetzt wieder beide mit, weil ich selber zu der Einsicht gekommen bin, entweder beide oder gar keine – loszulaufen, wobei mich Manuela und Engel an den Seiten säumen.

»Geht's ohne Festhalten?«, will Manuela besorgt wissen.

Sie fragt deshalb, weil die Oberfläche von Straße und Fußweg aussieht, als wenn ein 50-Tonnen-Panzer durchgefahren wäre – *zwischen Berg und tiefem, tiefem Tal ...*

Ich bleibe stehen: »Du kennstoch meinEistellung: Zur Not würdch kriechn. Abersisouch so machbar.« Dann wende ich wieder meine volle Aufmerksamkeit – denn die ist bei diesem Geröllacker gefragt – dem Laufen zu.

Ich sitze mit zwei Kripobeamten in einem Zimmer.

»Was haben Sie denn für ein Problem?«, fragt mich der eine. Worauf ich anfange mit meinem Namen und ihnen dann mein Problem erkläre.

»Und bei denen wohnen Sie jetzt?«

»Ja, zur Zeit läßtsichs ni vermeidn.«

»Ach, die kennen wir schon«, winkt der andere ab. »Wissen Sie, wer's war?«

»Na ja, ich vermute, dasses der Heinibert Qualle war; immerhin isserjaim Knast Stammkunde. Aberenau weeßichesouchni. Nur, dasses eener vondenn viern gewesn sein muss.«

»Sind da nicht auch mal andere da?«

»Natürlich! Aberich stellja meiGeld niaus.«

»Was den Herrn Qualle betrifft: Mit solchen Vermutungen müssen Sie vorsichtig sein! Auch wenn er schon im Gefängnis war – was uns bekannt ist – muss er noch lange nicht für den Diebstahl verantwortlich sein. Vielleicht war es auch jemand anderes.«

»Sehich ein«, muss ich eingestehen.

»Außerdem können es ja auch alle vier gewesen sein. Dann decken sie sich gegenseitig; und da haben wir keine Möglichkeit, etwas herauszubekommen.«

Das hört sich gar nicht gut an, gar nicht gut! War's das etwa?

»Außerdem kommt hinzu, dass Sie die Ermittlungskosten selber tragen müssten. Es ist leider nicht mehr so wie früher, dass das der Staat bezahlt, so lange noch kein Schuldiger gefunden ist.«

In mir nimmt die Verärgerung ob der hier für mich bestehenden Hilflosigkeit einen Riesenplatz ein. Aber ich versuche noch eine Kohle nachzuschieben – wobei ich mir aber nicht ganz sicher bin, ob überhaupt noch welche im Kohlenschuppen sind: »Dann heissdasalso, Opfer werdn doppelt bestroaft, Diebe könn machn, wase wolln, das perfekte Verbrechen iseingezogen?!«

»So kann man das aber nicht sehen! Was die großen Sachen betrifft ... «

»Ich weeßjani, was fürSe groß heeßt«, fahre ich ihm in seine Beteuerungen, »aber 'groß' isn Relationswort! Un daich nur 316,- DM im Monat kriege, dürftn doch 1.000,- DM fürmichabsolut ni Kleengeld sein!«

»Tja ... « – das große Ringen um eine Antwort beginnt –
»wir können Ihnen da nur sagen, dass wir in der Ermittlung keine
Hoffnungen sehen. Wollen Sie es trotzdem versuchen?«

»Mussch mir noch überlegn. Allerdings – wennSe so ande Sache rangehn, wird mir kloar, dasses Geld für michn Bach runtergegangn is. Also nein.«

»Dann können wir nur raten, seien Sie in Zukunft vorsichtiger und suchen Sie sich 'ne neue Wohnung.«

Wenn er mir jetzt noch die zehn Gebote der Bibel vorgepredigt hätte, wäre der ganzen Sache noch ein würdiger Rahmen beigefügt worden.

Ich verabschiede mich.

Draußen werde ich von Manuela und Engel in Empfang genommen. »Und, was kam raus?«, fragen sie mich sogleich.

»Das Geld isoffder Regressliste. Die könni unwollni undamit hat sichs für mich erledigt. Zu gudder Letzt müsstich die Scheiß-Ermittlung ouch noch selber bezahln. Nee danke! Ich wüsste goarne wovon. Greif malm nackigen Mann inde Tasche. Undeswegen habch abgelehnt.«

»Bist du sehr traurig?«, erkundigt sich Manuela.

»Ach, es giht eigentlich. Im Grunde genommn habch mich längst damit abgefundn. Beim Unfall wars Geld schoweg, jetzt isses wiederer Fall – sollte halt ni sein. Sollnse sich doch totsaufn daran!«

»Okay«, stimmt mir Engel zu. »Jetzt zur Sparkasse.«

*

Wir stehen wieder vor dem Eingang der Krankenhausstation, steigen gerade aus dem Auto.

»Nehmtir mameine Krücken? Ich loufohne«, überrasche ich die beiden.

Engel: »Ente, bist du jetzt größenwahnsinnig geworden?«

»Joa!«

Manuela: »Ente, wenn dabei aber was passiert – ich habe Angst!«

»Ich wett mit dir, dassde dieouch hattst, alsch midm Krücken-Loufn anfing! Unaußerdem: Ich bins gewöhnt, dassandre immer mehrAngst hamals ich. Aerentscheidend dabei isdoch, dass ich keene hab. Sons würdch hechstwahrscheinlich übervorsichtsch werdn unkönnde Sache abblasn. Weil mir nämich dannoffalle Fälle was passiern würde.«

»Gut, versuch's!«, erteilt mir Engel die Starterlaubnis. Und nimmt meine Krücken.

Ich stelze los. Am Anfang wackle ich auch mächtig und Manuela will sofort zufassen. Als sie aber merkt, dass ich mich noch unter Kontrolle habe, lässt sie ihre Hände über meinem Arm stoppen.

Ich muss unwillkürlich grinsen, denn das Beste kommt erst noch, das war nur das Vorspiel: Ich bin an der Treppe angelangt.

»Brauchst du eine Krücke?«, fragt mich Engel.

»Weerdas, noch werdch mich festhaltn.«

»Oh Gott«, stöhnt Manuela. Dann wendet sie sich an Engel: »Gib mir die Krücken und pass du auf ihn auf!«

»Eh Ente – was du bisher gezeigt hast, war absolut stark!«

Während Engel spricht, reicht er Manuela die Krücken, die hinzufügt: »Wenn man bedenkt, dass du noch vor einem Viertel Jahr im Rollstuhl warst, so ist das unglaublich. Super!«

Herrlich! Herrlich jetze! Herrlich, von den beiden! Doch jetzt – die Treppe.

*

Und wieder darf ich mich in den Lobeshymnen sonnen, als ich oben bin. »Nur« die Ausdauerstrecke brauche ich noch zu überstehen – zurück zum Zimmer.

»Krücken?«, will Engel wissen.

Ich zeige ihm einen Vogel, woraufhin ich Gelächter ernte.

Auf dem Gang kommt uns Schwester Manuela entgegen. »Na, spinnst du wieder?«, bemerkt sie zu mir.

Ich bleibe stehen, um mich ihr zuwenden zu können. »Mach die stinkende Gosse zu!«, rate ich ihr. »Da kommt sowieso bloß Unflat raus!«

Doch sie ist derweil weitermarschiert, im Schwesternzimmer verschwunden.

Ist sie jetzt wieder der Meinung, das letzte Wort gehabt zu haben?

»Fehlt der was?«, erkundigt sich Engel.

»Nimmsniso tragisch, die kommdemnächst offene der andern Station – als Patient.« Ich laufe weiter.

*

»Dir fehlt wirklich nicht mehr viel bis zum Laufen-Können!«, bekomme ich zu hören, als wir das Zimmer erreicht haben. »Du hast es doch schon fast geschafft, also schaffst du den Rest auch noch!« Anschließend wird mir noch gesagt, dass mein Willen bewundernswert sei; dann gehen sie.

Ich aber bin nicht so überzeugt davon, dass mein Aufrappeln eine Sache des Willens war. Sondern es steckte vielmehr ein Zwang dahinter, der Zwang des Imagebewusstseins! Kompatibel damit war auch gerade diese Aktion: Präsentation.

Ich gebe mein vorhin erhaltenes Sparbuch ab und gehe Abendbrot essen.

41

Donnerstag, 18. April. Abends.

Heute ist der Tag gekommen, an dem ich ein neues Risiko eingehen werde. Da ich jetzt immer meine neuen Knöchelturnschuhe anhabe – welche mein Fußgelenk abstützen – werde ich zum ersten Mal ohne Krücken, völlig freihändig, zum Essen gehen.

So früh wie heute war ich noch nie beim Abendbrot. Deshalb gerate ich auch voll in das Gewühl der um Essen anstehenden Massen. Und es dauert eine Weile, bis davon Notiz genommen wird, dass ich durch will. Aber dann wird sich gegenseitig auf die Schulter getippt, mir Platz gemacht.

»Wo hast du denn deine Krücken?«, will dabei einer wissen.

»Dort.« Ich zeige lakonisch in Richtung Zimmer.

Jetzt setzt das große Gezische und Geflüster ein, halb bewundernd, halb verständnislos. Ich lasse mich davon aber nicht stören, gehe weiter.

An der Kreuzung muss ich diesmal um die Ecke. Und halte mich dabei fest, da es mir sonst die Beine wegziehen würde.

Schließlich stehe ich vor der Schwelle. Die ziemlich breit und auch hoch ist; ich überlege, wie ich da am Besten darüber hinwegkomme, ohne mich festzuhalten.

Erst einmal versuche ich, ein Bein hinüberzustellen. – Ganz schnell zurück, Gleichgewichtsprobleme.

Was mache ich nun? Ich will nicht aufgeben!

»Soll ich dir helfen?«, fragt mich plötzlich jemand von hinten. Überrascht horche ich auf – *eine zutiefst angenehme Stimme.*

Ich schaue mich um. Und erblicke wieder die hübsche Rot-Dunkelhaarige. Auch schenkt sie mir abermals ein bezauberndes Lächeln.

»Das wär lieb von dir«, versuche ich, charmant zu sein.

Sie leiht mir ihren Arm zum Festhalten, den ich mit wahrem Genuss nehme. Und so schwebe ich über die Schwelle.

Am Tisch frage ich mich, was an ihr mich so entzückt aufflattern lässt: *Keine Ahnung. Oder doch? Vielleicht ist es ihre Gesamterscheinung, ihre Ausstrahlung, durch die in mir so schillernde Impressionen zurückbleiben. Ja, ich muss versuchen, sie zu gewinnen. Habe ich mich in sie verliebt? Keine Ahnung. Auf jeden Fall empfinde ich etwas für sie. Wie macht man eine an? Hm, ich bin nicht mehr in Übung. Aber irgendwie wird es schon gehen.*

*

Nach dem Abendbrot – ich bin wie immer der Letzte, weil ich so lange kaue (und weil ich endlose und zu jedermann gerichtete Predigen halte) – erhebe ich mich langsam und bedächtig. Dann marschiere ich in Richtung Tür. Doch plötzlich – Rhythmusstörungen! Gleichgewichtsprobleme! Ich wackle. Instinktiv versuche ich, mir den nächstliegenden Rettungsanker – in dem Falle einen Stuhl – zu greifen. Doch bei meinen fahrigen unkontrollierten Bemühungen ist der Stuhl hinweg! Und ich schon nahe dran! – *Rettungsanker, wo bist du?* – Etwas anderes grapsche. Doch auch das hält nicht, Abgang! Und jetzt ich. Bauchklatscher. – *Ich werde mir mal 'ne Wanne anfressen, die bremst solche Flüge besser ab!*

Aber auch eine Wanne hätte mir hier nicht geholfen: Ich liege in – zum Glück sind es nur die Ausläufer – einer Pfütze. Als letztes in der Hand hatte ich eine Teekanne; und die war nicht gerade leer, wie ich unter und neben mir feststellen darf.

Pfleger Helmut kommt hereingerannt (und hinter ihm drängen sich einige Patienten): »Herr Scholz, was is'n hier los?«

Ich muss grinsen: *Welch eine Frage – ich sitze auf dem Boden, habe einen nassen Bauch, und er will wissen, was los ist. Da erübrigt sich doch eigentlich jede Antwort!*

Weiterhin grinsend stehe ich wieder auf.

»Ist Ihnen was passiert?«, will er nun wissen.

»Nö, nichts.«

»Wo haben Sie Ihre Krücken?«

Nun stehe ich kurz vor einem Lachkrampf: *Kann mich noch gut daran erinnern, was er sagte, als ich das erste Mal mit dem Rollstuhl auf dem Gang auftauchte.*

»Dieieiehh hahabich im Zimmer hihihi gelassen«, kann ich kaum das Lachen unterdrücken.

»Im Zimmer?« Die Verblüffung steht auf seinem Gesicht geschrieben. »Sie sind doch nicht etwa allein hierher gelaufen??«

Das lachende Prusten wird immer stärker, ich kann nur noch nicken.

»Sind Sie lebensmüde?«

»Soll ich jetzt 'möglich' sagen?«

»Sie sehen doch, was da passieren kann! Und wir dürfen den Dreck dann wieder wegräumen!«

Die Hübsche lugt durch den Eingang; was mich zu noch mehr Frechheit veranlasst – Showeinlage: »Oh, as tumiraber trauig. Ich bittum Verzweifung!«

»Äh, hach, pfpfpf, und wie kommen Sie jetzt zurück?«, will er es nicht fassen könnend wissen.

Ich hebe die rechte Hand, strecke den Zeigefinger hoch und erkläre bedeutungsvoll: »Indemich zurück laufe!«

»Und wenn Ihnen wieder etwas passiert?«

»Wieso soll mirwas passiern? Jetzt passierte mir doch ouch nischt, nurer Teekanne. Es wär besser gewesen, Sie ... «

»Ich bringe ihn hinter«, mischt sich die Hübsche ein, bevor ich meinen Satz beenden und er explodieren kann. *(Dann wäre das Buffet wieder vollständig.)*

Überrascht wendet er sich ihr zu: »In Ordnung. Aber lassen Sie ihn nicht alleine laufen!«

Dann wendet er sich mir wieder zu. »Und Sie – Sie sollten froh sein« – zweifelnder Blick von mir – »dass Sie überhaupt noch von jemandem hintergebracht werden! In Zukunft machen Sie so was nicht mehr! Zumindest nicht, wenn ich da bin! Es ist doch keine Schande, wenn man mit Krücken läuft!«

»So so! Aber ich werde auch in Zukunft Sie nicht um Erlaubnis fragen!«, könnte ich ihm jetzt Bescheid geben. Habe aber keine Lust, mit ihm weiter um den Sinn oder Unsinn meiner Aktionen zu disputieren; lasse ihn dafür im Glauben, dass seine Abschlusspredigt bei mir Früchte trägt. Habe nämlich jetzt was Besseres vor.

Ich wende mich der Hübschen zu, die nun herangetreten ist und mich am Arm ergreift.

»Komm!«, sagt sie laut. Und fügt leise hinzu: »Bevor du noch mehr loslässt!«

Sie bringt mich hinaus auf den Gang, weswegen ich mir vorkomme, wie ein abgeführter Schwerverbrecher. Allerdings – mit so einer Wärterin lässt sich über die Sache reden.

»Jetzt könntsde micheigentlich loslassn, wirsinaußer Sichweite«, fordere ich sie auf, als wir um die Kreuzungsecke herum sind.

»Nichts da!«, widerspricht sie mir jedoch. »Ich traue dir nicht! Und außerdem habe ich jetzt die Verantwortung!« Dabei lächelt sie zwar – *honigsüß* – erklärt es mir aber sehr bestimmt. - *Ich Böser, ich!*

»Nagut«, lenke ich ein, »eigentlich habchjaouch goarnischt geggne Berührung vondir. Aber du musst das so machen« – sie gibt meinen Arm nicht frei.

»Lassmal los!«, bedeute ich ihr darum.

»Aber keine Eskapaden!«

Ich verneine. – *Habe ich ja auch gar nicht vor!* – Lege ihr dafür den Arm um die Schultern.

Sie lacht auf: »Machst du das mit deiner Physiotherapeutin auch so?«

»Warum? Erstns isse ni du, un zweetns loufch beiihr freihändig.«

»Okay, gehen wir eben so.«

»Samal«, frage ich sie, während wir engumschlungen zum Zimmer wandeln, »wie heeßndu eigentlich?«

»Yvonne. Und du?«

Ich sage es ihr. Dann: »Duhas wunderschöne, der sündhaftn Begierde entsprungne Augn.«

Sie schaut mich zweifelnd an.

Aber ich schaue zurück, ganz ernst, versinke in ihr, möchte in ihr aufgehen, sie in mir aufgehen lassen; vertiefe mich in ihre Augen, bei denen es mir vorkommt, als könnte ich in geheimnisvolle Tiefen hinabsteigen.

Mittlerweile stehen wir vor irgend einem Zimmer. »Un anmutig wiene balleriniernde Gaselle siehsde ouchaus«, komplimentiere ich weiter.

»Los, mach dich rein!«

Ich schaue mich um. Überraschung. Wir sind tatsächlich schon angekommen. Seit langem – Oder das erste Mal? – erscheint mir ein Weg zu kurz.

»Kommsde noch mitrein?«, frage ich sie.

»Drinnen sind doch noch andere.«

»Halso schlimm. Ich wohnim Schlauch. Dor binch alleen. Da mussch bloß dieandern vorwarn, dassmer durchs Vorzimmer komm,

wasaber keen Problem is. Also, kommsde mitrein?«
»Später vielleicht, jetzt aber nicht.«
»Ooch! Sehichdich aber wieder?«, frage ich sie leise.
»Natürlich. ich bin ja noch 'ne Weile hier.«
Das Fragen in meinem Blick bleibt.
Sie bemerkt es. »Ja«, fügt sie hinzu, »auch so.«

Sie wartet noch, bis ich in mein Zimmer gegangen bin – einen wehmütigen Blick muss ich ihr dabei noch hinüberschicken – und geht dann. Ich aber befinde mich nun in der Zwischenregion von Glück und Trauer.

42

Freitag, 19. April. Früh. Visite.
»Und, wie hat die neue Tablette gewirkt?«, will Frau Christoph wissen. – Seit Mittwoch bekomme ich früh, mittags und abends je eine halbe Tablette Tiapridal.
»Vertragn tuichse. Durchschlagnder Erfolg isaber bis jetz nizu verzeichn«, antworte ich ihr.
»Ist auch normal, dass es nicht so schnell geht. Aber wir setzen Sie hoch auf eine ganze Tablette pro Mahlzeit.« – Sie ist gegen diesen Tremor gerichtet, weshalb ich große Hoffnungen habe, dass ich diese diffamierende Wackelei nun endlich in den Griff bekomme. Tremarid wurde deswegen abgesetzt.

*

Mittag.
Im Bett, ich lese. Plötzlich geht die Tür auf – was ziemlich ungewöhnlich ist für diese Tageszeit – und aufgrund der ständig in mir vorherrschenden Neugier hebe ich den Kopf und schaue erwartungsvoll die Tür an.

Ein Kopf schiebt sich durch den Türspalt. Ich erkenne ihn und fange an zu staunen: Marika!

Sofort steigt in mir wieder die Erinnerung daran auf, dass sie mir goldene Zeiten prophezeit hatte.

»Hi Marika, was machstn duhier?«
»Hallo! Ich bin hier zur Untersuchung; da habe ich mir gedacht, ich komme dich mal besuchen.«
»Du warsalso derestn Überzeugung, dasschnoch hier bin.«
»Natürlich habe ich vorher gefragt. Wie lange bist'n du eigentlich noch hier?«

»Lange nimmer. Weeßzwarni, wie langnoch, abern Sommer könnse hierohne mich abfeiern.« Dann erzähle ich ihr von der für mich vorgesehenen Kur.
»Und wie läuft's jetzt bei dir selber?«, will sie danach wissen.
»Ich habangefangn, wiedrohne Krücken zu loufen ...«
»Siehst du, habe ich dir's nicht gesagt?«
Ich nicke ganz reuevoll (?). Dann fahre ich fort: »Un natüich binch dabei mit Helmut wiederin Konflikt geratn. Der kanns ni verstehn, dass man sowas verwirklichn will.«
Sie lacht auf: »Was is'n mit Helma eigentlich? Brüllt die immer noch so rum?«
»Helma?« Meine Gedankenkurven scheinen schon Grünspan angesetzt zu haben.
»Ja, Helma!«
»Wer solln das sein?«
»Na Helmut«, sprudelt sie feixend raus. »Der ist doch schwul. Und da haben wir ihn eben Helma genannt. Hast du das noch nicht gewusst?«
»Geahnschon. ZuBeispiel wollder mich laufend waschen, obwohl ich dies seit längrer Zeitschon alleene durchführ. Aber gewusst – nee.«
»Aber nicht, dass du ihn mal bei dem Namen rufst. Da wird er stocksauer ...«
»Wie sieht ern da aus?«
Wir stellen ihn uns beide bildlich vor – eine kreischende Brückenechse – und müssen beide kichern, um die Wette.
»Übigens«, flattere ich zurück auf das Bett, »meier Mutter habchn Winke-Winke gegebn.«
»Echt?«
Ich nicke.
»Na ja, das hätte ich dir damals schon sagen können, dass du mit ihr nicht weit kommen kannst. Ich habe es aber aus Höflichkeit nicht getan.«
»Niso traisch. Dennich wusstesja damals ouch schon, konnte die Trennung nurni eher vollziehn, weilich dannim Kranknhaus versauert wär.«
»Und, wie kam's dazu?«
Ich erzähle es ihr.
»Jetzt bist du besser dran, noa?«

»Ich weeß jetz zumindst, dassch mich nurnoch offmich selbst verlassn kann. Der Rest isersmal irrelevant.«

Sie schaut auf die Uhr: »Du, ich muss jetzt los. Die Untersuchung wartet.«

»Okay, dann machs gutti. Unschön, dassde gekomm bis.«

43

Sonnabend, 20. April. Vormittag.

Wie jetzt jedes Wochenende habe ich mich wieder in meine eigene Wohnung begeben. Dort schaue ich – auch wie immer – im Briefkasten nach: Neben der Werbung sind auch diesmal drei Briefe dabei, die ein bisschen interessanter sein dürften: vom Gericht in Bischofswerda, von einer Katarina – Ich erinnere mich an sie: sie war ein Fischkopf in Zittau, den ich mal vernascht hatte – und eine Silke aus Stendal, die ich mal im Urlaub kennenlernte. (Ich war aber für sie tabu, weil ich zusammen mit Jackline dort war und habe deswegen auch nie versucht, bei Silke in die Einflugschneise zu driften.) – Diese drei Briefe nehme ich mit hoch.

Oben angekommen lese ich zuerst den Brief von Silke: Sie schreibt mir, dass Valeria – ihre Schwester – nach München gezogen ist, dort geheiratet hat. Valentina – mit ihr war ich in meinem ersten Urlaub in Bansin zusammen; aber nicht lange, weil ich damals noch viel zu schüchtern war, nicht wusste, wie man eine Frau anfasst – zog nach Frankfurt und heiratete auch; hat aber dabei eine große Enttäuschung erlebt, ist deshalb nach einem Jahr schon wieder geschieden worden. – Silkes Eltern sind auch geschieden – die waren damals zuvorkommend nett, und nach einer Scheidung sah es da absolut nicht aus. – Sie selber arbeite jetzt in Halberstadt, habe aber noch ihre Wohnung in Stendal. Und sie möchte mit mir wieder Kontakt aufnehmen.

Nix dagegen, liebe Silke, ich werde dir schreiben. – Aber jetzt mal sehen, was Katarina will.

Sie schreibt, dass sie mich schon mehrmals besuchen wollte, aber ich bin nie da gewesen. Weiterhin teilt sie mir ihre Adresse mit und ich solle sie mal besuchen.

Na ja, Katarina, offensichtlich weißt du von meinem Glück noch nichts. Aber dich besuchen werde ich auf alle Fälle mal.

Jetzt der Brief vom Kreisgericht. Ich fasse ihn an, fange an, ihn aufzureißen – ein dumpfes Rumpeln in der Magengegend lässt meinen Bauch wie eine scharf gemachte Zeitbombe ticken, der Hall wird in meinen Ohren immer stärker. Und es schleppt mich zur Konfrontation mit den ganzen Unfallvorfällen, die gewesen sein sollen. Und plötzlich – ein Bild taucht vor mir auf. Ein Bild, das zeigt, wie ich auf offener Straße vor einem Fahrzeug knie und spüre, wie ein kalter Hauch mit leisem Motor hinter mir vorbeiweht. Da ich zu dem jetzigen Zeitpunkt nicht knien kann und da es mir so zusammenhanglos erscheint, muss es ein Schweif sein, der den Zeitpunkt meiner Demontage zeigt. *Jawoll!* Und ich hoffe, dass dieser Vorgang sich in meinem Gedächtnis wiederholt, alles Stück für Stück ans Tageslicht bringt. *Und dann: Rache!!*

Ich öffne den Brief jetzt ganz, lese ihn, erbleiche. *Diese verdammten Sesselfurzer in den Gerichtsstühlen*; ein Gespenst beim Striptease greift mit seinen kahlen morbiden Fingern nach meinem Inneren, torsiert die Enden gegeneinander, schickt sich an, den mitgeführten Reißwolf damit zu bestücken:

»Aufgrund der Nichtermittelbarkeit des Täters wurde das Ermittlungsverfahren eingestellt.«

Das war's dann wohl?! Ich wurde zum Krüppel gemacht, aber das ist ja nun wohl egal. Hauptsache diese fetten Bonzen können sich weiter Geld in den Arsch schieben; ich dagegen darf mich mit 300,- DM im Monat am Boden herumwälzen – oder ich knacke eine Bank ... ach was, als Krüppel kann ich so was vergessen. Aber wahrscheinlich werden diese Blödmänner ansehnlich dafür bezahlt, einem solche tollen Nachrichten zu schicken ...

Das hat mich so aufgewühlt, mich so in Rage gebracht, dass ich irgend etwas zusammenspinne, meinem logischen Denken einen Tritt verpasse, der es in das Universum schickt. Erst mal eine rauchen, um mich wieder zu beruhigen.

Das Nikotin scheint die dicken Nebelschwaden in meinem Gehirn fortzublasen; die Klarsicht kommt auf leisen Sohlen zurück. Und offeriert mir: ***Das lasse ich mir nicht gefallen!*** – Noch weiß ich nicht, wie ich es anstellen werde, wie ich es anstellen muss, aber ich lasse es mir nicht gefallen, dabei bleibt es. Denn dem, was mir erzählt wurde, habe ich von Anfang an misstraut. Und denen soll klar werden: **Auch mit einem Krüppel können sie dies nicht machen!**

44

Sonntag, 21. April. Abends.

Unten klingelt's. Marianne, meine Mitpatientin (sie hat ebenso eine große Klappe wie ich, darum treffen beim Essen – wo sie am Nachbartisch sitzt – zwei Urgewalten aufeinander) holt mich ab.

»Wird Zeit, dass du zur Kur kommst!«, meint Mascha zum Abschied. Dann bringt mich Kulle hinunter.

Unten im Auto sitzt sie und Egon (der auch ein Mitpatient ist). »Mike, was is'n los mit dir?«, ruft Marianne ganz erschreckt.

»A, mirgehts beschissn.«

»Rückfall?«

»Nee, gloubchni. De neue Tablette, diesemir eingetrichtert ham, bewirkt genaus Gegenteil vondem, wasse eigentlich soll. Ihe Offgabe isses, meim Tremorn Abpfiff zu gebn. Aberer hatsich betächtlich gesteiert. Dazu habch Gleichewichtsstörngen, die mich anmeie Rollstuhlzeit erinnern. Ich bin vellig auselaugt, fühlmichso bla-bla-eklig.«

»Das sieht man, du bist total bleich.«

»Also mir fällt nichts auf«, bekennt Egon.

»Ich bin eine Frau und Frauen sehen so etwas besser!«

Ich muss unwillkürlich grinsen, wenn auch nur gequält: *Das kommt mir doch verdammt feministisch vor.* – Aber dagegen was zu sagen – nein, dazu fühle ich mich jetzt nicht in der Lage.

»Dir geht es wirklich dreckig, Mike. Sonst hättest du doch gleich wieder versucht, mich in eine Diskussion zu drängen, durch die ich in einer Sackgasse gelandet wäre«, bemerkt es auch Marianne.

»Das kannsde mir gloubn – die Tabletten werdch verweigern«, drücke ich noch matt aus mir raus. »Heutfrih habch meie letze genommn, unso solls ouch bleiben.«

Gut, es könnte auch so sein, dass dies eine anfängliche Nebenerscheinung ist, aber ich kann es mir nicht leisten, eine Weile brach zu liegen! Also zurück zu Tremarid – die zwar kaum hilft, aber auch nicht verschlechtert.

45

Sonnabend, 27. April. Vormittag.

Wieder bewege ich mich in Richtung eigene Wohnung. Diesmal ziehe ich aber vorher bei Hannelore vorbei, denn ich war voriges Wochenende bei ihr und sie versprach, mir bei dem Studienzulassungs-Suchen zu helfen.

Ich komme bei ihr an. Und entdecke ein unbekanntes, eigentlich hübsches Gesicht. Cynthia sei das, wie ich von Hannelore erfahre. Und diese Cynthia ist 14, habe Probleme mit der Mutter, der Vater ist sonst wo und deshalb könne sie hier eine Weile bleiben.

Ich betrachte mir Cynthia nun genauer: Wenn sie was aus sich macht, würde sie lupenrein aussehen. Aber die Klamotten sind – nach meinem Dafürhalten – absolut fade vom Aussehen her, tragen schon den Touch der Schlampigkeit; das Gleiche trifft auf ihre Haare zu; auch ist ihr ganzes Verhalten kindlich, was sie von sich gibt, ist schnippisch, klingt naiv und bescheuert, ist alles bisschen sinnlos und besserwisserisch. – *Aber sie ist ja auch noch fast (?) ein Kind.*

»Was isn mit deiner Mutter?«, will ich wissen.

»Ach, die is' beklatscht! Wir streitn uns laufend! Ich komm mit ihr ni kloar!«

Da sitz ich nun, ich armer Tor, und bin so klug als wie zuvor. Ich bohre aber nicht nach.

Willkommen im Klub der Elterngeschädigten. Denn das Verhältnis zwischen Mascha und ihren Eltern ist ja auch nicht gerade hervorragend.

Hannelore kommt aus der Küche: »Ente, du willst doch sicherlich auch was zu essen, nicht?«

»Keene Einwände.«

»Hab ich's mir doch gedacht. Du hast sowieso immer das Talent zu kommen, wenn's gerade Mittagessen gibt.«

»Das nennman Timing«, rufe ich ihr hinterher.

Sie hat allerdings auch eine »außergewöhnliche« Begabung, dies zu bemerken. Heute bin ich das zweite Mal nach dem Unfall hier, und schon bemerkt sie einen an mir haftenden, mir selbst noch unbekannten Geruch des Schlauchers. Ich kann mich auch nur an ein einziges Mal aus meiner Vorkrüppelzeit erinnern. Allerdings weiß ich nicht mehr, wie es da schmeckte. (Vorige Woche gab's nur kaltes.) Aber das werde ich ja bald wissen.

*

Am Tisch. Vor mir der Teller, mit Mittagessen. Ich starre, ihn ungläubig an: Wasserbrühe, zwei Fettaugen, eine Idee Reis, Fleisch

– Fehlanzeige. Sieht zumindest so aus, denn noch baggere ich mit dem Löffel die tosenden Fluten meiner Suppe um.

Hej, was ist das?

Es ist – *man höre und staune* – ein Stück Fleisch, und das überdimensional groß, nur die Mikroben sind größer. Da ich aber mit meinem Magen um die Wette knurre, gebe ich mich ihm geschlagen und ziehe mir die Suppe rein.

»Na, hat's geschmeckt?«, will Hannelore wissen, als ich den Akt vollzogen habe.

»Hmm, Wahsinn!«, stöhne ich durch die Ritzen meines vor Entzücken eingezogenen Gaumens.

Hannelore scheint dies aber ernst zu nehmen, sie tut befriedigt.

»Willste noch was trinken?«

»Was hastn da?«

»Du kannst Bier, Kaffee oder Tee kriegen.«

»Danehmch Bier.« Vorige Woche trank ich bei ihr meinen ersten Alkohol nach dem Unfall in Form einer Flasche Pico-Sekt. Und da mich Kaffee und vor allem Tee nicht begeistern, nehme ich lieber Bier. Habe ja meine Krücken, die mich noch im Stand halten.

*

Nach meiner Haustür ächzen Hannelore und Cynthia die Treppe hoch und ich ächze voran. Die Krücken habe ich ihnen gegeben und besteige phasenweise die Treppe ohne Festhalten.

»Ente«, ruft Hannelore empört, »halte dich doch fest! So ist das noch zu unsicher für dich!«

Ich bleibe mitten auf der Treppe stehen: »Aha! Aber was rätstn mir, wiesicher werdn soll? Gloubsde vielleicht, es komm vonalleene? Ich hab de ehrnvolle Offgabe, allsneu zu erlernen. Un dazu is numa Risiko erforderich.« Ich drehe mich um und laufe weiter ohne Festhalten.

Hinter mir höre ich die beiden schnattern: »Den können wir doch niemals aufhalten, wenn der uns entgegenkommt. Der reißt uns doch mit in die Tiefe.« Sie vergrößern den Abstand.

Kann nur nicht behaupten, dass ich Lust habe, auf der Treppe den Abgang zu machen. Schließlich bin ich nicht mehr lebensmüde, habe am Kelch der Auferstehung geschnüffelt. Infolgedessen versuche ich schon, auf mich selber aufzupassen. Aber das ist zum Kotzen, wenn selbst Bekannte denken, ich sollte mich einbuddeln!

Schließlich stehen wir in meiner Wohnung. Dort erkläre ich ihnen, wie die Zulassung aussieht und wo sie suchen sollen, damit die ganze Aktion System bekommt.

»Na dann such mal!«, wird mir gesagt.

Hääh, was soll denn das??

Die beiden setzen sich gemeinsam vor den Zeitungsständer, fangen an, darin herumzukramen.

Kann mich nicht erinnern, etwas vom Zeitungsständer gesagt zu haben.

Es dauert nicht lange und Cynthia beginnt, eine Zeitung davon zu lesen. Hannelore zündet sich eine Zigarette an und streckt die Beine aus. Das war's für die beiden.

Scheiß Büchsen!

Ich würde ihnen gerne die Hälse umdrehen. Aber bekanntlich ist Kraft gleich Masse mal Beschleunigung. Und an Masse ist mir Hannelore weit überlegen, beschleunigen kann ich auch nicht richtig; und Wollen alleine macht den Braten nicht fett.

Hannelore bemerkt meinen Blick: »Eine rauchen darf ich ja wohl mal. Außerdem muss ich mich erst ausruhen.«

Cynthia schaut auf und grinst mich dümmlich an.

Warum habe ich die beiden eigentlich mitgenommen? Damit sie mir zugucken können?

Ich wende mich dem vor mir stehenden Schrank zu und durchsuche ihn.

Den Schrank habe ich fast durch, da klopft es. Hannelore geht öffnen. Und von draußen dringt eine mir völlig unbekannte Stimme an mein Ohr.

»Ente, für dich!« Hannelore kommt wieder rein.

Ich bin mittlerweile aufgestanden, schreite zur Tür. Draußen steht ein mir völlig unbekannter, stämmiger Mann im Metallica-T-Shirt – sympathisch.

»Sind Sie Herr Scholz?«

Ich nicke.

»Ich bin Herr Sebert, wohne ganz unten. Bei Ihnen stand das Fenster auf'n Klo offen. Das mussten wir im Winter schließen. Da Sie aber nicht anwesend waren« – ich zeige auf meine Beine – »mussten wir die Tür aufbrechen.«

»Ich haballerdings ouch keene Ahnung, woder Schlüssel hinis«, gestehe ich ihm. »Der mussich verdünniert ham.«

»Wohnen Sie jetzt wieder hier?«

»Nochni. Ich bin bloßoff Kranknhausurlaub.«
»Dann brauchen sie das Klo also noch nicht?!«
»Derzeit ni, nee.«
»Gut. Wenn sie wieder hier drin wohnen werden und noch keinen Kloschlüssel haben, öffne ich ihnen die Tür. Das wär's. Und wenn Sie Probleme haben, kommen Sie runter.«

»Wer war'n das?«, will Hannelore wissen, als ich die Tür wieder geschlossen habe.

»Eener ausm Haus.«

»Ich muss mal pissen!«, platzt Cynthia dazwischen. »Wo is'n der Hüttenschlüssel?«

Ich fange an zu grinsen. »Die nächse Bricke is vornam Straßnende.«

»Scheiße«, befindet sie angesäuert.

»Daaas«, erwidere ich gedehnt, »kannsdedortouch.«

»Scheiße«, keift sie noch einmal. Dann wendet sie sich an Hannelore: »Gib mir mal den Schlüssel!«

Nachdem sie verschwunden ist, ist für mich die Zeit gekommen, mich hinzusetzen und eine zu smoken. Derweil räumt Hannelore das Zeug, was ich beim Durchsuchen des Schrankes auf den Boden geworfen habe, wieder ein. Und auch die herumliegenden Zeitungen räumt sie ein bisschen weg.

Na ja, dann war es vielleicht doch nicht so verkehrt, sie mitzunehmen.

»Machen wir jetzt los?«, fragt sie, als sie damit fertig ist.

»Von mir aus. Ich glaube, die Zulassung ist nicht mehr hier. Würde mich nicht wundern, wenn sie von meiner Mutter eingesackt wurde, um zu verhindern, dass ich aus ihrem löchrigen Nest steige.«

Ich werde mal die Uni anschreiben und sehen, ob ich's noch richten kann.

Wieder draußen durchzuckt mich ein Einfall: »Hannelore, kannsdema bitte mitzu Kalle undann zu Mascha mitkomm? Bei Kalle mussch mirne Klampfe holn.«

»Eine was?«

Mh, ich sehe, ich muss mich hochdeutsch ausdrücken.

»Ne Gitarre.«

Widerwillig stimmt sie zu. »Ich muss aber noch mal bei mir vorbei.«

46

Mittwoch, 1. Mai. 9:45 Uhr.

Heute ist der Kampftag der Arbeiter und Bauern. Ich bin zwar kein Bauer, und Arbeiter kann man mittlerweile auch vergessen, aber Steffen und ich haben uns verabredet, Pritsche mal auf den Geist zu gehen, ihn notfalls handgreiflich zu nerven. Deshalb soll ich den Tag gleich bei Steffen verbringen und habe darum Mascha mitgeteilt, dass ich nicht komme.

Vor Steffens Wohnungstür. Klingle.

Totenstille. Klingle noch einmal und ein weiteres Mal, fange an, Sturm zu klingeln, aber immer wieder rückt mir diese Grabesstille entgegen.

Der pennt noch, eindeutig! Und er ist immer ganz schwer munter zu kriegen, das weiß ich aus Erfahrung. Dann muss ich eben warten. Mist!

Ich setze mich auf die Treppe. Und die darauf kampierenden Geister bestücken mich wie auf Bestellung mit Zweifeln, ob er überhaupt anwesend ist.

Aber das sieht ihm eigentlich nicht ähnlich, um die Zeit schon unterwegs zu sein. Die Unzuverlässigkeit ist er zwar in Person, ja, aber das – nee. Doch es könnte ja sein, er pennt woanders. Dann wäre ich umsonst hier! Ich habe ihm gesagt, dass ich ungefähr um halb zehn komme. Aber wenn ich ihn später danach fragen werde, weiß er natürlich nichts mehr davon. In der Beziehung ähnelt er meiner Mutter: Wenn er nicht recht hat, fühlt er sich unwohl. Aber was mache ich nun? Denn hier den ganzen Tag herumzusitzen und für die Entwicklung der Hämorrhoiden zu sorgen, ist mir zu doof. Aber zu Mascha mache ich auch nicht. Ich habe ihr gesagt, dass ich nicht komme, und damit basta. Zu Pritsche allein? Aber es könnte doch sein, der ist auch nicht da. Und es fährt, wie ich vorhin feststellen durfte, am Feiertag sowieso kein Bus dorthin. Also müsste ich laufen. Ich laufe zwar nicht mehr in zeitlupenhafter Geschwindigkeit, viel schneller geworden bin ich aber auch noch nicht. Außerdem kann ich Pritsche selbst nicht massakrieren, denn ein Schlag von mir und ich falle durch meinen eigenen Schwung gen unten. Ganz abgesehen davon, dass ich so rumwerkel – und auch so aussehe – wie ein nach einer Entfettungskur noch existierender Spargelhalm. Dann bliebe nur noch zu mir nach Hause. Aber was soll ich dort? Okay, ich könnte bei

*Hannelore vorbeischauen, aber erstens habe ich jetzt dazu keine
Lust, und zweitens ist mir noch nicht bekannt, wie ich zurück ins
Krankenhaus komme. Ich fahre zwar zur Not mit dem Zug, allerdings sollte ich dann erst einmal wissen, wo sich der Bahnhof
von Großbüchen befindet. Also Gevatter Intuition – sorge mal für
Erleuchtung in mir.*

Derweil höre ich, wie oben die Tür aufgeht. Und wie jemand
die Treppe herunterkommt. Ich stehe auf.

Herr Greifer (er wohnt oben) erscheint. Nachdem wir uns begrüßt haben und er erfahren hat, dass es mir den Umständen
entsprechend gehe, will er wissen, was ich hier mache. Ich erzähle
es ihm.

»Also ich habe ihn heute noch nicht rausgehen sehen«, teilt er
mir im Brustton der Überzeugung mit. »Also schläft er noch. Ich
werde mal klingeln.«

*Soll ich mich jetzt mit ihm anlegen? Denn offensichtlich denkt
er, ich sei gehirnamputiert. Aber bleiben lassen, der geht auch
wieder.*

Herr Greifer klingelt und wummert gegen die Wohnungstür.
Aber – *ehrlich gesagt glücklicherweise, denn ich gönne ihm den
Erfolg nicht* – man hört von drinnen auch weiterhin nicht mal die
Flöhe husten.

»Die schlafen jetzt wohl noch ganz fest«, ist nun auch Herr
Greifer meiner Meinung. »Da müssen Sie wohl noch eine Weile
warten. Oder versuchen es ein andermal.«

Unwillkürlich stiehlt sich ein Grinsen auf mein Gesicht. Sofort
versuche ich aber, es zu verbergen, denn es ist verächtlicher Natur.

Währenddessen befragt er mich nach der Zukunft meines Autos. – Ich besitze einen Skoda, der aber leider noch kaputt ist und
vor dem Stromhäusel in seinem Garten steht.

Ich muss ihm erklären, dass mich das jetzt nicht interessiert.
»Erstma mussch wieder hochkomm, dann werdchas entscheidn.
Sinja nurnoch zwee megliche Ursachn, die dafür, dasses Auto nifährt, in Betracht komm.«

Eine Aufregungstirade von ihm folgt: Das Auto nehme den
Platz weg, und bla-bla und hu-hu; schließlich hat er sein Pulver
verschossen und zieht von dannen, die Treppe weiter hinunter.

*

Um zehn.
Sturm klingeln.

Aber die Eintrittsampel steht für mich weiterhin auf Rot; weswegen mir nichts weiter übrig bleibt, als mich wieder hinzusetzen und weiterzulesen.

*

Halb elf.
Es wird langsam Zeit, dass der aus der Penne kommt! Sitze ja schon immerhin über eineinhalb Stunden hier rum!
Diesmal höre ich während einer meiner Angriffe auf die Klingel Geräusche hinter der Tür. ich werde noch hartnäckiger.

*

Um 10:42 Uhr öffnet sich die Tür. Anna steckt ihren Kopf heraus.
»Jaa?«, meldet sie sich verschlafen, hat die Augen noch gar nicht richtig auf.
»Hi Anna! War niausgemacht, dasschso halb zehnerum hier bin?«
Jetzt hebt sie das eine Augenlid an: »Ach du bist's. Warte, ich hole Steffen.«
Nach einer gewissen Weile – ich schaue auf die Uhr, es ist 10:53 – lässt sich Steffen blicken: »Hi Ente. Wir haben das ganz vergessen. Haben wir uns das tatsächlich ausgemacht?«
»Ja, hamer«, antworte ich ihm lakonisch. Denn es kann sein, dass aus dem Kampftag nichts mehr wird.
»Okay Steffen«, schallt es von drinnen. – *Aha, wir mussten erst warten, bis sich Madam vom Evakostüm getrennt hat.*

*

Nach dem Frühstück frage ich ihn, was nun aus unserem Vorhaben wird.
Er zuckt mit den Achseln. »Heute 15:00 Uhr will Engel mit Manuela bei mir vorbeikommen.«
Okay, ich freue mich zwar auch darauf, denn so kann ich gleich mal nachfragen, wie es mit dem ins Krankenhaus zurückbringen aussieht, außerdem sehe ich die beiden gern wieder; aber was mein Vorhaben betrifft – jetzt ist es völlig sicher, dass das unerledigt bleibt! Genauso gut könnte ich eine Fahne nehmen, auf sie drauf schreiben, was ich vorhabe, die Fahne dann aus dem Fenster hängen und warten, dass was passiert! Wunder soll's zwar immer wieder geben, die machen aber immer einen großen Bogen um mich.

*

Nachmittags, 15:23 Uhr. Manuela und Engel sind gekommen. Nach der Begrüßung frage ich sie, ob sie mich mal zu Pritsche bringen können. »SeiTermin offm Schuldschein is heut abeloufen! Jetz mussmanihman Kragen gehn!«

»Tut uns leid, Ente, aber es geht nicht. Unser Auto ist gerade kaputtgegangen. Ich habe schon nachgeschaut und musste feststellen, dass ein Kolbenring gebrochen ist.«

»Scheiße, dann hat sichs midmins Krankenhaus zurückbringn ja ouch erledigt!«

Engel schaut mich verwundert an: »Was denn, bringt dich niemand zurück?«

»Bis jetzni. Unich hadamit gerechnet, dassich heute beieuch offkreuzn kann. Ihr wißja, ums Zurückkomm machch mirni solche Gedanken wieumsinden Urlaub fahrn.«

Er lacht: »Ja, ist uns bekannt.« Doch dann wird er wieder ernst: »Aber mit der Reparatur wird das heute nichts mehr. Zu der brauche ich Sachen, die ich am Feiertag nicht auftreiben kann. Also, was nun?«

»Tja, Bus fährt ouch keener an Sonn- und Feiertagn, bleibt bloßes Fahrn midem Zug.«

Er lehnt sich erleichtert zurück: »Und du weißt auch bestimmt schon die Abfahrtszeiten.«

Ich merke, ich bin wieder mal durchschaut.

»Ja, sinmir bekannt: zehn vor siebn.« In weiser Voraussicht habe ich gestern schon nachgeschaut. »Aer seidm Unfall bin ich noch nie midm Zug gefahrn. Weeßalso absolut ni, wo dorder Bahnhof is. Da wäres besser, beim erstn Mal käm jemand mit.«

Sie beratschlagen untereinander. Dann erklären sich Manuela und Engel bereit mitzukommen.

Yeah! Bienchen!

*

Abends, 18:45 Uhr.

Der Bahnhof liegt vor mir. Engel, Manuela und ich streben jetzt in Richtung Eingang, während Steffen bereits hineingerannt ist zum Fahrkarten holen – denn der Dampf dürfte bereits aus der Lok quellen beziehungsweise die Elektronenelchen bereits eine Rundumleuchtung vollführen. Doch plötzlich kommt Steffen wieder heraus: »Eeh Ente, der Zug, den du meintest, der fuhr schon halb. Fünf nach sieben fährt der nächste, allerdings über Großschönau. Das ist ein Riesenumweg und er ist erst 22:18 Uhr da.«

»Das findich goarniso lustig«, muss ich feststellen. »Viertel elfe is übelst spät. Is der, den ich meente, scho weg?«

»Weg.«

»Und was nu?«, wollen Manuela und Engel wissen.

»Keene Ahnun. Ich überleg grade, obchin Zittau bleib oer midem Bummelzug fahr.«

»Das möchtste dir aber bald überlegen!«, drängt Steffen mich zur Eile. »Sonst ist der späte auch noch weg!«

»Isses schlimm, wenn du später kommst?«, macht sich Manuela kundig.

Ich habe einen Entschluss gefasst: »Nee, die sin vommir schon anders gewöhnt. Also fahrmer. Ich willendlich wissn, wieas midem Zugfahrn klappt.«

Mittlerweile ist es kurz vor sieben. Wir tippeln los, wobei uns bewusst ist, dass wir keine Fahrkarten mehr holen können. Aber Steffen rennt dem Schaffner Bescheid sagen, damit der Zug nicht ohne mich abfährt.

Wir treten raus auf den Bahnsteig, sehen den Zug stehen, der wartet, obwohl er vor einer Minute schon hätte abfahren müssen. Und der Schaffner bedeutet uns, dass wir nichts überstürzen sollen. Trotzdem aber beeilen wir uns – ich zumindest, bei meiner Geschwindigkeit brauchen die anderen nur einen stockenden Schlenderschritt. Was aber Engel und Steffen schließlich reicht: »Los Ente, wir tragen dich zum Zug.« Sie nehmen meine beiden Krücken, ich lege meine Hände um ihren Hals, sie bilden unter meinen Oberschenkeln einen Feuerwehrgriff – *Und ich düse, düse, düse, düse im Sauseschritt ...* – Dann in den Zug hineinzukommen, fällt mir leichter als erwartet. Ich platziere mich.

*

Wieder in Bett lasse ich alles noch einmal an mir vorüber ziehen: Im Zug mussten wir noch 20,- DM nachbezahlen, aber sonst war die Fahrt lustig. Wir erzählten uns Witze – »Wie fängt man einen Helmtiger? Man nimmt ihm dem Helm ab und fängt ihn wie einen richtigen Tiger.« – lachten schallend, smokten fleißig, verschwendeten keinen Gedanken daran, was uns bevorsteht. – *Warum auch? Es kommt doch sowieso immer anders als man denkt!* – Und schließlich standen wir auf dem Bahnhof. Der kleine Zeiger stand zur Hälfte auf der elf, der große hatte die 30 bereits überschritten. Stockduster war es, sternenklar. Aber kein Vollmond, also keine Werwolfgefahr. Eine breite Straße führte zum

Krankenhausgelände. Nicht gerade warm war es, darum bewegte ich mich schneller. Meine Augen waren ständig auf den Boden gerichtet, damit ich ja nicht in ein Loch latsche.

Derweil plauderten Manuela und Engel miteinander, bezogen mich ab und zu ein, worauf ich immer stehenblieb, sonst wäre nämlich der nächste Abhang meine gewesen.

Schließlich gelangten wir zur Station. Und ich musste feststellen, dass es der absolute Blödsinn gewesen war zu sagen, es sei himmelweit bis zum Bahnhof, genauso wie »... am Gleis ist keine Betonplattform zum Fixieren beim Zug-Besteigen.« Man wollte nur verhindern, dass ich mit der Eisenbahn in den Urlaub fahre. Aber damit hat es sich nun. Ich bin jetzt nicht mehr abhängig davon, ob ich mitgenommen werde oder nicht. Und wie es aussieht, werde ich Sonnabend gleich das erste Mal Gebrauch machen davon.

Im Krankenhaus wurde von der Bereitschaftsschwester keine Szene gemacht. Und Manuela und Engel verabschiedeten sich dann sogleich, weil sie – da kein Zug mehr fährt – trampen mussten.

Ich dagegen liege nun wohlig in meiner Heija, bin befriedigt über diesen Tag. Zwar ist nicht das geworden, was ich mir vorgenommen hatte, dafür aber etwas anderes mindestens genauso Wichtiges: *Ich weiß nun, dass ich mit dem Zug fahren kann, es damit keine Probleme gibt.*

47

Freitag, 3. Mai. Früh. Visite.

»Herr Scholz, ab Montag gehen Sie zur Arbeitstherapie in die Station vier«, weist mich Frau Christoph an. »Wenn Sie die Straße vor unserer Station immer hinunterlaufen, ist sie auf der linken Seite.«

»Hm, un wozus Ganze?«, frage ich, denn man kann nicht sagen, dass ich davon sehr erfreut wäre. Schließlich bin ich hier in einem Krankenhaus und nicht in einem Arbeitslager.

»Damit ihre Feinmotorik besser wird.«

»Un was sollich da machn?« Noch immer schwingt Unmut in meiner Stimme mit.

»Das können wir Ihnen auch nicht sagen. Das werden Sie schon sehen. Aber Sie bekommen es bezahlt.«

Meine Laune steigt von der Richter-Skala her gesehen von minus neun auf minus acht. »Wievill?«

Das Visitenkollegium ist merklich erheitert: »Wollen Sie mit uns feilschen?«

»Hee, die Idee is gut«, muss ich zugestehen.

»Es steht aber fest. Zwei Mark die Stunde.«

»Unwielang musschda rumsitzn?«

»Also ja, Sie sitzen da nicht rum!«, weist mich Frau Heinzl zurecht.

Ich fange an zu grinsen.

Frau Christoph sieht in ihrem schlauen Buch nach: »Von früh um halb acht bis mittags um zwölf.«

Mein Grinsen verschwindet schlagartig. »Von wann?«, traue ich meinen Ohren nicht so recht.

»Sie haben schon richtig gehört«, versichert mir Frau Heinzl, dass mein Gehör noch immer in Ordnung ist. Und will zusammen mit der Ärzteschar verschwinden.

»Halb acht – hach!« – mich schüttelt's. »Was wirdn da ausm Frühstück?«, drücke ich schnell noch nach, bevor die Visite ganz verschwunden ist.

Die Oberschwester dreht sich in der Tür um: »Die Küche weiß schon Bescheid, dass Sie es eher bekommen.« Womit sie auch geht.

Mir aber wird die ganze Sache immer unsympathischer: *Ein Krankenhaus ist zum Erholen da, nicht zum Kaputtrackern! Und dass ich mir früh in Windeseile mein Frühstück reinschlinge, das können sie vergessen! Erst das Vergnügen, dann die Arbeit! Zumindest in dem Falle.*

*

Nachmittag. Ich laufe über den Gang in Richtung Toilette.

»Na Herr Scholz, fühlen Sie sich wohl?«, fragt mich überraschend Helmut im Vorbeigehen.

»Nee, beschissen!« Yvonne wird heute entlassen.

»Sie bleiben doch nu für immer hier, nicht?«

»Waaaas?«, brülle ich. Von sowieso schon 148 bin ich jetzt auf 360. »BeiIhn tickts wohl nimmer rich? DaskönnSesich abschmatzn!« Damit lasse ich ihn verblüfft dreinschauend stehen und setze meinen Weg fort.

»Das war doch nur ein Scherz«, rechtfertigt er sich gegenüber einem anderen Patienten.

Aber auch damit kann er nicht dieses in mir wild lodernde Feuer löschen. An dieser Stelle bin ich übelst empfindlich! Sie ähnelt einem hochexplosiven Pulverfass, in das er eine brennende Lunte hineingeworfen hat. Und mein Löschmeister geht heute nach Hause – Yvonne.

*

Draußen auf der Bank, bin total niedergeschlagen, rauche. Da kommt Yvonne und setzt sich zu mir.

»Was'n los, Mike?«, fragt sie mich. »Du siehst so niedergeschlagen aus!«

»Ich bines! Aufeene Art freuich mich für dich, dassde entlassn wirst, andrerseits aber könntch wegn dieser Entlassung riesige Bäume einschlagn, se danach wieder offrichtn, um sie nochmal einzuschlagn. Du wirs mir fehln!«

»Du mir auch. Aber wir sehen uns ja bald wieder.« – Wir hatten schon Anfang der Woche vereinbart, dass wir uns zu Pfingsten treffen werden. Bei ihr. Auch hatte sie mir erzählt, dass ihr Lebenskamerad schrecklich nüchtern sei und sie sich damit nicht identifizieren könne. Ich sah einen Hoffnungsschweif am Traumhimmel aufblitzen.

»Aber trotzdem, Yvonne, es wirdöde ohne dichhier! Okay, das isses soieso schon, jetzaer hattichmaam Schönn hier drinne schnuppern dürfn. Doch nu binch so fertig, dass ich schon eene nach der andern rouche. Ich brauch deie Nähe, ohne sie fühlich mich abwesend.«

»Mike, du hast sie ja bald ganz. Ist nur die Frage, ob du sie dann immer noch willst. Du weißt doch, ich habe ein Kind und bin älter als du.« – Dreißig.

»Ich weeßni, wodeda Probleme siehst. Dade schoneen Kind hast, erspardas Arbeit. Da brauchdir bloß noch neune reinpflanzn.«

Sie lacht auf. Doch kurz darauf ist sie wieder ernst: »Das diskutieren wir, wenn es soweit ist. Jetzt muss ich aber los, ich will noch mit welchen spazieren gehen.«

»Kannich mitkomm?«

»Nein Mike, heute nicht. Guck mal, ich kann dich doch nicht halten.«

»Brauchste jaouch ni.«

»Nein Mike, wir laufen eine längere Strecke.«

Ich weiß zwar nicht, was sie unter lang versteht, aber das ist mir jetzt auch egal. »Daheeme binich ouch schon weitre Streckn geloufen«, versuche ich noch einmal, sie zu überzeugen.

»Nein Mike, es geht nicht.«

In dem Moment wird sie von drei Männern und einer Frau – alles Patienten – abgeholt.

»Hört mal«, fragt Yvonne sie, »Mike will auch mitkommen. Geht das?«

»Nein, auf keinen Fall!«, antwortet einer, der Lehrer ist. »Wir laufen zu weit für ihn.«

»Siehst du, Mike, du hast es ja gehört«, wendet sich Yvonne wieder an mich. »Nicht traurig sein, vielleicht sehen wir uns heute Abend noch. Aber zumindest hast du ja meine Adresse und Telefonnummer.«

Ich nicke. Im Innersten des Inneren bin ich hochgradig wütend – *dieser scheiß Lehrer ist mir sowieso unsympathisch, ich kann ihn nicht leiden; der wäre doch selbst bei 100 m der Meinung, dass ich es nicht schaffen würde* – aber Yvonne anzugrummeln liegt mir fern.

Sie lächelt mich noch mal *süß* an und spaziert los.

Ich aber sitze jetzt wieder allein auf der Bank – von außen und innen allein. Deswegen greife ich mir wieder eine Zigarette – Die wievielte eigentlich? Ich schaue im Aschenbecher nach, aber der eine, der sich immer die Stummeln herausläßt, damit er was zum Rauchen hat, war heute scheinbar noch nicht da, es liegen noch mehr drin.

Aber warum soll ich ihr nicht folgen? Wenn was passiert – Abfahrt, die Sache ist es wert.

Ich werfe meine Zigarette halbgeraucht in den Aschenbecher, schnappe mir die Krücken, stiefel los. So schnell ich kann. So schnell, dass ich mich fast überschlage.

Egal, weiter geht's.

*

In dem Tempo komme ich am Ausgang an. Wo niemand zu sehen ist.

Was soll ich nun machen? Weiterlaufen oder Umkehren? Diese Straße führt nach Löbau, die da – sie fällt steil ab – ins Dorf. Und ich glaube, sie sind ins Dorf runter. Da gibt's auch eine Kneipe, aber wo, weiß ich nicht. Scheiße, dann muss ich wohl umkehren! Aber das kotzt mich gewaltig an, unmündig zu sein, mir von irgend welchen Idioten sagen lassen zu müssen, was ich zu tun und zu lassen habe! Scheiße!

Ich laufe einen anderen Weg zurück, hoffe, sie vielleicht da irgendwo zu sehen – aber nichts. Und deswegen rauche ich vor der Station noch eine und geh dann ins Bett.
Werden diese Nacht Alpträume über mich kommen??

48

Montag, 6. Mai. Früh. Ich bin gerade aufgestanden.

Frau Christoph tritt in mein Zimmer, zusammen mit Herrn Köppl, den ich zwecks Urlaub noch in sehr schlechter Erinnerung habe (am Anfang meiner hiesigen Show verweigerte er ihn mir).

»Herr Scholz«, setzt Frau Christoph an, mir ihr Begehr mitzuteilen, »wir haben gehört, Sie fahren jetzt laufend mit dem Zug?«

Ich nicke, ziehe mich dabei aber weiter an.

»In der Frage hat Dr. Köppl Ihnen was zu sagen.«

Nun schaufelt dieser eine gesalbte Rede zu Tage, worin er mir erklärt, wie unverantwortlich ich sei, dass mir da so viel passieren könnte, auch das mit dem Bus fahren sei ebenso unmöglich von mir. »Eigentlich müssten wir Sie nicht mehr in den Urlaub fahren lassen! Denn bei Ihnen schätze ich das so ein: Selbst, wenn wir Ihnen das Fahren mit öffentlichen Verkehrsmitteln verbieten, kommt da nichts raus. Bei Ihnen geht das zu einem Ohr rein, zum anderen wieder raus!« – *Dass dies auch einen Bogen um die Ohren schlagen könnte, darauf kommt er gar nicht erst.* – »Na, Herr Scholz, wie fänden Sie denn das?«

Ich schaue ihn an; und mein Gesichtsausdruck drückt dabei aus, was ich fühle: *Du kannst mich mal!*

Frau Christoph schaltet sich ein: »Ihn hier behalten, das hätte wohl kaum Sinn. Wir haben doch schon einmal erlebt, wie er sich dann verhält.«

Recht hat sie, recht hat sie! – Kurz trotzig lächeln.

»Ja, diese Frechheit ist mir schon bekannt!«, lässt sich Herr Köppl wieder vernehmen. »Deswegen schlage ich auch vor: Er unterschreibt, dass er keine öffentlichen Verkehrsmittel benutzen darf. Macht er's trotzdem, tut er es auf eigene Verantwortung. Unterschreibt er aber nicht, darf er hier nicht raus. Einverstanden, Frau Doktor?«

Sie stimmt zu.

Ich tue es auch, denn es kostet mich ein kaltes Lächeln, dies zu tun. Im Endeffekt ist es mein Körper, den ich da auf's Spiel setze; die Verantwortung, die ich dabei trage, interessiert mich noch weniger als einen Dreck.

»So, und damit sind Sie selbst dafür verantwortlich!«, mahnt er mich noch einmal nach dem Unterschreiben.

»Und jetzt beeilen Sie sich, damit Sie pünktlich an der Arbeitstherapie teilnehmen können!«, macht mich Frau Christoph auf meinen weiteren Tagesablauf aufmerksam.

»Was dachten Sie, warumich schon offbin?!« – Es ist 7:18 Uhr. – »Außerdem mussich noch frühstückn!«

»Dann machen Sie aber schnell! Das Frühstück steht vorn bereits bereit!«

Die Arbeitstherapie scheint ihr ja mächtig wichtig zu sein. Mir aber nicht! – Ich vervollständige mich in aller Ruhe. – *Die beiden müssen einsehen, dass es ohne Erfolg bleibt, aus mir einen Schnellzug zu machen.*

Miteinander in lateinisch wispernd – *ich nehme an, sie begutachten die Unverfrorenheit meines Benehmens* – entfernen sie sich aus meinem Zimmer.

*

Ich sitze bei der Arbeitstherapie, habe eine »hochkreative« Arbeit vor mir liegen: Federn auf Kugelschreiberminen aufstecken. Das fördert so sehr den Geist, dass er auf nur eine Tätigkeit – da aber total – spezialisiert wird: ständig auf die Armbanduhr zu gucken, zu sehen, wie spät es ist.

Wahrscheinlich werde ich hier für einen Einwohner aus der Gummizelle gehalten!

Aber ich bin hier nicht der einzige mit so einer sinnvollen Beschäftigung. Zwei Räume existieren hier – was drüben gemacht wird, kann ich nicht erkennen – aber hier wird getöpfert (*was ich nicht für schlecht halte*), zwei schneiden Saumbänder vom Stoff ab (*lach lach*) und einer macht dasselbe wie ich. Er tut es aber mit Hingabe.

Da könnte ich mir echt ein Beispiel daran nehmen! Aber ich tue's nicht. Da habe ich echt nix verpasst, als ich vorhin 25 Minuten zu spät kam.

*

Ich schaue auf die Uhr: 14:00 Uhr. Von Frau Miller ist noch absolut nichts zu sehen.

Dann muss ich eben mal anfragen gehen! Wenn der Prophet nicht zum Berge kommt, muss der Berg halt zum Propheten!

Im Unterreich treffe ich sie und will von ihr sofort wissen, warum sie nicht kommt, was aus meiner Laufschule wird.

»Ich denke, Sie haben Arbeitstherapie!« Ungläubig schaut sie mich an.

»Am Vormittag, niam Nammittag!«

Ein verschmitztes Grienen wandert nun über ihr Gesicht. Allerdings ist mir unklar, was das jetzt zu bedeuten hat.

»Na ja«, ringt sie sich dann nach langem Zögern zu einer Antwort durch, »ich habe keine Anweisung, mit Ihnen weiter üben zu sollen.«

Ich werde ungehalten, kann es nicht fassen: »Das kann doch wohlni sein, dassch jeˈze arbeitn soll, meie Rehabil-bil-bil-bilitation aer wegationalisiert wird! Ich bin hier zum Wieder-Loufen-Lernen, zu nischt anderm!«

»Hmm, na ja, da haben Sie schon recht«, gibt sie kleinlaut zu. »Aber heute geht es nicht mehr. Und morgen« – sie schaut in ihrem Terminkalender nach – »auch nicht. Wie wär's am Mittwoch 15:00 Uhr?«

Ich stimme zu und drehe dann ab. Finde es aber irgendwie merkwürdig, dass das, was die Priorität besitzt, abgebrochen wird und etwas, was nicht einmal an tertiärer Stelle steht, an die vorderste rückt.

Ich dachte immer, ich bin hier in einem Krankenhaus! Aber da müssen wohl einige erst einmal darüber aufgeklärt werden, wie das definiert wird!

49

Freitag, 10. Mai. Abends.

Seit gestern darf ich in der Arbeitstherapie Säume ab- und beschneiden – *auch eine Arbeit für Leute mit einem Harry an der Leine.* - Doch am Montag soll ich endlich einen kreativen Job bekommen: töpfern. Was auch nicht gerade mein Traumberuf ist, wo man aber wenigstens seiner Phantasie freien Lauf lassen kann. (Oder auch nicht.) Und was die Laufschule mit Frau Miller betrifft, auch da klappt es nicht so richtig. Aber nicht, weil ich zu blöd dazu bin, sondern weil sie die nur so nebenbei betreibt, nicht mit richtiger Energie, wie ich es eigentlich von ihr gewöhnt bin. Und heute fand sie aus mir nicht bekannten Gründen überhaupt nicht statt. Also muss ich meine Qualitätssteigerung im Laufen selbst in die Hand nehmen, laufe – die Krücken zwar in der Hand aber nicht am Boden – zur Arbeitstherapie hin und auch wieder zurück auf Umwegen. Bei einem Wackler schaffe ich es auch meist, mit den Krücken meinen Flug aufzuhalten, doch nicht immer. Dann erforsche ich eben erst einmal aus der horizontalen Position den vor mir liegenden Weg. – *Da sieht man ihn auch viel besser als im Stehen.* – Aber dementsprechend viel Arbeit haben jetzt (?) die Schwestern an mir: versorgen von Schürfwunden, Einengen von Beulen, und so weiter. Und natürlich ernte ich dabei auch ab und zu Spott. – Manuela tut sich da besonders hervor. – Aber im Grunde genommen ist es mir egal. Ich muss mich ja mit meinem verkrüppelten Körper durch das Leben bewegen können, nicht sie. Und da kann es eben zu Flügen kommen. Aber aus Fehlern lernt man. Normalerweise.

Jetzt aber sitze ich am Telefon, spreche mit Yvonne. Wie schon mehrmals diese Woche. Und es ist immer wieder ein schönes Gefühl, ihre Stimme zu hören. Ich fühle mich dann wohl, frei, denke nicht an die Behinderung, nicht an irgend welche andere Probleme, alles um mich herum ist mir egal, bin nur fixiert auf ihre Stimme, die so lieblich in meinen Ohren klingt wie eine von Engeln geflötete Serenade. Und natürlich würde ich sie gerne wiedersehen, finde diese Einschränkung widerlich, aber bis jetzt sollte es halt nicht sein.

Oje, was wäre, wenn es keine Telefone gäbe? Natürlich stehen wir auch im Schriftverkehr – von ihr bekam ich diese Woche schon drei Briefe; ich schreibe fast jeden Tag (und da nicht nur fünf Zeilen) – aber so ist man sich doch ein Stück näher, glaubt, den anderen unmittelbar vor sich zu haben, wird zärtlicher im Ausdruck.

»Mike, ich muss dir was mitteilen«, löst sie in mir eine seismisch mittlere Schockwelle aus.

»Kannsde. Aer zuerst mussch dir mitteiln, dassch mich off-Pfingsten freue!« Die Welle muss enthärtet werden.

»Genau darum geht es.« – Die Welle nimmt an Intensität zu. – »Ich freue mich zwar auch darauf, muss dir aber sagen, dass du da nicht zu mir kommen kannst! Rolf, mein Freund – oder Exfreund, nenn es wie du willst – ist noch nicht ausgezogen.«

Die Welle ist stehengeblieben, bauscht sich auf, bereit zum Alles-unter-sich-begraben.

»Yvonne«, versuche ich, meinen Traum zu erhalten, »dasis doch keen Problem! Dann kommsde äben zumir! Alles Notwendige werdich organisiern.«

»Na gut, dann machen wir es eben so.«

Zum Abschluss teile ich ihr noch mit, dass ich sie schmerzlich vermisse, dass sie mir unheimlich fehlt.

»Mike, du mir doch auch«, schießt eine Wonnemurmel aus dem Telefonhörer. »Besonders vermisse ich dein charmantes Lächeln!«

Die Welle hat sich verflüchtigt.

Ich schaue ganz erstaunt den Telefonhörer an.

Ich wusste noch gar nicht, dass ich ein charmantes Lächeln habe. Ich fand immer, wenn ich meine Zähne blitzen lasse, sehe ich aus wie ein Honigkuchenpferd, das weiß, dass es vor der Schlachtung steht, aber noch über einen soeben erst gehörten guten Witz lachen muss. Allerdings – wenn sie mich so charmant findet – bitte, ich sage nichts dagegen.

Nachdem wir uns noch ein paar Küsse überall hin gegeben haben – *leider nur verbal* – legen wir auf und ich gehe in den Gang, wo ich mich hinsetze und anfange, einen Brief an sie zu schreiben.

Den habe ich fast fertig, da tritt plötzlich Frau Werner auf den Gang. Sie sieht mich und kommt zu meinem Sitzplatz: »Herr Scholz, Sie machen ja so ein böses Gesicht. Komme ich Ihnen etwa nicht gelegen?«

Ich schüttle den Kopf: »Nö, nö, soisses ni. Ich merk ouch nischt davon, dass das Gefühl des Bösen in mir Einzug gehalten hat. Ouch isses so, dassch – sorry: dass ich – dieses Gefühl absolut nicht gebrauchen kann zum jetzigen Zeitpunkt. Ich schreib grade an ne Frau.«

»Liebesbrief?«

Ich nicke.

»Dann kann ich es verstehen, dass ich Sie störe. Ich möchte auch nur etwas vorbeibringen.« Sie reicht mir meine Leopardenstretchjeanshose.

»Recht so?«, fragt sie.

Ich schaue mir die Hose an. – Sie trug ich bei meinem Unfall, wodurch die Knie aufgescheuert waren. Und da die mir zu Hause niemand reparieren wollte, habe ich sie Frau Werner gegeben. Die die linke hintere Gesäßtasche entfernt und den Stoff davon zum Flicken der Knieteile verwendet hat. Und das außerordentlich gut!

»Mein Dank wird Sie ewig verfolgn!«, lasse ich sie wissen.
»Oje«, erwidert sie und lacht. »Ich habe Ihnen auch noch ein paar Äpfel und Apfelsinen mitgebracht. Ich hoffe, Sie essen so was.« – Meine Augen leuchten auf, in meinem Mund läuft die Spucke zusammen in Erwartung des bevorstehenden Schmankerls. – »Soll ich sie mit der Hose zusammen gleich reinschaffen und auf's Bett legen?«

Nachdem sie dann gegangen ist, muss ich wieder mal feststellen, wie unglaublich es ist, von welcher Seite alles Hilfe kommt. – *Nur die vertrauten Seiten halten sich da zurück!*

50

Sonnabend, 11. Mai. Mittag. Ich bin gerade bei Hannelore angekommen.

»Hannelore, ich bekomm nächse Woche Besuch und brauch dafür unedingt zweema Bettwäsche«, appelliere ich an sie, bevor ich mich hinsetze. »Kannsde mirda helfn?«

»Nein, habe ich nicht!«

»Hasde niwengstns een Bettäschestück? Zumeispiel een Lakn? Du weeßdoch, meie Mudder hatalles eingezogn. Aberich brauch nächse Woche welche!«

»Nein, glaube ich nicht!«

Aha, jetzt glaubt sie es nur noch! Nachbohren!

»Guck doch wengstens mal nach!«

»Meinst du, ich wüßte über meine Wäsche nicht Bescheid?«

»Nee, nee, so meine ichsni.« – *Wirklich nicht?* – »Aberes könndoch sein, da existiertn Exemplar, dasde entbehrn könntest.«

»Na gut, ich schaue nach. Aber jetzt setze dich erst einmal, ich will Mittag essen. Willst du auch was?«

Ich weiß zwar, dass es bei ihr nur Wassersuppe mit Beilage gibt, aber nein sage ich trotzdem nicht.

Hunger treibt's rein, Ekel runter, Abscheu unten wieder raus!

Nach dem Essen – es gab tatsächlich Wassersuppe – kommt sie mit einem Stück Stoff herübergewackelt: »Ich habe ein Laken gefunden. Allerdings hat es ein Loch. Trotzdem recht?«

Sie zeigt mir das Loch. Was ein, zwei Zentimeter groß ist.

Möglicherweise hat sie da mal bei der Selbstbefriedigung die Richtung verfehlt. Oder sie hatte dort mal einen Bolzen montiert und ihn beim Orgasmus umgerissen.

Aber ich nehme das Laken. – *In der Not frisst der Teufel Fliegen!*

»Ich komme noch mit und ziehe es dir auf!«, erklärt sie mir.

Das bringt mich auf die Idee, sie zu fragen, ob sie mir nächste Woche dabei hilft, meine Wohnung sauberzumachen.

Entgeistert schaut sie mich daraufhin an, quetscht dann aber ein »Ja« heraus. Was aber nicht so recht überzeugend klang. Doch da dies nun mal der berühmte Strohhalm ist, an den ich mich klammern muss, tue ich es auch mit aller Kraft, die mir zur Verfügung steht und bin nicht gewillt, ihn wieder loszulassen.

Dieses Thema ist ihr aber zu glitschig, schnell wechselt sie es darum: »Sag mal, wer kommt'n dich eigentlich besuchen?«

Ich fange an zu grinsen, bin stark erinnert an meine Mutter. Aber ich gebe Hannelore Auskunft: »Im Krankenhaus lernt ich eene kenn, mider treffch mich nächse Woche hier.« Fast hätte ich ihr noch gesagt, dass mein Besuch sein Kind mitbringt. Aber das geht sie erstens nichts an und zweitens wird sie es noch früh genug erfahren.

»Ist sie aus Zittau?«, will Hannelore weiter wissen.

»Nee, aus Wilthen. Wieso?«

»Hätte ja sein können, dass ich sie kenne.«

Ich verneine nochmals und laufe los.

*

Nach dem Herrichten meines Bettes – wobei ich mit Erstaunen feststellen darf, dass in meiner Wohnung schon aufgeklart wurde *(Manuela war da bestimmt am Werk)* – zuckeln wir zur Bushaltestelle, weil ich noch zu Kalle und Wilma will, um mir die restlichen Bettwäschestücke zu holen. Hannelore begleitet mich zur Bushaltestelle.

»Samal«, fragt sie mich, als wir angekommen sind und ich noch eine Weile warten muss, »wenn ich richtig verstanden habe, setzt sich dein Besuch gern in gemachte Nester, was?«

Wuff! Ich schaue sie entgeistert an. Ist mir unklar, was ein bezogenes Bett mit einem gemachten Nest zu tun hat. Schlafstätten müssen doch vorhanden sein und einen *beackerbaren* Eindruck machen.

Diese Ansicht von ihr ist vielleicht der Grund, warum sie immer Solo blieb. Aber wat soll der Geiz: ich brauche sie noch, kann ihr deshalb noch nicht klar machen, dass sie eine Riesenmeise hat.

Darum lasse ich sie weiterschwafeln und warte auf den Bus.

Bei Wilma und Kalle. Ich schildere ihnen mein Problem und stelle anschließend die Frage, ob ich Bettwäsche bekommen könnte.

Betreten schauen sie sich an. Dann Wilma: »Da müssen wir erst nachgucken! Aber wenn, kann es höchstens ein Bettbezug und ein Kissen werden. Aber jetzt haben wir keine Zeit! Wir müssen dann gleich los!«

»Kannichse mir morgen abholn komm?«, will ich wissen.

Fleißiges Nicken antwortet mir.

»Okay, dann umdreierum.«

»Kannste machen, da sind wir da!«, bestätigt mir Kalle.

Gut, das dürfte also auch klar gehen. Da brauche ich nur noch einmal. Allerdings – wo kriege ich die her? Na ja, muss'ch mir halt was einfallen lassen.

51

Sonntag, 12. Mai. 14:55 Uhr.

Pünktlich erscheine ich wieder bei Kalle und Wilma. Klingle.

Normalerweise fängt bei diesen Geräuschen immer ihr Hund an zu bellen – doch heute ist Stille. Und melden tut sich auch keiner.

Ich schaue noch einmal auf die Uhr: *Ja, richtig. 15:00 Uhr war ausgemacht und jetzte – eeh, wollen die mich etwa verschaukeln? Von Wilma und Kalle hätte ich das niemals gedacht.*

Ich klingle nochmals. Irgendwo schreit diesmal ein Käuzchen. Nur das Fenster bleibt unbewegt.

Ich klingle wieder und immer wieder, mal klingle ich Sturm mal relativ kurz. Aber – es tut sich weiterhin nichts.

Ich drehe mich um, gehe zurück zur Straße. In mir rumort es, ein schon bekanntes Gefühl blubbert hervor, verhüllt alles um mich drumrum. Und es ist mir auch egal, was sich hinter dieser Korona verbirgt. Nur das, was gerade geschehen ist, beschäftigt all mein Denken, mein Wesen, schottet mich ab vor der Außenwelt: *Diese Unzuverlässigkeit und Feigheit kotzt mich barbarisch an! Die hätten es mir doch gestern sagen können, dass sie ihre Bettwäsche selber brauchen! Aber nein, flüchten! Ich bin ja nur ein Krüppel, der schlecht laufen kann, der ruhig mal umsonst kommen kann! Und dazu scheine ich auch noch ein Aussätziger geworden zu sein!*

In dem Moment: Raus aus Traumwelt, der unbefriedigten: Die Treppe hinab. Abfangen. Nichts. Ich liege auf dem Fußweg, habe den Niedergang mit dem Kopf aufgehalten – zwar sollten die Hände noch schnell unter meinen Körper kommen, doch mein Kopf war schneller; die Hände brachten meinen Körper nur noch dazu, sich zu überschlagen.

Scheiße!, brülle ich in mich hinein. *Alles läuft heute schief! Gedärme raus! Jetzt habe ich zwei Gründe zum Fluchen, diese Ausdrucksart wird langsam zur Gewohnheit bei mir!*

»Soll ich Ihnen helfen?«, werde ich plötzlich gefragt.

Ich bin sehr überrascht darüber, dass mir Hilfe angeboten wird und muss erst mal schauen, woher das Angebot kam. Aha, eine ältere Frau. Welche ein freundliches Gesicht zieht und ganz mitleidig guckt.

Ich habe mich mittlerweile in den Stand erhoben. »KönnSie mirma meine Krückn hochreichn?«, frage ich sie.

Sie bejaht und tut es. Währenddessen fühle ich, wie etwas warm und flüssig mir den Kopf hinunterrinnt. Ich fahre mit meiner Hand an die Stelle: Etwas Feuchtes. Führe danach besorgt meine Hand vor die Augen, erschrecke: Blut.

»KönnSie mal nachschaun, wodies herkommt?« Meine Hand schießt sichtbar nach vorn.

»Ach, nichts Schlimmes!«, meint die Frau nach einem kurzen Blick. »Nur ein Kratzer an der rechten Schläfe, mehr nicht.«

Schluck. Wo?? An der Schläfe? Wenn mich nicht alles täuscht, ist dort eine – Hauptschlagader. Und dass es in deren Nähe blutet, kann mich absolut nicht – begeistern. Eigentlich wäre es doch jetzt an der Zeit zum Schlechtwerden!

Aber diesen Zeitpunkt schiebe ich erst einmal vor mir her. Stattdessen lasse ich mich von der Frau hinüber zur Bushaltestelle bringen, nachdem sie mir aus dem nebenstehenden Lokal eine Schachtel Zigaretten geholt hat.

*

Auf dem Erdboden, denn hier gibt es keine Bank und ich kann noch nicht so lange stehen – *Ihr Hämorrhoiden kommet, kommet in mein Rinnchen...* – rauche gelangweilt. Eigentlich könnte ich auch im Lokal warten, die alte Frau hat mir dazu die Erlaubnis eingeholt – *Brauche ich dazu neuerdings eine Erlaubnis??* – aber ich habe keine Ahnung, wie lange es dauern würde, bis ich wieder raus wäre. Also draußenbleiben.

Nach 20 Minuten habe ich die Nase voll vom Warten.
Was mache ich also nun? Dem Bus entgegen marschieren – nein, ist zwar für meine Muskulatur eine Herausforderung, aber von der Sache her sinnlos. Also was dann?
Plötzlich kommt in mir ein Gedanke auf, der mich mehr und mehr zum Akzeptieren zwingt: *Ich werde zu Frank gehen. Bisschen Ursachenforschung betreiben. Ist zwar übelst weit für mich, aber doch im hiesigen Stadtviertel. So was muss also zu meinem Repertoire gehören, andererseits ...!*

*

Ich bin fast bei Frank angekommen, da bemerke ich, wie der Bus an mir vorbeifährt. Ich schaue auf die Uhr: *Oje, die hat einen Sprung, vorhin was abgekriegt. Peinlich, was mache ich nun? Laut Steffen ist sie ein Andenken an seinen Großvater, obwohl – da spinnt er wohl. Aber trotzdem! Ich muss sie wieder hinkriegen! Doch wie? Keine Ahnung. Muss ich mir später überlegen. Doch jetzt* – mit Erstaunen registriere ich, dass ich für diese Strecke nur 32 Minuten gebraucht habe.
Nicht schlecht, habe eigentlich mehr erwartet.
Hochbefriedigt trete ich in Franks Garten. Klingle vor seiner Wohnungstür. Aber auch dort Stille. Und nachdem ich noch mehrmals geklingelt habe, muss ich mich fragen, ob das der Typ Tag ist, an dem alle durch Abwesenheit glänzen.
Wieder draußen laufe ich dann zur nächsten Bushaltestelle. Denn mit dem Bus fahren möchte *(muss)* ich schon; schließlich liegt mein jetziges Ziel – Maschas Wohnung – am anderen Ende der Stadt. Doch an der Bushaltestelle hängt kein Schild, welches darauf hinweist, wann die Busse fahren. Nur das leere Brett grinst mich an. *Diese dämlichen Idioten! Können die ihre scheinbare Kraft nicht woanders auslassen?* – Aber auch das Fluchen bringt mir das Hinweisblatt nicht wieder. – *Warte mal, der Bus kam doch vorhin gerade; er fährt aller einer Stunde, hmmh, dann müsste noch mehr als eine halbe Stunde Zeit sein.* – Und Bank ist hier auch keine. – *Riesensauerei! Krüppel dürfen wahrscheinlich nicht allein durch die Stadt laufen. Oder haben immer einen Campinghocker mitzuführen. Eeh, die Herren Väter dieser Stadt müssten mal paar auf die Lichter kriegen, damit sie wieder vermehrt Durchblick haben und endlich auf den Weg der Erkenntnis abbiegen!*

*

Auf zur nächsten Bushaltestelle. Meine Beine fangen an zu murren ob der ungewohnten und unerwarteten Anstrengung; ich zähle die Nebenstraßen, die mich noch erwarten.

*

Nach 13 Minuten endlich geschafft. Und dort: Hinweisblatt – ä, warum denn? Bank – ä, warum denn? Genauso wieder wie bei der letzten Bushaltestelle, selbst die Häuser sehen fast genauso aus. Aber jetzt muss ich meinen Beinen mal ein bisschen Ruhe gönnen. Also wieder auf den Asphalt.

Während ich rauche, stelle ich fest, von vorbeigehenden Passanten werde ich heimlich oder weniger heimlich betrachtet. Auch einer, der in den Garten hinter mir hinein geht, äugt misstrauisch, geht danach mit Kopfschütteln weiter.

Galt dieses Kopfschütteln nun mir oder der Tatsache, dass ich hier auf dem Boden vor seinem Garten sitze? Ich kann mir vorstellen, dass er eine andere Sorte von Jugendlichen mag, kurzhaarige, rasierte, förmlich angezogene (mit Schlips und Anzug). Aber hier fläzt sich einer vor seinem Haus hin – langhaarig, Drei-Tage-Bart, in Leopardenstretchjeanshosen, dazu noch mit Krücken und einem Schorf an der rechten Schläfe. »Nein, nein, die heutige Jugend; und die haben wir hervorgebracht! Früher war das alles viel besser, früher war alles noch schön! Aber jetzt?«

Ich höre damit auf, den Blick der vorbeikommenden Passanten zu erwidern; schaue dafür auf die Uhr, um festzustellen, wie viel Zeit ich noch habe: *Aha, jetzt ist es 16:32 Uhr. Wenn ich das vorhin richtig mitbekommen habe, müsste der Bus fünfzig an der nächsten Haltestelle sein. Soll ich versuchen, dort ihn zu kriegen? Dann muss ich aber flinke Sohle machen, schließlich muss ich heute noch zum Zug! Ach was, ich versuch's. Und wenn ich es nicht schaffe und der Bus an mir vorbeikommt, winke ich mit der Krücke. Ich hoffe, das hilft.*

*

Nächste Bushaltestelle. Ein Blick auf die Uhr sagt mir, dass ich noch drei Minuten Zeit habe. Darum setze ich mich erst einmal auf die – *wunder, wunder* – hier stehende Bank, gönne meinen Beinen die wohlverdiente Pause. Denn ein wütender Orkan tobt jetzt in deren Muskulatur. Die letzten Meter habe ich mich zwar nur noch vorangeschleppt, wäre aber zur Not auch gekrochen. Doch ich habe es geschafft. Und da kommt auch schon der Bus.

*

An der nächsten Haltestelle fährt der Bus plötzlich nicht weiter. Ich fange an, mich zu wundern und mir Sorgen zu machen. Vor allem auch deswegen, weil alle außer mir schon ausgestiegen sind.

Schutzpatron der Krüppel, lass bitte meine Ahnung nicht zur Realität werden!

Der Busfahrer lugt um die Ecke: »Was is'n mit dir? Willst du nicht auch aussteigen?«

»Nee, wolltich eigentlich ni! Ich will und muss naNord!« – Wir sind in Süd.

»Hier ist heute aber Endstation«, klärt er mich auf.

»Scheiße!«, ist das einzige Wort, dass mir in dem Moment einfällt. Und fange an, nach dem kürzesten Weg zu Mascha zu sinnen.

»Pass auf!«, ertönt plötzlich wieder die Stimme des Busfahrers. Und ich horche auf. »Du steigst jetzt aus und wartest hier an der Bushaltestelle. Ich schaffe bloß den Bus weg, hole mein Auto und bringe dich nach Nord. Okay?«

Dieser Vorschlag ist die Rettung für mich. Denn wenn ich noch die ganze Stadt zu Fuß hätte durchqueren müssen, das wäre wohl für heute ein bisschen zuviel des Guten geworden. Und außerdem muss ich noch zum Bahnhof, wo mich niemand hinbringt, genauso wenig wie mich von dort jemand abholt. – Ich nehme den Busfahrer beim Wort.

52

Dienstag, 14. Mai. Nachmittag.

Vor Frau Werner ihrem Haus. Vorhin hatten wir drin Therapie, jetzt soll ich warten auf meinen Abtransport. Eigentlich müsste der schon längst da sein, sogar eine ganze Zigarette habe ich schon niedergeraucht. Und natürlich werde ich wieder ungeduldig: *Wo bleibt der bloß?* – Zwar sollte ich drinnen warten, aber ich wollte den mich Abholenden eben schon an der Haustür empfangen. Außerdem wollte ich eine ziehen. Hätte aber nicht gedacht, dass ewig niemand kommt.

Um nicht die ganze Zeit stehen zu müssen, habe ich mich auf die Treppe gesetzt. Was aber auch nicht unbegrenzt geht, denn es wird mir kalt dabei. Darum gehe ich die Treppe hinunter auf den Fußweg.

*

Jetzt warte ich schon über fünf Minuten.
Scheinbar haben die mich vergessen! Was nun? Wieder reingehen? Die Steherei wird nämlich langsam ungemütlich. Aber ich will die Frau Werner jetzt nicht stören, die hat zu tun. Also, was dann? – Ich hab's! Ich werde einfach loslaufen. Laufen strengt nämlich nicht so an wie Stehen. Außerdem – vielleicht kann ich da sogar mal meine Grenzen ausloten. Und wenn ich wirklich vergessen wurde – in diesem Krankenhaus ist ja alles möglich – trampe ich eben. Habe sowieso mal wieder Lust, das zu machen. Aber kommen sie doch, laufe ich ihnen direkt entgegen. Es sei denn, sie kommen aus der Nebenstraße. Doch das glaube ich nicht, dort lang wurde mit mir im Gepäck noch nie gefahren.

Ich stiefel los. Zuerst einen steilen Berg hinauf, welcher zwar ganz schön in die Knochen geht; aber immer noch besser so, als wenn ich ihn hinunter müsste.

Uuh, mir wird ganz grausig bei diesem Gedanken! Da könnte ich mich ja gleich zusammenrollen und hinunter kollern!

*

Am Gipfel des Berges. Eine dicke, fette Kreuzung mit Busbahnhof.

Was nun? Ich weiß zwar, wo es langgeht: dort vorn links um die Ecke und dann immer die Hauptstraße lang, aber ich kann mich nicht dafür verbürgen, dass der mich abholende Wagen auch dortlang kommt. Ich könnte auch auf den Busbahnhof wandern und nachgucken, wann ein Bus fährt und den dann nehmen. Könnte aber auch zurücklaufen. Ach, Kacke, ich habe keine Lust, mich zu entscheiden; mach's ganz einfach: Ich setze mich auf die Bank dort, glimme eine und halte die Augen offen. Sollte in einer halben Stunde noch immer niemand da sein, klappere ich mal den Busbahnhof ab.

Ich laufe zu der Bank. Setze mich hin und will mir eine Zigarette aus der Schachtel holen.

Nanu! Die beiden, die ich noch hatte, sind aus unerklärbaren Gründen kaputt. Mist! Und andere habe ich nicht mit.

Plötzlich erscheint ein Spirituosenladen in meinem Blickfeld. Allerdings ist er auf der anderen Straßenseite und auf der Straße herrscht ein Verkehr wie bei der Flucht der Goten vor Attilas Horden.

Wie schwer es ist, da hinüberzukommen, habe ich vorhin bemerken dürfen. Abgesehen davon rumort es mal wieder in meinen

Beinen. Die haben das zwar abzukönnen, aber die Grenze überschreiten darf man auch nicht.

Ich sehe mich nach einer vertrauenswürdigen Person um, die in Hörweite trabt. Und spreche einen Mann an.

»Keine Zeit!«, antwortet er mir und läuft schnell weiter. Und bei den nächsten beiden geht es mir genauso.

Aus! Jetzt reicht es! Das wäre doch das Letzte, wenn ich weiter um Zeit bettel bei Leuten, die daraufhin angesprochen keine opfern wollen! Jetzt laufe ich selber rüber! Schaffe ich es nicht – oh, dann tut's mir furchtbar traurig.

Ich stehe am Straßenrand. Warte darauf, dass sich zwischen den Autos mal eine Lücke auftut oder einer der Fahrer sich vorstellt, dass es ihm auch so gehen könnte und deswegen abbremst.

»Kann ich Ihnen helfen?«, ertönt es plötzlich hinter mir.

Erstaunt drehe ich mich zur fragenden Stimme. Die einer abgehärmt aussehenden Frau mittleren Alters gehört, welche trotzdem einen netten Eindruck macht.

»Ja, Sie könntn«, antworte ich ihr. Und teile ihr mein Anliegen mit.

Daraufhin runzelt sie die Stirn, erkundigt sich aber, ob sie mir die Zigaretten holen soll.

»Das wär ganz nett!«, bin ich überzeugt.

Nachdem sie eine Schachtel HB geholt hat, will sie hören, was mir passiert ist. Und ist verstört, nachdem ich es ihr erzählt habe. Doch dann rafft sie sich wieder auf: »Haben Sie schon einmal zu Gott Kontakt gehabt, zu ihm gebetet, ihn gefühlt?«

In mir versteinert sich sofort alles: *Oh Kacke, das hat mir gerade noch gefehlt, jetzt gibt es auch noch eine kirchliche Predigt!*

»Nö, nochnie. Un werdouch nie welchn ham beziehungsweise ne Betung machn!«

»Warum denn nicht?«

»Weilich das Geredum Gott fürn Märchn halte!«

»Aber ... «

Weiter lasse ich sie nicht kommen: »SehnSe mal: Bei meim Unfall habch andern Menschen geholfn. Dafür hättch eigentlich een Heiligenschein und ni een Krüppeldasein bekomm müssn, noa? Aber ich wurd demoliert! Wo warn da Gott?«

»So kann man das nicht sehen. Es ist so, dass Gott die Menschen erst mal alleine handeln lässt, zu gegebener Stunde aber eingreifen wird. Und dieser Zeitpunkt ist nicht mehr fern.«

Sind bisher Zweifel über mein Gesicht geweht wie die Federwölkchen über den niederschlagsfreien Himmel, so zeigt sich nun die Sonne von ihrer prächtigsten Seite – ich grinse, halb verächtlich, halb mitleidig. Denn wie oft ist schon der Untergang der Erde prophezeit worden. Und was geschah: nichts – nichts – nichts. Und das, was die mir gerade erzählt, ist doch nichts anderes.

»Ich gehöre zu den Zeugen Jehovas«, fährt sie nach einer Verschnaufpause fort. »Und wir haben Schriften und Bücher herausgebracht. Ein paar Schriften habe ich mit. Und da ich jetzt weiter muss, denn ich habe noch zu tun, gebe ich Ihnen welche. Die sollten Sie lesen!« Sie reicht mir ein paar Zettel und geht. Mir aber stellt sich nun die Frage, ob sie es wirklich eilig hatte oder nur die Flucht ergreifen wollte.

Doch eine Antwort auf diese Frage finde ich nicht. Denn mein Blick, der derweil wieder angefangen hatte, das Umfeld zu mustern, stoppt jäh und – erstarrt fast vor Schrecken: Vor dem Haus, wo meine Sprachtherapie abgehalten wird, steht jetzt ein Wagen, auf welchem ein Rotes Kreuz prangt.

Das ist doch nicht etwa der Wagen, der mich abholen soll? Wenn ja, bin ich ihm nicht entgegen-, sondern fortgelaufen. Kacke, muss der heute auch gerade mal dort langfahren? Jetzt darf ich den steilen Berg, den ich so liebgewonnen habe, wieder hinunterlaufen!

*

Zurück vor dem Wagen. Ich habe recht gehabt, es ist tatsächlich der, der mich zum Krankenhaus zurückbringen soll. Und aus der Tür des Hauses meiner Sprachtherapeutin kommt auch schon der Fahrer heraus gerannt: »Da sind Sie ja! Ich habe Sie schon überall gesucht! Wo haben Sie sich denn rumgetrieben?« Es ist der gleiche Mann, der mich an meinem Geburtstag zum CT-Strom nach Dresden fuhr und mit dem ich damals in Krieg war.

Ich setze ein trotziges Gesicht auf. Bin auch stinkwütend über den Kunden: *Der macht immer genau das, was er nicht machen soll!*

»DaSe ewig nikaam, wolltich Ihrem Wagn entgegenloufn! Am Busbahnhof habch dann gewartet!«, keife ich zurück.

»Ich musste erst jemand anderen abholen!« – Was bei einem Blick in den Wagen nicht zu übersehen ist. – »Was wäre denn gewesen, wenn wir uns verfehlt hätten??«

»Dann wärich mittem Bus gefoahrn oder getrampt! Darüber hättch nachm Studium des Busfahrplans entschiedn!«

Er lacht höhnisch und verächtlich auf. »Das hätten Sie doch niemals geschafft!«

Diese Worte kenne ich doch, und zwar auch von ihm. In Dresden müsste er doch eigentlich gelernt haben, dass ich imstande bin, mehr zu leisten, als er mit seinem schmalen Horizont überblicken kann.

Ich zeige ihm die kalte Schulter und setze mich in den Wagen.

»Sie machen das nie wieder!«, will er mir eindringlich einreden, nachdem er sich auch in den Wagen gesetzt hat. »Wenn Ihnen was passiert, trage ich die Verantwortung! Ich werde diesen Vorfall melden.« Damit fährt er los.

Eine ältere Frau und ein Teeny sitzen auch im Auto. Vorwurfsvoll blicken sie mich an, schauen dann entrüstet weg wie bei der unehrenhaften Entlassung eines Ex-Soldaten aus der Armee.

Tja, und damit ist nach wie vor erkennbar, dass ich der 'Bad Boy' bin. Ist ja auch richtig: Ich bin ein ganz, ganz Böser. Aber da ich schon in meiner Kindheit nur durch Trotz überleben konnte und ich auch jetzt durch ihn beherrscht werde, lässt mich ihre Abwendung kalt. Und in mir erhärtet sich immer mehr der Entschluss, bis Sommeranfang hier zu verschwinden. Ob die Kur bis dahin kommt oder nicht.

Die Frau und der Teeny werden an psychiatrischen Stellen abgeliefert. Darum bin ich mir gar nicht so sicher, ob sie das, was ich getan habe, auch richtig verstanden haben.

Aber Hauptsache, verurteilen, nicht? Das ist doch das einzig Richtige! Wenn einer mal aus der Reihe tanzt, abstempeln! Auch in der Klapper! Wie war das gleich mit dem gelben Wellensittich unter den mausgrauen Spatzen?

Als der Fahrer mich absetzt, will er mir noch was sagen: »Versprechen Sie, dies nie wieder zu tun?«

Ich nicke.

Versprechen ja, halten – na, das weiß ich nicht so genau.

»Gut! Halten Sie sich auch daran! Ich werde es nicht melden.«

Soll ich mich nun freuen?

Auf jeden Fall bin ich sehr erstaunt, denn damit habe ich nicht gerechnet. Ich verschwinde in die Physiotherapie.

53

Mittwoch, 15. Mai. Früh. Visite.

Frau Christoph ist diesmal nicht dabei, Frau Heinzl führt das Kommando.

»Herr Scholz, Sie werden heute Vormittag um neun nach Löbau zum Zahnarzt gebracht!«, teilt sie mir mit. »Ach, und noch was: Zur Sprachtherapie fahren Sie jetzt nur noch mit Begleitung!«

Ich ziehe ein erstauntes Gesicht.

Sie bemerkt es: »Ja, denn was Sie sich gestern geleistet haben, das war ja wohl der Gipfel!«

Jetzt hätte ich sie beinahe gefragt, ob das nicht die Aktion mit dem Ausbüchsen von hier gewesen war. Kann mich aber gerade noch so zügeln, sonst bekäme ich jetzt eine Aufzählung aller meiner bösen Taten – sie würde bestimmt nicht so schnell fertig werden damit – und dann noch ihre moralische Standpauke: ich könnte gar nicht zum Zahnarzt gehen. Also belasse ich es dabei, einen trotzigen Flunsch zu ziehen wie ein bockiges Kind bei seiner Strafpredigt.

»Wenn ihnen was passiert wäre, hätten wir die Verantwortung zu tragen gehabt!«, bekomme ich weiter zu hören.

Diese Leier habe ich doch schon x-mal gehört. Ich muss aufpassen, dass ich nicht loslache. Denn hätte ich jedes Mal nichts getan, wenn mir gesagt wurde, du darfst das nicht und du kannst das nicht machen, tja dann pfpfpf nach unten. Wer nicht wagt, der nicht gewinnt! Und Risiko ist ein Wagnis. Aber das wollen die Herren und Frauen neurologische Ärzte nicht kapieren. Dann haben sie aber Pech gehabt, dann können sie mich mal!

Zum Glück ziehen sie jetzt ab. Doch mir kommt die Erleuchtung, dass mich der *dämliche* Fahrer doch verpetzt hat.

Ich habe – nicht erst dadurch – den festen Eindruck, dass er ein Schleimer, Speichellecker, Wendehals ist, immer nur seine Fahne in den Wind hängt und gak gak gak macht. Bestimmt hat er gestern die Verschweigung deswegen versprochen, damit ich ihm nicht irgendwelche Bombardements um die Ohren schmeiße!

*

In der Mittagspause teile ich Frau Christoph mit, dass ich spätestens am 30.6. hier verschwunden bin. »Den letztn Sommer konntich schonni richtig erlebn – denners warich beider Armee, dann inner Hölle an Kessel Nummer vier und anschließend in

Krankenhäusern – da willichn jetzigen richtig auskostn!«
Sie akzeptiert es und schreibt es auf.

*

Der Nachmittag hat begonnen. Ich habe den heute angekommenen Brief von Yvonne vor mir liegen. Darin schreibt sie, dass wir uns niemals mehr wiedersehen werden, dass sie bei dem anderen bleibe, dass sie an ihr Kind denken müsse, weil sie sich nicht vorstellen könne, dass zwei Behinderte zusammen den Haushalt schaffen. Es täte ihr leid *(hätte es ihr doch leid getan, bevor sie diesen Gedanken fasste)*, sie wünsche mir alles Gute, sie gehe jetzt zu einer Kur nach Kirchberg. Mit dem Brief schickte sie mir einen Behindertenratgeber.

Wie eindrucksvoll! Das ist wohl der Wink mit dem Zaunpfahl, go home, Krüppel!

Jede einzelne Faser schreit in mir, verwünscht den 3.8.90. In mir brodelt es, als wenn alles kurz vor einer Explosion steht. Ich bin nicht mehr ich selbst, ich verachte den Körper, der mich trägt: *Seinetwegen kriege ich nicht mehr das Weib, das ich möchte und wo die Chancen eigentlich gar nicht so schlecht stünden, wäre er nicht so verkrüppelt! Niemand schaut doch zuerst auf dein Inneres – ich vor kurzem auch noch nicht – zuerst ist doch das Äußerliche entscheidend! Und da – ich schreie es heraus:* »Genau da hab ich mich zum Untermenschn quaifiziert!« - *Nur weil ich es als meine Pflicht ansah – ansah! – anderen in Not zu helfen, bin ich nun ausgestoßen aus der Gesellschaft! Selbst der Dreck ist jetzt mehr wert als ich!*

Mir ist jetzt alles egal. Ich habe mich in mein Bett geschmissen, brüte über – *ja, über was eigentlich? Keine Ahnung!* – meine Gedanken lassen sich nicht in irgendwelche logische Segmente einteilen.

Es war das erste Mal, das ich von Anfang an alles wollte und bereit war, alles dafür zu geben – nicht einmal bei Jackline war das so, bei ihr brauchte ich bis zu diesem Zustand ein Jahr – aber letztendlich bin ich wieder nur so einer verdammten Illusion nachgejagt! Und das Schlimme daran ist, dass nicht ich versagt habe, auch nicht sie, nein, es war der beschissene Körper, in dem ich stecke! Scheißverdammter Müll!!!

*

Nach einer Stunde kann ich wieder klare Gedanken fassen. Sie sind zwar immer noch von Hass und Wut gegen mich und die

Welt erfüllt, aber sie ergeben wieder einen Sinn. Ich überlege: *Am Freitag Nachmittag kann ich heim. Weil ich Besuch bekäme und dafür noch etwas besorgen müsse, ist es mir erlaubt worden. Das mit dem Besuch hat sich aber aus einem **kotzdreckigen** Grund erledigt. Aber allein in meiner Bude zu sein, finde ich nicht so toll. Und zu Mascha kann ich nicht, die hat Besuch. Wie wär's denn dann mit Hannelore? Okay, das werde ich machen. Ficken? Nö, die nicht. Dann würde ich ja in einer eingedickten, schimmligen Tunke rumwaten. Zumindest aber muss ich ihr gleich mal schreiben, damit sie weiß, dass ich komme.*

Es werden aber nur zwei Sätze. Ich bin noch viel zu sehr auf Yvonne fixiert, dadurch überhaupt nicht in der Lage, große Worte zu schwafeln. Außerdem weiß Hannelore nicht, dass ich auch ziemlich lange Briefe schreiben kann, denn sie hatte noch nie das Vergnügen, von mir einen zu bekommen. Demzufolge reichen die zwei Sätze.

Wüsste auch gar nicht, was ich schreiben sollte, denn ein Minnegesang fällt ja bei ihr aus. Ich kann nicht jemand beschnurzen, bei dem es gar nicht angebracht ist. Und die, bei der es mir ohne Probleme gelang, will es nicht mehr. Aber eines weiß ich genau: Sobald ich wieder ohne Krücken werde laufen können – und die Zeit wird kommen – werde ich ihr zeigen, was für einen Mist sie zusammengedacht hat! Dies wird meine Rache sein! Dafür, dass sie mich in einer schweren Zeit aus scheinbaren Vernunftsgründen hat sitzen lassen! Das schwöre ich mir! Und mich würde es nicht wundern, wenn sie dann nach Schmusung verlangend schnurrt! Aber dann hat sie bei mir ausmiaut!

*

Abends. Auf dem Weg in den Essensaal.

Yvonne. Was für eine Wohltat wäre es, dich zu schikanieren, dich zu drangsalieren, dich zu sezieren. Bis jetzt war ich doch der Amboss, der auf deine dämlichen Spielereien reinfiel, du der Schmiedehammer, der Spielmaster – nun darf es anders sein. Zwar übertrumpft selbst der letzte Kotzbrocken mich an Wert, doch dieses Stück Scheiße ist kriegsbereit: Zieh dich warm a... – »Auaah! Verdamme Scheiße!« Wie immer in letzter Zeit bin ich zum Essen ohne Krücken gelaufen. Doch an der Schwelle des Essenraumes hätte ich mal die Augen aufreißen sollen. Aber: Achtlos, uninteressiert, fast schon apathisch latschte ich darüber hinweg und stolperte, verlor das Gleichgewicht, klatschte hin. Zog aber im Fallen noch den Kopf ein, drehte mich etwas, so dass ich mit der rechten Beckenseite aufkam.

Jetzt ist das Fass, das mit Wut gefüllt ist, übergelaufen. Mit aller Macht und mit aller Kraft, die noch in mir verblieben ist und die ich wiedererlangt habe, will ich das Nächste, was sich mir anbietet, zerstören; ich bin auf einmal gleichgestellt mit den Maschinenstürmern Englands, denn bei mir ist der Auslöser der Wut auch eine Person – Yvonne: Ich trete gegen den Türpfosten.

Patienten kommen herzugerannt: »Mike, lass doch den Türpfosten in Ruhe! Der kann doch nicht nichts dafür! Ist dir was passiert?«

»Nee!«, presse ich raus.

»Sollen wir dir deine Krücken holen?«

»Nee!«

»Was is'n los Mike? Du läufst schon den ganzen Nachmittag so griesgrämig mit hängenden Kopf rum.«

»Mirisallesegal!«

»Liebeskummer?«

Wortlos gehe ich zu meinem Platz.

54

Sonnabend, 18. Mai. Vormittag.

Die Nacht verbrachte ich bei Hannelore und bin jetzt bei der Morgenwäsche. Als ich damit fertig bin, bemängelt sie, dass ich ständig meine Knöchelturnschuhe anziehe. »Du bekommst dadurch nur Schweißfüße«, fügt sie erklärend hinzu.

»Ich hababer keenandre Mögichkeit! Die stützn meie Knöchelab, welche noch übelst labil sind.«

»Trotzdem!«

»Ich hababer selbst beier Armee keene Schweißfüße gekriegt!«

»Ach, mach doch, was du willst.« Knurrig dreht sie ab.

»Daroff kannsdedich verlassn«, schicke ich ihr noch hinterher. Mir scheint, Ihr Genörgel ist ein bisschen hinten, was mich aber bei ihr nicht verwundert. Auch bin ich mächtig sauer auf sie. Denn ich hatte mir an ihre Adresse – mit ihrer Genehmigung – zwei T-Shirts bestellt; und eins davon hatte sie gestern einfach so angezogen. War dann auch noch beleidigt, als ich es haben wollte. Und dann will ich es auch noch gewaschen wiederhaben, oh nein, das ist doch unfassbar. Was bin ich doch für ein Ekelpaket: Gewaschene

T-Shirts. Dazu haben wir aber noch ausgemacht, dass sie gleich die ganze Wäsche, die ich mitgebracht habe, wäscht. Ist nicht viel, nur paar Slips, paar Strümpfe, eine Palucca-Hose. Aber da sie morgen nicht da ist, muss ich mir die Wäsche Montag auf den letzten Drücker abholen.

Beim Verlassen der Wohnung unterhalten wir uns über die mir bevorstehende Kur.

»Das ist doch unglaublich«, protestiert sie, »ich warte schon zwanzig Jahre auf eine Kur« – sie hat immer gesundheitliche Probleme – Unwohlsein, Schwindelgefühle, Bauchschmerzen, wenn die Sonne scheint – »und du sollst sie gleich bekommen!«

Schluck, ich bin wirklich ganz böse. Nur – sie kann laufen, kann arbeiten, führt allein ihren Haushalt (mehr oder weniger), regt sich nun aber darüber auf, dass ich eine Kur bekomme und sie nicht. Doch wenn es wirklich am Wetter bei ihr liegt, wie sie immer klagt, dann stellt sich mir die Frage, inwieweit eine Kur ihr helfen soll. Auch in einer Kuranstalt scheint die Sonne.

Ich lasse sie weiterlabern.

*

Bei mir zu Hause. Ich schaue in den Briefkasten.

Was grinst denn da so?

Außer den üblichen Werbebriefen und der Rechnung für die T-Shirts? Ein Brief von der BfA: *An die hatten wir doch den Kurantrag gestellt. Aber auch wenn ich sehr, sehr neugierig auf den Inhalt bin, ich werde ihn erst oben öffnen.*

*

In meiner Stube lasse ich dann einen lauten Jubeljauchzer heraus: Am 5. Juni 1991 soll ich bis 15:00 Uhr in Kaltbad im Erzgebirge angerückt sein.

Was bedeutet, dass ich aus Großbüchen am 31. Mai verschwinde. Auf Nimmerwiedersehen!! Endlich! Dann ist nach – wie viel? nach – zehn Monaten Krankenhaus endlich Feierabend. Wird ja auch langsam Zeit. Heute Abend wird gefeiert.

Aber erst einmal mache ich mich zurecht, habe nämlich noch was vor: Katarina wird besucht. Dann gehe ich heute Abend vielleicht nicht allein in den 'Felsenkeller'.

*

Gegen 15:00 Uhr stehe ich vor dem von ihr angegebenen Haus. Nachdem ich geklingelt habe, kommt eine Frau heraus, die aber nicht Katarina, sondern – so nehme ich an – die Hausbesitzerin

ist – *dann wohnt Katarina also zur Untermiete hier.*
»Sie sind der Herr Scholz, nicht?«, werde ich begrüßt.
Ich bestätige und wundere mich: *Wieso bin ich ihr bekannt? Sollte ich sie auch kennen? Ihr Gesicht – sie ist blond, robust, attraktiv – sagt mir nichts. Wer weiß, vielleicht hat Katarina was von mir erzählt.*

Sie bringt mich zur Terrasse und teilt mir dann mit, dass sie Katarina hole. »Sie schläft noch.«

Nach einer Weile kommt Katarina angeschlendert: »Hallo Mike! Dich habe ich ja heute gar nicht erwartet.«

Ich lache: »Beimir solltsde eben immeroff Überraschung gefasst sein!«

Sie öffnet die Augen ein wenig, als wenn sie immer noch hypnotisiert von Morpheus wären, und gibt mir zu verstehen, dass mein Unfall ja wohl das Größte gewesen sei. Und so fangen wir an, uns über den Unfall zu unterhalten. Danach fange ich an zu flirten (ich flirte gern), was allerdings nicht gerade von Erfolg gekrönt ist. Aber so kommt keine Langeweile auf, denn wir haben uns was zu sagen.

Später – wir rüsten uns schon zum Abschied – frage ich sie, ob wir es noch einmal probieren. – Nicht, dass ich jetzt von ihrer Schönheit geblendet bin, denn sie ist nach wie vor geradeso genießbar, aber mir schwebt da eben das Bild vor, wie ich mit ihrer Hilfe meine Regeneration beschleunigen könnte. Und ich hoffe, dass dadurch das Sprungbrett für Liebe entsteht.

Sie überlegt lange, sehr lange. »Das muss ich mir noch überlegen«, sagt sie dann. Und schaut mich dabei ganz misstrauisch an.

Okay Mike, du bist wiedermal ertappt! Du willst sie nur benutzen! Scheinbar hat sie es noch immer nicht so richtig verdaut, dass du mal mit ihr geschlafen, dabei sie in dich verlieben lassen und dann für immer versetzt hast. Das dürfte jetzt dein Schicksal sein: Früher hast du mit den Mädchen gespielt, jetzt spielst du mit Isolationsschleckerchen, denn nun bekommst du von allen Mädchen die kalte Schulter gezeigt.

Trotzdem sehe ich meine Felle noch nicht völlig davongeschwommen, versuche nachzustoßen, um gleich einen erfolgsträchtigen Teppich zu legen: »Tendenz?«

»Es gibt keine Tendenz. Ich sagte dir doch, darüber muss ich erst entscheiden!«

»Un wie erfahrich das?«
»Ich komme in den nächsten Tagen bei dir vorbei.«
Damit trennen wir uns wieder, sie geht ins Haus hinein, während ich mich erst einmal die Treppe von der Terrasse hinunterbewege. Auf der letzten Stufe bleibe ich hängen und mache einen Hopser in den wahrscheinlich für solche Sachen bereitstehenden Strauch. Und als ich die Landung vollzogen habe, gucke ich erst mal, wo ich mich überhaupt befinde. Und muss feststellen, dass einen Meter entfernt von meinem Kopf ein steinerner Minibrunnen steht.

Tja, das ist dann wohl wiedermal der typische Fall von Schwein gehabt.

Aber zum Glück ist mein Erderkundungstrip von niemanden bemerkt worden. Ich darf also für mich allein fluchen, mich allein aufrappeln, allein losmarschieren.

*

An der Bushaltestelle.
Ich muss feststellen, der Bus fährt erst in einer Stunde.
Soll ich so lange warten? Quatsch, ich laufe zur nächsten. Bis ich dort bin, ist eine Handvoll Zeit vergangen.

*

Nächste Bushaltestelle.
Der Marsch hierher ging mir ganz schön in die Knochen. Also setze ich mich erst mal hinein und rauche eine. Habe ja immerhin noch 34 Minuten Zeit.

Nach der Zigarette – es sind noch 25 Minuten – frage ich mich, was ich als nächstes tue: *Zur kommenden Haltestelle laufen? Dann bin ich zumindest aus Petau raus, wieder in Zittau. Und das wäre noch einmal die gleiche Strecke wie bisher. Allerdings bedeutend schwerer, steil bergauf. Was mache ich? Ach, wie wär's denn mit trampen? Habe ich schon lange nicht mehr gemacht, früher war das eine gewichtige Fortbewegungsart von mir. Und ich denke, mit Krücken kommt man noch besser weg, da drückt man auf die Mitleidsdrüse.*

Nach neun Autos, welche nicht anhalten wollen, werde ich langsam grummlig. Mir wird bewusst, dass genau das Gegenteil von dem, was ich annahm, eintritt: Die Autofahrer schrecken vor Krücken zurück. Einen mit welchen wollen sie nicht mitnehmen, weil ihnen unklar ist, wie das gehen soll und/oder weil sie meinen, der hat einen Riss in der Schale.

Nichtsdestotrotz versuche ich es aber weiter. Denn da in einer Viertel Stunde der Bus kommt, kann ich mit dem fahren, wenn mich keiner mitnimmt.

Plötzlich hält einer. Obwohl es für mich nichts Neues ist, bin ich doch baff, habe nicht geglaubt, dass daraus noch was wird. Aber als der Fahrer dann aussteigt, verwandelt sich mein Staunen zum Aha-Effekt. Es ist –

»He Mike, wie geht's'n dir?«

– der Bruder von Rici, Tony. (Rici war in meiner Schulanfangszeit der beste Kumpel von mir gewesen, daher kenne ich Tony.)

»Hallochen! Kannsde mich inde Stadt mit reinnehm?«

»Klar doch! Kennst du mich noch?«

»Also wenn michnialles täuscht, du keen Doppelgänger rumloufn has sowie nin Geist ausmobersen Anhängsel des Himmelreichs vormir steht, bisde leib- un wahrhaftig Tony. Richtig?«

Im Auto dann unterhalten wir uns über das Geschehene, über meinen Zustand, über meine Perspektiven. Und er fordert mich auf, zu ihm zu kommen, wenn ich mal Probleme haben sollte. Sagt mir aber nicht dazu, wo ich ihn erreichen könnte; und ich frage auch nicht danach, halte das Angebot nur für eine Höflichkeitsfloskel.

Schließlich hält er genau vor dem 'Felsenkeller' und wir verabschieden uns voneinander.

*

Während ich vor meinem heutigen Endziel stehe und rauche, beginnen zwei Welten in meinem Kopf aufeinander zu prallen: *Wie werde ich aufgenommen? Bleibe ich auch hier isoliert? Früher war es so, dass es mir hier drin meistens leicht fiel, ein Mädchen zu verführen – quatsch, mich verführen zu lassen. Wird es diesmal auch so sein? Ich bin nicht mehr der gleiche wie früher! Aber vielleicht ist dies ein Vorteil – dann werde ich als Exot aufgenommen. Aber was soll ich machen? Ich muss zurück an die Öffentlichkeit, ansonsten rutsche ich immer weiter in die Isolation ab, lande in der finstersten Zelle, von der mir der Ausstieg verwehrt ist. Infolgedessen – runter von den Klötzern!*

*

Im 'Felsenkeller' drin, allein an einem Tisch. Habe was gegessen, beobachte jetzt die Umgebung. Manche grüßten mich, als sie kamen, andere, welche mich eigentlich kennen müssten – zum Beispiel Steffen – nicht. Made kam mal zu mir an den Tisch, fragte mich, wie es mir ginge, dann ließ er mich wieder allein. Irgendwie hatte ich gehofft, dass er mich auffordert, zu sich rüberzukommen, denn ich habe mich an einen Tisch gesetzt, der von Anfang an unbesetzt war, doch bei der Hoffnung bleibt es. Und wie er forderte mich auch niemand anderes auf, mich an seinen Tisch zu setzen. So bin ich auch hier mitten in einem gefüllten Lokal allein wie in einem Raum, in dem außer mir niemand weiteres ist. Aber ich kann mich absolut nicht dafür begeistern, in Langweile vor mich hin zu trüben. Habe einfach nicht das Talent dafür, wie andere in das vor mir stehende Glas zu starren.

Eine Zeitlang später kommt Anet herüber, setzt sich zu mir.

Ein Mädchen neben mir – da werde ich gleich viel lockerer. Tendenz zum Überschwänglichen.

»Hallo Ente«, begrüßt sie mich, »wie geht's?«

»Danke der Nachfrage. Offwärtszeigend. Ich gloub, ich binde Krückn balos.«

»Zu gönnen wär's dir. Aber du hast ja sowieso schon eine Menge geschafft. – Und, wie wird's bei dir weitergehen?«

»Ende diesn Monat verlasschas Krankenhaus. Endlich! Hatja lang genug gedauert!«

»Stimmt! Wie lange warst du denn drin?«

»Zehn Monate«, brauche ich jetzt nicht mehr nachrechnen.

»Da wird's aber Zeit, dass du dich zurückmeldest.«

»Hmm, am Besten mit dir im Bett!«, liegt mir auf der Zunge. Stattdessen aber berichte ich ihr, dass ich danach zur Kur fahre. »Un dann – wir werdn sehn. Aberich haldran fest, mei Päda-Päda-Pädagogikstudium durchzuziehn.«

»Schaffst du bestimmt. Klug genug bist du ja.«

Dieses Kompliment macht mich etwas verlegen. »Soosoo«, brumme ich.

Dann lenke ich aber auf ein anderes Thema, denn beim letzten: Glatteisgefahr: »Un, wie läufs beidir?«

»Ah, du hast wenigstens noch ein Ziel, aber ich? Eine Lehrstelle habe ich zwar – auf Deutsch eine Reinemachefrau – diesen Job finde ich aber beschissen. Eine andere Lehrstelle gab's jedoch nicht.«

Jetzt kann ich es wiedermal nicht lassen, darüber zu spotten. In einer Art, die nicht gerade ihr Selbstbewusstsein anheben dürfte. Und irgendwann merke ich das auch, versuche noch die Kurve zu kriegen: »Die Katwelle stehdir aber gut!«

»Danke!« Keine Miene in ihrem Gesicht zeigt eine Veränderung an. Wahrscheinlich haben sie die Spötteleien über ihren Job zu sehr gewurmt.

»Nee, früher mit glatten Haaren sahst du nicht so gut aus wie jetzt«, versuche ich nachzustoßen.

»Meinsde?«

Ich nicke. Als ich sie kennenlernte, machten wir bei mir mit anderen eine Fete, gingen danach ins Bett und dort hatten meine Hände die Gelegenheit abzufühlen, dass sie eine schöne Figur hat. Trotzdem war sie damals für mich nur eine Einnachtsfliege, denn erstens gefiel sie mir nicht so richtig – damals ohne Kaltwelle sah sie noch richtig kindlich und langweilig aus – und zweitens wurde ich abgeschreckt, als sie mir erzählte, sie hätte eine 7-Tage-Minna – zu dem Zeitpunkt erfreute sie sich gerade einer. Aber jetzt steht die Sache anders: jetzt gefällt sie mir und ihre Minnazeit kann mich nicht mehr vergraulen – *ein echter Seemann schwimmt auch auf dem roten Meer, und ich habe mir mal von Mädchen sagen lassen, dass sie in der Zeit besonders heiß seien. Auf den Genuss würde ich Anet schon bringen.*

Ich muss sie zu mir einladen – Doch wie? ich wüsste nicht wozu. Ich kann doch Anet nicht mitteilen, dass ich sie bumsen will. Also bleibt mir nur eine Möglichkeit: Meine frühere Masche muss her – tanzen. Vorausgesetzt, ich habe sie mit meiner geistreichen Spöttelei von vorhin nicht schon vergrault.

Ich frage sie. Bringe auch den Zusatz dazu, dass das eine sehr gute Gleichgewichtsübung für mich ist.

»Tanzen? Ich kann nicht tanzen«, lehnt sie lächelnd ab.

»Isniso tragisch! Die Schritte weeßchja noch! Mussmich bloß haltn, führn tuich!«

»Nein danke«, bleibt sie bei ihrer Weigerung.

Ich verfalle ins Grübeln: *Wo ich sie kennengelernt habe, tanzten wir da etwa nicht zusammen? Verdammt, weiß ich nicht mehr. Na ja, normalerweise merke ich mir ja auch nicht, wann ich mit wem getanzt habe, weil es nicht wichtig ist. Doch bei ihr wäre dies jetzt wichtig. Auch ist mir so, als hätte ich schon mal mit ihr getanzt. Aber für alles, was kurz vor dem Unfall geschah, kann ich mich nicht mehr verbürgen. Ich dürfte mich da immer nur an das erinnern, was anderen in den Kram passt und sie mir deshalb eine Andeutung in diese Richtung geben.*

Kurze Zeit später verabschiedet sich Anet und geht wieder zu ihrem Tisch zurück. Und jetzt stehe ich auch auf, um ohne Krücken auf die Toilette zu wandeln.

Bereitwillig wird mir dabei Platz gemacht. Und ich merke wieder einmal, wie zerrissen es in mir aussieht: *Zum einen brauche ich Platz zum Laufen, zum anderen komme ich mir aber vor, als wenn ich wie ein Aussätziger behandelt werden würde. Ich werde von Paradoxität überflutet und durchgekämmt, und es ist mir noch nicht gelungen, diesen gordischen Knoten zu lösen!*

*

Wieder an meinem Tisch starre ich auf die Tanzfläche. Wo sich einige nach dem Rhythmus irgendeines langweiligen Schnulzenliedes bewegen. Plötzlich glaube ich, meinen Augen nicht trauen zu können, sie weiten sich verwundert: *Da vorn tanzt Anet! Hat sie nicht gesagt, sie könne nicht tanzen? Dann lernt sie es aber verdammt schnell! Denn jetzt tanzt sie mit einem anderen Mädchen zusammen, ohne Probleme, und gut. Aber ihre Tanzpartnerin ist natürlich kein Krüppel, der sie zudem noch verspottet hat.*

Ich fluche in mich hinein.

Dann ziehe ich mich an. Will verschwinden, denn für das, was ich wollte, gibt es keine Aussicht auf Erfolg; Die Musik macht mich hier nicht an – *Musik der rechten Szene, und die halte ich für hirnverbrannt und absurd* – und Mädchen?

Es ist zwar möglich, dass ich als Exot betrachtet werde, aber als unantastbarer Exot. Bei den Mädchen hier dreht sich alles nach einem bestimmten Strickmuster ab, in dem ich keinen Platz habe. Spontanität, Ungebundenheit ist hier völlig fehl am Platze. Hier zählt nur »Ausländer raus« und »Deutschland den Deutschen«-grölen, um die Wette saufen, vielleicht noch eine von den willigen Weibern ficken, vielleicht auch nicht; fehlte nur noch, dass sie in Reih und Glied marschieren. Und was das Komischste ist: Immer die, die noch nie bei der Armee waren, überhaupt nicht wissen, wie beschissen es da ist, vertreten am meisten die Ansicht, dass wieder ein militärischer Staat hermüsse. Nein danke!

Während dem Ankleiden bemerke ich, wie Steffen trübe herüberlinst. Vorhin schon schickte er ein paar Gebärden rüber, die an etwas Drohendes erinnerten. Jetzt aber scheint es, als wolle er die linke Hand zum Gruß heben. Doch beim Versuch bleibt es. Bevor er seine Hand richtig hochbekommt, sinkt sie wieder ab.

Steffen war mal mein bester Freund – das habe ich zumindest geglaubt – aber dies scheint Ewigkeiten her zu sein. Und jetzt? Er trinkt zwar nicht immer, aber immer öfter. Und seine Frau, um die ich mich mal mit ihm gestritten habe, lugt ebenfalls kräftig ins Bierglas. Unglaublich, in die hatte ich mich mal verliebt. Aber jetzt? Die wird immer hässlicher. In relativ kurzer Zeit. Oder scheint es mir nur so, weil ich die Schattenseiten an ihr kennengelernt habe? Ich weiß es nicht. Will es auch nicht wissen!
Ich gehe.

55

Nächster Vormittag, um elf durch.

Nach dreimal klingeln öffnet Frank die Tür, dessen Erscheinungsbild kein bisschen anders aussieht als sonst, obwohl es den Anschein hat, als habe ich ihn aus dem Bett gerissen. Auch beherbergt er wieder mindestens eine Katze, wie ich sofort am Geruch feststellen darf. Frank selber strömt zwar auch einen üblen Duft aus – seine paar Grauen Hauer, die aus seinem Mund ragen, lassen den Herd vermuten – nach Katzenscheiße stinkt er allerdings nicht. Aber so war es auch früher schon bei ihm, als er seinem Kater noch fast täglich einen rubbelte. Mich kann man zwar auch nicht gerade als ordentlich bezeichnen, aber gegen ihn bin ich penibel.

»Sag mal, kannsde dich eigentlich noch annen Unfall erinnern?«, komme ich gleich zur Sache, als wir uns hinplatziert und eine angesteckt haben.

»Kloar!«, betont er. »Immer, wenn ich an der Stelle vorbeifoahre – was in letzter Zeit häufig passiert – muss ich daran denken.«

»Wie warn das eigentlich?«, will ich wissen. »Mir is nur eene höchst zweifelhafte Version bekannt.« Und erzähle ihm diese.

»Das is' völliger Quatsch!«, bewahrheitet er meine Ansicht. »Das war ganz anders: Wir sind bei Burkau off die Autobahn, welche dort nur zweespurig war. Een Pole überholte uns entgegenkommend een andern Trabanten. Wäre ich ni off'en Seitenstreifen ausgewichen, hätt'es zwischen ihm und uns 'ne Kollision gegeben. Danach wollt' mer weiterfahren, wurden aber durch Pia droff offmerksam gemacht, dass der andre Trabi quer zur Fahrbahn stand und sich dort drinne nischt regte. Deswegen hielt' mer an, du ranntest zu dem andern Wagen, ich rannte den Berg hoch, um die nachkommenden Fahrzeuge zu warnen. Zuerst kam een Opel Kadett, welcher die Unfallstelle überquerte, danach anhielt und die Warnblinkanlage einschaltete. Dann – da bin ich mir aber nimmer so sicher – kam dir der Fahrer vom Opel helfen.«

»Was hamirn da gemacht?«

»Weeßte das nimmer?«

»Sonst würdich dich jani fragn.«

»Tja, so genau weeß'ch das ouch ni. Ich war ja een ganzes Stück davon entfernt. Aber soweit ich mich zurückerinnern kann, habt ihr versucht, jemanden aus'm Fahrzeug zu zerren.«

Huch. Was war das?? Ein Bild. In mir. Schemenhaft zwar nur, aber ich sehe, wie jemand jemanden aus einem Auto ins Gebüsch schleift. Zwar sind davon nur Silhouetten zu erkennen, aber der zu erkennende Schluss liegt auf der Hand. Auch, da mir die Erleuchtung zu kommen scheint, dass der/die ziemlich schwer war. Oder ist es nur eine Schlussfolgerung, eine Annahme, eine Einbildung, geweckt von dem eben Gehörten? Scheiße, Scheiß Amnesie, Scheiß Unfall überhaupt. Aber mir kommt es so vor, als wenn das, was ich jetzt erfahre, erklärbar ist, nicht mehr von so mystischem Hintergrund behaftet ist wie das mir bisher Bekannte. Licht beginnt jetzt daraufzufallen.

Frank hat mein plötzliches Versunkensein bemerkt und will nun auch wissen, ob ich mich an etwas erinnert konnte. Und, als wenn seine Frage mich dazu animiert hätte, bröckelt tatsächlich ein Kügelchen von der großen, in die Dunkelheit eingeschlossenen Masse ab: »Ja, ich glaube, mir ist wieder etwas eingefallen: Als ich am Unfallort aus dem Auto ausstieg, sagte ich zu Pia, dass sie sitzen bleiben solle. Und dass ich das gesagt habe, bin ich mir sogar sehr sicher.«

»Noch was, Ente?«

»Nee, meehr fäälmir ni ein«, antworte ich gedehnt, langsam, versuchend, weiter in mich hineinzuschauen, dem Mantel des Vergessens noch mehr zu entreißen. »Nee«, muss ich jedoch wiederholen, »zur Zeit is das leider alles. – Wie gingsn weiter?«

»Nu ja, dann kam een Mercedes, volle Kante, mindestens 100 gloub' ich, und schoss off mich droff zu. Ich winkte wie verrückt, der Mercedes bremste ouch ab, allerdings anfängerhaft – er geriet ins Schleudern. Ich aber konnte gerade noch zur Seite in den Straßengraben springen, sonst hätt'es mich ouch erwischt. Dann hörte ich es nur noch wild krachen und scherbeln. Ich rapple mich aus dem Straßengraben, rannte zurück zur Unfallstelle, guckte dort nach, wo du geblieben bist. Pia stand an unserm Auto, heulte und schrie nach dir. Sie wusste nicht, wo du warst und ich entdeckte dich ouch ni sofort. Dann, een ganzes Stück weiter, off der andern Seite der Autobahn, fand'ch dich vor eem Boum liegen. Bewusstlos, blutend. Der Boum musste deinen Flug offgehalten ham, sonst wärste wahrscheinlich noch weiter geflogen. An der Unfallstelle trafen wir een Schweizer Arzt, welcher dir Erste Hilfe gab. – Da kannste wohl von Glück reden, dass der da war. Ansonsten wäre der Fall für dich wohl erledigt gewesen. Denn es dauerte 'ne ganze Weile, bis der Krankenwagen eintraf.«

»Ja ja, schnelle medizinische Hilfe«, bemerke ich süffisant. »Warich der eenzige gewesn, deens erwischt hat?«

»Der Fahrer des andern Trabanten ist paar Tage später an seinen Verletzungen gestorben. Die könnten aber schon vom ersten Unfall herrühren. Aber ansonsten warste der eenzige.«

»Ich hab mich für die anderen glei mit inde Scheiße begebn. Entweder alles oder nichts, ni? Aber so genau wollt ich das eigentlich niausgelegt ham. – Doch was isn eigentlich aus dem Crashfahrer gewordn? Hat der wenigstens none Schippe drangekriegt?«

»Das war 'ne die.«

»Aha, aha!« Ich ziche eine wissende Grimasse, denn das Motto »Frauen gehören nicht ans Steuer!« ist mir bekannt. Obgleich ich weiß, dass man sowas nicht verallgemeinern darf.

»Na ja, und die«, fährt Frank fort, »stieg aus ihrem Mercedes, stellte sich an die Motorhaube und glotzte bleede in die Weltgeschichte. Und ihr Mann gesellte sich dazu.«

»Und so warteten sie offn Fortgang der Geschichte wie zwee Schafe, die zur Schlachtung abtransportiert werdn solln. Richtig vermutet?«

Frank nickt.

»Und sich ma kundig machn, was für Schadn se anerichet, was für Verletzte se produziert ham, intressierte se goarni, wa?«

»Sah nicht danach aus.«

»Warse wenstens hübsch?« – *Warum will ich das eigentlich wissen? Keine Ahnung. Blödsinn.*

»Ente!«, begrinst mich Frank vorwurfsvoll. »Du denkst doch immer nur an das eene. Ich aber guckte in dem Augenblick ni danach.«

»Ich wages zu bezweifeln«, fälle ich selbst mein Urteil, »ansonsten hätte sie mich mitgenommen und ni demoliert. Aber ham sie die Alte wenigstens eingelocht?«

»Ach! Bloß ihrn Namen offgeschrieben und heemfahren lassen.«

Verdutzen macht sich in mir breit: »Was, sonst nischt?«

Frank schüttelt den Kopf. »Nein, nichts. Bloß mich ham sie ellenlangen Verhören ausgesetzt. Und Pia; die war dabei so doof, die hat meistens was andres als ich gesagt.«

»Na ja, die hellste warse sowieso ni«, kläre ich Frank auf. »Aber lass michma analysiern: Sie ham den Namen von der, die mich demoliert hat, aufgeschriebn.«

»Ja.«

»Infolgedessen is also der Täter bekannt.«

»Müsste er bzw. sie eigentlich.«

»Im April bekam ich ne Mitteilung, dassas Ermittlungsverfoahren wegen unekannt eingestellt worden is. Wie ich daraus entnehmen konnte, meentnse, der Bole wäre für mein Unfall verantwortlich.«

»Der Pole hat mit deim Unfall überhaupt nischt zu tun!«, ereifert sich Frank.

»Ja, nur in entfernerem Sinne.« Mein Grübeln, mein Sinnieren steigert sich langsam aber stetig zu einem in der Beziehung für mich neuem Gefühl, das in mir emporbrodelt – ich fühle, wie sich meine Unterlippe vorschiebt, ich nicht nur von Trotz erfasst werde, sondern jetzt auch das Medium von juristischen **Rachegelüsten** bin.

»Demzufolge werdich mich beim Gericht beschwern. Mir scheint, die wolln den Unfall im Sande verlaufen lassen. Da muss ich denen halt mal zeigen, wie richtiger Terror aussieht. Terror im Verbalen natürlich.«

»Hmm, das kannste machen«, meint Frank, »aber wie willst'n das anstellen?«

Ich denke laut nach: »Na ja, normalerweise bin ich die Woche über niin Zittau. Aber dann werdch mal im Krankenhaus droff bestehn, dassch schon Freitag weg kann. Haste Freitag Zeit?«

»Wann d'n da?«

»Um – ach, Kacke! Freitag ab um eins macht ja jeder seins. Demzufolge hat da das Gericht schon zu!«

»Freitag is' bei mir sowieso 'n bissel schlecht. Wie wär's'n mit Montag?«, schlägt Frank vor.
»Den 27.?«
Frank nickt.
»Ja, müsste klappn. Glei Vormittag. Binum zehne bei dir!«

*

Eine Weile später fällt mir noch etwas Wichtiges ein: »Frank, kannsde mich ma offde Komturstraße bringn?« Ich weiß, dass er ein Auto hat und die Gelegenheit muss man nutzen.
»Wann? Jetzt gleich?«
»Richtig!«
»Hmm, und was willste dort?«
Ich erzähle ihm von Pritsche und erwähne mit, dass auf seinem Schuldschein eine Frist bis zum 1.5. war. »Und dieis abeloufn. Ich hoffe, dass er jetzte da ist, damitchihm offde Ketten gehn kann. Und sollter mirs Geld ni gebn, werdch gerichtlich gegen ihn vorgehn. Vorm Unfall hättchim das Geld rausgeprügelt, abers is mir zur Zeit leider ni möglich. Also musches off diesem Wege machn.«
»Okay, ich fahr dich hin. Zieh mich nur erst an.«

*

Eine ältere Frau öffnet Pritsches Wohnungstür. - *Ach na eben, der wohnt ja zur Untermiete.* - Und nachdem ich ihr mitgeteilt habe, dass ich Pritsche sprechen will, geht sie – zu meiner Erleichterung – ihn holen. Trotzdem bin ich enorm aufgeregt. *Ich weiß nicht warum, aber ich bin's. Vielleicht löst das bei seinem Anblick mir in der Hose aufklappende Messer diese Spannung aus. Klar könnte ich ihn – oder besser ich wöllte – in den Klub der Krüppel aufnehmen. Aber aufgeschoben ist ja nicht aufgehoben!*
Dann steht Pritsche vor mir. - *Der sieht wieder beschissen aus. Wie ein frühreifes Kind, dass zu lange im Schlamm gespielt hat und den Dreck mit Waschen nicht mehr wegbekam.* - Und Ich halte es für sinnlos, erst Höflichkeitszeremonien durchzuführen, komme deswegen gleich zur Sache: »Pritsche, du weeßt, warumch hier bin.«
»Wegen dem Geld, ni?«
»Richtig! Also?« Ich versuche, Schärfe in meine Stimme zu legen, was mir aber nicht ganz gelingt; die Aufregung hat sich auch auf meine Stimme gelegt, sie klingt höher, als sie es eigentlich soll. Nur meinem Blick brauche ich nicht erst zu befehlen, feindselig zu

gucken – die Kanonen in ihnen wehklagen, dass sie ihre Munition nicht an die Hände weitergeben können.

»Das Geld ist noch ni da. Ääh ich warte off'n Kredit. Wenn ich den habe, kriegste dein Geld.«

Wenn ich schwerhörig wäre, hätte ich ihn gar nicht verstanden, zum Glück habe ich gute Ohren. Aber ich werde immer geladener, stehe kurz davor, irgend etwas zu tun, was mir jedoch nicht möglich ist. So aber kann ich alles nur verbal aus mir herauslassen.

»Pritsche«, herrsche ich ihn an, wobei meine Stimme lauter und schärfer (oder sülziger) wird, sich immer mehr steigert, so dass ich jetzt auch noch auf sie aufpassen muss, dass sie sich nicht überschlägt, »du hasnoch Zeit bis zum 26. Mai. Sollte dannas Geld nibei Mascha sein, gehich gerichtlich gegn dich vor! Sei froh, dass ichn Krüppel bin! Ansonsten könnste dich nachem volkseigenen Gebiß umsehn!«

Er senkt den Kopf, hebt ihn wieder. »Mit'm Gericht musst du das machen, wie du denkst.«

»Ich denke ni so, du zwingst mich dazu! Viel lieber würdichs offne andre Art lösn! Aber da kammir leider was dazwischn.«

Die Reinkarnation eines Schildbürgers starrt mich ausdruckslos an.

Ich sehe, dass das keinen Sinn mehr hat. Also wende ich mich zum Gehen.

»Nochmal, damites ineine Birnrudimende reingeht«, schärfe ich ihm während meiner Abkehr ein, »du has Zeit noch bis zum 26.!« Dann wende ich ihm endgültig den Rücken zu und schreite mit erhobenem Kopf von dannen.

56

Montag, 20. Mai. Nachmittag.

Mascha und Kulle gehen, nachdem sie mitgeteilt haben, dass Hannelore zu ihnen nicht gekommen ist. Weswegen ich nun die Nächste verfluchen kann: *Ich besitze schon so wenig Wäsche, deswegen brauche ich alle. Und die blöde Kuh behält sie sich ein. Zum Kotzen! Wie es scheint, kann man sich echt auf niemanden mehr verlassen, nur noch auf sich selbst. Und dazu sieht es so aus, als sei dies typisch für den Jahrgang, denn Hannelore ist dasselbe Baujahr wie meine Mutter. Da muss ich der wieder auf die Bude rücken. Scheiße, nur noch Gerenne, Mist! Allerdings kann ich erst*

nächstes Wochenende – mein vorläufig letztes als Krankenhauspatient – denn heute habe ich keine Zeit mehr.
Und so setze ich einen weiteren Namen auf die fiktive postkriptionale Liste.

*

Made. Will eigentlich zu Kulle, der ist aber nicht da, Made geht wieder. Doch vorher klärt er mich noch auf, woher ich Elsa kenne: Es war einmal ein Diskoabend im 'Volkshaus'. Wir verprügelten auf der Tanzfläche gerade einen Schwarzen, welcher uns unbedingt ein Bier hatte klauen wollen, da warf sich eine deutsche, in ganz Zittau als dreckige Schlampe verschrieene Frau zwischen uns und schrie immerzu: »Das ist mein Mann! Das ist mein Mann!« Erst, als sie auch paar vor die Lichter kriegte, gab sie Ruhe. – Zwischendurch kam auch die Polizei, doch als sie sah, was da vonstatten ging, zog sie gleich wieder ab. – Jetzt weiß ich also, woher ich sie kenne. Nur, dass sie jetzt nicht mehr die gleichen modischen Schönheiten trägt wie damals. Nicht mehr einen roten Rock und eine gelbe Bluse, sondern nunmehr andere wohldurchdachte Kombinationen. Doch *igitt-igitt* ist sie immer noch.

*

17:40 Uhr.
In fünf Minuten wollte Frank anrücken, wie wir gestern auf der Fahrt hierher noch vereinbart haben. Ich beginne, mich anzuziehen.

*

17:45 Uhr.
Ich werde unruhig. Weiß, dass Frank so zuverlässig ist wie eine Spinne zu Fliegen gnädig. Darum lade ich mir meinen Seesack auf, strebe zum Ausgang. Und habe die Türklinke schon in der Hand, will die Tür öffnen – *klingelklingelklingeling*. Ich stoße die Tür jetzt ganz auf, schaue gleichzeitig auf die Uhr: 17:49 Uhr. Und bin erleichtert, als ich den sehe, der draußen steht – Frank. Er nimmt mir mein Zeug ab und bringt mich zum Auto. Dann beginnt meine vorletzte Fahrt ins Krankenhaus.

57

Dienstag, 21. Mai. Mittag.
In der Arbeitstherapie habe ich es herumposaunt, dass ich nur noch diese Woche komme, weil am 31. Mai für mich hier Feierabend

ist. Daraufhin erfuhr ich, dass ich am 24. mein Geld bekomme werde. Was – wie ich schon ausgerechnet habe – 48,- DM sein wird. Zwar könnten es 8,- DM mehr sein, aber an den Mittwochs war ich immer zur Tanztherapie. Was ich die ersten beiden Male sehr gut fand – beim ersten Mal war noch eine hübsche Patientin aus meiner Station dabei, welche mit mir paar mal tanzte, die dann aber leider nach Hause gegangen ist, und in der zweiten Woche war eine Physiotherapiepraktikantin da, welche meine glatte Traumfrau war (aber leider hatte sie schon einen Freund); sie beklapperte mit mir zusammen auch laufend die Tanzfläche. Und es war bei ihr und auch bei der anderen ein wahnsinnig schönes Gefühl, wiedermal nach so unendlich langer Zeit eine Frau in den Armen zu halten. Da aber auch sie nur eine Woche da war, herrschte danach für mich Ebbe. Ich nahm immer an, man getraute sich nicht, mit mir zu tanzen – nicht einmal die Physiotherapeutinnen – und ich hatte recht: dies wurde mir einmal deutlich gemacht. Aber eine Frau in so eine Verlegenheit zu stürzen – immerhin war es bei der Tanztherapie unüblich, sich einen Korb zu geben – so frech bin ich ja nun auch wieder nicht. Dabei – die Schritte kann ich ja noch, nur nicht mehr so schnell und auch die Rechtsdrehung muss ich stecken lassen. Aber sonst? Man brauchte mir doch nur die notwendige Stabilität geben, das Führen hätte ich übernommen. Aber ich war auch wählerisch, konnte mich mit den Gesichtern, die da herumschritten, nicht so richtig anfreunden. Nie allerdings hätte ich 'Nein' gesagt, denn bekanntlich heiligt der Zweck die Mittel, und dies war nun mal eine absolut ausgezeichnete Kombination zwischen Gehschule, Gleichgewichtsübung, amüsieren. Das blieb dann aber stecken, und so durfte ich mich wieder einmal langweilen.

Jetzt aber sitze ich vor Frau Christoph und erzähle ihr frohgemut, dass am 5. Juni meine Kur beginnt und ich damit am 31. Mai hier verschwinde. Sie äußert zwar Bedenken, will, dass ich meine Kur von hier aus antrete, ich bin aber zu keinem Kompromiss bereit. Daraufhin nimmt sie es zur Kenntnis, checkt mich noch einmal durch, teilt mir danach mit, dass ich zu Hause weiterhin Krankengymnastik sowie Sprachtherapie in Anspruch nehmen darf und ein Schwerbehindertenausweis für mich erstellt wird. Der freie Montag wird mir gewährt, denn solche Sachen – immer fleißig Chaos – ist sie bei mir schon gewöhnt.

Wieder draußen wird mir plötzlich bewusst, dass ich hier noch sieben Tage verbringen werde.
Nach so langer Zeit. Unfassbar. Es fällt mir schwer, dies zu glauben. Doch – es ist Wirklichkeit. Dann heißt es: Winke-winke, Großbüchen! **Auf Nimmerwiedersehen!!**

58

Montag, 27. Mai. Früh.
Schon eine halbe Stunde früher als ausgemacht bei Frank. Denn was ich heute vorhabe, brennt mir viel zu sehr auf den Nägeln, als dass ich es verpassen will. Und bei Frank kann man sich nie so sicher sein, dass er auch da ist. Darum habe ich auch die letzte Nacht in meiner eigenen Wohnung verbracht.

Frank ist da. Auch wenn er nicht so erfreut darüber ist, dass ich ihn wiedermal aus dem Bett hole, fahren wir trotzdem – nachdem er gefrühstückt hat und wir uns Mahnungsformulare besorgt haben – zum Gericht.

*

Dort vor dem Zimmer des Staatsanwaltes Hochstätter. Aber noch warten, da er drinnen ein Telefongespräch führt.

Paar Minuten später hinein. Auch hier sehe ich mich nicht gezwungen, erst Höflichkeitszeremonien zu zelebrieren: Sofort, nachdem wir uns gesetzt haben, lege ich ihm den Brief vor, auf dem vom Abbruch der Ermittlungen berichtet wird, und erzähle ihm, wie es sich wirklich zugetragen hat. Und verweise dabei auf die Zeugenschaft von Frank.

»Das ist ja etwas völlig anderes, als dort ermittelt wurde!«, kann er es nicht fassen.

»Passen Sie auf«, entscheidet er dann. »Ich schreibe jetzt eine Anforderung der Gerichtsakte, Sie unterschreiben diese – ach, können Sie schreiben?«

»Ich war dreizehn Jahre lang inner Schule. Ja.«

»Und dann warten wir ab. Okay?«

Schon wieder warten! Ich hasse warten! Nur – jetzt muss ich ja wohl!

Ich stimme zu. Und gehe zur Schuldenabteilung.

*

Schneller als ich dachte, bin ich auch dort fertig. Der Antrag wurde zwar schon fertig gemacht, doch er wandert noch nicht per

Post an sein Ziel. Erst muss ich 62,- DM löhnen. Worüber ich nicht gerade erfreut bin, denn meine Finanzen sind nicht die Besten.

Bin zur Zeit nur ein spindeldürrer Goldesel, der das letzte aus sich rausholen muss. derweile will ich Geld zurück! Scheiß Bürokratie! Man muss versuchen, sie zu seinem Vorteil zu nutzen; nur kann ich den bis jetzt nicht entdecken.

Da ich es aber heute nicht mehr schaffe – das Gericht hat nur vormittags auf – und da Frank vorhin schon weg ist, weil er noch etwas zu erledigen hat, laufe ich erst einmal zu Mascha.

59

Donnerstag, 30. Mai. Nachmittag.

Frau Miller habe ich dazu gebracht, mit mir noch eine letzte Gangschule zu machen. Sie soll beobachten, wie es ausschaut.

Sie lobt mich, als wir fertig sind. »Am Anfang hätte ich nie gedacht, dass Sie so weit kommen.«

Tja, du hast mich ja auch vorher nicht gekannt! – Mich durchschleicht ein befriedigtes Gefühl. Obwohl – ohne ihre Hilfe wäre ich jetzt geflogen, zwei, drei mal. Wegen unabgemeldetem Gleichgewicht, dazu hatte ich keine Krücken bei der Hand, die mich hätten oben halten können. Und nicht nur deswegen weiß ich, dass der Weg vom in-Begleitung-ohne-Krücken-gehen zu dem ohne-Begleitung-ohne-Krücken-gehen noch sehr, sehr lang ist. Doch sie ist dafür Spezialistin, deshalb frage ich sie, ob ich es jemals schaffen werde.

Sie zögert, schaut mich von oben bis unten an – *als wenn das von dort ablesbar wäre* – und urteilt dann: »Das kann ich nicht genau sagen. Das kommt darauf an, wie ihr weiterer Entwicklungsweg ist. Viel hängt dabei auch von Ihnen selber ab. Aber ich traue Ihnen das zu.«

Hmm! Das war kein ja und kein nein, das war gar nichts!

Mehr bekomme ich allerdings nicht aus ihr raus; darum überreiche ich ihr zum Abschied für ihre lobenswerte Arbeit eine Schachtel Pralinen. – Sie ist die zweite, bei der ich mich mit einer bedanke, Frau Werner war die erste.

Im Gang treffe ich Frau Christoph. »MitIhn müsstich mal redn«, teile ich ihr mit.

»Gut, Herr Scholz. Ich komme gleich hinter. Muss nur erst was erledigen.«

Als sie dann zu mir ins Zimmer tritt, frage ich sie auch, ob ich jemals wieder ohne Krücken werde laufen können.

Sie grübelt nach. - *Wie bringe ich es ihm am Schonendsten bei?* - Doch dann kann man erkennen, wie ein Ruck durch sie hindurchgeht: »Ich muss ehrlich sagen, ich weiß es nicht. Schon am Anfang haben wir nicht geglaubt, dass sie jemals dem Rollstuhl entrinnen werden. Sie haben uns schon damals überrascht. Und jetzt haben Sie angefangen, freihändig zu laufen. Ich weiß es nicht, ob Sie es jemals schaffen werden, und ich wage es auch nicht, eine Prognose aufzustellen. Sie werfen die ja doch über'n Haufen.«

»Aber möglich isses?«, bohre ich weiter, denn ich will etwas, das mir über meine Zukunft richtig orakelt, nicht solche Wenn und Aber und Vielleichts.

»Möglich ist es!«, legt sie sich jedoch weiterhin nicht fest. »Man braucht dazu aber ungeheuren Willen. Dass Sie den jedoch haben, haben Sie ja schon mehrmals bewiesen. Vielleicht schaffen Sie es. Wenn ich aber jetzt sage, dass es so sein wird, wären Sie dann doppelt enttäuscht und würden dann sagen: 'Die dumme Kuh, was hat'n die mir erzählt?' Sage ich Ihnen das aber jetzt nicht, ist die Freude dann umso größer.«

»Fallsedann überhaupt noch größer werdn kann«, muss ich noch bemerken. Aber tief in mir drin muss ich grinsen: *Sie scheint mich sehr genau kennengelernt zu haben. Denn das mit der »dummen Kuh« hätte ich höchstwahrscheinlich wirklich gesagt. Doch eine grundlegende Feststellung war das auch nicht. Ich habe das Gefühl, die Antwort wird nur von mir selber kommen. Und dass Spezialisten in meinem Fall keine Prognosen mehr aufstellen, dafür bin ich doch selbst verantwortlich. Es wäre aber auch abscheulich gewesen, wäre ihre Anfangstheorie eingetroffen. Und das mit dem Willen sehe ich auch nicht ganz ein. Ich habe vieles nur gelernt wegen dem Zwang, der in mir vorherrschte! Natürlich muss man sich diesen Zwang erst mal auferlegen. Und doch - von allein drängt sich einem dieser Zwang auf, man kann nichts dagegen machen! Denn hätte ich mich nur durch meinen Willen allein wieder hochpäppeln müssen, bezweifle ich, ob ich soviel geschafft hätte. Und hoffentlich noch schaffen werde. Aber was heißt 'hoffentlich'? Ich werde es schaffen, da gibt es überhaupt keinen Zweifel. Ich werde es allen zeigen, die dachten, ich wäre erledigt! Und wer sich mitfreuen will, soll das tun, ich lade ihn dazu ein. Aber wer nicht, kann mich mal. Und ich bin mir ganz sicher, dass es*

da einige geben wird: Pritsche z.B., oder Pia. Und ich glaube –
auch Steffen.

*

Abends.
Ich stehe auf dem Gang und führe mit Diana mein Abschiedsgespräch. Dabei frage ich sie aber nicht, welche Meinung sie hat, ob ich jemals wieder ohne Krücken werde laufen können. Doch sie tut es von sich aus: »Mike, was du hier geschafft hast, ist zwar unglaublich, doch man kommt nicht umhin, es zu bewundern. Niemand von uns hätte vermutet, dass du wieder auf die Beine kommst. Wir hatten auch schon welche, die es nicht so schwer getroffen hatte wie dich. Die haben aber auch niemals so einen großen Sprung wie du geschafft, haben es niemals hinbekommen, sich vom Abseits wieder so in die Mitte zu spielen, wie du es vollzogen hast. Und ich kann dich schon ganz deutlich sehen, wenn du in einem Jahr vorbeikommst.« Sie geht zur Festhaltestange, lümmelt sich drauf. »Und so wirst du dann dastehen und 'Hallo' sagen.«

Mir wird ganz warm ums Herz bei dem Anblick. »Das wär echt toll.«

»He Mike! Das könnte nicht nur, dass wird so sein! Bei deinem Willen gibt es da gar keine Fragen!«

Mir bleibt nur noch, sie anzulächeln. Sie hat genau das gesagt, was ich mir wünsche. Und eines weiß ich: Spätestens in einem Jahr komme ich wieder – zu Besuch – und dann werde ich ihr persönlich diese Pose vorführen. *Das bin ich ihr schuldig.*

*

Mitternacht.
Ich liege im Bett, stelle eben durch das Läuten meiner Uhr – welche die von Qualle ist, Steffens hat aus unerfindlichen Gründen den Geist aufgegeben, weswegen ich ihm auch 30,- DM gab – fest, dass der letzte Tag meines hiesigen Gastspiel begonnen hat.

Ich lese, da ich absolut nicht müde bin. Doch jetzt beginnt in mir, ein Gedanke aufzusteigen, an etwas, was ich noch nie getan habe. Da dies aber meine letzte Nacht hier ist, kann ich es tun: Ich stehe auf, gehe zum Fenster, öffne es und zünde mir eine Zigarette an. Dann setze ich mich auf die Fensterbank und schaue nach draußen in die Dunkelheit. Wo nichts zu erkennen ist – oder doch sehr viel, denn sie animiert einen dazu, in sich selbst zu schauen: *Was wird mich draußen in der wirklichen Welt alles erwarten?*

Was habe ich vor? Wie werde ich aufgenommen? Werde ich aus der Isolation wieder herauskommen? Muss ich mir neue Freunde suchen? Werde ich welche finden? Bleibe ich – **Schrecken weiche!!** *– Eremit?*

Natürlich ist das Wichtigste, zu dem ich wieder kommen will, eine Partnerin. Jemanden, wo ich mich ausweinen kann, wo ich die nötige Kraft finde, die ich brauche, um gegen jeden, der mir Steine in den Weg schmeißen will, die Stirn bieten zu können. Eine Frau, welche mich so nimmt, wie ich bin. Aber auch eine, mit der ich Spaß im Bett habe. Denn hier habe ich gespürt, dass Selbstbefriedigung zwar anfangs schön ist, mit der Zeit aber langweilig wird. Doch ich brauche diese dabei entstehenden Gefühle. Es heißt zwar, sie machen schlapp, aber mich bauen sie auf. Zeigen mir, welchem Geschlecht ich angehöre und wie schön doch das Leben sein kann.

Und dann habe ich natürlich die Absicht, noch zu studieren. Ich will mein Abitur nicht umsonst gemacht haben. Obwohl zum Beispiel der Doktor, welcher am Anfang mir verbot, auf Urlaub heimzufahren und welcher eine Unterschrift von mir forderte dafür, dass ich öffentliche Verkehrsmittel auf eigene Verantwortung benutze, mir vorige Woche sagte, dass ich unrealistische Träume habe. Der hat aber soviel Unfug schon in die Umwelt gehauen, so dass ich – obwohl ich dadurch auf 264 war – darüber lachen muss. Das ist einer von denen, die meinen, alles zu wissen, anderen, welche beanspruchen, anderer Meinung zu sein, Steine in den Weg schmeißt. Und solchen Leuten die Stirn zu bieten, werde ich draußen gezwungen sein.

Ich lege mich, nachdem ich wieder das Fenster geschlossen habe, ins Bett und lese weiter. Denn von Müdigkeit ist in mir nach wie vor nichts zu verspüren; wahrscheinlich durch die Anspannung, dass dies nach so langer Zeit endlich ein Ende findet.

*

Das Buch zu Ende. Schaue auf die Uhr: 1:53 Uhr. Zum Glück habe ich aber noch ein Buch da. Aber bevor ich das lese, gehe ich erst noch eine rauchen.

*

Zehn Minuten später wieder im Bett. Nehme mir das Buch zur Hand, schlage es auf, lese die ersten Wörter. Plötzlich aber meldet sich mein Zimmernachbar: »Och, scheiß Licht! Wie lange willst'n das noch brennen lassen? Mach' endlich aus!«

Das ist mir zwar nicht recht, denn ich besitze die Angewohnheit, mich immer in den Schlaf zu lesen, aber mir kommt es so vor, als habe er recht. Denn er kann ja nichts dafür, dass ich heute entlassen werde und nicht einschlafen kann. Darum sollte ich auf ihn Rücksicht nehmen. Selbst auf die Gefahr hin, dass ich nicht einschlafe. Es sind ja nur noch ca. 4 Stunden bis zum Wecken, und die eine Nacht halte ich auch noch aus. Also lege ich das Buch weg, mache das Licht aus. Doch kaum ist es dunkel, *Gähn! Staun!* Das richtige Zeichen dafür, dass ich eine Runde mit Morpheus umherwandeln werde.

60

Freitag, 31.5. Früh.

Um sechs geweckt und sofort auf. Morgentoilette, in einen Anzug, den ich für diesen Anlass eigens mitgebracht habe. Den ziehe ich nur zu ganz besonderen Anlässen an, und heute ist einer: Nach genau neun Monaten und siebenundzwanzig Tagen werde ich in die Freiheit zurückgelassen.

Von einigen Schwestern ernte ich bewundernde Zurufe. Klar, sie haben mich noch nie im Anzug gesehen. Dann überreiche ich ihnen noch ein Päckchen Kaffee, entschuldige mich für die Gräueltaten, die ich so abgelassen habe, und gehe dann zum Krankenwagen, der mich zurück in die Freiheit kutschieren wird. Mit fährt eine Krankenschwester, eine neue – gut, dass ich verschwinde; sie ist mir nicht gerade wohlgesonnen – und ein alter Mann aus dem Nachbarzimmer, dessen letzte Tage gezählt sind.

Vor der Abfahrt stelle ich mich noch einmal vor die Station, und brülle: »Auf Nimmerwiedersehen, Großbüchen!«

Scheele Blicke, andere lachen verständnisvoll. Ich aber begebe mich in den Krankenwagen.

Am Krankenhauseingang winke ich dem Komplex noch einmal verabschiedend zu. Dann verlasse ich das Terrain. Die Uhr steht auf 8:24 Uhr.

Das war's!

Freiheit

»Sad but true«
Metallica

1

Freitag, 31. Mai. Vormittag.
Zu Hause. Bin allerdings nicht erst hochgegangen; habe nur den Seesack hoch schaffen lassen. Denn ich genieße erst einmal die schöne Luft, die die Freiheit gebiert: Ich stehe da und starre durch das Gelände. Zu wissen, dass nicht bald der ungeliebte Gang in ein Krankenhaus wieder ansteht, nicht heute Abend, nicht morgen, nicht übermorgen, dass man sein eigener Herr ist, keine ein bevormunden wollende Frau Doktor Christoph, keine ein bisschen bescheuerte Frau Doktor Heinzl, dass niemand mit der großen Rute dasteht, die dann wie ein Damoklesschwert über einem schwebt, und bereit ist, blitzartig herunterzusausen, wenn man wieder einmal unartig ist – ja, das ist das Größte. Jetzt müsste hier neben mir – *quatsch, an mir* – eine Jackline stehen, und ich wäre bereit zum sterben. Denn wenn es am Schönsten ist, sollte man abtreten. Und das Wetter feiert auch noch mit: Die Sonne macht ein mehr oder weniger großes Picknick am Himmel, bringt mich zum schwitzen. Mein Jackett ist schon mit oben im Seesack, und mein T-Shirt, das verlangt danach, ihm zu folgen. Doch heute ist Feiertag, Festtag, Jubiliertag, meine Entlassung aus dem Krankenhaus, und deswegen ... ich muss festlich angezogen gehen.

*

Kurz vor zwölf und ich bin gerade bei der Versicherung; Fragen, die anstanden, habe ich geklärt – oder auch nicht. Denn hier fühlt sich keiner mehr zuständig für meinen Fall, denn – mir sind ja nun die wahren Hintergründe des Unfalles bekannt – *ich Böser, ich*. Tja, und jetzt muss ich woanders die Leute drangsalieren, die hier haben es überstanden. Denn – *schon wieder denn* – ungeschoren kommt da niemand davon, das schwöre ich.

Auf der Treppe, abwärts. Das Zimmer, in dem ich war, liegt im 3. Stock, also glänzend die Gelegenheit, etwas zu riskieren, erstklassig günstig der Moment, um mir zu zeigen, in welchem Stadium sich mein Laufen befindet. Deshalb: Vorhin bin ich mit erhobenen Krücken und ohne Festhalten hochgestiegen. Was verdammt gut klappte. Und jetzt laufe ich wieder so, nur diesmal die Treppe hinunter. Was schwerer geht als das vorhin, aber das war ja klar. Und nicht alle Treppen werden Geländer haben oder eine Möglichkeit, sich festzuhalten. Ich bin also dazu gezwungen, dies zu lernen. Denn es widerstrebt mir, es als Tatsache ansehen zu müssen, wie ich bei solchen Treppen dann festsitze, weil ich darauf hoffe – vergeblich – dass sich meiner einer erbarmt und mir die Treppe hinauf oder hinunter hilft. Das Mitgefühl meiner Umgebung ist mir ja schon hinlänglich bekannt gemacht worden.

Noch eine Treppe, die letzte, der Ausgang öffnet sich schon, möchte, dass ich ihn durchtrete. Ich bleibe stehen, zähle die Stufen: acht. »Yeah!« *Geballte Faust. Acht Stück noch. Das mal fünf* ... »Yeah!« *40 Stufen bereits geschafft! Ohne größere Wackler! Bin ich in Form? Oder ist das jetzt immer so? Okay, ich bin in Form. Also schaffe ich die restlichen auch noch!*

Ich laufe weiter.

Eeh, ich habe Hunger. Essen gehen, okay, ist ja auch gerade Mittag, aber wohin? Ins Klosterstübl? In die Bierstube? Oder vielleicht ein Imbissladen? Oder ... huuuuuch!

Krücken nicht halten, schon zu weit vor. Fallenlassen. Geländer. Daneben.

Am Fuß der Treppe, ich liege dort; einen Kopfsprung habe ich gezeigt, allerdings in schlechter Haltung, weil ich versucht habe, mich mit den Händen aufzufangen, anstatt sie für einen perfekten Schwung einzusetzen. Denn meine Flugbahn habe ich ja nun doch mit der Nase abgebrochen. Oder etwa nicht? Haben mich die Heinzelmännchen mittels Luftkissen aufgefangen? Nein, nein. Es war die Nase. Sie muss es gewesen sein, denn ich merkte, wie ich mit dem Kopf aufschlug und die Nase jetzt wehtut. Und blutet.

Gleich darauf ist zu hören, wie welche angesaust kommen. »Was ist denn hier los? Oje!« Eine Frau findet die Situation wenig schmackhaft. Sie fordert andere sofort dazu auf, einen Arzt zu rufen.

Nein, nein, nein! Nicht schon wieder! Ich hau ab! »Danke, brauchnSe ni! Es geh schon!«

»Sie bleiben jetzt sitzen!« Befehl.

Nee, auf keinen Fall! Nicht schon wieder in ein Krankenhaus. Eben erst aus einem entlassen und nun schon wieder in ein andres rein? Nee, ist nicht! Ich will nicht! Wo sind meine Krücken? Ach da, okay. Aber – aber warum sehe ich so verschwommen? Ach ja, stimmt ja, meine Brille! Wo ist sie?

Die Frau bemerkt mein Suchen. »Wollen Sie ihre Brille?«, fragt sie mich.

Ich nicke.

Nach einer Weile reicht sie sie mir herüber. »Aber die können Sie jetzt nicht aufsetzen, da ist ein Bügel zerbrochen«, fügt sie noch hinzu.

»Scheiße!«, entfährt es mir.

»Na na na!«, bekomme ich zu hören. »Das ist doch wieder reparierbar. Außerdem brauchen Sie die jetzt sowieso nicht.«

Eeh Alte, bei dir piept's wohl? Und jetzt – hach – krrrrrrh, sie schiebt auch noch meine Krücken weg, die sind jetzt außer meiner Reichweite, ich komme nicht mehr ran. Okay, hau ich eben ohne ab. Egal wohin, nur nicht zurück in ein Krankenhaus.

Die Krönung folgt: Sie drückt mich an den Schultern zurück auf den Boden. Wogegen ich aber nichts tun kann, meine Kraft reicht dazu noch nicht aus. Und da ertönt die Krankenwagensirene.

Glück, wo bist du?? Hast du mich immer noch nicht gefunden??

*

Im Krankenwagen liege ich auf einer Pritsche; aber nur eine Sekunde lang, denn sofort schießt mein Oberkörper wieder in die Höhe wie bei einem Stehaufmännchen, bei dem man vergessen hat, es zu strecken. Nur – den Pflegern gefällt das nicht so, sie drohen mir sogar an, mich festzuschnallen. Und wenn ich ihre Oberarme sehe – meine Beine würden sich freuen, wären sie so dick. Brav lege ich mich wieder hin. Als wenn ich hypnotisiert worden wäre

Wir fahren los. Mit tatütata.

*

Das Rätselraten kenne ich doch schon: **Wo bin ich??** *Keine Ahnung, kann mich nicht erinnern, diese Räume schon mal gesehen zu haben. Und die Schwester, meine Wärterin, gestellt vor meinen Röntgentisch, nuschelt bloß unverständliches Zeug.*

*

Nach dem Röntgen will man von mir wissen, ob ich schon einmal Brüche am Kopf gehabt hätte.

»Nein, keine«, antworte ich mit voller Überzeugung.

Die Ärzte gehen in eine Ecke, tuscheln fleißig. Rufen dann eine Schwester heran, um ihr Anweisungen zu geben.

Die Schwester kommt zurück. »Issas?«, frage ich sie sofort.

»Sie haben einen Bruch im Kopf. Aber nichts Schlimmes. Sie müssen jetzt nur ruhig gelegt werden.«

Bruch am Kopf – na ja, ein Nasenbeinbruch ist ein Bruch am Kopf.

»Wielange mussich hierrin bleiben?« *Ich glaube kaum, dass es mehr als zwei Tage sind.*
»Na ja, zwei Wochen, nehme ich an.«
»Waaaaas?? Wie lange?«
»Machen Sie sich doch nicht so einen Kopf darum! Es kann auch weniger sein. Aber erst mal muss das wieder in Ordnung kommen.«

Schluck. Zwei Wochen! Nee, das kann nicht sein! Aus dem einen Krankenhaus raus, drei Stunden später ins nächste rein. Eeh, wer hasst mich so? Das ist doch wahrhaft zum Kotzen – Ach Blödsinn, man kann da mehr draus machen!

*

In einem Zimmer, Einzelzimmer, werde ich an den Tropf gehängt.

Tropf? Beim Nasenbeinbruch? Was soll'n das werden, wenn's fertig ist? Die wollen mich doch bloß verscheißern?!

Und das Schlimmste: *Ich kriege heute nischt mehr zu essen! Mein Magen knurrt schon wahre Hymnen. Scheiße! Das Letzte habe ich auch nicht richtig gegessen, weil ich da zu aufgeregt war, war nämlich das Frühstück. Aber hier ... Ich bin sowieso schon unter sechzig Kilo, soll ich jetzt auf fünfzig gebracht werden? Wenigstens wollen die mir bei Gelegenheit meinen Seesack holen – wobei Gelegenheit zu betonen ist. Aber – ich ich ich darf nichts essen, darf nichts trinken, darf nicht mal lesen, darf überhaupt nischt machen. Und dazu hänge ich am Tropf, welcher mehr weh tut als der dämliche Bruch. – Die Nase tut mir nämlich überhaupt nicht weh, wenn ich nicht gerade darauf herumdrücke. – Oh doch! Eines hat man mir erlaubt: Ich darf daliegen, auf eine Besserung warten und hoffen, dass ich diese Scheiße bald überstanden habe. Das sei lebensnotwendig für mich, wird mir gesagt. Aber dass ich mich zu Tode langweile, ist dies auch lebensnotwendig? Mal sehen, wie lange ich das durchhalte.*

Ich erfahre, dass ich im Krankenhaus Zittau in der chirurgischen Station liege.

Amen. So wechselt man also von der Neurologie in die Chirurgie. Zwar wurde man auf der neurologischen Station ab und an für ein bisschen blöd erklärt, hing aber nicht unverständlicherweise am Tropf. Ach, eine Riesenscheiße ist das! Ich habe mich so auf den heutigen Tag gefreut – und dann das. Aber warte mal: Soll ich nicht am 5.6. meine Kur antreten? Das kann ich ja nun wohl vergessen. *Hoffentlich verschiebt die Schumacher die. Denn ich glaube an die Kur.* Obwohl man mir in Großbüchen sagte, ich dürfe von dort keine Wunderdinge erwarten. Aber was die dort als Wunder ansehen, ist lachhaft. Ich bin ja das lebendige Beispiel dafür. Doch jetzt, wo ich anfange, wieder die Beine auf den Boden zu kriegen, erneut untätig. Scheiße!

2

Montag, 3. Juni. Abends.

Eeh, heute haben sie mitgekriegt, dass ich nicht an den Tropf brauche, dass ich mich in einem guten Zustand befinde, dass die Kopfbrüche wohl alte Male sind. 'Aber Moment mal', schoss es mir da augenblicklich durch den Kopf, 'dann habe ich etwa doch Schädelfrakturen gehabt? Aber wieso wurde mir dann in Großbüchen trotz meiner Anfrage nie etwas erzählt?' Tja, ich sollte wohl nie was wissen. Blödsinn! Wie soll man die Folgen bekämpfen, wenn man die Ursachen nicht kennt? Nun denn – eins ist Fakt: Ich werde mich in Zukunft über meine Verletzungen genau bekannt machen, dazu werde ich meine Krankenakten anfordern. Ich kann mich dunkel erinnern, dass das möglich ist.

Aber wenn ich mir diese Unterschlagung von Informationen recht überlege, so brodelt es erneut in mir. Man hat mich an den am meisten schmerzenden Tropf gehängt, mich ein Wochenende lang hungern lassen – erst gestern Abend kriegte ich eine Brühe plus Schnitte – *hat mich unschuldig zur Untätigkeit verurteilt. Die ich aber nicht lange aushielt, ich stand immer wieder auf.* – Umherlaufen konnte ich allerdings nicht, wollte ja nicht offiziell den Tropf abreißen; inoffiziell gestattete ich es mir laufend; die Schwestern gerieten schon ins Grübeln, wo sie ihn hineinstechen sollten. Sogar bücken übte ich. Denn wenn ich einmal dabei bin, warum dann nicht alles? Und in Zeitlupentempo klappte es auch.

Der Pfleger, ein alles versprechender Schmalzbube. Meinen Seesack wollte er heranholen, getan hat es – Scheiß Höflichkeitsphrasen – die sympathische Nachtschwester; die kenne ich übrigens irgendwo her. Nur woher? Aber sie wusste es auch nicht. Nur ihre Haare – hmmmmh, ich bin fasziniert, wenn ich sie sehe.

Abgesehen davon – heute bin ich zum letzten Mal in diesem Krankenhaus – na gut, nicht Krankenhaus, sondern nur Abteilung – morgen geht es in die HNO-Abteilung. Weil ich bloß einen

Nasenbeinbruch habe und mit dieser Lappalie ein Bett blockiere. Außerdem dürften so langsam ihre Speisevorräte zu Ende gehen, denn hier schmeckt es, und ich habe ja noch ein ganzes Wochenende aufzuholen: *Will ja nicht vom Fleisch fallen.*

Aber was Sinnvolles habe ich heute auch getan: Die ITS besucht. Brauchte ja dabei nur links um die Ecke und dann immer geradeaus marschieren. Und stand dann vor einer großen stählernen Tür, die anmutete, wie ein Gefängnisaußentor. Mir fröstelte sofort.

Dann gewährte man mir Einlass. Nur an die beiden weiblichen Zerberusse konnte ich mich beim besten Willen nicht erinnern. Sie sich aber an mich. Doch was jetzt kam, war nicht schlecht: Sie boten mir eine Vorstellung des Einakters »Wie bin ich komisch zu den Patienten?«. Denn dass es hier so viele Mandys gegeben haben sollte, stritten sie ab. Genauso, das hier mal eine Manja arbeitete. Okay, ich war damals ganz schön umnachtet, aber so sehr nun auch wieder nicht, dass mein Namens- und Personengedächtnis total ausfiel, ich irgendwelche Namen und Menschen aus dem Reich, wo sich Schatten und Träume tummeln, geklaut haben soll. Aber es könnte auch sein, dass mir damals einfach irgendein Name genannt wurde, damit ich Ruhe gebe.

Letzten Endes jedoch ist das mit den Namen nicht so wichtig. Fest steht, dass sie mich mit aller Kraft, Mühe, Einsatz ins Leben zurückgeholt haben. Obwohl ich das damals nicht einsah. Aber jetzt wollte ich nachträglich Frieden stiften – auch wenn nie ein Krieg bestanden hat. Doch die Schwestern erzählten mir, dass es noch viel schlimmere Patienten als mich gäbe, ich zu den angenehmeren gehörte. Möglich, dass sie das jedem erzählen, aber ich bin sie besuchen gekommen, um mich zu bedanken, und habe dies auch getan. Zwar war es nicht geplant, dass es jetzt schon passiert, aber man muss eben die Feste feiern, wie die Mädchen fallen. Und ich habe nicht die Absicht, hier irgendwo im Umkreis Stammgast zu werden.

3

Dienstag, 4. Juni. Vormittag.

Ich soll hinüber in die HNO-Abteilung, okay, nur – **im Rollstuhl!** *Die wollen mich tatsächlich* **im Rollstuhl** *rüberbringen!*

Die spinnen wohl!! **Im Rollstuhl!** *Das muss man sich mal vorstellen!*

Ich kann es nicht fassen. Bin froh, dass ich da raus bin, eeh, und die – herabwürdigend, Diskriminierung. Und die bestehen auch noch darauf. Schicken mir einen Pfleger mit, welcher mich im Lift untenhalten muss. Was zwar kein Problem ist für ihn, aber es darf so richtig belastend werden. Alpträume kommet! Und kaum ist der Lift in der HNO-Abteilung angekommen, bin ich auch schon aus dem Rollstuhl verschwunden. Der Pfleger will mich zwar aufhalten, aber haha – Vogel zeig, Mittelfinger.

*

Am Nachmittag kommen Kulle und Mascha und deren Kinder vorbei. Wobei Mascha es sich nicht verkneifen kann, mir barbarisch zu drohen: »Das nächste Mal werde ich dich über's Knie legen und dir eine Tracht Prügel erteilen, bevor du ins Krankenhaus eingeliefert wirst!« Die anderen vier, die zwecks Entfernung ihrer Mandeln hier sind, amüsieren sich köstlich.

»Ooh«, bin ich verzweifelt, »bitte nich! Bitte, bitte nich! Ich machsouch nie wieder.« Meine Hände schlagen flehend zusammen.

Zum Schluss gebe ich ihnen dann noch 600,- DM mit der Bitte, diese auf das Sparbuch zu bringen. Kaum sind sie aber fort, steigt in mir wieder Misstrauen auf wegen der spurlos verschwundenen 1.000,- DM. Sofort rede ich mir aber ein, dass das nicht noch einmal passieren wird; denn immerhin weiß ich ja diesmal davon.

4

Mittwoch, 5. Juni. Früh.

In einer dreiviertel Stunde komme ich unters Messer. Zwei Narkosespritzen ins Gesäß haben sie mir schon verpasst, welche mich ins Reich der Träume bringen sollen. Allerdings schwillt in mir kurz eine Frage hoch: *Was ist, wenn ich daraus nicht mehr erwache? Tja, eigentlich ist die Antwort ganz einfach: Dann bin ich tot – Punkt, Ende. Und ich muss feststellen, dass ich dann ein zweites Mal einen schönen Tod sterbe. Denn ein natürlicher Tod ist doch belastend: Stunde um Stunde, Minute um Minute, Augenblick um Augenblick musst du auf das Ende warten, hoffen, dass es bald ausgestanden ist; und doch hast du davor Angst. Vielleicht pocht unterschwellig noch ein quälendes Schmerzelchen, oder deine Brust ist zu eng, um noch richtig atmen zu können, deine Lun-*

ge rasselt wie das Kettenwerk eines Panzers im felsigen Gelände, deine Nieren ... ach, da gibt es viele Möglichkeiten. Unendlich viele. Brrh, mich schüttelt's bei dem Gedanken. Dann schon lieber den plötzlichen, unerwarteten Tod. Allerdings dann endgültig! Nicht, dass man noch einmal aus seinen Klauen gerissen wird, um als Krüppel weiterzuvegetieren. – Aber halt, warum eigentlich jetzt gerade diese Gedanken? Ich habe nicht die Absicht, den Löffel abzugeben. Ich bin erst 22, will noch was erleben. Aus dem Grunde rappel ich mich doch wieder auf. Außerdem ich bin doch nicht der erste, der eine Vollnarkose kriegt. Zwar wäre ich auch nicht der erste, der dabei von Morpheus zu Gevatter Tod überläuft, aber das werde ich hinterher merken. Und dann ist es mir sowieso egal.

Jetzt aber ergreife ich mir ein Buch und fange an zu lesen. Lange wird es zwar nicht mehr dauern, bis ich auf den Schlachttisch komme, aber den anderen beim Frühstück zugucken kann ich auch nicht; da dringt es nämlich an mein Bewusstsein, dass ich wiedermal auf Kostentzug gestellt wurde. Und ich frühstücke so gerne. Gestern zum Abendbrot habe ich schon bloß eine Suppe bekommen, und jetzt überhaupt nichts – *mein Magen, bitte sei nicht so böse zu mir; ich kann doch nichts dafür.*

Kurz danach werde ich geholt. *Endlich!* Nur – auch diesmal im Rollstuhl. Aber diesmal wehre ich mich nicht dagegen. Denn so nach und nach werde ich schläfrig.

Im Vorsaal des OP-Raumes. Dort kommt eine Schwester mit einer Rasierklinge, fängt an, mir meinen Schnurrbart abzurasieren.

»Heehee, wasas sololl dasa?« Ich werde immer schwächer. Und die Schwester – die rasiert munter weiter. Erklärt mir aber dabei, dass die Entfernung meines Bartes nötig ist, um an die Nase richtig heranzukommen.

Ich sehe es ein; aber auch, wenn ich es nicht eingesehen hätte, mein Protest verebbt eh. Denn mir wird sogar das zusehends uninteressanter, ich ziehe mich in meine selbst angefertigte und mit Narkotika verstärkte Schale zurück. Dafür übernimmt jetzt der Gedanke an die Schwester in mir die Oberhand: *Wenn sie mich woanders rasieren würde, jaa, das wäre toll. Allerdings – sie muss da nicht rasieren. Gibt ja auch andere Bearbeitungsmöglichkeiten. Die sieht nämlich übelst gut aus, hat eine üppige Figur, da könnte man reinbeißen.*

Ich rolle wieder. Die Lampen glühen auf.

Also – die Schwester ist schätzungsweise 30, und ich habe mal irgendwo gelesen oder gehört, dass Frauen mit 30 ihren sexuellen Höhepunkt erreicht haben. Und so einen Höhepunkt würde ich gern mal genießen. Also, liebe Schwes ...

*

Die Dunkelheit verliert ihre Intensität. Schemen tauchen auf, deren Konturen schälen sich heraus.
Wo bin ich eigentlich?
Ich schaue mich um: Ein Krankenzimmer, ich in einem Bett, mache Rückenstriptease ... *Ach ja, man hat ja an meiner Nase herumgebastelt. Ist die eigentlich noch dran?*
»Aua!« Okay, da ist sie noch. Allerdings unbrauchbar. Durch sie kann ich nicht einatmen. Zugestopft, genau. Da hängt auch irgendwas raus, sieht zumindest so aus. Aber das lasse ich lieber in Ruhe. Sonst rennt meine Nase noch schreiend davon.
»Na, bist du wieder da?« Der mir am nächsten liegende Patient.
»Jaaa, jaa, jaaa, ich glaub schon.«
Eine Schwester kommt hereingerauscht. Ich krame aus meiner Erinnerungskiste hervor, dass eben diese Schwester mich zur OP gebracht hat. Und mich von meinen Oberlippenbart getrennt hat.
Sie grinst mich schelmisch an. »Sind Sie wieder da?«, fragt sie mich auch.
»Jahaa, ich glaub schohon.« *Warum lächelt sie mich so schelmisch an?*
»Und wie geht es Ihnen?«
»Gut, wennich liege. Wennich loufe ääh beschissn.«
»Sie bekommen heute zum Abendbrot nur eine Suppe. Möchten Sie die?«
»Sollich hieroff Diät gehaltn werdn?«
»Nein. Aber Sie hatten heute Vollnarkose. Hinterher leiden die Patienten normalerweise an Appetitlosigkeit.«
»VergessenSes. Mir is zwoar unklar, obas bei mir vorherrscht, doich hab Hunger.«
»Wirklich?« Ein zweifelnder Blick begleitet ihre Frage.
»Wennich dann ni ordentlich was vorgesetzt krieg, mach ich een Offstand!«
»Aber wenn Ihnen schlecht wird, melden Sie sich sofort!«
»Wieso? WollnSe mir was Vergammelles geben?«
Sie dreht lächelnd ab.

»Weißt du, was du während deiner Narkose, als du die Operation hinter dir hattest, machen wolltest?«, werde ich von meinen Zimmernachbarn gefragt.

»Nee, abihr werdets mir sicherlich glei sagen!«

Die noch verbliebenen drei lachen lauthals. Ich schaue sie ungläubig an.

»Die Schwester, die eben da war«, wird mir berichtet, als wieder Beruhigung in die Lachkehlen eingekehrt ist, »brachte dich vom OP-Saal wieder ins Bett. Dort hast du versucht« – eine neue Lachsalve – »sie mit ins Bett zu ziehen.« Ihre Lachmuskeln finden keine Ruhe mehr, ansteckend, ich feixe mit.

»Da könntihr masehn«, rechtfertige ich mich dabei, »wasin meim Unterbewußtsein steckt. Die sieht aber ouch lecker aus, mit fünf L; ich gloub, ich hab sogar noch, bevor ich inne Bewusstosigkeit hinabsank, anse gedacht.« Jetzt ist mir auch klar, warum die Schwester so schelmisch grinste. Allerdings – eins will ich noch wissen: »Hates wenstens geklappt?«

»Natürlich nicht! Sie hatte zwar zu tun, aus dem schmachtenden Griff wieder herauszukommen, aber sie hat es geschafft.«

»Scheiße!«

Kurz darauf gibt es Abendbrot. Ich nutze noch die Gelegenheit, um mich bei der Schwester für meine Narkosemätzchen zu entschuldigen (obwohl es mir absolut nicht leid tut), erfahre, dass ich da noch zu den angenehmen Patienten gehöre, und fange an zu futtern.

*

Yes, die Küche fühlt sich gut, ich fühle mich gut, mein Magen fühlt sich wieder gut; denn er darf wieder arbeiten. Nun hat er auch alle Enzyme voll zu tun, habe ihm ja drei Teller mit voll belegten Schnitten, eine Suppe und eine volle Schüssel Vanillepudding hinuntergereicht. Sofort hat man sich beeilt, meinen Puls, meine Temperatur und meinen Blutdruck zu messen. Doch da die alle im grünen Bereich lagen, gestattete man sich wieder einmal die Bemerkung, dass ich zu den außergewöhnlichen Fällen zähle. Und um mir dies noch zu bestätigen, erzählt mir der ältere Patient, dass er, als er unter Narkose gestanden hat, am Abend nichts hatte essen können, ich dafür den halben Krankenhauskühlschrank leer mache. »Du bist ein Fresssack!« Sein Urteil steht fest.

Ich aber drehe mich mit auf meine Schlafseite, denn ich bin müde.

5

Donnerstag, 6. Juni. Vormittag.

»Hatschiii!«, speie ich zum heute schon x-ten Male durch den Raum. Schnupfen dürfte es aber kaum sein, glaube ich, wohl eher der Fremdkörper in meiner Nase. Diesmal jedoch hat sie sich Luft verschafft – Staun Guck – Tampons; die beiden schweben Richtung nächstes Bett. Aber es ist ein herrliches Gefühl, wieder mit der Nase und nicht nur mit Mund und Haut atmen zu können. Allerdings – allein das linke Loch bezieht Luft, das rechte ist dicht. Trotzdem traue ich mich nicht, es mal mit Ausschnauben zu probieren. Stattdessen Selbstanzeige beim hiesigen Parlament.

Bestürzung. Die Schwester schaut mich entsetzt an, die Oberschwester schaut mich strafend an, die HNO-Assistenzärztin, Frau Doktor Viska, schaut mich tadelnd an; dann in meine Nasenlöcher.

»Tja, ich bezweifle, dass es jetzt noch richtig wird«, befindet sie nach der Untersuchung. »Die Tampons sollten die Luftwege freihalten. Es könnte zwar sein, dass es trotzdem noch wird, aber garantieren kann ich es nicht. Da müssen wir mal sehen was wird!«

Hm, da hätten die sich ruhig was Besseres einfallen lassen können. Eigentlich ist es doch wohl klar, dass solche freischwebenden Dinger herausgeschleudert werden. Gerade durch Niesen. Und ich nieste – noste, näste (Wie heißt'n das) – fleißig. Was ihnen auch bekannt war. Aber letztendlich ist immer der Patient der Dumme.

*

Die Abendbrotzeit ist vorüber und ich will noch ein bisschen Laufschule machen gehen. Zwar ist es mir zugestanden worden, jeden Vormittag in der Physiotherapie etwas für meinen Krafthaushalt zu tun, doch das Entscheidende ist und bleibt immer noch die Laufschule.

Vorhin wollte mir Frau Dr. Viska weismachen, sie könne sich in meine Lage hineinversetzen. Und dass ich aufhören solle zu riskieren. »Denn sonst können wir an Ihrer Nase bald nichts mehr machen. Wie zum Beispiel bei Boxern, da wird während ihrer Laufbahn auch nichts gemacht.«

»Son Quatsch! Sieun sich in meie Lage hineinversetzen könn. Sie mussten sich doch noch niemals mittels Krücken voranbewegn. Un wasas Riskieren betrifft, dasis das eenzige, was man tun kann, man siehts jaan mir!«

Sie versuchte noch zu protestieren, musste aber letztendlich doch einsehen, dass sie sich zu verdrücken hatte, weil sie dabei war, Bullshit zu labern.

Soeben habe ich die Station verlassen – sie befindet sich im dritten Stock – stehe vor der Treppe, die hinabführt. Und die Krücken nehme ich natürlich wieder hoch; hoffe aber, dass sie mich diesmal abfangen werden, sollte sich mein Gleichgewicht wieder einmal auf absteigendem Ast befinden.

Die erste Stufe, im Schnellgang – *bloß schnell fertig werden, so richtig klappt das nämlich nicht; ich war schon besser* – die zweite – »Ooooch, Mist!« – Wieder habe ich die Stufen schneller hinter mich gebracht als ich wollte, genauso wie in der Versicherung; wieder war ich zu weit vorgebeugt, wieder konnte ich deswegen die Krücken nicht ins Spiel bringen, ließ sie darum fallen. Bloß, dass es diesmal nicht sechs sondern siebzehn Stufen waren.

Automatisch greife ich nach meiner Nase: *Nein*, stelle ich mit Befriedigung fest, *die scheint okay zu sein. Nur an der Stirn brennt es lichterloh.* – Ich taste die Stelle ab. – *Scheint 'ne Schramme zu sein. Blutet aber nicht. Glück gehabt.*

Eine Patientin kommt hochgerannt. »Mensch, bist du die Treppe runtergestürzt?«, will sie wissen. Und ohne eine Antwort abzuwarten, schiebt sie gleich die nächste Frage nach: »Ist dir was passiert?«

Oben aus der Station tritt derweil die mich vorhin misstrauisch beäugende Schwester heraus, die den Krach von meinem Gepolter und der Patientin Geschrei gehört hat. Und sofort herbeieilt, um zusammen mit der Patientin mir beim Aufstehen zu helfen.

»So was dürfen Sie doch nicht machen!«, tönt sie mir dabei in die linke Ohrmuschel.

Und in die rechte: »Sie sind doch hier, weil Sie von einer Treppe geflogen sind! Wollen Sie es soweit treiben, bis Sie sich dabei den Hals brechen?«

»Hm, dann habch ebn Pech gehabt.« *Eine andere Antwort fällt mir nicht ein. Aber reichlich komisch ist es schon, dass alle berufenen Geister zu mir sagen, was ich mache, ist falsch. Nur, sie waren verstummt, als ich damit Erfolg hatte. Doch bei Misserfolgen da werden sie wieder laut. Aber wollt ihr das nicht endlich kapieren? Solche Misserfolge muss man bei meinen Methoden ganz einfach einkalkulieren. Und es gibt keine Alternativen. Ich weiß zumindest von keinen. Also? Weitermachen.*

Inzwischen wurde ich von der Schwester abgeführt, auf mein Zimmer, in mein Bett; und Frau Viska macht mir wieder einmal ihre Aufwartung. Sie untersucht mich und teilt mir danach mit, dass ich außer einer Schramme an der Stirn nichts davongetragen habe. Und für heute solle ich im Bett bleiben.

6

Freitag, 7. Juni. Abends.
Mirko, einer meiner Zimmernachbarn, erzählt mir von einem Buch, das er gerade gelesen hat: »Zehn Monate. Eeh, so lange habe ich dafür gebraucht. Zwar ist das Buch unheimlich spannend, ich musste immer wieder reingucken, aber es ist so schrecklich lang, deswegen auch so lange.«
Ich kann mich nicht erinnern, mal für ein Buch so lange gebraucht zu haben. Und mein längstes hatte ungefähr 900 Seiten. Von Stendhal 'Rot und Schwarz'. Oder waren es weniger? Na egal, auf jeden Fall mag ich längere Bücher, weil sie detaillierter sind.
»Was isn das fürn Buch?«, will ich darum wissen.
»Ein Horrorbuch.«
Nun schwenke ich meine Hörsensoren direkt zu ihm hinüber: »Horrorbuh? Ich binintressier.«
»Kennst du den Schriftsteller Stephen King?«
»Stephen King? Nee, nie gehört!«
»Na dann wirst du das Buch auch nicht kennen. Es heißt 'Es'.«
Ich schreibe mir den Titel und den Namen des Schriftstellers auf. Dann will ich mir das Buch ausborgen. Er weist mich jedoch darauf hin, dass er höchstwahrscheinlich übermorgen verschwindet. Doch zum Reinlesen reicht das auf alle Fälle. Und wenn das Buch wirklich gut ist, habe ich es bis übermorgen vielleicht schon ausgelesen.

*

Um 22:00 Uhr kommt die Nachtschwester hereingerauscht und bedeutet mir, die Nachtlampe auszumachen. *Knurr! Knurr!* Denn das Buch ist echt das Beste, was ich bis jetzt vor meine Leseaugen bekommen habe. Es handelt von einem kleinen Jungen, welcher seinem jüngeren Bruder ein präpariertes Papierschiff schenkt. Dieser geht damit bei sintflutartigen Regen spielen. Plötzlich verschwindet aber sein Schiff in einer Gosse. Und er, der sich über die Gosse beugt, um nachzuschauen, wo sein Schiff verblieben ist, vernimmt Stimmen aus ihrer Dunkelheit. Stimmen, die ihm Angst machen, Stimmen, die ihn dazu animieren wollen, auch in die Gosse zu rutschen, Stimmen, die ihn hypnotisieren. Und einen Clown sieht er, der in der linken Hand einen zerfledderten Regenschirm hält, in der rechten ein Knäuel aufgeblasener knallroter Luftballons.

Aber die Nachtschwester setzt ihre Forderung durch. Und kaum ist es um mich herum dunkel, überfällt mich Müdigkeit.

7

Dienstag, 11. Juni. Abends.
Morgen soll ich hier »winke-winke« sagen können. Ist dann die Krankenhauszeit wirklich vorbei? Ich hoffe es! Allerdings so sicher bin ich mir da nicht, siehe letztes Mal. Aber noch einmal möchte es dazu nicht kommen.

Jetzt aber die meine Krankenhauszeit abschließende Gehschule. Aufgrund meiner Sprungerlebnisse auf der Treppe ist es mir erlaubt worden, immer mit dem Fahrstuhl hinunterzufahren. Draußen aber immer Krücken gen Himmel, dazu will ich heute den Krankenhauskomplex verlassen, außen umrunden. Im Gelände drin habe ich in der letzten Woche schon einige Runden gedreht, bin dabei auch geflogen – hatte mir ja auch die unwegsamsten Strecken ausgesucht – doch heute soll die Krönung kommen.

Fünf Meter; ich bin noch nicht einmal aus dem Krankenhausgelände heraus, da muss ich schon zum ersten Mal die Krücken absetzen. – *Schlechtes Omen? Ich weiß es nicht! Aber es interessiert mich auch nicht! Weiter geht's!*

Der Fußweg. Und ... es klappt oberprächtig, ich bin voll im Rhythmus. Deshalb keine Pause, sonst geht die Kacke mit dem Einspuren von vorn los. Nehme ich an.

*

Vor dem Krankenhauseingang zurück. Bleibe kurz stehen, ohne die Krücken abzusetzen, recke den Kopf ein bisschen höher, denn ich bin hochbefriedigt, besser konnte es nicht laufen. – *Ich habe hier draußen nicht ein einziges Mal die Krücken absetzen müssen. Nicht ein einziges Mal! Im Grunde genommen hätte ich auch ohne laufen können. Allerdings dann hätte es vielleicht auch nicht so gut geklappt. Denn die Krücken ... im Unterbewusstsein dürften sie meinen Rettungsanker darstellen, auch, wenn er oftmals nicht funktioniert. Aber ich kann dann lockerer laufen. Denn wenn man steif ist, wird der Gang statischer, das Laufen schwieriger, das Bewegen gefährlicher. So, okay, nun aber das letzte Stück, was hoffentlich auch so gut klappt wie bisher.*

*

Wieder auf Station. Stolz und mir der erbrachten Leistung bewusst, erzähle ich den mir entgegenkommenden Schwester davon, behalte es ebenso im Zimmer nicht für mich; kann es nicht für mich behalten, ich muss die anderen an meiner Freude teilhaben lassen. Und ich bekomme wieder einmal reichlich Lobe verpasst, welche ich auch diesmal wieder in hohem Maße genieße. Aber das Entscheidende: *Diesmal nicht die Loberhaschung. – In mir findet wohl gerade der Schulablauf statt: Von der ersten bis zur dritten Klasse lernt man für den Lehrer; von der vierten bis zur siebenten Klasse weiß man nicht wofür (diese Phase habe ich übersprungen) und von der achten bis zur zehnten für sich selbst. Demzufolge befinde ich mich jetzt in der achten. – Das Entscheidende war, dass ich mir selber wieder einmal beweisen konnte, ich habe die richtige Methodik, bin auf dem richtigen Weg. Denn das war nach so relativ langer Misserfolgsstrecke wieder einmal notwendig. Und es hat sich mir jetzt wieder gezeigt und bestätigt meinen Optimismus, sichert meine Überzeugung ab: Ich schaffe es, ich werde wieder ohne Krücken laufen können! Denn heute das war keine Eintagsfliege, wird sich noch viele Male wiederholen, bis es zur Normalität wird! Und dann werde ich laufen können, ohne dass ich noch Krücken zur Sicherheit mitführen muss!*

8

Mittwoch, 12. Juni. Mittags.
    Ich sitze auf meinem Seesack, warte darauf, dass ich abgeholt werde. Es ist 12:07 Uhr.
    12:30 Uhr. Ich sitze wieder auf meinen Seesack, denn soeben habe ich der Station bewusst gemacht, dass ich noch anwesend bin. Interessierte die aber nicht im geringsten. Darum stiere ich jetzt wieder den Lift an, mein Seesack müsste langsam den gasförmigen Aggregatzustand erreicht haben. Denn wenn es nicht bald losgeht, werden tausend kleine Mikileins durch den Raum schnellen.
    12:47 Uhr. Der Lift öffnet sich. Zwei Pfleger kommen heraus. Sie sehen aus wie ein mit mir abfahrender Krankenwagen.

»Sind Sie der Herr Scholz?«, werde ich gefragt.

*

Zu Hause. Ein Brief von der Staatsanwaltschaft Bischofswerda wartet darauf, von mir gelesen zu werden. Aber diesmal überfliege ich ihn gleich hier, gehe nicht erst hoch.

Werter Herr Scholz!
Hiermit möchten wir Ihnen mitteilen, dass wir Ihren Fall eingestellt haben, weil eine Schuld der Mercedesfahrerin nicht ersichtlich war. Und da der Aufenthalt des Unfallverursachers im Polski Fiat nicht ermittelbar ist, kamen wir zu keiner Schuldzuweisung. Wenn Sie möchten, können Sie am 20. Juni in die Akte bei uns einsehen. Sollte Ihnen das aber nicht möglich sein, bekommen Sie in Zittau von der Staatsanwaltschaft einen Report über diese Angelegenheit
Hochachtungsvoll
(unlesbar)

Wuff! Was wollen die von mir? Ich schüttle erst mal den Kopf. So, jetzt scheint mein Kopf ausgestaubt zu sein. – Was die da schreiben, eeh, den ihre Meise hat sich überschlagen. Da gibt es doch nur eines: Auf zum Gericht. Und denen Feuer unterm Arsch machen. Oder doch nicht? Die Rechtsverdreher von der Alten könnten ja auch darauf herumpochen, dass mir so gut wie nichts bekannt ist. Scheiße! Ich gehe erst mal zu Frank und werde ihm eine weitere Lösung des Rätsels abfordern.

*

Von Frank erfahre ich dann, dass es zwar fast Mitternacht gewesen sei – »doch der Himmel war sternenkloar. Die Foahrbahn hatte keene Beleuchtung, okay, aber der Wagen, welcher an dir vorbeigefoahren woar und vorm Unfallort stand, hatte seine Warnblinkanlage eingeschaltet. – Der Foahrer von diesem Wagen wollte dir übrigens helfen.«

»Isihmouwas passiert?«, will ich wissen.

Frank schüttelt den Kopf.

»Geschah meie Demolierung mitten inner Kurve?«

»Ach, absolut ni. Der Unfall geschah am Fuße eenes Berges, von dessen höchster Stelle aus man ohne Probleme einsehen kann. Und das waren ungefähr 200 Meter, also ausreichend.«

Das war es, was ich gebraucht habe. Fakten, welche nicht so einfach umstossbar sind. Alte, jetzt mache ich dich kalt.

»Sag mal Ente, ich habe gehört, du suchst Bettwäsche?«, hält er mich noch auf.

Hoh-hoh-hoh, Überraschung pur. Mit dieser Möglichkeit habe ich überhaupt nicht gerechnet. Sollte da was zu machen sein?

»Dann habe ich was für dich.« Er räumt eine Steppdecke plus Bezug und Kopfkissen hervor. »Willste das haben?«

Meist ist zwar ein Haken dabei, wenn er was weggibt, doch ich habe jetzt keine andere Chance, muss nehmen, was sich mir feilbietet; wählerisch sein kann ich später, wenn ich genug habe.

Ich lasse mir die Bettwäsche heim- und mich dann zu Mascha bringen, bei der ich jetzt nur noch ab und zu übernachten werde, mich jedoch langsam aber sicher in Richtung meiner eigenen Bude absetze.

*

Von Mascha verlange ich mein Sparbuch zurück. Schlage es auf in der Erwartung, 600,- DM mehr darin eingetragen zu sehen. Doch ... *wo eigentlich die Eintragungen hingehören, grinst mich nur leeres Papier an. Schon wieder weg?*

Mascha guckt ganz betreten, ringt sich erst nach einigem Zögern eine Antwort ab: »Wir hatten kein Geld mehr, brauchten aber unbedingt welches, haben es uns deshalb ausgeborgt. Aber du bekommst es auf jeden Fall wieder.«

Aha! Aber wenn ich es mir recht überlege, bin ich ja selbst daran schuld. Denn da war doch mal ... Aber ich Trottel gebe ihnen wieder was. Scheiße. Hätte nämlich das Geld gut gebrauchen können für die Aufrüstung der Bude. Aber na ja, damit ist wohl der nächste Gang zum Gericht fällig.

»Ist das schlimm?«, will Mascha wissen.

Natürlich ist es schlimm, blöde Kuh! Ich brauche das Geld!

Stattdessen bedeute ich ihr, dass es noch anginge. Denn auch, wenn ich einen Aufstand losgelassen hätte, das wäre doch eh nicht mehr zu ändern gewesen – Mascha hätte mich dann bloß rausgeschmissen. Und Pia, die vor kurzer Zeit auch mal hier einziehen wollte, und das bestimmt nicht wegen mir, hätte augenblicklich einen Platz frei gehabt. Nur wage ich zu bezweifeln, ob Mascha bei ihr auch soviel Geld hätte abknappern können. Mir aber bleibt nunmehr nichts anderes übrig, als wieder einmal gute Miene zum bösen Spiel zu machen. Und zum Dank bekomme ich von Mascha sogar einen Kuss. *Aufflattern.*

*

Mascha, Kulle und Qualle sind ausgegangen, Elsa hat sich für immer verzogen. Da auch im Fernsehen nichts Gescheutes kommt und ich hier ausziehen will, fange ich an, meine Sachen in den Seesack zu packen. Die ich aus einem Schrank holen muss, welcher ungefähr einen halben Meter über meinen Kopf hängt und es dadurch erforderlich macht, dass ich mich auf die Zehenspitzen stelle.

Als ich damit fertig bin, will ich wieder zum Sessel zurückkehren. Doch – *was ist das??* Mein rechtes Knie keine Lust, sich anzuwinkeln. Mein Schritt nichts. Mein Oberkörper aber Schritt. Übergewicht. »Plauz!«

Jetzt erkunde ich auch hier den Fußboden genauer. Mit brummenden Schädel, denn die Hände hatten sich vor der Landung nichtsschreiend davongemacht. Und irgendeine Kante war meinem rechten Augenlid im Wege. Ich taste es ab, habe dabei ein ungutes Gefühl. Die Hand kommt zurück: Blut. Aber ich kann noch gucken. Verschwommen. – *Wo ist meine Brille? Ach da. Zum Glück bloß verbogen. Was jetzt? Ich bin allein, isoliert von der Außenwelt. Telefon nein, wie im größten Teil von Zittau. Vielleicht hat hier im Haus jemanden eines? Oder er hilft mir? Allerdings Mascha ist doch mit keinem hier im Reinen. Da kann ich nur hoffen, dass eingesehen wird, dass nicht ich der Streiter bin.*

Ich begebe mich in den ersten Stock, wo ich Licht hinter der Tür sehe. Und klingle.

Die Tür öffnet sich und eine Frau erscheint. – *Wusste gar nicht, dass eine so gutaussehende Frau in diesem Haus wohnt.*

»Guddn Amnd. Entschuldigung. ... «

Doch weiter komme ich nicht. Sie sieht mein Augenlid – die Blutung hat zwar aufgehört, aber verkrustet ist es noch – lässt mich sofort in den Korridor eintreten und ruft ihrem Mann zu, er solle warmes Wasser und Sanitätszeug heranbringen. Dann schaut sie sich meine verletzte Stelle an.

»Das sieht nicht gut aus«, meint sie nach ihrer Betrachtung.

»Ach, n Pflaster dürfe ausreichn«, bin ich der Überzeugung, wohlwissend, dass schon wieder Krankenhaus droht.

»Das werden wir uns gleich genauer anschauen! Ist Ihnen schlecht oder so?«

»Nee, absolut ni. Hab nur vorhin paar Kopfschmerzen gehabt. Jetzaernimmer.« ·

»Uns Bewusstsein verloren habch ouch nie«, füge ich noch hinzu, als mir die Standardfragen in den Sinn kommen.

Inzwischen ist sie dabei, die Blutkruste mittels warmen Wassers zu entfernen.

»Oh«, glaubt sie jetzt, »das muss bestimmt genäht werden. Oder Peter, was meinst du?«

Der pflichtet ihr bei.

Nein, nicht schon wieder. Hört das denn niemals auf?? Jetzt heulen, ja heulen, heulen vor Wut über diesen Scheiß Unfall, heulen über alle Folgen, die damit verbunden sind, heulen über das Selbstmitleid, das mich befallen will. Sollte ich etwa das Krankenhaus niemals mehr loswerden? 'Nur', würden alleswissende Experten wieder sagen, 'wenn ich aufhöre zu riskieren.' Doch vorhin habe ich nichts riskiert. Obwohl da die Experten wieder sagen würden, frei laufen ist ein zu hohes Risiko für mich. Aber Risiko besteht doch überall! Mit dem Rollstuhl kann man umkippen; wenn man den Fußweg entlangläuft, kann einem ein Dachziegel auf den Kopf fallen; wenn man im Bett liegt, kann man herausfallen und sich das Genick brechen. Nur Einbuddeln würde das Risiko eliminieren. Oder vielleicht auch nicht??

»Bis heute Mittag warich nochim Krankenhaus«, stöhne ich zu der Familie auf.

»Ach, dort bleiben werden Sie nicht. Das wird nur höchstwahrscheinlich genäht und dann können Sie wieder gehen. Mein Mann wird Sie ins Krankenhaus bringen.«

Ich bin mir dessen zwar nicht so sicher, aber was soll ich tun? Vielleicht muss ich mich echt daran gewöhnen, Stammpatient zu sein. Muss nur noch herausfinden, was sich dann als Bestes herausschlagen lässt.

*

Im Krankenhaus kennt man mich mittlerweile schon. *Soll ich mich nun deswegen freuen oder heulen?* Ich weiß nämlich nicht, ob das so oberprächtig ist, wenn man im Krankenhaus nur dein Gesicht zu sehen oder deinen Namen zu hören braucht und sofort weiß, wer antrabt.

Mein Augenlid wird untersucht. »Nur eine Platzwunde«, meint der Doktor dann. »Einen Stich müssen wir machen, dann können Sie wieder gehen.«

Erleichterung macht sich in mir breit. Denn das heißt, dass ich den heutigen Tag, welcher für mich erst mittags begonnen hat, ohne stationären Aufenthalt überstehe. *Schwein gehabt.*

*

Gegen Mitternacht komme ich zurück. Mascha und Kulle warten schon auf mich.

»Ente«, werde ich von Mascha empfangen, »was hast du denn nun wieder angestellt?«

Ich grinse, denn ich fühle mich froh und munter und nehme alles nicht so ernst: »Na ja, mei Knie wollt ni so, wie iches wollte. Wahrscheinlich gibs da irgend nen Knick in der sensorischen Leitung. Und deswegen blieb mir nischt andres übrig, als mirn Fußboden ma genauer zu betrachtn. Welcher übigens ma gesaugt werdn müsste.«

Auf dem Weg zum Bett kommt wieder Maschas Rüge angehaucht: »Mit die-Wäsche-aus-dem-Schrank-nehmen hättest du ruhig bis Morgen warten können. Das hätten wir schon für dich gemacht. Denn Ente, es hätte auch viel Schlimmeres passieren können. Und so lange du hier bist, fühlen wir uns für dich verantwortlich.«

»Aha, hmmh«, ist alles, was ich darauf sagen kann, denn es ist doch bewegend, was sie mir da offenbart.

»Und wenn du noch mal so was anstellst, kriegst du von mir eigenhändig eine Tracht Prügel«, setzt sie ihre Einredung fort.

Scherz greift wieder um sich. Die bildliche Vorstellung davon finde ich doch zu lachlich. »Ich haldirn Arsch hin.«

Mascha versucht krampfhaft, sich ihr Zurückgrinsen zu verkneifen. Wünscht mir deshalb ganz schnell eine »Gute Nacht«, gibt mir noch einen Gute-Nacht-Kuss und verschwindet. Ich aber darf vor dem Einschlafen feststellen, dass ich diesen Tag zwar nicht unbeschadet, doch einigermaßen zufriedenstellend über die Runden gebracht habe. Und das Limit bleibt der gestrige Abend.

9

Donnerstag, 13. Juni, Vormittag.

Wieder zur Schuhmachern. Ich brauche nur an sie zu denken, um für das, was ich bei ihr vorhabe, gerüstet zu sein: Sie hat sich nie blicken lassen, als ich wegen Nasenbeinbruch im Krankenhaus lag. Und das, obwohl meine Kur am 5. Juni hätte beginnen sollen. Höchstwahrscheinlich ist es ihr egal, ob ich fahre oder nicht. Da ich aber davon sehr viel erwarte, wird sie ihre Meinung ändern müssen, ansonsten bekommt sie mit mir Probleme. Und ich wage zu bezweifeln, dass sie sich darüber freuen würde.

Vor dem Haus, in dem sie ihre Residenz hat. Steige die Treppe hinauf, gelange vor ihre Tür. Dort hängt ein Zettel, den ich aber nicht beachte, stattdessen klopfe. Ruhe. Stille wie in einem Grab, dass von Zombies und Ratten verlassen wurde. Ich klopfe noch einmal, klinke gleichzeitig. – *Nanu, die Tür ist verschlossen!*

Ich bequeme mich dazu, den Zettel zu lesen. Und mit jedem Wort, das meine Gehirnwindungen erreicht, vergrößert sich mein Frust, wird das Rumoren im Bauch größer: »Wegen Urlaub vom 05. – 23.7. geschlossen.«

Klappe zu, Affe tobt! Und der Affe ich! – Das Rumoren wird zum Tosen, ich komme mir vor wie bestellt und nicht abgeholt. – *Die hätte ja wenigstens was sagen können! Aber nee, das erschien der alten Krähe nicht als notwendig. Ich bin ja bloß ein Krüppel, mit dem man machen kann, wozu man gerade Lust hat. Und da ist es natürlich nicht so wichtig, dass er zur Kur fahren will. Da könnte er ja gesund werden, und das wäre nicht so dienlich für den Arbeitsplatz.* – *Dämliche Kuh!*

Ich düse ab zur nächsten Stelle, wo ein Aufriss von mir erwartet wird – zum Gericht. Und will den Weg dorthin benutzen, den kühlen Kopf zurückzugewinnen. Denn eine düstere Stimmung jetzt ist bestimmt nicht so gut. Denn erstens reagiere ich dann zu hitzig, womit ich vielleicht wichtige Sachen überhöre, und außerdem muss ich meine Wutanfälle woanders hinausschießen lassen, denn hier ist man nur mein Kurier. Also Ruhe bewahren.

*

Vor dem Zimmer des Staatsanwaltes. In das ich aber erst nach scheinbar endlosem Warten eintreten kann. Nicht unbedingt dazu geeignet, meine Stimmung auf dem Kühlpunkt zu halten.

Drinnen werde ich überrascht: Er fragt mich nach meinem Begehr.

Ich ziehe die Stirn kraus, begebe mich in Angriffsposition. Denn eigentlich müsste er doch wissen, was bei mir anliegt; ich wage zu bezweifeln, dass er mich vergessen hat. Setze aber noch nicht mein Schwert an, zücke erst den Brief.

»Und, was wollen Sie von uns?«, will er, nachdem er den Brief durchgelesen hat, von mir wissen.

Wuff, ich bin verblüfft. – Ich lege mein Schwert erst einmal zur Seite, aber doch in Reichweite. »Ich dachte, dass geht ausm Brief hervor. Ich will Einsicht inde Akte habn.«

»Dazu müssen Sie aber nach Bischofswerda. Wir bekommen die Akte nicht.«

»Es steht doch im Brief, ich soll mich an Sie wenden, wennich ninach Bischofswerda komm kann.« *Der will mich wohl verarschen.*

»Wir bekommen aber höchstens einen Bericht. Und der wird über nichts aussagend sein. Oder Sie nehmen einen Anwalt, über den bekommen Sie Einsicht. Ich kann höchstens eines machen, noch mal einen Protest schreiben. Denn ich nehme doch an, dass Sie damit, was hier im Brief steht, nicht einverstanden sind?«

Er darf ein weiteres Mal ran. Mir wird aber auch klar, dass der affig sein dürfte: *Das dürfte die Herren Staatsanwälte in Bischofswerda so sehr beeindrucken wie einen in seinem Heimatdorf Sesam kauenden Chinesen. Allerdings ein Anwalt kostet übelst viel Geld. Und davon habe ich ja zur Zeit echt nicht viel. Ach, Scheiße alles! In nicht nur der Frage werde ich noch was passendes ausbrüten müssen!*

*

Wieder raus aus dem Gericht, auf dem Weg zum Mittagessen. Frage mich dabei, was mir der heutige Vormittag eigentlich gebracht hat: *Ich hatte soviel vor, wollte soviel erreichen – medizinisch wie auch juristisch; und was ist mir gelungen? Ich glaube nichts. Das riecht nach einer Niederlage auf der ganzen Linie. Mascha sagte gestern, als sie den Brief las:* »*Jetzt fängt wieder alles von vorne an.*« *Aber ich glaube, da irrt sie sich. Denn es fängt nicht von vorne an, die Startbedingungen haben sich geändert, sind noch beschissener als am Anfang. Da ist man nämlich noch unbelastet an den Fall herangegangen. Jetzt aber wissen die Herren Sesselfurzer von Bischofswerda, dass sie sich wehren müssen gegen so einen Krüppelnobody; der es sich als Aufgabe erklärt hat, in wenigstens einem Fall den gerade noch so haltenden Lack von der rostigen Oberfläche abzukratzen. In mir verdichtet sich die Einsicht, dass man da schwerere Geschütze auffahren muss. Aber ohne Geld? Das wird man dort wissen und darauf bauen. Ein scheiß Teufelskreis ist das! Alle Macht dem Gelde! Aber ich muss irgendwo eine Lücke zum Durchschlüpfen finden. Und ich werde sie finden. So wahr ich Mike Scholz heiße.*

10

Donnerstag, 20. Juni. Vormittag.

Auf diesen Tag habe ich lange gewartet. Heute um 10:00 Uhr Gerichtstermin gegen meine Mutter. – Ja, gegen meine Mutter. Weil sie nicht dazu zu bewegen ist, auf normalen Weg meine Geburtsurkunde, mein Schul- und Abiturzeugnis sowie meinen Facharbeiterbrief herauszurücken. Und da ich diese Dokumente benötige, sah ich mich gezwungen, sie vor das Gericht zu zerren.

Meine Mutter wird von Fritz eskortiert.

Oder eskortiert sie Fritz auf dem Weg zur nächsten Kneipe? Aber bestimmt ist Fritz ihr Bodygard. Damit sie nicht noch einmal die Krücke vor den Latz kriegt. Allerdings Fritz als Beschützer? Grins grins. Fritz fängt doch an zu heulen beim kleinsten blauen Fleck. Aber ich habe sowieso nicht die Absicht, meiner Mutter an den Hals zu gehen; da würde ich mir ja die Finger schmutzig machen.

Abgesehen von dem, weswegen ich hier bin, will ich aus ihr auch Geld herauspressen: Als ich noch klein war, hatte sie für mich eine Lebensversicherung abgeschlossen, deren Geld für mich bestimmt war. Nun aber hat sie die Police davon. In der DDR hätte ich trotzdem das Geld bekommen, aber im vereinigten Deutschland bekommt der das Geld, der die Police hat. Ich bezahlte selber, als ich bei der Armee war, habe aber natürlich keinen Beleg dafür. Auch ließ sie da die Versicherung kalt weiterlaufen – wie ich jetzt herausfand – wodurch es nur noch weniger als 1.000,- DM gibt. Doch davon erzählte sie mir – *auch natürlich* – nie etwas, steckte sich mein Geld nur stillschweigend ein. Ich kann also nur hoffen, dass sie sich nicht darüber kundig gemacht hat. Allerdings – wenn ihre geistigen Mittel auch nicht überragend sind, nicht einmal ragend, nicht einmal unterragend, gelingt es ihr doch, in Sachen Geld andauernd zu bescheißen. Wie nennt man das? Bauernschläue, noa? Sie kommt aus einer Bauernfamilie. Darum nur beten und hoffen.

*

Drinnen.

Komisch, uns verbindet Blut und so weiter, aber wir sitzen an verschiedenen Tischen, blinzeln uns feindselig an, oder auch nicht: sie hat ihren Blick starr nach vorn gerichtet. Also blinzele nur ich feindselig, trotzig, mit verächtlichem Lächeln auf den Lippen. Ich bin der Böse, ja, der wahrhaft Böse und Verdorbene; Verbrecher, noa? Aber das wissen wir ja bereits.

Sie hat sich in keinster Weise verändert: Immer noch dieses verwahrloste, schlampige Aussehen, immer noch die scheinbar aus dem Müllcontainer stammenden Klamotten, auch die durch den Mitesserbesatz rotgewordene ständig laufende Nase ist noch anwesend, deren Ausfluss nur manchmal gestoppt wird. Zum wiederholten Male wird mir klar, dort sitzt das Abbild der Aussätzigen des Mittelalters, selbst Balthasar Roß hätte vor ihr die Flucht ergriffen, nicht wissend, dass sie zu dumm ist, um Zaubersprüche auf Lager zu haben. Brrh, mich schüttelt es bei dem Gedanken, wie Fritz sie besteigen kann, seinen Schwanz mit dem widerlichen Mundpups, den sie hat, in Berührung bringt. Der muss einiges gewöhnt sein. – Ich wende mich der Richterin zu.

Sie verliest gerade die Anklageschrift. Fragt dann meine Mutter, ob diese irgendwelche Einwände hätte. Meine Mutter erklärt daraufhin, dass sie alles mithabe, holt es hervor und bringt es nach der diesbezüglichen Aufforderung der Richterin zu mir. Ich schaue es durch – erkenne, dass da einiger Werbungsmist dabei ist – und lasse meine Zufriedenheit deutlich werden.

»So, und nun zur Versicherungspolice«, fährt die Richterin fort. »In wessen Besitz ist diese?«

»In meiner!«, beeilt sich meine Mutter, ihr zu versichern. »Aber ich habe mich kundig gemacht. Ich habe die ganze Zeit die Versicherung bezahlt« – *lach lach* – »und deswegen brauche ich die Versicherung nicht zurückzugeben!«

Scheiße, sie weiß es. Damit hat sich dieses Anliegen erledigt.

»Das stimmt!«, bestätigt ihr die Richterin.

»Herr Scholz«, wendet sie sich dann an mich, »haben Sie irgendwelche besondere Gründe, diese Police zu bekommen?«

Natürlich habe ich die! Aber Sinn? Häh häh!! – Ich mache einen Rückzieher.

»Dann erkläre ich diese Verhandlung für beendet. Die entstandenen Kosten haben Sie, Frau Scholz, zu $2/3$ und Sie, Herr Scholz, zu $1/3$ zu tragen.«

Es kam mir gerade so vor, als hätte sie gesagt, ich müsse dafür was bezahlen. Ich frage noch einmal nach.

»Ja«, belehrt mich die Richterin, »Sie haben ein Drittel der entstandenen Kosten zu tragen.«

»Sollasn Witz sein?«, ist meine einzige Erklärung.

Das Gesicht der Richterin wird noch eisiger als es so schon ist. Die ganze Zeit war ihr anzusehen, für sie bin ich das schwarze Schaf meiner ehrenwerten Familie; doch jetzt eine Steigerung in ihrer Mimik.

»Ich bin nicht hier, um Witze zu machen! Die Sache mit der Versicherungspolice war irrelevant, deswegen die Bezahlung!«

Mir liegt auf der Zunge, ihr mitzuteilen, dass die Schuldenstelle gesagt habe, ich solle es trotzdem versuchen, aber im letzten Moment entscheide ich mich doch anders; bringt ja doch nichts. Sie hat ihr Urteil gefasst über mich, traut sich zu, über eine Sache zu urteilen, von der sie nicht den blassesten Schimmer hat. Und mir ist nicht bekannt, wie ich sie dazu bewegen könnte, ihr Urteil zu revidieren. Und auch – oder dadurch – habe ich keine Lust dazu.

Stattdessen gibt sie noch einen Laut von sich: »Und außerdem soll Ihnen das eine Lehre sein, in Zukunft sowas außergerichtlich zu klären!«

Sie hat die falschen Wörter gewählt: »*Und außerdem können Sie sich ruhig wieder in das Loch ihrer Mutter einbuddeln!*« *Aber soll sie doch mit den Flöhen auf ihrer Robe rumdisputieren, ich verziehe mich.*

Plötzlich gibt meine Mutter noch ihren Senf frei zum Verkosten: »Er will mich noch mal vor das Gericht schleppen, wegen Unterhalt!«

He, auf die Idee bin ich noch gar nicht gekommen. Dabei – die ist gar nicht mal so schlecht. Ja, das Etwas mit dem Gesicht eines gedünsteten fauligen Krebses fand gerade auch mal ein Korn. Oh! Ach je! Jetzt – Tränen fangen an, auf ihren schrumpeligen Wangen herunterzulaufen. Hmmh, ja, sie steht kurz vor einem ihrer hysterischen Weinkrämpfe. – *Noch mal* - ach je, jetzt habe ich auch noch Mitleid mit ihr. Darum gebe ich ein sie beruhigen dürfendes Abschlusswort: »Das habich ni vor!« Dann verschwinde ich, bevor das noch überhand nimmt.

*

Abends. 18:00 Uhr durch.

Vorhin erst heim, denn wie fast jeden Tag habe ich, nachdem meine Tagesaktivitäten beendet waren – ich war noch in der Bibliothek, habe mir ein Buch von Stephen King bestellt ('Es') und ein englischsprachiges mitgenommen, was meine Englischkenntnisse aufpolieren soll, denn mein Wunsch, ein Deutsch/Englisch-lehrer zu werden besteht nach wie vor – noch eine kleine Runde mit erhobenen Krücken gedreht, und diese Runden sind fast immer mit mindestens einem Flug verbunden. Allerdings juckt mich das herzlich wenig; es regt mich nur auf, wenn ich bemerken darf, wie Leute dies bemerken, stehen bleiben, miteinander tuscheln, den Kopf schütteln und zusehen, wie ich mich wieder hochschraube. Eigentlich will ich ja wieder allein hochkommen, aber uneigentlich regt es mich doch auf. Hätte ich am 3.8.1990 genauso gehandelt wie die es jetzt praktizieren, würde ich nicht den Rutscher ins Reich der Krüppel gemacht haben, ja da würde nicht mal mehr in Zittau sein. Aber so weiß ich jetzt, dass ich mindestens ein Partikelchen Mitschuld trage. Tag für Tag wird es mir vorgemacht, dass man nicht zu helfen hat. Und auf der Autobahn erst recht idiotisch. Doch warum hatte ich nicht diese Überzeugung? Bin ich vielleicht der Nachkomme einer außerirdischen Rasse? Es wird doch soviel erzählt, dass die Erde schon oft Besuch anderer Intelligenzen bekommen hätte. Auch Beweismaterial wird da angeführt. Warum sollten sie also keine goldene Schüsse abgelassen haben, und ich bin das vorläufige Endprodukt davon! Wer weiß, wer weiß!

Jetzt aber sitze ich am Tisch – auf einer Box, da ich immer noch keine Stühle besitze – und abendbrote. Plötzlich klopft es.

Ich wunder mich, wer das sein mag. »Herein!«, rufe ich gespannt.

Ein älterer Mann befolgt das Angebot. Auch er humpelt, stelle ich fest. Und da er nur Turnhosen trägt, muss er aus diesem Haus sein.

»Hallo«, begrüßt er mich. »Ich bin Herr Kunkel aus dem ersten Stock. Ich wollt nur mal sehen, wie's dir geht. Und dir sagen, wenn du Probleme hast, kannst du dich jederzeit an mich wenden.«

Ich bin dankbar dafür, Besuch zu bekommen, denn mit zunehmender Zeit fühlt man sich hier einsam. Was ich ihm auch mitteile.

»Ja«, meint er, »wenn was ist, kommste runter. Aber ich sehe gerade, du hast keine Stühle. Von dem letzten Mieter von hier sind noch drei Stühle übrig. Die stehen auf dem Boden rum, sind noch gut erhalten. Willste die haben?«

»Gerne.« Denn die Box unter mir knarrt schon ganz verdächtig, da kämen mir drei Stühle gerade recht. Und wenn das Heinzelmännchen schon mal da ist: »Ich brauchn neues Schloss für meie

Toilette. Denn die kanner Wind jetzt ganz leicht aufblasen.«

»Das Schloss besorge ich dir. Und die Stühle stelle ich dir Morgen vor die Tür. Kriegst du sie allein rein?«

»Selbsverfreilich.«

»Gut!« Damit verabschiedet er sich und geht. Ich aber darf mich freuen, denn ein Hauch von neuem Kontakt liegt in der Luft. Aber ob ich die Stühle wirklich allein hereinbekomme, weiß ich nicht, aber irgendwie wird es schon gehen; da bin ich mir ganz sicher.

*

Ich versuche, das englische Buch zu lesen. Muss dabei aber jedes dritte Wort im Wörterbuch nachschlagen. Es geht nur mühselig voran.

Werde ich es schaffen? Hoffen wir es mal.

Plötzlich klopft es erneut. Früher war das normal, dass ich viel besucht wurde, jetzt aber kommen mir erste Gedanken an die Post auf. Ich schaue auf die Uhr – welche ich mir jetzt selber gekauft habe, Steffens ist bei Frank, der sie zur Reparatur bringen soll; und wie ich schon feststellen durfte, ist sie nur 15,- DM wert, kann also nie und nimmer ein Erbstück sein; sie wird auch erst seit kurzem hergestellt – es ist 19:07 Uhr. Bin ja gespannt, wer mir diesmal seine Aufwartung macht.

»Herein!«, rufe ich.

Die Tür geht auf, ein tritt ein junger Mann: Rotblondes, gewelltes Haar, sympathisches Äußeres. – *Kenne ich ihn irgendwoher? Wenn ja, kann ich mich nicht daran erinnern.*

»Hallo! Bin ich hier richtig bei Mike Scholz?«

»Der binich selber.«

»Mein Name ist Peter Wachtel. Ich bin Versicherungsagent, komme von der Hanse Merkur.«

»Aha.« Ich warte gespannt auf weiteres.

»Ich habe gehört, du hast noch keine Unfallversicherung?«

»Nee.« Zwar habe ich eine Lebensversicherung bei der Hamburg-Mannheimer abgeschlossen vor paar Wochen, habe dies aber mehr deswegen gemacht, weil mir in den Sinn kam, ich bräuchte eine. Aber eigentlich halte ich sie für Blödsinn. Nur – eine Unfallversicherung wurde abgelehnt mit der Begründung, durch meinen derzeitigen Zustand sei das Risiko dafür zu groß.

Er legt mir ein paar Papiere vor, die ich mir ansehe. Und feststelle, dass mir diese viel mehr nutzen würde. Auch müsste ich nur

10,45 DM bezahlen, während die Lebensversicherung 31,69 DM beträgt.

Ich teile ihm mit, dass ich bereit bin, eine Unfallversicherung abzuschließen.

»Lass dir ruhig bis Montag Zeit, es eilt ja nicht«, meint er daraufhin.

»Übrigens«, schneidet er jetzt ein anderes Thema an, »was machst du hier den ganzen Tag?«

Ich zucke mit den Schultern: »Tagsüber binich kaum da, bin so viel wie möglich unnerwegs, und abends lesich, hör Radio; un das wars.«

»Ist das nicht ein bisschen langweilig? Besuchen dich wenigstens ab und zu oder öfters Freunde?«

»Vergisses. Seit meiner Demontage binch inde Isolation abgerutscht.«

»Fällt dir da nicht manchmal die Bude auf den Kopf?«

»Bis jetzt steh sie noch.«

Er lacht.

»Außerdem binch noch nicht allzu lange ausm Krakenhaus entlassn. Da gehs bis jetz noch.«

»Wie lange warst du denn im Krankenhaus?«, will er wissen.

»Unnefähr zehn Monate.«

»Verdammt lange. Weißt du, woher mir bekannt ist, wo du wohnst?«

»Nee, aber du wirsmir sicherlich glei sagen.«

»Ich bin auch Versicherungsmakler von deiner Mutter.«

Ich werde misstrauisch, betrachte ihn lauernd.

»Keine Angst, ich erzähle ihr nichts. Sie hat auch nicht gesagt, dass ich zu dir kommen soll. Sie hat mir nur von dir erzählt.«

Ich stehe auf, suche mir einen großen Sitzplatz – auf dem Fußboden.

»Sag mal, hast du keine Stühle?«, ist Peter erstaunt.

»Morgen sollich von eemim Haus dreie kriegen.«

»Mensch, wir ziehen in der nächsten Zeit um, da kannst du Möbel von uns bekommen.« Er schaut sich weiter um. »Brauchst du einen Fernseher?«

»Een zu ham wärni schlecht.« Mein Misstrauen ist völlig verflogen, ich rauche genüsslich eine.

»Am Montag Abend komme ich vorbei und bringe ihn dir. Okay?«

»Ismir sehr recht.«

Er will noch wissen, wann er kommen kann.

»Na ja, so zwischen sechs un siebn. Da dürftch wieder da sein.«

»Okay, mache ich. Sei aber nicht sauer, wenn es später wird. Dann hatte ich noch zu tun.«

Ich nehme es mit Befriedigung hin: *Morgen drei Stühle, Montag ein Fernseher – wenn es so weitergeht, lebe ich bald in einer absoluten Luxusbude.*

»So, ich muss jetzt gehen«, verabschiedet sich Peter, »muss noch zu einem Kunden. Aber was ich dir noch sagen wollte: Wenn du Lust hast, kannst du mal vorbeikommen. Ich wohne vorn auf der Willi-Gall-Straße.«

Ich werde hellhörig. »Wann kannich komm?«, frage ich deswegen nach, denn es steht außer Zweifel, dass ich will.

Er überlegt kurz. Dann: »Na ja, dann komme am Dienstag Abend. Aber nicht vor um acht.«

Nach seinem Weggang bleibe ich noch eine Weile rauchend auf dem Fußboden sitzen, sinniere über den gerade vergangenen Moment: *Ich glaube, heute Abend habe ich voll in den mit reinen Glückslosen gefüllten Lostopf gelangt. Erst kommt der im Haus zu mir, bietet mir seine Hilfe an, drei Stühle dazu sowie die Reparatur meiner Hüttentür, dann kommt Peter, durch den sich mir die Chance ergibt, aus der Isolation auszubrechen. Habe ich heute meinen Glückstag??*

11

Freitag, 21. Juni. Früh.

Jeden Morgen stehe ich um sieben auf, weil ich nicht mehr länger schlafen kann. Komisch, *yeah*, denn als ich noch in der Schule war, habe ich zwölf Stunden und mehr hintereinander gepennt. Mir drängt sich immer wieder die Begründung auf, ich wäre zu ausgeschlafen. Die ich aber langsam für abgedroschen halte. Denn oftmals bin ich am Tage müde. Aber Morpheus verweigert es mir halt, das Verlangen nach ihm länger zu stillen, ich muss also so zeitig aufstehen.

Nach dem Frühstück beschließe ich, Made einen Besuch abzustatten. Denn es wird langsam Zeit, dass er die 3.000,- DM rausrückt, damit ich meinen Schuldenberg senken kann. Aber für den Fall, dass ich ihn nicht antreffe, bereite ich einen Zettel vor: »Du hast eine Woche Zeit, mir das Geld vorbeizubringen. Ansonsten muss ich übers Gericht gehen.«

*

Vor Mades Wohnungstür klingle. Doch Ruhe. Verdächtige Ruhe. Klingle noch einmal. Die Ruhe bleibt bestehen. Plötzlich geht die Tür auf, die gegenüber: »Da ist niemand da«, teilt mir eine alte Frau mit.

Ich muss mir das Grinsen verbeißen. Denn mir wird klar, dass hier die Hausfee vor mir steht, die über alles und doch über nichts im Haus Bescheid weiß. Jetzt zumindest aber eine nützliche Hausfee. Ich bedanke mich.

Wieder unten angekommen stecke ich den vorbereiteten Zettel in den Briefkasten und ziehe von dannen.

*

Am Nachmittag komme ich auf die Idee, Engel mal meine Aufwartung zu machen.

Vor seiner Wohnungstür stelle ich befriedigt fest, dass von drinnen Musik ertönt. »Death Metal«, wie ich unschwer erkennen kann. Ich suche die Klingel. Suche und suche, finde aber keine. Infolgedessen tanzt die rechte Krücke auf der Oberfläche der Tür.

Kurze Zeit später Tür reiß auf. »Ente«, begrüßt mich Manuela, »du bist's? Komm rein!«

Was ich mir nicht zweimal sagen lasse. Und wobei ich feststellen muss, dass Manuela wieder mal ein erfrischendes Lächeln aufgelegt hat. Scheinbar erfrischend, muss ich mich in Gedanken jedoch sofort verbessern. Denn so richtig kann ich diesem Lächeln nicht mehr trauen.

Engel sitzt drinnen am Tisch und isst gerade etwas. Als er mich jedoch sieht, springt er freudestrahlend auf und läuft auf mich zu, um mich zu begrüßen. - *Scheinbar freudestrahlend?* – Ich weiß es nicht; habe aber auch keine Lust, mir derzeit einen Kopf darüber zu machen. Genieße einfach den Augenblick, genieße den Moment, genieße das gute Gefühl in mir, das nun hell aufgelodert ist – ich mag Engel.

»Hi Engel!«, begrüße ich ihn. »Ich wollteuch mal besuchn. Is rech?« *Das sollte man ja mittlerweile immer fragen.*

»Auf alle Fälle. Du hast aber Glück, dass wir gerade da sind.«

»Dumme un Besoffne ham Schwein, besoffen biichni.«

Als Engel mit essen fertig ist, schneide ich ein heikles und vielleicht hirnverbranntes Thema an: »Ich willieder Auto fahrn.

Dazu mussich aber erstmal wieder in Übung komm.«

»Meinen Wartburg können wir dazu aber nicht benutzen. Der hat seine Macken. Die muss man kennen, um zurechtzukommen.«

»Okay. Aber wennch mirn Auto miete, kannste mir dann beim Üben helfen?« – In der Stadt habe ich einen Laden gesehen, bei dem dies ab 50,- DM möglich ist.

»Klar helfe ich dir dabei. Dann werden wir das Slalomfahren, das Hindernisfahren und anderes üben. So richtig, bist du es drin hast. Aber meinst du, du könntest wieder Auto fahren?«

»Ich bin davon überzeut!«

»Okay. Dann sag Bescheid, wenn es soweit ist, und dann ziehen wir es durch.«

Als nächstes will ich wissen, was mit meinen Schallplatten ist. Denn jetzt ist die Gelegenheit sehr günstig, ich könnte sie gleich mitnehmen.

»Da haben wir sie«, ist sich Engel sicher und steht auf, um sie in seinem Plattenschrank zu suchen.

»Hier ist die erste.« Er reicht mir die Warlock-Platte herüber. Worüber ich sehr erleichtert bin, denn die höre ich am liebsten.

Nachdem er mir weitere drei gegeben hat – von Rockhaus 'I.L.D.', Whitesnake und Tankard – stutzt er, lässt zögernde Worte heraus, sucht weiter – steigert sich dabei ins Nervöse. Doch dann: »Die Alice-Cooper-Platte haben wir verborgt. Aber nächste Woche kriegst du sie wieder. Schlimm?«

Ich bin zwar nicht gerade begeistert davon, verneine aber.

»Waren das alle?«, will er nun wissen, »Oder gehört die hier auch dir?« Eine Bob-Dylan-Platte.

»Nee, gehörtmirni. Meine war von Neil Young, 'Harvest'«.

»Mir gehört sie aber auch nicht. So was höre ich mir nicht an.«

Ich zucke mit den Schultern.

»Und eine Neil-Young-Platte ist nicht bei mir. Vielleicht hat die Steffen noch. Ja, bestimmt. Denn kurz vor dem Crash hast du die Platten bei ihm gelassen.«

Mir schwant Böses. Ich kann mich dunkel erinnern, dass, als ich nach meinem Unfall bei Steffen zu Besuch war, er mir eine »Harvest« gezeigt hatte. War das meine? In Zittau gab es die nie zu kaufen. Meine ist aus – *Scheiße, wie hieß das Nest? Anklam, Züssow, nein. Jetzt hab ich's, glauben wir es mal* – Wolgast, als ich dort in der Werft lag. Wenn ich meine Platte aber jetzt von

Steffen zurückhaben will, wird er steif und fest behaupten, er hätte sie gekauft. Oder irgendwas in der Richtung. – *Adios, Neil-Young.* »Aber wenn du willst, kannst du die hier mitnehmen«. *Gut, dass Engel es nicht so mit meinen Platten gemacht hat.*

Nun ja, Bob Dylan ist zwar auch nicht meine Welt, doch ein paar Lieder von ihm höre ich ganz gern.

Danach spielen wir Schach auf seinem Computer. »Früher hast du mich immer geschlagen«, lässt er mich in die verwitterte Vergangenheit schauen – *Haben wir mal gegeneinander gespielt?* – Na ja, auf jeden Fall wäre es kein Wunder gewesen, sollte ich ihn eingesackt haben, denn früher spielte ich vier Jahre aktiv – »aber diesmal werde ich dich schlagen!«

*

Zum Schluss darf ich feststellen, dass er recht behält. Oder zumindest lag er fast richtig: Von vier Partien hat er drei gewonnen. Aber er ist in Übung, spielt laufend gegen seinen Computer, wie er mir erzählt. Ich dagegen habe zur Zeit anderes zu tun, spiele deswegen wie, als ich es lernte: Mal sehenswerte Kombinationen, meistens aber unkonzentrierten Blödsinn. Peinlich.

Inzwischen macht uns Manuela darauf aufmerksam, dass sie mit Engel noch wegwolle. Darum fährt mich Engel nach dem vierten Spiel heim und verspricht mir, mal vorbeizukommen. Ich aber habe nun eine Miniplattensammlung – Metallica, Toten Hosen, Vixen und Westernhagen gehören seit kurzem ebenfalls dazu – habe aber keine Möglichkeit, sie mir anzuhören. Es nutzt nichts, ich muss das so schnell wie möglich abstellen, mir einen Plattenspieler besorgen. Weiß nur noch nicht woher.

Im Briefkasten finde ich neben einer Zahlungsmahnung vom Versand »Heinrich« wegen dem T-Shirt, das ich zu Regina kommen ließ, einen Zettel, auf dem steht, dass ich wegen dem Geld morgen um 18:00 Uhr bei Mades Eltern erscheinen soll.

Na wunderbar, es läuft doch. Ein Pluspunkt auf der Tagesrechnung.

12

Sonnabends, 22. Juni. Abends.

18:00 Uhr und ich vor der Wohnungstür von Made. Trampeln hinter der Tür, Raschelgeräusche. Dann geht die Tür auf.

»Hallo Ente«, begrüßt mich Made. »Komm rein!«

»Kannste mal meine Krücken irndwo hinstelln?«, entgegne ich und gebe sie ihm.

Drinnen entdecke ich dann Dorn. Made und ich setzen uns zu ihm und schlucken ein Bier.

Es dauert nicht lange, da kommt Mades Mutter. Freundlich, aber bestimmt macht sie mich darauf aufmerksam, dass der Zettel, welcher gestern in meinem Briefkasten lag, von ihr stammt. Ich nehme es dankend zur Kenntnis und warte auf weiteres.

»Sie können von den 4000 nur 2000 zurückbekommen, weil auf Matt seinem Konto kein Platz mehr war«, kommt sie dann zum eigentlichen Anliegen.

»Und das wusste ich zu dem Zeitpunkt noch nicht«, wirft Made ein.

Lachlich, ni? Denn ob das stimmt, wissen nur die Götter. Aber ich verurteile das nicht. Hätte ich nämlich vielleicht auch so gemacht, ist zumindest möglich. Und im Grunde genommen kann mir das doch egal sein – na ja, so ganz nun auch wieder nicht, immerhin hatte ich es der Steuereule und dem E-Gasten versprochen. Aber so sind 4.000 von meinem Schuldenberg weg, bleiben "nur" noch 7.000,- DM. »Okay, niso tragisch.«

Mades Mutter predigt weiter: »Und da Matt jetzt das Geld nicht hat, bekommen Sie es von mir.«

Erleichterung. Jetzt bin ich mir ziemlich sicher, dass ich das Geld zurückbekomme.

»Aber ich kann Ihnen jetzt das Geld noch nicht geben.« – *Was folgt jetzt: Ein Dämpfer, ein Schlag ins Ausdauerkonto?* – »Erst so Ende Juli wird es. Ist Ihnen das recht?«

»Bei mir kannes aer sein, dassich Ende Juli beiner Kur bin«, gebe ich zu bedenken.

»Wohin soll es denn gehen?«

»Der Name von dem Nest fäll mir momentan ni ein, liegt aer irgendwo im Erzebirge.«

»Und wann?«

»Das kannich Ihn ouch ni sagn! Hoffe nur, ich weesses bald. Hoffouch, dasse sein wird.«

»Na gut, ich komme nächste Woche bei Ihnen vorbei, dann können sie mir Bescheid sagen. – So, das war der geschäftliche Teil. Haben Sie schon Abendbrot gegessen?«

Während sie in der Küche welches herrichtet, meldet sich Dorn zu Wort: »Ente, folgendes: Ende August habe ich Urlaub – EU bei der Armee, kennste ja – aber ich weiß nicht wohin. Meine Alten haben mich rausgeschmissen, bei Made geht es schlecht, und Bude kriege ich erst Ende des Jahres. Kann ich die eine Woche bei dir bleiben?«

»Natürich, da gibs doch goar keene Frage!«

Er bedankt sich und versichert mir noch einmal, dass das nur für eine Woche gelte. »Aber falls du da nicht da sein solltest, muss ich mir eben was anderes suchen. Am 26. würde ich kommen.«

Abendbrot.

13

Montag, 24. Juni. Vormittag.

Bei der Schuhmachern. Befinde mich aber trotzdem in gelöster Stimmung, denn den Empfang bestreitet eine hübsche Schwester, mit der ich eine scherzhafte Unterhaltung führe.

Nach einer halben Stunde auf in den Behandlungsraum. Wo mich ein ganz anderes Bild erwartet, nämlich die Frau Medizinalrat Doktor Schuhmacher.

»Am 31.5. brachich mirde Nase«, eröffne ich sofort den Talk. »In der Zeit, in der ich droffhin im Krankenhaus lag, sollt eientlich meie Kur beginn. Doch damir dies in dem Moment ni meglich war, schrieb ich Sie an.«

Sie beginnt in einer Akte herumzuwühlen. »Ja, da steht es. Und, wie geht es Ihrer Nase?«

»Die is offer rechen Seite dicht. Ich mussin eem halben Jahr nomal zur Operation, zu ner Na-Na-Nasenbeenrichung. Dann is-das hoffentlich wieder erledigt.«

»Geht es aber mit der Atmung?«

Mir scheint, sie will mich vom Thema ablenken. Da ist sie bei mir aber an der falschen Adresse. »Die Atmung seller bereitet mir keene Probleme. Aber umoffs eigentliche Thema zurückzukommen: HamSe beantagt, dassde Kur verschobn wird? Ich kannes jani wissen, denn bei mir ließen Sie sich jani blickn!«

Falls ich angenommen habe, sie damit zu beeindrucken, habe ich falsch gelegen. Zumindest äußerlich ist an ihr keine Regung zu erkennen.

»Ich konnte nicht kommen, weil gerade mein Urlaub begann.«

»Haa haa!«

»Und Sie wollen ihre Kur noch absolvieren?«

Verdutzt schaue ich sie an. Entrüstung macht sich in mir breit.
»Natürlich!! Was dachten Sie denn?!«, entgegne ich scharf.

Weiterhin völlig kalt: »Dann werde ich mal hinschreiben.«

»Denn natürlich hieltn Ses nifür nötig, dies noch vor Ihrm Urlaub zu tun!«

»Ich sagte Ihnen doch bereits, dass da mein Urlaub begann.«

»*Und ich hielt es nicht für so wichtig*«, steht unausgesprochen im Raum. Denn ich kann mich dunkel erinnern, ihr Urlaub begann erst am 5.6., ich war vom 31.5. an im Krankenhaus, und die Kur sollte auch am 5.6. beginnen.

»Wieville Jahre brauchnSe diesmal, um dorhin zu schreibn?«, will ich wissen.

Sie zieht ein ungläubiges Gesicht. Wahrscheinlich nicht gewöhnt, dass gegen sie so rebelliert wird. Denn dass sie mit den anderen Patienten auch so verfährt, steht für mich außer Zweifel.

»Natürlich schreibe ich es gleich, und dann wird es abgeschickt!« Empörung pur.

Befriedigt sein werde ich zwar erst, wenn ich die Antwort bekomme, aber für jetzt ist das Thema abgehakt. Stattdessen füllen wir noch den Antrag auf einen Schwerbehindertenausweis aus, dann nimmt sie mich noch unter ihre bestimmt mit Rissen bestückte Lupe – zweifelt daran, ob es richtig war, mich »*schon*« aus dem Krankenhaus zu entlassen – und das war's. Ich gehe zu Mascha Mittag essen.

*

Abends. Eigentlich will Peter heute den Fernseher bringen, aber auch das werde ich erst dann glauben, wenn er wirklich da ist. Bis dahin drehe ich meine Trainingsrunden.

Ich komme zurück. Nur einmal geflogen – *okay, einmal ist einmal zuviel, aber besser fliegen als überhaupt nicht laufen* – will gerade die Haustür durchqueren, als jemand hinter mir herkommt: Es ist Peter, noch ein anderer und eine Frau, welche nicht schlecht aussieht und mir bekannt vorkommt – allerdings bin ich überfragt woher. Die beiden Männer schleppen einen Fernseher.

»Hi Mike!«, begrüßt mich Peter. »Willst du hoch?«

Ich bejahe.

»Trifft sich hervorragend! Wir bringen gerade deinen Fernseher.«

Nun stellt er mir die anderen beiden vor: »Das ist Raik, ein Kumpel von mir, und das hier ist meine Frau Katja. Kennt ihr euch?«

Wir schütteln alle drei den Kopf.

»Okay Mike«, übernimmt Peter die Organisation, »wir schaffen den Fernseher hoch und du kommst mit meiner Frau nach.«
– *Vertrauen hat er ja.*

Ich lasse die beiden vorbei, sage dann Katja, dass sie besser vor mir gehe. »Dann fallich nämich nach obn, ni nach unten.«

Sie lacht. »Vielleicht sollte ich doch lieber hinten laufen. Damit ich dich auffangen kann, wenn du wirklich fällst. Obwohl ich bezweifle, dass ich soviel Kraft habe.«

»Heeh, chbin Ästhetiker! Falle niemals das Schöne weg.«

*

»In welchem Monat bisn du?«, will ich beiläufig wissen, als wir oben angekommen sind, denn ich habe bemerkt, dass sie schwanger ist.

Der siebente Monat ist es, erfahre ich, und muss mir daraufhin vorwerfen, dass es wohl doch besser gewesen wäre, hätte sie vor mir die Erklimmung meiner Wohnung vollzogen. Denn hätte ich wirklich gerade den Abgang gemacht, der Weg zum Massenmörder wäre dann nicht mehr weit gewesen.

Drinnen wird mir das Bild des eben montierten Fernsehers vorgestellt. Ein bisschen grießig, *yeah*, dazu bloß MDR und ARD – *Mike, sei doch mal zufrieden mit dem, was du kriegst!* – aber bei einer Zimmerantenne dürfte auch nicht mehr möglich sein. Außerdem man kann was erkennen, und das ist die Hauptsache. Ich bedanke mich für das Geschenk und zeige ihnen noch ein paar Bilder aus meinem Vorleben.

»Da sahst du aber gut aus!«, erscheint Katja der Unterschied unfassbar. »Wie so ein Unfall einen verändern kann!«

Schluck, das war deutlich! Durch diesen blöden Unfall bin ich hässlich geworden. Ich muss aber auch zugeben, früher war ich auf mein Aussehen stolz. Nur seit meiner Armeezeit sendet mir der Spiegel immer ein Monsterbild herüber. Und das wird sich wohl so schnell nicht ändern, so sehr ich es auch will. Scheiße!

»Kannich Morgen Abend vorbeikomm?«, frage ich noch Peter, als er und die anderen beiden sich zum Aufbruch bereit machen.

»Aber nicht vor um acht! Danach ja!«

»Okay, dann bis morgn!«

Nachdem sie verschwunden sind, abendbrote ich, wasche dann auf – es macht sich beschissen, das Wasser mit einer Krücke hereinzuholen; ich versuchte es auch schon mal ohne, und meistens ging es auch gut, doch einmal verlor ich das Gleichgewicht und setzte mich in eine Pfütze, denn der halb gefüllte Eimer war schneller unten als ich – und probiere den Fernseher aus. Was zwar kein menschlicher Ersatz ist, aber ablenkt von den anstehenden Klippen, welche immer mehr werden und den Kahn, auf dem man balanciert, zum kenternden Wrack machen wollen. Zumindest lenkt er für eine kurze Zeit ab.

14

Dienstag, 25. Juni. Vormittag.
    Wieder einmal gehe ich durch die Stadt, will zum Wannenbad, wo ich eine Vollwaschung durchführen kann. Zwei- bis dreimal die Woche, denn bei mir sieht es ja mit Wasser schlecht aus. Unterwegs treffe ich Wilma und Kalle.
    »Hallochn!«, begrüße ich sie. »Was machn denn meie Strümpe?« Bei ihnen hatte ich welche aus irgend einem Katalog bestellt.
    Sie grüßen zurück (ganz verwundert, mich zu sehen – *tja, ich bin auch noch da*), teilen mir dann mit, dass sie mir Bescheid geben, sobald die Strümpfe eingetroffen sind.
    »Nur müsstn die nachm Monat langsam da sein«, wende ich ein.
    »Wir haben eine Karte bekommen, in der sie von dort schreiben, dass ein Fehler beim Verrechnen gemacht wurde. In ungefähr zwei Wochen werden wir die Strümpfe bekommen. – Wir müssen jetzt aber weiter, Ente, wir haben noch zu tun. Und zu Hause warten die Kinder auf uns.« Damit ziehen sie von dannen.
    Verrechnungsfehler, haha. Die wollen sich wohl eher die von mir erhaltenen 50,- DM einverleiben beziehungsweise haben sie schon. Ergo – scheinbare bla-bla-Phrase: Mit einem Krüppel kann man es ja machen. Beispiele gefällig? – Mascha rückt meine restlichen Klamotten nicht raus! Behält Geld von mir, dass sie auf die Kasse schaffen sollte! Sie hat zwar versprochen, mir beim Saubermachen und Aufwaschen zu helfen, aber mehr als ein Versprechen wurde nicht daraus! Auch Hannelore wollte mir helfen, doch denkste, Puppe! Herr Kunkel brachte zwar die Stühle, allerdings erst einen Tag später! Und das Schloss der Toilette, was er reparieren wollte, Fehlanzeige! Kalle und Wilma wollten mir Bettwäsche geben; doch als ich die mir abholen wollte, war niemand

da! Dafür behalten sie sich jetzt mein Geld, wollen es nicht mehr rausrücken! Pritsche versäuft die ihm von mir geborgten 6.200,- DM und denkt nicht daran, sie mir zurückzugeben, lässt mich auf einen gewaltigen Schuldenberg sitzen! Und so weiter und so fort! Das bestätigt diese Phrase, die wohl doch keine ist: Mit einem Krüppel kann man es ja machen, nicht?!!

*

Am Westende der Innenstadt, ich muss aber zum Ostende. Und weiß, der Straßenbelag hier spottet jeder makaberen Beschreibung. Und doch – *ich muss auch auf so einem Straßenbelag bestehen, wenn ich wieder richtig laufen können will! Also – ich nehme die Krücken hoch und fange an, freihändig zu laufen.*

Nach jeder absolvierten Straße stolz: *Hervorragend! Es läuft heute wieder so wie am letzten Tag in der HNO-Klinik. Nur diese Strecke ist bedeutend länger. Und der Straßenbelag beschissener. Aber – Yes!* geballte Krückenfaust. *– Solche Tage, eh die brauche ich, um mir selber was zu bestätigen!*

Meine Umgebung ist größtenteils nicht so angenehm angetan wie ich: Einige grinsen spöttisch, sind wohl der Meinung, ich sei total benebelt; andere schauen bewundernd, manche von denen sprechen mich sogar aufmunternd an. Aber es gibt auch welche, die interessiert das überhaupt nicht. *Schreck, lass nach! Wie kann denn das sein, dass sie an meiner Freude nicht teilhaben wollen?? Okay, sicherlich geht es sie nichts an, doch – ich lade sie ein zum Sich-Mitfreuen.*

Huch hoppla – was ...? Rutsche weg, trete in ein Loch, liege jetzt auf dem Kopfsteinpflaster. Was war los? Mein rechter Fuß, doch was – keine Ahnung, ich war mehr damit beschäftigt, auf die Menschen zu achten als auf den Boden.

Zwei junge Frauen kommen schnell herzugerannt, helfen mir wieder hoch, fragen mich, ob mir irgendwas passiert ist.

»*Nee dange, nischt. Komm bei mir ehabunzu vor.*«

»Ja, bei dem Boden hier ist das auch kein Wunder, dass Sie ausrutschen«, versuchen sie, mich zu trösten. Dann gehen sie.

Aber die Blicke meiner Umgebung haben sich keinesfalls geändert; sie sind wie vorhin: Höhnisches Grinsen, mitleidiges Betrachten und aufmunterndes Zulächeln. Doch ich glaube, das wird immer so sein: *Die Leute hier sind es einfach nicht gewöhnt, dass ein Schwerbehinderter versucht, sich wieder zu reparieren, mit dem Kopf so lange durch die Wand gehen will, bis diese birst. Aber genau das will ich! Und ich werde es schaffen, das weiß ich!*

Auch das letzte Stück nehme ich freihändig, es ist ja nur noch eine Straße. Mir tut zwar wieder einmal die rechte Beckenseite weh – *aber wie oft war das schon so? Und wie oft wird es noch sein? Beides zu oft, als dass ich mir einen Kopf darum machen sollte!*

Ich ignoriere den Schmerz und laufe weiter.

*

Abends, halb sechs.

Ich habe mir ein Schloss besorgt für die Toilette; denn ich glaube, wenn ich auf Alfred (Kunkel) warte, ist sie im Winter noch nicht repariert. Und da ich heute auf meine Runden verzichte – habe ja am Tag genug trainiert – kann ich mich selbst über das Schloss hermachen.

Die Schrauben auf, neue einsetzen – Scheiße, geht nicht! Trotz mehrerer Versuche. Meine Hände, die wackeln zu stark, wodurch ich die Schrauben nicht in ihr Loch pressen kann. Gelegenheit für mich, wieder einmal diejenige zu verfluchen, die mich zum Krüppel gefahren und mir dieses blöde Tremor beschafft hat. Aber letztendlich nützt es doch nichts, ich kann mir nicht allein helfen, muss Alfred um seinen Beistand bitten.

Doch er tut es sofort. Womit für mich das Toilettenproblem gelöst wäre.

*

Nach dem Abendbrot schreibe ich einen glühenden Liebesbrief an Andrea, mit der ich, seit ich sie im Krankenhaus kennenlernte, in Briefkontakt stehe. – *Die wievielte Studentin war sie denn eigentlich? Die vierte, glaube ich. Oder war es die dritte? Ach, ist doch nicht so wichtig.*

Warum schicke ich ihr jetzt eigentlich so einen Brief? War ich so angetan von ihrem Äußeren? Nee nee, wage ich zu bezweifeln. Also ihr Inneres hat mich überrumpelt. Als der Aschenbecher sich über mein Haupt ergoss, redete sie so mitfühlend und eindringlich auf mich ein. Ja, das war es, was in mir jetzt, als mein Erinnerungsstübchen dies an die Oberfläche sandte, die Scheuklappen abfallen ließ und die Orgellöcher öffnete. Und wie schön sie auf einmal ist. Was habe ich mal gedacht? Dass sie bla-bla aussieht? Ich war bescheuert. Bin ich es immer noch? Vielleicht. Ich hoffe aber, das hält sich in Grenzen.

Außerdem ist sie Krankengymnastin, was ich zur Zeit sehr bevorzuge. Klar, das klingt egoistisch. Aber ist nicht in jeder Partnerschaft eine dicke Spur Egoismus dabei? Will sich der eine vom anderen nicht aufrichten lassen in schweren Zeiten? Beansprucht der eine den anderen nicht ganz für sich selbst? Ist er nicht nicht gewillt, kampflos für andere den Platz frei zu machen? Ist es nicht so? Das ist doch das gleiche Prinzip. Ich kann mich auch daran erinnern, dass Andrea mal versprochen hatte, mich zu besuchen. Und genau diesen Aspekt will ich nun ausnutzen.

*

»He Mike, du? Komm rein!«, begrüßt mich Peter an seiner Wohnungstür.

Drinnen begrüße ich Katja und lasse mir ein Video von ihrem letzten Urlaub in Mallorca vorführen. *Mann,* stelle ich dabei bewundernd fest, *Katja sieht ja darauf noch besser aus als in Wirklichkeit.* Sie kleidete sich damals in einen förmlichen Anzug, was ihr über alle Maßen steht. Aber – ich behalte es jedoch für mich – *auch sie hat sich seit damals ein großes Bisschen verändert im Look, sieht zwar jetzt immer noch vernaschungswürdig aus, jedoch der Wandel zur biederen Hausfrau ist vollzogen. Möglicherweise hängt das aber damit zusammen, dass sie jetzt schwanger ist; nur so richtig das zu glauben vermag ich nicht. Auch möglich, dass mir das jetzt nur so scheint, weil sie in Kittelschürze herumläuft. Kleider machen bekanntlich Leute. Aber auch das trifft wohl kaum hier zu, glaube ich. Aber näher erklären – nee. Vielleicht trägt alles davon seinen Beitrag zu dem Süppchen bei, nur die Gewürze fehlen. Ja, so könnte es sein. Befragt mich aber bitte nicht näher nach den Gewürzen. Ich habe nämlich keine Ahnung. Vielleicht kriege ich es später raus, ja, oder vielleicht auch nicht. Ist ja an sich auch egal.*

Jetzt zeigt mir Peter Urlaubsbilder, auf denen noch einmal das Gleiche zu sehen ist. Kann aber nicht sagen, dass mich das groß interessiert. Aus purer Höflichkeit schaue ich darauf. Denn seine Freundschaft möchte ich so schnell nicht wieder aus der Hand rutschen lassen, fühle mich pudelwohl hier, stecke in dem Glauben, wieder akzeptiert zu sein.

Später – wir trinken beide nicht nur ein Bier und rauchen nicht nur eine Zigarette – fragt mich Peter, ob ich an seiner Wohnung irgend ein Zeichen von Luxus sähe.

Ich muss grinsen. »Na weman dagegn meine Bude sieht, ist deiedoch gewaltig luxuriös.«

Er lacht. »So kannst du das nicht sehen!«, meint er dann. »Deine Bude kriegen wir auch noch hin, wirste sehen. Warte erst mal, bis wir umgezogen sind, dann kannste den Couch und die Sessel und wer weiß was sonst noch kriegen. Nein, ich meine allgemein.«

Ich schaue mich um. Muss mir aber eingestehen, dass ich nicht so recht weiß, was er unter Luxus versteht. Darum versichere ich ihm, dass er eine ganz normale Wohnung hat.

»Siehst du, ich verdiene zwar rund 2.600,- DM im Monat, aber viel davon verbrauche ich draußen fürs Mittagessen, trinke jeden Abend mein Bier und rauche, und der VW braucht ja auch Sprit. Katja muss ich auch versorgen.« Und erzählt mir, dass Katja vor kurzem geschieden wurde, ein Kind aus erster Ehe mitbringt, aber Peter nicht heiraten will, weil sonst das Unterhaltsgeld flöten ginge. – *Das klingt doch ganz verdächtig nach einer Vernunftspartnerschaft, gesponsert von Peters Geld, denn sie sieht weiß Gott nicht aus wie ... wie ... ach Scheiße, will mir nicht einfallen.*

*

Katja geht ins Bett. Es ist dreiviertel zehn. Von Peter erfahre ich, dass sie nicht erst seit der Schwangerschaft so zeitig ins Bett gehe, dass sie die meiste Zeit verschlafe vom Tag.

Plötzlich kenne ich den Namen der Gewürze: *Sie ist langweilig, zumindest ein bisschen. Oder? Darf es auch ein bisschen mehr sein?*

Ich gestehe mir selber ein, dass es mir nicht zusteht, darüber zu urteilen. Verschwende darum – *vorerst* – keinen Gedanken mehr daran.

Peter will nun wissen, ob ich Lust hätte, als Versicherungsmakler einzusteigen. »Abitur hast du ja, da kannst du Betriebswirtschaft studieren und kriegst einen Bürojob. Dann bist du wieder wer, hast wieder was zu sagen. Und das willst du ja, noa?«

»Ja, ich will wieder wer sein!«, kommt ziemlich schnell über meine Lippen. Doch da stoppt mein Gedankenfluss, zeigt mir einen Vogel. Denn eigentlich interessiert mich dieser Job überhaupt nicht. Und jetzt kreischt aufgebracht mir auch noch eine andere innere Stimme ins Ohr: »Du bist doch wer – Mike Scholz!« Aber Peter hat sich auf diese Ansicht total versteift, und ich will ihm nicht vor den Kopf stoßen. Weshalb ich nun von den konträren Blökern in mir eine diplomatische Lösung fordere.

Peter derweil versteht mein Zögern falsch. Er vermeint, ich bin auf seiner Ebene schon eingeflogen, mir müsste das Angebot nur noch schmackhafter gemacht werden.

»Okay, am Anfang musst du hart arbeiten. Wenn du aber deinen Kundenkreis zusammen hast, kannst du eine ruhige Kugel schieben. Was ich fast geschafft habe. Da macht es auch nichts, wenn dir mal jemand abspringt. Hier« – er zeigt mir einen Hefter – »darin kannst du sehen, dass ich kaum Stornierungen habe... «

»Stornierungn – wasisdas?«, werfe ich ein, denn diesen Begriff habe ich noch nie gehört.

»Stornierungen bedeutet soviel, wie die Zahl der Leute, die abspringen.«

»Aha.«

»Und hier drin kannst du auch sehen, dass es bei mir nur fünf Leute waren. Und davon sind zwei weggezogen.«

»Aha.«

»Ich mache das nämlich immer so: Ich biete den Leuten erst mal die niedrigste Summe an. Erhöhen können sie dann immer noch. Ich bedenke aber dabei, dass die Leute hier zur Zeit knapp bei Kasse sind. Andere Versicherungsvertreter wollen nur schnell das große Geld machen, sich Auto, ein luxuriöses Haus und wer weiß was sonst noch kaufen, und ein halbes Jahr später kommt dann aufgrund ihrer hohen Stornierungsraten der große Rückzahlungstag. Dann müssen sie sehen, wie sie an das dazu nötige Geld rankommen.«

Er ist jetzt ganz in seinem Metier, ist zur Zeit in seinen Erklärungen nicht zu stoppen. Ich lasse ihn reden, ziehe ein interessiertes Gesicht, stecke meinen Kopf tief in seinen Hefter. Auch wenn das, was ich da sehe, für mich hindustanisch rückwärts ist, ich keinen blassen Schimmer von den Zusammenhängen zwischen all den Zahlen und Begriffen habe, unternehme ich nichts, um da einen Durchgang zu finden, tue nur so, als wenn ich mich da hineinschaufeln wöllte; und das nur, um Peter einen Gefallen zu tun. Aber mir ist jetzt ganz klar – *falls es da je Zweifel darüber gegeben haben sollte: das Ganze interessiert mich nicht, ich habe keine Lust, so einen formalen Job zu machen. Für Peter ist das Geld, dass er dadurch bekommt, primär, für mich aber der Spaß an der Arbeit. Ich will nicht morgens aufwachen, um mit Grausen feststellen zu müssen, dass wieder ein beschissener Tag auf mich wartet und ich mich auf den Abend freuen muss, der aber schnellstens vorüber sein wird und ich wieder einen Tag auf dem Weg zum Grab zurückgelegt habe.*

Pünktlich vor dem Verfallsdatum fällt mir auch was ein, wie ich ihm das diplomatisch unterjubeln kann: »Ersma willich mein Körper repariern, dann werdich überde andern Sachn nachdenken.«

»Okay, das kann ich verstehen«, stimmt er mir zu. Aber schwang da nicht Enttäuschung in seiner Stimme mit? Ich weiß es nicht. Aber es dürfte ihm ziemlich schwer fallen, sich vorzustellen, dass ich, der Krüppel, nicht die gleichen Interessen habe wie er – Geld. Aber dagegen kann und will ich nichts machen; und einen Muss-Beruf einzugehen, das kann jeder vergessen.

Kurze Zeit später beende ich meinen Besuch, er bringt mich noch heim. Es ist schon Viertel zwölf durch. Um diese Zeit bin ich früher selten ins Bett gegangen, doch jetzt ist das in der Woche wieder an der Tagesordnung. Darf sich aber ruhig wieder ändern.

15

Donnerstag, 27. Juni, Vormittag.

Gestern erhielt ich einen sehr bedeutenden Brief. Er kam von der Kurklinik Kaltbad/Tiefenstein. In ihm stand, dass ich am 10. Juli um 15:00 Uhr einrücken soll.

Freudenjauchzer stieß ich aus, hatte innerlich gehofft, dass es diesmal ganz schnell geht, mir nicht wieder ein paar Alkoholkranke im Wege stehen. Aber jetzt heißt es, auch wirklich dahinzufahren! Nicht wie das letzte Mal! Was aber für mich nicht heißt, dass ich nichts mehr riskiere. Das kommt natürlich nicht in Betracht.

*

Abends. 11 Uhr durch.

Ich sitze wieder bei Peter. Und auch diesmal süffeln wir ein Bier nach dem anderen; ich glaube, fünf Büchsen habe ich schon intus. Und was mich am meisten wundert: Ich musste nicht ein einziges Mal auf die Toilette. Kann mich erinnern, früher war es normal, dass man eins trank und zwei schiffte. Aber jetzt: Ist nicht! Vielleicht habe ich jetzt eine Spezialblase. Keine Ahnung. Und benebelt bin ich auch nicht.

Plötzlich fragt mich Peter, ob ich Lust hätte, noch irgendwohin zu gehen, in einen Nachtclub zum Beispiel. Ich bin erstaunt, sage aber trotzdem ja. Vor allem, es ist das erste Mal seit meinem

Unfall, das ich in einen Nachtclub einfliege. Möglicherweise lerne ich da neue Leute kennen, gebe vielleicht dem Alleinsein einen Abwink ... Wir machen uns zurecht und Peter ruft per Telefon ein Taxi.

*

Im Untergeschoss der Nachtbar. Einen Martini habe ich vor mir stehen, Peter einen Jonny-Walker. Und wie vorhin schon im Taxi gab er der Kellnerin reichlich Trinkgeld: 20,- DM oder so in der Drehe. Und meinte zu mir, als ich ihn fragte, warum er dies immer tue: »Man muss sich die Leute bei Laune halten. Und sehr bald kommt die Zeit, da kannst du das auch.«

Nö. Erstens ist es nicht meine Art, so mit dem Geld rumzuschmeißen, zweitens lege ich nicht einen so großen Wert darauf, die Leute zu bestechen, und drittens bin ich absolut nicht davon überzeugt, bald im Geld baden zu können. Denn ich glaube, Peter will mir beweisen, dass er das kann. Ich habe meine Zweifel darüber, ob dieses Geld-um-sich-werfen bei ihm normal ist. Aber im Grunde genommen kann es mir egal sein. Hätte nur gern sein heutiges Trinkgeld – sein bisjetziges Trinkgeld in meinem Portemonnaie gehabt – müssten um die 100,- DM sein.

*

Oben im Tanzraum. Den Diskjockey kenne ich vom Gesicht her, er wohnt unter Hannelore. Mit der ich übrigens noch was offen habe: Von »Heinrich« habe ich schon zwei Mahnungen bekommen wegen einem T-Shirt, was ich nie bekam. Von mir aus kann sie das andere auch noch bekommen, aber das Geld will ich haben. Zwar hatte ich, als ich wegen meiner gebrochenen Nase im Krankenhaus lag, Mascha das Geld gegeben, und sie meint, sie hätte es bezahlt, findet nur den Rechnungsschein nicht mehr. Tja, ich glaube, das ist der nächste Fall einer Regresserscheinung. Ein bisschen viele seit meinem Unfall. Wie war das gleich mit der bla-bla-Phrase?

Jetzt aber in der Tanzbar. Ich schaue mir die Frauen an – meine Augen spielen wieder einmal Brumm-Nicht-Kreisel – höre mir die Musik an – *igitt, igitt, zum Abgewöhnen.* – Doch einmal spielt er Westernhagen. Ich stapfe vor, wünsche mir noch einen Song von ihm; nur – *Schluck!* – der Diskjockey hat nur den einen. – *Noch mal Schluck! Was is denn das für eine Disko? Accept oder Metallica völlig Fehlanzeige* – na ja, ist auch nicht gerade ein Metal-Publikum, das hier rumhüpft.

Erneut am Tisch, mustere wieder die Umgebung, bin hin- und hergerissen zwischen Gefallen und Missfallen und hoffe wieder einmal auf den Exoteneffekt. Doch wie schon im 'Felsenkeller' so auch hier: ich bin nicht erwünscht. *Haja!*

*

»Hat's dir gefallen?«, fragt mich Peter im Taxi.
Nein, eigentlich nicht!, könnte ich jetzt sagen. Entschließe mich aber wieder zu dem diplomatischen Weg: »Schlech wars ni. Aer so richtig zufriedn binch ers, wennich een Mädel beziehesweise ne Frau inn Armen halten kann.«
»Das kommt auch noch«, verspricht er mir.

16

Freitag, 28. Juni. Früh.
Ich wache auf: *Ach ja, ich habe ja gestern ein bisschen viel gekippt. Aber mein Körper noch okay, Schädel brummt nicht, auch kein dämlicher Geschmack im Mund. Uhrzeit: Viertel acht.*
Auf einmal weist mich mein Körper auf etwas hin, was ich schleunigst erledigen sollte: Pipi. Und der Weg zur Toilette ist lang, sehr lang, überaus sehr lang.
Ich ächze mich sofort hoch, schnappe mir die Krücke – die andere steht unten bei der Haustür – und fliege fast.
An der Treppe angekommen, nur noch hinunter. Der Druck in der Blase wird größer und größer, er klopft an die Harnröhrenpforte. Ich galoppiere im Fliegen.
Am Fuße der Treppe. Nur noch Klotür öffnen, dann drin. Ich greife nach dem Schlüssel, öffne s... Meine Hose wird nass, eine Pfütze zwischen meinen Beinen, ich konnte dem Druck nichts mehr entgegensetzen. Und jetzt rinnt es, es fließt, es strömt. Alle Drinks der letzten Nacht drängen in meine Hose und dann ans Tageslicht. Zwar hätte ich nur noch die Hose herunterziehen müssen, aber der Weg aus meiner Wohnung hinaus, die Treppe hinunter, ins Klo hinein, mehr Sekündchen waren nicht da. Und jetzt – jetzt stehe ich da wie versteinert und starre entsetzt darauf, wie meine Füße von der Pfütze eingeschlossen werden.
Ich fange an zu fluchen.

*

Vor der Haustür zur Sprachtherapie. Ein bisschen schwer zu finden war die Adresse, ich musste mich durchfragen, aber jetzt bin ich angekommen. Habe mein Muskel-Shirt angezogen. Zwar stellen Muskeln an mir eine Mangelware dar, aber erotisch wirkt es. Das bewiesen die Blicke einiger Frauen. Und der Sprachtherapeut ist eine Frau, wie mir Frau Werner mitteilte. Also – auf sie Eindruck machen; dann ist die doch langweilige Sprachtherapie-Atmosphäre etwas gelöster.

Ich klingle. Das Warten geht los. Doch nach einiger Zeit bin ich des Wartens überdrüssig, denn nichts hat sich nach meinem Klingeln getan. Darum versuche ich zu klinken. Die Tür – geht nicht auf! – *Klemmt sie oder ist echt niemand da?*

Ich versuche es noch einmal: *Aha, sie hat nur geklemmt.*

Drinnen. Düster, hier unten wenig einladend, auf dem Flur kein Zimmer, in das ich gehen könnte. Ich fluche, denn nun bleibt mir nichts anderes übrig, ich muss die Wendeltreppe hinauf, obwohl ich die so liebe. Denn den Trick oder besser den Rhythmus im Besteigen solcher Treppen habe ich bisher noch nicht entdeckt.

Ich bin halb auf der Treppe, da, oben öffnet sich eine Tür. »Auf Wiedersehen«, schallt es durch den Raum. Melodisch und sehr weiblich. Eine andere Stimme brummt etwas zurück, eine Stimme, die mir bekannt vorkommt. Jetzt sehe ich auch, woher: Schlampe – *Spitzname natürlich* – den ich von früher kenne, sein Antlitz prangt über mir auf. Auch er ist ins Reich der Krüppel aufgenommen worden, ein halbes Jahr vor mir, da stürzte er von einem Boden herunter, einem ziemlich hohen, wie mir erzählt wurde, und das im Suff, dabei erlitt er einen Schädelbasisbruch. Jetzt kann er zwar ohne Probleme laufen – soviel ich weiß, arbeitet er auch – aber sein Kontakt zu anderen ist *(natürlich?)* den Bach hinuntergelaufen; er spricht auch ein bisschen schlecht, sowie ist er seitdem ganz schön fett geworden, als wenn er dabei kastriert wurde. Geistig scheint er aber nichts abgekriegt zu haben, wobei da jedoch eh nicht viel zu zerstören gewesen wäre, denn der Hellste war er sowieso nicht. Allerdings jetzt ist er hilfsbereit, denn er kommt herunter, nimmt mir die Krücken ab und will mich am Arm packen, um mich hoch zu geleiten. Was ich aber nicht zulasse. Dennoch lässt er sich das Eskortieren und dabei ein scharfes Auge auf mich haben nicht nehmen.

»Gehs jetzt?«, will er wissen, als wir oben ankommen sind.

«Natürlich!« Worauf er – nicht ohne mir noch einen prüfenden Blick zugeworfen zu haben – sich verabschiedet.

Doch mein Blick hat sich schon abgewendet, um sich umzuschauen: Zur Linken geht es weiter hoch in Richtung eines anderen Raumes.

Hm, vielleicht ist das eine Doppelbesetzung hier? Möglich, für mich aber nicht interessant. Ich bleibe hier, denn wer ist die Frau, die ich vorhin hörte?

Doch zuerst ein Blick auf den vor mir liegenden Weg, um nicht vor böse Überraschungen gestellt zu werden. Denn ich schaue beim Laufen zwar oft auf den Boden, aber nicht immer, bin dann dafür mehr damit beschäftigt, andere Leute zu beobachten, was sie tun und wie ich auf sie wirke. Aber jetzt ... ich stehe vor der Praxistür.

Therapeutin
für
Stimm- und Sprachgeschädigte
Patricia Katzer

Ja, richtig, hier wollte ich hin. Ich klopfe.

Die Tür steht halb offen, jetzt wird sie weiter geöffnet. Weibliche Züge tauchen auf: *Attraktive, ja, hmmh, aber ein bisschen zu formell wirkend. Wie alt? 35, 36, vielleicht auch 40? Nein, glaube ich nicht. Eher jünger. Ist schwer zu schätzen. Auf jeden Fall – ja, die würde ich gerne mal vernaschen.*

„Dies ist jetzt nicht der richtige Ort, um so was zu denken!" Meine Vernunft gibt mal wieder ihren Senf dazu ab.

Frau Katzer begrüßt mich und bittet mich herein. Dann setzt sie sich an die andere Seite vom Tisch und fragt mich nach meinem Begehr. Dabei lächelt sie entzückend, was ihre Formalität nicht ganz, aber weitestgehend aufhebt. Auch hat sie eine wunderschöne, himmlische Stimme und einen beachtlichen Brustumfang. Nicht nur in meinem Mund beginnt bei diesen Erkenntnissen das Wasser zusammenzulaufen. Auch registriere ich ein eigenartiges Glitzern in ihren Augen. Doch ich kann das Glitzern nicht deuten, will es auch jetzt nicht versuchen, denn meine Deutung könnte falsch sein. Stattdessen hole ich aus meiner Erinnerung zurück, warum ich eigentlich hier bin.

Ich erzähle ihr von meinem Unfall – über den sie genaueres wissen möchte – teile ihr mit, dass ich Deutsch/Englisch-Lehrer werden will, deswegen meine Sprache wieder reparieren müsse; und dass Frau Werner mich zu ihr schicke.

Sie schaut in ihrem Kalender nach – *fett und dicht gefüllt, oje* – fragt mich dann, ob ich Mitte nächsten Monat kommen könne. Ich zucke mit den Schultern. Ihre Lippen beben. – *Ich habe mich natürlich getäuscht. Halluzinationen oder so nennt man das.* – »Leider ni möglich. Da binich grad offner Kur – sorry – auf einer Kur. Am zehnten geht es los. Gehs ni eher?«

»Na ja, dann hat es nicht mehr viel Sinn, bis dahin etwas zu unternehmen. Aber wenigstens kann ich Sie ja untersuchen. Geht es nächste Woche Freitag? Oder stecken Sie da schon in den Reisevorbereitungen?«

»Eeh, gepackt wirdn Tag vorher!«

Sie lacht. »Um elf, ist das recht? Sind Sie da wach?«

Guck! Staun! Guck! – *Das bin ich noch nie gefragt worden. Will die mich verscheißern? Allerdings – keine Spur von Ironie in ihrem Gesicht.*

»Jaaa, um die Zeit schonn«, antworte ich ihr, aber jetzt abwartend, lauernd, immer auf einen ironischen Seitenhieb von ihr gefasst.

Jegliche solchartige Reaktion bleibt jedoch aus. Stattdessen schreibt sie mich in ihr Buch ein. Und weist mich danach darauf hin, dass sie sich nun »leider« von mir trennen müsse, weil sie noch zu tun habe. Dabei ist wieder dieses Glitzern in ihren Augen zu bemerken. *Ist dieses Glitzern ironischer Natur? Nee, glaube ich nicht so richtig. So ein Glitzern habe ich das letzte Mal bei Jackline gesehen. Na gut, die anderen habe ich nicht so genau betrachtet. Macht sich ja auch schlecht im Dunkeln. Aber die Therapeutin – nein nein, ich bin mir sicher – wirklich? – dass es nicht das Gleiche ist. Denn zu dem Zeitpunkt war Jackline noch verliebt in mich. Außerdem trägt Frau Katzer einen Ehering. Trotzdem ... – ach egal, wir werden sehen, was kommt.*

»Aber Sie müssen am fünften nicht unbedingt kommen, wenn Sie nicht wollen oder nicht können.«

Noch mal - Staun Guck! »Ich komm auf jeden Fall.«

Rinnt da wieder ein Strahlen über ihr Gesicht?

Ich gehe.

17

Montag, 1. Juli. Abends.

Heute ist der Tag gekommen, an dem das letzte Mal in der Schauburg etwas vorgeführt wird. Es läuft der Film 'Insel der Verdammten'. Und diesen Film will ich mir anschauen, wobei die Hauptsache darin liegt, der Schauburg die letzte Ehre zu erweisen. Eigentlich wollte ich dies zusammen mit Andrea tun. Die aber nicht gekommen ist. Und deswegen rufe ich sie jetzt an, vor der Schauburg, nachdem ich mir eine Eintrittskarte geholt habe.

»Mike? Schön, dich mal wieder zu hören«, erklingt nach einer Weile Andrea's Stimme im Hörer.

Bei dem Klang durchfährt mich ein Gefühl angenehmer Erregung: »Hallo Andrea, mir gehs genauso.«

Sie will wissen, wie es mir geht und was ich zur Zeit mache. Ich frage sie dann, was bei ihr so anliegt. Und so quatschen wir und quatschen, schleichen dabei wie eine Hälfte misstrauischer und eine Hälfte erregter Katzen um den heißen Brei herum, haben mittlerweile schon 6,40 DM vertelefoniert; doch mit keiner Silbe kommt sie auf meinen letzten Brief, den Liebesbrief, zu sprechen. Deshalb schneide ich das Thema an: »Wie fandest'n du eigentlich mein letzn Brief?«

Stille im Telefon – dann: »Den habe ich sofort zerrissen.«

Stocken. Stocken von allem. Erst mal wieder einatmen.

Jetzt ein Stich in meinem Inneren. Doch an einer Stelle, welche das schon gewöhnt ist, Hornhaut hat sich dort schon gebildet; deswegen – es tut kaum noch weh. »Warum? Warer so erschreckend?«, will ich aber trotzdem wissen.

»Zum Teil ja«, antwortet sie mir langsam, nach jedem Wort suchend und es jedes Mal noch einmal überprüfend, bevor sie es aus sich herauslässt. »Ich habe gedacht, wir sind Freunde.«

»Schließt das Eene das Andre aus?«, ist mir unklar.

»Ich sehe das nicht so. Liebe und Freundschaft ist nicht immer das Gleiche.« – *Nein, sich Liebende sind* Feinde! – »Und deshalb – entweder wir bleiben Freunde, oder wir müssen aufhören, uns zu schreiben. Denn so darf es auf jeden Fall nicht weitergehen!«

»Dann bleibmer ebn Freunde«, schließe ich das Thema schnell ab.

»Puh«, ist ihr bewusst, »jetzt ist mir eine Zentnerlast Steine vom Herzen abgefallen.«

Ich lache. »Sollich ne Schaufel drunterhalten zur Wiederverwendung?«

Sie beteiligt sich am Lachen. »Nein, brauchst du nicht. Da existiert eine tiefe Grube, in die sie immer hineinfallen und dort aufgehoben werden.« Dann will sie noch von mir wissen, ob ich jetzt traurig sei.

»Nee, eigentich ni. Es geht. Bin seit meim Unfall scho sowas gewöhnt.« Und stelle mit Überraschung fest, dass es tatsächlich so ist.

Dann beenden wir das Telefongespräch, nicht ohne dass sie mich noch einmal darauf hinwies, nicht mehr solche Briefe zu schreiben. Was ich sowieso nicht mehr gemacht hätte. Dafür gehe ich jetzt – allein – in die Schauburg.

18

Freitag, 5. Juli. Vormittag, 11:00 Uhr.

Im Warteraum der Sprachtherapie. Bin nicht sehr erfreut darüber, noch warten zu müssen. Und was da an Zeitschriften oder Prospekten auf dem Tisch liegt: Kinderzeitschriften und Tratsch – *ha, uninteressant! Da wäre es wohl besser gewesen, ich hätte mir was zum Lesen mitgebracht. Langeweile, bitte friss mich nicht auf!*

Nach zehn Minuten werde ich von Frau Katzer begrüßt. Mit einem erfreuten Strahlen verbunden, in dem ich wieder dieses mir unerklärliche Glitzern bemerken darf. Und auch jetzt mache ich mir keine Gedanken darüber, nehme es als gegeben hin.

Frau Katzer ist schon ins Sprechzimmer gegangen, wohin ich ihr nun folge. Dabei schaue ich ihr ständig hinterher, bewundere ihre durch den Minirock hervorgehobenen schönen Beine, die einen in Illusionen versetzenden wiegenden Hüften, die kokett sein wollenden und auch seienden Brüste ...

Huch! Schluck! Mein linker Schritt ins Leere. Am Rahmen festhalten, greife fehl. »Plauz!«

Ich war schon zu weit vorbei. Und natürlich war es wieder so eine *dämliche* Stufe. *Mist!*

Frau Katzer kommt angerannt. Hilft mir, wieder hochzukommen. »Ist Ihnen was passiert?«, will sie dabei besorgt wissen.

»Nee, nischt«, kann ich sie beruhigen. »Das binich gewöhn!«

»Ach, normalerweise hätte ich an der Tür stehen müssen, um Ihnen zu helfen.«

»Quatsch! Ich wohn im vierten Stock. Außerdem wares mein Fehler, hab nich offgepaßt.«

»Trotzdem!« Nun ist sie bekümmert, so etwas habe ich noch nie erlebt. – Oder doch? Na klar, als ich an der Müritz aus einem fahrenden Zug Jackline hinterhergesprungen war, weil irgend welche besoffenen Idioten mich nicht rauslassen wollten. Aber das war in meinem Vorleben, 87. – Frau Katzer ist auch nicht zu stoppen in ihren Entschuldigungen. Lässt es sich jetzt nicht nehmen, mich zum Stuhl zu führen.

Als ich mich dann hingesetzt habe, prüft sie meine Stimme: Tonumfang, Lautstärke, Stimmhaltedauer; und ist danach der Meinung, dass ich von der Stimme her eigentlich völlig okay bin.

Jetzt will die mich wirklich verscheißern. Die spinnt wohl! Meine Lautstärke ist zum Kotzen, kann zwar noch einigermaßen laut brüllen, werde dabei aber undeutlich; meine Sprechgeschwindigkeit ist zum Kotzen, ich finde es beschissen, nicht mehr so schnell wie früher sprechen zu können. Manchmal falle ich da zwar wieder rein, doch dann kann man das Mich-Verstehen vergessen.

Was ich ihr auch mitteile. »Zumeispiel konntich früher bellen wien junger Hund. Ich war mal mit meim früher besten Kumpel in Liberec gewesen: Da sahen wir ne junge Tschechin mit eem Hund. Ich fing an zu belln, die Frau konnte daroffhin den Hund kaum noch haltn. Bisse zu uns kam un mich bat, damit offzuhören.«

Sie lacht. »Aber ich glaube, das Bellen ist nicht notwendig.«

»Nein, natürlich ni. Aber das isn Beispiel, steht für andres. Auch konntich früher die Ente, die Ziege, das Pferd undie Kuh imitiern. Klappt jetzt alles nimmer.«

»Na ja, vielleicht kriegen wir es wieder hin. Wobei ich aber nicht glaube, dass diese Sachen die wichtigsten sind.«

»Ich fands aber trotzdem gut, als ichs konnte«, stoße ich noch einmal nach.

Später frage ich sie dann, ob sie mir schreiben will, wenn ich bei der Kur bin.

»Ja«, antwortet sie mir daraufhin, »gern.«

Ich gebe ihr meine Kuradresse. Und verspreche zurückzuschreiben. »Denn ich empfange gerne Post. Doch dafür muss man auch zurückschreiben, sonst hat man bald einen leeren Briefkasten. – Na ja, leer wirdder niesein, die Werbungis jaouch noch da. Und Rechnungen kommou laufend. Nur sind die niso schön.«

Dann will sie noch wissen, ob ich ein Auto und die Fahrerlaubnis habe.

»Die Fahrerlaubnis ja, aber Auto – nee. Oder doch! Een Skoda habich, aber der steht offder Herwigsdorfer Straße und is kaputt. Vorm Unfall wolltichn – ihn noch reparieren, aber der Unfall kam zu zeitig. Darum binich jetzt ohne Auto und hab niches Geld dazu, mirn neues zu kaufen.«

»Ich habe da aber was von einer Hilfe für Behinderte gehört«, erklärt sie mir. »Und ich glaube, das wäre ein großer Vorteil für Sie, wenn Sie eins haben.«

»Da kann ich nichts dagegn sagn.«

»Na dann versuchen Sie mal Ihr Glück. Sie müssen die Folgen des Unfalles genießen, also können Sie sich auch die Vorteile nutzbar machen!«

»Okay, okay, aber wo mussch da hin?«

»Versuchen Sie es mal in der Sozialhilfe auf der Marschnerstraße.«

Ich speichere das in mir, nehme mir vor, es mal zu probieren. Mehr als ein »Nein« kann ich nicht bekommen.

Die Sprachtherapeutin strahlt – seit ich da bin? – in gleißender Helligkeit. Honigkuchenstute? Nee, die Wirklichkeit ist weit entfernt davon. Aber jetzt – Wahnsinn, echt verführerisch, sexy ist ein passender Ausdruck für sie. Und – die Traumvorstellung, sie mal zu vernaschen, verdichtet sich, ist fast schon real, als wenn ich nur noch zuzupacken bräuchte.

Mike, lass das! Du kriegst sie eh nicht! Noch dazu ins Bette! Solch eine Frau!

»Also dann wieder nach der Kur?«, fragt sie mich.

»Wenn nischt dazwischen komm, ja!« Damit verlasse ich die Sprachtherapie.

*

Im Haus von Mascha. Wir hatten vereinbart, dass ich, bis die Kur anfängt, bei ihr Mittag essen kann. Und da sie um die Mittagszeit in der Woche meistens nicht da ist, legt sie mir den Schlüssel immer unter die Fußmatte. Aber heute ist er nicht da.

Nanu? Wo ist er?

Ich krempele die ganze Fußmatte um. Doch nirgends ein metallisches Geräusch.

Scheiße! Nichts mehr mit täglichem Mittagessen! Nichts mehr mit dem alltäglichem Suchen (sie hat einige Anziehsachen von mir nicht herausgerückt)*!*

Mit knurrendem Magen und der Gewissheit im Gepäck, wieder ein Stück weiter ins Isolationsloch gerutscht zu sein – *der Grund nähert sich, und ich kann nicht mehr schwimmen* – ziehe ich wieder ab.

Scheiß Unfall, scheiß Folgen von ihm, ach – alles Scheiße!

*

Auf meinem Weg zurück nach Hause komme ich am Stadtbad vorbei. Plötzlich muss ich stoppen. Denn in meinen Sichtkreis ist ein Schild eingeschwenkt, ein Schild, das Hoffnung in mir aufkeimen und mich danach gieren lässt, seinen Inhalt für mich zu beanspruchen:

Dr. H. Guter
Facharzt für Sportmedizin
und
Naturheilkunde

Was Naturheilkunde bedeutet, ist mir unbekannt, aber Sportmedizin – ich glaube, das wäre genau das Richtige für mich. Denn die Schuhmachern kann ich doch glatt vergessen. Bloß eine Schreibkraft, eh, Abfahrt! Ich brauche jemanden, der es verdient, Arzt genannt zu werden. Und das, päh, konnte sie bisher nicht erfüllen. Bei ihr muss ich mir alles selber organisieren. Z. B. die Sprachtherapie – erst als ich es verlangte, hat sie mir eine Überweisung ausgestellt, nicht etwa vorher! Die Krankengymnastik habe ich mir selber organisiert! Dass ich zur Kur fahre, musste ich mir auch selber organisieren, wobei ich mich gegen ihre Dummköpfigkeit durchzusetzen hatte! Und ich glaube, dass das nicht das Letzte gewesen ist. So werde ich am Dienstag, wenn ich bei ihr erscheine, die Rede auf den Sportarzt bringen. Und dabei übelst grantig reagieren, wenn sie mich nicht lässt!

19

Sonnabend, 6. Juli. Vormittag.

Wiedermal auf zum Stadtbad, auf zur Badung. Und muss mich beeilen, denn das Wannenbad ist nur bis 11:00 Uhr geöffnet und ich bin auf den letzten Drücker.

Kurz vor dem Eingang sprechen mich zwei Mädchen an. Überraschung. Denn seit meinem Unfall von der weiblichen Bevölkerung angesprochen zu werden, kann ich in den Kalender eintragen.

Ich bin es ganz einfach nicht mehr gewöhnt; manchmal denke ich, ich laufe mit Tarnmaske umher.

»Hallo!«, werde ich angelächelt. »Können wir kurz mit dir reden?«

»Vomir aus!«

»Wir sind die Zeugen Jehovas. Sagt dir das was?«

Während ich den Kopf schüttle, betrachte ich mir die beiden genauer: Die eine steht da wie in Habachtstellung, nickt ständig, starrt mich an, sendet mir ein Allerweltslächeln herüber. Die andere scheint der Sprecher zu sein, sieht auch ein bisschen besser aus, wobei man aber nur leidlich Schönheit zu ihr sagen kann. Sie erzählt mir nun, was es bedeutet, Zeuge Jehovas zu sein: »Gott hat Boten ausgesandt, um seine Lehren zu predigen ... «

»Un ihr seide Auserwählen?«, unterbreche ich sie, mir das Grinsen verbeißen müssend.

»Ja. Wir fühlen eine Berufung in uns, die wir zu erfüllen haben. Und wollen andere Menschen von der Richtigkeit unseres Glaubens überzeugen.«

»Richtung Inquisition?«

»Natürlich nicht! Es ist deine freie Entscheidung, ob du an Gott glaubst oder nicht. Dir droht nicht der Scheiterhaufen. Aber sag mal – was hältst du denn von Gott?«

Ich kann mein Grinsen nicht mehr zurückhalten. »Ich binner Meinung, es gibn überhaut ni. Seht!« Ich strecke meine Krücken vor. »Ich bin ni von Geburt an behindert. Vor knapp eem Jahr hattch nen schwern Verkehrsunfall, bei demich so schwer verletzt wurde, so dassch jetztan Krücken laufen muss.«

»Das müsste dich doch eigentlich noch mehr von der Richtigkeit Gottes Daseins überzeugen.«

»Vergisses! Ich half andern und wurd vom nächsten Auodemoliert. Wo war denn da der liebe Gott?! Ich kammir ni vorstelln, dassabei ne Strafe für mich vorgesehn war.«

»Aber Gott war doch nicht dafür verantwortlich! Schuld daran war doch ein Mensch, nicht? Gott hat für einige Zeit die Erde den Aktivitäten der Menschen überlassen. Aber der Zeitpunkt wird kommen, da übernimmt er sie wieder. Und möglicherweise ist der Zeitpunkt nicht mehr fern.«

»Ne zweite Sintflut, wa?«

»Möglich! Aber nimm doch zum Beispiel die Evolution: ... «

»Ja, de Evolution ist logisch aufgebaut, der Gloube an Gott ist aer ne reine Fiktion.«

»Ich und wir sehen das nicht so. Ebenso Wissenschaftler, welche die Evolution begründeten, haben schon gesagt, dass nicht alles, was auf der Erde passiert, logisch erklärbar ist !«

»Zur damaligen Zeit ni.«

» ... zu viele Lücken gibt es in der Evolution, zu viele, welche nicht erklärbar sind ...«

»Ja, gloubste, alles wurdan eem Tag gefunden? Laut Bibel brauchte Gott auch sechs Tage dazu, die Welzu erschaffn. Un außerdem musste bedenken, wann die Fossilien existierten. Zu ihrer Erhaltung warn bestimme Umwelt-be-be-Umweltbebedingungen vonnöten, welche aer oftmals oer niimmer vorhanden warn.«

»Aber die Evolution basiert auf so vielen Zufällen«, erscheint ihr unklar. »Ich kann ganz einfach nicht glauben, dass sie alle passierten.«

Mir macht es immer mehr Spaß, mit ihr zu disputieren. Wobei ich von der Richtigkeit meiner These überzeugt bin, sie von ihrer; womit zwei unversöhnliche Urkräfte aufeinanderprallen. Und da ich annehme, dass kirchliche Vertreter oder Boten Rhetorik angelernt bekommen, stellt es für mich ein besonderes Vergnügen dar, ihr den Boden unter den Sprachfüßen wegzuziehen. Auch habe ich das Gefühl, das wird bald passieren. Und dann wird sie mir was zum Lesen anbieten.

»Natüich, der Gloube an Gott basiert nioff Zufällen. Er basiert offm Wunschdenken einiger Menschen, welche froh darüber sin, dasse – wenn sie Scheiße gebaut ham – die Verantworung jemand anderm zuschieben könn. Unou – so viele Zufälle bestehen garni inner Evolution. Nur der, dass sichoffer Erde Eiweiß gebild hat und daraus Einzeller enstanden sind. Der Rest sin nur logische Schlussfolgerungen, mehr ni.«

»Zu denen aber besondere Umweltbedingungen notwendig waren!«

»Richtig! Die dürften aber kaum was mit Zufällen zutun ham.«

»Womit denn dann?«, will sie mich jetzt ins Kreuzfeuer nehmen.

Doch ich habe mein Pulver noch nicht verschossen: »Mölicherweise mit irgendwechen Gebenheiten im All. Wer sagt denn, dasse ninomehr Zivisationen im All gibt? Doch nähes kann ich dir dazu ouni sagen, ich bin keen Astronom!«

»Siehst du, du weißt es also auch nicht genau! Doch ... «
»Ich bin aer davon überzeugt, weils Logik in sich birgt!«
»Aber nicht alles ist logisch erklärbar in der Evolution!« – Aha, der erste Punkt ist erreicht – sie wiederholen sich. – »Aber wir müssen jetzt weiter. Doch es gibt bei uns ein Buch, was die Frage zwischen Evolution und Schöpfung behandelt. Darin sind Zitate berühmter Wissenschaftler wie z. B. Darwin und Einstein aufgeführt. Willst du es mal lesen?«

Ich sage ohne Umschweife zu. Aber nicht, weil ich plötzlich am Glauben interessiert bin, sondern weil ich besser diskutieren können will. Und das kann man am besten mit des Gegners Waffen.

Mir wird versprochen, dass es mir heute noch gebracht wird, dann verabschieden sich die beiden. Aber das Baden kann ich jetzt vergessen; es ist schon sieben nach elf. Also muss eine Waschung heute ausreichen. Trotzdem war es das wert, mal auf die Badung zu verzichten. So ein Disput muss schließlich auch mal sein.

20

Montag, 8. Juli. Vormittag.

Im Büro der Hanse-Merkur-Versicherung. Peter ist hier, hält nur noch seine Werberede in einem anderen Raum. Aber er erzählte mir, dass er einen Anwalt kenne, der wirklich gut sei, ich den beauftragen solle, meinen Fall zu übernehmen, und dass er mich von seinem Büro aus hinbringe.

Ich muss einsehen, dass das nunmehr wirklich notwendig ist. Denn ich komme an die Gerichtsakte nicht ran, bin jetzt außerdem eine Weile nicht da, um die *Sesselfurzer* in Bischofswerda ständig in Betrieb zu halten. Schließlich ist das der Job eines Anwalts und das muss ich mir jetzt zunutze machen.

*

Peter hat mich vor das Haus des Anwalts gebracht. Erklärt mir dort zum Abschied, dass ich mir danach keine Sorgen mehr zu machen brauche wegen der Ermittlung.

Trotzdem gehe ich aber mit gemischten Gefühlen in des Anwalts Büro: Zum einen klingt das sehr gut, was mir Peter da verhießen hat, zum anderen kann ich mich aber dunkel erinnern, dass man da einen Haufen Geld benötigt. Schon allein deswegen hatte ich noch nie mit einem Anwalt zu tun, weiß also nicht, wie das in meinem Fall gehandhabt wird. Denn in finanziellen Hinsicht bin ich nun mal eine Kirchenmaus; fehlte nur noch, dass ich »piep-piep« schreie und vor Katzen davonlaufe. – *Ach nein, ich bin ja gehbehindert.*

Ich klopfe, trete dann ein: *Der Anwalt hat eine gutaussehende Sekretärin*, muss ich sofort feststellen. Die mich nach meinem Begehr fragt.

Ich erzähle ihr von dem Unfall und füge hinzu, dass ich den Fall an den Anwalt übergeben will.

»Oh, Entschuldigung«, flötet sie, «aber es tut mir leid! Der Herr Schnabel geht am Mittwoch in den Urlaub, und das für vier Wochen. Können Sie danach noch mal wiederkommen?«

»Nee, kannich ni! Übermorgen beginn meine Kur. Und ich weißni, wie langse dauern wird. Aber ich will, dass mich – ouch deshalb – jemand vertitt! Sonst geräter Fall zu sehr ins Vergessenheit!«

»Ja, kann ich verstehen! Aber bei uns geht es leider nicht! Soll ich Ihnen die Adressen von anderen Anwälten geben?«

»Daswär nett – ja.«

*

Beim nächsten. Und der – *oh wunder, wunder* – begrüßt mich selbst. – *Ist er es selbst?* – Ich weiß es nicht, doch unten an der Haustür steht Schramm und Partner. Aber eigentlich ist das egal, denn der Milchmann zu sein – den Eindruck macht er nicht. Stattdessen hört er sich meine Story geduldig an, macht sich reichlich Notizen, empört sich öfters. Dann: »Also ich werde den Fall übernehmen. Glaube, da liegt einiges im Argen. Werde mir deshalb zuerst die Akte anfordern, Einsicht nehmen und dann entscheiden, was zu tun ist. Können Sie mir bitte eine Erlaubnis zur Einsicht in die Akte unterschreiben?«

»So, und dann lassen Sie sich bitte wieder bei mir sehen, wenn Sie von der Kur zurück sind«, weist er mich an. «Und einen schönen und erfolgreichen Kuraufenthalt wünsche ich Ihnen!»

Mit Zufriedenheit verlasse ich das Büro: *Keine Wort von Geld – ich werde mich hüten, selber das Gespräch darauf zu bringen – und ich glaube, nun ist der Fall in guten Händen, in erfahrenen Händen, die sich in den Winkelzügen der Justiz auskennen. Denn dagegen bin ich ja doch nur eine wild um sich schlagende Beutelratte mit leerem Beutel.*

21

Dienstag, 9. Juli. Mittag.

Ich komme gerade von der Kasse, habe mir dort Geld geholt für meinen Kuraufenthalt. Plötzlich werde ich auf der Straße von jemandem angesprochen: «Hallo! Kennst du mich noch?? Im Krankenhaus haben wir zusammen Bier getrunken. Du musst mich doch wiedererkennen! Hier in Zittau war das! Vor einem Vierteljahr!»

Grins. Blödmann! Grins. Ich vor einem Vierteljahr in einem Zittauer Krankenhaus. Und dazu dort noch Bier getrunken. Der Kunde denkt wohl, ich ziehe mir die Hosen mit der Kneifzange an?!

Er deutet mein Grinsen falsch – *oder will es falsch deuten* – fragt mich, wie's mir geht und wie's läuft und ob ich Lust hätte, ein Bier zu trinken und ob ich ihm ein Paar Turnschuhe abkaufen möchte – »Ich hab daheeme welche stehen, fast neu, kaum getragen, 80,- DM, ich brauch'se nimmer.«

»Ich müsse ers sehn.« Mein Interesse ist erwacht.

»Ja, natürlich! Wir trinken hier ein Bier zusammen, oder zwei, oder drei, dann bestelle ich ein Taxi und wir fahren zu mir. Auf der Neusalzener Straße wohne ich. Und wo wohnst du?«

Ich teile es ihm mit.

»Hm! Ist eine andere Richtung als meine! Schaffst du es dann von mir aus bis zu dir?«

Ich fühle mich bei der Ehre gepackt: »Natürlich! Keen Problem! Wennich ni dicht bin!«

»Oder wir machen es so: Wir trinken erst mal hier ein Bier, dann fahren wir zu mir, wo ich dir die Turnschuhe zeige und du mir sagst, wie du dich entscheidest, und dann bringt dich ein Taxi heim. Okay? Machen wir's so?«

Ich stimme ihm zu. Und den in mir schrillenden Alarmglocken stelle ich den Saft ab. Bin froh, dass jemand mit mir quatscht.

»Da werde ich jetzt gleich das Bier holen gehen!« Er fingert in seiner Jacke rum. Plötzlich: »Oh Scheiße, ich habe meine Brieftasche vergessen! Kannst du mir derweil das Geld für das Bier und eine Schachtel Kippen geben? Kriegste dann bei mir wieder!«

Ich gebe ihm mein ganzes Portemonnaie. Er bedankt sich und läuft los.

Kaum außer Sichtweite die berühmt-berüchtigte Stimme in meinem Kopf: *Sag mal, was war denn das für Blödsinn? Den Kunden kennst du doch gar nicht. Und gibst ihm einfach dein Portemonnaie. Mit rund 230,- DM drin. Von wegen du ziehst dir die Hosen nicht mit der Kneifzange an. Hahaha! Bildest du dir etwa ein, dass du nur körperlich behindert bist? Geistig scheinst du auch einen Schmiss mitgekriegt zu haben!! Trottel!!!*

Ich wette mindestens 100:1, das war der Verstand. Und – er hat recht. Nur muss er gerade ein Schönheitsnickerchen gemacht haben. Denn spätestens, als der Kunde bemerkte, dass er sein Geld vergessen habe, hätte der Verstand … Doch da spürte ich in mir nur die Lust am gesellig sein, der übliche Herdentrieb, das Ausbrechen aus dem Isolationsloch spielte da für mich die primäre Rolle. Und jetzt habe ich den Salat.

Unruhig sitze ich auf der Bank, rauche eine nach der anderen, schaue nervös hin und her, bombardiere mich selber mit Flüchen. Und hoffe insgeheim, dass ich mich irre.

Plötzlich sehe ich ihn kommen. Erleichtert atme ich auf: *Doch geirrt. Zum Glück!*

»Hier ist das Bier. Und hier ist dein Geld.« Er reicht mir das Portemonnaie, öffnet die Flasche, zündet sich eine Zigarette an und setzt sich neben mich auf die Bank. Ich lass mir auch eine Flasche herüberreichen und nehme einen tiefen Schluck – Erleichterungsschluck.

»Hast wohl schon gedacht, ich komme nicht zurück, wa?«, fragt er mich auf einmal.

»Nee, nie«, lüge ich.

Doch das Misstrauen in mir hat sich noch nicht verflüchtigt: Ich zähle mein Geld nach. Durchpflüge das Portemonnaie. Dann – mein Blick hebt sich langsam wieder.

»Ist irgendwas nicht in Ordnung«, hat er meine Miene bemerkt.

»Wieviel hatsn gekostet, das Bier undie Kippen?«, will ich wissen.

Er versinkt in Erinnerung. »Zwölf Mark noch was«, behauptet er dann.

»Tja, dann fehlen rund 60,- DM.« 150,- DM an Scheinen sind noch drin. Dazu das Kleingeld, macht ungefähr 160,- DM.

»Das kann nicht sein! Hast du auch richtig nachgeguckt?«

Ich nicke. Mein Lächeln ist verschwunden. Ich schaue ihn an. In mürrischer Erwartung.

»Ja, ich habe es nicht!«, beteuert er. »Ich habe bloß mein Geld!« Er holt einen 50- und einen 10-Mark-Schein aus seiner Innentasche. »Und das ist es!«

»Vorhin sagteste doch noch, du haskeen Geld bei dir!«

Er tut entrüstet: »Ich habe es vorhin in meiner Hosentasche gefunden! Glaubst du mir nicht?«

Tja, was nun?? Jeder Geldschein sieht genauso aus wie der andere. Und ich kann ihm nichts beweisen. Also, was soll ich tun? In meiner Vorunfallzeit hätte er sich das nicht erlauben dürfen, da hätte ich es aus ihm rausgeprügelt. Ganz abgesehen davon, dass ich mich da nicht auf so einen Blödsinn eingelassen hätte.

»Neiein!«, gehe ich trotzdem auf Konfrontation.

Er aber ist aufgestanden, und hat es auf einmal sehr eilig: »Ich hole nun ein Taxi vom Bahnhof. Wartest du so lange?«

»Hmmh«, sinniere ich.

Er hört es – oder hört es nicht – und läuft los.

Wieder sitze ich allein auf der Bank; zünde mir eine neue Zigarette an, schlucke langsam aus der Bierflasche und weiß: *Ist er bis zum Ende der Zigarette nicht hier, und auch nicht, wenn ich die Bierflasche ausgetrunken habe, dann gehe ich los. Sollte er aber wirklich mit einen Taxi kommen, wenn ich schon weg bin, okay: dann das Buch »Der Weg war umsonst«. Aber der kommt nie, der ist abgehauen. Ihm wurde es zu heiß hier – die Bullenburg ist schräg gegenüber. – Außerdem hat er mir genug abgezockt, wobei ich ihm noch dankbar sein muss, dass er nicht alles hat mitgehen lassen. Verdient hätte ich es! Danke, barmherziger Vogel! Aber so war das Bier eben sauteuer. Und – noch mal – so wird man sein Geld los, wenn man ein solcher Trottel ist wie ich. Meine scheiß Vertrauensseligkeit! Das muss endlich ein Ende haben! Ich muss endlich davon abkommen! Sonst ist es weiterhin superleicht, mich im Süßen schwimmen zu lassen und mir dabei die Butter vom Brot zu klauen. Ach Scheiße, im Grunde genommen weiß ich es doch, muss mich eben nur dran halten. Früher habe ich mir nicht so einen Blödsinn geleistet. Aber – ganz egal welche – Dummheit muss bestraft werden!*

Die Zigarette ist aufgeraucht, die Bierflasche ausgetrunken. Ich schnappe mir die anderen vollen Bierflaschen – *er hat mir alle dagelassen, wie edel* – und laufe los. Mit grimmiger Miene, aber

am meisten grimmig auf mich selbst!
*

Vor der Schuhmachern.
»Und morgen geht es los?«, fragt sie mich.
»Wenn nischt dazwischen kommt – ja.«
»Da müssen wir ja einen Krankenwagen für Sie bestellen!«
Den Einfall finde ich diffamierend, von ihr wieder einmal typisch. »Wiesonen Krankenwagen? Eein normes Auto tuts dochau.«
»Kommen Sie da auch rein? Ich habe da so meine Bedenken.«
Bei der hilft nur noch Ironie: »Na so fett bini ja nunouch ni.«
»Nein! Das habe ich auch gar nicht gedacht! Nur eben, weil Sie sich so schlecht bewegen können!«
»Umin een Auto reinzuklettern, reichts! Ouim Krakenhaus war das paarmaler Fall!«
»Überschätzen Sie sich aber nicht!«
Ach, das Gesülze geht mir auf den Sack. Aber was soll ich machen? Ich muss mit der trotteligen Alten auskommen! Weil ich da vor vollendete Tatsachen gestellt wurde.
Ich ignoriere die Frage, lasse sie weiterbrabbeln, und warte auf den nächsten interessanten Punkt.
Nach einer schier endlos langen Zeit ringt sie sich endlich zu dem Entschluss durch, mir ein Taxi zu bestellen.
Wunder, wunder, sie hat Einsicht.
Doch meine Überraschungsattacke steht ihr noch bevor. Die starte ich jetzt.
»Frau Doktor«, beginne ich butterweich, »am Freitag sah icham Stadtbad n Schild, welchs verkündet, dass dort die Praxis ees Sportarzes ist; Gudder heeßt der, gloubich.«
»Ja, ich weiß«, bestätigt sie, wobei es ein Wunder ist, dass sie überhaupt was mitbekam, denn sie ist nach wie vor mit lateinischem Gebrabbel beschäftigt.
»Unzu eben diesem Sportarzt will ich mal gehn.« Ich bin lauter geworden, damit sie sich meine Worte richtig eintrichtern kann.
Jetzt wird sie hellhörig: »Was wollen Sie??«
Ich wiederhole mein Anliegen und füge noch hinzu, dass ich der Meinung bin, dass ein Sportarzt mir am meisten helfen könne.
Dieser Gedanke schmeckt ihr überhaupt nicht, pinkfarbene vorher in grüne flüssige Lakritze getauchte Pfählchen springen stufenweise aus ihrer Gesichtshaut. Schließlich würde damit ihr Monopolanspruch auf mich durchbrochen werden.

»Darüber sprechen wir, wenn Sie von der Kur zurückkommen.«

Die denkt doch bloß, bis dahin habe ich es vergessen. Eeh, Alte, vergiss es! Nach der Kur sehen wir uns wieder. Und dann ...

Sie wünscht mir noch einen schönen Kuraufenthalt und gute Besserung, teilt mir mit, dass ich morgen früh um neun abgeholt werde; dann winke-winke.

22

Mittwoch, 10. Juli. Früh, 8:00 Uhr.

In einer Stunde soll es losgehen. Eine Stunde noch und ich begebe mich dann auf eine Reise in die Ungewissheit: Wie werde ich von da zurückkommen? Wieder hergestellt? Halb in Ordnung? Oder mit dem Punkt im Klaren, dass ich für immer an die Krücken gebunden bin? Oder vielleicht sogar zurück in den Rollstuhl versetzt, weil ich zuviel riskiert habe? Ich weiß es nicht. Im Krankenhaus wurde mir gesagt, ich solle keine Wunder von dort erwarten. Mach ich auch nicht. Nur im Krankenhaus betrachten sie meine Auferstehung als ein Wunder. Und infolgedessen erwarte ich doch eins. Ich habe auch schon an einigen Institutionen gesagt, dass ich vielleicht ohne Krücken zurückkomme. Was aber mehr eine Hoffnung ist. Doch – ich werde wieder halb hergestellt sein mit der Aussicht, die Krücken dem Scheiterhaufen anzuvertrauen.

Ich wasche mich soeben. Plötzlich meine Brille runter: *Hm, kommt ja ab und zu mal vor.* Ich hebe sie wieder auf. Will sie aufsetzen. Schließe die Augen. Öffne sie wieder.

Nanu? Links verschwommen! Schreck lass nach! Was ist da los?

Ich greife an die linke Seite der Brille. Doch der Griff geht ins Leere.

Aha, Glas ist rausgefallen. Kein Problem, drücke ich es wieder rein.

Doch was ist das? – Das Glas lässt sich auf der einen Seite unnormal leicht hineindrücken, um sich dann wieder zu verabschieden.

Ich inspiziere den Rahmen. Und – Fluch geht weiter: Das linke Scharnier birgt keine Feststellschraube mehr in sich, die hat sich aus dem Staub gemacht, wahrscheinlich rausgebrochen. Aber wobei, wieso, wann?? Ich kann heute auch nicht mehr zum Optiker gehen, in einer knappen Stunde verschwinde ich aus Zittau. Hoffentlich reparieren sie es mir dort. Aber jetzt ohne Intelligenzverstärker. Und Ersatzbrille – *ach, habe ich nicht! Also wieder eine Weile im Dustern tappen.*

*

Kurklinik. Mir wird mein Zimmer gezeigt. Auf der Fahrt hierher durfte ich feststellen, dass wir an proportional gesehen neun von zehn Ampeln rot hatten. Weswegen ich den Fahrer wissen ließ, dass die bei mir meistens rot sind, dass ich kurz vor meinem Unfall durch Zittau mit einem Motorrad gecrosst bin und da an jeder Ampel, die mir begegnete, rot hatte und ich zur Krönung auch noch warten durfte an einem Bahnübergang. Er hatte herzhaft gelacht, was sehr selten auf der fünfstündigen Fahrt war, deswegen eine erschreckend langweilige Fahrt. Ich hoffe, diese Langeweile bleibt nicht stehen.

»Ist es richtig, dass wir annehmen, sie wollen in ein Einzelzimmer?«

»Dasis richtig, ja!« Es freut mich unwahrscheinlich, allein auf dem Zimmer zu sein. Da kann ich die Musik hören, die ich will, kann abends endlos lange lesen, da brauche ich keine große Ordnung halten ... Und im Vergleich mit dem Krankenhaus erwartet mich hier eine absolute Luxusbude: Breites Bett, Tisch für mich allein – ohne dass beim Essen jemand auf dem Nachtstuhl scheißt – zwei Sessel, großes Fenster mit Aussicht auf das Erzgebirge, Toilette und Waschraum nebenan – *lupenrein, kann ich dazu nur sagen.*

»Richten Sie sich jetzt hier ein. In einer Stunde kommen Sie zum Doktor zum Vorstellungsgespräch!« Ich erfahre noch, dass die Oberschwester Helen vor mir steht und dass mein Bett jede Woche immer montags neu bezogen wird, ebenso werden die Handtücher gewechselt; und dann werde ich allein gelassen.

Oberschwester Helen, hmhm, hmhm. Scheint eine ganz schön energische Frau zu sein, die Gute. Aber bei ihr kann man sich bestimmt auch durchsetzen. Nur mit Honig füttern, die Gute, und dann wird das schon werden. Allerdings muss man da einen ein bisschen größeren Futternapf benutzen.

*

Eine Stunde später. Im Gang vor dem Doktorzimmer.

Vorhin war ich noch essen im Speiseraum, wo auch gleich mit festgehalten wurde, was ich zu mir zu nehmen gedenke. Und ich musste feststellen, das Essen hier ist außerordentlich delikat, die Bedienung köstlich und sympathisch. Der ich auch gleich verklickerte, dass ich ein Großverbraucher bin.

Ich werde ins Doktorzimmer hereingebeten.

»Ich bin Doktor Heinrich, der stellvertretende Chefarzt in dieser Kurklinik. Den Chefarzt werden Sie Morgen sehen«, erklärt der vor mir sitzende Mann. Der schwarze Haare trägt mit graumelierten Schläfen und Vollbart, nicht gerade der dünnste ist. Auch einen sehr loyalen Eindruck macht, so nach dem Motto: »Wir werden das Kind schon schaukeln!« Würde mich wundern, wenn ich mit ihm nicht gut auskommen würde.

Nach den Standardfragen will er wissen, was ich hier erreichen möchte.

»Wiederohn Krücken loufen können, wennch hier verschwinde! Was sonst?«, zeige ich die Positionen auf. »Issas möglich?«

Er blinzelt mich verdutzt an, überlegt dann lange, betrachtet mich erneut. »Hmm«, scheint ihm meine Direktheit in neue Gedankenbahnen zu zwingen, »warum nicht? Sie wären nicht der Erste. Wir hatten schon mal einen hier, welcher – als er hier eintraf – ganz schlecht mit Krücken laufen konnte. Doch als er von hier ging, lief er freihändig. Also, warum nicht? Viel liegt bei Ihnen selber!«

»An mir solls ni liegen!« Wobei ich das »an mir« betone.

»Gut! Dann sehn mir mal nach, was wir für Sie tun können.« Er kramt einen Hefter hervor. »Also zuerst nehmen wir Physiotherapie.«

»Yes!« Ich nicke zustimmend. Komme aber nicht umhin, sofort Ansprüche anzumelden: »Existiert hiern Kraftraum?«

»Ja, wir haben einen. Wieso, wollen Sie da hin?«

»Ja! Denn wennich wieder richtig loufen können will, benötich Kraft. Und die musschmir erstma holn.«

»Da könnten Sie allerdings recht haben! Gut, ich werde mit Ihrer Physiotherapeutin reden, dass sie das in ihrem Programm mit aufnimmt. Sonst noch was?«

»Ja! Wie siehsn hieraus mit Schwimm?«

»Gut, dann wird Ihnen Bewegungstherapie im Wasser verordnet. Sonst noch was?«

Ich überlege: *Was könnte sonst noch sein? Gymnastik habe ich, Kraftsport habe ich auch, ebenso schwimmen (versuchen). Den Einfall mit dem Schwimmen hatte ich schon im Krankenhaus, dort konnte dem aber nicht Folge geleistet werden – wie so vielem nicht.*
»Nee, imMoment fäll mir nischtmehr ein. Wasaer ni heißen soll, dasses daei bleibt. Kennurnoch nidie hiesigen Mögichkeiten.«

»Gut, dann habe ich noch einen Vorschlag«, lässt er grinsend hören. »Wie wär's mit Stangenbad?«

»Stangenbad?«, frage ich ungläubig.

Er nickt.

»Nie gehört! Wasisndas?«

»Sie liegen da völlig im Wasser, nur der Kopf schaut raus ...«

»Wow, ich bin nämlich kee gudder Taucher.«

Er lacht. Dann: »Und an dieses Wasser ist elektrischer Strom angeschlossen. Das bewirkt, dass die Nervenzellen angereizt werden.«

»Die Nervenzellen werdangereist? Okay, machich.«

Er schreibt es auf.

»Ach, dais nochwas!«, verlange ich wieder sein Gehör. »Heute Morgen is meie Brille kaputtgegang. Deswegen rennch zur Zeit als Blindschleiche rum. Gibs hier jemanden, derse reparieren kann?«

»Was ist denn passiert?«

»Ach, derBügel hasich vomestell verabschiedet. Deswegen isdas eene Glas rausgefallen, wasaer okay geblieben is.«

»Hier in der Kurklinik haben wir niemanden, der so etwas reparieren könnte. Aber in der Stadt. Fragen Sie am Besten eine Schwester, die wissen da besser Bescheid.«

Damit ist meine Audienz bei ihm beendet.

Ich begebe mich schnurstracks ins Schwesternzimmer, welches nebenan liegt. Dort werde ich von einer Schwester begrüßt, welche entzückend ausschaut, zur Zeit aber noch grimmig in die Weltgeschichte guckt.

»Hallo! Wie darfichdich anreden?«, frage ich sie.

»Ich heiße Katrina. Kann ich dir irgendwie helfen?« Sie guckt noch immer grimmig.

Ich lasse mich aber in meiner Vorgehensweise nicht beeinflussen: »Hi Katrina! Ichin Mike! Warum is dein Blick sovon Groll erfüllt?«

Aha, das war der angreifbare Punkt an ihr. Ein Lächeln stielt sich in ihr hübsches Gesicht. »Sehe ich wirklich so aus?«

»Jetzt nimmer. Jetzt siehste vill besseraus.«
Ein Dauerlächeln schafft sich Platz.
»Gutt«, fahre ich fort, »dann kannch zum eigentichen Thema komm.«
Aber sofort wird ihr Gesicht wieder ernst.
»He he he!«, fahre ich sie deswegen an, »Das sollni heißen, dass dein Lächeln wieder verschwinden kann! Du siehst unheimlich gut aus – wennde lächelst. Aber wennde grimmig guckst, nur heimlich!«
Ihr Lächeln erscheint wieder; diesmal eine Winzigkeit breiter.
»Okay. Heute morgen – kurz vorer Abfahrt von daheeme – ging meie Brille kaputt. Nun tappch im Dustern. – Aber wenn dein Lächeln verschwindet, das erkennch noch.« Ich reiche ihr meine Brille hinüber.
»Die sieht aber schlecht aus«, meint sie, nachdem sie sich die Brille angeschaut hat.
»Kannst ruhig beschissen sagen.«
Katrina schiebt mir einen strafenden Blick herüber.
Schnell halte ich die Finger der rechten Hand geöffnet vor meine Augen, senke reumutsvoll den Kopf.
»Da ist heute keiner mehr zu erreichen«, würdevoll distanziert klingt nun ihre Stimme. »Brauchst du die Brille heute unbedingt?«
»Na ja, unedingt nich. Aber besser wärs schon. Denn seit meim Unfall musschse ständig tragen.«
»Gut. Dann versuche ich, sie provisorisch zusammenzusetzen.«
Sie verpflastert den Bügel wie einen Schwerverletzten. Und siehe da, es hält!
»Du darfst damit aber keine überraschenden Bewegungen machen«, erklärt sie mir. »Und heute Abend gibst du sie mir bitte wieder, damit ich sie morgen früh zum Optiker schaffen kann. Okay?«

*

Nach dem Abendbrot – was sehr reichhaltig und mit einem Buffet versehen war (hier muss ich mir das Essen nicht abgewöhnen wie im Krankenhaus) – sitze ich auf der Raucherinsel. Und ein zweiter Raucher ist nicht zu sehen.
»Bin ich etwa der einzige hier?«
So nach und nach kommt in mir der Gedanke auf, ob ich hier mit rauchen nicht aufhören soll, denn allein zu rauchen finde ich

zu langweilig, da verlernt man ja das Sprechen.

Kurz darauf hat sich der Gedanke wieder in Luft aufgelöst. Es haben sich nämlich einige zu mir hinzugesellt: Eine ältere mollige Frau, die aus Berlin stammt, Helga heißt und hier ist wegen einem steifen Bein, welches durch einen Kunstfehler von Ärzten der Charité entstanden ist, wie sie mir erzählt; ein älterer Mann – auch er läuft mit Krücken, allerdings noch schlechter als ich; noch ein älterer Mann – Manfred heißt er, ist schon seit zwei Wochen hier, trägt ein inneres nervliches Problem mit sich herum; ein Mann mittleren Alters – läuft zwar auch mit Krücken, allerdings wenn ich so laufen könnte wie er, hätte ich die Krücken längst auf einen Misthaufen geschmissen – und ein jüngerer Mann, klein von Gestalt, mit steil nach oben gerichteter Nase (*Arrogant? Weiß gar nicht, warum er das tut.*), der aus Leipzig ist, Hans heißt und auch wegen irgendeinem inneren nervlichen Problem hier ist. Und wir rauchen eine nach der anderen, tratschen über dies und das, geben Witze zum Besten – wobei allgemein festgestellt wird, dass ich die schweinischsten drauf habe – lassen kaum Worte über irgendeine Krankheit fallen. Mir gefällt es in dieser Runde, mir kommt es angenehm vor, dass ich ein Raucher bin. Aber die größte Klappe – höchstwahrscheinlich übertrifft sie mich sogar – hat die ältere Frau aus Berlin. Aber nichtsdestotrotz – alle hier sind sympathisch, es macht ganz einfach Spaß, hier zu sein; hier komme ich mir absolut nicht allein vor, hier merke ich, dass ich noch ein Mensch bin. Woran ich zu Hause manchmal zweifeln muss.

Halb acht ungefähr laufen wir auseinander. Ich gehe in mein Zimmer und fange an, das Buch in englischer Sprache weiter zu lesen. Doch nach wie vor muss ich mehr in das Wörterbuch schauen als in das Buch selber. Deswegen mühe ich mich auch nicht sehr lange ab, habe einfach keine Lust mehr und nehme das religiöse Buch, das mir von den Zeugen Jehovas zugestellt wurde und die Schöpfungsgeschichte behandelt, in die Hand und beginne es zu analysieren. Doch sehr bald habe ich auch daran das Interesse verloren, weil es so erschreckend langweilig, immer dasselbe und idiotisch ist. Darum lege ich es wieder weg und bin mir nicht so sicher, ob ich es zu Ende lesen werde. Und da ich vorhin Katrina meine Brille gab, ist auch nichts mit Fernsehen gucken. Zwangsweise – doch so groß ist der Zwang gar nicht – begebe ich mich zu Bett und nehme eins der Bücher mit mir, welche ich von der Bibliothek bekommen habe. Zwei Bücher sind es, und beide von

Stephen King: 'Es' und 'Das letzte Gefecht'. Und ersteres beginne ich zu lesen.

23

Donnerstag, 11. Juli. Vormittag.

Im Keller vor dem Physiotherapeutenzimmer, warte. Noch geht nichts los, aber ich wage zu bezweifeln, dass das lange anhalten wird. Hier ist alles viel zu gut organisiert, wird der Patient nicht als notwendiges Übel betrachtet.

Heute morgen Wiegen und Blutdruck messen. Mein Gewicht noch unter Normalstand, 57,5 Kilogramm – *Bitte keine Windböe!* - aber wegen dem Blutdruck muss ich nur noch am Ende meiner Behandlung erscheinen, 120/75.

Ich werde hereingerufen. Eine blonde sinnliche junge Frau erwartet mich dort. Und sie prüft erst einmal meine Flexibilität und die Kraft hie und dort.

»Dass du laufen kannst, grenzt ja schon fast an Wunder!«, kann Sybille es schwer fassen.

Das kenne ich doch irgendwoher. Aber Wunder geschehen eben immer wieder, und scheinbar habe ich sie gepachtet.

Doch kaum hat sie das befunden, beginnt sie mich zu striezen; mit Übungen, die die Sehnen wieder verlängern sollen, und mit Übungen, die die Leistung der Koordination erhöhen: Diagonales Bewegen von Armen und Beinen, stretching, bücken, ... Mir treibt es zwar augenblicklich wahre Springbrunnen auf dem Kopf und unter den Achseln und unter der Brustbehaarung und wer weiß, wo sonst noch, hervor, aber ich will ja was erreichen, habe mich deshalb zu schinden; denn wie sagte der große Meister schon: »Ohne Fleiß kein Preis!«

Am Ende unterweist sie mich noch in den Wochenfahrplan: »Morgen machen wir wieder Gymnastik, gehen anschließend für eine halbe Stunde ins Wasser zur Bewegungsgymnastik; am Dienstag wird das genauso ablaufen; am Montag, Mittwoch und Freitag gehen wir für eine halbe Stunde ins Fitnesscenter und an den Nachmittagen eine halbe Stunde raus zur Laufschule – jeden Tag hast du es mit mir eine Stunde lang auszuhalten; und ich schlage vor, dass du schon immer eher da bist, damit wir die uns zur Verfügung stehende Zeit effektiv nutzen können. Einverstanden?«

Ich stimme ihr zu und freue mich schon auf das Lauftraining, das ich wieder mit hochgenommenen Krücken bestreiten werde.

*

»Ich bin Dr. Kluttig«, stellt sich der Chefarzt vor. Und will dann sehen, ob ich in der Lage bin, bei geschlossenen Augen meine Finger zur Nase zu führen: Links Volltreffer, rechts – *Na ja, der Wille war da.* Dann soll ich ihm eine Kniebeuge vorführen. – *Huch, seit dem Unfall noch nie eine gemacht!* – Doch »geht nicht« kriegt er nicht zu hören. Dieser Ausdruck existiert nicht in meinem Sprachschatz. Ich versuche es, nach Hilfe schreien kann ich ja immer noch.

Ganz langsam, in Zeitlupentempo knicke ich meine Beine ein und bewege mich in Richtung Fußboden. Er hält seine Hände bereit, um im Notfall sofort zugreifen zu können.

Doch dieser Notfall tritt nicht ein. Er hatte mir angeboten, mich dabei festzuhalten, doch das wäre unter meiner Würde gewesen. Ich erledige es langsam, sogar sehr langsam, aber ich erledige es.

»Na ja«, meint er hinterher, »sah doch gar nicht so schlecht aus.«

Heh, das sah phänomenal aus!

Dann prüft er, wie stark mein Tremor ist; ich muss auch dastehen (ohne Krücken) mit geschlossenen Augen; er überprüft meine Stimme, meine Atmung, mein Gehör, meine Augen – er vollführt an mir einen Voll-Check. Mit dem Ergebnis, dass die Resultate nicht ganz schlecht sind, aber leider auch nicht gut – *mittelmäßig beschissen.*

»Wie laufen Sie mit Unterarmstützen?«, will er dazu wissen.

»Ausreichend!«, gebe ich ihm Auskunft. »Ich will nich perfekt im Krückenlaufen werden, mir geht's einfach un allein darum, wieder normalaufen zu können. Alles andre ismir wursch!«

»Da haben Sie sich aber viel vorgenommen.«

Ich zucke mit den Schultern. Schließlich sehe ich das als normal an und nicht als Wunderfiktion.

»Aber wie ich hier gerade lese« – er weist auf seinen Hefter – »haben Sie auch schon viel geschafft.« Womit er mir meine ihm dadurch bekannten Leistungen vorliest. Doch trotzdem fühle ich mich irgendwie unbehaglich, komme mir vor, als wenn ich hier im Heiligenschein stünde. Ich habe aber keine Lust, irgendein Gott zu sein, das Image stünde mir auch ziemlich schlecht. – Zumindest ein christlicher, denn die leben ja abstinent bis zum Geht-Nicht-Mehr, verabscheuen alle weltlichen Genüsse, welche von Alkohol über Nikotin zum auch Mit-Frauen-Amüsieren reicht. (Da würde mir die Lebensweise der griechischen Götter schon mehr zusagen.)

»Na ja, möglicherweise schaffen Sie das freihändige auch«, spricht Dr. Kluttig sein Abschlusswort.

Doch ich muss das Abschlusswort haben: »Ich biüberzeugt davon!«

*

Stangenbad. Ich liege in einem großen Becken, welches gefüllt ist – *wow* – mit Wasser. Und an diesem Becken sind Elektroden befestigt, durch welche Strom ins Wasser geleitet wird. Der zu Bestrahlende ist mit dem ganzen Körper unter Wasser, nur der Kopf lugt oben raus. Man muss sich das mal so vorstellen: Oma Erna liegt in der gefüllten Badewanne – mit Wasser, versteht sich – hört aus dem hinter ihr postierten Kofferradio Volkslieder im Mazurka-Takt, hat links von sich auf dem Beckenrand ein halb gefülltes Glas mit Rotwein stehen; und sie will just in diesem Moment einen Schluck nehmen. Da sieht sie ihn, den Gärtner; er voyeriert soeben durch das Fenster. Ihre Augen werden immer größer, drohen überzuquellen, seine Augen werden immer größer, denn ihr Oberkörper schiebt sich immer weiter aus dem Wasser heraus. »Du Wüstling, du!«, kreischt sie mit hochrotem Kopf, schnappt sich das Glas und schleudert es in seine Richtung; wo es auf der Scheibe landet, diese durchbricht und ihn mit rotgetränkten Scherben bespickt, von denen eine in seinem Auge landet und die Pupille auf der Spitze tanzen lässt. Oma Erna erhebt sich jetzt ganz. Doch in dem Moment fällt das Radio ins Wasser. Dampf! Zisch! Weiter dudel! Oma Erna zitter! Ihre Füße schnellen in die Höhe. Sie schwebt eine Weile über der Wanne. Dann: »Platschtsch«, liegt sie wieder im Wasser. Dampf! Zischschsch! Nicht mehr dudel! Oma Erna zitter zitter!

Langsam aber stetig breitet sich in mir ein wohliges Gefühl aus. Ich spüre, wie das Wasser wärmer wird, es an allen möglichen Körperstellen anfängt zu jucken. Und obwohl ich mich deswegen laufend kratzen muss, genieße ich dieses Bad doch, werde dabei dazu animiert, ein Nickerchen zu machen. Davon nehme ich allerdings Abstand, denn überwacht wird alles von einer den Blick fesselnden Schwester. Nur diesmal halte ich ausnahmsweise die Klappe, genieße im Ruhestand die Labsal für den Körper und die

Labsal für die Augen.

*

Noch zwei Stunden bis zum Abendbrot. Deshalb eigene Übungen angesagt. Vorhin hatte ich zwar Gehschule, und das außerplanmäßig, bei der Sybille sogar die Krücken nahm und ich allein lief, aber jetzt verfalle ich wieder in meinen alten Trott, nehme es selbst in die Hand; denn eine halbe Stunde pro Wochentag ist mir auch hier zu wenig.

Vorhin wunderte Sybille sich erneut, dass ich laufen kann. Stellte fest, ich habe absolut noch keine Koordination, deshalb auch wären meine Ergebnisse bei der Gymnastik so schlecht gewesen. Ich laufe nämlich im Passgang. Dass mir das vorher nicht aufgefallen war, wundert mich aber absolut nicht. Denn primär für mich ist nun mal, auf den Füßen zu bleiben. Und wenn das im Passgang besser geht, na, dann mache ich es eben im Passgang. Nur wird es dann umso schwerer, wieder in den normalen Rhythmus hineinzukommen.

Ich konnte mir auch nicht die Frage verkneifen, ob ich abends ebenso ins Fitnesscenter gehen dürfte. Aber ein kategorisches »Nein!« von ihr verbunden mit der Begründung, weil abends keine Aufsichtsperson zur Verfügung stände und es damit zu gefährlich für mich sei, holte mich auf den Boden der Wirklichkeit zurück. Es verdeutlichte mir, dass ich auch hier nicht schalten und walten kann, wie ich gerne will und mir das vorstelle. Auch hier gibt es Grenzen, welche aufzeigen, was ich tun darf und was nicht. Nur sind die hier viel weiter gesteckt als im Krankenhaus. Dort kollidierte ich ja laufend mit ihnen, hier werde ich mit ihnen nur manchmal in Berührung kommen – *wahrscheinlich.*

Auf der Außentreppe sitzt ein Jugendlicher, welcher mich begrüßt. Ich grüße natürlich zurück, beachte ihn aber nicht weiter, setze meinen Gang fort.

*

Nach dem Abendbrot treffe ich den Jugendlichen wieder, auf der Raucherinsel. Er erzählt mir, dass er Sebastian heißt, 21 Jahre alt ist und aus Nordhausen kommt. Dabei erkenne ich auch, warum er hier ist: Beinamputiert, das rechte. Aber noch halte ich mich mit einer Nachfrage zurück, denn entweder er fängt selber damit an oder es bleibt im Dunkeln.

Dafür erzähle ich ihm auf seine Anfrage hin meine Geschichte, wonach er bewundernd ausruft: »He, wie hast du denn das gemacht?«

»Ich habalt riskiert, hatte nischmehr zu verlieren, konnte mich mitdem Level, offdemmei Körper sich befand, niabfinden!«

»Ich trampte«, rückt er nun mit der Sprache heraus, »und ein Motorrad nahm mich mit. Aber eine Zeitlang später fuhr dieses Motorrad gegen einen Baum. Der Fahrer war tot und ich kam ins Krankenhaus. Dort war ich drei Tage bewusstlos.«

Er bemerkt mein Grinsen: »Ja ja, ich weiß, gegen deine vier Wochen ist das nichts. Aber als ich aufwachte, musste ich feststellen, dass an der Stelle, wo mein rechtes Bein hätte sein müssen, nur noch Leere war. Scheiße war das! Konnte mich bis heute nicht daran gewöhnen! Weißt du, wie beschissen das ist, wenn du nur noch ein Bein hast?«

»Natürlich ni. Zum Glück habch noch beede.«

»Oh ja, entschuldige bitte. Aber du kriegst kein Weib mehr, kannst vieles nicht mehr machen, kannst nicht mehr Motorrad fahren, nicht mehr Fußball spielen ... Ach, zum Kotzen ist das!« Er fängt an zu weinen.

Wäre er ein weibliches Wesen, hätte ich ihn in die Arme genommen, aber wie man einen weinenden Mann tröstet – keine Ahnung. Darum sage ich erst mal nichts. Wenn er genug hat, wird er schon weiterreden.

Und genauso kommt es: »Ach, entschuldige, dass ich heule, aber mich kotzt das so an. Manchmal zerfleische ich mich in Selbstmitleid. Und dann ... ach.« Er lässt erneut seinen Tränen freien Lauf.

»Wann warn dei Unfall?«, will ich wissen.

»Vor zwei Jahren«, schnieft er, »am 13.9.89.«

Zwei Jahre. Eine Menge Zeit. Meiner wird hier bei der Kur ein Jahr alt.

»Und, wasis mit dein Freunden?«, frage ich ihn weiter.

»Ach ja, meine Freunde« – sein Tränenstrom verringert sich, er bekommt sich langsam wieder in Gewalt – »meine Freunde kamen mich nach dem Unfall laufend besuchen. Aber ich konnte die Schmach nicht ertragen, nur noch ein Bein zu haben, zerfloss auch vor ihnen in Selbstmitleid. Und so wurden sie immer weniger. Jetzt sind es nur noch zwei.«

Hm, was soll ich dazu sagen? Bei mir kommt überhaupt keiner mehr, doch ich kam nicht dazu, mich selbst zu bemitleiden. Soll ich ihm sagen, dass Selbstmitleid fehl am Platze ist? Soll ich ihm sagen, dass er sich einen neuen Freundeskreis aufbauen muss? Oder soll ich ihm das sagen, was ich denke, nämlich dass er selbst an seinem Alleinsein schuld ist? Ich glaube, hier ist mal wieder eine lange Rede gefragt. Aber ich bezweifle, ob die ihre Wirkung hätte. Scheiße, was mach ich??

»Naajaa«, beginne ich deswegen gedehnt, »Selbstmitleid haben isder größte Fehler, dende machen kannst. Du kannst die Sache mit deim Bein eh nimmer ändern. ...«

»Ich wöllte, ich könnte die Zeit zurückdrehen!« Ein erneuter Tränenausbruch scheint bevorzustehen.

»Kannsde aber nich. Ich würdouchalles dafür geben, könntch das. Doch uns bleibt nischt andres übrig: Wir müssen nach vorn schaun, ni zurück, müssen versuchen, das Beste ausunsrer scheiß Situation zu machen. Wir ham keene andre Chance! Oder wir gehn unter. Ohne Zögern. Wir müssen stärker sein als die Gesunden! Denn wir kämpfen um unsre Ak-Ak-Akeptanz! ...«

»Ich bin aber nicht stark«, wirft er ein.

»Weil du bloß zurückschaus und dich nach Vergangenem sehnst. Wir leben aer jetzte! Die Gegenwart is entscheidend füruns! Ni das, was mal früher woar, und ouch ni das, was mal sein könnte. Jetzt fang an, nach vorn zu gucken, dirn Ziel offzubaun! Ich zum Beispiel hab die Motivation, wieder weiblichen Beistand zu kriegen unmei Studium antreten zu könn. Da is kee Platz für irgendwelches Selbstmitleid. Komme raus aus dir un sei wieder Mensch! Denn zur Zeit biste nur e seelsches Wrack.«

Scheinbar war das der Auslösepunkt für eine erneute Quälung seiner Tränendrüsen. Welche *übelst* ausdauernd zu sein scheinen.

Ich lasse ihn heulen, stecke mir derweil eine neue Zigarette an und betrachte mir gelangweilt die Umgebung. Denn ich kann nicht verstehen, wie man nach knapp zwei Jahren sich immer noch so zereimern kann.

Plötzlich fange ich an, Parallelen zwischen uns zu ziehen oder auszuschalten: »Was ismit dein Eltern?«

»Mit meinen Eltern ist alles okay«, beruhigt er sich wieder. »Sie halten zu mir, unterstützen mich, wo sie können. Aber ich glaube, sie unterstützen mich zuviel! Mein Vater ist da nicht das große Problem, aber meine Mutter! Sie nimmt mir alles ab. Eigentlich bräuchte ich nichts zu machen, sie erledigt alles. Ich glaube, dadurch werde ich aber nicht selbständig, lerne es nie, mit der gegenwärtigen Situation fertig zu werden.«

»Wohnsde noch bei dein Eltern?«
»Ja. Aber ich glaube, ich muss eine eigene Wohnung beziehen. Doch ich kann das nicht meiner Mutter sagen. Sie ist so besorgt um mich, kümmert sich um mich, tut alles, damit ich ein anständiges Leben führen kann. Und ich liebe meine Mutter sehr.«
»Daran wirsde aber ni vorbeikomm. Du mussendlich lernen, dassde eigne Füße has ...«
»Nur noch einen!«, wirft er dazwischen.
»Ouch een zweeten, wenndedir anewöhnst, mit Prothese zu loufen.«
»Aber die drückt so. Und passt nicht richtig. Ist unangenehm, die zu tragen!«
Dem haben sie wohl noch mehr weggenommen als das Bein? Irgendeinen Gehirnlappen oder so? »Warum warsten nie bei irgendeem Spezialisten und hastsie dir passend machen lassen?«
»Ich wollte, habe es aber immer wieder auf den nächsten Tag verschoben!«
»Eeh, dann biste selber dran schuld, dasse dirni passt! Ärzte könni indich reinschaun; du musstn schon sagen, was los is!«
»Ich traute mich nicht. Dachte, das wäre so no«
Ich lasse ihn nicht ausreden: »Ganz abgesehen davon, dassch noch nimma überzeugt davon bin, dass dir die Prothese ni passt. Wennde sie nie trägst, kann sich dei Bein ni dran gewöhn.«
»Ich verspreche es, sie jetzt mehr zu tragen. Auch habe ich hier schon Bescheid gesagt, dass der Durchmesser nicht in Ordnung ist. In den nächsten Tagen wird sie geändert. – Aber wie hast du es gemacht, dass du wieder hochgekommen bist?«
Ich zucke mit den Schultern. – *Eigentlich habe ich ihm das schon gesagt. Aber ich kann die Vorahnung nicht verdrängen, dass er mich nach dem Wie noch oft fragen wird. Obwohl ich werde ihm immer das Gleiche antworten, nur eben mal so, mal so. Aber wenn er das will – bitte. Solange ich es aushalte.*
Nun will er wissen, was mit meinen Eltern passiert ist.
»Ach, ich hab keene Lust, mich jetzt drüber auszulassen. Isne zu lange Geschichte. Off jeden Fall warich gezwungen, den Kontakt abzubrechen.«
»Dann hast du das alles ohne fremde Hilfe geschafft?!«
»Na ja, so ziemlich.« *Langsam wird es unangenehm. Denn noch eine Weile so und er beginnt, mich anzubeten. Wobei – so herzensgut bei meiner Wiederauferstehung war ich ja nun wahr-*

lich nicht. *Die Ärzte und Schwestern von Großbüchen können auf alle Fälle ein vielstrophiges Lied darüber singen.*

»Sag mal, kann ich bei dir im Zimmer wohnen?«

Uff! Jetzt reicht es aber! Ich bin froh, dass ich ein Einzelzimmer habe! Ich muss mein Zimmer verteidigen wie ein Stier seine Kühe – wozu ich kein rotes Tuch brauche!

Ungläubig schaue ich ihn an. Suche nach Worten.

»Bei mir im Zimmer wohnt so ein Alter, den sein Gequassel interessiert mich absolut nicht. Der ist doch bescheuert«, will er mich um den Finger wickeln.

»Du wohnst sei heute drin, noa?«

Er nickt, schaut mich dabei erwartungsvoll an.

Der fällt sein Urteil über andere Menschen ganz schön schnell. Aber egal – bei mir kommt er nicht rein.

»Ich haben Eenzelzimmer. Hab ouch die Absicht, drin zu bleiben. Zwaris nochn zweites Bett drin, aber das bleib leer!«

»Aber können wir es nicht so machen, dass du und der Alte tauschen? Du kommst in mein Zimmer, der Alte geht in deines. Kannst dir auch aussuchen, in welches Bett du willst.«

Schluss! Aus! Jetzt reicht es aber endgültig! Ich glaube, ich muss mal direkt werden!

»Ich hab gesagt, ich bleibin meim Zimmer! Un zwar allein! Okay, wennde eine Frau wärst, könntenmer darüber reden. Bist du aer nicht.« – *Wenn er auch Titten wie eine Schwangere hat.* – »Und damit Ende der Durchsage!«

»Scheiße!« Er lässt den Kopf wieder hängen; ich befürchte einen erneuten Tränenausbruch.

»Aber ich unternehme jeden Tag Gehübung. Da kannste ja mitkommen, wennde willst«, versuche ich auch deswegen, ihn wieder froher zu stimmen.

»Okay okay, wunderbar!«, ist er sofort begeistert. »Ich komme mit! Wo geht es denn morgen hin?«

»Ahh«, grummle ich missvergnügt, »irgendwohin inner Nähe. Ich bin nochni inner Lage, kiometerweit zu loufen.«

»Okay okay, ich komme mit!«, bekräftigt er noch einmal.

»Dann morgen um dreie!«, teile ich ihm noch mit. Und gehe mit ihm gemeinsam hoch.

*

Wir beide zusammen in einer Gaststätte auf dem Kurgelände. Tanz ist heute hier, allerdings zu Musik – na ja, nicht mein Geschmack. Aber wir wollen ja was trinken und nicht tanzen. Wenn auch nichts dagegen zu sagen ist, dass ich manche hier gerne aufreißen würde.

Wir bestellen uns ein Clausthaler, jeder eins. Und nachdem es der Kellner gebracht hat – ich habe bisher noch niemals eins getrunken – setze ich es erwartungsvoll an. – *Ääh, igitt igitt!* – Der erste Schluck war der letzte.

»Was is'n los?«, will Sebastian wissen, »schmeckt es nicht?«

»Ääh! Was isndas fürne Brühe?«

»Na Clausthaler!«

»Weeßich. Schmecktaber beschissen!«

Er kostet auch. »Ist alkoholfreies Bier«, stellt er fest.

Aha! Irgendwo habe ich mal gehört, was für einen schlechten Geschmack alkoholfreies hat, wollte es jedoch nicht glauben; jetzt bin ich davon überzeugt.

Ich halte nach dem Kellner Ausschau. Will mir ein normales Bier bestellen.

Sebastian bemerkt mein Gucken. »Willst du dir was anderes bestellen?«

»Ja.«

»Und was wird mit dem Bier?« Er zeigt auf mein Glas.

»Das kanner vomiraus nKüchenkakis zum besser Gedeihen verabreichen.«

Sebastian lacht sich halbtot darüber. »Dann gib's mir. Ich trink's mit aus. Alles andere wäre Verschwendung.«

Ich schiebe ihm mein Glas hinüber und darf sehen, wie er es in einem Zug austrinkt. Angewidert ziehe ich einen Flunsch.

»Schmeckt doch gar nicht so schlecht«, meint er danach. »Ich weiß nicht, was du daran so beschissen findest.«

Ich erspare mir eine Antwort; entdecke dafür den Kellner, bei dem ich ein richtiges Bier bestelle.

Eine Weile später fängt die Musikgruppe wieder an zu trällern; dazu bewegen sich Tanzpaare auf der Freifläche. Die ich mir genauer beäuge, aber feststellen muss, dass für mich nichts Interessantes dabei ist; unter sechzig dürfte niemand von ihnen sein.

Sebastian lehnt sich zurück, schaut süffisant durch das Areal und fängt an dazwischenzugrölen.

Peinlich! Es befremdet mich, ich fühle mich abgestoßen. – Jede Generation hat ihre Musik, sollen doch die älteren Leute auch mal ihren Spaß haben. Ist doch völlig klar, dass sie hier kein Metal spielen. – Wobei er nicht mal das mag, sondern für Schnulzenpop und ähnliches ist. Und was ist da der Unterschied zu dem hier? – Doch noch sage ich nichts, betrachte nur mit schämenden Auge meine Umgebung; denn der Gedanke, mit ihm in Verbindung gebracht zu werden, ist höchst unangenehm, scheußlich. Aber niemand scheint davon Notiz zu nehmen.

Doch – er hört damit nicht auf. Denkt höchstwahrscheinlich, ich fände das gut. Und zieht dabei ein – *Arrogantes? Riecht stark danach.* – Gesicht, als wolle er mir etwas beweisen, als wolle er mir klarmachen, was für ein echter Jugendlicher er ist.

Doch mir reicht jetzt diese Null-Toleranz. »Halt die Klappe!«, gebe ich ihm darum unmissverständlich zu verstehen.

Bestürzt schaut er mich an.

Nicht, dass er wieder anfängt zu heulen wie ein verwöhntes Kind, das seinen Willen nicht bekommt.

»Habe ich was falsch gemacht?«, ist er sich seiner nun nicht mehr so sicher.

»*Alles!*«, könnte ich ihm sagen, lasse es aber, weil ich meine Zweifel habe, ob er dies kapieren würde. Stattdessen: »Lass doch die alten Leute zufrieden. Die ham dir doch gar nischt getan. Die findn deie Musik bestimmtouch zum Kotzen! – Ich übigens meistens ouch. Un du willst mich doch wohl niins Greisenalter stecken?!«

»Natürlich nicht. Aber ich soll jetzt also völlig ruhig sein?«

Ich begrüße diesen Vorschlag. Denn sein Gelaber, seine Selbstkasteiung und seine arrogante Grölerei geht mir ganz schön auf die Nerven.

Wenig später bezahlen wir und laufen zurück ins Bettenhaus.

»Ich will mit dem Rauchen aufhören«, erzählt er mir unterwegs.

»Ich ni«, lasse ich ihn wissen.

»Okay okay« beeilt er sich zu sagen, »ich bin mir aber ziemlich sicher, du kannst mir dabei helfen.«

Ungläubig starre ich ihn an. – *Er stürzt mich von einer Überraschung in die andere. Zwar liebe ich Überraschungen, aber keinesfalls derartige.* – Sehe, wie sein Kopf seine Überzeugung unterstützt. Und frage mich, ob er mich als seinen Wunderdoktor auserkoren hat. Denn mit dem Rauchen aufzuhören habe ich ja selbst nicht geschafft – ganz abgesehen davon, dass ich es auch gar nicht mehr will.

»Isdas richtig: Wennichdich sehe, wiede eene rouchst, sollichse dir ausm Mund nehmen un verkehrtrum in ee Nasenloch von dir stecken?«

Er lacht. »So habe ich das natürlich nicht gemeint. Ich meine, dass du mir keine Kippe mehr gibst.«

»Daroff kannste dich verlassn!«

»Und dass du aufpasst, dass ich keine mehr kaufe.«

»Soen Blödsinn!«, gifte ich ihn an. »Ich bin doch ni deine Amme!«

»Was?«

Er hat es noch nicht einmal verstanden! Ich war wohl zu leise.

In mir wankt sich der Gedanke durch das Zellengebüsch, es nicht noch einmal zu sagen. Und auf dessen Trampelpfad begebe ich mich auch.

»Vergisses«, brumme ich. Und sehe seinem Gesicht an, dass er es wieder nicht verstanden hat. Aber das ist mir jetzt egal; ich habe keine Lust, mich auf eine sinnlose Diskussion einzulassen, will in meine Heija, bin gespannt, was als nächstes in 'Es' passiert. Ich werde schneller.

Er folgt mir.

Für einen Außenstehenden muss es doch ein Bild für die Götter sein, zwei junge Leute, einer von beiden nur mit einem Bein, und der zweibeinige versucht abzuhauen, während der einbeinige sich nicht abhängen lassen will. Komik? Ja! Tragische Komik!

Er zeigt, dass ihn die Frage immer noch beschäftigt. »Hilfst du mir dabei?«, ruft er.

Ich will meine Ruhe haben. »Ja!«, brülle ich deswegen. »*Leck mich doch!*«, meine ich aber.

Kurz darauf komme ich im Bettenhaus an und begebe mich schnurstracks in mein Zimmer.

*

Ich will mich gerade ins Bett legen, als es an die Tür klopft.

»Herein!« Ich bin wütend, weil ich 'Es' wieder weglegen muss.

Die Tür geht auf, ein Kopf kommt langsam zum Vorschein – Sebastian.

»Kommst du mit eine rauchen?«, will er wissen. »Ich gebe eine aus.«

»Ich denk, du wolltst offhörn!«

»Erst, wenn ich die Schachtel leer habe. Und es sind noch elf drin.«

»Aer wiede siehst, binch bereits im Schlafanzug. Unich hab keene Lust, mich wieder anzuziehen.«

»Wir gehen doch bloß raus auf die Terrasse.«

In mir schwankt die Meinung zwischen Lust und Unlust: Zum einen hätte ich nichts dagegen, noch eine zu smoken, und zur Terrasse ist es ja nicht weit, zum anderen müsste ich mich jetzt von Bett und Buch trennen; außerdem ist das Rauchen auf der Terrasse untersagt.

Er bemerkt das Schwanken in meiner Meinung, weil ich zögere, ihm eine Antwort zu geben. »Komm Mike! Gib deinem Herzen einen Stoß!«

Ich fange an zu grinsen. Denn ich bin der Meinung, Verbote sind dazu da, gebrochen zu werden.

»Sieh Mike: Die wartet auf dich!« Er steht an der Tür und wedelt mit einer Zigarette, versucht damit, mich noch weiter in seine Richtung zu drängen.

Was ihm auch gelingt. Die hinundherschwankende Zigarette dürfte der entscheidende Punkt gewesen sein. Ich erhebe mich, ziehe mir eine Jacke über und laufe mit ihm zur Terrasse.

Beim Rauchen versucht er, sich wegen vorhin zu rechtfertigen: Er hatte die Musik zum Kotzen gefunden, die ganze Atmosphäre sei beschissen gewesen, und er wisse nicht, warum er manchmal so was tue, doch ab und zu passiere es halt; dann fängt er wieder an zu klagen über seinen Unfall. Was mittlerweile einen fünf Meter langen Bogen um meine Ohren schlägt.

Fast fertig mit Rauchen, da erscheint plötzlich eine Schwester.

»Was machen Sie denn noch um die Zeit hier draußen?«, will sie verwundert wissen.

Ich stehe am Gatter, kann deswegen schnell die Zigarette nach außerhalb fallen lassen. Und achte darauf, dass ich sie nicht anhauche.

Sebastian hat ebenfalls seine Zigarette verschwinden lassen und erklärt jetzt der Schwester, dass wir nur noch frische Luft schnappen und uns unterhalten wollten, weil wir noch nicht schlafen können. Sie glaubt es – *oder auch nicht* – und dreht nach dem Hinweis, dass wir nicht mehr lange hier bleiben sollen, wieder ab.

»Na, habe ich die nicht schön verscheißert?!«, brüstet sich Sebastian mit vor Stolz geschwellter Brust.

Ich schaue zweifelnd in seine Richtung, lege die Stirn in Falten, verkneife die Lippen in die untere Richtung. »Jaaa«, gebe ich ihm

Bescheid, obwohl es mir nicht bekannt ist, wie man darüber Stolz empfinden kann. Aber ich merke, er will eine Antwort bekommen, und ich habe keine Lust, wieder mit ihm einen Disput zu führen. Ich bin mir nämlich ziemlich sicher, dass er dann sehr bald wieder den Tränensack öffnen würde. Und das ist ja noch schlimmer als bei Frauen.

Stattdessen wünsche ich ihm eine gute Nacht und verlasse die Terrasse – trotz seines Protestes – um in mein Zimmer zu gehen und endlich weiterzulesen.

24

Freitag, 12. Juli. Vormittag.
Vor der Logopädin. Blond, lockige Haare hat sie, rundlich ist ihre Figur, sympathisch, reinbeißenswert.
»Leider bin ich nur noch diese eine Woche hier, am Wochenende fahre ich in Urlaub«, macht sie mir zuerst klar.
Knurr! Befremdend, in der Angelegenheit ohne Behandlung zu bleiben. Denn mein Berufswunsch ist immer noch derselbe.
»Aber diese Woche machen wir noch zweimal, okay?«
»Besser als nichts!«, gebe ich zu hören.
»Gut, fangen wir also an: Haben Sie schon jemals was von der Kaumethode gehört?«
»Kaumethode, was sollndassein?«
»Zuerst – sprechen Sie bitte langsam und ohne Dialekt! Ich verstehe Sie, bin mir aber nicht sicher, ob das jedermann so geht!«
»Okay, ich versuchs.«
»Gut. Und jetzt zur Kaumethode: Haben Sie Kaugummis?«
Ich schüttle den Kopf.
»Aber ich habe welche.« Sie greift in ihre Tasche, holt einen heraus. »Stecken Sie ihn sich in den Mund!«
Ungläubig Guck. Dann tue ich es.
»So, und nun kauen Sie, vergessen es niemals und sprechen zu mir!«
Ungläubig Guck wird größer.
»Na, ist es okay?«, fragt sie mich nach einer Weile.
»Wenn Sien Kaugummi meinen – deris genießbar. Aber das Kauen selber ... ich komm noch nich ganz dahinter, wasSe damit bezwecken; in der Schule durft man ni, bei meiner ersten Sprachtherapeutin musste ich den Kaugummi, off dem ich herumkaute,

ausspucken. Aer bei Ihnen sollich das machen. Hm, Na ja, jedem Tierchen sein äh äh Pläsierchen. Oder?«

»Nein, nein, nein! Die Kaumethode stellt eine Therapie dar, bei welcher die Wangenmuskeln wieder in Aktion gebracht werden. Denn durch das Kauen und gleichzeitige Sprechen sind alle Muskeln im Mund zur Leistung gezwungen. Was aber nur geht, wenn vom Kopf der entsprechende Befehl kommt.«

Nun lässt sie mich laut vorlesen, dargestellte Begriffe auf Bildern erraten, lässt mich ihr die Zunge rausstrecken und diese vom rechten zum linken Mundwinkel bewegen. Und bei allem muss ich weiterkauen. Ich habe schon meine Befürchtungen, morgen einen Muskelkater an den Beißern zu haben.

»Gut, und nun mein Endresultat«, eröffnet sie ihre Abschlussrede. »Von der Sache her ist Ihre Stimme nicht schlecht. Aber sie ist noch recht schwach. Ich glaube aber: Soviel, wie Sie sprechen, wird dieses Problem bald überwunden sein. Aber Sie müssen es auch üben, Ihre Zunge richtig von rechts nach links und umgekehrt zu bewegen. Wobei ersteres besser klappte. Und dann, was mir aufgefallen ist: Sie basteln so viele Schachtelsätze. Sprechen Sie doch vielmehr in kurzen Sätzen! Dann werden Sie auch mit der Atmung besser hinkommen, nicht am Ende des Satzes so nach Luft schnappen. Und sogar während diesem Hechelns beginnen Sie schon den nächsten Satz – wieder einen Schachtelsatz.«

»Aber ni immer«, protestiere ich.

»Immer nicht«, stimmt sie mir zu, »aber meistens. Lassen Sie sich doch ruhig mal Zeit beim Sprechen, niemand drängt Sie dabei!«

Hoffnungsvoll schaut sie mir ins Gesicht. Ich aber bleibe ruhig, lächle, schaue zurück. Denn okay, sie könnte recht haben, aber ob ich es einhalten werde, was sie mir nahe legte – *ich habe da so meine Zweifel. Ich werde es auf jeden Fall versuchen, aber versprechen kann ich nichts. Ich muss schnell sprechen, um mit meinen Gedanken Schritt halten zu können. Denn ich bin nun mal eine Quasselstrippe. Und demzufolge hat sich die Atmung dem Sprechen anzupassen und nicht umgekehrt.*

25

Sonnabend, 13. Juli. Nachmittag.

Heute früh im Bett gelegen bis 10:00 Uhr. Zwar wachte ich schon um neun auf, doch kein Aufstehen; ich las weiter in 'Es', denn das Buch ist unheimlich, spannend; wenn ich es lese, bin ich bis zu den Haarspitzen in seinen Inhalt versunken. Gestern Abend die Krönung: Ich musste mir selbst sagen: »*Das gibt es doch gar nicht!*« Ich war überwältigt, wusste mittlerweile nicht mehr, ob Schein oder Wirklichkeit. Denn Mystik bildet nur das Zentrum, alles drumherum passiert tatsächlich. Ich rede mir jetzt schon laufend ein: »*Dies ist nur ein Buch.*« Der ganze Stoff, sein Eindruck auf mich, seine Wirkung, ich ... es fesselt mich derartig, so dass ich aufpassen muss, nicht in die Ära der schwarzen Magie, in irgendeinen Satanskult einzutreten, wo ich mich dann von menschlichem Blut ernähre, nachdem ich dem Höllenfürsten ein Opfer dargebracht habe. Denn bisher ... Allerdings habe ich die Grenzen zwischen Wirklichkeit und Buchrealität auch noch nie so verschwommen gesehen wie hier bei Stephen King. – *Und noch mal* - allerdings ist dies auch mein erstes Buch von ihm, denn in der DDR war er ja verpönt, weswegen ich ihn nicht kannte. Aber jetzt ... Werde ich in den nächsten Nächten von Alpträumen heimgesucht werden?

Die Ruhung wollte ich gleich nach dem Frühstück – *Oder war es schon Mittagessen?* – fortsetzen, dann genannt Mittagsschlaf, doch Morpheus hat keine Lust, mich in seine Obhut zu nehmen. Und so sitze ich jetzt am Tisch und schreibe einen Brief an meine Sprachtherapeutin. Die zwar zuerst schreibe sollte, aber was tut man nicht alles für den lieben Briefkasten, außerdem habe ich jetzt nichts vor. Und vielleicht – *aber nur vielleicht* – überkreuzen sich unsere Briefe.

Am Anfang große Dankesbezeugungen dafür, dass sie mich am 5.7. wissen ließ, dass es in Essen eine Kuranstalt gebe, die für mich geeignet wäre. »Aber wie's aussieht, brauche ich die nicht. Von der hiesigen Neurologin – die nicht so orthodox ist, wie ich's bisher kennengelernt habe – habe ich auf meine Frage hin erfahren, dass ich höchstwahrscheinlich am Ende der Kur auf normalen Strecken ohne Krücken werde laufen können. Noch nicht auf holprigen und weiten Strecken, aber das besorge ich auch noch.« Dann erzähle ich ihr von Sebastian, von seiner sinnlosen Selbstkasteiung, dass er dadurch den Blick auf sich selbst verloren hat, und vergleiche mich mit ihm; philosophiere wiedermal über die Zwang-Definition; berichte ihr von dem, was alles mit mir abläuft – lasse mich dabei besonders ausschwenglich über die Methoden der hier angestellten Sprachtherapeutin aus, die eine Kaugummi-Methode durchzieht »benannt nach Froschler o. s. ä.« – verspreche ihr, am Ende meiner Kur sie ausreichend darüber und auch über meinen ganzen Aufenthalt zu informieren und tue zum Schluss noch etwas für ihre Beruhigung: »Das ´Muss´ der weiteren Studienzeit für die Logopäden auf westlichem Standard soll aufgehoben sein, ...«denn sie befürchtete, dass im vereinigten Deutschland ihr Beruf nicht anerkannt wird, sie deswegen noch einmal auf die Schulbank müsse. Zum Überschluss lasse ich sie noch wissen, dass sie von mir erfährt, wenn ich zurückkomme. Und dann »Tschüssi, Ihr Sven«

26

Mittwoch, 17, Juli. Nachmittag.

Vortrag im Klubhaus, Pflichtvortrag. Und gerade die liebe ich ja so. Denn fast immer beinhalten die Themen, die keinen Menschen interessieren – meistens zumindest. Und deswegen – ich komme zu spät – drastisch zu spät. Erst kurz vor Schluss glänze ich durch Anwesenheit, reiche ihr die Ausrede hinüber: »Ich hab die Zeit verwechselt.«

Sie nimmt das jedoch erstaunlicherweise gelassen hin. Was soll sie auch machen? Mich von der Kur schmeißen? Außerdem dürfte sie das schon gewohnt sein.

Sie beendet just in diesem Augenblick ihren Vortrag: »Jeder Arzt ist dazu verpflichtet, den Patienten so gut wie möglich zu behandeln und ihn in seinem Drang, wieder gesund zu werden, zu unterstützen. Danke für Ihre Aufmerksamkeit. Auf Wiedersehen.«

Oh, habe ich da was verpasst? – Ich gehe zu ihr hin und spreche sie an: »Entschuldiung. Ich bin leider erso spät gekomm, aer wasSie da vonn Flichten der Ärzte sagten, hat mich ganz schön offgewühlt. Alsichim Krankenhaus lag, wurde ständig versucht, mir Knüppel zwischen de Beene zu werfen, off dass ich ni genese. Zum Schluss bekamich sogar keene Gehschule mehr. Kamman hinterher nowas dagegen unternehmen? Bei mir hattense mitihrer Eenschäfungsmethode keen Erfolg, doch bei andern ...«

Sie hört mir geduldig zu und berichtet mir dann, dass da nicht unbedingt etwas zu machen sei, weil so etwas noch »leider viel zu oft« an Krankenhäusern gang und gebe ist, die Ärzte sich hinter Einschätzungsfehlern verstecken. Ich solle froh sein, dass ich dagegen ankam,» was mit anderen sein wird ... da hilft nur die Hoffnung, dass die zuständigen Ärzten an Beispielen, wie Sie eines sind, lernen werden. Mehr ist da nicht zu machen.«

Inzwischen sind wir zurück zum Krankenhaus gelaufen, wo sie sich meines Zugriffes entzieht, in ihren Bürogemäuern verschwindet.

Ich aber muss das eben Gehörte noch verdauen: *Demzufolge ist diese Pflicht nur eine Empfehlung. Machen die Ärzte dabei einen Kunstfehler – siehe Helga – tja, dann lag es an einer falschen Einschätzung.* »*Tut uns leid. Ist aus Versehen passiert. Ein paar Nerven weggeschnippelt, ein paar Muskeln gekürzt, eine Sehne durchtrennt, statt der Leber die Bauchspeicheldrüse entfernt – war nicht mit Absicht, ist aber auch nicht mehr zu ändern.*« *Und nichts kann man dagegen tun. Nichts! Man ist dann auf Gedeih und Verderb ausgeliefert. Ergo: Krank werden sollte man nicht. Was ist aber, wenn man einfach so in eine Krankheit hineingestoßen wird? Wenn man zum Beispiel Multiple Sklerose oder Krebs bekommt? Ja, was dann? Dann kann man nur hoffen, dass an einem nicht ausprobiert wird, wie ein Kunstfehler aussieht.*

27

Freitag, 19. Juli. Nachmittag.

Sebastian kam bisher auf meine Allein-Gehschule nicht mit, weshalb ich auch keine Lust mehr habe, ihn deswegen anzubetteln. Schließlich will er was von mir, nicht ich von ihm. Ich ziehe meine Runden auch ohne ihn durch. Und heute werde ich zum ersten Mal aus dem Kurgebiet hinauslaufen, mich in die Richtung des nächsten Dorfes begeben. Vielleicht erreiche ich es sogar.

Das Gelände der Kuranstalt verlassen, bin aus ihm geflüchtet wie ein flügge werdender Vogel aus dem ihn beschützenden Nest; stehe nun vor der Entscheidung, ob ich mich nach rechts oder nach links wende. In beiden Richtungen geht es steil bergauf, auf beiden Seiten steht ein Prozent-Anstiegsschild, nur links neun Prozent und rechts zehn. Schließlich trotte ich nach links, wegen der Prozentzahl, in der Gewissheit, rechts wird auch bald folgen. – *Will mich ja nicht übernehmen.*

Nach ein paar Metern die ersten Rhythmusschwankungen. Zweifel durchbohren mich sofort: *Ist das nicht noch zuviel für dich? Du läufst am Rande der Straße – was ist, wenn du in Richtung Mitte wankst? Hier herrscht Verkehr! Ist es nicht doch besser, wenn du dir erst mal etwas geeigneteres, ungefährlicheres aussuchst?*

Doch ich wische alle Zweifel weg. Zwinge mich dafür, die Krücken abzusetzen, stehenzubleiben und zu fixieren.

Bis zum Ortsausgang komme ich mindestens! Scheiß auf die Gefahr! Scheiß auf die Schwierigkeiten! Scheiß auf alles, was sich dir in den Weg stellen will! Ziehe es durch! Denn du musst es schaffen! Und du wirst es auch.

Ich lasse die Autos vorbeifahren, die mir gerade entgegenkommen – wobei eins sogar hält und fragt, ob es mich mitnehmen soll – dann setze ich meine Wanderung fort.

*

Am Ortsausgang.

War es ein Kilometer, oder waren es zwei? Keine Ahnung. Auf jeden Fall höllisch lang.

Ich brauche auch nicht lange zu überlegen, was ich nun mache, denn meine Beine nehmen mir die Entscheidung ab. Außerdem kann ich nun in den Weg, der außerhalb des Dorfes liegt, Einblick nehmen: Es geht zwar nicht so bergan wie bisher, doch noch immer steil genug. Und – *oh Schreck* – ich muss ja auch noch zurück. Und – *noch mal und* – abwärts geht es immer schwerer als bergauf. Deswegen: *Ich kehre um.*

*Trotzdem – nach anfänglichen Schwierigkeiten – war wohl erst der richtige Rhythmus zu finden – lief es fast fehlerlos, kam stehen bleiben nur noch in Frage, wenn der Verkehr allzu dicht wurde. Versteht sich, dass die Krücken dabei oben blieben. Doch es ist sonnenklar, dass ich bald – sehr bald (**Vielleicht schon hier?**) – solche und auch längere Strecken dann von Krücken befreit zurücklegen werde.*

Ich wechsle die Seite und laufe zurück.

28

Dienstag, 23. Juli. Nachmittags.

Ich komme vom Einkaufen zurück. Werde dabei einen steilen Berg hochkrauchen müssen, vor dem es mir, seit ich ihn entdeckt habe, graust.

Plötzlich überfällt mich die Idee, trotz meines nicht ganz leeren Seesackes auf dem Rücken ihn mit hochgenommenen Krücken zu besteigen. *Ein hohes Risiko, yeah, ein sehr hohes Risiko – Vielleicht schon übergroß? Aber kann ich ohne Risiko überhaupt noch leben?*

Am Fuße des Berges bleibe ich stehen, beäuge erst einmal die noch vor mir liegende Strecke.

Furchterregend! Mir wird plötzlich kalt. Aber ist dies beim ersten Mal nicht immer so, beim zweiten Mal lachst du drüber?

Schritt schritt, tapp tapp – na ja, eigentlich ist das doch bloß ein Hügel, aber für mich ... äh das erste Besteigen des Mount Everest wäre nischt dagegen.

Weiter. Doch – kein Rhythmus nicht mehr. Verliere Balance. Schnell Krücken runter. Schaffe es. Doch – Vorwärtsschwung groß. Krücken zu nah am Körper. Abwärts! Ich falle! Ich falle entgegen den physikalischen Gesetzen, ich falle den Berg hinauf!

Ich bin gelandet. Der Trottel in mir kam nicht darauf, die Krücken mal loszulassen. Deswegen konnte ich auch nicht auf den Händen landen, sondern mein Kinn musste dafür herhalten. – Wieder einmal. Ist mir hier schon zweimal passiert. – Und ich spüre, wie mir etwas warm den Hals herunterläuft. Schleppend zwar, aber es läuft. Und eine Fühlung mit der rechten Hand zeigt mir Rot.

Ein Mann kommt angewetzt: »Wir haben Sie beobachtet. Sie sind noch reichlich unsicher beim Gehen, wollen aber schon ohne Krücken laufen. Das ist verrückt! Seien Sie doch froh, dass Sie überhaupt laufen können!« Und hilft mir hoch, während er mir seine Predigt verabreicht.

Ich bin wütend. Geworden durch diesen Flug und dem nicht geklappten Aufstieg, wobei ich aber den Fehler erkannt habe: Genau am Fuße des Berges habe ich wieder angefangen zu laufen. Dadurch konnte ich meinen Rhythmus nicht finden.

Dem älteren Mann gebe ich ein »Ja ja« zur Antwort. Was ihn zu beruhigen scheint, denn kopfschüttelnd dreht er wieder ab.

Merkt der nicht selbst, dass er Dummmist quatscht? Warum bin ich wohl hier? Weil ich unsicher laufe, noa? Na also! Und ich bin nicht hier zum Rumkaspern.

Ich beobachte noch, wie er zurück zu seinem Biertisch läuft, sehe auch, wie die ältere Gesellschaft an seinem Tisch zu mir herüberlinst, den Kopf schüttelt, fleißig und aufgebracht über mich schimpft.

Tja, Bad Boy! Jetzt musst du auch noch den Biertischphilosophen zeigen, dass sie einen in der Rinne haben. Doch ich schwöre euch, ich schwöre es allen und jedem, ich schwöre es mir, ich schwöre es jetzt: **Ich komme zurück!** *Und dann – dann besteige ich diesen Berg! Und wenn euch das nicht passt, dann latsche ich euch in die Fresse und stricke Müllkugeln daraus! So wahr ich Mike Scholz heiße!*

29

Sonnabend, 27. Juli. Nachmittag.

Gestern wurde beschlossen, mich statt der üblichen vier Wochen sechs hierzubehalten. Und ich kann nicht sagen, dass ich darüber böse wäre. Denn mir gefällt es hier; ich spüre, dass ich hier einen gewichtigen Schritt nach vorn kommen kann, 'sich ein Wunder erfüllen lässt', um in der Sprache der Ärzte von Großbüchen zu sprechen. Und dieses 'Wunder' möchte ich soweit wie möglich ausbauen.

Heute aber habe ich zwei Briefe bekommen. Einen von Peter und seiner Frau, die mir vor der Kur versprochen hatten zu schreiben, und der andere von einer Patricia Katzer.

Die Zeugin Jehovas – hieß die mit dem Familiennamen Katzer? (Beim Buch über die Schöpfungsgeschichte hatte sie mir ihren Familiennamen mit darauf geschrieben sowie das Initial ihres Vornamens.) *Aber zumindest fing ihr Vorname mit 'P' an. Also muss sie es sein. Kann mir nicht vorstellen, wer sonst.*

Sofort öffne ich ihren Brief und lese ihn hochinteressiert.

Sie schreibt, dass sie nach zwei Wochen Urlaub in die Dienststelle kam – *Zeugen Jehovas haben eine Dienststelle? Aha!* – und sehr überrascht und gleichzeitig erfreut war, eine Nachricht von mir zu finden. – *Dann hat also irgend jemand meine Kuradresse, die ich an meine Wohnungstür heftete, ihr zugeschleust. Na wunderbar! War es Peter?* – Sie gönnt mir jegliches Vorwärtskommen, findet, ich habe die richtige Lebenseinstellung – *Haha, Gott spielt in der aber keine Rolle.* – Dann offenbart sie mir, dass sie Logopädin ist. – *Wow, dann bin ich ja bei ihr genau an der richtigen Stelle!* – sie kenne auch die Kaumethode, berichtet mir, dass man sie bei Patienten mit 'hyperfunktioneller Dysphonie' verwende. – *Was ist das? Habe ich so was?* – Dann wünscht sie mir noch einen großen Erfolg, nette Bekanntschaften und angenehmen Kuraufenthalt.

Ich lehne mich zurück, lächle erfreut. Greife sodann sofort zu Stift und Zettel und beantworte ihren Brief. Denn so, wie sie ihn geschrieben hat, kann ich ihn nicht stehen lassen. Sie hat mich im Brief mit 'Sie' angesprochen, worauf ich aber keinen Wert lege, ich will ein intimeres 'Du' einziehen lassen. Weiterhin teile ich ihr mit, dass ich über ihren Beruf erfreut überrascht bin und sie nach der Kur wiedersehen möchte. Zum Schluss bekommt sie noch ein paar liebe Grüße hinübergereicht. – Ich wollte schon 'Küsschen' schreiben, verwarf aber diesen Gedanken sofort, da ich nicht weiß, wie eine Christin darauf reagiert.

Peters Brief. Er – oder besser – seine Frau schreibt, was in Zittau gerade passiert, wie es passiert und wo. Banalitäten nur, die mich nicht sonderlich interessieren. Allerdings, was hatte ich erwartet – einen Liebesbrief? Eigentlich war die Idee von mir doch schon mächtig blödsinnig gewesen, sie zum Schreiben aufzufordern. Da ist doch nur das Versprechen erfüllt worden, damit ich hinterher nicht von einer 'Diskriminierung eines Krüppels' sprechen kann. Es konnten also nur Banalitäten werden.

Trotzdem aber beantworte ich sofort ihren Brief, spule allerdings auch nur eine Pflichtschreibung herunter, schon allein deshalb, weil 'Es' wieder nach mir schreit.

30

Sonntag, 28. Juli. Abends.

Im Fernsehraum. Streite mich dort gerade mit einem Patienten mittleren Alters über die Gleichstellung der geistigen Arbeit zur körperlichen. Denn er ist der Meinung, dass ich sehr schlecht dran bin, da ich keine körperliche Arbeit mehr machen kann, glaubt, dass geistige keiner Anstrengung bedürfe und reine Erholung wäre.

»Vergisses!«, erwidere ich. »Es gibt genügend Beispiele, in denen Leute durch geistige Arbeit total ausgelaugt sind. Zumeispiel beimir zu Hause rennt eener rum, der hat Schule und Penne mit Auszeichnung bestanden, hadanach angefangn, irgendwas – ich glaub Mathematik – zu studieren. Doch plötzlich schwappte das beiihmüer. Die ganzeAnstauung des Wissens wurde zuviel für ihn. Er is jetzt geistig behindert.«

»Blödsinn!«, will er es nicht glauben. »Zu einem richtigen Mann gehört richtige Arbeit!«

»Soen Schwachsinn! Glaubste die, die fünf Tage in der Woche racken, sichabends die Birne vollkippen« – er trinkt gerade ein Bier, doch er hört jetzt auf halbem Weg beim Ansetzen der Flasche auf – »und dann vielleicht noch im benebelten Zustand ihre Froue verkloppn, sin Männer??«

Jetzt wird er wütend: »Ich verprügel meine Frau nie! Und wenn du noch lange deine Fresse so weit aufreißt, kriegste eine drauf! Dann ist es mir scheißegal, ob du behindert bist oder nicht!«

Ich dämpfe meinen Sprachradius ein bisschen, denn eine Krücke habe ich nicht mit. Doch ich kann es mir nicht verkneifen zu sagen, dass nur diejenigen losprügeln wollen, »... die keene Argumente mehr ham, aer recht behalten wollen. Weilsesich selbst nierlouben einzusehn, dass andre mehr recht ham.«

Nun ist sein Siedepunkt erreicht. Doch bevor er zu mir rennen kann, geht die Tür auf und Katrina tritt ein; und zwei Patientinnen kommen nach. Deshalb sieht er nur noch den Ausweg, das Thema an Katrina weiterzuleiten:»Entschuldigen Sie, aber der Junge da behauptet, dass die geistige Arbeit der körperlichen überlegen ist. Stimmt das?«

Aha, nun ist der Hauptpunkt des Streits geändert. Würde mich nicht wundern, wenn er dasselbe Baujahr wie meine Mutter ist.

Katrina überlegt kurz. »Überlegen nicht, aber auf alle Fälle gleichgestellt«, richtet sie dann.

»Siehst du«, wende ich mich darauf wieder an ihn, »das habich doch gesagt. Gloubste mir nun?«

Damit habe ich ihn einer falschen Version überführt, bekomme nun ein warmherziges Lächeln von den beiden Patientinnen und Katrina herübergesandt. Er dafür verschwindet mit zornerrötetem Gesicht. Und als ich mit den beiden Patientinnen allein bin, bescheinigen sie mir, dass es als völlig absurd zu betrachten ist, körperliche Arbeit überzubewerten. Sie hätten nämlich da drin Erfahrung, sie selber seien nämlich Sekretärinnen.

Danach lassen wir dieses Thema aber auslaufen, sehen fern.

31

Montag, 29. Juli. Nachmittag.

Ich sitze in der Ergotherapie und übe das Nähen. Seit heute nehme ich an dieser Therapie teil, denn ich bin der Auffassung, da ich niemanden habe, der mir meine Sachen repariert, muss ich es selbst können. Außerdem ist dies gut für meine Fingerfertigkeit.

Während ich mich versuche, erzählt mir die Therapeutin, dass sie mich bereits durch die Zeitung kennt. »Ich komme aus dem Raum Bischofswerda, und da stand ihr Unfall drin.«

»Was standn da?«, will ich wissen.

»Na ja, was bei Ihrem Unfall passiert ist.«

In mir erwacht der Geist, der nicht alles weiß: »HamSe die Zeiung noch?«

»Nein, ich glaube nicht. Ich kann ja noch mal nachgucken, aber wie gesagt, ich glaube, ich habe sie nicht mehr.«

»Das wär nett, wennSe nochma nachgucken«, schließe ich das Thema für heute ab und fahre damit fort, mir in die Finger zu stechen.

32

Donnerstag, 1. August. Nachmittag.

Auf dem Weg zur in der Klinik befindlichen Wäscherei, um dort meine Wäsche abzuholen. Und vor mir – wie kann es anders sein – läuft eine hübsche Physiotherapeutin, die Steffi heißt, wie ich mittlerweile weiß. Aber sie trägt eine dunkelblaue Karottenjeans, was ihr absolut nicht steht, denn es macht sie dicker. Deswegen – *Du Lügner, du!* – spreche ich Steffi an, teile ihr mit, dass sie wirklich umwerfend ausschaut, ihr eine Stretchhose aber besser stehen würde. »Ich hab eene mit, die kannste ja ma anprobiern. Natürlich macht Wiedersehen Freude uns Muster aufihr isnis Primäre, es geht ja bloß umn Schnitt.«

Lauernder Blick. Dann: Lächeln. *Erreicht das auch die Augen?*

Ich verspreche ihr, die Hose Morgen Vormittag mal vorbeizubringen.

33

Sonnabend, 3. August. Nachmittag.

Heute Todestag, der erste. Vor genau einem Jahr wurde ich zum Krüppel gefahren, verschwand in der Versenkung, steige jetzt langsam wieder aus ihr empor. Aus dem Grunde schrieb ich vorhin

Patricia und Andrea eine Karte, auf der ich ihnen mitteilte, dass ich einen alkoholischen Leichenschmaus halten werde, bei dem ich mich aber nicht 'zulöte', weil ich noch an Krücken bin. Doch noch ist eine Stunde Zeit.

Wie versprochen hatte ich Steffi gestern die Leopardenstretchjeanshose vorbeigebracht. Aber als ich vom Mittagessen zurückkam, lag sie wieder auf dem Bett. Und seitdem redet sie nicht mehr mit mir, guckt mich nicht mal mehr an – ich muss sie damit verärgert haben. Nur ist das noch lange nicht der Maximal-Hau-Drauf: Denn als ich gestern Nachmittag wieder einmal einen Trainingstrip startete, sah ich sie zusammen mit Sebastian Hand in Hand herumspazieren.

Schluck! War ich zu passiv? Denn ich gebe zu, mindestens ein kleiner Hauch von Neid auf Sebastian besprang und benutzte mich sofort. Eeh, ist es wirklich so gut, keine Möglichkeit auszulassen, sich wieder aufzurappeln? Vielleicht haben die Frauen Angst davor, ihr Mann könnte sie willensmäßig dann übertrumpfen, dass er ihnen nicht genügend Zeit opfert, vielmehr ständig mit seinem eigenen Körper beschäftigt ist. Vielleicht mögen sie mehr solche Männer, bei denen sie mitweinen können und ihnen dabei helfen dürfen, sich selbst zu bemitleiden. Ich versuche alles, um aus der Versenkung wieder aufzutauchen, gehe auf die Leute draufzu, sage ihnen, was ich will, was ich fordere, was ich liebend gern sehen würde, Nur – seit meinem Unfall werde ich da alleingelassen, kann bei Lust auf Sex nur Hand an mich selber legen, habe seitdem niemanden mehr, der mich toleriert und akzeptiert, sich meine Sorgen anhört und mich sein Blitzableiter sein lässt. Mehr dafür angesagt sind jetzt scheinbar Jungs, die arrogant sind, wo die Schwimmringe schon Hascher spielen, die sich selber aufgegeben haben. Trifft da auch der Satz zu: Dumme und Besoffene haben Schwein? Denn das Glück gepachtet habe ich nicht gerade. Also muss ich mich umstellen, mich selbst so lange beheulen, bis ich keine Flüssigkeit mehr in den Tränensäcken habe. Und dann? Hm, dann muss ich mich besaufen, bis ich wieder heulen kann. Aber eines darf ich nicht vergessen: Aufhören mit riskieren. Ich muss wieder zurück in den Rollstuhl. Doch – werde ich das schaffen? Wie bei Treppen: Aufwärts geht es leichter als abwärts. Nur – ich habe so eine Manie, bloß das tun zu können, wobei ich mich echt wohlfühle! Und ich kann an dem Im-Rollstuhl-Sitzen nischt Angenehmes entdecken! Genauso müsste ich erst mit morbiden

Schlamm übergossen werden, wöllte ich so eine Memme wie Sebastian werden. Also?? Scheiß Weiber! Mit ihnen leben können wir nicht, aber ohne sie auch nicht! Ich kann also nur so weitermachen wie bisher und hoffen, dass es von den zwei Milliarden weiblichen Wesen auf der Welt eine gibt, die so einen Kunden wie mich will. Nur – werde ich die auch finden?

*

Eine Stunde später sitzt die Raucherinselgesellschaft – zu der sich noch eine Frau namens Hildegard hinzugesellt hat; sie raucht zwar nicht, scheint sich aber mit Hans angefreundet zu haben – zusammen im Außenterrain der Kurgaststätte. Auch Petrus hat sich entschieden, meinen Todestag von der Sonne beleuchten zu lassen, als wenn er mich huldigen wolle.

Eben habe ich Helga erzählt, wie es mit der Ermittlung meines Unfalles und dem mir zustehenden Schadenersatz aussieht. Was sie in Fassungslosigkeit treibt: »Was, und deine Mutter hat nischt versucht, um den zuständijen Behörden mal in den Arsch zu trätn? Wär' ick an ihrer Stelle jewäsen, hätt' ick dat längst jemacht. Mein Sohn hatte auch mal een Unfall. Da hab' ick ihn sofort im Krankenhaus besucht, dann die zuständijen Behörden anjerannt, dort Himmel und Hölle in Bewejung versetzt, auf dat er an sein Jeld rankommt. Un was meinst'n du, wie schnell det da jing!«

»Tja, du bist aber ni meie Mutter. Dieis villzu doof dazu. Is nur droffaus, anmei Geld ranzukomm, erkenndabei abers Nahelingste ni.« Ich erzähle ihr noch davon, was mir alles berechnet wurde.

»Wat hat'n du für 'ne Mudder?«, sind ihre Zweifel am Höhepunkt angekommen.

»Lisbeth Scholz heeßtse.«

Die Fassungslosigkeit darüber hat auch von den anderen Besitz ergriffen. Hildegard kann es nicht begreifen, wie man einen so »gutaussehenden« Sohn so vernachlässigen kann.

Ich höre mir alles geduldig an, bin nun in der Lage, die ganze Chose vom distanzierten Standpunkt aus zu betrachten, und schlucke dabei ein Mixgetränk nach dem anderen hinter.

34

Dienstag, 6. August. Nachmittag.

Brief von Patricia Katzer. Und beim Lesen – *Oh Kacke, wie peinlich! dass ist ja meine Sprachtherapeutin aus Zittau. Nun ja!*

Aber die Christin ist eine **blöde Kuh**.

Bei Patricia habe ich aber einiges wieder gutzumachen. Einen Vorteil hatte das Ganze jedoch trotzdem: Patricia redet mich jetzt mit »Du« an. – *Werde ich sie nun doch flachlegen?* – Sie will mir bei meiner Wiederankunft auch Vorträge halten. Über Disphonien, über Dislalien und über Aphasien; dann auch darüber, wo sie wohnt und was ihr Job ist (sie konnte nämlich den Brief nicht verstehen – *wunder wunder! Wieso nicht?*); auch über »Umgangsformen im Allgemeinen« wäre ein Vortrag nötig, weil ich die Frechheit besaß, sie aufzufordern, mich zu duzen. Doch sie versichert mir, dass sie mir keine Geduld predigen werde – *Wird sie mir dafür den Popo versohlen? Ach ja, Bad Boy!* – »... schließlich musst du es ja spätestens bis zum Studienbeginn im nächsten September geschafft haben. Und was danach kommt, ist auch nicht gerade einfach.« Sie lässt sich auch kritisch zum Gesundheitswesen aus, meint, dass das Lebensrettungsprogramm mit relativ viel Mühe durchgezogen wird, das »danach« aber niemanden interessiert. Ich solle so weiter machen wie bisher und sie wünscht mir dabei allen möglichen Erfolg.

Ich mache mich sofort wieder ans Werk, um Entschuldigung bei ihr zu erheischen. Bitte dabei vielmals um Verzweiflung – *Entschuldigung, ich meine natürlich Verzeihung* – und erkläre ihr, wie es zu der Verwechslung kam mit all seinen Folgeerscheinungen. – »Ich hätte mir niemals gewagt, jemanden, der älter ist als ich, mit 'du' anzureden. So unhöflich bin ich nun auch nicht.« Dann begebe ich mich wieder auf geläufigeres Terrain: Kritisiere ganz immens das Krankenhaus von Großbüchen, bezeichne es als 'unfähig' und dass so was eine Schande für die Ärztegilde ist, erzähle ihr dann noch ein bisschen von meinen Errungenschaften, male einen lieben Gruß zum Abschluss. Danach sofort in ein Kuvert damit, und ab in den Briefkasten.

Peinlichkeit weiche!!

*

Abends im Fernsehraum. Eine Staatsanwältin sitzt drin, über irgendwelche Schriften gebeugt. Eine einmalige Gelegenheit für mich, gleich mal etwas über die Schadensersatzmöglichkeiten zu erfahren.

Sie hebt den Kopf, schaut mich an, stellt eine Gegenfrage: »Wann ist Ihr Unfall passiert?« Und meint danach, dass ich damit noch unter das ostdeutsche Gesetz falle und dadurch nur zehn- bis zwanzigtausend Mark zu erwarten hätte; im bundesdeutschen Gesetz wäre dies in die hunderttausende gegangen. Danach widmet sie sich wieder ihren Schriften.

Ich muss das erst mal verdauen: *Das sind also die Unterschiede zwischen Ost und West. Jemand aus dem Westen fährt dich über den Haufen, du bekommst aber östliche Bezahlung. Hätte es da nicht wenigstens auf einer West-Autobahn passieren können, wenn es schon passieren musste? Scheiße das alles! Zwei Monate vor der deutschen Einheit – soll ich da wirklich noch unter ostdeutsche Gerichtsbarkeit fallen? Ich hoffe nicht. Da muss ich wohl mal wieder den Terrorhebel ansetzen.*

Ich widme mich wieder dem Fernseher.

35

Sonntag, 11. August. Nachmittag.

Hildegard, Helga, Hans und noch Eine, die erst neu gekommen und mir deshalb noch nicht bekannt ist, sind in eine Gaststätte gegangen. Und die ist im anrainenden Wald. – *Und ich, ich böser Wicht, ich folge ihnen ganz klammheimlich, oder fürchterlich, oder ein anderes -lich* – ohne Krücken auf jeden Fall, nur in der Begleitung von Manfred, der damit als meine Lebensversicherung fungiert.

Eine Weile später stoppe ich.

»Kraft weg?«, glaubt Manfred.

»Ach, iwo«, kann ich ihn beruhigen. »Will nurma gucken, wielang ich schon loufe.«

»Schon zwanzig Minuten«, staune ich nach dem Uhr-Guck, »un noch nicht een einziger Wackler, keene Gleichgewichtsprobleme, bis jetzt – hm, allsokay!«

»Ja, du bist bisher sehr gut gelaufen«, findet auch Manfred, »ich brauchte nicht ein einziges Mal zugreifen. Ich müsste gar nicht dabei sein. Und die Hälfte hast du fast geschafft.«

Juhuhuhuhuhu! – Aber ich versetze mir gleich wieder einen Dämpfer: *Noch bin ich nicht am Ziel.*

Und kaum will ich wieder los, wackel wackel. Manfred greift sofort zu und erkundigt sich besorgt, ob es noch geht. »Wir können auch wieder zurücklaufen.«

»Kommni in Frage!«, Veto-sofort. »Ich schaffes, und wennich kriechen muss! Außerdem hattes bloß damit zu tun, dassch erstma wieder in Rhythmus kommen musste, durchas Stehenbleiben ausem Takt geraten woar.« Und setze meinen Weg fort.

*

Nach 42 Minuten Ziel in Sicht. Nur an einer Stelle bekam ich noch einmal Probleme, die ich aber mit Manfreds Hilfe auch überstand. Doch jetzt ...

»Mike, du wirst ja immer schneller«, wundert sich Manfred.

»Ich kannas für mich bereitstehende Getränk riechen un deswegen ismei Trinkerinstinkt erwacht. Außerdem gehts hier bergab. Da brauchich bloß de Beine wirtschaften lassen und muss mitdem Oberkörper folgen.«

»Aha«, grinst Manfred.

Kurz darauf Ankunft. Ich darf statuieren, dass das mit den kurzen Strecken – wie die hiesige Neurologin meinte – absoluter Blödsinn ist. – *Wiedermal die scheiß Neurologen!* – In naher Zukunft sind auch lange Strecken für mich kein Problem mehr, siehe heute. – *Dann aber ohne Begleitung! So wahr ich Mike Scholz heiße!*

36

Mittwoch, 14. August. Nachmittag.

Nächste Woche ist mein Aufenthalt hier zu Ende. Deshalb heute mein Meisterstück. Dazu habe ich Hildegard engagiert, denn Manfred ist bereits abgereist.

»Und du willst wirklich bis zum nächsten Dorf, Mike?«, erkundigt sich noch einmal Hildegard, als wir bereits abmarschbereit draußen stehen.

»Ja! Oder siehste da irgendeen Problem?«

»Nein. Ich wundere mich nur. Als ich kam, liefst du noch mehr schlecht als recht mit Krücken, und jetzt schon kilometerweit ohne!«

»Tja.«

*

An der Straße gehen wir auf einen danebenliegenden Trampelpfad, auf den jedoch schlecht aufsteigbar ist. Hildegard, die bemerkt, wie ich da in Schwierigkeiten gerate, packt meinen Arm und hilft mir hinauf. Dann jedoch laufe ich allein weiter.

»Nach einer Weile will sie wissen, ob es bei mir noch ginge.«

»Natürlich«, entgegne ich ihr bestimmt. Worauf sie mich wieder bewundernd anschaut und ich zurücklächle.

*

Am Dorfeingangsschild.

»Zeit? Aha, eene Stunde und zwölf Minuten«, entnehme ich meiner Uhr.

»Mike«, zieht Hildegard ihr Fazit. »Ich bin überzeugt davon, dass du nicht mehr lange jemanden brauchst, der dich begleitet. Du hast bis hierher nicht einen einzigen Wackler gehabt.«

Glorienschein, ich preise dich! Ich bin auch selbst mit mir hochzufrieden. Denn wie war das? Ich werde nur kurze Strecken laufen können? Diese hier war ungefähr zwei Kilometer lang.

»Und, jetzt zurück?«, will Hildegard wissen.

»Ääh, müssmerwohl. Wennich die Adresse von Sybille, meier Physiothera-thera-therapeutin, wüsste, könntmer die mal besuchen gehn. Denn sie gibtem Dorf hier dieEhre ihres Daseins. Aber ... Weißt duse?«

Hildegard schüttelt den Kopf.

»Scheiße. Also zurück. – Übigens, wie alt bistn du?«, will ich von Hildegard erfahren, denn auch sie würde ich ganz gern vernaschen.

Sie lächelt vor sich hin. »Wie alt schätzt du mich?«

Ohne erst groß zu überlegen gebe ich meinen Tipp ab: »38«

Sie bedankt sich.

Wenn sich eine Frau bei ihrer Altersschätzung bedankt, ist sie eigentlich älter. Doch ... »Stimmt das etwa ni? 40?«

»Danke!«

Schon wieder danke! »Schon 42?«

»Danke!«

»Eh, älter als 45 bist du niemals!«

»Danke!«

»Heh, samir doch mal dei richtiges Alter«, fange ich an zu schmollen.

»Nee, habe ich nicht vor.«

»Warum?«

»Deswegen nicht! Eine Frau fragt man nicht nach ihrem Alter, genießt einfach die Vorzüge.«

Instinkte werden aufgeweckt. »Gehnmer genießen?«, säusel ich ihr vor.

»Das hättste gerne, wa?«, lacht sie mich an.

»Ja«, gebe ich unumwunden zu.

»Später vielleicht«, schneidet sie meine hoffnungsgeladenen Erwartungen ab. Oder an. »Jetzt laufen wir zurück.«

Ich lass mich erschlagen.

37

Freitag, 16. August. Nachmittag.

Gestern begleitete mich eine andere Patientin rund durch das Kurgelände. Wobei ich feststellen durfte, wie ich mich am besten abfangen kann: Wenn ich auf einer Steigung einen Wackler erlebe, dann muss ich mich auf den Fußsohlen soweit drehen, dass ich im rechten Winkel zum Bergkurs stehe. Diese kurze Zeit genügt mir, mich wieder in den Griff zu bekommen.

Auch habe ich gestern eine Postkarte von Andrea erhalten, in der sie die meinige vom 3.8. beantwortete. Kritisierte mich, dass ich meinen Unfalltag feiere, ihn nicht einfach aus meinem Gedächtnis streiche. Das stellt sie sich so furchtbar einfach vor, den Tag wegzurationalisieren, der mein ganzes Leben blitzartig veränderte, der Ausgangspunkt ist für alles, was jetzt ansteht. Man kann nicht einfach eine Basis entfernen, wenn die Wirkung Gestalt angenommen hat und immer noch annimmt. Aber wir haben halt eine völlig voneinander verschiedene Mentalität. Und ich habe nicht die Absicht, meine ihrer anzugleichen.

Heute aber hat niemand Zeit, mich zu begleiten; oder niemand hat Lust dazu. Deswegen stehe ich jetzt vor der Wahl: allein oder gar nicht.

»Gar nicht!«, schreit die Vernunft und schiebt Bilder von dem, was mir hier bereits passierte, als ich allein fungierte, vor mein inneres Auge: Ich sehe, wie ich, als ich noch an Krücken lief, mit dem Kinn am Fuße des Berges nach dem Einkaufen aufschlug; ich sehe, wie wiederum mein Kinn versuchte, im Essenssaal einen Stuhl wegzuschieben; ich sehe, wie ich bei dem Versuch, auf einer Treppe zwei Stufen auf einmal zu nehmen, von der obersten Stufe zurückfliege und am Fuße der Treppe mit einer Bänderüberdehnung im Fußgelenk lande. Und ich sehe noch mehr, oder ich soll es sehen, denn mein Mittelfinger reckt sich vor das innere Auge.

Trotzdem, ich mache es. Bin es ganz einfach nicht gewöhnt, Angst zu empfinden. Folglich werde ich mich auch diesmal gegen meine Vernunft durchsetzen und das Bettenhaus ein-, zwei- oder auch dreimal ohne Krücken umrunden. Klar Bammel, und der ganz groß, denn noch nie bin ich außerhalb von Gebäuden allein ohne Krücken mehr als fünf – na gut, zehn Schritte – gelaufen. Doch mehr als schief gehen kann es eh nicht. Seit meinem Unfall habe ich das Fallen lernen müssen, glaube, dass ich es jetzt intus habe, hoffe, dass ich es vor allem auch diesmal intus habe.

Ich ziehe mir Handschuhe an, damit meine Handflächen nicht in Mitleidenschaft gezogen werden.

*

Die erste halbe Runde habe ich hinter mir, da erscheint Sybille auf der Bildfläche, in ihrer Privatausstaffierung und auf Fahrrad: *Mann, Mann, Mann, sieht die hinreißend aus!*

»Na Mike, übst du wieder?!« Sie kennt meine Aktivitäten, darf erleben, wie ich im Schwimmbecken laufend Wasser schlucke, darf sehen, wie ich mich im Fitnesscenter und auf dem Ergometer schinde, auf dass danach dort darunter wieder gewischt werden muss, weil ich schwitze wie ein Hund mit Winterfell in der Wüste Sahara, darf hören, wie ich bei der Krankengymnastik anfange zu fluchen, weil irgend etwas wieder nicht geklappt hat.

»Du kannsja mitmachen, wennde willst.«

»Nein danke«, lacht sie mich an, »ich fahre jetzt heim.« Damit setzt sie die Pedalen ihres Fahrrades in Bewegung und verschwindet hinter der nächsten Ecke.

Ich reiße mich von den in mir aufkommenden Träumen los und setze meinen Weg fort. Einmal hat es mir bereits die Beine weggezogen. Schotter war da der Untergrund, ich lief darauf wie auf Eiern. Doch jetzt versuche ich auch auf meine Koordination zu achten. Will nicht mehr im Passgang laufen, obwohl es im diagonalen noch nicht so richtig rund läuft. Doch auch jetzt ... ich werde unsicher dadurch. Deshalb schnell zurück in den Passgang. Doch da ...

Einen Augenblick später finde ich mich auf einer Wiese liegend wieder. Ich drehe mich in den Sitz, sende einen Rundumblick aus. Doch niemand beobachtet mich. Beruhigt ächze ich mich wieder hoch und laufe weiter.

*

Nach eineinhalb Runden beende ich mein Training. Denn ich musste konstatieren, dass meine Kräfte rapide abnahmen, sich meine Konzentration einschränkte und ich mir deswegen noch einmal die Landschaft aus der Wurmperspektive betrachten musste.

Ich laufe zur Raucherinsel, wo ich mir eine Zigarette anstecke und anfange, ein Lied von Westernhagen zu pfeifen. Denn ich sitze allein hier und habe mich daran erinnert, dass Patricia mir mal mitgeteilt hatte, dass das Pfeifen gut für die Artikulationsentwicklung ist.

Plötzlich wird irgendwo ein Fenster aufgerissen und »Halt's Maul!« gebrüllt.

Die Stimme kommt mir doch sehr bekannt vor. Sebastian. Der dreht jetzt völlig durch. Ich rauche die Zigarette zu Ende und gehe geladen zurück in Richtung Zimmer.

Oben kommt mir Sebastian entgegen, was es mir abnimmt, erst bei ihm vorbeigehen zu müssen.

»Eeeh Sebastian«, herrsche ich ihn mit grollendem Unterton an, »reißte nochmal so beschissen deine Klappe off, kriegste eene gefeuert! Kapiert?«

»Das war doch nur ein Scherz«, versucht er, sich zu rechtfertigen.

Ich aber setze meinen Weg fort, ohne ihn noch irgendeines Blickes zu würdigen.

38

Sonntag, 18. August. Nachmittag.

Hildegard und Hans spaziere mit mir umher im anrainenden Wald, diesmal aber nicht in Richtung Waldgaststätte, sondern es soll ein Picknick im Wald gemacht werden. Und wie fast immer, seit ich bei der Kur bin, ist wunderschönes Wetter, die Sonne strahlt in hellsten Farben, blinzelt sich hier allerdings nur sehr wenig durch die alles verdeckenden Baumwipfel, malt dafür bizarr gleißende, alle Komponenten der Phantasie belebende Bilder auf den Boden und in die Luft. Denen ich jedoch keinen Blick widmen kann, denn ich muss mich darauf konzentrieren, nicht in eine der vor meinen Füßen ausgelegten Fallen zu tappen.

Jetzt aber einen steilen Berg hinauf, bei dem ich mich festhalten lassen muss; ansonsten würde ich hinunterkugeln wie der Stein des Sisyphus. Hildegard leiht mir dazu ihren Arm. Und – *Bad Boy* – ich klammer mich rein zufällig mehr an ihren Arm, als es nötig wäre.

Oben tut sich eine Lichtung auf mit einer Bank, die uns zum sitzen einlädt, und einem davor platzierten Baumstumpf, der sich als Tisch anbietet.

Während wir dort ein paar Kekse essen, Saft trinken und rauchen, will Hildegard von mir wissen, ob ich es mir vorstellen könnte, hier zu wohnen.

»Nee«, muss ich zugeben, »Urlaub machen ja, Kur absolvieren ja, aer wohnen – nee. Dafür isses mir hier zu ruhig. Ich bin Städter und kannmirni vorstellen, dem Stadttrubel zu entsagen.«

»Aber vielleicht wärest du hier nicht mehr allein. Denn in so einem kleinen Ort kennt jeder jeden«, wendet Hildegard ein.

»Oder vielleicht grade. Ebn deshalb, weil jeder jeden kennt unich dadurch für immer gebrandmarkt wär.«

»Wieso denn das? Warst du in deiner Vergangenheit so ruchbar?«

Ich lache auf: »Na ja, der folgsamste war ich nigrade. Hatten ziemlich hohn Verschleiß an Mädchen.«

»Na so, wie du aussiehst, wundert mich das überhaupt nicht.«

Schnell schaue ich zu Hans hinüber; der aber keine Anteilnahme zeigt, kein eifersüchtiger Schimmer über sein Gesicht zuckt; er grinst nur vor sich hin, sein Dauergrinsen hat sich bis auf das Tablett ausgeweitet.

Inzwischen bearbeitet Hildegard mich mit der nächsten Frage: »Hast du schon Kinder?«

»Ni dassich wüsste.«

Lachen. Zarte Glockenblumen sprießen. Melodisch einfühlsam, eher leise, wie alles an Hildegard.

»Dann hättest du bestimmt schon davon gehört«, belehrt sie mich aber.

»Niunbedingt, dennes wärweit inner ehemaligen DDR verstreut.«

»Na wenn du glaubst«, beendet sie das Thema und wandert mit Hans und mir weiter.

*

Das Kurgelände rückt schon in Sichtweite, wir zuckeln am Rande eines Maiskolbenfeldes entlang. Der Abstand zum Wald ist nur sehr klein, ich muss die Füße sehr eng setzen, laufe jedoch nach wie vor, ohne festgehalten zu werden. Fange dabei an hinüberzuschauen und zu träumen, wie es da mit Jackline wohl wäre: *Zauberhaft, schöner Gruß aus dem Märchenwald – Wo sind eigentlich Pitty, Gertrud, Buddelflink?* – Plötzlich spüre ich einen zarten wohlgeformten weiblichen Körper in den Armen, während meine Finger kleine weiche Brüste umschließen. – *Nein, Jackline ihre sind größer.*

Ich schaue auf: Hildegard. Sie schmiegt sich an mich, mein Mund ist nahe dem ihren, ich spüre schon ihrem Odem; »Küss sie!« zirpen die dort vorn auf dem Grashalm sitzenden Schmetterlinge. Die Feuchtigkeit ihrer Lippen benetzt schon mein Kinn. Doch ich unterlasse es, verzichte auf den Moment, weil Hans sich umdreht und fragend auflacht.

»Sieht herrlich aus, wat?«, die Waffen einer Frau. »Er liegt richtig in meinen Armen. Da könnte man sonst was denken, wat?«

Hans bestätigt, lacht dabei weiter, und dreht sich wieder zurück.

Kaum ist dies geschehen, flüstere ich Hildegard fragend ins Ohr, ob sie mit ins Maisfeld komme. Allerdings – *Habe ich das ernst gemeint?* – Ich erwarte nicht, dass sie mich augenblicklich ins Feld zieht.

Sie schaut mich lächelnd an, ich lächle zurück, unsere Blicke treffen sich, verweilen ineinander, kurz, und dann gehen wir weiter.

*

Nach der Wanderung auf der Raucherinsel. Helga, die mir gegenüber sitzt, lobt mich, auch für meine soeben zurückgelegten zwei Stunden und 25 Minuten wie auch dafür, dass man hier tagtäglich meinen Aufschwung sehen konnte. »Am Anfang bist du noch sehr schlecht mit Krücken gelaufen, jetzt machst du schon Tempo an ihnen und läufst jetzt auch schon öfters ohne Krücken. – Isses ni so?«, wendet sie sich Zustimmung erheischend an die anderen.

»Und nicht mal schlecht«, bestätigt Hans.

»Ja. Ich bin zwar noch nicht lange hier, doch was ich seitdem gesehen habe – ein beachtlicher Aufschwung. Bewundernswert!«, schließt sich Marlies Helgas Meinung an.

»Am Anfang hat man es nicht geglaubt, dass es so kommen wird. Doch du, Mike, hast hier den größten Sprung nach vorn gemacht!«, Helga überreicht mir das Wort.

»Ich habjaoucham weitesten hinten gelegen«, gebe ich zu bedenken. Und muss mir doch eingestehen, dass sie recht haben könnte. Denn der gleichen Meinung bin ich auch.

»Und ebenso deine Sprache. Zu Beginn musste man genau hinhören, um dich zu verstehen. Doch jetzt – kein Problem mehr.«

»Na ja«, wende ich ein und freue mich doch sehr, dies zu vernehmen, »umso besser ich mich fühle, desto besser wird meine Sprache.« Und weiß, dass das zutrifft. Denn als ich noch bewegungsunfähig im Bett lag, war ich stumm; dann machte ich die ersten Schritte – meine Sprache kam wieder; Pia verließ mich – ich wurde undeutlicher; und jetzt l

Dann erzählt Helga noch, dass ihre Bettnachbarin – von der ich mir eine Weile lang den Recorder ausgeborgt hatte, um »Heavy-Stunde« aufnehmen zu können – abgereist sei und jetzt zwanzig Mark und paar Kleidungsstücke fehlen. »Das hätte ich der niemals zugetraut. Jetzt kann ich sehen, wie ich wieder an mein Zeug komme.«

Dann erzählt sie noch, dass dem einen Patienten – der mir die Dresche angeboten hatte – der Rausschmiss angedroht worden wäre, weil er unter Alkohol laufend stände.

Hat ihn etwa der Streit mit mir so überwältigt, dass er daraufhin seinen Kummer im Alkohol ersäufen musste?

Wir gehen abendbroten.

39

Montag, 19. August. Nachmittag.

Wieder auf Trainingstrip rund um das Bettenhaus. Und nach drei Runden – das klappt ohne Probleme. Deswegen neue Strecke her, mit erhöhtem Schwierigkeitsgrad.

Ich stehe vor dem Berg, der zur Kaufhalle hinunterführt und dessen Fuß ich am Anfang meiner Kur mit dem Kinn auf seine Festigkeit hin geprüft hatte. Und den ich danach mit Krückenhoch schon ein paar Mal ohne irgendwelcher Flugeinlagen rauf- und runtergelaufen bin. Doch nun?

Ich betrachte mir den Boden sehr genau; denn **jetzt** will ich diesen Berg **allein** hinabsteigen, dann wieder hinaufsteigen, und das **ohne** Krücken. Doch – mir graust davor. Nur – ich muss auch so etwas beherrschen! Und eigentlich ist das doch nur ein Hügel. Deswegen l

Nein, jetzt nicht! Morgen werde ich es durchführen! Dies wird hier mein Abschlussakt!

Erleichterung kontra schlechtes Gewissen. *Was ...*

Ich drehe ab und spaziere noch über holprige Wiesen.

40

Dienstag, 20. August. Nachmittag.

Wieder auf Wanderung. Diesmal jedoch mit Seesack auf dem Rücken, ich gehe einkaufen.

Ich bin noch nicht am Berg, schaue ihn aber schon hinunter.

Scheiße! Mach ich's? - In den Katakomben der Hölle grollt es nicht so brüllend wie in meinem Magen. – *Mach ich's nicht? Jetzt oder nie, her mit der Marie! Attacke!!*

Am Berg angelangt diesmal keine Pause, um nicht aus dem Rhythmus zu kommen. Doch dort – *Wow, eine Stange zum Festhalten, rechts.* – Ich begebe mich in ihre Griffweite. Greife jedoch nicht danach, denn ich will *richtig* hinunter laufen und mich nicht hinunter hangeln wie ein Affe, der seine Beine verloren hat.

*

Unten!

»Juuuuuuuuuuuhuuuuuuuuuuuuuuuuuuuuu!« In Zeitlupentempo lief ich, immer bereit wie die Jungpioniere, schnell an die Stange zu fassen. Doch – nie; nicht ein einziges Mal. Langsam, aber doch sicher, kam ich unten an, habe damit das Schwierigere geschafft. Der Rest, zur Kaufhalle und zum Bettenhaus zurück, ist nicht so gefährlich.

41

Mittwoch, 21. August. Früh 8:30 Uhr.

In einer halben Stunde soll ich abgeholt werden. Dann heißt es bye-bye, schöne Kuranstalt. Viel erreicht habe ich hier, vor allem den Anfang vom Ohne-Krücken-Laufen, das Freistillaufen, weiß nun, dass ich es schaffen werde. Und niemals fühlte ich mich hier einsam. Okay, ich musste jede Nacht allein schlafen, doch sonst war ich nie isoliert.

Der Taxifahrer, welcher mich zurück nach Hause bringt, steht bereits in den Startlöchern, wartet auf mich. Während ich mich verabschiede von allen auf der Raucherinsel und Helen ein Päckchen Kaffee bringe – sie ist bestürzt darüber, weil ich doch so wenig Geld habe (*Stimmt! Stimmt!*). Genauso bedenke ich Sybille noch mit einem Strauß Blumen und einer Schachtel Pralinen, denn sie hat meinen Dank hier am meisten verdient.

Dann ins Taxi. Doch vorher streift mein Blick rein zufällig über die Motorhaube: Drei Zacken, von einem Kreis umrundet, ein Stern, ein besonderer: Ein Mercedes Benz! Mir zuckt es in den Beinen hinzugehen, mir zuckt es in den Armen, die Hände anzuheben, mir zuckt es in den Fingern, diesen Stern dann mit wahrer Inbrunst abzureißen, doch ... *Okay, ein Mercedes Benz hat mich zum Krüppel gemacht und deswegen hasse ich ihn. Nur schon im Krankenhaus bin ich auf dem Weg zu meinem Schmalspurjob einem parkenden Mercedes begegnet; und auch damals hat es in mir überall gezuckt; doch auch damals habe ich mich zurückhalten können, und da war es viel schwerer als jetzt. Also setz dich rein und halt die Klappe! Kannst es ja eh nicht mehr ändern: Vollendete Tatsachen.*

*

Während der Fahrt erfahre ich, dass wir über die Autobahn Dresden-Bautzen fahren werden.

»Wieso, hast du irgendeine Beziehung zu dieser Strecke?«, will der Taxifahrer wissen.

»Ja. Offder Autobahn Bautzen-Dresden am Fuß des Burkauer Bergs wurdich am 3.8.90 demoliert – von eem Mercedes Benz.«

»Oh!« Er zeigt Bestürzung. »Vielleicht noch um diese Zeit?«

»Nee, swar kurz vor Mitternacht.«

»Soll ich da woanders langfahren?« Besorgnis hat sich hinzugesellt.

Doch ich kann nicht immer davonrennen vor diesem Platz, muss damit konfrontiert werden. Und vielleicht kommen ja paar Erinnerungen dabei wieder. »Nein«, deswegen, »ander Stelle bitte nur langsamer fahrn.«

*

Kurz vor Mittag. Der ominöse Ort. Er fährt in Zeitlupentempo, beachtet dabei nicht das hinter uns aufschallende Hupkonzert. Nur: Der Platz denkt nicht einmal daran, seine Geheimnisse herauszurücken, kommt mir völlig unbekannt vor. Und vielleicht wird sich dieser Schleier auch niemals lüften, wird meinem inneren Auge für immer verborgen bleiben. Aber möglicherweise ist das gut für manche Beteiligten. Und möglicherweise auch für mich. Ich weiß es nicht. – Wir fahren normal weiter.

*

14:00 Uhr sitze ich auf einem Stuhl in meiner Wohnung, nachdem ich das hier herrschende Chaos, das ich immer hinterlasse,

wenn ich irgendwohin reise, beseitigt habe und schaue mir die anliegende Post an.
Betreff: Verkehrsunfall vom 03.08.1990
fahrlässige Körperverletzung

Sehr geehrter Herr Scholz,
das Verfahren wird wieder aufgenommen.

Hochachtungsvoll
(unlesbar)

42

Donnerstag, 22. August. Vormittag.
Bei Patricia Katzer, der Sprachtherapeutin. Ich sitze im Warteraum und überlege, wie ich sie jetzt ansprechen soll: Weiterhin mit 'du', wie im Brief, oder wieder mit 'Sie', wie es sich ja eigentlich gehört? Hm, keine Ahnung. Aber ich werde sie als erstes danach fragen.
Nach 10 Minuten kommt die Person, wegen der ich so lange warten musste, heraus: Eine Frau in mittleren Jahren mit ihrem Kind. Aber ganz im Klaren, wer von den beiden in Stimmbehandlung ist, bin ich mir allerdings nicht. Dazu wedelt mit dem Erscheinen der beiden eine Alkoholfahne durch den Raum. Und auch – *ach, igitt, die Unterwelt lässt grüßen.*
Patricia ist aufgesprungen und rennt auf mich zu, als ich hereinkomme: *Ja, warum denn wohl?*
Mein Grinsen wird breiter, denn so besorgt – *schlecker, schlecker.*
»Ich grüße!« Lasse dabei mit Absicht das Objektpronomen außen vor, halte es nämlich noch nicht für angebracht, über das Ja oder Nein zu spekulieren. Doch kaum sitze ich auf dem Stuhl: »Wasnu, du oder Sie?«
Ohne groß mit der Wimper zu zucken: »Jetzt sind wir einmal beim 'du', also bleiben wir auch dabei!«
Tiefe Befriedigung. Denn ich hasse Förmlichkeiten, und ein 'Sie' stört bei dem Gedanken, sie mal zu vernaschen. »Okay, ich bin Mike!«
»Und ich heiße Patricia, wie du schon weißt!«
»Hi Patricia!« Dabei winke ich mit der rechten Hand.

Sie lacht laut auf, leuchtet dabei wieder mit den Augen, was mich diesmal zu dem Schluss bringt: Es erscheint, wenn sie besonders erheitert ist.

Nach der Stillung ihrer Neugier, was meine Kur betrifft, bin ich an der Reihe: »Was is eene hyperfunktionelle Dysphonie?«

»Warum willst du das wissen?«

»Es interessiert mich halt!« Ich glaube, das war eine viel-und-gar-nichts-beschreibende Antwort, aber es ist so. Denn möglicherweise habe ich den Mist auch, und ich will endlich Bescheid über meinen Körper wissen.

»Na gut! Also hyperfunktionelle Disphonie ist«, sie holt sich dabei kein Buch raus, was den Unterschied zur Schuhmachern evidiert, »Tonbildungsstörung. Ähnlich einer Stimmstörung, eine Tonbildungsstörung!«

»Versteh ich richtig – die Stimmbänder sindabei hinüber.«

»Ja. Hyperfunktionell bedeutet Überbelastung, Dis Fehl, phonie Ton. Zum Beispiel bei Lehrern, welche zuviel schreien mussten und damit ihre Stimme massakrierten, tritt dies auf, indem sie heiser werden.«

»Bei mir isse verwaschen – folglich habich diese Disphonie ouch.«

»Nein! Vielleicht Spuren davon, mehr aber nicht! Bei dir tritt die Disarthrie auf.«

»Und wasisdas?« Ich glaube, um hier durchzusehen, muss ich lateinisch lernen.

»Disarthrie ist eine Sprachstörung, welche durch Lähmungen und Koordinationsstörungen des neuromuskulären Systems auftritt.«

Neuromuskulär – ooooch! Ich weiß, was neuro ist, ich weiß, was muskulär ist; infolgedessen muss es irgendwo paar Muskeln geben, welche von Nerven geleitet und für die Sprache verantwortlich sind. Aber wenn ich mich nicht irre, werden alle Muskeln von Nerven geleitet! Da in ihnen – glaube ich – Reflektoren und Rezeptoren enthalten sind, die Nervenzellen – welche Reize aufnehmen und an die jeweilige Schaltstation im Kopf weitersenden, wo sie Befehle vom Kopf aufnehmen und danach die Muskeln arbeiten lassen – kann ich es mir nicht vorstellen, dass das bei den Sprechmuskeln anders wäre! Also – warum dann dieser spezielle Begriff?

»Neuromuskulär betrifft die Hirnnerven und das motorische Zentrum zusammen.« Patricia ist zuvorkommend.

Nach kurzem Betrachten meiner Letztes-Jahr-Vergangenheit stimme ich ihr zu, schlage dabei aber bewundernd ob ihres Wissens die Stirn kraus.

»Siehst du. Und Elemente der Sprachauffälligkeiten sind auch in der Disarthrie enthalten. Zum Beispiel die Disphonie – Hochfahren der Stimme; oder Elemente der motorischen Aphasie, wobei du Schwierigkeiten hast beim Formen der Laute mit den Lippen; auch einer sensitiven Aphasie – Wortfindungsstörungen; und so weiter. Ich könnte dir noch stundenlang etwas darüber erzählen, aber das würde zu weit führen. Das Wichtigste habe ich dir jetzt gesagt.«

Ich vergleiche das, was sie mich soeben wissen ließ, mit mir selbst. »Da hab ich von den meisten Sachen eine Menge abgekriegt!«, komme ich dann zum Schluss. »Zum Beispiel Wortfindungsstöllungen: Manchmal will mirn Wort, was früher zu meim – zu meim – zu meim Sprachschatz gehörte, absolut ni einfallen ...«

»Das ist aber bei jedem Menschen so!«, unterbricht sie mich.

»Ich finds aer zum Kotzen! Da willste jemandem was erzählen oder erklären oder fragen, und dann musste plötzlich abbrechen, weil dirs dazugehörige Wort ni einfällt! Und das Dumme dabei isja, in dem Moment fälltir ouch keenandres Wort dafür ein!«

»Ja, aber wenn es nur das wäre, sprichst du schon sehr gut!«

»Danke, danke! Aber vor einiger Zeit war meine Stimme ouch noch bedeutend höher als jetzte. Da klangich wien Eunuch. Weeß aber mittlerweile, dassch keener bin.«

»Hast du eine Freundin?«

»Nee. Seitm Unfall habich leider keenemehr vorn Bug gekriegt.«

»Und vor dem Unfall?«

»Na ja, hmm«, ich druckse verlegen herum, »da hab ich l« *Wie die Frauen sich doch gleichen – siehe Hildegard.*

»Ich bin mir aber sicher, die kommt wieder. Du siehst doch sehr gut aus!«

»Danke!« Auch von ihr dieses Kompliment. Ich bin überrascht. Vor allem, da ich völlig anderer Meinung bin.

»Aber wie äußert sich denn diese Di-Di-Disar...«

»Disarthrie«

»Danke – Disarthrie genau bei mir?«, schwenke ich wieder zurück zum alten Thema.
»Na ja – die Sprache ist verwaschen, kloßig ...«
»Kloßig – was solln das schon wieder sein?«
»Du weißt nicht, was kloßig ist? Mike! Also gut: Du musst dir vorstellen, du isst einen Kloß ...«
»Schlecht, schlecht, ich bin keen Fan vom Kloß-essen!«
»... und der bleibt dir im Halse stecken ...«
»Deswegen binch ja keen Fan vom Kloß-essen!«
»... und in dem Moment sprichst du.«
»Was?«
»Ach Mike. Irgendwas. Ich dachte, du wolltest die Bedeutung des Wortes hören. Du machst dazu aber deine Witze.«
»Sorry! – Also, wasis kloßig?«
»Nein«, stöhnt sie auf, »nicht schon wieder. Du kannst auch kehlig dazu sagen. Aber frage mich jetzt nicht, was kehlig ist!«
»Was isn kehlig?« Ich muss aber gleich darauf losprusten, wodurch sie erkennt, dass ich es mit der Frage nicht so ernst meine. Will sie ja schließlich nicht zur Verzweiflung bringen, sondern ...
»Okay. Aber du wolltest mir die Disarthrie erklären.«
»Ach ja. – Noch einmal von vorn: Hast du sie, ist deine Sprache verwaschen, klo... kehlig, schlecht artikuliert, monoton.«
»Verwaschen ist meine Sprache«, ich bin wieder ernst geworden, »schlecht artikuliert – möglich, kloßig – nee, ich hab keene Klöße gegessen ...«
Lachanfall von Patricia.
»Aber sag mal, is meine Stimme noch monoton? Seiter Therapie bei Frau Werner versuchich, quer durchde Tonleiter zu betonen!«
»Wirklich?«
»Na ja«, schränke ich ein, »meistensoff jeden Fall.«
Jetzt wird auch sie wieder ernst: »Von Monotonie ist bei dir nichts zu hören, oder nicht mehr. Und was die verwaschene Sprache und die schlechte Artikulation betrifft: So schlecht sind die auch nicht; ich kann dich verstehen.«
»Was schon sehr bedeutend is!«, sage ich aus voller Überzeugung. »Aber werdmer meine Sprache jemals wieder richtig hinkriegen? Bedenke, ich will Lehrer werden! Sprachlehrer!«
Zögern. »Na, das kann ich nicht so genau sagen. Möglich! Aber verlasse dich nicht drauf. Warte am Besten eine Zeitlang ab und

dann entscheide, ob du bei diesem Ziel bleibst! Okay?«

Meine Zustimmung noch hinübergesandt trennen sich für heute unsere Wege. Aber wir sehen uns ja wieder, jede Woche Donnerstag 11:00 Uhr. Und – ich freue mich darauf. Denn mit ihr zu quatschen, das ist doch eine Wonne. Und sie ein bisschen auf den Arm zu nehmen und dann fleißig den Arm wieder wegzuziehen – *Mike, du bist garstig!* – Ich fühle mich einfach wohl in ihrer Nähe. Und will sie auch nach wie vor vernaschen. Nur – wie soll sie mich verführen?

43

Freitag, 23. August. Vormittag.

Auf dem Stuhl. Der an dem Tisch steht, an welchem auf der gegenüberliegenden Seite mein Anwalt sitzt. Und ich hoffe darauf, dass er Ergebnisse in meinem Fall vorweisen kann.

»Wollen Sie eine rauchen?«, fragt er mich zuerst.

Nachdem er mir eine Zigarette plus Feuer herübergereicht sowie die Höflichkeitsfragen zwecks Kur absolviert hat, schneidet er endlich das Thema an, weswegen ich hier bin: »Ich habe mich mit Ihrem Fall befasst, Ihre Gerichtsakte angefordert und in sie eingesehen.«

Die Tentakel der Spannung legen sich fester um mich: *Sollte ich mal kurz in seine sich bewegenden Lippen hineinkriechen und das, was sich dahinter versteckt, mit einem kräftigen Stoß ans Tageslicht befördern? Es vor meinem Gehör in einer Reihe erklingen lassen? Und das ohne Pausen? Hm, da hätte er bestimmt was dagegen. Aber mir scheint, als wöllte er durch das Auseinanderziehen des Textes und der damit verbundenen Steigerung der Spannung seine Arbeit unter einen helleren Scheffel stellen. Aber ich bin ja artig, ich gedulde mich.*

»Und dabei habe ich eine ganze Sammlung von Unklarheiten entdeckt: Sie haben recht gehabt, der Unfallverursacher war nicht schuld an ihrem. Dann ist keine Spurensicherung vorgenommen worden. Einige der in Frage kommenden Zeugen sind nicht vernommen worden. Zum Beispiel Ihre Freundin Pia Bruchhagen – ist sie immer noch Ihre Freundin?«

»Nee, kurz nachem Unfall hatsesich von mir getrennt!«

»Tut mir leid! – Also ihre damalige Freundin Pia Bruchhagen ist nie vernommen worden. Eine Rekonstruktion fand niemals

statt. Und so weiter und so weiter.«
»Hamdie überhaupt was gemacht?«
»Nicht viel. Ich habe einen Brief verfasst, wozu ich drei Tage brauchte. Und jetzt – jetzt können wir nur abwarten, warten darauf, wie man dort reagiert. Doch ich habe große Hoffnungen, dass wir da einiges an Geld für Sie rausholen können.«

Er geht zu einem Aktenschrank, kramt in ihm. In der Zwischenzeit Gelegenheit für die Betonkugel, von innen immer wieder gegen meinen Kopf zu schlagen: *Die wollten alles im Sande verlaufen lassen! Hättest du dich nicht gerührt, wäre die einfach so davongekommen! Einfach so!* »*Ich habe dich leider zum Krüppel gefahren. Tut mir leid, ist aber nicht so schlimm. Kann passieren. Nun aber sieh zu, wie du wieder hochkommst. Du bist doch sowieso ein Nichts, unbedeutend für die Welt. Demzufolge kannst du aufhören zu existieren oder in der Außenwelt der Gesellschaft dich an Schaben und Kakerlaken und Spinnen gütlich tun. Erfreue dich daran! Sei froh, dass du überhaupt noch lebst! Verfick dich!!«*

Der Anwalt ist zum Tisch zurückgekehrt: »Hier haben Sie eine Kopie des Briefes.« Er reicht mir vier Blätter herüber. »Wie sieht es denn jetzt überhaupt finanziell bei Ihnen aus?«

»Unheimlich beschissen!«, werde ich wieder einmal direkt, denn nach wie vor bin ich der Meinung: Zu einer schönen Situation gehört ein schönes Wort, und zu einer miesen ein mieses – unser Slang bietet ja da reichlich Material. »Zur Zeit ernährichmich von nur 480,- DM Krankengeld.«

»Kindergeld?«

Kopfschütteln.

»Unterstützung von irgendwelchen staatlichen Stellen, Pflegegeld oder so? Wer versorgt Sie denn zu Hause?«

Ich tippe auf mich selbst. Dann teile ich ihm mit, dass das Krankengeld mein einziger Verdienst ist.

»Werden Sie wenigstens von Ihren Eltern unterstützt?«

Bei dem Wort »Eltern« fange ich an, die Mundwinkel verächtlich zu verziehen. Und erzähle ihm kurz von den Kontaktproblemen zwischen ihnen und mir.

»Ist zwar nicht oft, dass sowas vorkommt, Sie dürften aber auch nicht der Erste sein. Auf jeden Fall werde ich aber in den nächsten Tagen eine Verkehrsopferhilfe beantragen.«

Plötzlich fällt mir was ein: »Übigens – beier Kur habich mit eener Staatsanwältin gesprochen. Welche mir sagte, dasschni soviel Schmerzensgeld bekommen werde, weils inner DDR bedeutend niedriger bemessen war.«

»Nein, nein, das ist Quatsch. Im Gegenteil, in der DDR war der Satz höher.«

»Dann wärs ja vorteilhaft, dasser nochim Bestehen der DDR erfolgt ist.«

»Ja! Es sind zwar noch nie so hohe Sätze gezahlt worden, mir sind aber auch keine so außergewöhnlichen Fälle bekannt, wie Ihrer einer ist. Ich rechne mit 80.000,- DM.«

80.000,- DM, wow! 80.000,- DM, das ist übelst viel!

Plötzlich schiebt sich in mir ein Wort vor diese Zahl:

ABER

Und zieht eine lange Kette von Widerreden mit sich; wovon eine mir am deutlichsten erscheint: *Du hast das Geld noch nicht! Nicht im geringsten ist es sicher, dass du es jemals bekommen wirst! Fange ja nicht an, es jetzt schon in etwas zu investieren! Denke an die Gegenwart! Denn jetzt lebst du! Niemand weiß, ob in 1, 2, 5, 10 oder 20 Jahren auch noch! Du hättest dir doch vor gut einem Jahr auch niemals gedacht, dass du mal als Krüppel durch die Gegend krauchen wirst!*

Gleichzeitig schreitet meine Mutter an die Oberfläche, die versucht, mir das mit meinem Körper verdiente Geld unter dem Sitzfleisch hinfortzureißen.

Apropos Mutter: »Wie isn daseigentlich – muss meie Mutter ni Kindergeld für mich zahln?« Sie will es ja schließlich.

»Kommt darauf an, was ihre Mutter verdient!« Er holt sich ein Buch und schlägt darin herum. »Wenn sie unter 940,- DM verdient, braucht sie nichts bezahlen!«

Ich versichere ihm, dass ich das herausfinden werde.

»Sonst noch was?«, will er die Unterredung beenden. Und bringt sein Abschlussplädoyer: »Dann heißt es jetzt erst mal abwarten, wie sie dort reagieren! Aber ich glaube, wir werden das Kind schon schaukeln.«

*

Kurz vor dem Sozialamt. Plötzlich meine Schwester vor mir. Und Überraschung, sie spricht mich an: »Hallo, wie geht es dir?«

Misstrauisch Guck, ich erwarte noch irgendeine Ecke. »Den Umständen entsprechend.«

»Weißt du, was unsere Mutter glaubt?«

»Nee. Aber ich schätze, du wirssmir gleich erzählen.«

»Sie meint laufend, du würdest zurückkommen.«

Ich fange an zu lachen, fast zu glucksen. »Die denkt wohl, ich komm zuihr betteln, wa? Dafür binich viel zu stolz!«

»Das habe ich ihr auch gesagt, doch sie glaubt mir nicht.«

»Seitich vonner weg bin, gehts mir doch finanziell viel besser. Dais niemanmehr da, der mirs Geld unterm Arsch wegreißt.«

»Apropos Geld – kriegst du von ihr eigentlich Kindergeld?«

Hat sie mir etwa was interessantes zu berichten? »Nee, bis jetzt noch ni.«

»Dann versuche doch, es dir zu holen. Berechtigt dazu bist du doch allemal.«

»Ja, is klar. Hab mich ouch schon bei meim Anwalt erkundigt. Under sagte mir, dasse daniunter 940 verdienen darf.«

»Macht sie auch nicht!«

Hellhörig. Ist heute etwa mein Glückstag? Welchen haben wir heute? Den 23.? Ja! Wusste gar nicht, dass meine Glückszahl die 23 ist.

»Kannste mir sagen, wie viel sie verdient?« Diese Informationsquelle muss richtig ausgebeutet werden.

»Na ja, genau kann ich es dir nicht sagen, aber bisschen über tausend ist es.«

Sofort Zweifel bei mir wieder: »Aber sie muss dich doch auch noch versorgen, ni?«

»Vergiss es! Ich muss was zur Miete dazu geben, zum Strom, muss mich selber mit Essen versorgen, wasche meine Klamotten alleine ... Die steckt trotz des vielen Geldes in hohen Schulden – ich glaube so um die 10000 oder so, weil sie sich laufend Zeug, das unnütz und/oder hässlich ist, aus irgendwelchen Katalogen bestellt. Und außerdem versäuft und verraucht sie ihren Verdienst. Da würdest du übrigens noch eine gute Tat mit dem Kindergeld tun, würdest dafür sorgen, dass sie weniger saufen und rauchen kann.«

Lunte. »Okay, ich werdes versuchen. Demnächst werdich von ihr nen Lohnzettel anfordern und dann sehen, obch reinspringen kann.«

»Okay«, Saskia steht kurz davor, den Abgang zu machen, »reden wir jetzt wieder zusammen?«

»Hammer je aufgehört?«

»Gut. Aber ich muss jetzt weiter. Wir sehen uns ja bestimmt wiedermal.«

*

Vor der Angestellten im Sozialamt, die für Behinderte zuständig ist. Eine ältere sympathische Frau ist es – kann mir allerdings auch nicht vorstellen, dass da eine Gruselerscheinung hingesetzt wird. Doch schon bald werde ich mich bei ihr unbeliebt gemacht haben.

Ich fange damit an: »Wie sieht das'n eigentlich aus mit Pflegegeld?«

Sie ist aber keineswegs beleidigt, zeigt sich dafür sofort wissend, holt einen Akter über irgendwelche Gesetzesvorlagen heraus und fragt mich über mein Einkommen aus, nachdem sie ihn studiert hat.

»Ja, da bekommen Sie welches«, teilt sie mir mit, nachdem ich ihr die Auskunft darüber erteilt habe. »Ich gehe nur mal schnell eine Kollegin holen, welche dafür zuständig ist.«

Nach einer Weile kommt sie in Begleitung einer anderen Frau wieder.

»Wir haben das mal ausgerechnet«, teilt mir die andere mit. »Sie würden pro Monat 80,- DM bekommen.«

»Okay, und wois der Haken?«

»Was für ein Haken?«

»Na bis jetzt habich nie welchs erhalten, befinmichaber schon seit August vorigen Jahres im Reich der Krüppel.«

»Aber woher sollten wir das wissen? Wir füllen jetzt zusammen einen Antrag aus, womit Sie ab heute pauschales Pflegegeld erhalten. – Sie bekommen es zwar nicht sofort, aber wenn es von der dafür zuständigen Stelle in Dresden geprüft und befürwortet worden ist, erhalten Sie es rückwirkend bis zum heutigen Datum.«

»Un jetzes Nächste.« Der erste Antrag ist verabschiedet. Noch schaut sie mich erwartungsvoll an.

»Was ismit Wohnungsgeld?«

»Ja, das gibt es auch; aber das müssen Sie mit der Wohnbaugesellschaft klären.«

»Ich hab mich falsch ausgedrückt, sorry. Ich meinte Geld für Möbel.«

»Achso, das meinen Sie. Ja, da können wir Ihnen helfen. Aber – würden Sie auch gebrauchte Möbel nehmen?«

Die Angestellte für Behinderte mal wieder zu hören: »Diskutieren Sie ruhig über alles. Ich empfange derweil die nächste Person.«

Ich registriere, wie ihr Becken anmutig davonschaukelt und stelle mir vor, mal hineinzubeißen.

»Es ging darum, ob Sie auch bereit wären, gebrauchte Möbel zu nehmen«, holt ihre Kollegin meinen Blick auf sich selber zurück.

»Ja, natürich. Wennsin Ordnung sind.«

»Gut. Wir haben nämlich ein Lager, wo gebrauchte, von anderen Leuten abgegebene Möbel deponiert sind. Ich werde das organisieren, dass Sie in der nächsten Zeit mal abgeholt werden und sich dann aussuchen können, was Sie davon haben wollen. Sind Sie den ganzen Tag erreichbar?«

»Nee, natürlich nicht! Ich bin dabei, meim Körper eene Regeneration zuteil werden zu lassen.«

»Gut. Geht es aber früh um acht?«

»Früh um neune?«

Keine Moralpredigten; sie schreibt es sich auf und setzt sich ans Telefon.

»Sonst noch was?«

»Aber ja!«, schicke ich grinsend hinüber. »Ich hab dawas gehört, dass manouch einen Fernseher frei bekommen kann.« Der von Peter steht kurz vor dem Abgang: Das Bild leiert, der Empfang ist schlecht, der Ton hat gerade seinen Stimmwechsel – *Ja, ich brauche einen neuen.*

»Nein, also die gibt es nun nicht!« Bösartiges braust sich am Horizont zusammen.

»Sicher?«

Sie schlägt in ihrem mitgebrachten Akter eine Seite auf und beginnt, mir eine Passage vorzulesen. Wodurch ich selbst höre, dass nur die Tauben sich einen leisten dürfen. Für solche wie mich ist bloß ein Radio vorgesehen. – *Nee nee, muss nicht sein.*

»Noch was?«, ihr Blick beginnt, sich einzufärben.

Ich habe das Gefühl, dass ich ihr ein ganz kleines Bisschen auf die Nerven gehe. Bin aber nicht gewillt, meinen Forderungskatalog vorzeitig zu schließen. Denn ich bettle hier nicht um Almosen, sondern was ich verlange, steht mir zu.

Ich nicke. »Wie sieht's'n aus mit Kohlengeld?«

»Das bekommen Sie natürlich auch von uns. Die Bezahlung für 40 Zentner. Aber wollen Sie jetzt schon feuern?«

»Nee, erstab Ende Oktober.«

»Da erscheinen Sie eine Woche vorher noch mal bei uns und bekommen das Geld. Noch was?« Gelbe Punkte haben in der Mitte ihrer blaugrünen Augen Platz genommen.

Ich nicke wieder. »Miris zu Ohren gekomm, dasschn Auto gestellt bekommen könnte.«

»Ja, das ist richtig. Haben Sie aber auch den Führerschein?«

»Natürlich. Alles außer Motorrad un Bus.«

»Hm. Das ist aber so: Das Auto gestellt bekommen Sie nur, wenn Sie es für den Weg zur Arbeit brauchen. Arbeiten Sie irgendwo?«

Ich verneine. Die bösartigen Schwaden am Horizont kompressieren sich.

»Wie sieht es in Zukunft aus?«

»Normalerweise fangich nächses Jahr September an zu studiern.«

»Und wo?«

»Gut, dann stellen wir heute gleich einen Antrag aus«, macht sie sich nach der Informierung auf erneut erhöhten Arbeitsaufwand gefasst. »Denn das dauert sowieso ein halbes Jahr, bis das fertig geprüft wurde.«

»Sonst noch was?« Der zweite Antrag ist fertig. Und die Punkte in ihren Augen fangen an, unheilverkündend zu strahlen.

Diesmal kein Ja und kein Nicken, sonst holt sie noch ihre Laserkanonen heraus, die für unersättliche Antragsteller parat liegen; ich komme gleich zur Sache: »Dann wärnoch's Problem mitdem Mittagessen. Ich hababsolut keene Ahnung vom Kochen.« *Wer hätte es mir auch beibringen sollen? Meine Mutter? Ich bin doch kein Selbstmörder.* »Unds wird mitder Zeit ganz schön teuer, jeden Tag essen zu gehen.«

»Wissen Sie, wo die Volkssolidarität ist?«

Schulternzucken. Daraufhin Wegbeschreibung.

»Wann werden Sie zum ersten Mal hingehen?«, fragt sie mich danach.

»Am Montag.«

»In Ordnung. Ich werde dort anrufen und Bescheid sagen. Noch was?« – *Ich schaue lieber nicht auf sie.*

Sollte das etwa schon alles gewesen sein? Scheint so. Aber etwas anderes noch: »HamSie 'ne Ahnung, wo hier in Zittau een Fitnesscenter is?«

Ihre Akten sprechen von zwei. Und ich weiß genau, dass ich zumindest bei einem bald mal meine Existenz zu erkennen geben werde. Aber: »Für heut waras alles. Zur Zeit fällt mir nischmehr ein.«

»Gut! Und wenn Sie wieder Fragen oder ähnliches haben, kommen sie her, okay?« *Hat sie das wirklich ernst gemeint?*

Ich beraube das Sozialamt meiner Erscheinung.

*

Abends, bei mir zu Hause. Ich lese den Brief vom Anwalt. Aber – wer das liest, muss an dem Sozialstaat zweifeln. Das Theater der Ungerechtigkeiten.

Bremsspurenermittlung	Fehlanzeige
Verhör von Pia	Fehlanzeige
Name der sich im anderen angefahrenen Auto befindlichen weiblichen Person	unbekannt
Geschwindigkeitsbegrenzung am Unfallort	unbekannt
Jegliche Entfernungsangaben	unbekannt
Spurensicherung am Auto der Unfallverursacher	Fehlanzeige
Sicherstellung meiner Kleidung als Beweismittel (Oder doch nicht? Siehe fehlende Turnschuhe)	Fehlanzeige
Schaden des Trabants vor und nach der 2. Demolierung	unbekannt
Todesursache des Fahrers vom zweimal demolierten Trabant	unbekannt
Totenschein von ihm	Fehlanzeige
Obduktionsbericht über ihn	Fehlanzeige
Ehepaar des zweimal demolierten Trabant wurde außerhalb ihres Autos aufgefunden. Wie haben sie das gemacht?	unbekannt
Gutachten über Länge des Bremsweges von mit ABS ausgerüsteten Fahrzeugen	Fehlanzeige
meine Verletzungen	uninteressant
Grund der Abbremsung der Unfallverursacherin	unbekannt
Grund der vollen Weiterfahrt	unbekannt
Wie hoch war ihre Geschwindigkeit?	unbekannt
Standorte der einzelnen Fahrzeuge	unbekannt

Technischer Zustand des Fahrzeuges der Unfallverursacherin	unbekannt
Fahrpraxis der Unfallverursacherin (Größe der Tomaten auf ihren Augen)	unbekannt
Name der Versicherung des Fahrzeuges der Unfallverursacherin	unbekannt
Warum Abblendlicht?	unbekannt

»Gleichzeitig wird noch einmal deutlich darauf hingewiesen, dass, falls der Staatsanwalt nicht im öffentlichen Interesse die Ahndung der vermuteten Straftat betreibt, Antrag auf Strafverfolgung gestellt wird, im Sinne des § 232 StGB.«

Gut, dass ich einen Anwalt habe. Denn allein sähe ich da mächtig alt und verwittert aus. Aber so – sehr gut!

44

Montag, 26. August. Vormittag.

Fast zwei Stunden warten bei der Schuhmachern – *Eh, auf die Alte, zwei Stunden, ich muss blöde sein!*

»Na, wie war es bei der Kur?«, will sie zum Anfang wissen.

»Na ja, ni schlecht«, bin ich sehr detailliert.

»Ich habe Ihre Akte aus Tiefenstein noch nicht hier. Ich denke aber, sie wird in den nächsten Tagen eintreffen.«

Sie schaut mich an. »Na ja, so schlecht sieht das gar nicht aus. Eine Verbesserung hat diese Kur gebracht.«

Bla bla bla! *Dazu braucht man doch nicht Arzt studiert haben, um das zu erkennen.*

»Da haben Sie jetzt erst mal eine Pause verdient.«

Ich bin mir nicht ganz sicher, ob ich sie richtig verstanden habe. »Eene was??«, frage ich sie deswegen, das linke Ohr dabei in ihre Richtung werfend.

Sie geht aber auf meine Frage gar nicht erst ein. »In zwei Wochen habe ich für 14 Tage Urlaub, danach werden wir weitersehen.«

Jetzt dreht die Alte völlig durch. Dass sie einen Riss in der Waffel hat, war ja schon vorher bekannt, und der scheint nicht kleiner, sondern noch breiter geworden zu sein.

»Was sollich jetzt mitner Pause??«, fahre ich sie an.

Sie geht in Abwehrstellung – möglicherweise sehe ich jetzt so aus, als wenn ich ihr jeden Moment den Hals umdrehen wöllte.

»Herr Scholz«, keift sie sorgenvoll, »regen Sie sich doch nicht so auf!«

»Ich soll michni offregen?! Dieser assolute Blödsinn, jetzt vonner Pause zu quatschen, iste Krönung der Dummheit! Jetzt, woich im Training steh! Jetzt, woich anfang, die Krücken wegzuschmeißen! Jetzt, wode Lähmung nAbgang macht! ...«

»Die Lähmung ist doch noch da!«

Der Wipfel der höchsten Palme: Vogel Zeig.

»Na gut, dann ist es nur noch eine halbseitige Schwäche.« Und fügt schnell noch hinzu: »Da schreibe ich Ihnen auch ein Rezept zur Krankengymnastik aus.«

Das ist das einzige, wozu sie fähig ist: Schreibkraft, zu mehr taugt sie nicht. Ergo: Aus ihr so viel wie möglich herausholen!

»Wie siehts mit Schwimmen-gehen aus?«

Entsetzen. »Nein! Das ist noch zu gefährlich für Sie! Überschätzen Sie sich nicht!«

Hohn Grins, Hohn darüber, dass ich ihr nun beweisen kann, wie dumm sie ist. Denn da ich ihre Reaktion auf diese Forderung schon voraussah, habe ich es mir in Tiefenstein aufschreiben lassen; man braucht kein Prophet sein, um ihre von dem Wunsch, den Patienten an der Gesundung zu hindern, getriebenen Gedanken zu erraten.

Gelassen reiche ich ihr die Mitteilung, dass ich bei der Kur an der Wasserbewegungstherapie teilgenommen habe, hinüber und beginne, genau ihren nun startenden Gesichtsausdruck zu beobachten: Durchles; Überraschung; Ungläubigkeit. Dann lässt sie den Zettel langsam sinken. »Haben Sie das wirklich?«, fragt sie mich.

Ich fühle mich überlegen, lasse das auch in meine Stimme einklingen: »Ich dachte, Sie könn lesen.«

Nun nimmt sie ein Rezept zur Hand und schreibt etwas darauf, wortlos, reicht es mir dann herüber: Wasserbewegungstherapie. Ja, Rezepte ausschreiben kann sie.

»Noch was?«, fragt sie dann.

Hoi, ich kann mich dunkel erinnern, das habe ich doch schon mal gehört. Richtig am Freitag im Sozialamt, und das gleich paar Mal. Nur mit dem Unterschied, dass die Schuhmachern mich echt loswerden will. Aber wie am Freitag bin ich auch jetzt noch nicht

fertig.
»Bei der Kur warich ouchim Fitnesscenter. Denn miris klar, dassich Kraft brauche, um mein Körper wieder beherrschen zu könn.«
»Waren Sie da auch allein?«
»Nee. Aer deswegen habchmir gedacht, das so zu organisiern, dassich unterer Offsicht der Physiotherapeutin dortoarbeite; undafür een Rezept vonIhn.«
»Wo wollen Sie da hingehen?«
»In das beider Hauptturnhalle.«
»Gut. Können Sie das organisieren, bekommen Sie das Rezept.«

Bevor sie wieder fragen kann, ob noch mehr, sage ich ihr, dass ich danke (*Wofür? Ach ja, fürs Rezepte schreiben.*) und dass das für heute alles wäre. Und verlasse dann gutgelaunt ihre Praxis.

*

Nachmittag. Bei der Physiotherapie.

Warten. Setze mich deshalb. Plötzlich entdecke ich neben mir Ottokar, den Beinamputierten aus dem Krankenhaus. Und nach einer Weile Quatschung gesellt sich eine Frau hinzu, die vorgibt, mich zu kennen; allerdings nicht dazusagt, woher. Und sie will von mir wissen, von was ich jetzt lebe. Aber bevor ich es ihr sagen kann, vermutet sie, dass ich über 1.000,- DM Rente kriege. Und ist überrascht, als ich ihr mitteile, wie es in Wirklichkeit aussieht.

Die Abstinenz der Physiotherapeutinnen und -therapeuten ist bald darauf beendet, meine Gesprächspartner werden aufgerufen. Zeit für mich, beim Betrachten des Ganges der Frau neidisch zu werden, gleichzeitig aber auch einen Ungläubig-Guck herauszulassen: *Sie läuft mit einer Krücke; und zwar so, dass – könnte ich so laufen – die Krücke sich bei mir längst verdünnisiert hätte. Aber das ist wohl Ansichtssache, und kaum jeder dürfte so risikofreudig sein wie ich.*

Zu mir kommt auch jemand, ein älterer Mann, ein Weißbekittelter, er scheint hier der Chef zu sein: »Kann ich Ihnen irgendwie helfen?«

»Ich hoffe.« Die beiden Rezepte wandern zu ihm hinüber.

Nach dem Durchlesen klärt er mich auf, dass ich zum Schwimmen ins nächste Dorf müsste. Und gibt sich einverstanden zu meiner Idee, die Krankengymnastik im Fitnesscenter abzuhalten. »Okay, kein Problem«, antwortet er ohne Zögern.

»Gut, dann werdich heute oder Morgen dorthingehn und alls kloar machen, unam Donnerstag kommich Ihnen Bescheid sagen.« Würde mich doch sehr wundern, wenn ich mein Ziel, wieder richtig laufen zu können, nun nicht auf alle Fälle erreiche.

45

Dienstag, 27. August. Abends.

Gestern ist Dorn bei mir eingerückt. Und jetzt wir vor der Haustür von Hannelore.

Nach einer Weile peinigt Hannelore die Umgebung mit ihrem Anblick: »Ja, was ist?«

Blöde Kuh! – Eigentlich waren wir am Sonnabend uns einig gewesen, dass sie das T-Shirt nimmt und mir dafür das Geld gibt; wozu ich heute erscheinen sollte. Und jetzt diese Frage. Aber ich schiebe es auf ihre Begriffsstutzigkeit.

»Ich weiß nichts davon. Und ich gebe dir auch kein Geld«, treibt sie es aber weiter auf die Spitze, nachdem ich versucht habe, ihre Erinnerung zu reanimieren. Mir stellt sich die Frage, ob sie so dumm ist oder sich nur so stellt. Denn so vergesslich kann man ja bald nicht sein.

»Eeh, du wirst mich nich eher los, bismer die Sache geregelt ham«, versuche ich nun, die gleiche Chose wie bei meiner Mutter aufzuziehen.

»Ich habe jetzt aber zu tun, muss wieder hoch.« – *Kreuzworträtsel lösen.* – Damit will sie die Haustür vor meiner Nase zumachen.

Ein kurzer Blick auf Dorn – keine Hilfe zu erwarten.

Ich stelle meinen linken Fuß zwischen Haustür und deren Fassung, in der Annahme, dass sie die Tür nicht mehr schließen kann.

»Nimm deinen Fuß weg!« Sie warnt mich.

»Wenn ichs Geld hab, ja, von mir aus.«

Nun wirft sie ihre Massen gegen die Haustür und versucht, diese zuzudrücken.

Schnell ein um Hilfe flehender Blick zu Dorn, der aber steht weiterhin unbeteiligt da. – *Okay, die Sache geht ihn ja auch nichts an, aber man muss doch mal ein bisschen flexibel sein!*

Gegendrücken. Hätte ich meine Krücken bei, würde ich ihr eine überziehen, so dass sie auf einmal schön wäre. Nur ist dem nicht so, ich bin ohne.

Die Tür geht immer weiter zu. Sie ruckt ein Stück, dann noch ein weiteres. Und auch, obwohl ich mich bemühe, ihr Paroli zu bieten, das Grundgesetz der Physik lässt sich nicht beirren: Die Tür fällt zu.

Mein Fuß steckt noch drin. Oder besser der Schuh, denn ich habe die Zehen eingezogen, weil Gefahr für sie im Anzug war. Aber nun – wie wieder herauskommen?

Krampfhafter Versuch zu ziehen. – Negativ.

Dorn plötzlich hinter mir, will wissen, was los ist. Dann zieht er mit. – Negativ. Es will nicht klappen.

Drohungen in die Luft, gegen Hannelore gerichtet: *muss ich aus dem Schuh herauszufahren und mit einem Fuß barfuß heimlaufen? Hätte ich doch nur die barbarisch-hässlichen angezogen. Denn so kann man seine Schuhe auch kaputtmachen. Und das bloß wegen dieser verdammten Votze.*

Flutsch! Plötzlich ist mein Schuh draußen. Und mich wirft es mit Brachialgeschwindigkeit zurück in Dorns Arme. Mein Mund nun ganz nah dem seinen. *Nein! Schleunigst abwenden! Er duftet so – na, wie denn? Hm! Lässt sich nicht definieren. So eine Art verwester, muffiger Griebenschmalz oder so. Na ja, er wird schon wissen, was es ist.*

Das Resultat von der ganzen Aktion ist ein abgeschabter Schuh. Das T-Shirt habe ich immer noch, kein Geld dafür, nur einen abgeschabten Schuh. Ich freue mich.

»Verzieht euch! Hier gibt's kein Geld! Holt euch woanders Geld zum Saufen!«, kreischt es plötzlich von oben. Hannelores Nachbarin, ebenso eine Abrissüberlebende, lässt sich zum ersten Mal heute einigermaßen sauber belüften.

Ich kläffe zurück. Wie auf italienischen Hinterhöfen. Und das unflätigst. Oder besser – ich komplimentiere.

Jetzt kommt das Versprechen heruntergeflattert, die Polizei zu rufen.

»Hihihihihi! Ohne Telefon schlech möglich, mei stinkendes Zuckerschnäuzchen! Kommdoch runter!«

Wuff! Kopf wieder rein, Fenster Plauz Zu.

Jetzt will Dorn zurückgehen. – *Jetzt, wo es interessant wird. Oder?* – Ich folge ihm.

*

Kurz vor meinem Haus. Ich grinse breit und lang. Nur – mir ist nicht danach: Eine alte Frau, soeben aus ihrem Haus gekrochen, bekommt mich zu sehen und verschwindet blitzartig.

Ja, das ist es: Sad but true! Ich werde beschissen, rausgeschmissen, vor mir wird Reiß-Aus genommen wie vor einem Aussätzigen. Oder wie vor einem Besoffenen! Sad but true! Warum?? Was habe ich gemacht? Und wie lange noch?

46

Mittwoch, 28. August. Nachmittags.

Ich komme nach Haus. Dorn ist da. Und – Heinz. Platten laufen und Heinz studiert die dazugehörigen Covers.

Ich fühle mich großartig. Auch darüber, dass er – *ja, er, Heinz* – da ist; kann mich nämlich nicht erinnern, ihn nach meinem Unfall schon einmal hier gesehen zu haben. Phänomene kreisen durch den Raum, eine auf einer Schalmei gezupfte Glückshymne füllt meine Gehirnlappen, alte Zeiten kreuzen auf und lassen die Gegenwart ins Nichts verschwinden.

Es klopft. Die Tür öffnet sich sofort und – Made.

Yeah! Der auch noch! Was ist heute los? Ist heute mein Glückstag? Oder ... Ich schaue auf die Uhr: *Doch, heute ist wirklich der 28.8.91, nicht irgendwann im Frühjahr vergangenen Jahres! Sprich an, bin ich wieder drin in der Szene? Dazu noch am Freitag Abend mit allen in die Disco. Nach Eibau, in eine Szenenkneipe. Und Dorn will mich abholen. Wow, wow, wow! Es schien mir nur so, dass ich ausgeschlossen bin! Mehr nicht! Ich glaubte nur, dass ich in den Isolationssumpf abgesunken bin! Aber es ist nicht so! Hier in meiner eigenen Wohnung sehe ich, dass dem nicht so ist! Ich bin zu empfindlich geworden, reagiere übersensibel! Und damit tat ich gedanklich allen Unrecht.*

Und auch, als sie alle gegangen sind, mich zurückgelassen haben in der von Dorn gewischten Bude, fühle ich mich nicht mehr allein, verspüre den Drang, alle in die Arme zu schließen, mich für die Verdächtigungen zu entschuldigen, mich bei ihnen zu bedanken, dass sie mich in ihre Obhut wieder eingebettet haben: *Ja, ich bin wieder ein Teil der Gesellschaft, die mir vertraut ist. Nehme ich am Freitag die Krücken mit? Ah nein, die werde ich wohl hier lassen. Die anderen sollen ruhig merken: Ich bin wieder ein Freistilläufer! Mädchen, kommet zurück! Ich bin auch wieder da.*

47

Donnerstag, 29. August. 10:00 Uhr.

Vor dem Fitnesscenter. Tür schwenkt sich von innen auf, geheimnisvoll, sagenumwittert. Schlampe, den ich hier bei der Arbeit getroffen habe und der mich bat, ihn nicht mehr so zu nennen – also Maik – weist mir deshalb an, hier zu warten, »ich gehe drinnen Bescheid sagen!« Er kennt inzwischen mein Begehr.

Währenddem habe ich Gelegenheit dazu festzustellen, dass man ihm seinen Unfall fast gar nicht ansieht. Und der war vor eineinhalb Jahren. Nur seine Sprache hat darunter ein bisschen gelitten, und fett ist er geworden. Aber sonst nichts! Wahrscheinlich hat er mehr Schwein gehabt als ich, denn dass ich keinen Schädelbasisbruch hatte, da bin ich mir nun nicht mehr so sicher. Aber all die, mit denen er früher rumgegluckt hatte, wollen nun nichts mehr von ihm wissen. Krüppeldasein?

Nach einer Weile kommt er wieder heraus. »Kommt gleich einer«, bedeutet er mir. Und geht wieder an seine Arbeit.

Kurze Zeit später. Wieder geht die Tür auf. Und es erscheint ein bebrillter junger Mann, dessen Muskeln mal so nebenbei Hascher spielen.

»Hallo, Franz ist mein Name«, stellt er sich vor und reicht mir die Hand.

»Und du kommst mit einer von der Physiotherapie?«, überzeugt er sich noch einmal, nachdem er mich fertig angehört hat.

»Richtig. Und Rezept bringich vonner Schuhmachern mit, eener Neurologin.«

»Und wann willst du da kommen?«

»Nächsen Montag um 10:00 Uhr?«

»Nächste Woche?«

Nick.

»Okay, dann komme! Kein Problem!«

*

Nachmittag. In der Physiotherapie. Der gleiche Mann wie am Montag.

»Sie wollen wirklich ins Fitnesscenter gehen?«

Der dachte wohl, ich phantasiere. Blödmann! »Ja!«, antworte ich entschlossen, misstrauisch, lauernd, auf Schlimmes gefasst.

»Und Sie sagen, ich soll Ihnen zugesagt haben, dass wir die Übungen im Fitnesscenter machen.« Er lächelt dabei ständig weiter.

Dem müsste man sein Lächeln abschneiden, mit einer Tafel auf dem Marktplatz ausstellen, wo darauf steht: »So geht's nun wirklich nicht!« Eine schleimige Grinsebacke, der Vogel. Der grinst doch jeden an und das ständig. Es wäre doch interessant, mal zu erforschen, ob er es auch machen würde, und vor allem wie lange er grinst, wenn man ihm seine Eingeweide aus den Nasenlöchern zieht. Falscher Mistbock!

»Da haben Sie sich verhört!«, grinst er ungerührt weiter. »Wir haben hier genügend Geräte, da gehen wir doch nicht ins Fitnesscenter.«

»Was für Geräte hamSiedenn?« Fangfrage. Denn mir ist spätestens seit der Kur bekannt, dass eine Krankengymnastik der Verbesserung der Koordination hilft, nicht dem Kraftaufbau.

»Na ja, Hanteln haben wir natürlich nicht, aber es ist genug da, so dass es für Sie schwer genug werden kann.« *Das Grinsen regt mich auf.*

»Das soll also heeßen, am Montag hamSe mirn totalen Mist erzählt?«

»Ich habe Ihnen überhaupt nichts erzählt. Sie bilden sich das nur ein.«

Jetzt könnte ich dem Vogel an die Gurgel fahren. Männlicher Doppelgänger meiner Mutter.

Mit steinernem Gesicht erhebe ich mich und lasse ihn in seiner Ecke verrotten.

Okay, am Dienstag bin ich wieder hier, zur Krankengymnastik – doch am Montag das Training im Fitnesscenter, das werde ich durchziehen. Dann eben allein. Wie schon so oft. Der Knabe hat wahrscheinlich gedacht, ein Krüppel ist eh minderbemittelt, hat nichts zu sagen; und dann war er überrascht, dass dies kein Scherz war, keine Spinnerei, keine Mehr-oder-weniger-Schnapsidee; niemals hätte er mir zugetraut, dass ich sowas organisieren kann, dachte wohl, wenn er dies nicht selbst organisiere, wäre mein Wunsch den Bach runtergegangen. Doch er hatte mich eindeutig unterschätzt, der Gute, wie es nach meinem Unfall schon so oft getan wurde! Und nach dieser Erkenntnis konnte er sich ja nur noch hinter Widerrufen verstecken; schließlich wäre es höchst infam gewesen zuzugeben, dass er Scheiße erzählt hat. Ja, solche Leute – sad but true. Die gibt es wirklich. Aber was soll's? Die sind es doch nicht wert, dass man sich um die einen Kopf macht.

Und die Schuhmachern, die zählt dazu. Glaube auch kaum, dass sie mir ein anderes Rezept ausstellt. Die hat es doch schon vorher gewusst. Also? Allein durchziehen.

*

Abends. Vor Mades Wohnungstür. Denn heute Abend will ich das Geld.

»Hallo Ente!«, begrüßt er mich überschwänglich. »Komm rein!« Drinnen, in seinem Zimmer, seine Mutter: »Zuerst lösen wir das Geschäftliche, dann essen wir Abendbrot! Einverstanden?«

Versteht sich, dass ich nichts dagegen habe.

Ein fetter Briefumschlag taucht vor mir auf. Sie öffnet ihn, holt seinen Inhalt hervor: Vier 500,- DM-Scheine. Die ich mir allerdings nicht behalten kann.

*

Während dem Abendbrotessen schneit plötzlich Dorn herein: »Du Ente, mein Tank ist leer; und deswegen muss ich ganz schnell tanken. Habe jetzt aber kein Geld. Kannst du mir bis nächste Woche 50,- DM leihen?«

Na ja, Dorni verdient 500,- DM pro Monat zur Zeit, rund, bei seinem Grundwehrdienst. Also ja, die können wir ihm geben.

Aber niemand kann 500,- DM wechseln. Deswegen schlägt Dorn vor, dass er an der Tankstelle wechselt und mir dann 450,- DM zurückbringt. Dem ich ohne zu zögern zustimme. Ich reiche ihm den Schein hinüber.

Kaum ist er weg, meldet sich Mades Mutter zu Wort: »Mike, Sie hätten ihm niemals den 500,- DM-Schein geben dürfen! Wenn Sie das Geld wiedersehen, haben Sie aber mächtig Glück!«

Ich beteuere ihr, dass dem nicht so ist, »denn schließlich kennich ja meine Freunde«, aber wenn ich ehrlich zu mir bin, ihre Rüge hat in mir eine Seite anklingen lassen, die mich nervös macht, die mich von Minute zu Minute in ungeduldigere Spannung versetzt, die anfängt, mir Fatae Morganae vorzugaukeln. Auch kommt plötzlich wieder die Erinnerung hoch, dass ich nach meinem Unfall schon mal einen Haufen Geld bekommen hatte, aber es auch da ein paar Tage später wieder los war: bei Mascha, wo mir nicht mal das Genießen der wenigen Vorteile gegönnt wurde, die so der Stoß in das Krüppeldasein bringt. *Und jetzt wieder??* **Oh nein, bitte nicht!!**

*

Eine halbe Stunde später. Dorn ist noch immer nicht zurück.

Und ich auf der Spitze der Nervosität, der Anspannung, der Wut auf mich selber. – *Schon wieder habe ich damit, was Geld anbelangt, Scheiße gebaut! Lerne ich es denn nie??*

Mades Mutter will nun wissen, wie ich nach Hause komme.

Ich schaue auf die Uhr: Bereits acht durch. »Bus dürfte jetzt keener mehr fahrn«, stelle ich deswegen fest.

Sie schaut im Fahrplan nach. »Stimmt! Der letzte fuhr vor fünf Minuten! Was nun?«

»Loufen!«

»Die ganze Strecke?! Schaffen Sie das?«

»Warum ni?«

Plötzlich – Klingeln. Meister Hoffnung schreitet sich groß aufplusternd durch den Raum, Gevatter Enttäuschung schleppt er wie eine halb aufgeblasene Seemannspuppe als Rucksack mit. Made geht öffnen.

Gevatter Enttäuschung hat sich von Meister Hoffnung ausgeklinkt, ihn beiseite geschoben, und legt jetzt ganz nahe vor meinen Augen einen Striptease auf das Parkett. – *Ich wusste gar nicht, dass die Enttäuschung Titten hat. Zwar modernde, war ja zu erwarten, aber eben ... Ach ja, Enttäuschung ist ja weiblich. Siehe Artikel.*

»Meine Karre muckt.« Dornis Stimme. Die Enttäuschung reißt eine große Szene an, verhüllt ihre modernden Etwasse mit ihren fingerartigen Dreschflegeln, implodiert einmal kräftig und hat sich dadurch in Schall und Rauch aufgelöst. »Deswegen habe ich auch so lange gebraucht. Wir müssen mal nachgucken, was es ist. Ich glaube, es liegt am Vergaser.«

»Da kannst du Mike auch nicht heimfahren jetzt?«, will Mades Mutter von Dorn wissen, als er hereingekommen ist und mir das Geld gegeben hat.

»Unmöglich. Meine Karre muss ich erst wieder instandsetzen.«

»Tjaa, dann heeßtes für mich loufen«, erkläre ich gedehnt und abschließend.

»Aber das ist doch so weit«, findet sie erneut.

»Ach Quatsch. Die Strecke isdoch keen Problem. Ähnliche Strecken binichschon bei der Kur geloufen. Und daohne Krücken.«

»Meinen Sie wirklich?«

Ich habe mich bereits erhoben und ziehe meine Jacke an. »Aber ja, natürlich.«

»Na gut! Aber seien Sie schön vorsichtig!« Besorgt Guck.

Unten verkündet mir Dorn, dass er jetzt bei Made eingezogen ist und er mir dankt für die Unterkunft in dieser Woche. Die Schlüssel wandern in meine Tasche.

Scheiße, jetzt muss ich wieder selber aufwaschen.

48

Freitag, 30. August. Vormittag.

Sitzung vor der Schuhmachern. Ich gebe ihr einen Bericht wegen des Fitnesscenterbesuches.

»Hätte mich auch gewundert, wenn es geklappt hätte«, ist sie keineswegs überrascht davon.

Habe ich da soeben herausgehört: »Ist egal, bleib doch in deinem Dreck stecken.« Möglich. Aber ich werde es sowieso gleich wissen, denn jetzt werde ich zum eigentlichen Kernpunkt meines Anliegens kommen: »Kannichaer trotzdem een Resept bekomm? De Überwachung würdouchn dortiger Angestellter übernehm.«

Würde sie mich nun fragen: »Sind Sie sich da auch sicher?«, Antwort »Ja«, ohne mit der Wimper zu zucken; obwohl ich es ja nun wirklich nicht weiß und es eigentlich für mich auch keine Rolle spielt, denn zur Gruppe der Selbstmörder gehöre ich nicht.

»Nein, das geht auf keinen Fall!«, weist sie mich jedoch darauf hin, dass ich auf dem Holzweg bin.

»Warumni? Warum darfichni was für meie Reaktivierung tun? Liegtesetwa inihrer Absicht, dassichso verkrüppelt, wieich jetzt bin, bleibe? WollnSe een Monopol üer mich errichtn? GönnSe mir niden Wiederoffstieg?« Ich rege mich wegen dieser Unperson schon wieder auf.

»Natürlich nicht! Ich finde es schön, wenn Sie wieder gesund werden! Das geht aber nicht, wenn sie es pausenlos übertreiben! Und das Risiko, Sie im Fitnesscenter, ist für mich zu hoch!«

Überladen, Wortschwall nicht mehr bremsen: »Achnee! Sie mein wohl nawievor, deRegeneration kommvon ganzalleine, wa??! Das dem niso is, dafür binch dochas leuchtende Beispiel!«

»Natürlich bin ich nicht der Meinung!« *Die ist echt überzeugt davon.* »Aber wie wäre es denn, wenn sie in die Krankengymnastik des TKZ-Werkes 6 gehen? Dort existieren Hanteln und so was, und da sind Sie unter Aufsicht.«

Blitzartig bin ich in gelöster Stimmung, schaue sie an und grinse, breit und verächtlich. Denn: *Die Alte hat doch überhaupt keine*

Ahnung. Die kennt doch nicht einmal den Unterschied zwischen Krankengymnastik und Kraftsport. »Nein!«
»Was wollen Sie denn dann machen?«
»Ich gehins Fitnesscenter.«
Sie ächzt vor sich hin. Schaut dann wieder in ihre kluge Mappe, als wenn sie darauf hoffe, dass sie von ihr eine Lösung gereicht bekäme. Dann schreibt sie etwas hinein.
»Machen Sie doch, was Sie wollen. Aber Sie sind selber verantwortlich dafür. Ich könnte es Ihnen sowieso nicht verbieten.«
»WürdichIhnouch garni erloubn.«
Kopfschüttelnd vertieft sie sich wieder in ihre Akte.
»Beier Kur ismirne neue empfohln wordn!« Das nächste Bonbon. Weiter geht es im Text. »Ne Kurin Aachen.«
»Sie haben doch gerade eine Kur gehabt!«, entrüstet sie sich. »Da können Sie doch nicht schon wieder eine haben!«
»Wiesoni?«
»Weil es eine Kur nur aller drei Jahre gibt!«
»GloubnSe etwa, mei Körper begibsich drei Jahre zur Ruhe, um dann da wieder anzuknüpfn, woer vor der Pause offgehörhat?«
Sie windet sich; sich allerdings um eine Stange zu wickeln wie eine Schlange, die ihrem Korb entschlüpft ist, misslingt ihr. »Auf jeden Fall können Sie nur aller drei Jahre!«
»Unwennichsie privat bezahl?«
»Privat?« Die Ränder ihrer Brille werden angeweicht von den überquellenden Pupillen. Mit der Wendung hat sie nicht gerechnet. »Wissen Sie überhaupt, wie viel so was kostet? ...«
»Weeßich.«
»Das ist nicht nur mit 10 oder 20 DM getan, das geht in die Tausende! Wie wollen Sie das denn bezahlen?«
»Der Täter beziehsweise die Täterin is doch bekannt. Folglich die!«
»Aber Sie wissen doch noch gar nicht, ob Sie da recht und wie viel Geld Sie bekommen werden. Da schmeißen Sie sich jetzt in einen Schuldenberg und kommen da nie wieder heraus. Überlegen Sie sich das noch mal.«
Klingt vertretbar, doch die Wiederauferstehung meiner Gesundheit ist mir am wichtigsten; und was die Schumacher sagt, sollte man sowieso immer mit Argwohn betrachten. Deshalb werde ich mich bei Gelegenheit woanders kundig machen. Jetzt aber das nächste Bonbon.

»Mitterweile ismir bekannt, dasschim Kopp Brüche hatte. Weeß aber ni welche ... «

»Ich habe mich bereits in der Poliklinik erkundigt, dort weiß man aber auch nichts Näheres.«

»Undeswegen verlangich Einblick inmeie Krankenakte!«

Wuff! Sie ist nahe dran, aus den Latschen zu kippen. Kann mir auch vorstellen, warum: Dadurch könnte ich ja irgendwelchen Mist von ihr entdecken. »Sie wollen wahas??????????? Einblick in die Krankenakte???????????«

Sieht gut aus. Sie glüht endlich auf.

Doch der Augenblick ist viel zu kurz, dann ist er wieder erloschen. »Nein, die kann ich Ihnen nicht geben. Das darf ich nicht.«

»Aha! Sie sinalsoder Meinung, Geist und Körper solln voneenander getrennt bleibn!«

»Wozu brauchen Sie denn die überhaupt?«

Lenkt sie jetzt ein? Nee, glaube ich nicht. Das war bestimmt nur so eine Floskel. Aber ich werde sie aufklären, damit sie mal ein paar richtige Gedanken eingetischt bekommt: »Ouch, um so was wiebeim Nasenbeenbruch zu verhindern. Unaußerdem kann man nur dasefftiv bekämpfn, dessnUrsache man kennt.«

»Ich darf Ihnen die Krankenakte nicht aushändigen.«

»Das sagten Sie bereits. Auf Wiedersehen.«

Ich lasse sie stehen, beraube sie damit der Ehre, meine Anwesenheit genießen zu dürfen. Und bin entschlossen, auch wegen der Einsicht in die Krankenakte mich kundig zu machen.

*

Abends.

Um sechs wollte Dorn vorbeikommen, es ist bereits Viertel sieben. Ich fertig angezogen in meiner Wohnung, zum Ausgehen bereit, was sicherlich mit dem Zug passieren wird; und der fährt in einer knappen halben Stunde. Doch weiterhin Grabesstille an der Tür. Ich bin nervös, laufe laufend zur Treppe, zum Fenster, wieder zur Treppe, erneut zum Fenster, von da aus zur Treppe, ... horche ins Haus, ob da Schritte zu hören sind, ob Stimmen zu hören sind, ob Bewegungen zu hören sind. Es bleibt ruhig.

Deshalb zwischendurch jedes Mal zurück in meine Wohnung, setze mich auf einen Stuhl, zünde eine Zigarette an, hoffe, dass dieses Rauchen meine Nervosität abwürgen kann, dass ich heute nicht einen neuen Part der Enttäuschung erlebe. Denn sie materialisiert sich wieder nach ihrer Implosion. Ich versuche, sie zu verdrängen, versuche, mir einzureden, dass er durch irgend etwas aufgehalten wird. Und hoffe – hoffe – hoffe. Hoffnung ist die Zauberformel, an die ich mich klammere. Und hoffe – *wiederum hoffe* – dass es nicht bei dem bleibt, nicht Traum bleibt, nicht ein amorphes Schemum bleibt.

Am Mittwoch schien mir alles wieder so wonneblau, gestern nicht minder – sollte ich jetzt plötzlich mit abgedeckten, zugelöteten Augen herumlaufen? Sollte ich das wirklich? Hoffentlich nicht!

Sieben Uhr. Aufgabe. Verloren. Schach matt. Betroffen, unglücklich, sterbenskrank. Nichtmal einreden kann ich mir, dass da irgend etwas dazwischengekommen ist, denn irgendeine Stimme jubiliert zynisch in meinem Kopf, in meinem Herzen, in jeder Faser von mir, und legt alle Zweifel an dem Mit-Absicht-Nicht-Kommen von Dorn in das Gerümpel der Vernunftsgrube.

Der Schleier vor meinem geistigen Auge verschwindet auf einmal, zeigt, wie sie alle auf der Disko sitzen und lachen über den dämlichen Krüppel, der den Ausgang aus seiner Traumwelt noch nicht gefunden hat und ihn deshalb gezeigt kriegen muss. »Ja, er ist jetzt nur noch ein Abfallhaufen der Gesellschaft.« Jetzt wird mir auch klar, was am Mittwoch geschah: Nicht ich wurde besucht. Nein. Dorn! Meine Ankunft wurde nur geduldet, wurde als notwendiges Übel betrachtet, weil es anders nicht möglich war.

Ich sitze in der Ecke mit blutunterlaufenen Augen und fletsche die Zähne: *Nein, nein, nein!! Womit habe ich das verdient??? Ich tue alles, um wieder in den Haufen der Menschen zurückzufinden! Tue alles, um wieder als Mensch akzeptiert zu werden!! Tue alles, um wieder als vollwertiger Mensch akzeptiert zu werden!!! Doch was passiert? Ich bin in den Augen der anderen ein – ein – ja, ein Untermensch. Ja, das ist das richtige Wort für diese Scheiße.*
UNTERMENSCH!!! UNTERMENSCH!!!
UNTERMENSCH!!!

Das gilt aber scheinbar nur für mich. Bei der Kur der dicke Beinamputierte, der sich fast auffraß in Selbstmitleid, nichts dafür tat, um wieder hochzukommen, in seiner Scheiße steckenblieb und keine Anstalten machte, ein dargebotenes Seil zu ergreifen und sich daran hochzuhangeln – der bekommt eine Frau! Ich aber, der sich unter Einsatz seines Lebens schindet, alles dafür hergibt, wieder an das Licht des Krüppeltunnels zu gelangen – der darf weiter nach dem rettenden Halm im Isolationssumpf suchen; denn scheinbar mögen die Frauen keine Selbstbewussten, keine Kämpfer.

»Klingelingeling, Klingelingeling, Klingelingeling – Willkommen Selbstmitleid!«

Ach, Blödsinn! So ein Mist! Selbstmitleid! Dass ich nicht lache! Nenn es mal »Einschätzung der Realität«! Wenn das Selbstmitleid sein soll, dann bin ich nicht der einzige sich selbst Bemitleidende, dann macht das fast jeder. Eigentlich sollte man Selbstbewusstsein haben. Und kürzlich meinte irgendjemand zu mir, ich habe zuviel davon. Doch ist es nicht besser, zuviel als zuwenig? Und wenn es mir nicht gelingen sollte, einen Ausgang aus diesem Menschheitsdreckloch zu finden, wird es heißen: »Bye-bye, schöne Welt, scheiß Welt!« Denn dann wird dies eintreten, was diese Mercedesfahrerin mit mir körperlich zwar nicht geschafft hat, es aber psychisch zu Ende brachte: Mein Dasein! Denn dann werde ich selber die Austrittsluke öffnen, den in mir befindlichen Lebensgeistern den letzten Arschtritt verpassen.

49

Montag, 2. September. 10:00 Uhr.

Am Fitnesscenter, pünktlich. Fühle mich allerdings nicht ganz wohl bei dem Gedanken, dass ich nicht mit Begleitung komme, wie ich es ja eigentlich versprochen hatte. Hoffe aber, dass es trotzdem keinerlei Probleme geben wird, dass ich sofort an die Geräte gelassen werde. – *Stop! Erst mal ein neuer Leitspruch (Oder war der schon da?): Auf geht's mit dem Kopf durch die Wand, bis die Wand bröckelt!*

»Hallo Mike!«, begrüßt im Foyer mich Franz, der zudem auch hinter mich schaut, ob noch jemand mitgekommen ist.

»Ich bin allein«, gestehe ich ihm. »Vonner Physiotherapie wurdemir totale Scheiße erzählt. Ersalles versprechen und dann, alses Realität wurde, isniewas erzählt worden. Unzu gudder Letzt hat mir die Schuhmachern, meine Ärztin in Anführungsstrichln, keen Rezept dafür ausgehändigt. Also wiedermal allein. Issas problematisch?«

»Nein, absolut nicht!«, erleichtert er mich. »Nur musst du vorher zu Doktor Guter. – Keine Angst, er wird keine Bedenken haben, dich hier trainieren zu lassen. Aber wir werden durch ihn abgesichert und er kann uns sagen, was für dich primär ist.«

Doktor Guter, Doktor Guter – irgendwoher kenne ich den Namen, aber mir will nicht einfallen, woher.

»Seine Praxis ist im Stadtbad«, ersetzt Franz meine Erinnerung. »Bereitet dir das Probleme, dort hinzugehen?«
Ich verneine kategorisch.
»Gut. Und du kriegst dann von ihm einen Schein, den du uns bringst. Aus dem Schein folgernd stellen wir dir ein Programm auf, wonach du dann anfangen kannst. Und ich bin mir sicher, dass wir was erreichen werden.«
»Ich auch!« Wäre ich es nicht, würde ich nicht hierher gehen!

*

Am Stadtbad. Plötzlich sehe ich das Schild:

Dr. H. Guter
Facharzt für Sportmedizin
und
Naturheilkunde

Fall der Schuppen von den Augen: *Na klar, das ist doch der Sportarzt, zu dem ich vor der Kur schon mal hin wollte. Hatte ich ja ganz vergessen. Haha, die Schuhmachern hat sich da selber ihr Grab gebuddelt. Das wird ihr gar nicht schmecken. Denn ich kann mich dunkel erinnern, vor der Kur hatte sie was dagegen. Hatte sie etwa Angst um ihr Monopol? Ach je. Aber – sie darf es auch. Und selbst, wenn dieser Moment nicht gekommen wäre, dieses Schild hätte ich früher oder später wieder entdeckt. Und dann – dann hätte ich mich nicht mehr abwiegeln lassen. Die Zeiten sind nämlich vorbei! Sezierung!*

Die lange, sehr lange Treppe hinauf, hinein ins Gebäude, klingle an der Tür zur Praxis. – Automatisch auf. – Trete hindurch. Eine dunkelrothaarigen, gutaussehenden Frau.

»Kann ich Ihnen helfen?«, fragt sie mich.

Nach einer bei Ärzten ungewohnten sehr kurzen Zeit werde ich ins Behandlungszimmer gerufen. Wo mich ein dunkler, schlanker, einen sympathischen und lockeren Eindruck machender Mann begrüßt. »Doktor Hans Guter« sitzt vor mir. Den ich mir nicht nur als bloße Schreibkraft vorstellen kann, obwohl ich noch kein Stück Behandlung von ihm erlebt habe. Aber den nur zu benutzen, das dürfte unmöglich sein. Schuhmachern, dein Ende ist im Anmarsch. Du zuckst schon, merkst es bloß noch nicht.

»Haben Sie schon mal Akupunktur gehabt?«, fragt er mich, nachdem er alles mir Bekannte über den Unfall, seine Folgeerscheinungen und die jetzige Lage erfahren hat.

Akupunktur. Ich krame in meinem Erinnerungsspeicher nach der Bedeutung des Wortes, denn ich weiß, diesen Begriff habe ich schon einmal gehört; der lässt sich aber lumpen.

»Da werden Nadeln in Ihren Körper eingespießt, was zur Verbesserung des vegetativen Nervensystems dient.«

Ich schaue ihn ahnungslos an, denn für den zweiten Teil des Satzes hätte er auch »Bahnhof« sagen können.

Er deutet meinen Gesichtsausdruck aber falsch. »Keine Angst, das tut nicht weh. Ist nahezu schmerzfrei«, setzt er deswegen hinzu.

»Darüber machich mir keene Gedanken. Mich intressiert nur, was vegetatives Nervensystem is.«

»Achso«, ist er beruhigt. Dann: »Vegetatives Nervensystem ist das Nervensystem im Körper, welches dazu da ist, Bewegungsabläufe im Körper automatisch ablaufen zu lassen.«

Ich überlege, versuche das eben Gehörte mit dem mir Bekanntem zu vereinen: »Wennich die richtigen Schlüsse daraus ziehe, dann isses verantwortlich nicht für die Reaktionen, sondern für die unbewussten Reflexe. Richtig?«

Er nickt zustimmend.

»Okay, dann habch noch keene gehabt.«

»Gut, dann schlage ich vor, wir machen zwanzig mal.«

»Vorschlag angenomm.«

»Dann beginnen wir damit nächste Woche Montag.« Er erinnert mich daran, dass ich noch einen Überweisungsschein von dem mich behandelnden Arzt mitbringen soll. Und grinst breit, als er erfährt, wer das ist.

Was anderes fällt mir ein: »Bei der Kur bekamich übigens Stangenbad. Gibt's hier sowas auch?«

»Mir ist nichts davon bekannt, dass es in Zittau so etwas gibt. Allerdings hat die Akupunktur einen ähnlichen Effekt, nur dass dieser dann stärker ist.«

Damit verschließe ich dieses Thema wieder im Erinnerungstresor und will nun wissen, was mit dem Fitnesscenter ist.

»Können Sie machen«, erklärt er mir, nachdem ich die Pritsche in liegender Stellung besucht habe und er meine Körperpartien durchforschte. »Was wollen Sie da machen – Body Building?«

»Nee nee, absolunich«, wehre ich sofort ab. »Ich will wieder normal 'loufen könn, und dazu mussch was tun! Deswegen wird mein Hauptougenmerk ouch offn Bein- und Bauchmuskeln liegen!«

»Bauchmuskeln, wieso die?«, runzelt er fragend die Stirn.
»Na Rumpfheben geht äußest probematisch!«
Er fordert mich auf, mich mal hinzustellen.
»Ihre Bauchmuskeln sind doch gar nicht so schlecht!«, ist er der Ansicht.
»Das sehich aber anders.«
»Na sonst könnten Sie aber nicht so grade stehen!«, widerspricht er mir wieder. »Für das Rumpfheben ist eine andere Muskelgruppe verantwortlich!« Er legt seine Hand unter meinen Bauch, um mir zu zeigen, welche Muskelgruppe er meint. »Und«, fügt er hinzu, »auch dort ist etwas anwesend.«
»Es klapptaber nich, und dassis entscheidend«, erkläre ich ihm die von mir anerkannte Hierarchie.
Er zuckt mit den Schultern und reicht mir ein Blatt Papier, auf dem die Erlaubnis für das Training im Fitnesscenter steht. »Und machen Sie dabei Trampolinlaufen!«, ermahnt er mich zum Abschied.

Trampolinlaufen? Huch, wieder was Neues! Aber eigentlich – ja, das dürfte doch der Gleichgewichtsstabilisierung und damit der Reaktivierung desselben dienen. Hm, jaa, da muss ich nur noch eins finden. Doch er sagte das so selbstsicher, da wird es wohl im Fitnesscenter eines geben.

50

Mittwoch, 4. September. 10:00 Uhr.

Gestern war ich zum ersten mal im Schwimmbad. Habe mir dafür eine Dauerkarte für den Bus besorgt; aber da ich trotzdem ein beträchtliches Stück laufen muss, stellt dies gleichzeitig eine famose Übungsgelegenheit für mich dar, das Laufen mit hochgezogenen Krücken zu praktizieren. Denn die Krücken dabei zu Hause zu lassen, das getraue ich mich noch nicht, der Weg ist nahe an der Straße, auf der Straße ist übelst viel Verkehr und der Pfad ist holprig.

Im Pool bewege ich mich mit Hilfe eines Korkgürtels, mache fleißig stretchen, Koordinationsübungen, versuche, mit einem Brett in der Hand zu schwimmen – klappt überhaupt nicht, *Scheiße*, ich kann nicht auf dem Wasser schweben, muss mich bewegen, um nicht abzugluckern; also mache ich Schwimmversuche ohne Brett – was aussieht, als wenn eine bleierne Ente versucht, ihre

Gewichte abzustrampeln. Mir wurde oft gesagt, ich solle nicht so schnell schwimmen, denn dadurch gehe eher meine Kraft – von der ich sowieso nur einen winzigen Hauch besitze – zu Ende. Aber einen Vorteil hatte es: Ich war danach für eine Weile sitt, hatte also keinen Durst mehr, weil ich den durch das Beckenwasser gelöscht hatte. Kann ich aber nicht empfehlen.

*

Im Fitnesscenter. »Zieh dich in Ruhe um und danach stellen wir dein Trainingsprogramm auf!«, begrüßt mich Franz.

Ich will in den Umkleideraum gehen. Doch er stoppt mich: »Die Schuhe ziehst du aber bitte hier aus! Oder ist dir das Laufen ohne Schuhe nicht möglich?«

»Doch, eigentlich doch! Hababer keene Lust, ohne Schuhe zu trainieren!«

»Hast du etwa keine mehr mit?«

»Ich hab nicht nur keene mit, ich hab keene mehr.«

Nachdenklich schaut er mich an. Und ich fange an zu befürchten, dass hier schon Schluss ist, bevor es überhaupt angefangen hat, wegen den leidigen Turnschuhen. Dabei sollte es mir soviel bringen.

»Okay«, meint er, »dann legen wir dir einen Scheuerhader hin und darauf putzt du deine Schuhe ab. Geht das?«

Dann weist er mich noch darauf hin, dass ich mir noch ein zweites Paar Turnschuhe besorgen soll und lässt mich umziehengehen.

*

Nach eineinhalb Stunden sind wir fertig mit dem Aufstellen des Programms. Zuerst musste ich auf das Ergometer, wo er mich der Belastung von 25, 50 und 75 Watt gegenüberstellte. Niedriger geht es zwar nicht mehr, doch da ich dadurch bei mir nicht vorhandene Muskeln striezen musste, brachte schon diese Belastungszahlen mich ins Schwitzen; ich musste mich übelst anstrengen, um die 15 Minuten durchzuhalten. Doch eines weiß ich ganz genau: *In naher Zukunft wird das nur noch einen Klacks für mich darstellen, werde ich bedeutend höhere Belastungen runterradeln!*

Als nächstes ging es zum Rumpfheben. Wobei er feststellte, dass ich bei angewinkelten Beinen nur den Kopf heben kann, mehr nicht. Deswegen Rumpfheben mit gestreckten Beinen. Dabei bekomme ich wenigstens die Schultern hoch! – *Und das zwanzig mal! Haha! Utopie!*

Bankdrücken. – Inzwischen gesellte sich noch ein weiterer hier Angestellter dazu, Anton. – Ich probierte mich an 5 Kilogramm. »Zu leicht«, wurde mir gesagt. 10 Kilogramm: »Auch noch zu leicht.« Und Anton fügte hinzu: »Da macht sich wahrscheinlich das Krücken-Laufen bemerkbar. In den Armen hast du ganz schön Kraft!« Womit er aber bei mir keine Zustimmung erheischte, denn 10 Kilogramm nach oben hieven ist ein Lacher. Doch schließlich einigten wir uns auf 10, 15 und 20 Kilogramm jeweils 15 mal.

Dann noch Beine anheben und Beine anwinkeln in der Hängeposition (Bauchmuskeln), Adduktoren- und Abduktorenübung, Kniestrecken (Quadrizeps). Und die Füße unter Belastung ans Gesäß bringen – *Igitt igitt, das war die Übung, die mir am schwersten fiel.*

Damit war mein Startprogramm vollendet, ich wäre »fürs Erste ausreichend versorgt«. Nun solle ich mich schaffen.

51

Donnerstag, 5. September. 11:00 Uhr.

Wieder bei Patricia. Bitte sie darum, mir mal die Lohnzettelanforderung an meine Mutter zu schreiben. Denn ich habe das Gefühl, Patricia kann ich darum fragen, sie wird es für mich machen.

Mein Gefühl trog mich nicht: Patricia schreibt sie und liest sie mir dann vor: »Werte Frau Scholz! Ich benötige Ihren Lohnkostenschein zur Ermittlung der Höhe des Kindergeldes! – Jetzt noch deine Unterschrift, und dann werde ich es gleich in der Mittagspause abschicken.«

»Wunderboar! Wenn iches geschrieben hätte, wäres een bissl anders ausgefallen! Unefähr so: Eh Alte, rück dein Lohnkostenbescheid rüber! Ansonsten kriegste was off'n Deckel!«

»Mike, so hättest du es aber nicht schreiben können!«

»Na ja«, räume ich schuldbewusst (?) ein, »Diplomatie liegt mir nunmal ni.«

»Aber Mike, das ist doch immerhin deine Mutter!«

Ich glaube, jetzt ist es an der Zeit, Patricia mal meine unverrückbare Meinung bekannt zu machen: »Ja, off'n Papier, ja. Aber sonst....? Ouch eene Mutter hat nich das Recht, ihren Sohn wie das letzte Stück Dreck zu behandeln und ihn dann in dem umihn aufgeschichteten Misthaufen stecken zu lassen.«

»Hat sie dich nicht auch manchmal warm behandelt, dich in fürsorgliche Obhut genommen?«

»Sicher, solche Momente hattes bestimmt ouch gegeben, aber wann« – ich zucke mit den Schultern – »ich kann mich an keene erinnern. Sind bestimmt gewesen, bevor meine Schwester den ersten Schreier inde Atmosphäre gelassen hat.« Nun bekommt Patricia ein paar Mutter-Kind-Geschichtelchen zu hören, ich teile ihr dabei mit, dass meine Mutter mich sogar ins Heim stecken wollte.

»Und warum?« Sie zieht die Stirn kraus.

Als ich ihr mitteile, dass es wegen einem zerrammelten Fahrrad von einem damaligen Freund war, schaut sie mich zweifelnd an, ihr Kopf bewegt sich dabei hin und her. »Glaubst du, sie wollte dich wirklich ins Heim stecken?«, will sie es aber immer noch nicht glauben.

»Ich erzähle keene Märchen.«

Sie schüttelt den Kopf und klebt den Brief zu.

Ich aber wechsle das Thema: »Hast du Kinder?« Habe ich das Thema wirklich gewechselt? Habe ich nicht nur die Richtung ein bisschen geändert wie Licht gebrochen wird, wenn es auf einen Spiegel trifft? Ich weiß es nicht. Will aber nicht unbedingt auf das Thema von vorhin zurückkommen.

»Ja, einen Sohn.«

»Und, wie alt?«

»19.«

»Wie kommst du mit ihm klar?«

»Sehr gut. Ich liebe ihn. Betrachte ihn als meine größte Errungenschaft. Deswegen kann ich auch deine Mutter nicht ganz verstehen. Bei mir hättest du es nie so schwer gehabt. Eigentlich bist du doch ein ganz süßer Junge.« Ihre Augen leuchten wieder. Und ich – ich fühle mich geschmeichelt. »Glaubst du, wenn du bei mir gewesen wärst, wärest du auch so wie jetzt?«

Ich fange an zu sinnen. »Nein«, antworte ich dann, »ich wär dann bestimmt ni so. Nich so aggressiv. Denn Umwelt beeinfluss bekanntlich nMenschen.«

»Siehst du. Und wenn du mal ausrasten hättest wollen, hätte ich dich ganz liebevoll in die Arme genommen, dich festgehalten und dich gewiegt und dich beruhigt.«

»*Dann tue es doch jetzt!*«, hätte ich fast gesagt, allerdings nur fast. Oder hätte ich das »fast« streichen sollen?

»Tja, ich bin mir ni ganz sicher, aber damit hättste es bestimmt geschafft. Gloubich. Dem ist aber ni und darum müssmer damit auskommen, was wir bieten könn!«

52

Sonnabend, 7. September. 10:00 Uhr.

Sitzend, eingehüllt in einen Jogginganzug, den ich mir am Ende meiner Krankenhauszeit gekauft hatte, dessen Jacke ich noch nicht überzog; weil ich warte, rauche und warte, auf Frank, welcher eigentlich um zehn hier sein wollte, wie wir letzten Sonnabend verabredet hatten. Aber er ist noch nicht eingetrudelt. Aber ich sollte nicht so ungeduldig sein, denn Frank und Pünktlichkeit, das verträgt sich so gut wie Feuer und Wasser.

Doch mein ungeduldiges Ich verschafft sich sofort wieder Gehör, schreit mir ins innere Ohr, dass Frank bekanntlich ein Muster an Unzuverlässigkeit ist, deswegen sei es auch nicht so sicher, dass er wirklich kommt.

»Schweig!«, gebiete ich der Stimme, wohl wissend, dass ich sie nicht lange niederhalten werde können.

*

10:15 Uhr.

Immer wieder und stets eindringlich tröpfelt mir diese Stimme per ideellen Sod die Einsicht ein, dass heute doch nichts aus der geplanten Gehschule wird, die wir letzten Sonnabend vereinbart hatten, im Gebirge, auf einem Waldpfad. Bei der ich Begleitung benötige und deswegen versprach, dass wir danach auf meine Kosten Mittag essen gehen, denn irgendwie musste ich ihm ja den Trip schmackhaft machen. »Du kannst ja dabei – wenn du willst – Pilze suchen.«

Doch selbst das scheint nichts gefruchtet zu haben. Ich versuche zwar, auch diesen Gedanken beiseite zu schieben, doch zu vieles ist in der letzten Zeit passiert. Da wundert mich das auch nicht mehr.

Plötzlich klingelt es.

Ist er es doch? »Herein!«, schreie ich und hoffe, dass sich meine wieder aufgekeimte Hoffnung bewahrheitet.

Die Tür geht auf.

Mein Blick ...

Frank kommt zum Vorschein. Erleichterung! »Können wir los?«, fragt er.

Eigentlich wäre ja jetzt eine Entschuldigung zu erwarten, aber da Unpünktlichkeit bei ihm an der Tagesordnung ist, dürfte er es sich schon abgewöhnt haben, dafür »Entschuldigung« zu brabbeln – sofern dies überhaupt mal zu seinen Angewohnheiten zählte. Da bin ich mir nämlich nicht so sicher. – Ich fordere keine, sondern bejahe nur.

*

Kurz vor Jonsdorf. Ein wunderschöner Spätsommertag: Die Sonne scheint, die Auen leuchten noch einmal in ihrem kräftigsten Grün, sind aber schon durchsetzt von bunten Blättern, auf denen ein lieblicher Regenbogen sich in den Wald hineinzieht, von dem ein Ende nicht auszumachen ist; die Vögel zwitschern irgendwo auf den Bäumen oder in den Sträuchern eine Melodie, welche anheimelnd wirkt und allen Frust, der sich in mir angestaut hat, zur Bedeutungslosigkeit verdammt; ein frischer, all die von Qual und Ärger verstopften Poren auslüftender Duft schwebt über das Bergtal. Das macht mich sicher, ich weiß es, dass ich eine sehr gute Gehschule hinlegen werde. Mein Rekord von der Kur her, als ich mit Hildegard und Hans zwischen den Hügeln wanderte, ist 2,25 Stunden, und den möchte ich heute überbieten. Und ich denke, das wird was. Zwar habe ich seitdem schon mehrere Trips durch die Stadt gemacht, doch mehr als 1,45 Stunden sind es da nie geworden. Allerdings schneller nun, demzufolge muss ich längere Strecken laufen können.

Wir laufen los. Frank steigt ein ganzes Stück entfernt vom Weg auf einen Hügel, weil er sich Hoffnung macht, da Pilze zu finden. Aber er bleibt in Sicht- und Rufweite, scheint sich noch daran erinnern zu können, dass er den Begleitschutz darstellt für einen Krüppel, welcher sich wieder hochbringen will und deswegen läuft, ohne dass er seine Krücken bei sich führt.

Ich laufe gemächlich, obwohl – für mich ist es schon schnell, jedoch nicht so schnell, dass ich durch das Gelände stolpere; bin hochkonzentriert, achte ständig darauf, wo meine Füße hintreten; dadurch komme ich nicht dazu, die Natur, die sich heute von der schönsten Seite präsentiert, zu genießen, die sich hier offerierende Freiheit, in der man doch nur als ein winziges Staubkörnchen erscheint, in vollen Zügen einzuatmen. Wegen all dem bin ich heute nicht hier, das werde ich ein anderes Mal machen, wenn ich wieder gescheut laufen kann. Aber das muss ich erst mal hinkriegen, das, genau das!

Auf einmal ist Frank nicht mehr zu sehen. Ich bleibe stehen, um mich richtig umschauen zu können. Doch – mein Gleichgewicht wieder fremd. Falle. Waldboden schneller näher, näher.

Unter einem Felsen. Ich sitze. Habe es noch geschafft, die Hände als erstes auf den Waldboden zu bekommen, deswegen im Sitz. Schnell und unsanft allerdings. Ich schätze, dass hier weit und breit der Waldboden weich ist, nur unter dem Stück, auf dem ich mich platziert habe, ist es felsig; wahrscheinlich ein Ausläufer von dem Felsen über mir. Aber ich stehe wieder auf. Begebe mich wiederum auf Ausschauposten, diesmal allerdings angelehnt mit einer Hand an den Felsen.

Jetzt ist Frank wieder zu sehen. *»Sollich'n heranrufen und es'm mitteilen?«*, frage ich mich, *»Nee, warum'd'n, das geht'n doch garnischt an.«* Er braucht das nicht zu wissen, sonst kommt er noch auf den Idee, die ganze Aktion abzublasen. Schrecklicher Gedanke. Ich laufe weiter.

*

Nach knapp einer Stunde lässt sich Frank bei mir blicken. »Komm Ente, wir gehen jetzt zurück!«, fordert er mich auf. Blick auf die Uhr – *Das dürfte heute wieder nischt mit einem neuen Zeitrekord werden, Scheiße. musste der schon jetzte kommen? Aber hier bin ich von Frank abhängig, auch wenn mir das nicht besonders schmeckt. Also.* – Ich trete den Rückweg an.

*

Nach genau 2,06 Stunden wieder am Auto. Vor 10 Minuten hatte es mir noch einmal die Beine weggezogen, doch wieder unbemerkt von Frank; er war schon vorgelaufen und ich damit außer seiner Sichtweite. Das Ergebnis ist diesmal aber nicht so schön: Die rechte Beckenseite, die berühmte, meine Landefläche, sie schmerzt. Also demnächst nicht mehr darauf fallen.

*

Paar Stunden später. 18:00 Uhr durch.

Ich habe mich gewaschen und mich in Schale geschmissen. Denn ich will heute noch weggehen, endlich den Sprung aus der Isolation vollziehen. Und das ohne Krücken, denn ich habe beschlossen, heute ist einen krückenfreier Tag.

Peter kann nicht, will nicht, darf nicht. Habe ich vergessen, dass Katja letzten Monat ein Baby bekam und Peter deswegen mehr Zeit opfern muss für sie? Oder hat er die Nase voll von mir, weil ich nicht interessiert bin an einem Studium Richtung Versicherungsmakler? Weil ich, was Geld betrifft, eine völlig andere Einstellung habe als er? Oder hat Katja zu ihm gesagt, dass er nicht mehr mit mir weggehen soll? Denn ich kann mich dunkel erinnern, letzte Woche saß ich auf der Bahnhofstraße vor der Bushaltestelle, da kam Katja an mir vorbei, deutete aber nicht das kleinste Anzeichen eines Grußes an, lief an mir vorbei, sah mich nicht; oder wollte mich nicht sehen. Denn bis jetzt guckt fast jeder in Richtung meiner Krücken.

Sei es, wie es sei, auf jeden Fall brauche ich Peter nicht mehr fragen zu gehen, ob er mitkommt. Merkung vollzogen.

*

Heute habe ich aber mehr als Lust wegzugehen, stehe deswegen nun vor dem 'Gewandhauskeller'. Obwohl ich erst an den 'Felsenkeller' gedacht habe. Dort ist mir aber zuviel rechtes Geschmeiß und deshalb ... Ich trete ein.

Bekanntlich muss ich mir einen neuen Bekanntenkreis aufbauen. Da ist der 'Gewandhauskeller' richtig geeignet dazu. Von ihm weiß ich nur, dass da Tanz ist, habe aber keine Ahnung, was für Musik da abläuft und wer da so herumspringt.

Unten. Ich setze mich hin, bestelle mir eine Cola und eine Pizza, schaue mich dann um: *Hm, ich glaube, hier werde ich nicht alt. Leer ist es hier, die "Musik" Schnulze bis Dschungelpop, schweineteuer; ich bin zwar manchen aufgefallen, doch Interesse in den Blicken der Frauen nicht zu erkennen. Kurzum gesagt: Ich fühle mich unbehaglich. Aber na ja, vielleicht wird es noch besser. Kann ja wohl kaum erwarten, dass nach fünf Minuten hier drin mir schon eine Frau am Hals hängt.*

*

So. Jetzt ist es ein bisschen später und ich habe geesset und getrunket, gerauchet und gestunket – nein, gestunket habe ich nicht, aber mich köstlich gelangweilt. Darum ich muss spielen – da verlernt man ja sein Deutsch – also: ich spiele darum mit dem Gedanken, meine Zelte hier abzubrechen. Zwar hat sich das Lokal ein bisschen gefüllt, und da sind auch gutaussehende Frauen dabei, welche mir aber schrecklich langweilig dünken und denen man ansieht, dass sie auf ihren Märchenprinzen warten. Na, und Märchenprinzen sind niemals Krüppel. Wie sagte Westernhagen mal: 'Der Mann mit dem weißen Pferd, der kommt nicht mehr.' Viel-

leicht sollte ich mal zu einer Frau hingehen und sie als erstes fragen, was sie trinken will. Ah, nein, ich bin zu schüchtern dafür. Außerdem will ich ja bei der Ankunft des Drinks nicht jedes Mal sagen müssen: »Aber bezahlen musst du selber.« *Denn Geld? Soviel Krankengeld gibt es nicht. Na gut, ich gehe.*

53

Montag, 9. September. 11:00 Uhr.

Beim Sportarzt. Meine erste Akupunktur. Liege mit freien Oberkörper auf einer Pritsche und weiß nicht so recht, ob ich mich fürchten soll: Lange Nadeln, sehr lange Nadeln, so lange Nadeln, dass ich schon argwöhne, sie kommen am anderen Ende wieder heraus. Von eben diese Nadeln zehn niedliche Stück, wenn ich richtig gezählt habe, und diese Nadeln verpflanzt er alle in meinen Rücken, alle rund um die Wirbelsäule. Ein Nadelkissen würde vor Angst zittern, wenn es mich sähe. Nur – ich bin überrascht: Auch wenn diese Nadeln so angsterheischend aussehen, und auch, obwohl es nicht gerade angenehm ist, wenn sie in die Haut eingestochen werden, so bereitet doch das Stecken von ihnen im Körper keinerlei Unbehagen – vorausgesetzt, man bewegt sich nicht, denn dann fängt es an, barbarisch zu drücken, so dass es einem vorkommt, als wolle die eine Niere mal die Nase besuchen gehen, die andere die Schambehaarung zurechtzupfen. Und noch etwas stelle ich fest: Hoffentlich hilft es, denn langweilig-sein ist schon gar kein Ausdruck mehr bei zwanzig Minuten untätig auf der Pritsche liegen; ansonsten wäre dieses Quälen ja umsonst!

*

Vor der Schuhmachern. Zwar hat sie mich heute bestellt, doch was soll ich hier? Das ist doch vergeudete Zeit.

»Sie wollen doch mehr Kraft haben?«, fragt sie mich plötzlich.

Worauf will sie hinaus? »Ich muss mehr Kraft ham!«, antworte ich ihr. »Denn nur mit ihr hab ichne Chance, vonnen Krücken wegzukomm.«

»Da gibt es eine andere Möglichkeit, als das gefährliche Fitnesscenter!«, will sie mir weiszumachen. »Ich habe schon telefoniert mit dem Krankenhaus in Großbüchen; sie müssten dort für vier Wochen eingeliefert sein und würden da Kraft eingespritzt bekommen.«

Hilfe! Hilfe! Hilfe! Das ist die Krönung! Die ist ja nicht normal dämlich, die ist extrem dämlich! Schon gefährlich dämlich für die Umwelt! Eingespritzte Kraft! Hilfe! Das dürfte doch das Gleiche sein, als wenn sich ein Leistungssportler dopt, Anabolika einführt, dann als Zuchtbulle rumrennt! Hilfe! Das kann doch sehr schädliche Folgen haben! Aber das geht in ihr Spatzengehirn nicht rein!! Hilfe! Außerdem – ich will keine künstliche Kraft, sondern richtige! – Ganz abgesehen davon, das in Großbüchen. Hilfe! Dorthin kriegt mich nischt mehr! Spätestens durch die Kur habe ich erkannt, was für beschissene Zustände das dort sind! Ich habe auch keine Lust, mich jeden Tag verbal herumprügeln zu müssen!

»Abfahrt!«, bekommt sie von mir zu hören.

»Sie wollen also dahin?«

Wuff! Mein Siedepunkt ist erreicht: «BeiIhn drückswoh, wa? Natürlich ni! Sie könn sons jemanden diesen Stuss offquatschn, beimir lassnSe das gefälligst bleibn! Verstanden?«

Sie schweigt sich aus, schreibt – wie es sich für eine richtige Schreibkraft gehört – nur irgend etwas in ihre Akten. Vielleicht: *Patient Mike Scholz zeigt wieder paranoide Anzeichen, welche eine Folge des Schädelhirntraumas dritten Grades sind.*

Ich will hier raus. Kann nur hoffen, dass Dummheit nicht ansteckend ist; ansonsten bin ich ein hoffnungsloser Fall. »Sonsnowas?«, frage ich sie deswegen.

Dabei muss ich sie ansehen – *Schreck lass nach, die ist nach wie vor unbeeindruckt!* – Was ich aber auf ihre verminderte Auffassungsgabe schiebe.

Dann, als sie den Kopf schüttelt, gehe ich. Gehe ohne Gruß, weil ich auf ein Wiedersehen nicht scharf bin und alles andere mir zu vertraut erscheint. Und zu ihr Vertrauen haben? Ich wusste gar nicht, dass es soweit gekommen ist, dass der Osterhase dem Weihnachtsmann seinen Sack klaute. Denn erst dann käme ein Vertrauen zu ihr in Frage.

*

Am Nachmittag schon zu Hause.

Klar, normalerweise wüsste ich jetzt nicht so genau, was ich machen sollte, aber dadurch, dass ich viel Laufschule (ohne Krücken natürlich) mache, kann ich mir die Zeit vertreiben. Natürlich wird das nicht immer so gehen, aber ich habe ja auch nicht die Absicht, für immer ein Krüppel zu bleiben und hoffe – bitte inständig darum – dass ich in naher Zukunft wieder Anschluss finde, nicht mehr allein sein werde.

Aus dem Briefkasten grinst mich wie immer Haufen Werbung an, und heute scheinen die – wie nicht ganz selten – einen Hochleistungstag zu haben; dazwischen verlieren sich fast die zwei Briefe, von denen aber einer gleich in den Müllkorb geworfen werden möchte: Er ist von dem Inkasso-Dienst, »Heinrich« hatte mir das beim letzten Mal angedroht; aber der zweite, der schreit richtig danach, geöffnet zu werden: Er ist von Hildegard Selmers. Aber – *hää, wer soll'n das sein? Auch die Schrift kenne ich nicht! Ein Ruf aus meiner Vergangenheit?*

Oben in der Wohnung schaue ich mir aber dennoch zuerst den Brief vom Inkasso an: 109,76 DM wollen die von mir haben. Und wenn ich nicht innerhalb der nächsten zwei Wochen zahle, schicken sie mir irgendein Gericht auf den Hals: *Scheiße, Kacke am Dampfen! Da hilft wohl alles nix, da werde ich Morgen auf die Post wandern dürfen, um den Mist zu bezahlen! Stellt für mich derzeit sowieso das absolute Wunder dar, wie ich mit 453,- DM im Monat auskomme. Nur bis jetzt klappt es halt. Kommen aber noch mehr solche Dinger wie das von Inkasso, dann ... bye bye. Nur – auf Inkasso kann ich nicht böse sein, die tun doch bloß ihren Job. Und ich habe nun mal beschlossen, kein Maschinenstürmer zu sein. Nee, wütend sein muss ich auf Hannelore und Mascha; und natürlich auf mich selbst. Da ich aber an die beiden nicht herankomme und nicht zur Familie der Selbstverstümmler zähle, zahlen. Immer noch Scheiße! Ich hasse solche Gegebenheiten, wo es keine Alternative gibt. Hasse ja auch deswegen meine Behinderung, denn da habe ich nur die Wahl zwischen wieder hochkommen und den Löffel abgeben. Zwar spielen Selbstmordgedanken in meinen Hirnkreis keine Rolle mehr, doch das betrifft meine Krankheit, nicht, was jetzt sonst auf mich einstürzt: Einsamkeit, Trostlosigkeit, ich werde stecken gelassen in meinen tiefgreifendsten Problemen, bin mir noch nicht so richtig im Klaren darüber, wie ich das rettende Ufer erreiche.*

Diese Missstimmung, die in mir herrscht und durch diese Rechnung vom Inkasso-Dienst wieder hochgespült wurde und deren Ebbzeit noch weit entfernt ist, versuche ich, wieder zu entfernen. Ich hoffe, ich erreiche das mit dem zweiten Brief.

Den Namen habe ich schon irgendwo gehört, nur wo? Deswegen zuerst Guck auf die Briefmarke, vielleicht gibt die mir Aufschluss.

Hennigsdorf steht auf dem Poststempel. Hennigsdorf, Hennigsdorf – Erleuchtung? Ja: *Das ist die von der Kur! Welche mir partout nicht ihr Alter verraten wollte. Welche mir durch ihre Begleitung ermöglichte, längere Strecken ohne Krücken zu laufen. Und die hat geschrieben? Wow! Oberherrlich! Vielleicht steht drin, dass sie mich in der nächsten Zeit besuchen kommen will. Lesen!*

Brief Reiß-Auf, Wörter verschlinge, noch mal lesen.

Ich bin enttäuscht. Keine Liebeserklärungen, kein Wort von dem Ziel, mich besuchen zu wollen, keine Anfrage.»Wann können wir miteinander schlafen?« Nur Beteuerungen, wie sehr sie Kaltbad und die Leute auf der Raucherinsel vermisse und das es auch ein großer Genuss für sie gewesen wäre, mich kennengelernt zu haben sein, und ich solle doch bitte zurückschreiben.

»Aber – das war ja wohl klar!« Schon wieder eine Stimme in mir. Stimme der Vernunft? Vielleicht. Na ja, recht hat sie ja diesmal.

Sofort an den Tisch, wo ich mein Briefpapier hervorkrame und eine Rührseligkeitsantwort schreibe: dass es in Kaltbad auch für mich eine sehr schöne Zeit war, ich aber nicht zurückschaue, sondern in die Gegenwart, die für mich total beschissen ist; es gehe zwar aufwärts, was das Laufen betrifft, doch bin ich hier gänzlich allein gelassen und muss deswegen aufpassen, dass die Wellen einer Depressionskrise nicht über mir zusammenschlagen; und dass ich sie gerne mal wiedersehen möchte, sie solle doch bitte in Zittau mal vorbeischauen. Und ich glaube, könnte ich malen, würde ich noch ein heulendes Männel dazumalen, denn genauso fühle ich mich zur Zeit.

Ich mache heute keine Laufschule mehr, beschließe ich, als ich den Brief beendet habe. *Habe keine Lust mehr.*

Dafür beende ich diesen Tag, wie ich es mittlerweile mit fast jedem tue: Ich esse Abendbrot, glotze noch in die Röhre, welche ab und zu leiert und wo sie heute – wie fast jeden Tag – nur Mist bringen, gehe um 10:00 Uhr rum in die Heija, lese mich noch in den Schlaf, knipse das Licht aus und finde noch Gelegenheit, mir zu sagen, bevor Morpheus seine Schwingen gänzlich über mir zusammenschlägt: Wieder einen Tag dem Grabe ein Stück näher.

54

Mittwoch, 11. September. 9:00 Uhr.

Es klopft. Wie immer rufe ich herein und bin gespannt, wer mir da seine Aufwartung macht.

Ein junger Mann tritt ein, Stoppelhaarschnitt, Nickelbrille, ganz sympathisch, sieht aus wie ein Student; auch die Klamotten, die er trägt, weisen darauf hin.

»Hallo«, lässt er die ersten Töne zu mir herüberschweben, »ich bin Knut Combo. Sollte dich ja heute abholen, wegen dem Möbelangucken. Bist du fertig?«

Also kein Student, sieht aber echt so aus.

In seinem Moskwitsch will er wissen, was ich jetzt mache und was ich zu machen gedenke. Und zum ersten Mal stelle ich es in Zweifel, ob ich aufgrund meiner Sprachbehinderung noch Lehrer werden kann.

»Warum nicht?«, stürzt er mich in Verwunderung. »Du kannst doch Lehrer für Kinder mit Hörbehinderung werden.«

Meine Beeinfluss-Sensoren flattern aufgeregt. Denn von dieser Möglichkeit sind sie in höchstem Maße angetan.

*

Am Lager. Ich steige aus, Knut fährt seinen Wagen parken. Unterdessen kommen zwei andere aus dem Lager, die auch behindert zu sein scheinen, geistig behindert. Aber kein Kontakt: Ich weiß nicht, was ich sagen soll und sie unterhalten sich nur untereinander, ich spiele da keine Rolle. – *Herrscht da irgendeine Barriere, irgendeine Grenze, irgendein unüberbrückbarer Graben zwischen körperlich und geistig Behinderten? Ich hoffe nicht. Denn wo soll diese Barriere liegen? Warum diese Grenze? Was macht den Graben so unüberbrückbar?*

Nachdem Knut wieder zu mir gestoßen ist, treten wir ein. Wo eine Vielzahl gebrauchter Möbel darauf wartet, einen neuen Besitzer zu finden; denn sie wollen sich nicht damit abfinden, für immer einzustauben. Mir drängt sich die Frage auf, wo diese Möbel alle herkommen.

»Alle von Leuten, welche sie nicht mehr brauchten, weil sie etwas Neues hatten, oder weil sie um- oder wegzogen. Sie gaben dann die Möbel uns, weil sie diese nicht verkaufen konnten.«

Wirklich schöne Sachen sind da oftmals dabei – zum Beispiel ein gemütlich aussehendes Bett oder eine mit gutaussehendem Polster bezogene Sesselgruppe; nur sind die dann meistens schon bestellt. Wahrscheinlich rennen irgendwelche jeden Tag hier rein, um sich die besten Stücke herausklauben zu können und sich eine scheinbar luxuriöse Bude hinzuzimmern. Die haben nämlich nix anderes zu tun.

Für mich aber kommt es jetzt auf Schönheit nicht so an, ganz abgesehen davon, dass wirklich Prunkvolles, Rustikales hier wohl kaum zu finden sein wird. Vielmehr muss ich mir hier das holen, was ich tatsächlich brauche. Und meine Mutter sagte immer (typischer Bauernspruch): »Einem geschenkten Gaul guckt man nicht ins Maul.«

Schließlich wähle ich einen Schrank – er soll meinen Kleiderschrank unterstützen, denn ich habe nicht vor, so arm an Anziehsachen zu bleiben wie momentan; ein Bett – meines schreit nach Ablösung, denn es wird geziert von einem großen Blutfleck, welcher sich da angesiedelt hatte, als ich mich mal verletzt hatte beim Vernaschen einer schönen Maid vor fünf Jahren; eine Nachttischlampe – ich bin zu faul, immer erst aus dem Bett zu steigen, wenn ich meine abendliche Lesung beendet habe – und ein bisschen Einlegware (*Oder heißt die Auslegware? Egal!*), welche meiner Meinung nach gemütlicher aussieht als Fußbodenbelag (außerdem fällt da der Dreck nicht so auf, den kann man ja darunterkehren; denn mit dem Aufkehren habe ich so meine Probleme wegen dem Zittern).

55

Sonnabend, 14. September. Nachmittag.

Ich komme gerade aus dem Fitnesscenter – in das ich immer Mittwoch und Sonnabend gehe – da begrüßt mich vor meiner Tür eine gigantische Kiste. Große Fragefalte auf der Stirn.

Der Inhalt: Ein stattlicher Fernseher. – *Ich habe doch gar keinen bestellt. Springt hier irgendwo eine Rechnung herum? Aber wo? Nee. Häh? Sollte ich den etwa geschenkt bekommen haben?? Aber von wem?*

Wie auf Bestellung – DDR-Kellner-Service: Erst ein bisschen schmoren lassen, dann erscheinen – fällt mir auf einmal ein, dass ich Patricia von meiner Glotze erzählt hatte. Und sie daraufhin meinte, sie müsse mal nachgucken. Aber dass sie mir gleich einen vorbeibringt – *wow, ich bin tiefstens beeindruckt! Patricia – ja, hm, du wirst mir immer sympathischer! Aber vernaschen will ich dich immer noch! Muss mich ja schließlich bedanken.*

56

Sonntag, 15. September. Nachmittag.

Ich habe gerade mein Mittagessen beendet und aufgewaschen, habe mich in den Sessel gesetzt, eine Zigarette angezündet und das Buch von Stephen King 'Christine' aufgeschlagen, um es zu lesen, da klopft es plötzlich. Wundernd, denn ich erwarte niemanden, stehe ich auf und laufe zur Tür, um sie zu öffnen.

»Hallo!«, begrüßt mich meine Mutter. »Ich muss mal mit dir reden. Kann ich reinkommen?«

»Jaaa!«, lasse ich gedehnt aus mir raus, misstrauisch, lauernd auf das, was sie will. Ich kann mir denken, dass es um das Kindergeld geht, mir ist aber unklar, warum sie deswegen herkommt.

»Mike«, rückt sie mit ihrem Problem heraus, als sie sich gesetzt und eine Zigarette angezündet hat, »ich komme wegen dem Kindergeld. Die Lohnbescheinigung darf ich dir nicht geben. Aber ich möchte auch nicht, dass wir wegen dieser Geschichte wieder vor das Gericht ziehen. Das würde dich und auch mich nur wieder Geld kosten.«

Mein Grinsen verbreitert sich. Dabei rauche ich ganz genüsslich, genieße es, sie als Bittstellerin vor mir zu sehen; als Bittstellerin vor dem Krüppel, der laut Geburtsurkunde ihr Sohn ist und den sie im Krankenhaus bewusst im Stich gelassen hat.

Ich sage erst mal nichts, lasse sie zappeln, rauche weiter genüsslich.

»Ich möchte dir wieder helfen.«

»Wobei?« Ich merke, dass ich jetzt ihr gegenüber eine überlegene Position habe; das muss ich ausnutzen.

»Na«, die Worte kommen nur zögerlich heraus, als ob sie es ihnen unter schwerster Strafandrohung erst befehlen muss, »was brauchst du so? Ich kann es mir nämlich zur Zeit nicht leisten, Geld abzugeben.«

Haha, was ich wirklich am meisten brauche, ist Geld. Und genau das kann sie ja, wie sie sagte, mir zur Zeit nicht geben. Was dann?

»Kannste meine Wäsche waschen?« Sie ist doch Wäscherin, und das würde mir eine monatliche Ersparnis von rund 60,- DM bringen. Denn aller zwei Wochen schaffe ich meine Wäsche in den Waschsalon.

»Brauchst du Bettwäsche?«, schlägt sie mir vor, nachdem sie

zugestimmt hat.

»Natürlich!« Die Frage hätte sie sich echt sparen können, ist doch wohl logisch, dass ich welche brauche. Außerdem habe ich doch als Kind, als das Leben noch rund und frisch war, einige geschenkt bekommen, kann ich mich dunkel erinnern.

»Außerdem ist es so, dass ich seit April diesen Jahres Kindergeld vom Staat für dich bekomme.«

Jetzt werde ich hellhörig: »Kindergeld? Für mich? Wie viel?«

»50,- DM pro Monat.«

»Das Geld stehtoch eigentlich mirzu!«

»Mmh!« Sieht aus, als ob sie denke, sie bekäme jetzt wieder Oberwasser.

»Un wann kriegichs Geld?« *Gleich wieder unterbuttern!*

»Na ja, zur Zeit habe ich es nicht zur Hand. Aber immer, wenn ich eine Überweisung bekomme, gebe ich sie in Zukunft dir. Und Mitte Dezember bekomme ich meine Lebensversicherung ausgezahlt, dann kannst du das Geld wiederbekommen.«

Schnelles Kopfrechnen: *April ging's los, jetzt haben wir September, sind sechs Monate, macht 300,- DM. Ja, darüber lässt sich reden.*

»Hier habe ich übrigens noch was für dich!« Sie reicht mir einen Brief herüber.

Guck. Beleidigt Guck. Die Steuereule. Klage. Zahlungsaufforderung.

»Scheiße!«, tituliere ich den Brief. »Das hatmir grade noch gefehlt!«

»Ja, und der war im August – Warst du da zur Kur?«

Ich nicke.

»Also, der war im August auch bei mir. Und als er da immer noch nicht das Geld bekam, sagte er: 'Jetzt schmeiße ich ihm 3.000,- DM auf und hetze ihm das Gericht auf den Hals! Er will es ja nicht anders!'«

Stutz. Habe ich da eben 3.000 gehört? Ich schaue noch einmal in der Zahlungsaufforderung nach: Noch größere Scheiße! Da stehen 2.700 plus Zinsen! Warum? Ich habe doch von ihm bloß 2.000,- DM gekriegt! Mistbock! Wenn der Bautzener mir jetzt auch noch auf den Hals rückt, kann ich betteln gehen. Aber dem habe ich ja erst mal meinen guten Willen gezeigt, habe ihm nach dem Erhalt des Geldes von Made 1500 rübergeschickt.

»Sag mal«, erinnere ich mich, »du hastoch vorhin gesagt, du bekämsim Desember deie Versichung ausgezahlt! Kannste mirda helfen?« *Scheiße, jetzt bitte ich wieder. Zum Kotzen! Erwartungsgemäß zögert sie: Hat natürlich keine Lust. Und ich – ich darf betteln. Und alles deswegen, weil dieser bescheuerte Pritsche alles versoffen hat! – Nein, weil ich es verborgt habe! Aber was ist denn eigentlich mit dem Gericht wegen der Sache? Kommen auch nicht aus'm Arsch! Muss ich mal wieder nachstoßen gehen!*

»Müssmer mal sehen«, wird sie diplomatisch. Und bricht auf, nachdem ich sie habe wissen lassen, dass ich ihr in zwei Wochen die Wäsche vorbeibringen werde. Mir ist jedoch bewusst, was ihre Antwort zu bedeuten hat: Nein!

Aber was wäre denn gewesen, hätte ich ihren Lohnschein nicht angefordert? Wieso hat er seine Zahlungsaufforderung an sie gesandt und nicht an mich, wo er doch kurz davor bei ihr war? Hat sie ihm etwa nichts davon erzählt, dass wir keinen Kontakt mehr haben? Wollte sie etwa den zu zahlenden Betrag noch ein bisschen hochschrauben aus Rache dafür, dass ich ihr den dicken Mittelfinger gezeigt habe? Die Sache stinkt gewaltig! Mike, bleibe wachsam! Traue diesem Frieden nicht! Denn dich auf sie verlassen, dann bist du verlassen!

Und außerdem – wieso kriegt sie für mich Kindergeld? Wieso? Ich gehe wieder meine Runde drehen.

57

Montag, 16. September. Vormittag.

10:00 Uhr. Bei Patricia im Büro. Ich weiß nicht warum, aber ich habe Glück: Niemand ist anwesend, ich kann bei ihr eintreten, wir sind allein.

Sie lächelt hocherfreut, als sie mich sieht. »Hallo Mike! Dass du heute kommst, überrascht mich ja völlig. Und wir haben jetzt eine halbe Stunde Zeit! Die Patientin, die jetzt kommen sollte, ist nicht erschienen.«

»Ach ja, die hab ich am Eingang getroffen und ihr gesagt, dass heut die Therapie ausfällt«, berichte ich ihr. »Du hasne wichtige Sitzung.«

»Und das soll ich dir glauben?«

»Natürlich!«

»Ach Mike, ich freue mich so, dass du gekommen bist. Und mit der wichtigen Sitzung – das war gar nicht so falsch: Ich habe ja jetzt eine wichtige Sitzung. Eine wichtige Sitzung mit dir! Was hast du denn auf dem Herzen?«

»Ich wollt mich bei dir bedanken! – Ich geh doch richtig inner Annahme, dass der Fernseher von dir kam?«

»Ja, den hatten wir übrig. Alles okay damit?«

»Selbstverfreilich. Und Kunkel hat'n mir angeschlossen ...«

»Kunkel, wer ist denn das?«

»Aja, du warsja noch nie bei mir.« Wenn ich sie so ansehe, kommt es mir vor, als wäre sie eine alte Bekannte. »Kunkel ist ein alter Mann bei mir ausm Haus. Ouch behindert, aber er hilf mir, wo er kann. Siehste: Een Krüppel hilft'em anderen.«

»Aha. Und, brauchst du noch irgendwas anderes?«

Noch mehr überrascht, noch eine ganze Ecke mehr als am Sonnabend. Das riecht nach einer Totalversorgung. Eigentlich sind ja dafür die Eltern zuständig, bei mir aber ... na ist schon bekannt; und dass ich dafür Haufen von einer – scheinbar – völlig Wildfremden bekomme, ist ja nun auch nichts Neues mehr. Es droht schon die Gewöhnung daran einzuziehen. Was ja das Schlimmste wäre, was man sich vorstellen kann: dann wird es selbstverständlich.

»Ja, natürlich. Aber ich will ja nicht deine Wohnung ausräumen«, melde ich deswegen Bedenken an.

Sie berichtet mir, dass vor drei Wochen ihre Oma verstorben ist – worauf ich sie mit meinem Beileid belästige – deren Wohnung kurz zuvor neu eingerichtet wurde und es Patricia nun nicht klar sei, wohin mit den Möbeln. Da erschiene es ihr besser, sie mir zu geben, als sie an irgendjemanden zu verkaufen. »Und hättest du dich zwei Wochen eher gemeldet, hättest du die ganze Wohnung bekommen können!«

»Schluck! Scheiße! Ista echt nischt mehr zu machen?«

»Mike«, weist sie mich zurecht, »Fluchen tut man nicht!«

Senkung reumütig Kopf. »Zur richtigen Situation gehört das richtige Wort!« *Das habe ich doch irgendwann irgendwo schon mal gesagt.*

Doch der Bannstrahl des Verweises auf mich reißt nicht ab. Da passt es richtig, dass sie mir verkündet. »Die Wohnung ist echt schon weg.« Aber der Zusatz klingt schon wieder verträglicher: »Doch brauchst du einen Couchtisch?«

Ich nicke.

»Brauchst du auch zwei kleinere Schränke?«

Ich nicke wieder. muss mir dabei aber vorstellen, dass aus meiner Bude endlich eine schöne Wohnung wird. – Na ja, einigermaßen schön.

»Brauchst du sonst noch etwas?«

Vorsichtig Vorstoß: »Ich bräuchte noch'n Plattenspieler.«

»Ist der wichtig?«

Ich hätte fast »natürlich« gesagt, kann es mir aber gerade noch so verkneifen, denn so natürlich ist das gar nicht. Ich sollte froh sein, von ihr überhaupt etwas zu bekommen.

Ich kann mich aber nicht dagegen wehren, es trotzdem mal zu versuchen. Nur eben mit einem diplomatischen Hauch: »So wichtig normalerweise ni, aber ich hab so viele Schallplatten – unefähr 20 jetze – die will ich ouch mal hören.«

»Ich sehe schon, unvorstellbar für dich, keinen zu bekommen. Aber es tut mir leid, ich habe keinen übrig.«

»Sch...!« Ich breche mitten im Wort ab, schaue schnell in ihre Richtung, ob sie es mitbekommen hat, und sehe an ihrem lächelnden Gesicht, gezischt habe ich ja schon.

»Was wolltest du sagen?«

»Scheiße.«

»Die richtige Situation – das richtige Wort, noa?«

Ich nicke zwar, wechsle aber sofort das Thema, denn mir wird nun klar, dass ich mich verrannt habe, dass ich mich auf übelst rutschigem Glatteis befinde; und meine Nase habe ich ja schon mal gebrochen gehabt.

»Was aber sehr wichtig wäre: Ich bräuchte een Kühlschrank.«

Patricia verfällt in grüblerische Ruhe. Für mich Anlas zur Befürchtung, zuviel erbeten zu haben. Deswegen betrachte ich mir genauestens ihr Gesicht in der Hoffnung, aus ihm Aufschlüsse zu bekommen. Doch ich muss feststellen, es sagt mir soviel wie das Gesicht eines Indianers am Marterpfahl (zumindest stand es so in den alten Indianerbüchern, deren Reservoir in der Kinderbibliothek von mir als Kind vollständig erschöpft wurde, so dass ich schon in die Erwachsenenbibliothek wechseln musste).

»Na ja«, lässt sich Patricia wieder vernehmen, »zur Zeit kann ich keinen weggeben. Aber wir gestalten gerade unsere Küche neu. Dann kannst du ungefähr im Dezember einen bekommen. Einverstanden?«

»Tchpfbrrh!« Eine Zentnerlast Beklemmung ist mit lautem Getöse von irgendeinem sensitiven Teil meines Körpers heruntergeplautzt, eine Woge der Erleichterung breitet sich in mir aus. Deshalb beeile ich mich damit, auch zu bejahen. »Und warum fragste mich, ob ich damit einverstanden bin?«, werfe ich eine neue Frage auf. »Schließlich hab ich einverstanden zu sein. Was willste denn überhaupt ham dafür?«
»Nichts. Oder doch: dass du öfters hierher kommst.«
»Woroff du dich verlassen kannst!«
In diesem Moment klopft es an die Tür: Eine Patientin wartet, will eingelassen werden.
»Ich muss jetzt weiter arbeiten. Aber ich sage meinem Mann Bescheid, und ich schätze, am Freitag wirst du die Sachen bekommen.«
Ich schon in Richtung Tür unterwegs, da meldet sie sich noch einmal: »Kommst du am Donnerstag auch?«
»Natürlich!«
»Dann sage ich dir da nochmal Bescheid! Okay?«
»Okay!« Ich mache meinen Platz für die Nächste frei.

*

Nachmittag.
Ich frage bei der Versicherung nach, wie es mit meiner Unfallversicherung aussieht.
»Steht Ihre Behinderung jetzt fest?«
»Ja.« Habe meine Meinung geändert, wollte vor nicht allzu langer Zeit meine Behinderung nicht anerkennen, war der Meinung, ich könnte sie wieder ausbügeln. Und der Meinung bin ich noch immer. Aber eines ist mir klar geworden: *Ich habe damit aufzuhören, immer nur die Nachteile des Unfalles zu genießen, die Vorteile wollen auch herangezogen werden. Und ein Vorteil ist, dass ich jetzt Geld scheffeln werde. Deswegen werde ich natürlich meine Regeneration nicht aus den Augen verlieren. Doch das geht keine Versicherung was an! Denn wenn ich es schaffe, wieder normal laufen zu können, dann bin ich wieder auf dem oberen Level, bin nicht mehr abhängig von der Güte irgendwelcher Schleimscheißer, kann meine Meinung wieder frei heraus sagen, habe Geld und Gesundheit. Dann hätte mir dieser Unfall sogar Vorteile gebracht!*
»Dann bekommen Sie in der nächsten Zeit von uns einen Termin zugesandt«, wird mir versprochen. »Wer ist ihr behandelnder Arzt?«

Ich teile es ihr mit. Füge aber gleichzeitig hinzu, dass ich nicht von der, sondern von Frau Dr. Christoph untersucht werden will.
»Denn Frau Schuhmacher isaußerhalb jeer Kompetenz dafür.«
Wissendes Lächeln. Und Zustimmung.
»Un wie lange wird's dauern, bisser Termin kommt?«
»Drei – vier Wochen.«
Kopfrechnen: *Drei bis vier Wochen – macht so um den 10. Oktober rum; dann noch mal vier Wochen, schätze ich, denn die Bürokratie braucht ihre Zeit, also im November müsste ich das Geld kriegen – 2.100,- DM x˙ 6 x Prozentzahl der Behinderung (Guter sagte mir etwas von mindestens 70%) = – na gut, rechnen wir mal das mindeste, was 50% sind – 10.500,- DM. Jawoll! Dann wäre ich all meine Schulden los. Könnte die Sache mit Pritsche in Ruhe angehen! Erstklassig! Aber apropos Pritsche – es wird Zeit, dass ich wiedermal nachstoße. Denn mehr als eine Mahnung war bisher nicht. Das werde ich gleich morgen erledigen. Wenn ich es nicht wieder vergesse.*

*

Heim. Wohnungstür. Möbel davor.
Die kenne ich doch. Äh ... die habe ich mir doch am – am – wann war das? Donnerstag? Möglich! – ausgesucht. Und heute wollte Knut sie doch vorbeibringen! Ach Scheiße, ganz vergessen!

Ein Zettel, der an der Tür hängt, stiehlt sich in meinen Sichtbereich. Darauf lässt Peter wieder mal was von sich hören. Teilt mir mit, dass er diese Woche umzieht und ich deswegen seinen Couch und die beiden Sessel haben kann.

Hm, ich bin jetzt der Möbelfeldherr. Klappe das ruhig am Freitag, wenn Patricia ihre Möbel herbringt. Dann verbringe ich den Abend in einer gefüllten Bude.

58

Freitag, 20. September. 14:00 Uhr.
Patricia erscheint pünktlich, wobei sie mir als erstes ihren Mann vorstellt. Der sympathisch, ruhig, sachlich, seriös, okay zu sein scheint.
Ohrenbetäubender Lärm plötzlich in mir: *Mike, schäm dich! Du findest ihren Mann sympathisch, willst sie aber vernaschen! Ist bei dir noch alles klar?* – Die anklagende Persönlichkeit drischt mit solcher Gewalt gegen die Außenklappen meiner Gefühlswelt, dass

es schon schmerzt, ich auf einem Stuhl sitzend umherwanke, deswegen blitzartig eine Entscheidung treffen muss: *Okay, okay, ich sehe es ja ein. Deswegen – Abstand von meinem Wunsch. Auch wenn ich annehme, es wäre bestimmt ganz amüsant, Patricia aufzuspießen und dann zappeln zu lassen. Aber ab heute ist sie für mich tabu. Obwohl ich sie eigentlich vernaschen wollte.*

Unterdessen bringen sie die Möbel herein, wonach ihr Mann mit mir zu Peter fährt.

*

Am Abend sitze ich in meiner Wohnung, sitze in einem Sessel von Peter und habe die Beine auf einen davorgestellten Stuhl von Kunkel gelegt. Während ich rauche, lasse ich meinen Blick durch das Zimmer schweifen, wundere mich darüber und bin doch nicht verwundert, wie schnell sich doch die Zeiten ändern: Vorige Woche noch herrschte in meiner Wohnung das Chaos des Nichts, wo man die Möbel suchen konnte, sie aber keinesfalls fand. Jetzt das Chaos des – na gut, vollgefüllt ist sie noch nicht, da passt noch was hinein, aber was nun drinsteht, ja, man kann es in ihr aushalten. Und der Sessel, in dem ich sitze, ist genau so platziert, dass ich von ihm aus in den Fernseher von Patricia gucken kann. Um den Sessel herum stehen drei Stühle: der rechte für die Cola – wovon ich zur Zeit Massen verschlinge – in der Mitte der ist für die Füße und auf dem linken befindet sich mein Aschebecher. Ja, so lasse ich es mir gefallen! Gewusst wie, spart Energie!

'Klingelingeling!'

Nanu, wer kann denn das sein?

Der »Herein!«-Brüller.

Frank schiebt sich herein in Begleitung seines Nachbarn, den ich aber nicht weiter kenne. Frank kommt auch sofort zum Grund seines Besuches: »Mike, du hast doch gesagt, du brauchst einen Plattenspieler. Ist es dabei geblieben?«

Erwartungsvoll nick. Bin gespannt, was er jetzt gucken lässt.

»Okay, ich kann dir einen geben. Falls du ihn haben möchtest. Denn er ist schon ein bisschen alt.«

War der nicht früher mal Steffen seine? Na klar. Aber wie kommt der jetzt zu Frank? Ach egal. Ist er noch gängig, nehme ich ihn.

Nach einer Weile ertönt Musik von den 'Toten Hosen'. Ich genieße ausgiebig den sündig gelungenen Klang.

Franks Nachbar schaut sich derweil meine – noch geringe –

Plattensammlung an. Plötzlich hält er die Platte von 'Vixen' in der Hand: »Was ist denn das? So hübsche Weiber und so eine beschissene Musik?«

»He he he«, weise ich ihn mit einem drohenden Unterklang in der Stimme zurecht, »bei dir ticktswonimmer richtig, wa?« Gerade hat er sich bei mir unbeliebt gemacht.

»Entschuldige. Aber ich stehe nun mal nicht auf so eine Musik. Aber es ist auch ganz gut so, dass jeder seinen eigenen Geschmack hat.«

Ich gebe mich zufrieden. »Undie hübschesten Weiber sin die Metal-Bräute!«, muss ich jedoch noch Nachschlag geben.

Dann wende ich mich wieder Frank zu: »Was kriegstn dafür?« Und hoffe darauf, dass ich – wie bis jetzt bei allen Möbeln – kostenfrei davonkomme.

»Na ja – für den Plattenspieler 20,- DM und für die Verstärker mit den Boxen 30,- DM. Macht ...« er fängt an zu rechnen »... 50,- DM.«

Kaum hat er das Geld, ziehen sie wieder ab. Ich aber habe jetzt die Möglichkeit, Stimmung in die Bude zu bringen und tue es; tue es laut – sehr laut – am lautesten – volle Pulle, tue es deftig – deftiger – am deftigsten – eine Stahlpresse ist ein Scheißdreck dagegen, schönen Gruß an die Trommelfelle, und sorge mich nicht, denn ich brauche ja niemanden zu verstehen, schließlich halte ich meine Selbstgespräche in Gedanken ab.

59

Sonntag, 22. September. 11:00 Uhr.

Gerade aufgestanden. Die letzte Stunde zwar nur noch herumgedöst, doch mir ist der Einfall gekommen, meine Lauffähigkeiten einer Kontrolle zu unterziehen: Ich werde eine so große Strecke laufen, wie seit meinem Unfall noch nie; will den Zeitrekord von der Kur weit überbieten. Damals auch in Begleitung, heute werde ich ganz allein auf mich gestellt sein.

Ich frühstücke bedächtig. Denn dies könnte mein letztes sein. Doch was soll mir schon passieren? Mehr als den Abgang machen kann ich nicht. Und niemand würde deswegen eine einzige Träne vergießen.

*

Grimmig, Harnisch heruntergelassen, Schwert gezückt, in Angriffsstellung – entschlossen und hoch konzentriert trete ich auf die Straße hinaus: *Wenn ich das heute heil überstehe, dann gibt es keinen Zweifel mehr, dass ich das normale Laufen wieder hinkriege. Dann werde ich immer mehr Tage ohne Krücken laufen, immer mehr und immer mehr, bis der Tag kommt, wo ich die Krücken meiner schwarzen Vergangenheit zukommen lasse!* »Und wer das nicht geil findet, der kann mich mal!«

Zuerst zu Peter – *Werde ich danach weiterlaufen?* – Er ist nicht da. Sagt man mir. – *Okay, ihr habt es nicht anders gewollt, jetzt ist es endgültig klar: Ich werde laufen!*

*

An einer Bushaltestelle. Meine Uhr sagt mir, dass ich schon 1:03 Stunden unterwegs bin, was ich auch in den Knochen merke. Deswegen setze ich mich auf eine Bank für eine 5-Minuten-Erholungspause.

Doch nach zwei Minuten stehe ich schon wieder auf: *Es ist mir ganz einfach zu doof, untätig herumzusitzen und vor mich hingluckern wie eine Henne, die um ihre Küken trauert. Ich will laufen!*

Doch scheinbar bin ich dadurch aus dem Rhythmus gekommen. Ich schwanke plötzlich wie ein betrunkener Seemann, der versucht, ohne sich dabei festzuhalten, im 10-Seestärke-Sturm das Deck seines Schiffes zu überqueren. Und ich werde immer schneller, kann gegen das Tempo nichts machen, kann es nicht aufhalten! Taumel in Richtung Ende des Fußweges, der stark befahrenen Straße zu!

Ich sitze auf der Erde. Habe mich fallen lassen, denn auf die Straße fallen hätte ziemlich heikel werden können. Normalerweise versuche ich immer so schnell wie möglich zu gehen, doch ich habe mich da noch keineswegs unter Kontrolle. Und jetzt werde ich die Geister, die ich rief, nicht mehr los.

Es ist nicht neu für mich zu bemerken, wie alle an mir vorbeilaufen, ohne ein Hilfsangebot herüberzusenden. Denn so nach und nach gewöhne ich mich daran, sofern man sich überhaupt daran gewöhnen kann. Aber viele Leute rennen doch ganz einfach mit großen schwarzen Scheuklappen umher, die dazu auch noch verschoben sind, so dass diese einen noch dunkleren Rand bekommen. Darüberhinweglinsen damit unmöglich!

Ich ächze mich nun auch wieder allein hoch, was mir aber nicht mehr sehr schwerfällt, da ich schon Übung darin habe.

Stehe erst einmal, versuche wieder Ruhe zu finden, um meinen Marsch mit weniger Schwankungen fortsetzen zu können. Und plötzlich eine ältere Frau.

»Kann ich Ihnen helfen?«, ist sie besorgt.

Aha, muss ich befinden, es gibt also doch noch Leute, die die Mühsal anderer Menschen bemerken.

Von hier aus sehe ich die Ampel, welche den Weg über die Straße ermöglicht, aber ausgeschaltet ist. Ich frage die alte Frau, ob sie mich über die Straße führen kann.

Sie schaut mich musternd an. »Weiter vorn, ja«, befindet sie dann.

»Haben Sie was getrunken?«, will sie nun auch noch wissen.

In meiner Faust zuckt es kurz. Nur mit Mühe kann ich sie zurückhalten. Denn wenn ich jetzt der Frau, die mir helfen will, eine feuere, hat es sich für mich mit Hilfe völlig erledigt. Denn in so einer kleinen Stadt wie Zittau spricht sich so etwas in Windeseile herum.

»Ja!«, versuche ich, mit Ironie gegenzuhalten. »Fruchtmilch, Cola.«

»Keinen Alkohol?«

Ich schüttele den Kopf. Kann es aber nicht verhindern, dass mein Gesichtsausdruck nun das widerspiegelt, was in mir vorgeht: Trotz! Abschussliste! Folterbrunnen!

*

Wieder eine Stunde später. Ich habe gerade einen Park hinter mir gelassen, welcher in Verbindung mit einem danebengelegenen Altersheim steht. Auch saßen ein paar alte Leute im Park, denn ich habe mir für meinen Test einen wunderschönen Spätsommertag ausgesucht, welcher erquickend sonnig und warm ist, wie geschaffen für eine Frostbeule, wie ich es seit dem Unfall bin. Sie riefen mir zu, ich solle vorsichtig laufen und warum ich meine Krücken nicht nehme.

»Ich bin immer vorsichtig!« – *außer wenn ich es nicht bin* – rief ich ihnen zu und lief weiter.

*

Der »Ring« ist wieder überquert, aber ich muss erst einmal anhalten, weil sich ein nicht dort hineingehörender Stein im Schuh befindet. Ich entferne ihn und laufe weiter. Doch Entsetzen. Wieder diese Extremschwankungen! Schnell Rettungsanker! Finde!

Ich bin wieder zum Ausgangspunkt der Schwankungen zurückgekehrt, an die Mauer, wo ich mich beim Steinentfernen fixiert hatte. Doch eines hämmert jetzt mit Bellow-Gewalt in mein Bewusstsein: *Bleibe niemals stehen! Nicht aus unerfindlichen Gründen und auch nicht aus erfindlichen! Oder – du stehst erst einmal ein paar Sekunden freihändig, damit sich dein Körper an die veränderten Bedingungen anpassen kann. Sonst – vielleicht Abfahrt.* Doch jetzt weiter. Meine Beine sind zwar wahre Klagehymnen, wimmernd ob der ihnen aufgelasteten Bürde, sind erzürnt ob der Belastung zwei Stunden Marsch, sind aber erfreulicherweise noch nicht völlig ausgepumpt, schleppen einen noch unangetasteten Reservekanister mit sich herum. Und da ich jetzt weiß, wo ich langlaufen werde, ist ungefähr die Hälfte geschafft.

*

20 Minuten später frage ich einen älteren Mann, ob er mich über die vor mir liegende Straße bringen kann. – Ungefähr fünf Minuten musste ich hier warten, bis mal einer angetrabt kam. Deswegen muss ich mich irgendwie kennzeichnen. Denn wenn nicht einmal Fußgänger die Richtigkeit meiner Lage sehen, kann man es von Autofahrern erst recht nicht erwarten. Da werde ich mich morgen gleich mal bei der Schuhmachern erkundigen. – Er erklärt sich nach einer kurzen Musterung von mir sofort dazu bereit.

Auf der anderen Straßenseite erzähle ich ihm, dass ich behindert bin – »Ja, das weiß ich!« Staun von mir. – und dass ich auf einer Seite völlig gelähmt war. Erkläre aber mit Absicht nicht, welche Seite das betraf. Denn ich will es von ihm wissen. Und erwarte, dass er nun ins Rätselraten verfällt.

An seinem Gesichtsausdruck ist deutlich zu erkennen, dass er weiter will. Doch er tut mir den Gefallen, schaut mich kurz an.

»Rechts«, sagt er dann. »Aber ich habe jetzt keine Zeit, muss weiter.« Damit verabschiedet er sich.

Wunder wunder. Ist er Arzt, dass er über ein Spezialwissen verfügt, womit er so was erkennen kann? Oder ist an meinem Körper irgendeine Unnormalität zu erkennen, von der ich aber noch nichts weiß? Ich dachte, die Lähmung hätte ich weggekickt. – Wovon die Schuhmachern ja absolut nicht überzeugt ist, die hat aber sowieso nicht nur im medizinischen Bereich einen vielfältigen Knick in ihrer Schüssel.

Ich tippe auf zweiteres: *Doch auch das muss entfernt werden!*

*

3:00 Stunden Marsch.
Meine Beine werden müder und müder. Irgendwo hier hinsetzen. Verschnaufen. Doch Bank, auf dieser Straße – Fehlanzeige. Dabei hier drei Bushaltestellen. Aber behindertenunfreundliche Stadt. Deswegen ich laufe weiter, ohne Pause, und weiter, trotz zitternder Beine, schon halb hängend, in der Kniebeuge.
Eine Brücke. Danach hinsetzen, nein, weg von dieser Straße. Hinsetzen. Wo?
Auf der Brücke hinsetzen, nein, Beine endgültig hinsetzen, nein, das große Flattern, knicken, hinsetzen, unter mir, hinsetzen, weg, keine Lust mehr, hinsetzen, den Körper, hinsetzen, weiterzuschleppen! Schnell, schnell, ja schnell, festklammern. Doch Hand abschabt. Darum nein, Flug nicht aufhalten wollen. Nicht den Fischen im Tag »Guten Fluss« – »*Guten Fluss?*« Quak, »*Guten Tag*«. Mein linkes Knie unter Körper sowie rechte Hand »Auuuhauhauh!« Wilder Schmerz im Knie, Hand, Gewicht nicht unter Kontrolle, ich mich abrollen.
Liege nun auf einer Brücke mit einer blutenden, beißenden Hand und einem schmerzenden Knie. Setze mich aber sofort wieder auf, denn so eine Liegestellung ist schlecht für das Image. Sieht dann so aus, als ob ein besoffener Penner da läge.
Auf der anderen Straßenseite stehen zwei Männer im mittleren Alter, welche meine Darbietung beobachtet haben. Und amüsieren sich köstlich darüber.
»Du solltest dich für den sterbenden Schwan bewerben!«, rufen sie mir zu.
Nee, da fehlen mir die Flügel! Ansonsten wäre das nicht passiert!, will ich ihnen entgegnen. Überlege es mir vor dem Ausbruch dieser Wörter aber anders: *Hat ja doch keinen Sinn, mit diesen hohlen Votzen rumzudiskutieren! Labern eh nur Schwachsinn!*
»Verfickt euch!«, gifte ich dafür rüber.
Unerwartete Reaktion pur: Sie hauen ab. Mit der Abschiedsbemerkung: »Nicht soviel saufen!«
Herrlich, diese Scheiß-Kotzbrocken!!!!!!! Ich registriere: *Schmerz im Knie lässt nach, die Beine zittern nur noch wenig, das Beißen in der Hand ist ignorierbar. Darum weg! Weg hier! Weg von allem! Weg von jedem!*
Ich erhebe mich wieder und sehe zu, dass ich von der Straße verschwinde: *Denn hier sitze ich wie auf, wie auf, wie auf dem Präsentierteller, feilgeboten für das dämliche Gespött irgendwel-*

cher Blödmänner, besudelt von dem Gesabber dieser Kotzbrocken.

*

Wieder zu Hause. Bräuchte nur noch die letzte Straße zu überqueren und könnte mich dann in mein stilles Kämmerchen verschließen. Doch – *noch ein bisschen übertreiben, denn das ist besser als untertreiben; meine Beinmuskelchen dürfen ruhig schon daran schnuppern, was sie demnächst erwartet*: Ich laufe noch einmal zu Peter.

Das Buch mit dem Titel »Der Weg war umsonst!« vor der Haustür. Jetzt überhaupt niemand anwesend. Zumindest zeigt sich niemand. Rückzug.

*

Nach 4:05 Stunden (Pausenzeiten schon abgezogen) komme ich zu Hause wieder an: *Fertig auf die Beine – ja, fertig im Kopf – nein. Denn ich habe mir selbst etwas bewiesen, was jeglichen Zweifel am Erreichen meines Zieles ausräumt. Ich bin an meine Grenzen gegangen, okay, doch das sind nur meine derzeitigen Grenzen. Wenn ich das jetzt laufend mache, werden diese Grenzen immer weiter hinaus verlegt. Und was das Fliegen betrifft: Ach, das war gar nicht so schlimm. In vier Stunden zwei Landungen und drei kleine Wackler – lach'mer drüber. Ich werde das Gefühl nicht los, der Fluggesellschaft, deren erster Kandidat ich bin, werde ich bald kündigen. Fristlos! Und diejenigen, die mich verabschiedet hatten, dachten, dass ich erledigt sei, und die, die mich jetzt besabbern, besudeln, bekotzen, die können mir dann mal den Buckel runterrutschen; aber vor dem Arsch müssen sie anhalten – Scheiße hat Vorfahrt!*

Ich gehe hoch.

60

Montag, 23. September. 9:00 Uhr.

Im Anmeldezimmer der Schuhmachern. Habe nicht vor, mich auf die Warteliste setzen zu lassen, zehn Stunden *(na ja, vielleicht nicht ganz so viel, aber annähernd)* auf das Bekommen einer Information zu warten.

Die Anmeldeschwester protestiert heftig, Zornesfalten huschen über ihr Gesicht, sie lehnt sich dagegen auf, dass ich einfach so dazwischenschneie und nicht den mir – nach ihrer Meinung – eigentlich zustehenden Platz im Warteraum einnehme. Doch ich bin

von ihrer Zeterei so beeindruckt wie ein Granitblock von Watte-
bällchen.
»Na gut, dann gebn Sie mirebn dieAuskunft!«, gifte ich zurück.
»Ich hab vor, ab sofort wieder öfters ohne Krücken zu loufen. ...«
»Sind Sie verrückt?«
Ich bin es leid, mit ihr über irgendwelches wagen-können und
nicht-wagen-können herumzudisputieren. Insbesondere seit ges-
tern weiß ich, wozu ich fähig bin. Und dass man hier drin anderer
Meinung ist, von mir aus. Deswegen: »Ja!«
Kopfschütteln – *da kann sie wohl nur von Glück reden, dass
sie mit mir nicht zusammen ist, ansonsten hätte sie wohl schon
Kopftremor.*
Ich setze meine Frage fort: »Und eben dafür bräuchtichne
Kennzeichnung, damite Autofahrer wissen, was Fakt ist. Dennes
dürftIhn jawohl bekannt sein, dassch nis stabilste Gleichgewicht
hab.«
Sie tut mir den Gefallen – sie denkt kurz nach, meint dann
aber, dass ihr da nichts bekannt sei.
»Keene Armbinden dafür?«, versuche ich, ihr auf die Sprünge
zu helfen.
»Nein«, wiegelt sie ab. »Da gibt es doch nur welche für Seh-
behinderte. Und das sind sie doch nicht.«
Und die Schuhmachern, welche kurz darauf zu erkennen gibt,
dass sie auch präsent ist, erklärt definitiv, dass es da keine gäbe.
So richtig glaube ich das aber nicht. Doch Dr. Guter weiß auch
von nichts, verweist mich aber ans Sozialamt. Für die diese Sache
aber auch neu ist. Auch Patricias Wissen schwebt darüber im
Dunkeln. Ergo läuft es also dahinaus, dass ich mich nicht zu heilen
habe; oder ich riskiere mein Leben.
Ich bin noch unschlüssig darüber, was ich mache, kann mir
aber schon denken, wofür ich mich entscheiden werde. Weil ich
mich kenne.

61

Sonnabend, 28. September. Abends.
Bei meiner Mutter, habe ihr die Wäsche gebracht. – Allerdings
nur die, welche sie nicht zerstören kann. Empirischer Grund, denn
ich habe keine Lust, die Hälfte meiner Sachen einzubüßen.
Jetzt aber ist es an der Zeit, wieder den Rückzug anzutreten.

»Warte mal; ich guck mal nach, ob noch ein Bus fährt«, meldet sich auf meine Ankündigung hin meine Mutter.
»In fünf Minuten fährt der letzte.« Schockwelle. »Schaffst du den noch?«
Also irgendwie habe ich das geahnt. Denn es ist schon 18:00 Uhr durch und am Wochenende werden gegen um sieben die Bürgersteige hochgeklappt.
»Was da?«
»Soll ich dir ein Taxi rufen?«
Zögern. Denn mich begeistert es absolut nicht, dafür Geld auszugeben, da ich ja sowieso schon in der Nähe des Baumrinden-Anknabberns bin. Darum schüttele ich den Kopf.
»Aber was dann?«
Plötzlich schaltet sich Fritz ein – muss ja auch seinen unveredelten Senf dazugeben: »Du fährst mit dem Taxi, und damit basta!«
Brausen? – Ich ignoriere sein Geschwafel. Bleib dafür meiner Mutter zugewendet. »Wie wärs denn mit Laufen?«
Doch Fritz will sich nicht so einfach ignorieren lassen, ist der Meinung, dass er über mich zu verfügen hat: »Das kommt überhaupt nicht in Frage. Wir wollen auch in die Richtung, du brauchst dafür also nicht zu bezahlen!«
Tja, eigentlich ein Angebot, doch jetzt habe ich mir in den Kopf gesetzt zu laufen, und darum werde ich das auch machen!
»Mach deie Gosse zu, kommbloß Unrat raus.« Ich registriere noch sein verblüfftes Gesicht und wende mich dann wieder meiner Mutter zu: »Habich richtig gehört, ihr wollt ouchin meine Richtung?«
»Ja. Warum?«
»Dann könntihr folendes machen: Mit mir mitlaufen.«
»Ja, können wir.«
»Na dann macht's ouch!« Widerspruch zwecklos.

*

Startzeit: 18:55 Uhr. Da ich auch jetzt ohne Krücken bin, schätze ich, dass es länger als der Marsch vom vorigen Wochenende dauern wird, ungefähr fünf Stunden.
Während dem Anfangslaufen betrachte ich mir den Weg, den ich zurücklege. Denn den kenne ich von oben und unten, habe hier zu Silvester meine ersten Außenanfangsschritte mit den Krücken

absolviert. Doch der Zaun, den ich damals einstürzen ließ, steht wieder.

Als ich heute Mittag mit dem Bus hier ankam, wurde ich von einer älteren Frau gelobt, wie gut ich doch schon laufe. (Natürlich) kannte ich die Frau nicht, aber aus ihr sprach, dass sie mich schon mal gesehen hatte, als ich noch mit dem Rollstuhl zu Gange war. Was mich (*auch natürlich*) dazu veranlasste, stehenzubleiben, mich zu bedanken, denn solche Worte tun echt gut, wenn man sonst laufend »besoffen« hört.

*

Auf der nächsten Straße. Meine Mutter ist überrascht darüber, wie gut es bei mir schon läuft; aber hätte sie mich damals im Krankenhaus nicht sitzen lassen, wäre sie darüber im Bilde gewesen.

Auf einmal – wieder Fritz, der Blödmann: Auf der Straße steht ein Lada, in den drei Vietnamesen einsteigen wollen. Denen er erzählt, dass ich gehbehindert bin und deswegen schlecht laufen könne, aber noch an das entgegengesetzte Ende von Zittau müsse. – *Bis dahin richtig!* – Ob sie mich nicht dort hinbringen könnten.

Die Vietnamesen stimmen sofort zu.

Ich fauche Fritz an, was er sich dabei denke. »Über mein Körper entscheid ich un nison hohlköpfiger abgelaichter Wichser!! Wie Du!«

»Was für ein Ding?«

»Hohlköpfiger abgelaichter Wichser!! Verstehste ni, wa, is deutsch! Aberch warne dich: Maße dir nie wieder an, mich als stimmlos hinstellen zu wolln, zu mein, ich hab die Klappe zu halten un zu machn, wasson Volltrottel – wie dueener bist – sagt! Denn danach würde es dir ganz sehr dreckig gehn! Daroff kannste dich verlassn!«

»Aber du bist doch viel zu langsam«, wendet er ein.

»Du kannst dich ja verpissn, wennsdir ni passt!«

Jetzt schaltet sich meine Mutter ein: »Fritz, das ist doch richtig, was er macht! Und er hat vollkommen recht! Du kannst doch von ihm noch nicht erwarten, dass er schnell läuft! Früher wäre er uns beiden davongelaufen, aber jetzt geht das nun mal nicht! Du kannst ja schon immer vorgehen, wenn es dir nicht passt!«

Nanu? Was ist denn mit meiner Mutter los? Sie lässt ja auf einmal Wahrheiten hören! Und Fritz – der zieht den Schwanz ein wie ein begossener Pudel.

Ich wende mich nun den Vietnamesen zu, welche fragend auf

uns schauen: »Danke, aber ihr braucht mich nicht mitnehmen. Der« – ich zeige auf Fritz – »spinnt total!« Was auch bei seiner Fahne, die aus seiner Gesichtsluke aufsteigt, nicht unschwer zu erkennen sein dürfte.

*

Am Tunnel angekommen fängt Fritz wieder an, sich zu mokieren.

Mir reicht es nun völlig, ich bin auf 360°. »Hauab un fickich daheemins Knie!«, brülle ich ihn an. »Oer du dämicher Kotzbrockn hältsendlich deie stinknde Fresse!!«

Fritz murrt weiter und fängt an loszulaufen. Doch nach einigen Metern bricht er ab und kommt zurück. Wahrscheinlich wollte er mir zeigen, wie so was auszusehen hat.

»Ich kann euch doch nicht allein lassen!«, vermeint er, unersetzbar zu sein.

Nee, dem gebe ich kein Oberwasser: »Nee, das wär echt nisogut. Dann würdmer nämich die Zulagen von Voater Staat fürdas Führen von geistig behindertn Lachgestaltn gestrichn bekommn.«

Meine Mutter lacht auf. Fritz dreht sich mit hängendem Kopf und gebeugten Schultern in unsere Laufrichtung und passt sich unserer Geschwindigkeit an.

Vor der Bibliothek treffe ich auf Ratte *(der heißt wirklich so)*, welcher gerade aus einer Kneipe kommt oder in eine geht. Ich weiß das nicht so genau, weil er gewohnheitsmäßig den ganzen Tag in einer einsitzt, tippe aber auf letzteres, da ich keine Alkoholfahne an ihm erschnuppern kann.

»Hallo Ente«, begrüßt er mich; erstaunt, mich um die Zeit noch zu sehen, »du läufst ja wieder ohne Krücken.«

»Natürlich.«

»Und, wie geht's dir?«

»Aufwärtstendierend.«

Damit laufen wir weiter und er geht ins Bahnhofsstübl. Fritz schaut ihm ganz sehnsüchtig hinterher.

*

Vor der Bullenburg legen wir eine Raucherpause ein. Soeben auf dem Weg hierher mussten wir den Ring überqueren; Schreck, lass nach! Ein Autofahrer hatte keine Lust zum Halten, fuhr in Schlangenlinie um uns drumrum. Und kam mir dabei gefährlich nahe. Doch irgendwie konnte ich mich noch stoppen. Nehme an, dass mich dazu mein Schutzengel befähigte, der zwar am 3.8. gepennt hatte, danach jedoch laufend Überstunden gemacht hat; wie um etwas gut zu machen. Und vielleicht führt er ja mich auch zu Jackline – an die ich laufend sehnsuchtsvoll denken muss, von der ich manchmal sogar träume und wegen der ich auch wieder hochkommen muss, will ich sie zurückhaben, denn ich wünsche es mir – *ja, zu ihr zurück, mit Erfolg zu ihr zurück!*

Plötzlich ruft es in mir leise und sanft und doch sehr deutlich, bestimmend: *Schau auf deine Uhr! Die ungefähre Hälfte hast du geschafft, wonach du erkennen kannst, wie viel du noch brauchen wirst.*

Zuerst ein Blick auf die Kirchuhr. Kann aber nicht glauben, was ich da erkenne. – *Wahrscheinlich geht die mal wieder nicht! Wäre nichts Neues!* – Nun auf meine Armbanduhr. Und – *die Kirchuhr geht richtig! Nicht zweieinhalb Stunden, wie ich dachte. Oder geht die auch falsch? Quatsch! Eine Stunde, nur eine einzige Stunde! Und das für diesen Weg! Eine einzige Stunde – ist das nicht bedeutend schneller als voriges Wochenende? Ja! Ich bin mir ganz sicher! Wenn ich auch heute viel mehr riskieren kann als voriges Wochenende, weil, wenn es brenzlig wird, sofort jemand zugreift (nehme ich an), so doch eine Leistungssteigerung; bei mir musste erst ein einziges Mal zugefasst werden!*

Ich teile es meiner Mutter und Fritz mit.

»Siehst du, du bist gar nicht so schlecht«, lobt mich meine Mutter.

Das »Sehr gut, sehr gut«, gebrabbelt von Fritz, halte ich für einen Namensvetter von meinem Spitznamen.

Doch am meisten freut es mich, dass ich es mir wieder einmal selbst bewiesen habe. – *Mike, nicht so voreilig!*, tönt es wieder in mir auf – die Stimme der Vernunft, nehme ich an, doch ich bin nun mal nicht sehr vernünftig. – *Du hast erst die Hälfte geschafft!* – Aber trotzdem freue ich mich drüber, freue mich wie ein kleines Mädchen, die vom Weihnachtsmann ihre erste Puppe geschenkt bekommen hat. Bin glücklich, bin überglücklich, denn der Lichtstreifen an meinem Gesundheitshimmel wird immer größer.

*

21:02 Uhr. Zu Hause. Vorn, an der Ecke, wo die schiefe Straße mündet, durften sich meine Mutter und Fritz wundern, wie schnell ich auf einmal laufe. Doch da es da steil bergab ging, ließ ich die Beine einfach rotieren, musste "nur" die Geschwindigkeit abbremsen; damit ich mich nicht überschlage. Und mit eben diesem Abbremsen hatte ich gewaltig Probleme. Kam aber noch bis zur anderen Straßenseite, wo eine niedrige Hecke stand, in die ich mich plumpsen lassen konnte. Wobei ich meine Mutter, welche mich noch festhalten wollte, auch mit hineinzog. Und komischerweise: *Kein Gemecker von ihr. Hat sie sich gewandelt?*

Aber obwohl ich jetzt über zwei Stunden gelaufen bin und obwohl meine Beine sehr abgespannt sind, fertig sind sie noch nicht: *Bienchen für sie!*

62

Donnerstag, 10. Oktober. Nachmittag.

Wieder einmal auf Trip ohne Krücken. Während dem Laufen Denken an den Film, der gestern Abend im Fernsehen lief: 'Allein und ausgeliefert': Eine Frau sitzt im Rollstuhl und wird liebevoll von ihren drei Angestellten umsorgt. Dafür hat sie diese in ihr Testament eingetragen, was sehr erklecklich wird, denn die Frau ist steinreich. Doch – *wie sollte es anders sein?* – die Angestellten können oder wollen nicht mehr warten bis zum Ableben der Frau. Sie wissen, dass es sehr wahrscheinlich ist, dass das Herz der Rollstuhlfahrerin einen Infarkt bekommt, wenn es unter starke Aufregung gesetzt wird. Darum von nun an Psychoterror. Nehmen ihr zuerst den Rollstuhl weg, der ihr einziges Fortbewegungsmittel ist. Die Frau muss kriechen. Hat höllische Angst, weil sie immer wieder Schritte hört. Versucht, sich dagegen zu wehren, versucht, das Zimmer zu vergasen. Doch die Gasflasche ist leer. Nun lässt sie Benzin ins Zimmer laufen und steckt es in Brand. Lauert mit einem Messer in der Hand in Nähe der Tür. Doch niemand kommt, auch dieser Versuch war vergebens. Plötzlich findet sie ihren Rollstuhl wieder. Rollt zum Gärtner, einen von ihren Angestellten. Und das Zimmermädchen, welche den Plan, die Frau ins Jenseits zu befördern, ausgeheckt hat, muss sich hinter einer Hecke verstecken, denn sie hat angegeben, dass sie bei ihrer Schwester weile, welche im Krankenhaus liegt und hochschwanger ist. – Der Rollstuhlfahrerin beginnt es zu dämmern, doch sie kann noch keine Konturen erkennen. – Am Abend versucht der Gärtner, das Wasser in der Badewanne unter Strom zu setzen, denn er weiß, dass die Frau die Angewohnheit hat, immer um 10:00 Uhr abends in die Wanne zu steigen. Doch die Frau merkt, dass irgend etwas nicht stimmt. Denn in dem Moment, als sie in die Wanne steigen will, wird es plötzlich dunkel, das Licht; sie bewegt sich in den Keller, findet den Sicherungskasten, setzt ihn wieder in Betrieb. Und darf jetzt erkennen, wie ihr Gärtner vor der Verteilerdose liegt, Kabel in der Hand hält, sich zu Tode zappelt, weil der Stromschlag zu ungesund für ihn war. *Wow*, habe ich gedacht, beglückwünschte die Frau dazu und fand, dass der Gärtner seine verdiente Strafe erhalten habe.

Doch was sie nun machte, war mir unverständlich: Sie lud ihn auf ihren Rollstuhl auf, bugsierte ihn zum Laubofen, stieß ihn hinein und schaltete den Laubofen an. Warum hat sie sich erst die Mühe gemacht, ihn dorthin zu schleppen? Warum ließ sie ihn nicht einfach liegen? Sie traf doch keine Schuld! Oder wollte sie ihn völlig vernichten, so dass er auch aus dem Totenreich heraus ihr nicht schaden kann? Das wird wohl für immer ein Geheimnis des Drehbuchautoren bleiben!

Am nächsten Tag meldete sich das Zimmermädchen bei ihr zurück. Die Frau saß auf der Terrasse, die Krankenschwester – die dritte Angestellte – war auch zugegen. Das Zimmermädchen kam zu der Frau und fragte, ob für den Ausflug ans Meer noch irgendwelche Sachen benötigt werden. Die Frau wunderte sich, verdächtigte sofort das Zimmermädchen, mutmaßte ein Komplott. Doch postwendend das Verbürgen des Zimmermädchens dafür, dass sie das offen stehende Auto mit dem Gärtner am Steuer bereitsitzend – der gleichzeitig auch der Chauffeur der Rollstuhlfahrerin war und mit ihr oft ans Meer fuhr – gesehen hätte. Die Augenbrauen der Frau hoben fast ab, sie rollte zur angegebenen Stelle, um sich selbst zu beweisen, dass sie den Gärtner letzte Nacht doch ins Jenseits geschickt hatte. Das Auto – es stand. Sie rief den Namen des Gärtners – die Augenbrauen der Frau hoben nun völlig ab: Der Gärtner stieg plötzlich leib- und wahrhaftig vor ihren Augen aus dem Auto, baute sich grinsend mit leicht gegrätschten Beinen, während er sich provozierend mit der linken Hand am Schritt rieb, und gefletschten Zähnen vor ihr auf und antwortete: »Ja, Madam?« Reinkarnation, etwas anderes konnte sie sich nicht vorstellen. Aber das war zuviel: Das eine Auge sexlüsternd, das andere Auge mordlüsternd, die schwitzende, behaarte gewölbte Männerbrust, die angeschwollene kurze Hose ... Herzinfarkt, der erste und gleichzeitig der letzte.

Das Ende machte mich unendlich traurig. Zeigte mir, dass es sich echt nicht lohnt, Krüppel zu sein: *Unausstehbar, dass ihre*

Angestellten sich nun an ihrem Unglück weiden konnten und es zu ihrem eigenen Vorteil umzumünzen versuchten, und dass sie gewinnen sollten. Kein Happy End, doch steht einem Krüppel ein Happy End zu? Ist es nicht vielmehr wirklich so, dass diese nach Geld lechzenden Idioten immer siegen werden, der Krüppel in allen Fällen chancenlos ist, er den Besiegten darstellen muss? Weil er von der Gesellschaft verstoßen worden ist und damit vom Abschaum zur Strecke gebracht werden kann. Aber nein, ich konnte mich damit denn auch nicht abfinden. Die Hoffnung blieb, die Frau würde genauso wie der Gärtner plötzlich die Augen öffnen und dann zur Rache schreiten.

Aber – ganz anders: Neid! Habsucht! Gier! Das Zimmermädchen war unersättlich, wollte alles, tötete deshalb den Gärtner, vergiftete dann die Krankenschwester. Nur jetzt wollte sie etwas für ihre zweifelhafte Schönheit tun, und da – die Rache, sie kommt gewiss, und wenn es auch erst bisschen später ist! – trat sie ins Badezimmer vor den Spiegel und entdeckte dabei eine ins Badewasser gefallene Puppe. Ich weiß nicht warum, aber irgend etwas drückte wahrscheinlich in ihren verwahrlosten Denkkammern herum: Sie griff nach der Puppe – für immer, nie wieder loslassend. Denn das Wasser, wo die Puppe lag, stand noch unter Strom.

Okay, damit hatte die Rollstuhlfahrerin zwar letztendlich gewonnen, doch zu welchem Preis? Leben, eigenes. Doch ist es nicht besser für einen Krüppel, den Abgang zu machen, und da solche Idioten mitzunehmen? Oder ist es besser, die ganze Schande und Verballhornung zu ertragen, irgendwann selbst nicht mehr in den Spiegel gucken zu können? Oder gibt es irgendwo noch Menschen, für die es sich auch für einen Krüppel lohnt, dann weiterzuleben? Ich habe meine Zweifel.

Ja, ich habe sehr viel Glück, dass ich nicht mehr an den Rollstuhl gefesselt bin. Dadurch steigen meine Chancen – wirklich? siehe Kur! – Dadurch bin ich in der Lage, mich gegen solche Schikanen zu wehren. Und dass diese Gegenwehr durchschlagender wird, dafür trainiere ich, jetzt und noch so lange, bis ich mich repariert habe!

63

Dienstag, 15. Oktober. Abends. 17:00 Uhr.
Heute keine Gehschule mehr, denn am Donnerstag versprach

Patricia, zu mir zu kommen und mir Tanzstunde zu geben. Deshalb jetzt »Großreinschiff«.

*

18:00 Uhr
'Großreinschiff' abgeschlossen. Versuche nun, der Stube ein romantisches Ambiente zu geben: Lasse ein eigens dafür gekauftes Räucherkerzl abbrennen, stelle eine Kerze in einen Kerzenständer, diesen auf den Tisch neben einen auch dafür gekauften Blumenstrauß.

18:30 Uhr
Eigendekoration. Ziehe meine Stretchjeanshose an, dusel mich dezent mit Parfüm ein, becreme mein Gesicht, stelle mich vor den Spiegel und wälze die angedeuteten Muskeln meiner Arme hin und her – ohne dass es mehr wird. Setze mich danach in den Sessel, stecke mir eine Zigarette an, schaue laufend auf die Uhr und werde immer nervöser. Ein sich in Extremgedanken gefallender Wicht oder Monstrum – oder was es auch immer sein mag – durchkämmt meinen Bauch, lässt ihn in sich erstarren, kurz vor dem Platzen stehen. Doch die Uhr zeigt erst 18:50 Uhr.

Ich hoffe, dass sie kommt; dennoch rede ich mir immer wieder ein: *Glaube es nicht, du kannst dir nicht sicher sein, dass sie wirklich kommt!* Denn die Enttäuschung soll nicht so riesengroß werden. Obwohl ich weiß, dass ich mir das nur einrede, in Wirklichkeit sicher – *zu sicher?* – bin, dass sie kommt. Und wenn nicht – egal ob ich nun den Glauben daran ignoriere oder mich in ihn verstricke: *Die Enttäuschung würde in jedem Fall riesengroß sein, würde mir ein weiteres Mal zeigen, wie abstoßend ich geworden bin, wie weit außerhalb vom überdeckenden und alles schützenden Mantel der Gesellschaft ich stehe, würde mir ein weiteres Mal zeigen, dass ich zum Abfall gehöre, zum Mobiliar, das nicht mehr gebraucht wird.*

*

18:58 Uhr. 2 Minuten noch. In mir braut sich alles zusammen, sucht nach einer Öffnung, wo es austreten kann: *Zwei Minuten noch, dann müsste sie kommen. Zwei Minuten noch, dann fällt der Hammer der Erleichterung – oder der Enttäuschung! Zwei Minuten noch.*

Mann, Mike, du bist doch auch nicht immer der Pünktlichste!
Richtig, ja, das ist richtig. Aber...

Kein 'Aber'! Wenn sie später kommt, geht davon auch nicht die Welt unter!
　Ja, aber...
　Es klopft. Blick auf die Uhr: 18:59 Uhr. Sollte sie das schon sein?
　Ja, sie ist es!
　»Herein!«, schreie ich.
　Die Tür öffnet sich. Zuerst der Duft: ein betörendes und doch erfrischendes, in erotischen Schleier eingehülltes Aroma. Der Duft materialisiert sich, ich bin geblendet; geblendet von der unvergleichlichen Schönheit, die dort im Türeingang strahlt: Patricia. Leicht geschminkt – zauberhaft; sie trägt eine weiße Bluse, die sich wohl gerundet periodisch auf- und absenkt; ein schwarzfarbener Minilederrock lässt mich imaginär mit der Zunge schnalzen, kann nicht verbergen, was sie für schöne Beine hat.
　Erektion!
　Spring ihr nicht unter die Bluse! Du weißt, sie ist für dich tabu!
　Ich begrüße sie und zünde die Kerze an.
　»Magst du so was?«, frage ich sie und hoffe es insgeheim.
　»Ja, natürlich! Aber sag mal, hast du schon gedacht, ich komme nicht?«
　»Sieh man das?«
　»Ja! Aber du kannst dir merken: Wenn ich sage, ich komme, dann komme ich auch!«
　Ich erzähle ihr, dass es schon lange her ist, dass ich echte Zuverlässigkeit kennenlernen durfte. »Deshalb muss ich mich erst wieder dran gewöhnen.«
　»Ich helfe dir dabei.«
　Sie packt eine Geflügelpizza aus. – *Das leckerste Geflügel ist sie selber!* – Fängt an, sie zuzubereiten. Hat auch Gewürze mitgebracht, die sie nach dem Gebrauch in das Buffet stellt – *sich selber braucht sie nicht erst würzen* – weil sie diese hier lässt, wie sie mir mitteilt. – *Sie will also noch oft kommen, mir was zu Essen anbieten ...*
　Während dem Essen schneide ich ein Thema an, was mich sehr bewegt: »Du bistdoch Sprachspezialistin! – Hmmh, die Pizza schmeckt echt lecker! – Ich gloube, dassich meine Sprache nimmer soweit inGriff kriege, dassich als Lehrer oarbeiten könnte. Denn ich bin zwar zu verstehen, oder ... «

Sie nickt.

»..., aber ich kennes noch aus meiner eignen Schulzeit: Als Schüler willste niden Lehrer verstehn, der muss sich verständlich machen. Und ich gloub, wenn man mich ni verstehen will, tut man's ouch ni. Und deswegen hätt'ch wohl als Lehrer keene Chance.«

»Meinst du?«

»Was meinst'n du?«, stelle ich die Gegenfrage.

»Na ja, so wie du das siehst, ist das richtig. Du solltest dir auf alle Fälle auch andere Möglichkeiten betrachten.«

»Siehste, und deswegen werdich inner nächsen Zeit zum Oarbeitsamt gehn un mich nach was anderm umsehn. Aber mein Abitur will ich auf keenen Fall umsonst gemacht ham.«

»Glaubst du echt, du hättest keine Chance als Lehrer?«

»Nee, so richtig ni. Aber ich muss ouch ehrlich sagen: Die Bewerbung fürs Lehrerstudium war nur ne Notaktion. Eigentlich wollt ich Musik studiern. Aber ich kam ni an die Musikschule ran, weil ich zu alt war. Trotz schon existierender Grundbegriffe.«

»Und was wolltest du da studieren?«

»Gitarre.«

Sie zeigt auf meine in der Ecke stehende: »Kannst du mir was vorspielen?«

Ich erkläre ihr meine Schwierigkeiten, wegen denen ich nicht mehr öffentlich spiele.

»Macht doch nichts«, befindet sie, »ich möchte dich trotzdem mal hören!«

»Zuvor aber noch was andres!«, bin ich jetzt der Meinung, sie darum bitten zu können.

Ich hole die Kennzeichnungen für Gehbehinderte – welche ich nun doch vom Sozialamt bekommen habe – hervor: »Diese Kennzeichnungen willich anmeim Arm offder Jacke anbringen.«

»Meinst du, ich sollte sie auf den Ärmel nähen?«

»Das fänd'ch nisogut. Denn ich hab ni vor, bei jeem Wetter die Jacke anzuziehn. Wenn die Sonne barbarisch ...«

Bei dem Wort fängt sie an, laut zu lachen. »Was hast du gesagt?«

Jetzt lache ich mit. »Barbarisch! Noch nie gehört?«

Sie verneint, weiterhin lachend. Und sagt, dass sie dieses Wort urkomisch findet.

Ich wusste gar nicht, dass dieses Wort so urkomisch ist, aber wenn ja – warum nicht?

»Aber jetzt zurück zum Thema: Wenn die Sonne **barbarisch**« – sie bricht in einen erneuten Lachanfall aus – »dann habich keene Lust, 'ne Jacke zu tragen.«

»Dann müssten also solche Armbänder her.«

Ich nicke.

»Reicht es dir, wenn du sie am Donnerstag bekommst?«

Das schockt mich aber ganz schön: *Sie fragt mich, ob mir das reicht! Eigentlich bitte ich sie darum, sie mir anzufertigen! Bin ich echt noch in der Wirklichkeit, oder träume ich das nur?*

Ein Zwicken in den Arm bestätigt mir, dass alles noch real ist. Infolgedessen teile ich ihr nun mit, dass es mir natürlich reiche.

»Gut, aber jetzt spielst du mir was vor!«, bestimmt sie, nachdem sie sich die Maße genommen hat.

Bei dem Lied von Westernhagen 'Ganz und gar' ist sie ganz hingerissen. Findet aber auch den 'Helpless'-Song von Neil Young schön und die schweinische Version von 'Lola' lachhaft, meint abschließend, dass ich sehr gut spiele plus singe. Obwohl ich mich öfters vergriffen und deswegen zwischendurch geflucht habe, obwohl ich nach einem Stimme-anstrengenden-Teil – expressiv muss sein; früher hatte ich damit auch nie Probleme damit – mitten im Lied einen Hustenanfall bekam, obwohl ich selber mein Spielen und mein Singen beschissen finde. Sie aber lässt es nicht zu, dass in mir Scham aufkommt; sie gibt sich ergriffen. Und in ihrem Gesicht ist kein Hinweis auf nur eine einzige Höflichkeitsfloskel zu sehen. Sie sitzt ganz versunken da und lauscht diesen abgebrochenen Klängen. Vielleicht hat sie in sich einen Filter sitzen, der ihr zeigt, wie es klingen würde ohne Nachfolgeerscheinungen eines Totalschadens.

Danach lege ich eine Platte auf, zu der wir tanzen wollen. Frage mich aber insgeheim, ob das die richtige ist: 'Kuschelrock' Denn sofort macht sie Anstalten, ganz eng mit mir zu tanzen, so dass sich unsere Körper aneinander wiegen und aufeinander schmiegen können. Wogegen ich eigentlich auch nichts habe. Aber diese *scheiß* Stimme in mir ermahnt mich immer wieder dazu, es nicht zuzulassen, erinnert mich daran, dass ich mein normales Tanzen zurückgewinnen wolle. Denn viele Mädchen früher meinten zu mir, dass ich gut tanze. Und da will ich wieder hin.

Patricia merkt es auch sofort und geht deshalb in Normalstellung.

Tanzen. Wie schön ist doch tanzen. Patricia geht zwischendurch die Platte umdrehen, dann wieder tanzen. Und es dauert nicht lang, bis wir uns aneinander gewöhnt haben, denn sie tanzt sehr gut und kann sich auf mein Gestolper einstellen. Und immer, wenn ich merke, ihren Fuß werde ich gleich breitlatschen, verharre ich auf der Hacke, bis sie den ihrigen wieder hervorgezogen hat. So kann ich es genießen, eine Frau in den Armen zu halten – endlich wieder, das letzte Mal war im Krankenhaus und die jeweilige schmiegte sich nicht so schön hingebungsvoll in meine Arme – *Ja, ich genieße es, obwohl ich ab und zu über meine Füße holpere, dann wieder über ihre, und schließlich wieder über meine; und ich genieße es, obwohl die Linksdrehungen im Ansatz stecken bleiben, weil ich starke Probleme habe, rückwärts zu laufen; und ich genieße es, obwohl ich nicht mit der früher gewöhnten Schnelligkeit und dem darin einfließenden Ausdruck tanzen kann. Es ist ganz einfach ein wunderschönes Gefühl, wieder über den Boden zu schweben, wieder den Duft einer schönen Frau zu inhalieren, auf dass man zerschmelze wie eine vom ersten wiedererwachten Sonnenstrahl getroffene Eisblume, dass ... unklar, ich bin sprachlos! Aber auf jeden Fall bin ich so verzückt, habe ihre Traumwelt mit meiner vereint, dass ich an nichts anderes mehr denken kann, nur noch in ihre Augen sehe, es mir vorkommt, als drehen wir ohne Halt auf irgendeiner Spitze. Und Patricia: Ihre Augen sind gefüllt von grundlosen Pfründen voller Glück und Zufriedenheit.*

64

Donnerstag, 17. Oktober. Nachmittag.

Auf dem Arbeitsamt, im Zimmer des Beauftragten für Behindertensachen. Er hat mein Abiturzeugnis, die Schulzeugnisse, die Studienbewerbung und die Studienzulassung, die Engel bei sich gefunden hatte, vorliegen.

»Sie wollen studieren?«, erkundigt er sich beiläufig.

»Ja, natürlich.«

»Und haben Sie schon eine Idee, was Sie studieren wollen?«

Ich verneine.

Daraufhin wühlt er eine Akte durch, beschaut sich das Gefundene.

»Bei Ihnen kommt ja am besten in Frage ein BHW!«

Was soll'n das sein?
»Ein Behindertenhilfswerk«, erklärt er mir. »Dort können behinderte Leute zu ihnen angepassten Konditionen studieren. – Wie wäre es denn mit Heidelberg? Das ist eine Universitätsstadt wie Oxford in England.«

Ich habe zwar davon schon gehört, aber nur den Namen. Kann es mir jedoch nicht verkneifen, sofort zuzustimmen.

»Und was wäre denn mit Informatik? Wissen Sie, was das ist? Ach euja. Hier im Abiturzeugnis steht ja, dass sie einen EDV-Lehrgang mit '2' abgeschlossen haben. Würden Sie sich dafür interessieren?«

Ich verziehe angewidert das Gesicht. »Absolut ni! Okay, ich hatte inner Lehre een EDV-Lehrgang, ja, unich habihn mit '2' abgeschlossen, ja, allerdings deshalb, weil ich'n sich für so ein Zeug intressierenden Nachbar hatte; und man die Lehrerin schön bescheißn konnte. Doch eigentlich habich ni den kleinsten Schimmer davon. Und leg ouch keen Wert droff, das zu ändern.«

»Also daran völlig uninteressiert«, stellt er fest und lugt wieder in seine Akte.

»Irgendweche techischen Studienmöglicheiten könnSieouch gleimit ausklammern«, beschränke ich ihn weiterhin.

»Aber Sie haben doch einen technischen Beruf.«

»Ja, aber –« Ich erkläre ihm nun warum und dass ich da unbegabt bin und dass ich daran ebenso kein Interesse hätte.

»Also Ingenieur können wir generell vergessen?«

»Richtig.«

»Dann bleibt nicht mehr viel übrig.«

Das soll wohl heißen, ich soll was studieren, was mich absolut nicht interessiert! Nur dem Studium wegen. Nur dem Prestige wegen. Nur dem Gelde wegen. Abfahrt! Meiner Ansicht nach ist nicht das Geld das Wichtigste, sondern der Spaß an der Arbeit! Habe doch keine Lust, ungefähr 40 Jahre lang jeden Tag, wenn ich aufstehe, mit Grausen an den mir bevorstehenden Tag zu denken!

Er hat was gefunden, rückt damit herüber: »Dann bliebe nur noch Sozialpädagoge, Musikpädagoge und Sozialarbeiter. Und am Besten wäre meiner Meinung nach Sozialarbeiter.«

»Wieso?« Ich kann seinen Gedankengängen nicht ganz folgen.

»Sie haben da so einen Bürojob wie ich, da kommen Leute zu Ihnen – Behinderte, Arbeitslose, Altersrentner und andere – Ihr Job ist dann so ähnlich wie meiner!«

Klingt zum Ertragen, noa? Obwohl da keine Kreativität. Doch – wow – in einem Büro sind doch normalerweise immer viele Frauen.

»Gut«, meint er, als ich zugestimmt habe, »dann werde ich gleich einen Antrag schreiben.«

»Was is aber mitder Bezahlung?«

»Da brauchen Sie nichts zu bezahlen. Das muss der bezahlen, der Sie umgefahren hat.«

»Die«, verbessere ich ihn, »eene die war das.«

»Auch noch eine Frau?«, registriert er verblüfft.

Und fügt weiter hinzu: »Na ja Frauen. Da ist alles klar.« Der Antrag füllt sich.

Ja ja, Frauen gehören nicht ans Steuer, noa? Doch obwohl ich eben durch eine Frau zum Krüppel gemacht wurde, verallgemeinere ich das nicht. Denn sonst müsste ich ja darauf verzichten, von Patricia mitgenommen zu werden. Auf diesen Verzicht verzichte ich!

Anschließend teilt er mir mit, dass ich »... noch drei Untersuchungen zu überstehen ...« hätte, nämlich eine logopädische, ein psychologische und ein physische, beendet dann aber meine Audienz mit dem Versprechen, dass ich von ihm hören werde.

*

»Äh, Sie haben meinen Brief erhalten?«, fragt mich der Anwalt, als ich vor ihm sitze.

»Ja. Undes ismir unverständlich, wieso die dortn Offenthaltsort von der Unfallverursacherin ni ermitteln könn. Wennich richtig informiert bin, war das doch niihr eigner Wagen, sondern der vom Chef ihes Mannes. Sind die denn dort so bescheuert, dassdie nimma bisschen logisch denken könn? Es liegt doch off der Hand, dasse beim Fahrzeughalter die Suche beginnen müssn.«

»Aber Sie wissen auch nicht, wo sich der Aufenthaltsort der Frau Wilde befindet?«

»Woher soll ich'n das wissen? Ich bin doch keen Einwohnermeldeamt!«

»Und sie wissen auch nicht, wo sie herstammt?«

»Neee!« Knurrender Unterton in der Stimme.

Plötzlich fällt mir was ein: »Oder warten Sie mal: Kam die ni aus Zwickau? Oder hatda zumindst studiert?«

»Sind Sie sich da sicher?«

Ich muss verneinen. Weiß selber nicht, wo dieses Gedankengerinsel herkommt. *Vielleicht davon, dass ich kurz vor dem Unfall in Zwickau eine Medizinstudentin besuchen war, die ich per Zeitungsannonce kennengelernt hatte, mit der ich aber nicht auf die gleiche Wellenlänge kam, war wohl zu hässlich. Anders kann ich es mir auf jeden Fall nicht vorstellen. Außerdem, ist doch Blödsinn, so was! Die kriegen Haufen Geld und ich soll ihre Arbeit machen? Die drehen jetzt wohl völlig durch? Das haben die selber herauszufinden, und damit basta!*

»Okay«, meint der Anwalt, »dann werde ich diese Woche noch einen Brief dorthin senden, dessen Abschrift Sie natürlich zugesandt bekommen. Auch habe ich gestern den Brief an die Verkehrsopferhilfe abgesandt, bin guter Hoffnung, dass die sich positiv entscheidet. Übrigens müsste eine Kopie des Briefes an die Verkehrsopferhilfe in den nächsten Tagen auch bei Ihnen eintreffen.«

»Hm.« Ich habe nicht die geringste Ahnung, was ich dazu sagen soll.

Er setzt wieder zum Abschlussplädoyer an: »Dann können wir nur hoffen, dass sich dort mal ausgebarmt wird, es endlich voran geht.« Er geleitet mich zur Tür.

65

Sonnabend, 19. Oktober. Mittag.

Post. Wieder reichlich Werbung, wieder der Inkasso-Dienst *(Scheiße!)*, aber auch vom Rechtsanwalt, dessen Brief ich zuerst lese.

»War es wirklich richtig, den zu engagieren?«, frage ich mich danach, entgegen meiner bisherigen Überzeugung. Denn er schreibt viel im Konjunktiv, wo es nach meinem Dafürhalten angebracht wäre, viel direkter zu sein, die Staatsanwälte am Schlawickel zu packen, pausenlos auf sie einschlagen, bis der ihren Kopf alles zupfropfende Schmalz ausgeräumt ist; er schreibt auch immer nur vom Warten – *Wie lange will der denn noch warten? Nach fast eineinhalb Jahren darf man ja wohl mal ein bisschen Ungeduld zeigen. Aus seinen Zeilen spricht aber nicht der geringste Kampfeswillen, es darf auch mal ein bisschen Aggressivität sein. Oder sollte das da Beamtendeutsch sein? Dann bin ich sehr, sehr froh, dass ich kein Beamter bin, will auch niemals einer werden. Ständig* die höfliche Ausdrucksweise wählen zu müssen, wenn die schärfere angebracht ist, ständig zurückzukuschen und eben diesen Leuten den vollgeschissenen Arsch abzulecken, denn sie könnten einem ja den Ast absägen, auf dem man thront – nee, dafür begeistern – Niemals! Wäre mir zuwider! Und wenn das noch lange so weiter geht, werde ich etwas unternehmen!

*

Der zweite Brief. Der vom Inkassodienst: *Ich soll ihm nun 112,35 DM zahlen. Wegen der Sache mit 'Heinrich' damals, als ich so herrlich von Hannelore und Mascha beschissen wurde. Und dazu gleich, sonst wird es noch mehr. Kredit aufnehmen? Expressfahrkarte in den Schuldenturm? Bin ich überhaupt kreditfähig?*

Ich flüchte, begebe mich auf Laufschule.

*

Drei Stunden später. Gerade habe ich den Stadtbus verlassen und will auf die Zielgerade abbiegen, da kommt mir in der Kurve ein älteres Ehepaar entgegen. Ich gehe aber wegen meiner Balance nicht so gerne am Fußwegrand, nehme deswegen den Innenweg, der an einer hüfthohen Hecke vorbeiführt. Weil ich mich da festklammern kann, sollte sich mein Gleichgewicht wieder einmal aus dem Staub machen.

Die Frau will auch auf dem Innenweg um die Kurve.

»Hier ist genügend Platz! Können Sie nicht außenrum gehen??«, schreit sie mich an.

Die muss blind sein oder schielt um die Ecke, die Krüppelzeichen prangen doch deutlich sichtbar an meinen Armen! Oder muss man die erst mit den Guckern darauf tunken? »Nein«, mache ich ihr deswegen verwundert klar.

Schimpfkanonade, Schreipunkt, Zeterszene: »So, eine Frechheit! Was der sich einbildet! Sollte man einsperren, so ein Gesindel!« Und dann: »Machen Sie sich gefälligst rüber!« Sie versucht, sich an der Innenbahn durchzudrücken.

Jetzt wird mir die Sache zu bunt. Ich registriere, sie befindet sich an meiner linken Seite. – *Günstig, günstig!* – Klatsch! Sturzflug in die Hecke.

Nun ihr Mann, der kühne Recke: Leicht stößt er mich an die Schulter, ich taumel der Frau hinterher. Doch an der Hecke ist Endstation, ich kann mich auf den Beinen halten.

Dabei Amüsement – die Frau. Sie hängt in der Hecke, hat einen Bauchklatscher hingelegt, den sich ihr kühner Recke im Bett wünschen würde, und knabbert gerade den Bewuchs ab. – *Tja, was sagt man denn da dazu?*

»Wenn du das noch mal machst, komme ich zu dir rüber und dann kriegst du von mir paar!« Riss aus dieser Life-Karrikatur von hinten.

Noch aggressiver als vorher drehe ich mich um, suchend, lauernd, geduckt: Ein am Straßenrand stehender Wagen, ein Fahrer darin mit vor Wut verzerrtem Gesicht und zur Faust geballter Hand. – *Keine Gefahr, der steigt nicht aus.* – Zweifel-Blick, Schultern-Zuck, ich stehe auch kurz davor, ihm einen Vogel zu zeigen, aber l ich drehe ihm den Rücken zu und laufe unbekümmert weiter.

Irgendwie erinnert mich das an meine Mutter: Freifahrtsschein für die ältere Generation. Siehe Arbeitsgesetz:

§1: Der Lehrmeister hat immer recht!

§2: Hat er mal nicht recht, tritt §1 in Kraft!

Und wer sich dagegen auflehnt, schwarze Schafe sollte man kloppen. Also – *mäh, mäh.*

66

Donnerstag, 24. Oktober. Früh, 9:00 Uhr.

Auf der Schrammstraße, der Straße nach meiner Wohnung. Warte auf den Bus, welcher mich zur Krankengymnastik bringt. Und laufe heute schon den zweiten Tag ohne Krücken. 25 Minuten zeitiger bin ich losgegangen, doch nach 14 Minuten war ich schon da. Allerdings sind auch 14 Minuten eine Menge Zeit für das Stückel, früher wären dafür nur zwei Minuten vonnöten gewesen. Aber ich nehme mir vor, demnächst diese Strecke in 5 Minuten zu schaffen, wovon ich jedoch noch weit entfernt bin.

Doch – *was soll ich jetzt machen?* – Eine Parkbank existiert hier nicht, Zigaretten habe ich keine mit – die lasse ich jetzt immer zu Hause, weil ich dann weniger rauche – Stehen strengt mich an, auf die Stufen des Einganges des hier befindlichen Hauses zu setzen ist mir nicht geheuer – es ist barbarisch kalt – also, was tun? Plötzlich kommt mir eine Idee, eine, die eigentlich ganz normal ist bei meiner Situation: Ich gehe auf Kurz-Wanderschaft.

Nach circa 30 Metern trabe ich wieder zurück. Gelange an die Bushaltestelle, wo mittlerweile zwei alte Herren stehen und sich unterhalten. Ihre Position ist aber so günstig, dass ich am

Straßenrand des Fußweges lang müsste. Und Selbstmörder bin ich eigentlich immer noch keiner. Darum fordere ich in ruhigem Ton den einen Mann auf, mal Platz zu machen.

Der grinst mich an: »Hier ist doch genügend Platz. Das müsste doch reichen.«

Ich sehe ein, dass es so keinen Sinn hat, also schiebe ich ihn beiseite, indem ich ihm vor die Brust stoße. Und dann weiterlaufe.

Der Mann fängt an zu fluchen. Flucht und übt sich darin, mich zu beschimpfen. Doch nicht in deutscher Sprache, nein, in irgendeiner slawischen. Weswegen ich nicht ein einziges Kompliment verstehe, das er mir bittersüß herüberreicht. Nur wage ich stark zu bezweifeln, dass die mir vor Freude die Ohren flattern lassen würden.

»Scheiße, ouch noch'n Ausländer«, lasse ich deswegen aus mir heraus, muss mir aber sofort klar machen, dass, wäre das ein Deutscher gewesen, da auch nichts anders ausgefallen wäre.

»Was fällt'n dir ein, du Suffkopp?«, fängt der andere an, auf mich einzuwettern. »Du bist doch fast jeden Tag schon früh besoffen! Wenn sehr, nimmste die Krücken, ansonsten läufste ohne!«

Überrascht bleibe ich stehen, wende mich in seine Richtung. Richte meinen Blick auf ihn, verenge die Augen, so dass nur noch er in meinem Blickfeld ist, nichts anderes mehr, und vor ihm baumelt ein rotes Tuch auf dem geschrieben steht: »Drangsalier mich! Folter mich! Erschlag mich!« Meine Ohren flattern nun doch, allerdings unter Spiralwirkung, und sie haben sich vorher nach innen gedreht: *Ooooooh, Alter!!!*

Aber ich beschließe, ihn nicht anzugreifen, ihn nicht den fahrenden Autos zum Fraß vorzuwerfen, ihn nicht zu erschlagen. Denn mir wird auf einmal klar, dass ich behindert bin – *ein Krüppel, ja; sad but true* – dass ich erst die Anfangspfründe meiner Rückkehr in das Laufen ohne Krücken durchpirsche und dass ich, so lange ich stehe, nicht die kleinste Chance habe, ihm auf seinen Weg auf die Straße folgen müsste. Denn Überraschungsangriff wäre nun nicht mehr möglich, weil er schon gesehen hat, wie ich seinen Freund aus meinem Weg geräumt habe und er dadurch gegen Attacken von mir gewappnet sein dürfte.

»Kriegst du Rente?« *Was hat er jetzt vor?*

»Nee.« *Warum erzähle ich ihm das, das geht ihn doch einen Scheißdreck an.*

»Na Gott sei Dank!«, gibt er mir die Bestätigung, dass ich

einen Fehler gemacht habe.»Die steht dir auch gar nicht zu! Du hast arbeiten zu gehen! Damit du mal aufhörst zu saufen! Das würde dem Steuerzahler gut tun!«

Mir reicht es jetzt:»Schließ endlich deine dreckige Gosse!« Und als ich ihm ansehe, dass diese Bezeichnung zu hoch für ihn war, vereinfache ich es:»Halt's Maul!«

Dieses bleibt ihm offen stehen, doch als er sie wieder zubekommt, bleibt auch dieser Zustand nicht lange erhalten, sie bewegt sich wiederum geschüttelt von wilden Verzerrungskrämpfen und nun Phrasen aussprudelnd, ausgestoßen von dem rasenden Expresszug, der seine Gehirnkammern durchforstet:»Das kann doch wohl nicht wahr sein!! Eine Riesenfrechheit ist das!! Und die da« – er zeigt auf meine Behinderungskennzeichnungen –»müsste man abreißen, die sind da völlig fehl am Platze!!«

»Versuchs doch!« Aggressiv bis in die kleinste Haarspitze. Drohend leise und mit Grollen in der Stimme. Schon lange keine Spur mehr von Lächeln. Angriffsstellung. Zu Fäusten geballte Hände: *Wenn er es wagt, wenn er es wirklich wagt, mich anzugreifen, dann – einer von uns beiden wird auf die Straße schweben, wahrscheinlich unter ein Auto, wahrscheinlich auf den 'Highway to Hell'. Und da ich meinen Soll schon erfüllt habe, wage ich ganz immens zu bezweifeln, dass ich derjenige sein werde.*»Na los, komm doch!«, schiebe ich noch nach.

Er zieht jetzt völlig den verkümmerten Schwanz ein und wendet sich wieder seinem Freund zu.

»Der Dreckvogel soll doch machen, was er will!«, dringen seine Worte an mein Ohr.

Mich erinnert das ein bisschen an das Verhalten kleiner Kinder: Den anderen erst übelst belegen, wenn man in sicherer Entfernung ist. Doch ich löse meine gespannte Haltung wieder, bin sogar in der Lage, wieder zu grinsen. – *Wie nennt man das? Gute Miene zum bösen Spiel, noa? Oder Humor ist, wenn man trotzdem lacht. Nur – habe ich meine Balance wieder, darf und wird er sich das nicht mehr erlauben. Denn sonst kann er sich gleich einen Krankenwagen bestellen, bevor er gak-gak macht.*

67

Freitag, 25. Oktober. Mitternacht.

Auf dem Bahnhof, warte. Bin nervös, furchtbar, angespannt. Hildegard will kommen.

Während ich da sitze, halten vor meinem inneren Auge die verschiedensten Versionen unseres bevorstehenden gemeinsamen Wochenendes eine Parade ab. Und doch sind sich diese Versionen sehr ähnlich, similar, kongruent, aus ihnen schreit ein gemeinsamer Grundtenor: *Endlich – endlich – endlich werde ich mir selbst beweisen, dass ich das Einfliegen in den weiblichen Flughafen noch beherrsche! Oder ich muss es wieder erlernen!* – Denn ich bin mir ganz sicher, dass ich bei ihr einschweben werde.

Doch erst einmal hat ihr Zug eine halbe Stunde Verspätung: *Irgendjemand scheint mich seelisch foltern zu wollen!* - Darum heißt es: nächste Zigarette anzünden und weiter träumen – *oder weiter spinnen?*

0:25 Uhr. Der Zug ist angesagt. Raus auf den Bahnsteig, sage mir immer wieder, dass ich nicht sicher sein darf, dass sie wirklich kommt. Aber ich bin es.

Weitere sechs Minuten. Der Zug kommt. Guck Aus. Der große Ausstieg, viele Gesichter, doch alle unbekannt. Magengrollen. Sollte Hildegard doch nicht kommen?

Plötzlich entdecke ich sie. Habe nicht bemerkt, wie sie ausgestiegen ist, wahrscheinlich waren zu viele Leute um sie drumrum. Und ich spüre, wie ein riesiger Ballast irgendwo in mir nach unten rutscht, Platz macht für die Erleichterung und die Freude. Ich schreite würdevoll, wie um die Szene genau festzuhalten, auf sie zu.

»Mike, das ist aber schön, dass du mich abholst!« Sie umarmt mich.

»Isja wohlogisch, dassichas mache.«

»Aber um die Zeit noch!«, wundert sie sich.

»Na ja, Ausangslimit habich keens.«

Sie lacht. Irgendwie und irgendwarum befreit, gelöst, entspannt. Wir umarmen uns noch einmal. Ich berühre mit den Lippen ganz leicht ihren Hals. Dann mache ich sie darauf aufmerksam, dass ich ihre Tasche nicht nehme.

»Ist doch klar, Mike!«

Ihre Augen weiten sich, ein Fragezeichen leuchtet in ihnen auf, sie wundert sich plötzlich: »Mike, wo sind deine Krücken?«

Ich genieße diese Überraschung. Warte daher ein bisschen mit der Antwort, um die Spannung zu erhöhen.

»Die habich daheeme gelassn«, löse ich dann das Rätsel auf.
»Hmmh.« *Eigentlich ist das ja auch die normalste Sache der Welt. Im Rollstuhl und an den Krücken – das ist unnormal, ja, aber freihändig – vollkommen normal.*

»Nur jetzt?« Ihr Wundern verstärkt sich, als sie erfährt, dass heute bereits der dritte Tag ist.

Beim Verlassen des Bahnhofes fragt sie mich, wie wir jetzt zu mir kommen, ob mit dem Taxi oder so.

»Nö«, bestimme ich, »wir loufen! 'ne wunderschöne Nacht. Außerdem isses nisehr weit.«

*

Zu Hause dann führt sie mir vor, was sie mir zum Knabbern mitgebracht hat. – *Wer von uns beiden ist eigentlich die Naschkatze? – Na gut, seit der Kur ich, esse viel Nussschokolade, um aus dem Untergewichtsbereich herauszukommen.*

Dann auf dem Weg zum Buffet, um ein Messer zu holen. Zum abendbroten. Plötzlich – das Band ihrer Reisetasche, bleibe hängen, stolpere. - *Ach, meine Krücken werden das schon abhalten. – Au Scheiße, ich habe ja gar keine in der Hand! Ooh ...*

Hände unter den Körper. Gelingt. *Schluck!* Ins Leere!

Ich schwebe wie ein persischer Teppich in der Luft, komme nicht zum Boden. Die Kante der Anrichte. Sie und mein Kopf. Endstation.

Hildegard stürzt sofort zu mir herüber. »Mike«, ruft sie besorgt, »ist dir was passiert?«

Ich habe mich inzwischen in die Sitzstellung gebracht. »Kannste ma nachguckn, obbes irgendwo anner Birne blutet?«

Sie tut es, findet aber nichts. »Nur eine dicke Beule wächst an deiner Stirn«, teilt sie mir ihre Untersuchungsergebnisse mit.

»Tja«, befinde ich, »dassis wiedermaan typscher Fall von Schwein gehabt.« Fühle beim Reiben der Beule, wie sie unter meinen Fingern wächst und wächst. *Siamesischer Zwilling?*

Doch mein nun einsetzender Fluchschwall auf das Band wird von Hildegard sofort abgewürgt: »Das kann doch gar nichts dafür! Du hättest es mir doch auch sagen können!«

Dem habe ich nichts entgegenzusetzen, darum erhebe ich mich wieder.

68

Sonnabend, 26. Oktober. In aller Frühe.
Ich erwache, geweckt von einem Geräusch. Ich öffne die Augen. Schaue. Und sehe Hildegard, die gerade in mein Zimmer tippelt.
»Bist du schon wach, Mike?«, fragt sie mich.
Ich suche nach der Uhr, finde sie und muss feststellen, frühester Morgen.
»Na ja, einigermaßen.«
»Es ist so kalt in der Stube. Oooch. Kann ich in dein Bettl kommen?«
Sofort bin ich vollkommen wach. Setze ein Lächeln auf und erlaube es ihr.
»Aber ziehe keine falschen Schlussfolgerungen!«, ermahnt sie mich.
Haha, Schatzi, du bist jetzt in der Höhle des Löwen! Des läufigen Löwen! Des ausgehungerten Löwen! Der schon über ein Jahr lang Eremit sein musste!

*

Ruhig liegen wir nebeneinander. Sie liegt auf der Innenseite, hat mir den Rücken zugewandt, trägt ein Nachthemd. Ich auf der Außenseite, habe ihr die Vorderseite zugewandt, trage einen Slip. Und starre ständig und durchdringend genau auf ihr Nachthemd. Meine Finger warten nur auf den Befehl von der Schaltzentrale, es unter ihre Mache zu nehmen. In der ein Kampf tobt, ein Rumoren, ein Tosen, unerbittlich, knallhart, lüstern. Die Mehrzahl der Gehirnzellen protestiert gegen dieses Stillhalten. Hoffentlich gewinnen sie, hoffentlich. Denn seit meiner Demolierung hat nie wieder eine Frau neben mir gelegen.
Was war das? War das ein Befehl? – Meine Finger zucken, bewegen sich in Richtung Ihr-Rücken; meine Hände wollen loslegen, wollen diese Chance ergreifen – *Ist es eine Chance?* – können den weiblichen Körper spüren, wollen ihn sanft abtasten, wollen ihn für mehr gefügig machen. Doch immer noch hält sie irgend etwas zurück; noch – *wie lange noch? Ewig noch?*
Ihr Nachthemd bittet darum, von mir ausgezogen zu werden.
Das ist zuviel: Der Augenblick ist gekommen, wo meine Vernunft die Macht über meine Finger verliert, wo meine Vernunft die Macht über meine Hände verliert, wo meine Vernunft die Macht über meinen ganzen Körper verliert. Meine Gefühle fangen an zu

regieren, meine Triebe fangen an zu regieren, mein Unterleib fängt an zu regieren. »*Versuche es!*«, der Schrei von überallher – meine Hände wandern an ihren Hals.

Ich berühre ihn. Lasse die Hände dort erst einmal liegen und schaue, ob Hildegard irgendwelche Abwehrversuche startet.

Alles bleibt ruhig.

Meine Finger bewegen sich nun, ganz aktiv, wohl wissend, was sie vorhaben, kreisend. Dann abwärts zu den Schultern – *das Nachthemd stört!* – tanzen auf den Nagelspitzen, kneifen ihre Haut leicht zusammen und lassen sie wieder los, und noch einmal, und noch einmal.

Schläft sie? Ich weiß es nicht. Doch ich werde es gleich wissen.

Meine Finger unternehmen einen Streifzug zu ihrem Gesicht; streicheln über ihre Wangen, erkunden dabei die Lider.

Sie sind geschlossen.

Gehe zu den Lippen.

Doch erst einmal zurück an den Hals und an die Schultern.

Ich rücke näher an sie heran, liege jetzt direkt an ihr an.

Hat sie sich an mich angeschmiegt? Es schien so!

Doch ich musste so lange warten, jetzt darf nichts schief gehen. Ich muss alles in Ruhe angehen, damit ich mein Ziel erreiche.

Meine Finger wandern wieder zu ihren Lippen hoch, umkreisen sie. – Sie werden geküsst. Genugtuung.

Sie schläft nicht! Mache weiter, jetzt aber mehr!

Sanft versuche ich, sie umzudrehen, doch sie gibt nicht nach.

Mach sie noch heißer! Lass nicht ab!

Meine Finger wandern weiter, hinab zu ihrer Brüsten: *Da, da sind sie!* – Weich, klein, fest, sie verlangen danach, angeknabbert zu werden, angesaugt zu werden, anmiaut zu werden.

Ich fange an, mit ihnen zu spielen, sie zu massieren, sie durchzukneten.

»Au!«, ruft sie plötzlich leise. »Nicht so fest!«

Doch kein Wort der Abwehr, kein Wort vom Aufhören sollen, kein Stopwort. Hätte ich darauf gehört?

Auf einmal lauteres Atmen. Sofort steigen in mir Erinnerungen auf, welche mir sagen, dass da mal irgendwas Schönes war, das genauso klang. Und es zeigt mir, ich bin auf dem richtigen Weg. Gleichzeitig fühle ich, wie etwas in meiner Hose größer wird, anschwillt: Otto kommt.

Du könntest jetzt! Musst sie nur noch bereit machen! Wovon du aber nicht mehr so weit entfernt zu sein scheinst!
Erneuter Versuch, sie zu mir zu drehen. Und diesmal kein Widerstand.
Ich küsse sie. Genieße es, nach knapp 15 Monaten wieder einen schönen langen Kuss zu bekommen – und zu geben.
Du kannst es noch!
Ja, registriere ich erleichtert, *das kann ich noch.*
Meine Finger wandern jetzt unter ihr Hemd, beginnen, ihren ganzen Oberkörper einer Großaktion zu unterziehen.
Sie atmet noch lauter.
Ich ziehe ihr das Nachthemd aus, sie hilft mir dabei. Sie hat jetzt nur noch die Schlüpfer an – eine Barriere, nicht unüberwindbar.
Meine Finger schleichen über den Bauchnabel zum Unterleib: Glatt, kein Hügel, kein Bergland. Aber noch nicht am Schamhaaransatz. Weiter hinab. Der Schlüpferrand, darunter, unter ihre Schlüpfer gleiten.
In dem Moment werden sie aufgehalten. Von ihrer Hand.
Noch heißer machen! Und dann noch einmal versuchen!
Meine Lippen, lasse meine Zunge an ihrem Hals, an ihren Schultern, an ihren Brüsten schmachten. Und kreise weiter mit den Fingern herum.
Sie ist willig! Neuer Versuch!
Doch auch dieser wird von ihrer Hand abgeblockt. »Bitte, dort nicht«, ganz leise.
Ich ziehe die Stirn kraus. Gebe einen Brummlaut von mir.
Sollte ... Nein, aufgeben ist nicht! Versuche mal, das Schloss von unten her zu knacken!
Ich streichle nun ihre Beine, vor allem die Innenseiten. Dadurch – *ouhmm* – in der Nähe ihrer Schlüpfer, aber – *ouhmm* – nicht dran.
Sie dreht sich mir jetzt völlig zu. Beginnt damit, mich auch zu streicheln.
Ich dehne und strecke mich und könnte in ihre Hände hineinsinken. Für kurze Zeit werde ich inaktiv, vergesse alles, was sein soll. Jede Berührung von ihr löst in mir verschollen geglaubte Erinnerungen aus, zeigt mir, was ich an Sex so mochte. Ich werde erregter und erregter, meine Hose droht, bald auseinanderzuplatzen.

Ein Blitz fährt in meine Finger, ein Motivationsblitz. Ich greife ihr von unten an die Schlüpfer, massiere Hildegard zwischen den Beinen. Weiß nicht, wie lange es noch dauern wird, bis ich mit meinen Fingern wieder die Mauer ihrer Schlüpfer durchbrechen werde. Spüre nur, dass diese immer feuchter wird, will sie wegschwimmen lassen und dann hineinstoßen.

Plötzlich legt sie ihre Hand auf meine, umspannt sie sacht, versucht, sie festzuhalten. Doch meine Finger kann sie nicht festhalten. Die flüchten unter die Schlüpfer.

»Nein, Mike, bitte«, stöhnt sie auf.

Ich lasse nicht ab, bin überzeugt davon, dass sie etwas völlig anderes meint als sie sagt. Ich presse meinen ganzen Körper an ihren, achte dabei darauf, dass mein harter Otto in die Nähe ihrer Einflugschneise kommt.

Sie stöhnt wieder auf, diesmal noch lauter, noch mehr zitternd in der Stimme. Dann – ihre Hand wandert zu meiner Hose, schiebt sich zwischen uns beide.

»Darf ich ihn in die Hand nehmen?«, fragt sie mich.

»Natüich!« Jetzt stöhne ich auf.

»Dann nimm bitte deine Hand dort weg!«

Sie fängt an, Otto einer lang vermissten Therapie zu unterziehen: Streichelt ihn, massiert ihn, rubbelt an ihm. Und nach einer Weile werden ihre Bewegungen heftiger, bis – Otto spuckt.

»Hat es dir gefallen?«, fragt sie mich.

69

Mittwoch, 23. Oktober.

Psychologisch Untersuchung in Bautzen. Vielleicht der schwerste Teil der Untersuchungen für mein Studien-Okay. Der Befund der Sprachtherapie war wie erwartet kein Problem; Patricia – die mit anwesend ist – legte mir natürlich keine Steine in den Weg. Und auf physische Untersuchung warte ich noch. Die allerdings auch nicht so schlimm sein kann. Denn meines Wissens nach braucht man für einen Schreibtischjob nicht unbedingt so viele körperliche Fähigkeiten. Man muss nur lange sitzen können, muss deswegen ein ausgereiftes Sitzbein haben; oder schon einen platten Arsch, damit es nicht erst zu Schmerzen kommt, wenn man mit dem Job beginnt. Doch heute wird es um das Denken gehen, um die Merkfähigkeit, um das Aufnahmevermögen. Obwohl ich so eine Untersuchung bis jetzt noch nie hatte, bin ich optimistisch. Denn so was Ähnliches erlebte ich schon vor knapp zwei Wochen, als ich beim TÜV einen Test durchlief, welcher zeigen sollte, ob ich in der Lage bin, wieder selbständig ein Auto zu führen. – Diesen Test bestand ich nicht, angeblich könnte ich mich nicht lange genug konzentrieren. *Blödmänner!* Und die Schuhmachern dürfte einen großen Anteil daran haben, denn sie schrieb ihnen, dass sie eben dieses selbständige Fahren von meiner Person nicht befürworte. Der TÜV erklärte mir aber, dass ich es in einem Jahr noch einmal probieren solle, ich hätte dann große Chancen, diesen Test erfolgreich zu absolvieren. – Und da wunderte sich der Psychologe, dass ich ein so gutes Merkvermögen habe. »Als ich Sie da draußen sah, hätte ich das niemals angenommen!« *Ich sehe also dümmer aus, als ich bin!*

In einem Klassenraum mit anderen Jugendlichen. Habe ein leeres Blatt Papier vor mir liegen, Name 'Notizzettel'. Just in dem Moment tritt eine Frau vor uns und erklärt uns die erste Aufgabe.

*

Vier Stunden dauerte dieser Test, eine halbe Stunde Pause zwischendurch. Aber jetzt ist er vorbei. Fragebögen waren zu beantworten, wo zum Beispiel nach Gesundheitsbewusstsein und nach sozialen Umfeld geforscht wurde, dann einen bestimmten Buchstabentypen kennzeichnen und einmal und nach einer gewissen Dauer noch einmal den ein einziges Mal gehörten Text aufsagen, wir mussten zeigen, dass wir kopfrechnen und geometrische Bilder malen können. Kurz gesagt – es war anstrengend, nervig, aber nicht mehr.

Ich werde ins Chefzimmer gerufen. Gut, ganz schön aufgeregt war ich vor dem Test – *Lampenfieber nennt man das wohl* – doch wie bei jeder Prüfung: In ihr selber war ich total ruhig.

Jetzt bemächtigt sich meiner wieder ein bisschen Nervosität; ich sehe die vor ihr angehäuften Akten liegen. Bin aber der Meinung, nicht schlecht gewesen zu sein, gebe mir deshalb Mühe, nicht alles so verbissen zu sehen.

»Erstens«, eröffnet sie ihre Ergebnisschau, nachdem sie sich gesetzt hat, »im Allgemeinen: Sie haben gut bis sehr gut abgeschnitten, sind in der Lage, ein Studium durchzuziehen.«

Ich meinte zwar, ich sei völlig gelassen, und doch spüre ich, wie eine Woge der Erleichterung mich erfasst: *Denn schließlich war das der Gutschein für meine Zukunft. Hätte ich ihn nicht be-*

*kommen, dann wäre für mich nur noch das Dasein als wandelnde
Leiche in einem stinkenden Rattenloch geblieben. Und ich bin mir
nicht so sicher, ob ich das so lange durchgehalten hätte. Dann
wäre wieder eine Leiche mehr gewesen, um dessen Ableben kein
Mensch eine Träne vergossen hätte.* – Ich fange an, befriedigt zu
lächeln.

»Und jetzt erklären ich Ihnen mal, was bei Ihnen für Resultate
entstanden sind. Haben Sie daran Interesse?«

»Ich höre!«

»Sie sind nicht so richtig zufrieden mit ihrem bisherigen Leben.«

Ich nicke beipflichtend. »Logisch! Denn Zufriedenheit bringt
een ja zur Stagnation. Außerdem isses ja wohl verständlich, dassich mit meim Leben ni zufriednbin. Was habich denn? Nischt!
Ich hab keene Frau, ich hab keen Geld! Ich hab zwarnen Beruf,
woar oaber inihm nissehr talentiert und hab ouch keene Lust, ihn
auszuführen. Ich hab Abitur, okay, doch was sonst? Nischt. Also?
Off was soll ich zufrieden sein?«

»Na zum Beispiel auf das, was sie nach dem Unfall schon erreicht haben. Und ich traue Ihnen da noch mehr zu.«

»Stolz binich droff, ja, okay – da droff basiert ja mei Selbstbewusstsein, dennich weeß jetzt, wo's herkommt – aber das bildet
doch nich bloß eene Nuance Unterschied zur Zufriedenheit. Un
mit meim Körper binch erst dann zufriedn, wennch wieder rennen
und Fußball spielen kann.«

Sie schreibt es sich auf – *Warum?* – und kommt zum nächsten Punkt: »Neben dem selbstbewusst, was Sie ja schon selber
ansprachen, sind Sie auch ein bisschen aggressiv!«

Ich lache laut auf.

»Richtig?«, fragt sie mich.

»Falsch isses ni.«

»Dann gibt es bei Ihnen einen Extremfall, der ziemlich ungewöhnlich ist. Erraten Sie ihn?«

Ich schaue sie an, denn vielleicht kann ich die Antwort aus ihrem Gesicht lesen. Doch dieses gibt keine Auskunft. Darum schüttele ich den Kopf.

»Sie sind extrem offen.«

»Na ja, offn ja, aer extrem offn?«, stelle ich zögernd in Frage.

»Sind Sie schon jemals wegen ihrer Offenheit irgendwo dagegen
gerannt?«

»Hähä, ja, schon oft«, grinse ich mit dem Anhauch von Reue.
»Ich bin sehr direkt. Viele bezeichnen das ouch als frech.«
»Sehen Sie, man braucht ein breites Kreuz, um da die Folgeerscheinungen tragen «
»Ich bin ja ouch seit September im Fitnesscenter«, unterbreche ich sie lachend.
Sie lacht mit. »Doch so eine Offenheit ist eine sehr positive Eigenschaft. Bewahren Sie sich die ja. Es wird zwar immer wieder Leute geben, die sich daran stoßen, doch letztendlich werden sie froh sein, dass es so ist. Und Sie, Herr Scholz, fahren besser damit!«
Ich nehme diese deine-Direktheit-ist-vollauf-in-Ordnung-Erklärung dankend hin. Und nehme sie doch nicht total ernst, denn die Psychologin weiß ja nicht, was meine Direktheit – oder meinetwegen Offenheit – manchmal so anstellt.
Sie hat sich nun die Testbögen zur Hand genommen und analysiert sie laut: »Das Buchstaben-Kennzeichnen ist sehr gut – wenn wir ihre Schreibgeschwindigkeit mit in Betracht ziehen – nur ein einziger Fehler ist dabei. Doch was das Kopfrechnen angeht, – da waren Sie wohl nie der Stärkste drin?«
Ich schüttle ungläubig den Kopf: »Inner 8. Klasse habich andern Schülern in Mathematik sogar Nachhilfeunterricht gegebn. Bin jetzt bloß auser Übung.«
»Achso. Na, und so schlecht waren die Ergebnisse auch nicht. Unterer Durchschnitt noch. Und was das Zeichnen der geometrischen Figuren betrifft, da ... «
»In Geometrie warich schon immer schwach, und ouch zeichnen konntch nonie. Hat nischt mitdem Unfall zu tun.«
»Das erscheint auch in ihrer Endbeurteilung: Das räumliche Denken liegt nämlich knapp unter dem Durchschnitt.«
Ich stutze: »Räumliches Denken – was soll'n das sein?«
»Na das betrifft das Vorstellungsvermögen der geometrischen Figuren im Raum.«
Na ja, so richtig klar ist es mir noch immer nicht. Doch ich frage nicht mehr nach, habe Hunger, will los.
»Doch Sie krebsen damit nicht unten herum!«, fährt sie fort. »Das logische Denkvermögen ist knapp über dem Durchschnitt! Damit gleicht es sich wieder aus!«
Ich höre es mit äußerster Befriedigung. Habe schon immer gehofft, dass meine Logik gut ist – *quatsch, nicht gehofft, gewusst –*

und nun bekomme ich es von einer Expertin bestätigt.

Draußen erzähle ich das Patricia, die sich brennend dafür interessiert, und teile ihr auch mit, dass meine Konzentrationsfähigkeit ebenfalls im Durchschnitt liegt. »Hört! Hört! Der TÜV in Dresden warda ganz andrer Offfassung!«

»Dort sind sie sowieso doof!«

Staun Staun: *Solche Worte habe ich ja noch nie aus ihrem Mund gehört! Die hätten auch von mir stammen können! Passt sie sich etwa langsam meiner Sprechweise an?*

Wir fahren Mittagessen, tun etwas für unsere Gaumen im Fischrestaurant.

*

Abends.

Aufwaschen Zwang. Draußen im Flur im Waschbecken will ich ein Trinkglas ausspülen. Doch plötzlich – »klirr« – rutscht es mir aus der Hand, hopst in das Waschbecken und zerspringt dort in unzählige kleine Einzelteile.

Sache beäug, fluchen. Denn ich muss einsehen, dass ich die Scherben nicht allein beseitigen kann: *Habe keine Lust, mir die Finger zu massakrieren.*

Dass die alte Frau bei mir nebenan anwesend ist, weiß ich; denn ich habe vorhin einen Zipfel ihrer Containermodenschau gesehen, kann das ihr typische Schweißdeo riechen – sie bevorzugt da eine ganz spezielle, bestimmt von ihr selber entwickelte Marke. – Ich gehe klingeln bei ihr.

Während ich vor ihrer Tür warte, versuche ich mich zu erinnern, wann ich das letzte Mal bei ihr klingelte. Und ich glaube, das muss zur Wohnungsbesichtigung gewesen sein: Damals versuchte sie mir weiszumachen, dass in meiner Bude eine Küche existiere. Nur fündig geworden bin ich bis heute nicht.

An der Tür tut sich nichts. Ärgerlich? Klingle noch einmal.

Die Tür wird lebendig, der Duft wird stärker, meine Augen fangen an zu tränen. Aber ich feuchte meine Lippen an, damit mir dann die auszusprechende Bittformel nicht dort kleben bleibt. Nur – die Tür öffnet sich nicht. Dafür höre ich drinnen eine Kette klappern: »Schnapp!« Die Tür ist zusätzlich verbarrikadiert.

Sturmklingeln, Faustschläge und Fußtritte gegen die Tür. Und was passiert? Nichts! Grabesstille! Kann mir vorstellen, dass die Alte sich in eine Ecke verkrochen hat, dort hineingesunken ist und jetzt hofft, dass ich nicht plötzlich eintrete. Denn es könnte ja sein, ich wöllte sie vergewohltätigen! – Ääh! So süchtig nach Sex bin ich nun auch wieder nicht!

Ich gebe es auf, hole dafür Frau Zischke. Die mir während ihrer Säuberungsaktion in Bezug auf meine Nachbarin den Rat gibt: »Nehmen Sie es nicht so ernst. Die ist etwas merkwürdig.«

Das passt. Denn meine Wohnung soll eine besondere sein. Der vor mir – direkt vor mir hier Wohnende hatte sich in der Wohnung suizirt, hatte sich totgesoffen, und der vor ihm – mein Vor-Vorgänger hier – ist aus der Wohnung geflohen wegen der Alten, die ihn verklagte wegen Nichtbeisteuern seines Anteils an den Aschemarken – er war selten anwesend. Und jetzt gluckt ein Krüppel darin, oh nein! Der wurde erst einer, nachdem er diese Bude bezogen hatte. Soll ich jetzt abergläubisch werden? Okay, dann ist diese Wohnung verflucht und die Alte ist der Zerberus. Der sollte sich aber besser wieder in die Styx verziehen. Nicht vergessen – ich bin unsterblich!

70

Donnerstag. 7. November.

Wieder einmal im Wartezimmer bei der Schuhmachern. Ich lese den 'Kicker', vertreibe mir so die Zeit bis zu der von ihr gewährten Audienz, bei der ich etwas fordern werde, was ihr ganz bestimmt nicht schmeckt. Denn am Dienstag war ich noch einmal zum CT-Strom in Dresden, wo man mir nach der Untersuchung mitteilte, dass keine Verschlechterungen eingetreten sind, ganz im Gegenteil, es sind nur noch kleine Löcher im Kleinhirn vorhanden. »Welche auf Koordinationsschwierigkeiten hindeuten«, wurde ich auf meine Anfrage hin noch informiert. Und eben diese Ergebnisliste soll sie Dr. Guter übergeben, dem die etwas nützt, während sie bei der Schuhmachern nur zum Angucken da ist, mehr nicht. Außerdem stellt das eine – eigentlich für mich untypische – höfliche Form dar, mich von ihr abzuseilen.

Sie reagiert jedoch nicht so auf die Forderung, wie ich mir das erwünscht habe: »Das muss ich mir noch mal überlegen. Aber warum soll Dr. Guter die Aufzeichnungen auch bekommen?«

»Weiler wirkich Behandlungen an mir durchzieht unner daraus vielleicht was folgern könnte!«

»Aber ich bin doch ihr behandelnder Arzt!«, sieht sie ihr Monopol in Gefahr. »Na ja, das entscheide ich später.«

Diese Entscheidung wird negativ ausfallen, da bin ich mir ganz sicher. Und deswegen werde ich bei Dr. Guter ohne Umschweife fragen, ob er in Zukunft diese Stellung bei mir einnehmen wird.

*

»Natürlich«, antwortet er mir klipp und klar, als ich bei ihm bin. Woraufhin ich weiß, die Tage der Schuhmachern haben sich ausgezählt.

71

Sonnabend, 9. November. Abends.
Bei Hildegard, rede mit ihr gerade über unsere Beziehung.
»Wo ich bei dir war, wollte ich natürlich mit dir schlafen«, verrät sie mir. »Ich bin ja auch nicht aus Stein.«
»Und warum hast dus da nich getan?«, will ich ungläubig wissen. Denn mir schien es damals genauso, habe nur den Umstand, dass nichts daraus wurde, darauf geschoben, dass ich sie nicht heiß genug gemacht hätte. Doch jetzt klingt das ganz anders: *Ist mir zu paradox! Weiber!*
»Ich habe es mir selbst verwehrt, weil ich annahm, du könntest dich dann in mich verlieben. Und das wollte ich nicht. Denn zwischen uns ist der Altersunterschied zu groß.«
»Wie alt biste denn?«, frage ich sie, nun einer erfolgreichen Nacht gewiss.
»Verrate ich nicht.«
»Aha! Scheint ja'n übelstes Geheimnis zu sein.«
»Ist es auch.«
Doch – *egal. Es ist mir völlig egal! So egal! Egal. Auch wenn sie 67 ist – was ich aber nicht glaube – so ist sie doch ein weibliches Wesen, dass mir sympathisch ist und das gewillt sein dürfte, mir in diesem Leben meine Jungfräulichkeit zu nehmen. Und ich werde außerdem nächste Woche sowieso ihr Alter erfahren, denn am 17. hat sie Geburtstag.* – Weswegen und auch wegen meinem eigenen Geburtstag ich hier bin.
»Ich verlieb mich niin dich, off keen Fall«, fällt es mir nicht schwer, sie zu beruhigen. »Ich hab dich gern, yeah, doch verliebn – nee, isni drin.« Habe noch nie erlebt, dass man einer Frau sagen muss, dass man sich in sie nicht verliebt und erst dann mit ihr schlafen kànn. Aber wenn es sein muss: Bitte; no problem!

»Wirklich nicht?«, fragt sie noch einmal nach, wahrscheinlich, um ganz sicher zu gehen.

»Nein«, stecke ich noch einmal die Fronten klar ab. »Wiririrklich nicht.«

Sie seufzt erleichtert. »Dann ist ja alles in Ordnung.«

»Also aufins Bett!«, fordere ich sie nun scherzend auf, obwohl in dieser Forderung mehr als ein Körnchen Ernsthaftigkeit liegt.

Sie lacht, ich lache. Habe nun auch allen Grund dazu, denn der Druck, ob ich es durchführen werde, lastet nicht mehr auf mir; der Druck ist der Gewissheit gewichen.

*

Kurz nach Mitternacht.

Wir schauen uns gemeinsam einen Erotikfilm an – Erregung. Denn ich sitze nur noch mit einem Slip bekleidet im Sessel, sie trägt nur noch das berühmte Nachthemd; und wir erkunden mit den Fingern, ob beim Gegenüber zwischen den Beinen etwas passiert. So dauert es auch nicht lange, da haben wir keinen Blick mehr für den Film übrig, sind nun selbst die Akteure, halten bis auf manchmal die Augen geschlossen, lassen die Lippen auf dem Körper des anderen zirkulieren. Und besteigen schnell den Berg der Ekstase.

Schließlich landen wir im Bett. Sie stöhnt, ich keuche, sie reckt mir ihren tropfenden Unterleib entgegen, ich will jetzt so schnell wie möglich in sie eindringen. Denn in mir brennt immer noch die Frage: »Kann ich es noch oder kann ich es nicht mehr?« Und habe dafür Verständnis, dass ich beim ersten Mal vermutlich sehr egoistisch sein werde, mir da nur an der Antwort auf diese Frage gelegen ist. Erst beim zweiten Mal werde ich es richtig genießen können und da auch sie auf die Höhen der Himmelsträume mitnehmen.

Otto räkelt sich in ihrer Hand – sie taucht ihn ein, umschließt ihn in feuchtwarmen Gefilden, bewegt sich rhythmisch gegen. Und ich fühle – ich fühle – ich fühle – *wow, jawoll, herrlich, jetzt weiß ich, warum Sex meine Lieblingsbeschäftigung war*: Das Gefühl ist unbeschrei... Als wenn eine Dampfpresse sich von hinderndem Gerümpel befreit, nun wieder ungehemmt gegen lederne Autos stößt, die den Hammer ansaugen und sich gerade um ihn wickeln; Schwälle Emotionen steigen in die Höhe, verlieren den Bodengrund, lassen einen das sehen, was man bisher nur erahnt hat. Riesige, unvorstellbare Welten öffnen sich einem, wenn man merkt, wie man von feuchtem, pulsierenden weiblichen Fleisch umgarnt wird. Ich genieße es. Höre, dass auch ihr Stöhnen immer heftiger wird. Jetzt zu Ende bringen! Des Paradieses Apfel ist mein. Die letzte Erleuchtung komme!

Dann – wir haben den Gipfel erklommen, liegen da, halten uns eng umschlungen, ich streichle sie zärtlich und erschöpft. Und -
Ich kann es noch!!!!
462 Tage wurde ich darüber im Unklaren gelassen! 462 Tage fast Einsiedlerleben darben! 462 Tage ohne Sex! Welch eine lange Zeit! Eine Zeit, die ich jetzt sehe, gerafft, plauzend, nach Erlösung schreiend: Zuerst der Kessel Nr. 4, ihn besuchend, dann aufwachend, doch stumm und nicht bewegen könnend, dann erste Laufbewegungen, Umstieg in den Rollstuhl, ständiges konfrontiert werden mit der unausgesprochenen und doch überdeutlichen These der Ärzte, dass ich für immer ein im Rollstuhl sitzender Pflegefall sein werde, dann Flucht – nein: Wiederauferstehung aus dem Rollstuhl, dann ein Sturz nach dem anderen, und dabei doch immer habend das dafür notwendige Quäntchen Glück, dann die Kur und der erste Durchbruch im Laufen ohne Krücken, dann der Beginn einer Depressionskrise, vor deren Auswirkungen ich von Hildegard bewahrt wurde, und jetzt liege ich neben Hildegard. Ja, wegen dieser Rettung habe ich sie gern! Ich werde sie zwar nie lieben, soll sie nie lieben, darf sie nie lieben, doch ich habe sie gern, muss sie einfach gern haben, denn auch schon bei der Kur hat sie mir viele Sachen ermöglicht, so dass ich meinen Durchbruch ohne sie vielleicht nie geschafft hätte. Und jetzt hat sie mir wieder einen großen Beweis, den größten, das fehlende Stück für mein Selbstbewusstsein, geliefert: Sie hat mir gezeigt, dass ich noch ein Mann bin! *Ich kann noch mit einer Frau schlafen! Bin noch in der Lage, sie sexuell in das Reich der Phantasien zu schicken! Ich kann es noch!*

72

13. November. Nachmittag.

Gestern habe ich Hildegard gefragt, ob sie mir was leihen kann in Bezug auf meinen Schuldenberg. Sie hat auch sofort zugestimmt, obwohl sie selber nicht soviel hat. Aber sie borgt mir aus ihren stillen Reserven 3.000,- DM, die ich ihr erst dann zurückgeben soll, wenn ich mein Schmerzensgeld bekommen habe.

Damit die Möglichkeit, die Sache mit der Steuereule aus der Welt zu schaffen. Denn kurz vor meinem Besuch hier war schon die Gerichtsvollzieherin da, wollte bei mir pfänden; musste aber wieder unverrichteter Dinge abziehen, weil sie einsah, dass bei einem nackten Mann nichts aus der Tasche zu fischen ist. Nun aber kann ich das erst mal erledigen, wodurch mir »nur« noch 4.000,- DM Schulden bleiben. Bei dem aus Bautzen. Der mir aber keine überhohen Zinsen aufbrummt, vielmehr lospolterte, als ich ihm davon brieflich berichtete, dass die Steuereule wieder einmal nicht nur ein Ding vor den Bug brauche; denn schließlich hat der darin schon Erfahrung, der hatte nämlich öfters danach gebettelt. Nur war das auf dem Kahn. Jetzt aber wohnt die Steuereule weit entfernt in irgendeinem westdeutschen Nest, hat sich also aus dem Staub gemacht.

*

Aus der Post heraus, habe die Bankleitzahl von mir geholt, wollte auch einen »Kicker« haben, doch die Zivilisation ist hier noch nicht völlig durchgebrochen. Noch eine Stufe hinunter, dann auf dem Fußweg.

Plötzlich Gedanke: *Du bist jetzt schon zwölf Tage ohne Krücken unterwegs. Und die Sicherheit schreitet immer mehr voran. Da kann es doch keine Schwierigkeit sein, dass du weit entfernt von der Festhaltemöglichkeit dort runter gehst. Es ist nur eine Stufe! Mehr nicht! Los, machen!*

Ich schreite zur Mitte der Stufe. Denn ich fühle mich frisch und frei, stark und aufstrebend, groß und gewaltig: *Was riskieren wäre mal wieder angesagt.*

Die Stufe grinst süffisant vor mir; ich bleibe stehen, schaue – *okay, ich kann. Den rechten Fuß zuerst.*

Doch der nicht hoch, bewegt nicht! Ruhig bleiben, Mike, das Gewicht darauf!

Ich wollte es verlagern, ich wollte; im Kopf. Doch mein Körper, der war schneller. Zwar konnte ich die Hände noch darunter reißen, doch mein Körper, der war schneller. Bin aufgeklatscht mit dem Kopf, zur Strafe, weil er den Befehl nicht schnell genug weitergab, fühle jetzt, wie mir etwas Flüssiges die rechte Wange hinunterrinnt. Ja, mein Körper, der war schneller; wirklich.

Eine Frau kommt herangerannt. »Ist Ihnen was passiert? Was ist denn überhaupt los mit Ihnen?«

Ich erzähle ihr, dass ich mich gerade in der Phase zwischen

mit-und-ohne-Krücken-laufen befinde und dass so etwas passieren könne.»Komminden bessen Familien vor. Wobei ich nimmal eener angehör.«

Beifall: Ich sei sehr mutig, dürfe es aber nicht übertreiben; ein Krankenwagen sei schon gerufen, er müsste in jedem Augenblick hier eintreffen.

Inzwischen hat sich um mich herum eine Menschenmenge versammelt. Grins: *Ja Mike, du wirst wieder das Stadtgespräch Nummer eins sein, hast dich wiedermal bekannt gemacht.*

*

Im Krankenhaus, geröntgt und mit zwei Stichen vernäht, das rechte Augenlid, schon wieder. Im Januar das erste Mal, da kein Stich oder ähnliches; im Mai oder Juni das zweite Mal: ein Stich; jetzt das dritte Mal: zwei Stiche; das nächste Mal: Nähmaschine.

Ich frage, ob man mir mitteilen könne, was für veraltete Brüche im Kopf bei mir vorhanden sind.

»Natürlich können wir das«, antwortet mir der Chefarzt.»Aber warum? Wissen Sie das noch nicht?«

»Laut Krankenhaus, in demich war, hattch keene. Doch nacher Entlassung aus diesm Krankenhaus zogich mireen Nasenbeinbruch zu; da hängte man mich ann Tropf, aus Mangel an Informationen.«

»Was war denn das für ein Krankenhaus?«

Das sage ich ihm lieber nicht, sonst kommen noch die bösen Jungs mit der weißen Jacke.»Ein beschissnes!«

Derweil hat er sich die Röntgenbilder bringen lassen.

»Was war denn mit ihrem Kopf los?«, fragt er mich dann ungläubig, als er meine Innenansicht beguckt hat.

»Wieso, Matschbirne?«

»Ja, so ziemlich! Hatten Sie vorher schon welche?«

»Ni een!«

»Tja, dann ist es wohl so, dass alle auf einmal entstanden sind. Wollen Sie das wirklich erfahren?«

»Natürlich!«, mit Nachdruck.

»Gut! Dann wären: Hinterkopf, Schädeldach, Schläfenbein rechts, Vorderfront, Schädelbasis!«

»War das alles?«

»Das reicht ja wohl!«

»Ja, hmmh, ja, das klingni schlecht! Dazu hattich noch Gehirnblutn – fast vollkommen, meinich.«

Er will noch wissen, wie es dazu kam, teilt meine Ergrimmung, dass die sehschwache Tante noch nichts übergezogen bekommen hat, und entlässt mich wieder zu einer neuen Wundervorstellung mit Hildegard.

73

28. November. Später Nachmittag.

Seit neun Tagen habe ich die Krücken nicht mehr angefasst, vielleicht fasse ich sie auch nie wieder an. Denn zu Weihnachten werde ich wieder bei Hildegard sein und da werde ich natürlich wieder keine mitnehmen. Ich muss also mein Freistillaufen bis dahin vollständig restauriert haben.

Es hat zwar geschneit, doch der Schnee ist fast weggetaut, nur ab und zu ein bisschen Eis noch. Was mich aber heute früh dazu animierte, mich im Eiskunstlaufen zu probieren; allerdings: Bruchlandung. - *Der dreifache Axel sieht halt leichter aus, als er ist.*

Und wie sollte es anders sein? Irgendein Tratschentchen musste ja vorbeikommen: Eine mir aus der Krankengymnastik bekannte Frau kam, sah und wies mich darauf hin, dass nicht einmal sie sich das wage, bei dem Wetter ohne Krücke zu laufen. - *Die würde sich das doch nicht mal erlauben, wenn sie Stützräder an den Oberschenkeln angenagelt hätte. Und deswegen: Ein Vergleich mit mir? Spott, hör auf zu frotzeln!*

*

Jetzt aber durch Süd in Richtung Heimat. Emsig Schau-um-mich, ob hier irgendwo Eis liegt. Doch das ist nicht der Fall. - *Ich freue mich.* - Nur ein barbarischer Wind pfeift durch das Areal, was hier draußen aber normal ist. Kann mich dunkel erinnern, als ich noch ein Kind war und hier mit dem Fahrrad durchzurauschen versuchte, blieb mir das Rad fast auf der Straße stehen, weil sich der Wind – *der Wind* – *das Himmlische Kind* – immer kräftig an den Speichen festbiss. Hängt wohl damit zusammen, dass hier keine Bäume mehr stehen, typisch ostdeutsches Neubaugebiet, Karnickelstallsiedlung. Der Wind jetzt, der fährt mir nicht mehr in die Speichen, nein, der rüttelt dafür an meinen Krücken, den imaginären. Speit damit die Notwendigkeit aus, dass ich zu kämpfen habe, nicht weggeblasen zu werden.

An einer Bushaltestelle. Schaue nach, wann der nächste Bus

fährt. Denn es dämmert bereits und ich fühle mich in Dunkelheit noch reichlich unsicher.

Doch noch 23 Minuten Zeit. *Eeh, in der Zeit bin ich doch fast daheeme!* – Ich laufe weiter.

Währenddessen – der Wind wird immer stärker, am stärksten – zu stark für mich? Er will mich wegtorkeln, mich zu Fall bringen, mich über die Straße schleifen. Ich kreuze, um ihm weniger Angriffsfläche zu bieten. Doch er dreht sich mit. Dreht sich schneller. Dreht mich in einen Kreisel. Wie ein Kettenkarussell; ohne Tempolimit, ohne Ketten.

»Auf den Boden mit dir, du Erdenwicht!«, schallt es plötzlich vom Himmel. »Denn vor dir steht der König der Lüfte! Und wenn er will, dass du dich vor ihm verbeugst, dann tue es gefälligst! Ansonsten...«

Ein Stoß in den Rücken, eine noch kräftigere Kopfnuss, ein schmerzender Arschtritt – halten – nein, auf den Füßen – nein. Doch ich gebe noch nicht auf, will ihm weiter Paroli bieten. Knicke mich ein, um mit den Händen die Krücken zu ersetzen.

Noch ein Stoß. Mit Effet. Mit Geheul. Mit vernichtender Wirkung. Fast. Ich muss mich hinsetzen. Wie unangenehm.

Sofort will ich wieder aufstehen – »Sitzen bleiben!« – Ich will wieder – »Sitzen bleiben!« – Ich will noch mal – »Sitzen bleiben!« – Ich schaffe es. Doch - *Mein Gewicht muss gesteigert werden, 59 Kilogramm sind zu wenig! Denn wenn man schon anfängt, bei starken Böen auf ihnen zu gleiten, um dann letztendlich losgelassen zu werden, dann ... Sollte mich jetzt Grauen ergreifen, wenn ich an heftigen Wind denke??*

74

1. Dezember. Abends.

Bei Patricia in der Wohnung.

Vorhin im Stadtbad hatte ich meinen Schlüsselbund verloren; und da ich den zweiten Patricia gegeben habe, sitze ich jetzt vor ihr und höre mir gerade an, wie sie völlig aufgelöst über ihre Kollegin klagt. – Die war mal stocksauer, als ich sie auf der Straße nicht bemerkte und deswegen nicht grüßte; und die Krone der Frechheit schoss ich ja ab, als ich auf ihre Zusage hin, Patricia ans Telefon zu holen, ihr die von mir oft verwandte Floskel »Genehmigt« verabreichte. – Auch, dass ihre Mutter es ebenso nicht leiden kann, dass Patricia und ich uns duzen und uns eine innige Freundschaft verbindet, deswegen überall herumposaunt, wir hätten ein Verhältnis miteinander, all das bringt sie zum Weinen. »So ein verrücktes Denken! Typische Kleinstadtmanier! Über andere Leute herziehen, sich selbst für ideal halten!« Einsicht.

Ich nehme sie in den Arm, drücke sie fest und zärtlich, streiche ihr über den Hinterkopf. Und Patricia: Sie schmiegt sich an meine Schulter und weint sich aus.

»Sehes nichso verbissen«, rede ich beruhigend auf sie ein. »Wenn alte Weiber nischt zum Tratschen haben, fühlen sie sich niwohl. Früher ... « Ich schwelge wieder in der Vergangenheit. »Hab michaber niedran gestört. Und genauso musste es ouch machen.«

»Mich stört es aber! Vor allem von meiner Mutter. Bei Helga kann ich es ja noch verstehen, die hat ja keinen bekommen ...«

»Na so wie die aussieht.«

Ein zaghaftes Lächeln stiehlt sich auf ihr Gesicht. »Weißt du, warum sie keinen bekam? Das scheiterte an ihren Wertvorstellungen. Sie wollte unbedingt einen Arzt oder so was!«

»Die?«, frage ich ungläubig. »Is doch nimmal garantiert, dasse von eem Müllschlucker genomm worden wäre. Oder vonnem Damenschuhverkäufer.«

Ihr Gesicht hat sich wieder aufgehellt, ihr Kopf hat sich gehoben: »Aber Mike, was soll ich denn jetzt machen? Kannst du es mir nicht sagen?«

»Den beedn den dicken Mittelfinger zeigen«, schlage ich ihr vor.

»Ach Mike, das geht doch nicht. Am Besten wäre es, wir hätten wirklich ein Verhältnis. Dann hätten sie wenigstens was zum Aufregen.«

Mike, bleib sauber. – Ich erzähle ihr, dass sie für mich tabu ist und auch das Warum.

»Ich habe das ja auch nicht ernst gemeint«, lächelt sie mich an.

*

Als sie mich später zur Haustür hinunter bringt, treffen wir ihren Mann. Auf den sie zugeht und ihn mit einem Kuss begrüßt.

Auauh! Ein tiefer Stich in meinem Inneren. Warum? Woher? Weshalb? Eifersucht? Missgunst? Neid?

Mike, komme auf den Boden der Wirklichkeit zurück! Es ist doch das Normalste der Welt, dass eine Frau ihrem Mann einen

Kuss gibt! Und du hast das zu akzeptieren! Lösche endlich diese scheiß Lust in dir!! Denn sie wird immer unerfüllt bleiben! Fange nicht an zu spinnen! Denn du bist Schlosser. Und ein Schlosser spinnt nicht. Der schlossert höchstens.

75

25. Dezember. Abends.

Es weihnachtet wieder einmal. Ich kann mich erinnern, letztes Jahr zur selben Zeit kotzte mich alles so barbarisch an: Ich saß noch im Rollstuhl und bekam die ersten Ausdünstungen des Isolationssumpfes zu spüren, raste mit voller Wucht auf ihn zu, ohne es zu merken und deshalb ohne die Bremse zu finden. Doch jetzt scheine ich sie gefunden zu haben, denn dieses Weihnachten verbringe ich bei Hildegard, genieße ihre Nähe, genieße ihren Körper, genieße ihr Dasein. Und bin mir sicher, dieses Weihnachten wird nicht so langweilig, trostlos, öde wie das in dem vergangenen Jahr.

Hildegards Mutter. Eine sehr sympathische Frau, muss ich befinden. Obwohl sie sicherlich schon über siebzig ist, an das Tor zur 80 pocht, ist doch bei ihr noch keine Senilität zu bemerken; sie macht noch einen regen und geistig aktiven Eindruck; es macht richtig Spaß, sich mit ihr zu unterhalten. Auch optisch hat sie sich recht gut gegen die böse Umwelt verteidigt, dürfte ein gesundes Fressen für jeden Altersrentner sein.

Wir disputieren soeben über ein sehr heikles, die Menschheit interessierendes Thema: »Also ich finde, die Sterbenshilfe dürfte nicht zugelassen werden«, tut Hildegard ihre Meinung kund.

»Da bin ich aber völlig anderer Ansicht«, widerspricht ihre Mutter. »Wer meint, sie bekommen zu müssen, sollte sie auch erhalten.«

»Aber das ist doch Mord an Patienten!« Hildegard ist entrüstet.

Ich habe mir genug angehört, bin jetzt gewillt, meinen mir zustehenden Redeanteil zu beanspruchen: »Also Mord, dassisja wohl völliger Quatsch! Mord is, wennde gewaltsam un unfreiwillig eene Fahrkarte ins Zombieasylantenheim erhälst. Und – na gut, gewaltsam kannste ja behaupten, denn du verabschiedest dich ja nioff natürliche Weise. Aber unfreiwillig – nö, du hastichja dafür entschieden, möchst diese Fahrkarte buchen und belegen.«

»Aber ich bin sicher, diese Menschen würden das hinterher bereuen!«

Ich grinse süffisant. »Tja, een 'Hinterher' gibts dann wohl nimmer. Entweder ja oder nein! Unich gloub, dass die meisten Menschen da von ihrem Stolz getragen werden. Denn sicherlich finden sie's entwürdigend, belastend, demütigend, wennseso vor sich hin siechen ohne Aussicht off Heilung, dem Gevatter Tod nimmal mehr'n dicken Mittelfinger zeigen können. Und dazu noch ihren Verwandten unangenehm offer Geldtasche liegen.«

»Ich kann mir nicht vorstellen, dass die so fühlen!«

»Hildegard! Werdochma realistisch! Meinste, irgendjemand mietet gern een Zimmer im Schuldturm, weil sein Onkel, Tante oder sonst jemand kurz vorer Himmelspforte steht, sich aber noch Zeit lässt, da durchzutretn? Jaja, solche Geister gibt's natürlich ouch, doch die sininner Minderheit. Die meisen kotzn doch ab, wennse deswegen ihren Lebensstandard bedeutend zurückstufen müssen ...«

»Bist du da so sicher?«

»Yo! Natürlich denkt niemand – meistens zumindest – am Anfang so. Doch nach 'ner Weile, wennde Kosten belastend werd, kehrt siches Denken um. Natürlich sagt das niemand zu'n Sterbenskrankn. Doch's is Fakt, essis Wirklichkeit, das is die Realität. Und das – das wissen die Kranken. Wollen deshalb die Sterbenshilfe, damit sie in gudder Erinnerung behalten werdn.«

»Aber ich könnte den Patienten nicht eine tödliche Medizin verabreichen ...«

»Oder Luft inne Blutbahn spritzen«, male ich es aus. »Oer een aussaugenden Knutschfleck verpassen.«

Ein strafender Blick schmettert mich nieder.

»Könntet ihr so was machen?«

Ihre Mutter zögert. »Ja, ich glaube schon«, antwortet sie dann.

»Und du?«, wendet sich Hildegard an mich.

»Na ja. So genau weessch das ni, da ich so was noch nie gemacht hab. Dochich gloub schon, dass ich's machen würde.«

»Aber sicher seid ihr beide nicht!«, stellt Hildegard fest.

Was ich aber zurechtbiegen muss: »Du mussma die Exekution betrachten. Da gibt es 10 Schützen. Und nur 5 oder 7 oder 8 – keene Ahnung wie viele – ham scharfe Patronen, die andern bloß Platzpatronen. Niemand weeß, wer es war. Und niemand fühlt sich deshalb schuldig ...«

»Die könnten sich aber auch alle schuldig fühlen!«
»Wennsenian Schizophrenie oder ähnlichem leiden, dann ni. Dennes lieg doch inner Natures Menschen, sich immer nur die scheenen Dinge zu merkn, die schlechten in'n brennenden Ofen des Vergessens zu schmeißen. Oder?«

Hildegard schaut mich nur missbilligend an.

»Unso«, fahre ich trotzdem fort, »wirdes dann ouch beier Sterbenshilfe loufn. Ich weeß zwarni wie, dochich bin ja ouchni miten Sitten dort vertraut.«

»Ich würde es aber trotzdem nicht machen!« Abschlusswort von Hildegard und Beendigung des Disputs.

Doch ihre Mutter hat noch nicht genug, will nun noch wissen, ob ich so etwas schon mal erlebt hätte. »Sie wissen so gut Bescheid darüber.«

»Na ja, so gutouchni. Habeben haltma im Fernsehn een oder mehre Beiträge gesehn. Und intressier mich dafür, weilich mir kurz nach'm Unfall ouch wünschte, dassich damals 'n Löffel abgegeben hätte.«

»Und, ist es immer noch so?«

»Manchmal ja. Wenn man offer Straße ständig als besoffen verschrien wird, laufend mit irgendeiner Oart von Diskrimierung beschmissen wird, völlig isoliertis, dann liegn soiche Gedanken nimmer fern. ErsIhre Tochter habewirkt, dass meie Ougen wieder überde Schlammoberfläche des Isationssumpfes lugen. Doch der Rest steckt noch voll drinne.«

»Da solltest du aber Ruhe bewahren«, rät mir Hildegard.

»Gut gesagt! Aber: Am Morgen geht das ja noch, da sinde Federn, die das abspringen lassen, noch okay, wieder frisch offgetankt. Nur dann im Loufe des Tages die typischn Verschleißerscheinungn. Wennes zum Abend zugeht, werdich immer aggressiver. Und da kann's passieren – bumm bumm.« Ich wedle mit der Faust.

»Dabei ziehst du aber doch immer den Kürzeren.«

»Immer ohne Rücksicht off eigne Verluste. Manche sind echso doof, dassdes denen radikal klar machn musst. Ansonsten kapieren die's ni.«

»Und wie sieht es bei Ihnen mit Mädchen aus?«, Hildegards Mutter wieder.

Soll ich ihr erzählen, dass ich mit ihrer Tochter schlafe? Nee, besser nicht. Könnte ihr ja in die falsche Kehle kommen. »Sei meim Unfall isda Sendepause. Kannasolut ni sagn, dass mich das begeistert.« Hildegard lockert sich in ihrer Haltung wieder auf.

»Du siehst doch sehr gut aus. Deswegen kann ich nicht verstehen, dass es bei dir so ist. Aber ich glaube auch, das wird nicht lange anhalten«, befindet sie nun.

»Ja, Sie sind ein sehr attraktiver Mann, Mike«, pflichtet ihre Mutter bei.

Ich fühle mich geschmeichelt, ja. Doch komischerweise bekomme ich es nur von älteren Frauen gesagt: Hildegard ist 53 (ich erfuhr es durch den Schuldschein), ihre Mutter natürlich noch älter, und Patricia ist auch nicht mehr die Allerjüngste, immerhin schon 38! Wahrscheinlich muss ich noch zwanzig Jahre warten, bis sich eine Frau zu mir gesellt! Doch ob dann? Dann habe ich doch schon bestimmt keine Haare mehr auf dem Kopf, die Runzeln spielen Hascher, und wer weiß, was sonst noch. Wenn man jung ist, muss man die Chance am Schopfe packen! Nur – erst mal eine Chance haben.

*

Während ich in der Küche hocke und zusammen mit ihrer Mutter eine Zigarette durchziehe, erzählt mir Hildegard, warum es mit der Regeneration so gut bei mir läuft: »Wie du weißt, bin ich in der Umschulung für eine Krankenschwester. Und in der Theorie wurde uns auch gesagt, dass ungefähr nur ein Zehntel der Nervenzellen im Kopf unter Funktion sind. Der Rest hat keine Aufgabe.«

»Dann hat also der Mensch zehn Leben?« Ich zweifle noch.

»Wenn du es so siehst – ja.«

»Dann isses miraber unverständich, warum grad Neuologen – welche doch eigentlich Experten auf'm Gebiet sind – immer davon ausgingen, dasser Rollstuhl mein Hauptverkehrsmittel wird.«

»Auch das ist erklärbar«, meint sie. »Diese nicht belasteten Nervenzellen müssen erst einmal herausgefordert werden. Was du ja mit deiner Riskiererei fleißig gemacht hast. Aber das ist nicht normal! Du hast eben nur unheimlich viel Glück gehabt, dass nichts Größeres mehr passiert ist.«

Ja! Punkt! Ausrufezeichen! Akzeptiert! Endlich mal was Hörbares! Okay, denn also: Man orientiere sich an dieser Version. Kann mir vorstellen, da liegt die Wahrheit begraben. Ausbuddeln!

*

Auf dem Heimweg mutmaßt Hildegard, warum ich keine Frau

mehr bekomme: »Vielleicht ist es so, dass die Mädchen denken, du könntest aufgrund des Unfalles mit ihnen sexuell nichts mehr anstellen.«

Lach? Heul? Lach lach? Heul heul? »Und, kann ich es noch?«, frage ich sie.

»Ja! Ich kann es nur bestätigen!«

»Also gebich jetzt jedem Mädchen, mit der ich schloafen will, vorher deie Adresse, damitse dich fragen kann, obbes bei mir noch geht.«

Ihre Ohren bekommen Besuch.

»Dann brauch'ch aber een Notizblock«, wird mir plötzlich bewusst.

Auf der anderen Straßenseite ein Stall. Drinnen Pferde. Brauereipferde. Sie wenden blitzartig ihre Köpfe. »Wer wiehert da so inbrünstig?«, raunzen sie sich zu.

»Du bist verrückt!«, weiß Hildegard mich zu beurteilen, nachdem sie sich wieder einigermaßen beruhigt hat.

»Verrückt is besser as penibel, phantasielos und nüchtern in mentalm Sinne!« Das philosophische Schlusswort.

Die Pferde im Stall wiehern zurück.

Wir kommen vor Hildegards Haus an.

76

27. Dezember. Nachmittag.

Soeben von der Kasse zurück. Ich bin schuldenfrei. Weil ich endlich den mir zustehenden Betrag von der Unfallversicherung erhielt.

Neben Hildegard hatte mir auch Patricia aus der Schuldenfalle herausgeholfen, in die ich mich auf dem Kahn hineinbugsiert hatte; und jetzt habe ich an beide alles zurückgezahlt. Ich fühle mich wieder richtig wohl, sehr sehr wohl. Zumindest in finanzieller Hinsicht. – *Doch nanu? Hat sich da etwa ein Vorteil des Unfalles gemeldet, einer, der sich als spuckender Goldesel erweist? Nee nee! Wäre der Unfall nicht gewesen, wäre es gar nicht erst zu diesem Dilemma gekommen. Denn dann hätte ich darauf geachtet, dass Pritsche das Geld nicht versäuft. Und wie ich auch hörte, soll er für den Ford Granada noch ungefähr 2.000,- DM erhalten haben, von der Versicherung, als er einen Unfall mit Totalschaden gebaut hatte. Welche der Vogel aber auch versoff!*

Jetzt haben nur noch andere bei mir Schulden, rund 8.000,- DM; das Blatt hat sich also gewendet. Und Pritsche – der hat natürlich den Hauptanteil. Nur dem habe ich schon alles Mögliche aufgedrückt: Mahnung, Vollstreckung, Pfändung, eidesstattliche Versicherung. Doch bis jetzt durfte ich alles bezahlen. Denn angeblich hat er nichts! Doch ich werde ihn im Auge behalten, muss ihn im Auge behalten, denn ich habe keine Lust, ihm das Geld zu schenken; werde ihm immer wieder auf die Ketten gehen!

*

Heute ist ein wunderschöner Tag, ein himmlischer: Die Sonne leuchtet an dem azurblauen Himmel, der von keiner Wolke verunziert wird; warm ist es zwar nicht, Väterchen Frost schreitet durch das Geläuf, aber das Schönste ist, kein Schnee. Weswegen ich nicht mit Krücken zu laufen brauche, und das schon 36 Tage lang. Zwar ist das zur Zeit ab und zu und noch mehr zu mit Flügen verbunden, aber – *was soll's? Aus Fehlern lernt man! Ich hoffe nur, ein bisschen schneller! Der fleißigste Lerner war ich nämlich noch nie. Wenn ich es nicht brachte, habe ich gespickt. Was sich hier allerdings etwas schwer machen lässt. Zumindest ist mir da noch keine Möglichkeit in den Sinn gekommen.* – Und der Wetterbericht hat gemeldet, es bleibt schneefrei. Was heißt, dass ich das Jahr krückenlos beenden werde. Und – vielleicht nicht allein.

Die Neue Straße, ich schreite sie gerade entlang. Plötzlich macht sich etwas in meinen Kopf breit, was ihn bisher noch nie betört hat. Es schlägt mit unbarmherziger Kraft gegen seine Außenwände, gegen die des Herzens, gegen die des – ich kann nicht genau orten, wo es zuschlägt. Aber es ist da. Überall. Und – es macht mich überglücklich. Ich bleibe stehen. Bleibe stehen, um dieses Gefühl zu genießen. Bleibe stehen, weil eine intraterristische Macht an Empfindungen droht, mich zu lawinieren: *Mike, Mike, Mike, du kannst laufen! Laufen ohne irgend jemandes und irgendeiner Hilfe! Zwar noch nicht sehr schnell, doch auch da geht es aufwärts! Sogar Hildegard meinte zu Weihnachten, dass du schneller geworden bist! Es sei nicht mehr so anstrengend für sie, dein langsames Laufen, wie bei der Kur. Das hat sie dir gesagt! Und sie schmeißt nicht mit Höflichkeitsfloskeln um sich! Mike, du läufst wieder!*

Ich juble. Balle die Fäuste. Schreie dieses Glücksgefühl aus mir heraus. Denn jetzt ist es jedem Teil meines Körpers klar geworden, er ist wieder allein auf sich angewiesen, er kann wieder auf sich allein angewiesen sein.

Natürlich werde ich von Passanten, welche vor mir – *in Deckung?* – gehen, scheel angesehen, von einigen belächelt – verächtlich? Ich weiß es nicht. Und in diesem Moment ist es mir auch egal: *Ich habe einen Grund zum Jubeln, zum Glücklichsein, zum Ausflippen, also tue ich es auch. Und wenn sich andere dabei auf's Knie kacken und das nicht mehr sauber kriegen, hmmh, dann haben sie eben Pech gehabt.*

Und wieder der Film, der im Eiltempo in mir abläuft, der Film, den ich mir aber wieder anschaue, diesmal im erweiterten Großformat: Zuerst Kessel Nummer 4, dann Wiedergeburt in der ITS; stumm, erwachtes Stück Fleisch, das dahinvegetiert ohne Wissen, was eigentlich passiert ist; erste Erkundungsritte unter das Bett; dann ab nach Großbüchen; Umstieg in den Rollstuhl, erste Laufbewegungen, erstes Schnuppern der Dämpfe des Isolationssumpfes, darum ersten Brief geschrieben; ständiges Konfrontiertwerden mit der unausgesprochenen und doch überdeutlichen These der Ärzte, dass ich für immer ein im Rollstuhl sitzender Pflegefall sein werde; verbales Herumprügeln mit ihnen und den Schwestern, was aber zur Erreichung von Erfolgen wichtig war; hinwegsetzen über allmögliche Verbote, weil sie affig waren und für mich nur Hemmschwellen bedeuteten; dann Flucht – nein: Wiederauferstehung aus dem Rollstuhl; nun ein Sturz nach dem anderen, und dabei doch immer das dafür notwendige Quäntchen Glück habend; dann Entlassung aus dem Krankenhaus und sofortiges Einrücken ins nächste; dann die Kur und es kam endlich der Durchbruch im Laufen ohne Krücken; dann der Beginn einer Depressionskrise, vor deren Auswirkungen mich Hildegard bewahrte, indem sie mit mir schlief; doch – *Wo sind die Vorteile? Alles hat doch welche neben den Nachteilen! Nur – ich finde keine. Wirklich nicht? Will ich keine finden? Oder kann ich keine finden? Ich werde weitersuchen.*

*

Eine Weile später werde ich von einem älteren Mann angehalten: »Entschuldigen Sie bitte! Kennen Sie mich?«

Ich schaue ihn mir genauer an, beblicke in seinem Gesicht den einen Winkel und dann den anderen, doch – *Wer ist das?*

»Ich bin von dem Haus nebenan, habe Sie schon oft mit Krücken gesehen. Wo haben Sie die denn heute?«

»Nicht mit. Benutz sie scho seit 36 Tagen nimmer.«

»Das ist aber schön«, meint er. »Da freue ich mich richtig.«

Womit wir schon zwei sind, die sich freuen. Vielleicht könnte man da jetzt eine Freugemeinschaft gründen. Wäre doch schön, wenn sich die ganze Welt freut! Dann gäbe es keine Kriege mehr, keinen Rassenhass, keine Hungersnöte, die Frauen wären hübscher, keine Isolationsinseln. wo sich größtenteils Behinderte aufhalten, ... Doch das ist nur Utopie. Aber ich kann mich dunkel erinnern, Utopie heißt, dass das jeweilige nicht unmöglich ist, in mehr-oder-weniger-naher Zukunft eintritt. Also ...

»Schreiben Sie darüber doch ein Buch!«, gibt mir der alte Mann zum Abschied noch einen Rat.

Woher will er denn wissen, dass ich in der Lage dazu bin? Das weiß ich doch selber nicht! Allerdings – wenn so ein Begrützter wie Honecker das kann, kann ich das doch auch. Nur ich bin so schrecklich faul! Deswegen werde ich kein Buch schreiben, aber versuchen, die Presse ins Spiel zu bringen. Damit die Herren Sesselfurzer im Gericht Bischofswerda mal die fetten Felsbrocken aus ihrer Musrinne nehmen!

77

Sonntag, 29. Dezember. Mittag.

Ich bin bei Patricia zum Mittagessen eingeladen und habe mich sehr genüsslich getan. Doch jetzt Sitz im Sessel – die für mich traditionelle Zigarette nach dem Essen fällt heute aus, denn niemand raucht hier – mit einer Lehne, die über meinen Kopf ragt, es ihr deswegen gegeben ist, darauf einzuwirken, dass in ihm ein neues Stück Schlachtplan entsteht.

»Herr Katzer«, wende ich mich deshalb an ihre Mann, »ich hab mitIhn was Techisches zu bereden.«

Er setzt sich zurecht, geht in Wartestellung. »Was gibt's denn?«

»Ich binner festen Ansicht, die Sache mitder Ermittlung in meim Unfall gehni voran. Der Anwalt sprich laufend vom Warten, dochich gloub, die Wartezeit ist langsam vorbei! Eenerhalb Jahre hamsich schon verdrückt, doch angeblich wissensie dort nimmal den Offenthaltsort von der, die mich demoliert hat. Ich heg die Vermutung, der Anwalt möchni am Lack seiner Kollegen kratzen. Ich hattimmer angenommn, jetz, woich 'nen Anwalt mit meim Fall beofftragt hab, kann'ch mich inaller Ruhe zurücklehnen, michoff meie Regeneration konzentrieren und beobachten, wie die Früchte seiner Arbeit zu mir herüberschweben; doch mitterweile – nee, mir is bewußt geworden, dass dies 'ne völlig falsche Ansicht is. Wennch mich nur off'en Anwalt verlasse, bin ich verlassen! Wenn ich ni wieder eigenhändig was unternehme, passiert überhaupt nischt! Ich hab keene Lust, noch bissinalle Ewigkeit zu warten und dann festzustelln, dassich'n Wecktermin verschloafn hab. Deswegen frage ich jetzt Sie: Was kannich unternehmen?«

Er überlegt. »So erfahren bin ich da drin auch nicht«, teilt er mir dann mit. »Ich habe mit so einem Fall noch nie was zu tun gehabt. Doch mir fällt vielleicht was ein.«

Er steht auf und holt sich Stift und einen Schreibblock.

»Was ist bis jetzt abgelaufen?«, fragt er mich, nachdem er sich wieder gesetzt hat.

»Eigentlich nischt!« erzähle ich ihm, begleitet von einem bitteren Auflachen. Doch plötzlich fällt mir selber was ein: »Ich hab vonner Allianzversicherung erfahrn, der Schadensersatz muss innerhalb von zwee Jahren geltend gemacht werden. Den Anwalt hat dies bis jetzt aber ni intressiert! Und die zwei Jahre sind bald um! Können wir da niwas machen?«

Er stimmt zu. »Doch erst einmal schreiben wir eine Beschwerde an den Generalstaatsanwalt. Oder ist das schon gemacht worden?«

»Nee! Der Anwalt redet zwar laufend von ... Beschwerde, doch gemacht – gemacht hatter sie noch nie!«

»Dann tun wir es jetzt.«

*

Abends.

Wir haben eine saftige Beschwerde an den Generalstaatsanwalt verfasst, in der ich davon berichte, dass trotz Zeugenaussagen mein Unfall überhaupt nicht beachtet wurde, die nach meinem Hinweis auf die Richtigkeit wieder aufgenommene Ermittlung wahrscheinlich nur pro forma existiert, um mich zu beruhigen, doch an einem Resultat sei scheinbar niemand interessiert; deshalb: »Ich möchte sofort von kompetenter Seite in Kenntnis gesetzt werden, wie mein Fall weitergeführt wird!« Herr Katzer hielt es auch für richtig, die Versicherung von ihr sowie den Fahrzeughalter plus -führerin selber davon in Kenntnis zu setzen.

Ich fühle mich jetzt bedeutend freier, nicht mehr so bedrückt, wenn ich das Gerichtliche betrachte. Denn die Zeit der Ohnmacht, des mehr oder weniger geduldigen Zuschauens ist vorbei; ich halte die Initiative wieder in der Hand und werde irgendwelche Einflüs-

se, sie noch einmal wegzugeben, abblocken.
Zum Abschied meint Herr Katzer zu mir, dass ich ruhig mal wiederkommen solle.

78

Montag, 31. Dezember. Abends.
Schon den ganzen Tag habe ich mich auf den Abend gefreut.
– Warum eigentlich? Habe ich etwa Hoffnung, jemande kennenzulernen? Möchte ich die Silvestertradition pflegen? Vielleicht wie 89-90, als ein Bekannter die Nacht zuvor noch bei mir geschlafen hatte mit Freundin, die die darauffolgende Nacht aber mit mir verbrachte und noch viele bis unendlich viele mit mir verbringen wollte; ich gab ihr allerdings einen nichtpassenden Wohnungsschlüssel und schrieb ihr in der Woche darauf aus der Werft einen schon routinierten Abschiedsbrief. Verdammt lang her, verdammt lang ... Oder wie 87-88, als ich zu besoffen um Mitternacht war, um mit Jackline noch etwas Erregendes anzustellen. Oder wie 86-87, als ... Nein, nein, das jetzige wird eher wie das letzte. So trostlos, öde, langweilig. Nein! Nein! Nein! Bitte nicht! Denn dann bringe ich mich um.
Aber das wird auch nicht wieder so werden! Heute Abend gehe ich aus, egal wohin. Heute Abend amüsiere ich mich, auf Teufel komm raus. »Konfetti!« Heute Abend schlafe ich nicht allein ein.
– Quatsch, in Zittau gibt es doch keine Nutten.
Silvester ist auch unglaublich viel gefährlicher für mich. Man könnte ja mit Feuerwerkskörpern beschossen werden. Oder die Feuerwerkskörper könnten vor oder hinter einem landen. Oder man könnte als Besoffener weggefangen werden. Apropos besoffen: Ich darf heute sowieso kaum was trinken, denn ich laufe ohne Krücken. Das ist obligatorisch! Ich mache das schon seit 39 Tagen, also heute auch. Nur ist fliegen diesmal nicht so heikel, denn ich trage Kontaktlinsen. Die in mehrfacher Hinsicht gut sind, quatsch, exzellent, quatsch, extraterrestrisch hervorragend. Denn bei einem Flug kann sich mir kein Brillenglas mehr ins Auge pflanzen, ich kann mehr riskieren, ich ... Wie sagte Jackline schon: »Ohne Brille siehst du besser aus!« Schon allein das macht es, dass ich mich um Welten besser fühle, wohliger fühle, schnurrender fühle als bei der Kur. – Patricia setzt sie mir immer ein und holt sie wieder raus, denn meine Mutter wollte diese Aufgabe zwar

übernehmen, wie sie mir versprach, doch als die Augenärztin ihr dann zeigen wollte, wie das gehandhabt wird, hatte sie gekniffen, durch Abwesenheit geglänzt: So weit »Hurra!« zu meiner Mutter.

So, jetzt die entscheidende Frage: Wo gehe ich nun hin? 'Volkshaus' haben sie dicht gemacht, 'Gewandhauskeller'? Vergiss es. Hups! Wo ist denn heute in Zittau was los? Oje, ich habe keine Ahnung. Also bleibt nur der 'Felsenkeller'. Da wird sich doch mal eine sabbernde Möse finden lassen. Und vielleicht auch ein bisschen mehr.

*

Vor dem 'Felsenkeller'. Ungläubig schaue ich auf die verdreckten Scheiben. »Am 31.12. geschlossen!«, steht da. Schluck!

Angst baut sich vor mir auf, beschleicht mich, kämpft alles andere in mir nieder: *Was nun? Nach Hause zurück? In eine Kneipe? Wie war das früher gleich?*

Ich stakse wieder los, immer darauf gefasst, mich schnell fallen lassen zu müssen, und in der Hoffnung, irgendjemanden oder irgendwas zu treffen, das mir den Abend rettet.

*

Fast Mitternacht. Ich tapse auf der Tanzfläche vom 'Stuc', dem Studentenklub hier, zusammen mit einer Studentin, die – wenn ich das richtig verstanden habe – aus Chemnitz stammt. Sie ist eine der Kommilitonen, die ich hier kennengelernt habe und mit denen zusammen ich jetzt Silvester feiere. Mit ihnen quatsche, mich amüsiere, ausflippe, tanze. Und – es macht ganz einfach Spaß!

Hierher gekommen bin ich durch Zufall. Einfach durch die Gegend gewandert und hier gelandet. Ja, es war gut, dass ich hier gelandet bin. Bedeutend besser, als es im 'Felsenkeller' gewesen wäre: Viel lockerer, nicht so im Gleichschritt, angenehm intellektuell, nicht so verblödet besoffen, schöne Gesichter herumlaufend, nicht solche dich wie einen Alien anglotzenden Glubschaugen mit sabbernder Brotspalte darunter. Ja, hier bin ich Mensch, hier darf ich es sein. Wohl fühle ich mich hier.

»Hallo Ente!« Bruch! Ein Stoß von hinten gegen meine rechte Schulter. Ich wanke. Ich torkel. Ich falle. Bauchklatscher.

Schmutz. Der klopfte mir auf die Schulter. Dumm, wie er ist. Wir kennen uns aus der Schulzeit. Er blieb bei der 6. Klasse stehen, wiederholte die ein ums andre Mal. Wahrscheinlich hatte er sich in den Stoff verliebt. Und außerdem: Schmutz? Wie kann man nur Schmutz heißen? Allerdings – so wie er heißt, so sieht er auch aus. Und so weiter. Näher als drei Meter möchte man ihm nicht kommen, denn – Wie haben wir immer gesagt? Er stinkt aus dem Maul wie die Kuh aus dem Arsch. Steffen und ich haben ihm vor ein paar Jahren auf dem Marktplatz mal gezeigt, wie man einem anderen eine reinkloppt. Das Ergebnis: Steffen ein Veilchen, ich eine dicke Lippe. Und er: Hatte noch immer keine Ahnung. Na ja, muss er ja auch nicht. – Aber die Familie, in der er hauste, musste sich öfters neue Fensterscheiben besorgen, er wohnte gleich neben der Schule; und da war es doch ein Gaudi allererster Klasse, die Familie öfters mal zu beleiern und abzuschießen. Yes, das machte Laune! Allerdings – ein schwarzes Schaf gab es in der Familie Schmutz auch: Sie hatte lange, lockige schwarze Haare, schon als Kind eine himmlische Figur, war erfolgreiche Leichtathletin, speziell Sprint, keinesfalls dumm. Ja ja, 3. Mendelsche Gesetz. Denn der Rest der Familie machte dem Namen alle Ehre.

Mir wird aufgeholfen. Schmutz schaut ganz bestürzt: »Ente, was ist denn los?«

Dicke Mittelfinger. Vor seiner Nase. Dann drehe ich ihm den Rücken zu. Und bewege meine Beine weiter zu Joe Cocker.

»Das wusste ich nicht! Das tut mir leid!« Schmutz. Endzuckungen. Wahrscheinlich hat ihm irgendjemand gerade geflüstert, was mit mir los ist. Doch in dem Moment – Mitternacht. Alle strömen hinaus.

Draußen. Die Luft zittert. Die Luft knallt. Die Luft blitzt. Mal rot, mal grün, mal blau. Doch meistens gelblich weiß. Bekannte und manchmal auch Unbekannte liegen sich in den Armen, küssen sich oder auch nicht, herzigen einander – oder auch nicht – wünschen sich »Gesundes Neues Jahr« – oder auch nicht. Und viele, nicht alle, aber einige, denken darüber nach, was sie im kommenden Jahr machen werden. Oftmals – eigentlich fast immer – Banalitäten, die für den Einzelnen immens wichtig sind. Im Feuerwerksgeräusch. Im Feuerwerksnebel. Im Feuerwerksgeruch. So auch für mich, der doch nur ein Rädchen im großen Getriebe genannt Menschheit ist. Und der vom großen Gott, der Menschenopfer fordert, ein Schicksal auferlegt bekam – behaupten andere. Doch – *was mache ich nun? Aufgerappelt habe ich mich. Jackline habe ich nicht wieder. Hildegard? Eine Affäre, mehr nicht. Aber ich bin wieder entjungfert. Patricia? Nein, tabu! Aber ich will – quatsch, ich hoffe es, ich kann mich dieses Jahr wieder verlieben. Und endlich aus dieser scheiß Isolation raus! Howgh, ich habe ge-*

sprochen. Denn dann werde ich endlich sagen können:

Das war's!

Epilog

Im Frühjahr bekam er einige Krankenakten. Durch die er erfuhr, was mit ihm alles geschehen war: »Matschbirne« – neben den ihm bereits bekannten Brüchen am Kopf schwere Gehirnquetschung nach Schleudertrauma, eine links-basale cerebrale Einblutung, plumpes Ventrikelsystem, apallisches Syndrom.

Auch im Frühjahr: Er trennte sich endgültig von seiner Mutter, als sie ihn wieder betrügen wollte. Auch spätere Versöhnungsversuche von ihm blieben deswegen erfolglos.

Im November 1992 kam es zur Verhandlung, nachdem er versucht hatte, die 'Bild'-Dresden hinzuzuziehen und sich daraufhin der Generalstaatsanwalt eingeschaltet hatte. Die Täterin wurde zu einer Strafe von 2.100,- DM verurteilt. Dabei war Pia überhaupt nicht erschienen, Frank musste von der Polizei geholt werden und wusste plötzlich nichts mehr. Das Unterlassen der Hilfepflicht der Täterin wurde trotz darauf Hinweisens von Mike nicht beachtet. Die Täterin weinte nach dem Urteil herzzerreißend.

Jackline traf sich mit ihm im Sommer 1993; war aber genauso schnell wieder weg, wie sie gekommen war.

Im Dezember 1993 bekam Mike 285.000,- DM Abfindung.

1994 kam Mike so halbwegs aus der Isolation heraus. Auch mit seiner Schwester nahm er wieder Kontakt auf.

1995 verliebte sich Mike bis über beide Ohren; bekam diese Liebe auch erwidert, allerdings nur ein halbes Jahr lang; die Liebe kostete ihn fast das ganze Abfindungsgeld.

Mike blieb ohne Krücken, entwickelte sich immer weiter, fing 1997 wieder an zu rennen.

1998 musste er seiner Schwester einen Anwalt auf den Hals hetzen, weil sie ihm die für ein Auto geborgten 16.000,- DM nicht zurückgeben wollte.

Mike sucht immer noch nach seiner großen Liebe.

Lebenslauf

Geburt	12.11.1968
Schulzeit	1975 - 1988
Armee	1988 - 1990
erster Unfall	1990
Anfang des Studiums	1996
zweiter Unfall	2002
Studiumabbruch	2005

Last but not least

Ohne nachgnannte Sponsoren wäre das Erscheinen der 'Krüppelmemoiren' nicht möglich gewesen.

Autor und Verlag sind genannten Personen und Institutionen zu höchstem Dank verpflichtet!

- Dr. Günther Linke
- Augenoptik Pestel
- Orthopädie- und Reha-Technik-Centre VITAL
- Stadtteilhaus Dresden, Prießnitzstr. 18

Weiter im Verlag erschienen

Schuldheiß Ich diene der **D**eutschen **D**emokratischen **R**ebublik oder ...beziehungsweise zu vernichten Ein Lebensblick zu drei Diensthalbjahren CULPA	Schuldheiß hat selbst mit der Kalaschnikow an der Grenze gestanden. Für ihn ist dieses Kapitel nicht abgeschlossen. Es wurde seit Jahrhunderten geschrieben und hat die Feder noch in der Hand. Eine Geschichte von Schuld – ein Ansatz von Sühne. Sagen Sie am Ende nicht, Sie hätten das alles nicht gewußt. ISBN 978-3-932006-00-5 ASIN B004UMGW6U
Schuldheiß Reich mir DEINEN Regenbogen  365 Pro-Vokationen CULPA	Unsere Zeit ist sprachlos. Sprachlos zum Mitmenschen, sprachlos zu GOTT. Ich suche Worte. Man kann diese Worte an sich vorbei ziehen lassen und vergessen. Man kann sie aber auch einen ganzen Tag im Herzen bewegen. Mehr als die Worte sagen oft die Pausen. Wer nach jeder Zeile nicht den Fortgang auf dem Papier, sondern im eigenem Herzen sucht, kann immer Neues entdecken. ISBN 978-3-932006-01-2
Schuldheiß Strohsterne  und Nachteulen CULPA	Eigentlich wollten die Banden der Strohsterne und der Nachteulen nur miteinander ihre Kinderspiele bestreiten. In der Schlucht des Todes gerieten sie jedoch in die gefährliche Welt der Erwachsenen und müssen viele spannende Abenteuer bestehen. ISBN 978-3-932006-02-9 ASIN B004UT67TA